LES

BESOINS DE LA VIE

ET

LES ÉLÉMENTS DU BIEN-ÊTRE

F. AUREAU. — IMPRIMERIE DE LAGNY.

LES
BESOINS DE LA VIE

ET LES

ÉLÉMENTS DU BIEN-ÊTRE

TRAITÉ PRATIQUE DE LA VIE MATÉRIELLE ET MORALE DE L'HOMME

DANS LA FAMILLE ET DANS LA SOCIÉTÉ

AVEC L'ÉTUDE RAISONNÉE DES MOYENS LES PLUS NATURELS DE S'ASSURER UNE HEUREUSE EXISTENCE

EN LA DIRIGEANT SUIVANT LES LOIS DE L'HYGIÈNE ET DE LA PHYSIOLOGIE

Par le Docteur J. RENGADE

BESOINS AFFECTIFS ET SOCIAUX

BESOINS NUTRITIFS — BESOINS SENSITIFS — BESOINS D'ACTIVITÉ PHYSIQUE

BESOINS INTELLECTUELS, ARTISTIQUES ET PHILOSOPHIQUES

PARIS

A LA LIBRAIRIE ILLUSTRÉE

7, RUE DU CROISSANT, 7

A MADAME JULES RENGADE

En me permettant d'inscrire ton nom en tête de cet ouvrage, ce n'est pas seulement, chère amie, le cordial hommage de l'auteur, que tu veux bien accepter. Tu me fournis encore le meilleur moyen d'appeler sur ce livre — sans autre préface — la bienveillante attention de toute femme intelligente et sérieuse, de toute mère de famille active et dévouée.

Ce n'est point à d'autres, en effet, que s'adresse ce programme raisonné de la vie humaine.

Il a été conçu dans la profonde admiration de celles qui mettent, avec tant de grâce et tant de cœur, tous leurs soins à nous faire aimer l'existence ; et si mes lectrices inconnues, jugeant comme toi ce travail avec une extrême indulgence, y peuvent quelquefois trouver, pour le difficile accomplissement de leur tâche, une notion pratique, une idée neuve, un bon conseil, heureux d'avoir fait une œuvre utile, j'aurai pleinement atteint le but que je me suis proposé.

D J. RENGADE.

Paris, 20 janvier 1887.

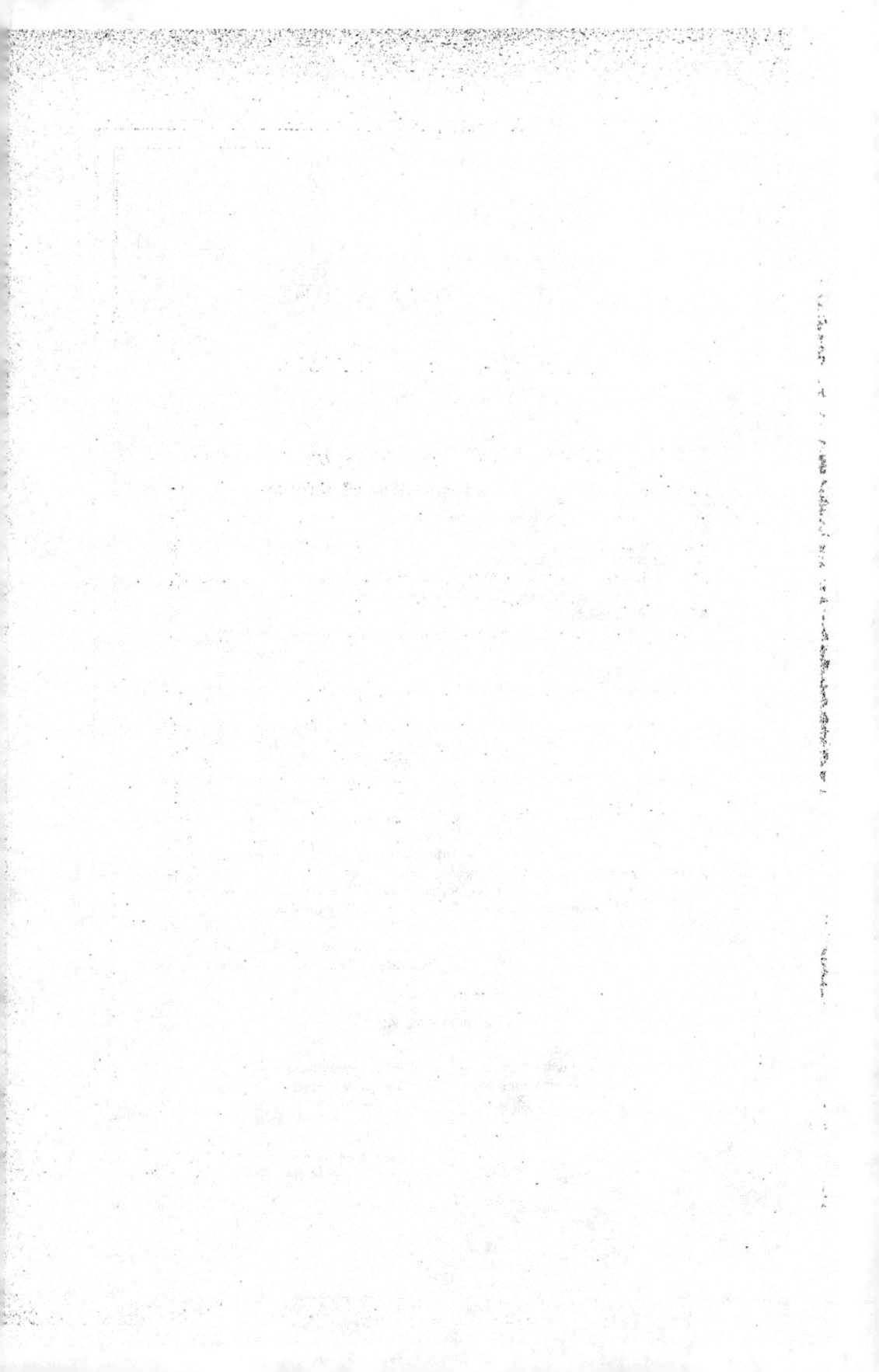

TABLE DES MATIÈRES

LIVRE II. — BESOINS NUTRITIFS.

LIVRE III. — BESOINS SENSITIFS.

LES VÊTEMENTS ET LA TOILETTE 483

ENTRETIEN ET DÉVELOPPEMENT DE LA BEAUTÉ . . . 518

LE REPOS ET LES PLAISIRS 549

LIVRE V. — BESOINS INTELLECTUELS,

ARTISTIQUES ET PHILOSOPHIQUES.

FIN DE LA TABLE DES MATIÈRES

LES
BESOINS DE LA VIE
ET
LES ÉLEMENTS DU BIEN-ÊTRE

Pl. I. — UN « BON PETIT ORDINAIRE ». — MADAME ATTEND MONSIEUR.

L'ART D'ÊTRE HEUREUX

A combien d'amis, dans le cours de votre existence, avez-vous souhaité d'être heureux ? Et combien d'entre eux vous ont, en retour, chaleureusement exprimé leurs vœux de bonheur ?

« Soyez heureux ! » Quoi de plus agréable à entendre et de plus facile à dire ? Mais est-il rien de si peu commode à réaliser ?

Du premier jour où l'on raisonne, à la dernière heure où l'on vit, grand ou petit, riche ou pauvre, on rêve le bonheur ; on s'acharne à le poursuivre, et l'on ne parvient jamais à le saisir.

C'est qu'en définitive, on ne sait pas trop au juste ce que l'on veut ni ce que l'on fait, quand on court après cette chimère. L'idéal que l'on se forge est toujours bien au-dessus de ce que la réalité peut donner, et peut-être, en allant moins vite et visant moins haut, se reconnaîtrait-on souvent très heureux, alors qu'on se figure ne point l'être.

Qu'est-ce que le bonheur, en effet, sinon la simple et parfaite satisfaction des désirs naturels et des besoins normaux que nous impose le fonctionnement même de notre organisme ?

Être assuré de pouvoir toujours manger à sa faim, d'avoir toujours un abri pour se reposer et dormir ; se sentir entouré, pour l'apaisement de ses sentiments affectifs, d'une petite famille heureuse aussi de reporter sur celui qui l'aime toutes ses affections ; posséder une aisance et le loisir suffisants pour se permettre telle ou telle de ces jouissances artistiques dont le goût, nécessairement, se développe chez tout homme instruit et civilisé ; n'est-ce point à peu près tout le bonheur positif que l'on puisse espérer, dans les conditions d'existence où nous sommes ?

Mais est-ce là le modeste rêve que l'on fait, quand on est tourmenté de l'ambition d'être heureux ?

Sans doute ce serait l'idéal du bonheur, que la vie matérielle assurée, pour les pauvres gens qui vivent au jour le jour, menacés, s'ils s'arrêtent un instant, de la noire misère !

A peine l'atteindraient-ils, cependant, que le bonheur souhaité fuyant devant eux, leur apparaîtrait beaucoup plus loin, comme un mirage, ainsi qu'il arrive, d'ailleurs, aux individus encore assez nombreux, qui se trouvant dans cette situation fortunée, se croient bien plus malheureux, souvent, que ceux qui leur portent envie.

En dehors du calme apaisement des sensations organiques, de la légitime satisfaction des besoins affectifs et des goûts intellectuels, que peut-on bien souhaiter, cependant, qui ne soit une exagération, une extravagance, une folie ? Celui-ci veut la fortune pour s'entourer d'un luxe tapageur, faire figure dans le monde, éclabousser, du haut de ses voitures, ceux qui le connurent marchant à pied dans la rue, ou quelquefois dans le ruisseau.

Celui-là, considérablement riche et ne sachant plus à quoi dépenser ses revenus, rêve de titres et d'honneurs. Il est malheureux, parce qu'il manque de prestige !

Tel autre, qui possède à la fois la fortune et la réputation, se trouve frappé dans ses sentiments affectifs ou ne peut plus satisfaire qu'imparfaitement ses besoins physiologiques.

Tel autre, enfin, plus favorisé que personne, au point de vue de la richesse et de la notoriété, s'ennuie à mourir partout où il séjourne plus de vingt-quatre heures. Il va et vient de la campagne à la ville, court les bains de mer et les villes d'eaux pendant l'été, les stations méridionales pendant l'hiver, et constamment il gémit, il soupire, il bâille ; incapable de chercher dans le travail et l'étude quelque adoucissement à cette triste position.

C'est donc bien dans une modeste situation de fortune qu'il serait facile de trouver le bonheur approximatif compatible avec notre organisation animale et notre milieu social ; et si tous ceux qui pourraient en jouir passent ordinairement à côté sans le connaître, c'est parce qu'ils élèvent presque toujours eux-mêmes les différents obstacles qui les empêchent d'être heureux.

Tantôt, emportés par une imagination trop vive, ils se créent des besoins factices, source de désirs, de fantaisies, de caprices qu'il leur est impossible de contenter ; tantôt, inquiétés dès l'enfance par des préjugés, des scrupules superstitieux, ils s'imposent en ce monde « pour avoir la suprême félicité dans l'autre », des souffrances et des privations absolument contraires aux impulsions naturelles qu'ils ne manquent point d'éprouver.

Quelquefois, enfin, la mauvaise santé seule s'oppose au bonheur, et ce ne sont pas les moins à plaindre que ces malheureux-là.

Point n'est besoin, même, d'une maladie sérieuse pour assombrir l'existence et rendre absolument odieux tous les agréments qu'elle peut offrir. Il suffit d'un estomac qui digère mal pour frapper quiconque en est affligé, d'une mélancolie insurmontable. Une hygiène rationnellement ordonnée, est préférable, alors, à la plus grande fortune ; car tous les biens que l'on obtient de celle-ci ne sont rien, comme on sait, à côté de la simple bonne humeur qui résulte, dans un corps sain, du jeu régulier des organes.

Être heureux, en somme, c'est, d'abord, se bien porter ; c'est ensuite, céder à ses besoins physiques et moraux ; les contenter aussi librement que le permet le souci de l'intérêt personnel, et le juste respect de la liberté des autres.

Besoins naturels. — Or, ces besoins, sources vives de nos passions, de nos envies, de nos ambitions, de nos convoitises, ne sont pas les mêmes et ne se manifestent point avec la même force à tous les âges de la vie. Ils changent encore selon le tempérament, l'éducation, le rang, la fortune ; ils varient, pour ainsi dire, autant que les individus. Mais à tout âge et dans quelque situation que ce soit, le secret d'une vie heureuse est précisément de savoir jusqu'où peut s'étendre le contentement d'un désir ; il est dans la difficile estimation du moment précis où, le besoin satisfait, l'acte qui l'apaise, inutilement continué, n'est plus désormais qu'un abus, un excès, un vice !

Ainsi, de tous nos besoins physiques, la faim, sans contredit, est l'un des plus naturels et des plus impérieux. Mais, pour l'apaiser, il suffit au paysan d'un plat de pommes de terre, tandis qu'il faut au citadin de la bonne viande, au gastronome une volaille de choix ou tout autre mets plus ou moins raffiné.

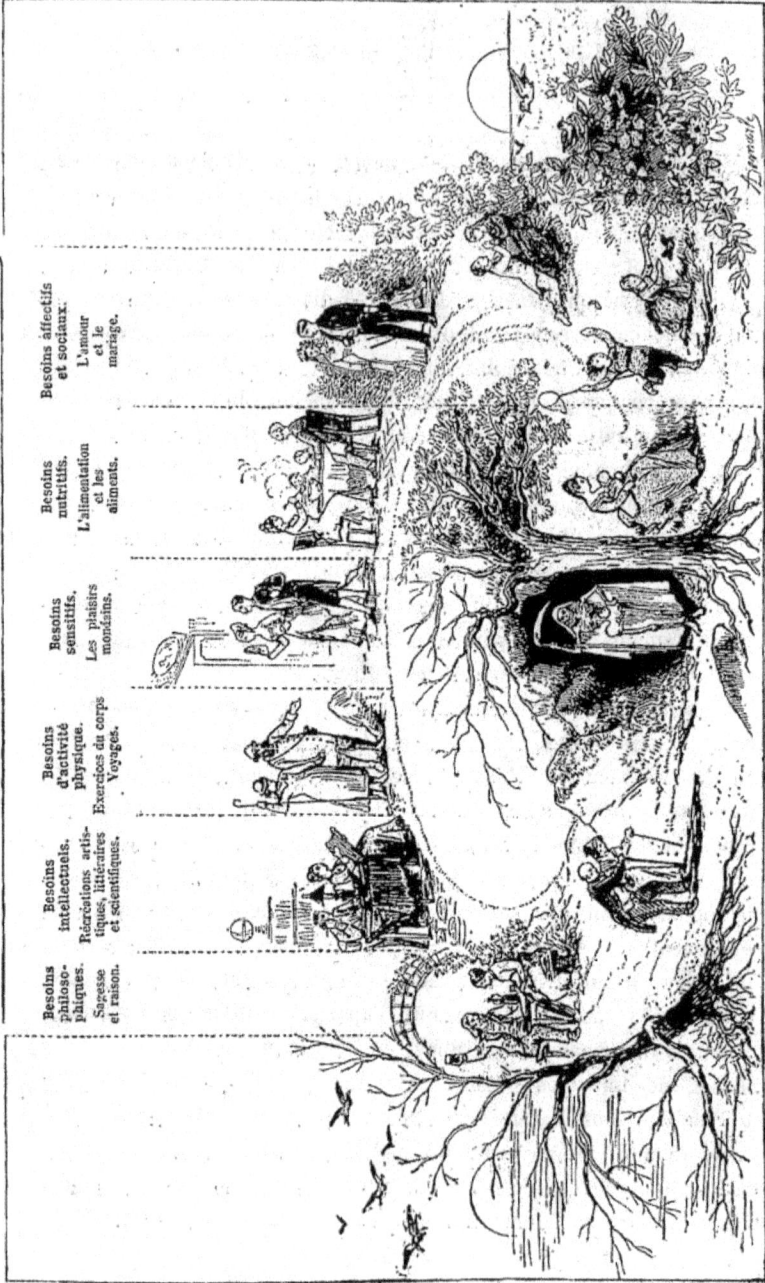

Besoins philoso-phiques. Sagesse et raison.

Besoins intellectuels. Récréations artistiques, littéraires et scientifiques.

Besoins d'activité physique. Exercices du corps. Voyages.

Besoins sensitifs. Les plaisirs mondains.

Besoins nutritifs. L'alimentation et les aliments.

Besoins affectifs et sociaux. L'amour et le mariage.

LES BESOINS DE LA VIE A SES DIFFÉRENTS AGES, D'APRÈS L'ANCIENNE ESTAMPE : « LE CHEMIN DE LA VIE »

De ces trois individus, évidemment, celui dont les goûts sont le plus simples, le paysan, nous semble, à première vue, le plus sage et le plus heureux, d'autant que doué d'un meilleur appétit, il se régale ordinairement mieux que les deux autres. Mais, en même temps qu'il éprouve la sensation brutale du besoin, l'homme, pour accroître ses jouissances, est encore aiguillonné par le désir de varier autant qu'il le peut, les moyens de le satisfaire, et c'est même cette impulsion qui, dans tout milieu social, est le principal agent du progrès en toutes choses.

De l'incitation, par exemple, à chercher ce qui peut, tout en apaisant la faim, le plus flatter le goût, est né le grand art de la cuisine ; et s'il est vrai que dans notre civilisation les cuisiniers sont tenus d'imaginer des raffinements excessifs pour plaire aux palais blasés, il faut bien convenir que cette exagération vaut encore mieux que l'ignorance absolue de toute notion culinaire, se traduisant, chez les peuples sauvages, par une trop vive passion pour la chair crue.

Rendus plus exigeants par leur situation et leurs habitudes toutes différentes, le riche gastronome et le petit bourgeois n'éprouvent pas, en somme, à satisfaire leur faim, plus de plaisir que le campagnard qui vit ordinairement de pain noir et de légumes ; mais le sobre repas qui suffit au paysan ne les contenterait déjà plus. Une alimentation plus recherchée peut seule répondre à toutes les délicatesses de leur appétit, et raisonnablement, on ne saurait leur en faire un reproche, tant qu'ils se bornent, même à grands frais, s'ils en ont le moyen, à donner à leur estomac la juste satisfaction qu'il réclame.

Ils seraient absolument blâmables, au contraire, s'ils persistaient, leur faim assouvie, à s'ingurgiter des viandes et du vin pour le seul plaisir de manger et de boire ; mais le paysan, dans ce même cas, quelque grossière que soit son alimentation, ne serait pas plus digne d'excuse, car il n'est pas moins déraisonnable de s'indigérer avec de la soupe aux choux qu'avec des perdreaux truffés, de s'enivrer avec du gros bleu qu'avec du champagne! A cet égard, un accord parfait règne donc entre la physiologie, l'hygiène et la morale dont le but est précisément de régler la conduite de l'homme en vue de son plus grand bonheur. Or, cette heureuse harmonie est tout ce que l'on peut souhaiter dans l'accomplissement d'un besoin quelconque, la morale n'étant jamais réellement bonne que lorsqu'elle repose sur les lois de l'hygiène et de la physiologie.

Évolution des besoins. — Les besoins, à mesure que l'on avance en âge, s'élèvent et s'affinent de plus en plus. Chez le peuple qui grandit en civilisation, comme chez l'individu qui se développe, ils se succèdent , d'ailleurs, dans le même ordre, et sensiblement passent par les mêmes phases, les besoins les plus grossiers se manifestant avec une extrême intensité d'abord, pour devenir d'autant moins impérieux que s'épanouissent plus vite les désirs sensitifs et intellectuels.

Ainsi, la peuplade sauvage et le jeune enfant sont exclusivement gouvernés par leurs besoins *nutritifs*. Manger et boire est leur unique souci. Pour la tribu nomade, un copieux repas est la joie suprême, et certainement le nourrisson ne connaît pas de plus grand bien que de coller sa bouche au sein de sa nourrice.

Un peu plus tard, chez l'individu comme dans le groupe ethnique, s'éveillent les besoins *sensitifs*. Tout ce qui plaît aux sens est alors ardemment désiré; les objets brillants, les vives couleurs, les hochets, les bijoux, les parures, les friandises, les parfums, la danse, la musique, les spectacles, tout ce qui charme, en un mot, la vue, le toucher, le goût, l'odorat et l'ouïe.

Bientôt, ce sont les besoins *affectifs* et *sociaux* qui se font jour et promptement l'emportent sur tous les autres. La civilisation naissante inspire aux peuples le sentiment de la famille et de la société, de même que chez l'homme en pleine jeunesse éclate, avec une violence inouïe, le besoin d'aimer, de se donner une compagne, de se constituer un foyer qu'une femme éclairera de son amour, que de petits enfants égaieront de leurs jeux et de leurs rires!

Mais la vie n'est point si facile ni si belle, que la satisfaction de ces premiers besoins jusqu'à la fin suffise à la remplir. De même que la nation, pour se maintenir et prospérer, doit sans cesse guerroyer contre les nations ennemies, ainsi, l'homme, pour ne point succomber dans la lutte, doit travailler de ses mains et plus encore aujourd'hui, développer ses facultés cérébrales, afin de s'élever surtout par son intelligence au-dessus de ses rivaux.

De cette nécessité de s'instruire et de la curiosité de savoir, naissent alors des désirs, des besoins *intellectuels*, aussi variés que les sciences, les arts, les diverses connaissances actuellement ouvertes à tous les esprits, et dont les plus élevés, les besoins *philosophiques*, sont assurément aussi les plus propres à donner à l'homme la petite part de bonheur qu'il peut espérer.

Montrer à chacun quelles peuvent être, dans le cours de la vie, les justes exigences de nos besoins réels; examiner les différents moyens dont la nature nous permet d'user pour les satisfaire; apprendre à distinguer des mauvaises envies et des désirs malsains, les impulsions vraiment normales et physiologiques; découvrir ainsi, peut-être, et jalonner la voie qui, le plus sûrement, conduit au bien-être physique et moral, tel est le but de ce livre.

Dès le début de cette étude nous prendrons l'homme à vingt ans, c'est-à-dire à l'âge de son plein développement intellectuel et corporel, à l'heure, où libre, émancipé de toute tutelle, il entre véritablement dans la vie et ne doit plus compter, pour faire son chemin, que sur sa propre valeur, ses aptitudes et ses forces personnelles.

Jusqu'alors soumis à ses parents, l'homme, à cet âge, est réclamé par la patrie. Citoyen, il a le sentiment de ses devoirs et de ses droits. Homme, il est tout à l'amour, qui secrètement le

Pl. II. — LA VIE A VINGT ANS. — JEUNES FILLES A MARIER.

Les petites bourgeoises. — La mondaine. — L'ouvrière.

pousse, en dépit des entraînements de la passion, à fonder à son tour une famille.

A ce moment donc, les besoins affectifs et sociaux priment tous les autres. Puis bientôt, la nécessité de subvenir aux dépenses quotidiennes du ménage, ramène, en première ligne, la question, souvent fort lourde, de l'apaisement des besoins nutritifs. Après avoir fait son nid à couvert, il faut, sans plus tarder, le fournir de vivres, et l'on ne saurait vraiment songer, tant qu'à la maison le pain manque, à donner satisfaction aux besoins purement sensitifs.

Ce difficile problème enfin résolu, le pain conquis, la faim conjurée, la misère vaincue, tous les grands devoirs accomplis, quoi de plus juste et de meilleur que de se reposer, de se réjouir, de prendre quelque part aux plaisirs du monde, de se donner surtout, les douces joies intellectuelles que réclament, alors, l'esprit et la raison? L'agréable savoir, la bonne philosophie qui s'en dégage, sont le plus noble couronnement d'une existence humaine, les seules acquisitions qui vaillent la peine d'avoir vécu!

Chez l'homme civilisé de notre époque, c'est ainsi qu'évoluent, de la vingtième année à la mort, les inéluctables besoins de la vie, et l'ordre même dans lequel s'accomplit leur évolution, nous indique, naturellement, celui que pour les étudier, nous devrons suivre.

On trouve encore quelquefois, chez les marchands de gravures, une vieille et naïve estampe où l'homme et la femme sont représentés, gravissant, dans leur jeunesse, la pente d'une montagne dont ils redescendent, tristes vieillards, la pente opposée. Par les attitudes et les attributs que l'on voit aux personnages, cet allégorique « chemin de la vie » en montre assez exactement aussi les divers besoins. C'est un véritable et saisissant tableau de l'existence humaine, qu'il nous a été facile, avec quelques retouches, et sans lui rien faire perdre de son originalité, d'adapter au programme même de cet ouvrage, dont il permet, à première vue, de saisir les grandes lignes et de bien comprendre le plan.

LIVRE I. — BESOINS AFFECTIFS ET SOCIAUX

LA FAMILLE

L'AMOUR ET LE MARIAGE

La Vie à vingt ans. — Vingt ans ! Vous avez vingt ans ! Vous tenez de vos parents et de la nature un corps bien fait, une irréprochable constitution, une excellente santé. Vous avez bon pied, bon œil et bonne dent ; ajoutons un heureux caractère. Vous vous appartenez ; vous êtes à l'âge où la loi vous affranchit et vous émancipe. Inutile de vous demander quel est présentement le plus tyrannique de vos besoins, le plus ardent de vos désirs, le plus constant et le plus doux de vos rêves !

Vous aimez, et vous avez raison. « Ne pas aimer, ce n'est pas vivre », affirment d'un parfait accord les physiologistes, les philosophes, les poètes de tous les temps et de tous les pays.

Chez tout individu dont l'esprit est libre et le cœur loyal, l'amour, à vingt ans, non seulement est la passion maîtresse, mais encore un devoir physiologique et social qu'il faut remplir dans l'intérêt et pour le bien de tous, autant que dans son propre intérêt et pour sa satisfaction personnelle.

Mais ici, surgit un problème d'une extrême importance et d'une exceptionnelle difficulté. L'amour, dans les sociétés humaines, n'est pas un besoin que l'on puisse tout naturellement et simplement satisfaire, comme le besoin de boire ou de manger. Avez-vous faim, vous absorbez un aliment quelconque et tout est dit. Pour vous approuver et reconnaître votre plein droit à cet égard, la morale et la physiologie s'entendent à merveille.

Satisfaction des besoins amoureux. — Mais les vives impulsions de l'amour ne sont point, vous en conviendrez, d'un apaisement si facile. Quand on aime, c'est, ordinairement, de préférence et même exclusivement à toute autre, telle ou telle personne que l'on ne peut aussitôt posséder. Partageât-elle la tendre affection que vous lui témoignez, fût-elle violemment éprise, aussi, du secret désir d'être à vous, elle en est le plus souvent empêchée par un profond sentiment de pudeur, par des considérations de morale, de famille, de relations, surgissant, comme autant d'obstacles, entre l'ardente passion qui réciproquement vous consume, et l'union désirée qui pourrait seule lui donner toute satisfaction.

Est-il avantageux, cependant, pour les sociétés et les individus, que ces obstacles existent ? Est-il bon que la morale ait de telles sévérités, les lois de telles rigueurs, pour les attractions toutes naturelles qui précipitent l'un vers l'autre deux cœurs bien aimants ?

Il n'est guère possible d'en convenir, en présence des désordres et des crimes de toute espèce dont l'amour est la cause et le mobile dans notre société soi-disant civilisée ; aussi, peut-on raisonnablement espérer que la morale, sur ce point, deviendra plus tolérante, et que les codes de l'avenir, s'ils réglementent encore l'amour, respecteront de plus en plus les grandes et simples intentions de la nature.

Encore si les mœurs et les lois éteignaient du même coup, dans les cœurs, la passion qu'elles condamnent ou punissent, peut-être admettrait-on qu'elles lui opposassent, parfois, dans l'intérêt de la famille ou de l'individu, de rigoureux châtiments ou d'infranchissables entraves. Mais n'est-il pas, au contraire, absolument démontré que tout empêchement, en ce cas, exaspère la passion ; que le besoin naturel non satisfait, se pervertit ; que l'honnête désir contrarié, se déprave ; que les vices les plus honteux, enfin, les plus abominables crimes, sont le seul résultat évident de cette étroite morale, de cette impuissante législation ?

Ce n'est point ici, toutefois, qu'il convient de développer une si formidable thèse, ni même d'insister davantage sur un des sujets qui s'imposent le plus aux méditations des physiologistes et des penseurs. Contentons-nous simplement, de constater qu'au temps où nous vivons et dans les conditions où nous placent les lois, les mœurs, les conventions sociales actuelles, la vie en ménage, seule, nous permet le plein et complet épanchement de nos besoins affectifs.

Amour de la femme, amour des enfants, on ne les connaît et ne les possède, véritablement, qu'à la condition de constituer une famille ! Sans doute, on voit des mariages libres être parfaitement heureux, le bonheur dépendant, surtout, du caractère des époux et non d'une banale formule du code ; mais si la femme et le mari, librement unis, trouvent tout avantage à cette association, les enfants, insuffisamment protégés par la loi, sont alors placés dans une situation si critique, qu'il est bien difficile à des parents dévoués de les y maintenir, en ne faisant point, tôt ou tard, légitimer leur mariage.

La Vie en ménage. — Mariez-vous ! mariez-vous donc, répéterons-nous à nos jeunes gens, avec nos moralistes et nos philosophes. Mariez-vous dans votre intérêt, pour être heureux ; mariez-vous dans l'intérêt de la patrie, pour donner de braves et beaux enfants à la France !

Certes, les jeunes filles ne manquent pas et ne demandent pas mieux. Elles abondent, elles attendent ! Elles sont là, par cent et par mille, qui n'ayant pas d'autre rêve, ouvrent leurs cœurs et leurs bras ! Mais les garçons, les jeunes hommes ? Oh ! qu'ils deviennent rares et qu'ils tardent à se présenter ! Que d'hésitations, que de tâtonnements, de comptes et de calculs, avant de se choisir une compagne !

— Eh, que voulez-vous ! font-ils avec un haussement d'é-
paules, il faut avoir, aujourd'hui, des rentes, pour se marier
sérieusement !... Les femmes sont si dépensières, si capricieuses,
si difficiles à contenter, que se charger d'une à soi seul est une
grosse affaire !

Oh, les monstres ! ils mentent effrontément, n'est-ce pas, mesdemoiselles, et vous êtes toutes de force à prouver qu'il existe
encore de bonnes ménagères, d'excellentes mères de famille, des
femmes d'ordre et de foyer ! Toutes, vous sauriez conduire une
maison ; toutes, vous aimeriez votre intérieur, si modeste fût-il ;
toutes, vous auriez le désir de rendre heureux ce maître, parfois autoritaire et grognon, que vous imposent les lois naturelles
et civiles, mais qui n'est pas sans montrer aussi quelques mérites, — soyez justes, mesdames ! — quand il remplit bien
consciencieusement son rôle de mari !

Le bonheur en ménage !... Voilà bien, il est vrai, l'idéal à
poursuivre et le grand but de la vie ! Combien, pourtant, n'y
parviennent pas ; combien passent à côté, pour qui le mariage
n'est plus alors qu'un fardeau, qu'un joug, une galère infer-
nale !

C'est qu'aussi tout désireux qu'ils soient, l'un et l'autre, de
s'aimer et de se faire réciproquement une douce existence, la
jeune femme et le jeune mari savent si peu, quand ils entrent
en ménage, de quels infiniment petits éléments se compose le
bonheur ! L'amour, sans doute, en est surtout le grand ressort
et la pièce de résistance ; mais la lune de miel, toute charmante qu'elle soit, ne saurait durer toujours.

Après avoir brillé dans son plein — comme toutes les lunes,
— elle doit forcément passer par une série de phases décrois-
santes, et l'on ne tarde pas à voir son dernier quartier.

D'ailleurs, franchement, la vie est-elle si bleue et si rose, que
l'on puisse y conserver longtemps les douces illusions de la

vingtième année ? Il peut être assurément très doux, d'abord, d'effeuiller des marguerites ; mais il importe aussi de satisfaire les besoins réels et pressants de l'existence, de se procurer le vivre et le couvert, de faire bouillir la marmite et d'apporter la becquée aux petits.

C'est à l'homme, surtout, que revient la plus lourde part de cette tâche ; mais le rôle de la femme est précisément de savoir utiliser le plus fructueusement et le plus agréablement possible, le labeur du mari.

Rien n'est plus simple, croit-on, que de gérer un ménage avec un budget suffisant. Eh bien, c'est précisément là ce qu'ignorent, avec la belle éducation qu'on leur donne aujourd'hui, toutes les jeunes femmes. En dépensant beaucoup, elles ne savent ni se donner un peu d'aisance, ni même procurer au maître du logis le moindre contentement. Comme il serait pourtant facile à dompter, le « tyran domestique », avec un peu d'intelligence et de bonne volonté !

Mais c'est précisément là tout le programme de la vie en ménage, tout le problème du bonheur conjugal.

Quand elles l'auront bien compris, et qu'elles seront vraiment aptes à le résoudre, nos jeunes filles trouveront sûrement et sans peine de jeunes maris. Alors, en même temps que refleurira la traditionnelle « galanterie française », les mariages d'inclination, trop rares aujourd'hui, l'emporteront sur les mariages d'affaires ; à de joyeuses noces, succéderont de durables amours, et les statisticiens, du haut de leurs colonnes de chiffres, n'auront plus sujet de pousser tous les ans ces cris d'orfraie : « Le pays se dépeuple ! On ne se marie plus ! la France se meurt ! la France est morte ! »

Mariage et divorce. — On ne se marie plus ? Si fait, on se marie encore, et l'on se mariera désormais de plus en plus, à présent que le divorce apparaît, dans cette grande affaire, comme une porte de sortie, comme le dénouement fort simple et naturel d'une combinaison qui de même que toutes les autres combinaisons humaines peut bien, quelquefois, ne pas réussir !

En dehors de la grave question des frais d'établissement et d'entretien d'un ménage, est-ce qu'en effet, la sombre perspective de l'indissolubilité de l'union conjugale n'empêchait pas aussi, jusqu'à ce jour, bon nombre de mariages de se conclure et de s'accomplir ?

« Se tromper est naturel à l'homme » ; ont répété les sages de tous les siècles et de tous les pays. N'était-il donc pas absurde, injuste et cruel, qu'une loi formulée par des hommes, enchaînât à jamais, l'un à l'autre, deux êtres d'autant plus susceptibles de se tromper, quand ils se jurèrent une éternelle affection, qu'ils étaient alors plus jeunes et plus aveuglés par l'amour ?

Dans une société sentimentale, en un temps où le cœur parlait plus haut que la raison, cette rigoureuse clause du mariage indissoluble pouvait ne pas arrêter un seul instant deux amants bien épris ; mais dans le monde essentiellement positif qui lutte pour la vie à l'époque actuelle, à coup sûr, cette lourde préoccupation d'un enchaînement réciproque à perpétuité devait chaque jour détourner du mariage tous ceux qui ne se sentaient pas pour cette périlleuse aventure une irrésistible vocation.

Aujourd'hui, la rassurante pensée que l'erreur d'un moment n'est point irréparable, entraînera beaucoup de jeunes gens à contracter, au lieu de la libre union qui « n'engage à rien », un mariage légitime ; et ces vrais ménages, à n'en pas douter, seront autrement féconds que les associations de pure fantaisie n'ayant d'autre but que le plaisir.

Importance du mariage. — Parce que, maintenant, il est relativement facile de rompre, quand elle blesse trop, la chaîne conjugale, et de pouvoir, le cas échéant, s'échapper de « l'enfer à deux »,

Pl. III. — LA VIE A VINGT ANS. — LE PREMIER AVEU.

faut-il ne plus hésiter, cependant, à se présenter devant « Monsieur le Maire, » et se jeter, tête baissée, dans le mariage, avec cette consolante idée que si l'on n'amène pas une première fois un bon numéro, l'on aura peut-être plus de chance une deuxième ?

Il ne serait, évidemment, ni sage ni sérieux de raisonner ainsi.

Le mariage, en dépit des justes amendements introduits dans la loi, reste toujours, des actes de la vie, le plus important et le plus grave. C'est l'œuvre capitale, dans l'ordre physiologique et dans l'ordre social ; le phénomène suprême duquel résultent, avec l'enfant, l'homme et le citoyen de l'avenir.

Au salut de la race et de la patrie, il importe donc, plus que jamais, que le mariage, au lieu d'être traité comme une affaire, soit, avant tout, la combinaison, scientifiquement faite, de deux êtres choisis à l'âge le plus propice et dans les conditions physiques et morales les plus favorables à la procréation de l'enfant.

Aptitudes générales des époux. — N'est-il pas vraiment inconcevable, quand la plupart des hommes dépensent à la satisfaction de leurs passions et de leurs désirs tant d'ardeur, de force et de ruse, qu'ils envisagent froidement, presque toujours, l'éventualité du mariage, et qu'ils en négligent absolument le côté physiologique, pour ne le considérer jamais qu'au point de vue de la spéculation, de la convenance ou de la situation qu'ils lui devront dans la société ?

Pour le bien des individus et le progrès de la race, il est indispensable, cependant, que la sélection des mieux doués et des plus aptes préside, le plus souvent possible, aux mariages humains. Et de nos jours, où chez tous les peuples civilisés, l'intelligence prime la force, les jeunes gens, dans leur choix, doivent bien moins tenir compte, chez la personne qu'ils désirent, des agréables avantages du corps, que des solides qualités de l'esprit et du cœur.

Sans doute, on ne peut pas non plus, quelque bien doué qu'il soit moralement, épouser un être mal constitué, difforme ou malade, qui léguerait à ses enfants ses défauts et ses infirmités.

Le malheur est que cet être là, tout aussi facilement qu'une dévergondée ou qu'un fripon, s'il possède une fortune, un titre ou de grandes relations, trouvera sûrement et quand même, vingt fois pour une à se marier, tandis que de beaux et braves garçons, de bonnes et jolies jeunes filles, ne pourront jamais, en raison de leur pauvreté, songer à se faire une famille, ni même à constituer un ménage sérieux !

Aussi, le monde est-il de plus en plus encombré des misérables produits de cette sélection à rebours, des tristes et véritables victimes de ces mariages d'affaires : scrofuleux, cancéreux, dartreux, rachitiques, paralytiques, imbéciles, idiots, aliénés, hystériques, épileptiques, hydrocéphales, bancals et bossus que l'on voit traîner partout leur piteuse existence ; lamentables et grelottants malgré l'immense fortune dont ils peuvent souvent disposer ; l'œil hagard et le crâne vide, en dépit des noms illustres et des titres glorieux qu'ils portent quelquefois.

Nombre d'autres, en apparence bien constitués, mais tout aussi malades moralement, avant même de naître ont reçu dans leur pauvre cervelle le germe héréditaire des vices les plus honteux ou des pires instincts, et tout à coup, un jour, comme poussés par une irrésistible force, ils se signalent par quelque abominable scandale, un vol, une escroquerie, un assassinat !

C'est qu'en somme, le mariage ne doit pas être une spéculation plus ou moins habile, une simple et banale association entre deux individus de sexe différent. Il faut, de toute nécessité, que l'amour en soit la raison, la cause et le principal objet. Quand les futurs époux en seront parfaitement convaincus, les unions sincèrement contractées resteront durables, et le divorce qui paraît encore si dangereux à tant de personnes, n'aura plus guère dans le code, d'autre valeur que celle d'une hache de justice dans un musée d'antiques ferrailles : on ne s'en servira pas !

Pour être heureux autant que possible, dans l'association de longue durée qu'ils forment en s'épousant, l'homme et la femme ne doivent point, au surplus, seulement se convenir au point de vue physique. Il importe, surtout, que leurs caractères s'accordent, qu'ils aient sensiblement les mêmes goûts, les mêmes idées, ou que l'un d'eux, au moins, soit assez accommodant pour accepter tout ce que l'autre croira devoir faire ou proposer pour le bien du ménage.

Comme l'affirme le refrain d'une vieille chanson, il faut, en un mot, « des époux assortis, dans les liens du mariage »; et rien n'est malheureusement plus difficile à deux êtres de sexe différent, s'aimassent-ils avec passion, que de bien s'assortir.

Le choix d'une femme ! le choix d'un mari ! Eh mais, de tout temps cette besogne a passé pour être au-dessus des facultés humaines, et ce n'est point une mince prétention, peut-être, que de vouloir donner ici quelques conseils pratiques à ce sujet.

— « Le mariage est une loterie ! » Sans doute. Voyons cependant s'il est impossible de s'y mettre en garde contre un fâcheux hasard. — « L'amour est aveugle ! » D'accord. Examinons donc un peu ce qu'il devrait rechercher chez la femme et chez l'homme, s'il y voyait clair !

CHOIX D'UNE FEMME

Qualités physiques d'une jeune fille nubile. — La nature, on l'a dit bien des fois, ne prodigue pas ses faveurs. Il est rare, cependant, qu'une femme physiquement bien douée ne soit point aussi, quand elle a reçu quelque éducation, moralement charmante.

Se savoir jolie, en effet, c'est, pour toute femme, avoir conscience de sa force, et les forts sont généralement bons, agréables et doux.

Est-ce à dire que les jeunes filles moins bien partagées ont nécessairement un caractère en rapport avec les disgrâces de leur corps ou les incorrections de leur visage? On voit, il est vrai, nombre de ces déshéritées se chagriner souvent et faire aussi le malheur de ceux qui les entourent, parce qu'un petit défaut contrariera leurs prétentions ou leur coquetterie; parce qu'elles pécheront par un excès de maigreur ou d'embonpoint; qu'elles auront la bouche trop grande ou le nez trop petit, des dents mal rangées ou des cheveux trop rares. La plupart, n'était ce travers qui les aigrit par instants jusqu'à les rendre insupportables, ont toutefois un excellent esprit, de bons sentiments, une moindre tendance à la légèreté, plus de raison, par conséquent, ainsi qu'une plus juste notion des devoirs d'épouse et de mère.

A mesure qu'elles se consolent de leurs imperfections, elles deviennent d'ailleurs plus aimables, plus enjouées, tandis qu'une jolie femme qui se sent vieillir, n'en prenant que très rarement son parti, se plaint, soupire, gémit, regrette sa beauté qui s'en va, puis, finalement, met en désarroi sa maison, par son humeur acariâtre et jalouse!

Toutes les demoiselles à marier, au surplus, ne peuvent pas être jolies! C'est assurément fâcheux, mais il est dans les traditions de la nature que les parents lèguent à leurs enfants, autant que leurs qualités, leurs défauts intellectuels et physiques.

Type féminin normal.

La beauté féminine, du reste, est affaire d'appréciation particulière et de goût personnel; aussi, pourvu qu'elle ne soit point trop visiblement contrefaite ou difforme, telle jeune fille qui

paraîtra laide aux yeux de certains, semblera très agréable à d'autres. L'aveuglement de l'amour, si nuisible quelquefois, est on ne peut plus favorable, souvent, aux jeunes personnes qui savent racheter les petites imperfections de leur visage ou de leur corps par un heureux esprit, un bon caractère. Il y a bien longtemps que l'on a constaté ce fait. Les poètes s'accordent, avec les philosophes, à reconnaître que « dans l'objet aimé tout devient aimable », et que les défauts mêmes passent assez fréquemment, alors, pour de réelles qualités. Faut-il rappeler, ici, ce charmant morceau du *Misanthrope*, où la douce Éliante expose, en si beaux vers, cette illusion des vrais amants :

> La pâle est au jasmin, en blancheur comparable,
> La noire à faire peur, une brune adorable...
> La géante, paraît une déesse aux yeux;
> La naine, un abrégé des merveilles des cieux...

Certes, ces naïves erreurs n'entraînent pas toujours de fâcheuses conséquences; mais, en bonne physiologie, nous ne saurions accepter que l'amour garde sur les yeux son bandeau, dans le choix d'une femme qui, pour un jour amante ou fiancée, sera pour toute la vie épouse et mère.

Et d'abord, à quel âge une jeune fille est-elle nubile, c'est-à-dire absolument apte à remplir en tous points ses grandes fonctions maternelles : la conception, la gestation, l'enfantement, l'allaitement, l'éducation physique et morale du nouveau-né? Cet âge, on le sait, varie beaucoup suivant la race, la famille, la constitution de la personne, le milieu même et le climat où elle s'est développée. En France, on peut fixer entre seize et vingt ans cette date. Il est indispensable, en tout cas, que la jeune fille soit définitivement et parfaitement réglée depuis une année au moins, et tout à fait désirable, en outre, que sa croissance soit complètement achevée.

A sa convenance et selon ses goûts, l'homme peut encore indifféremment choisir, pour en faire sa compagne, une femme blonde ou brune, petite ou grande, fluette ou potelée, à la condition qu'elle soit bien faite et qu'elle jouisse habituellement d'une bonne santé. Trop souvent le « beau », dans les arts, est une pure convention; mais la femme réellement belle aux yeux de l'artiste, est celle aussi dont le physiologiste proclame la beauté des formes; celle qui se distingue par l'ampleur du bassin jointe au parfait développement de la poitrine et de la gorge. De larges hanches, en effet, sont le meilleur indice d'une grossesse facile et d'un heureux accouchement; des seins volumineux, promettent, en même temps que la bonne mère, l'excellente nourrice.

Il est rare, chez une femme bien faite, que le bassin, fût-il même relativement peu développé, n'ait point de suffisantes dimensions pour permettre, après un travail plus ou moins laborieux, l'issue d'un enfant vigoureux et robuste. Au contraire, une femme atteinte de quelque difformité, si légère que ce soit, et particulièrement d'une incurvation rachitique de la colonne vertébrale ou des membres, est presque toujours à la fois affectée d'un tel rétrécissement du bassin, qu'il lui est impossible, sans courir les plus grands dangers, de porter un enfant et surtout d'accoucher à terme. Épouser une jeune fille ainsi disgraciée ou présentant encore, sous une apparence de santé, les traces du rachitisme dont elle aurait souffert pendant son enfance, c'est s'exposer à la voir misérablement périr au moment des couches, ou se préparer le spectacle, non moins atroce, de l'enfant arraché par morceaux du ventre de sa mère!...

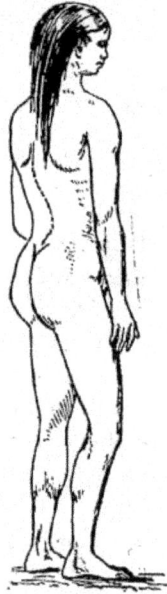

Femme rachitique, à déviation vertébrale et bassin rétréci.

Les mamelles, chez la jeune fille nubile, doivent être proémi-
nentes, fermes, coniques, avec une aréole rose au milieu, d'où
se détache un mamelon peu saillant, érectile et bien conformé.
Il est d'un bon augure, pour l'allaitement, qu'à travers la peau,
fine et souple, transparaisse un réseau de veinules bleues. Doublés d'une épaisse couche de graisse, les seins sont plus arrondis,
plus élastiques et d'une plus mate blancheur; mais trop souvent
alors, en dépit du corset qui les peut soutenir, même avant la
lactation, ils retombent ou s'affaissent.

Croirait-on que dans notre civilisation les femmes douées d'une
belle gorge sont plus rares chaque jour? « La mamelle disparaît,
la mamelle se perd », s'écriait, dans ses intéressantes leçons,
un des maîtres les plus éminents de la Faculté de Médecine; et
cela, par la bonne raison que les jeunes mères ne voulant plus
être les nourrices de leurs enfants, n'exercent et n'utilisent plus
assez l'admirable appareil de nutrition qui ne contribue pas moins
à leur beauté qu'à leur mérite. Il n'est certes pas douteux qu'en
cessant de servir, tout organe va diminuant de génération en
génération, jusqu'à sa complète atrophie; de telle sorte, qu'un
jour pourra venir, — tant pis pour nos petits-neveux! — où les
femmes, pour avoir négligé le plus naturel de leurs devoirs, ne
seront plus, en général, que de plates amazones!

Expressions et révélations du visage féminin. — On juge la femme
belle, à l'élégance de la taille, au développement des formes,
aux gracieuses attitudes du corps. Ce qui fait la femme jolie,
c'est la régularité des traits, la fraîcheur du teint, l'abondance
et la finesse des cheveux, la parfaite harmonie de toutes les
parties du visage.

Blanc et délié, le cou, par une courbe régulière et continue,
doit s'élever au-dessus de la pente nacrée, de la retombée, aux
contours arrondis, de la gorge et des épaules. Il est d'autant plus
beau qu'il est plus cylindrique, plus lisse, plus exempt de ces angles

Pl. IV. — LES JEUNES ÉPOUX.

et nervures qu'y détermine parfois la saillie trop prononcée du larynx ou des muscles sous-jacents. Il importe, surtout, qu'on n'y voie nulle tache suspecte, nulle trace d'éruption, nul gonflement ou bosselure ganglionnaire ; encore moins aucune de ces fâcheuses cicatrices, de ces « coutures » d'un si désagréable aspect, qui dénoncent la scrofule et les « humeurs froides. » Ces derniers accidents sont à tel point regrettables, en effet, qu'ils coïncident presque toujours, avec une fraîcheur, un éclat exceptionnel des tissus, qui font paraître à première vue, véritablement jolies, les pauvres jeunes filles affectées de cette grave maladie constitutionnelle.

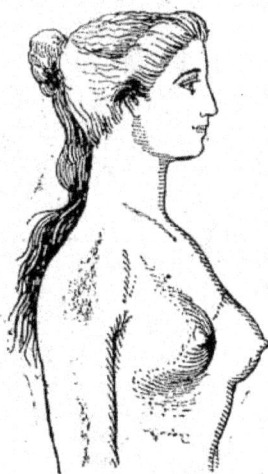

Physionomies féminines.

Type normal.
Beauté physiologique.

Type lymphatique
et scrofuleux.

Les joues, quelle que soit la teinte générale de la peau, doivent être pleines, fermes et charnues, afin de bien masquer les reliefs osseux du visage. Ni trop blèmes, ni trop rouges, elles sont parti-

culièrement agréables quand on les voit se colorer, à la moindre
émotion, du léger incarnat qui révèle l'exquise sensibilité du
système nerveux, en même temps que le sang vif et vermeil
apanage d'une santé parfaite.

La physionomie féminine étant, au moins, aussi variée que
les goûts et les fantaisies de l'homme, on s'explique sans peine
que le portrait type de la jolie femme soit extrêmement difficile
à tracer. Rarement on attache une réelle importance à la forme
des oreilles, que toute personne un peu coquette parvient, assez
facilement, d'ailleurs, à dissimuler sous ses cheveux, lorsqu'elles
sont mal conformées ou trop grandes ; et pourtant, du seul aspect
de ces organes, il est souvent possible de tirer d'utiles indications. Bien faite, et d'un beau rose de coquillage, l'oreille
annonce une saine constitution reposant sur de bons antécédents
héréditaires. La teinte jaune de cire qu'on lui voit chez un
grand nombre de jeunes et pâles Parisiennes, est un sûr indice
de chlorose ou d'anémie ; les rougeurs, les excoriations, les suin-
tements qui peuvent se montrer au fond de la conque ou sur son
pourtour, trahissent l'eczéma, le lymphatisme ou la scrofulose.

Le nez lui-même, dont le rôle et l'effet, dans la physionomie,
sont, relativement à ceux de l'oreille, si considérables ; le nez
est d'autant plus gros de révélations, qu'il occupe moins de
place. « Jamais, a-t-on dit, grand nez n'a déparé joli visage. »
C'est là, certainement, une exagération ; car, de tous les organes
de la face, il n'en est pas qui doive, mieux que le nez, s'harmoniser avec les autres. Trop court, il n'est pas seulement disgracieux. Cette malformation, dans bien des cas est un signe de
scrofule, et la repoussante odeur de l'ozène fréquemment s'exhale,
en effet, de ces nez courts, à narines relevées.

La bouche, quand elle est purement dessinée et qu'elle épanouit deux mignonnes lèvres roses, est le plus puissant, quelquefois, des attraits féminins. Sur ses bords, où s'opère la jonc-

tion de la muqueuse et de la peau, commence, pour ainsi dire, l'organisme interne ; mais le rôle multiple de la bouche fait de cet orifice, outre la banale entrée des voies digestives, la véritable porte de l'esprit et du cœur. C'est la bouche qui parle et qui promet ; elle qui charme ou désespère ; elle qui boude ou qui sourit ; elle encore qui reçoit le premier baiser de l'amour vainqueur. Par ce baiser franchement accepté, la femme se donne et se livre. En l'accordant ou le rendant, elle abandonne à celui qu'elle aime la clef de son être ; en un mot, et de l'avis des plus éminents physiologistes, c'est un vrai « mariage, » qu'un tel baiser. Fraîches et nettes, les lèvres indiquent toujours un sang généreux. L'anémie les décolore, la débauche les flétrit, le mal vénérien les fendille aux commissures et souvent les couvre de « plaques muqueuses » dont le contact est des plus dangereux.

Une jolie bouche a pour indispensable complément de belles dents blanches enchâssées dans la gencive « comme des perles dans du corail. » Outre que c'est, au contraire, une réelle disgrâce qu'une vilaine denture, il n'est point rare que des dents noires et mal rangées soient, en grand nombre affectées de carie, signe presque certain d'une constitution lymphatique ou scrofuleuse.

De tous les charmes de la femme, n'est-ce point les yeux, cependant, qui parlent parfois le plus et le mieux ? Grands, réguliers, bien fendus, ils sont vraiment admirables autant qu'expressifs quand, sous l'arc pur du sourcil, les paupières longuement ciliées qui les couvrent, pareilles à l'aile d'un papillon, tour à tour s'élèvent et s'abaissent comme pour tempérer la vivacité du regard. Relativement à la couleur, les yeux sont bleus, gris, verts, bruns ou variés de plusieurs teintes qui multiplient leur expression à l'infini. Les bleus, en général très doux, vont d'habitude avec un teint clair et des cheveux blonds. Les bruns, qui presque toujours, accompagnent un teint

chaud et des cheveux noirs ou châtains, ont souvent une puissance de pénétration d'un charme inexprimable. Il en est dont
les prunelles de velours laissent entrevoir dans leurs profondeurs
de mystérieux abîmes où l'homme le plus fort ne peut, sans
un vertige, hasarder un regard. Ce sont ces beaux yeux-là qui
nous frappent, nous ravissent, nous passionnent, nous égarent ;
qui, lorsque nous les contemplons, nous fascinent et, dans le
trouble délicieux où ils nous plongent, nous tiennent haletants,
sans audace et sans voix !

On ne prétend pas, en vain, que les
yeux sont « le miroir de l'âme. » Fréquemment, le caractère de la personne
dont on dit qu'elle a les yeux « faux »
ou « méchants, » répond bien de tous
points à l'impression que ses regards
produisent. Il est vrai, pourtant, que
ce miroir est aussi quelquefois trom-
peur et que l'on ne peut plus guère
juger une femme sur l'expression de
ses yeux que d'après la coloration de
sa chevelure. Assurément les blondes
à la peau rose, aux yeux bleus, le plus

Harmonie des traits
dans le visage féminin.

souvent sont soumises et douces ; les brunes aux yeux sombres,
aux cheveux noirs ou châtains, en général sont impressionnables
et passionnées ; mais les rousses méritent-elles bien la réputation
qu'on leur a faite depuis si longtemps d'être toutes bonnes ou
toutes méchantes ? et parmi les blondes, d'ailleurs, combien sont
irascibles et colères ; combien, parmi les brunes, apathiques et
sans amour ?

Qualités intellectuelles et morales. — Éducation. — C'est surtout en
tenant le plus grand compte de l'éducation qui lui a été donnée
et du milieu dans lequel jusqu'alors elle a vécu, qu'il est pos-

sible de se former sur la valeur morale d'une « demoiselle à marier » une opinion à peu près exacte. On s'accorde enfin, maintenant, à reconnaître qu'une instruction complète est indispensable à la jeune fille appelée à devenir épouse et mère un jour. Épouse, elle doit être, en effet, intellectuellement autant qu'au point de vue physique, l'agréable compagne de son mari; mère, elle a le devoir de donner les premières leçons à ses enfants, et la tâche, plus utile encore de les mettre au monde avec un fonds héréditaire aussi riche que possible d'intelligence et de moralité. Dans la petite bourgeoisie, aujourd'hui, les jeunes filles sont, en général, parfaitement instruites et bien élevées. Habituées au simple train de vie que permet la modeste aisance, elles n'ont ni la fierté, ni les prétentions, ni les idées de luxe, ni les goûts follement dispendieux des riches héritières. Ayant presque toutes appris à se défier des revers de fortune et des coups du sort, elles sont économes, elles aiment le travail, elles sont, la plupart, mariées à de braves garçons, d'aimables et bonnes ménagères.

Il est plus difficile, j'en conviens, de trouver, chez les « petites ouvrières » cet ensemble de qualités. L'atelier, certes, est une rude école pour les jeunes demoiselles. Librement on y parle, on y jase, on y rit; on n'y laisse guère perdre une occasion de chiffonner un peu « la tunique de la morale. » Et pourtant, même à Paris, où tant de séductions et de facilités les invitent sans cesse, les petites ouvrières valent généralement beaucoup mieux que leur réputation. En grand nombre, elles sont très étroitement surveillées par leurs mères, de braves femmes « qui ne badinent pas; » aussi, quoique légères d'humeur et de langage, gardent-elles bien plus souvent qu'on ne pense, une absolue virginité de corps et de cœur. Admirablement jolies, quelquefois, elles sont fréquemment aussi très intelligentes et très fortes. Elles ont la parfaite conscience de leur

mérite et ne livrent pas si sottement au premier bellâtre ce que
M. Dumas, avec raison, reconnaît être un « capital ». Ces
jeunes filles, bien associées, deviennent, de sages et courageuses
femmes, un peu vives parfois en ménage, mais beaucoup moins
sujettes que d'autres à succomber aux hommages d'un freluquet,
aux banales propositions d'un séducteur. Quand elles se laissent
entraîner, avant le mariage surtout, c'est, presque toujours,
qu'elles ont dans leur famille les pires exemples sous les yeux :
un père ivrogne, une mère débauchée, qui, loin de les surveiller
les encourage au vice ; c'est, bien souvent, qu'elles sont exploitées, maltraitées, battues ; auquel cas l'amant est une consolation, en attendant qu'il soit une délivrance !

Car, l'influence de la famille est toute-puissante sur l'enfant,
en particulier sur la jeune fille qui ne peut point s'en écarter et
où elle doit apprendre, insensiblement, son rôle de mère. Il
n'est, à cet égard, institution, pensionnat ni couvent, qui puissent donner une éducation comparable à celle que reçoit chez elle
la jeune fille, même du seul exemple que lui montrent des parents laborieux, honnêtes et s'accordant bien.

Dans les couvents, et malheureusement aussi dans les familles
aisées des petites villes et des campagnes, on croit bien faire
en développant à l'excès chez les jeunes personnes, les sentiments
religieux. La dévotion, il est vrai, peut servir à cacher bien des
petits défauts, à déguiser maint gros travers de caractère. Il est
fâcheux que ce ne soit qu'un trompe-l'œil quand elle est simulée, et quand elle est réelle, hélas ! qu'un détraquement de l'esprit et du cœur, annihilant tout ce qu'il y a d'aimable, de bon,
de doux et d'humain chez la femme. Méfiez-vous donc, jeunes
gens, de ces blanches vierges, élevées « sur les genoux de
l'Église ! » Il y en a certes de charmantes, en dépit de leurs
airs de saintes-nitouches, et de leurs yeux obstinément baissés;
mais les vraiment bonnes s'empressent, à leur entrée dans le

monde, de jeter le voile aux orties, et vous ne sauriez trop vous assurer, avant d'accepter la main d'un de ces anges, s'il vous donne bien son cœur avec, ou s'il le laisse à Jésus! (Pl. II.)

Conditions actuelles de la femme dans la société. — Ah! la femme idéale ne se rencontre pas sans peine, au temps où nous sommes, non plus, du reste, — convenons-en, — que le mari parfait!

Car il ne suffit plus, dans la société contemporaine, qu'à l'exemple des vertueuses matrones d'autrefois, la femme reste chez elle et file de la laine!

Ce n'est plus assez qu'elle soit ménagère économe, épouse fidèle et mère dévouée. Les rigueurs de la lutte pour la vie ont étendu ses devoirs, augmenté sa tâche et son rôle. Au grand détriment de sa grâce, de son esprit et de sa vertu, dans une modeste situation, il faut encore, malheureusement, qu'elle soit ouvrière, et que le maigre salaire de ses pénibles journées, de ses fatigantes veilles, s'ajoute à la paye insuffisante que rapporte le mari!

La femme ouvrière! répéterons-nous avec tous les économistes et les philosophes modernes, voilà bien une des plus fâcheuses conséquences de notre excès de civilisation! Comment la femme ouvrière allaitera-t-elle, en effet, ses enfants? Quelles joies donnera-t-elle à son mari? quels soins à son ménage? Dans notre monde qui se vante d'avoir tant fait pour la femme, sa condition diffère-t-elle donc tant de ce qu'elle est chez les sauvages africains où lui sont réservées les plus dures besognes?

Pour se plier à ces exigences auxquelles les incessants besoins de la famille la condamnent chaque jour, il faut que la femme soit douce, obéissante, résignée. Il faut qu'elle accepte avec patience, de ses patrons et de son maître, toutes les observations, toutes les réprimandes qui lui peuvent être, même injustement adressées! Il faut, en outre, qu'elle soit toujours aimable et gaie pour chasser de la pensée de son mari les ennuis, les tristesses,

Pl. V. — LE PREMIER-NÉ.

les découragements, les soucis qui lui viennent sans cesse de ses travaux, de ses relations, de ses affaires, des difficultés de toute sorte contre lesquelles il se débat.

Tolérante et généreuse, il faut qu'elle sache comprendre que son compagnon de chaîne ne saurait constamment se tenir à ses pieds. Il faut qu'elle excuse ses distractions, ses oublis, ses absences, ses défauts, ses fantaisies, ses caprices, pourvu que ni ses enfants, ni son ménage, en somme, n'en souffrent pas trop!

Il faut que, toujours soumise et jamais autoritaire, elle obtienne ce qu'elle désire par la persuasion, le raisonnement, par tout l'esprit et le charme qu'elle sait mettre à faire valoir ce qui lui paraît utile, juste et bon!

C'est là, sans doute, demander beaucoup à la femme, être impressionnable, sensible, mobile, irritable, inconstant à l'excès. Et pourtant quel est l'homme qui ne compte, en se mariant, que sa femme possède, au moins, toutes ces qualités? Quel est le mari qui ne se révolte quand sa femme manque à quelque point de ce simple programme et, si peu que ce soit, cherche à tenir tête au chef de la maison?

Oh! la tête des femmes! C'est toujours là ce qui les perd, les malheureuses, parce qu'elles sont, à certaines heures au moins, incapables de la gouverner. Aussi, dans leurs accès de joviale humeur, nos vieux pères représentaient-ils « sans tête » la femme par excellence, celle qui n'avait plus que des avantages, toute la partie mauvaise en ayant été retranchée, et quelquefois encore, en province, un facétieux cabaretier ne dédaigne pas de suspendre à la porte de son auberge cette naïve enseigne : « *A la bonne femme!* » où l'on voit, encadré d'épis et de grappes, un superbe buste de femme décapitée!

C'est là, certainement, une exagération criante, une méchante plaisanterie qu'il serait aussi regrettable que malséant d'approuver, parce que, sans contredit, l'indispensable complément de belles épaules est un joli visage où brillent de beaux yeux ; mais ce que l'on ne saurait trop souhaiter, quand on se dispose à prendre femme, c'est de ne trouver dans sa tête, ni le dur cerveau d'une gouvernante revêche, ni l'impalpable bulle de gaz d'une petite écervelée !

CHOIX D'UN MARI

Qualités physiques du jeune mari. — Tous les avantages physiques, toutes les qualités morales que l'homme désire trouver chez la femme, la femme, de son côté, peut les souhaiter chez l'homme ; aussi, de même que nous sommes promptement séduits par d'agréables formes féminines, les femmes sont-elles parfaitement excusables de préférer, entre tous, les hommes beaux et bien faits.

Elles ne s'en défendent pas, du reste, et l'on sait quel permanent succès obtiennent, dans toutes les villes de garnison, les coquets officiers de nos régiments, dont le costume éclatant, la bonne tenue, l'aimable galanterie contribuent tant à rehausser les grâces naturelles. Dans le monde aussi, les « jolis garçons », pour peu, surtout, qu'ils sachent valser, chanter, dire un mot aimable, ont bientôt fait de troubler ces pauvres petits cœurs féminins si fragiles et si sensibles !

Au temps où nous sommes, pourtant, en présence des croissantes difficultés que la civilisation crée à l'existence, cette instinctive prédilection des femmes pour les « beaux hommes » ne saurait être encouragée. C'est, qu'en effet, le « joli garçon » n'est point, ordinairement, un homme sérieux. Infatué de sa personne, il a toute la légèreté de la jolie femme et souvent toute sa coquetterie. Il ménage ses mains et son visage ; il a la passion de la toilette et des beaux habits ; heureux de ses bonnes fortunes, il court sans cesse à de nouvelles conquêtes ; partout aimé, choyé, bien reçu, le plaisir est sa seule occupation, son seul rêve ; incapable d'aucun travail intellectuel ou physique, il passe à dormir ou à jouer, le temps qu'il ne donne pas à ses maîtresses; c'est un viveur, un paresseux.

Pas plus qu'elle ne doit épouser par « caprice », un pareil sujet, une jeune fille raisonnable agira toujours bien, toutefois, en ne faisant point son mari d'un homme qui ne lui plairait pas. Le mariage, il est vrai, développe quelquefois l'amour. Il le diminue et l'éteint si fréquemment aussi, qu'il est plus prudent, quand on se marie, d'en apporter que d'en attendre. En dehors des individus contrefaits, infirmes et difformes, qu'à tous égards l'on ne saurait trop engager à rester garçons, la plupart des jeunes hommes, heureusement, sans être absolument beaux, ont une physionomie acceptable; et les femmes, — il faut leur en savoir gré, — sont beaucoup moins difficiles que nous, sur la correction des traits du visage. Elles s'accommodent généralement fort bien d'un brave et bon garçon bien portant, aux lèvres rouges, à l'œil vif, aux cheveux suffisants, au rire facile, à la voix mâle. A-t-il, par surcroît, une fine moustache, une belle barbe, suivant les goûts, voilà de petites mariées au comble de leurs vœux, ravies, heureuses !

C'est qu'aujourd'hui, moins que jamais, la beauté physique n'est utile à l'homme. Il faut avant tout qu'il soit doué, dans la lutte pour la vie, d'une saine raison, d'une vive intelligence, et ces qualités qui font toute sa force, font aussi, maintenant, sa véritable beauté. L'homme instruit, actif et laborieux, étant en outre celui qui procure aux siens le plus de bien-être, les jeunes filles se sont progressivement habituées à préférer, chez les jeunes gens, les mérites intellectuels aux avantages physiques; aussi n'est-il point rare de les voir s'éprendre de la plus ardente passion pour un écrivain, un orateur, un artiste dépourvu de tout agrément personnel et dont le talent seul les a charmées.

La loi militaire imposant enfin à tous les jeunes hommes l'obligation de se présenter, à vingt ans, devant un conseil de revision, fournit au moins, aux jeunes filles nubiles, l'assurance et la garantie qu'elles trouveront en tout citoyen déclaré « propre au service », l'étoffe d'un mari. Et ce n'est pas peu de chose que le contrôle de l'État, sur un objet que l'on se donne pour la vie! Propre au service! En vérité, mesdemoiselles, que souhaiteriez-vous de mieux? Propre au service! Cela dit tout et promet tout, c'est le brevet d'absolue capacité; car le plus rustre et le plus chétif de nos petits soldats ne conviendra jamais qu'il soit plus facile et plus doux de servir la patrie qu'une jolie femme!

Épouser un garçon pourvu d'un tel certificat d'aptitude, c'est donc être parfaitement certaine, d'abord, de posséder un homme complet; le conseil de révision ne plaisantant pas sur l'absence, l'atrophie, la mutilation d'un membre quelconque, ou d'une partie de membre; c'est avoir la certitude, aussi, que cette homme a bon pied, bonne bouche et bon œil; qu'il n'est ni bancal, ni noué, ni bossu, ni rachitique, ni sourd, ni punais, ni présentement scrofuleux, cancéreux, dartreux, phtisique; qu'il n'est atteint ni d'hydropisie, ni d'épilepsie, ni de paralysie, ni de hernie dangereuse, ni d'aucun autre accident qui soit incurable! Eh bien! n'est-ce point quelque chose cela? L'esprit, au surplus, étant généralement sain dans un corps sain, n'est-il pas logique d'en déduire que tout homme physiquement bien constitué, sera par conséquent, aussi, moralement fort, vaillant, habile, adroit, c'est-à-dire éminemment propre à faire, avec le bonheur, la prospérité d'un ménage?

Qualités intellectuelles et morales. — Profession. — Dans le choix d'un époux, la considération du métier qu'il exerce est, d'ailleurs de la plus haute importance pour la femme, dont l'existence est toute différente, selon qu'elle partage, ou non, les travaux de son mari. N'est-il pas de toute évidence qu'au point de vue de l'hygiène, des habitudes, du bien-être physique et moral, nulle

comparaison ne saurait être établie entre la femme d'un commerçant, celle d'un ouvrier, celle d'un artiste, celle d'un avocat ou
d'un médecin? Outre qu'elle est ordinairement flattée d'être de-
mandée par un homme intelligent, exerçant une profession libérale, toute jeune fille est enchantée de penser qu'il lui sera possible, ainsi mariée, de tenir un certain rang, de jouir d'une
considération toute particulière, de faire bonne figure dans le
monde et de s'y créer d'agréables relations. Ces rêves, certes,
sont bien de nature à troubler le cerveau des jeunes demoiselles
qui cherchent un mari. Mais ces conditions d'existence qu'elles
désirent, cette situation privilégiée qu'elles envient, n'ont point
toujours, tant s'en faut, les avantages qu'elles leur supposent.
Les professions artistiques et libérales, en effet, sont, en général, peu lucratives et très ingrates; elles exigent, par contre,
un train de maison relatif, d'inutiles dépenses qui ne sont point
compensées par de meilleures affaires ; aussi le bonheur ne peut-il
vraiment exister dans ces malheureux ménages qui s'évertuent à
cacher leur misère sous les dehors d'un luxe menteur.

La femme du commerçant, la femme de l'ouvrier, journellement
sans doute, sont assujetties à des travaux qui trop souvent leur
imposent de réelles fatigues et ne leur laissent aucune liberté.
Mais, l'adaptation faite à ce labeur quotidien, ces vaillantes
femmes, pour peu que le succès récompense leurs efforts, éprouvent, toutes, la douce satisfaction du pain gagné, du devoir accompli. Leur esprit, très sainement occupé, ne se laisse point
envahir par les turlutaines et les billevesées que se forgent, volontiers, les femmes oisives. Simples et sans prétentions, elles ont une
vie aisée, régulière, indépendante, à côté de leurs maris, braves
hommes un peu maussades parfois, aux heures de crises industrielles ou commerciales, mais généralement faciles à contenter,
heureux de l'active collaboration que leur prête « la bourgeoise »
exempts de tous les soucis qu'engendre une imagination trop

vive, et dont le seul rêve est de se faire un « petit magot » afin de pouvoir, un jour, les enfants casés, aller paisiblement planter des choux à la campagne.

Un peu banale et terre à terre peut-être, cette existence est rarement agrémentée par les distractions, les fêtes, les capiteuses séductions que la vie mondaine offre à tout instant aux jeunes et jolies femmes; mais combien est-elle plus vraie, plus naturelle, plus supportable même; nulle corvée n'étant aussi pénible que la fréquentation forcée du monde, lorsqu'on n'y recueille plus que de froids hommages, de vains compliments, ou les fades témoignages d'une respectueuse sympathie.

Que les jeunes filles demandées en mariage par un petit commerçant, un honnête ouvrier, ne fassent donc point les dédaigneuses ! Qu'elles ne jalousent point, surtout, une amie plus heureuse en apparence, parce qu'elle sera placée dans une plus brillante situation. Le bonheur, en effet, ne se rencontre pas exclusivement à tel degré de fortune, à telle hauteur de l'échelle sociale. Il est réalisable à tous les niveaux, dans toutes les conditions, d'autant plus sûrement même, que les besoins sont plus limités, les rêves moins ambitieux et les goûts plus simples.

Ce qu'une jeune femme doit principalement rechercher, dans un mari, c'est donc, quel que soit le métier qu'il exerce, la santé physique et morale d'abord; l'intelligence, le jugement, la prudence, l'activité, l'esprit d'ordre et d'initiative ensuite. Tout ce qu'elle peut souhaiter au point de vue du caractère, c'est qu'il soit doux, affectueux, tolérant, point joueur, point ivrogne et point débauché. Ces qualités et ces défauts, il est vrai, ne sont point toujours déterminés par le tempérament du sujet ou par l'éducation qu'il a reçue. Ils sont inhérents aussi, le plus souvent, à la profession qu'il a choisie, aux habitudes que lui créent ses occupations, aux fréquentations qu'elles lui imposent. A tous les métiers, se rattachent ainsi des avantages et des inconvénients qu'une jeune fille doit connaître et peser, avant de fixer son choix entre divers prétendants dont la situation de fortune ou les mérites personnels la laisseraient indécise.

On ne saurait contester, par exemple, que les ouvriers sont en trop grand nombre imprévoyants, dépensiers, paresseux, colères, ivrognes. Ils manquent souvent d'ouvrage et cèdent trop facilement aux mauvais conseils; mais il en est aussi beaucoup de laborieux, d'économes, de rangés, la plupart, en ce cas, très heureux de leur sort, et remplis d'affection pour leurs enfants et leur femme.

Les commerçants, trop souvent sont indélicats, imprudents, avares, menteurs, fraudeurs et malgré tout, exposés à de grandes pertes d'argent, à la ruine, à la faillite ; mais ils sont, aussi, fréquemment, sagaces, habiles, loyaux en affaires, ponctuels, sobres, assidus au travail, auquel cas il n'est point rare de les voir, en peu de temps, faire fortune.

Les artistes, en général enthousiastes, sensibles, généreux, partout acclamés et fêtés quand leur réputation est bien assise, longtemps, ordinairement, vivent dans la plus noire misère, avant d'être connus. Nombre d'entre eux ont aussi le défaut d'être irritables, jaloux, vaniteux, débauchés, joueurs et prodigues.

Esclaves de leur profession, les médecins sont exposés à de graves périls, à d'incessantes fatigues. Il en est beaucoup d'envieux, de gourmands, de sceptiques, de frivoles, de menteurs; la plupart, toutefois, justement considérés, sont instruits, discrets, humains, désintéressés, courageux et serviables.

Les avocats passent généralement pour habiles, subtils, rusés, méthodiques. On leur reproche aussi d'être orgueilleux, cupides, ambitieux, vantards, de parler hors de propos et de discourir, sans plus de savoir que de conviction, sur toutes choses.

Un grand nombre de jeunes filles, celles, notamment, des plus modestes familles et les moins bien élevées, éprouvent à seize

Pl. VI. — LE DRAME DE L'ADULTÈRE.

ans, un irrésistible engouement pour les militaires. Outre l'incontestable prestige que possède, aux yeux d'une femme, un bel homme superbement vêtu, cette préférence est probablement déterminée par une véritable influence atavique, de longues générations féminines, en France, ayant eu le cœur bouleversé par les vaillants troupiers du premier empire, les gardes-françaises Louis XV, et les beaux mousquetaires du grand roi! Les militaires, d'ailleurs, même ceux qui troublent tant nos petites bonnes, sont généralement affectueux, dévoués, sincères, braves, loyaux, propres et rangés. Ils ont, entre autres défauts, ceux d'être insouciants, volages, intempérants, fiers, arrogants, autoritaires. Ils ne parviennent guère, enfin, même dans un grade relativement élevé, qu'à la plus modeste aisance, et les hasards de la guerre les exposent à de graves blessures, à la mort prématurée.

En quelques mots, voilà, mesdemoiselles, un aperçu des hommes. Ils ne valent pas mieux que cela! Faites votre choix; et sans y prétendre, ni même y paraître, quand l'un d'eux vous appartiendra, faites en sorte par votre grâce, votre douceur, votre patience, votre dévouement, de développer ses qualités, de transformer en vertus ses défauts et ses vices!

BUT ESSENTIEL DU MARIAGE. — REPRODUCTION.

Considérations relatives à la santé des enfants. — Jeune homme ou jeune fille, ce n'est point seulement à soi qu'il faut penser quand on se marie; mais bien plus encore aux suites naturelles, aux conséquences mêmes de l'union contractée; aux enfants qui résulteront bientôt du mariage.

L'avenir et la santé des enfants doivent être la haute préoccupation des époux. Au point de vue physiologique et social, ils ne sauraient attacher trop d'importance à cette vivante combinaison de leur amour et de leurs forces physiques : En se choisissant l'un l'autre ils ne pourraient, à cet égard, être trop difficiles ; ni, quand dans ce but ils s'unissent, mettre trop de prudence et d'ardeur dans leurs embrassements.

Avant que la physiologie de la fécondation fut parfaitement connue, les médecins, autant que les gens du monde, s'inquiétaient beaucoup de trouver des moyens qui permissent de procréer des enfants sains d'esprit et de corps, ou même, d'engendrer à volonté des garçons ou des filles. De longs traités ont été publiés jusqu'à nos jours, sur ces intéressants sujets ; divers auteurs même, trop désireux d'étendre le champ de la « callipédie, » n'ont pas craint de recommander aux jeunes époux d'infaillibles procédés pour fabriquer, en s'y prenant bien, des enfants supérieurement doués, de véritables génies, ou tout au moins, de futurs grands hommes.

Avec des connaissances autrement étendues et bien plus précises, nous avons, aujourd'hui de bien moindres prétentions. Que les époux désireux d'avoir une fille s'unissent, à la veille de la période menstruelle, ou qu'ils se rapprochent dès le lendemain, dans l'espérance d'obtenir un garçon, c'est toujours le hasard, et probablement aussi certaines influences encore inconnues, qui déterminent le sexe de l'enfant à venir.

En dépit des parfaits modèles qu'une femme peut se représenter idéalement ou placer sous ses yeux, il ne lui est guère plus facile, d'ailleurs, de procréer un être intelligent et beau comme elle le désire, ou rappelant de plus ou moins près le type souhaité. Ce serait trop commode, après tout ; et les beaux garçons, les gens d'esprit, à ce jeu-là seraient si nombreux, qu'il y aurait mérite, assurément, à n'être plus, dans la quantité, qu'un vilain bonhomme ou qu'un simple imbécile.

Influence des ancêtres. — Hérédité. — C'est que l'enfant ne procède pas seulement de ses parents immédiats, mais encore de

la double série d'ancêtres d'où sont eux-mêmes issus ses générateurs. L'être nouveau réunit et résume en lui leurs caractères ;
et quoiqu'il présente surtout, dans la grande majorité des cas,
les traits de son père ou de sa mère, il est bien rare qu'il ne
soit point, en même temps, plus ou moins influencé par quelque autre ascendant de la lignée paternelle ou maternelle. Ce
sont, en somme, les ancêtres de l'enfant qui déterminent la
forme de son corps, sa structure, sa constitution, son tempérament, sa physionomie, ainsi que ses dispositions, ses qualités,
ses aptitudes intellectuelles.

Comme ces bonnes ou méchantes fées que nous montrent les
naïves légendes, accourant au berceau d'un nouveau-né pour le
doter de précieuses vertus ou de détestables défauts, à l'instant
précis où tout germe humain est fécondé, les ancêtres du nouvel
individu qui se forme, semblent vraiment venir en nombre pour
lui communiquer tels ou tels caractères physiques et moraux.
Grands-pères et grand'mères, aïeux et bisaïeux, après les vrais
parents, lui transmettent chacun quelque particularité de leur esprit ou de leur corps ; de telle sorte que l'enfant, même au jour
de sa naissance, n'est vraiment pas un être absolument neuf. Il
rapporte au monde, amalgamés dans un nouveau corps, des morceaux, pour ainsi dire, de ses divers ascendants ; héritage fatal,
dont il sentira, toute sa vie, la bonne ou la mauvaise influence.

L'inévitable « destinée » que reconnaissaient déjà les anciens,
sans en soupçonner la cause, pèse donc, à n'en pas douter, sur
toute nouvelle créature, et cette destinée, nous ne l'ignorons plus
aujourd'hui, c'est l'*hérédité* qui la constitue et la détermine.

A leurs descendants, les parents et les ancêtres ne lèguent
pas, en effet, la seule ressemblance des traits et du caractère.
S'il est en eux quelque singularité physiologique, quelque anomalie ou tache constitutionnelle, c'est surtout ce signe exceptionnel ou cette maladie qu'ils transmettent à leurs rejetons,

tantôt immédiatement et sans interruption, tantôt sans aucune suite et par intervalles. Particulièrement connu sous les dénominations d'*atavisme* ou d'*hérédité de retour*, ce dernier mode de transmission explique bien comment, dans certaines familles, des enfants n'ayant aucun trait de leurs parents directs, présentent, au contraire, avec quelque ancêtre dont on aura conservé le portrait, une ressemblance frappante. C'est encore à l'atavisme qu'il faut ordinairement attribuer le retour, dans telle ou telle génération, d'un enfant affligé d'une gibbosité, d'un bec de lièvre, d'un sixième doigt à la main, ou de toute autre anomalie plus ou moins étrange.

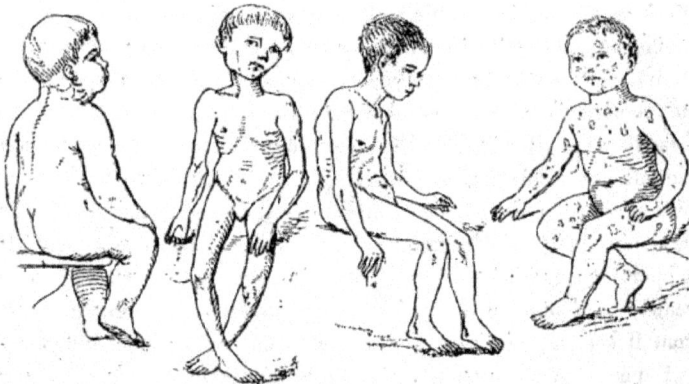

Jeunes enfants atteints de maladies héréditaires.

Scrofule.   Rachitisme.   Tuberculose.   Syphilis.

Dans le grand nombre des maladies transmissibles, il en est, comme la goutte, qui, généralement, « sautent », de même, une ou plusieurs générations; mais la plupart des maladies nerveuses, des diathèses ou vices constitutionnels, sont plus régulièrement héréditaires. Deux jeunes gens, avant de s'unir, ne sauraient trop redouter, à cet égard, la présence, dans leurs familles, de l'aliénation mentale, de l'épilepsie, de l'hystérie, de l'hypocondrie, de la surdi-mutité, de toute perversion intellectuelle ou morale. Ils ne sauraient trop hésiter à se marier, s'ils sont, eux ou leurs parents immédiats, manifestement atteints de phtisie, de scrofule, de cancer, de syphilis, de dartres ulcérées, de diabète, de déformation grave de la colonne vertébrale ou des os.

Combien de ces malheureux mariages, cependant, chaque jour s'accomplissent entre deux jeunes gens vigoureux et sains en apparence, qui, promptement, se dénouent par la misérable fin de l'un des époux! Combien, d'où résultent une série de malheureux petits enfants malingres et chétifs, inévitablement voués à toutes les souffrances, à toutes les douleurs, si la mort ne se hâte point de les délivrer de cette lamentable existence!

Car une maladie héréditaire ne se développe pas indistinctement, à tout âge, chez l'individu qui l'a reçue de ses générateurs. En règle générale, c'est *à l'âge correspondant* à celui où elle s'est manifestée chez l'ancêtre, et presque toujours dans les mêmes organes, qu'elle apparaît chez le descendant; de telle sorte qu'un enfant né d'une jeune mère prédestinée à mourir à soixante ans, d'un cancer à l'estomac, pourra lui-même, sans accident, atteindre en parfaite santé la soixantaine, et succomber alors seulement, à la même maladie. La phtisie des poumons éclate surtout entre la vingtième et la trentième année chez les parents et les enfants tuberculeux. Dans un grand nombre de cas, cependant, à la faveur de mauvaises conditions d'hygiène, les signes évidents de la diathèse s'accusent bien avant l'âge adulte, et beaucoup de jeunes enfants nés de parents phtisiques meurent prématurément de méningite, de péritonite, ou de carie tuberculeuse des os.

Mariages consanguins. — Longtemps les physiologistes ont considéré les mariages entre parents comme extrêmement défavorables aux enfants à venir et par conséquent aux progrès d'une race.

Aujourd'hui, sans qu'il soit encore possible d'émettre une opinion positive à cet égard, on s'accorde plutôt à rattacher aux influences héréditaires les accidents attribués jusqu'à présent à la consanguinité.

Si la folie, en effet, ou toute autre maladie transmissible, s'est déjà montrée dans une famille, et qu'une jeune fille, un jeune homme issus l'un et l'autre de cette famille, s'unissent en mariage un jour, incontestablement leurs enfants seront deux fois plus sujets que ceux d'un couple sans antécédents, à contracter le mal héréditaire. Au lieu d'un vice quelconque, si c'est, au contraire, un avantage, une qualité qui se soient manifestés chez les ascendants, le mariage consanguin ne pourra que développer ces heureux dons et les fixer définitivement dans la famille.

Il existe donc, comme l'ont remarqué d'éminents médecins, des couples bien doués et d'autres mal doués pour la consanguinité ; ceux-ci, malheureusement, exposés à voir, avec eux, s'éteindre leur race ; ceux-là pouvant, à bon droit, compter sur des enfants plus favorisés encore qu'eux-mêmes au point de vue physique ou moral. Quelque passion que les « petites cousines », dans les familles, puissent éprouver pour les « petits cousins », il sera donc toujours prudent et sage, avant de les marier, de considérer ce que furent leurs ancêtres, afin de consentir à cette union s'il n'a réellement existé chez les ascendants aucune tare transmissible, et pour les en détourner au plus vite, si, de ce malheureux mariage, ne peuvent résulter que la dégradation, la douleur et la mort !

Influence spéciale des parents au moment de la conception. — Tout en n'exerçant pas sur l'enfant une influence exclusive, le père et la mère, en l'engendrant, ont encore un tel pouvoir sur l'être futur, qu'ils lui donnent souvent pour la vie, selon ce qu'ils sont eux-mêmes au moment de la procréation, telle ou telle marque particulière.

Il suffit, par exemple, que les époux, ou l'un d'eux seulement, se trouvent en état d'ébriété, comme il arrive après tant de joyeuses noces, pour que le malheureux enfant conçu dans ces conditions, soit fréquemment frappé d'épilepsie, d'hystérie ou de quelque grave perversion morale. Les fils et filles d'ivrognes sont presque tous physiquement abâtardis et dégénérés, ou tout au moins, poussés au mal par des goûts crapuleux, des impulsions criminelles.

Personne, aujourd'hui, ne doute plus que les « envies » de la mère, pendant la grossesse, soient tout à fait indépendantes des taches ou « nœvi » qui peuvent, à la naissance, se montrer sur le corps d'un enfant. Les vives impressions morales, au contraire, les fatigues, les excès de tout genre peuvent, alors, très défavorablement retentir sur l'embryon, troubler son développement, et provoquer dans son organisation, les plus graves désordres.

On voit assez, par là, combien sont regrettables, chez les jeunes couples, l'ignorance des conditions physiologiques dans lesquelles doit s'accomplir un bon mariage, et plus encore, peut-être, l'insouciance des moyens qui peuvent préparer la naissance d'un enfant bien doué de corps et d'esprit.

Les amants et les époux ne sauraient, à cet égard, esquiver la grande responsabilité qui pèse sur eux dans leurs plus doux transports. L'amour, on l'a répété bien souvent, est « l'égoïsme à deux ». Que les jeunes mariés trop égoïstes, prennent donc bien garde d'expier cruellement tôt ou tard, dans leurs enfants ou leur propre personne, le fâcheux dédain qu'une excessive passion leur inspirerait pour les utiles préceptes de l'hygiène et les grandes lois de la physiologie!

RAPPORTS PHYSIQUES ENTRE LES ÉPOUX

Procréation volontaire. — Devoirs des époux envers la patrie. — Voici pourtant deux nouveaux époux, beaux, bien faits, sincères, ai-

Pl. VII. — UN MARI A BONNES FORTUNES.

mants, remplissant toutes les conditions requises pour constituer un excellent ménage. Comment vont-ils dépenser leur tendresse, apaiser leurs amoureux désirs et donner pleine satisfaction aux irrésistibles besoins de leur cœur, tout en ménageant le plus possible leur santé, leurs intérêts, leurs devoirs, et, puisqu'elles s'occupent aussi de ces choses-là, la religion et la morale? Il n'est certes pas dans toutes les questions que soulève l'organisation sociale actuelle, un problème plus délicat ni plus ardu.

Sans doute, quand ils s'unissent, deux époux prennent l'engagement tacite, devant la nature et devant la société, de « faire des enfants » suivant leur ardeur et leurs forces. Ils se marient pour se reproduire, pour engendrer des êtres qui leur succéderont, et qui, plus tard, devront travailler, de même, à perpétuer leur espèce.

Ainsi, depuis des millions d'années va le monde, et c'est probablement encore ainsi qu'il ira longtemps!

Jusqu'à quel point, cependant, est-il utile et nécessaire que l'espèce humaine se développe et que la conception d'un nouvel individu réponde à tout embrassement des époux? Bien des personnes, les moins intéressées, toujours, et les moins autorisées à cet égard, soutiennent, volontiers, que nulle restriction, nulle fraude, sous quelque motif que ce soit, ne saurait être apportée à la fonction génératrice.

En partant de ce principe et d'après ce beau raisonnement, depuis la puberté jusqu'à l'âge critique, toute femme mariée devrait donc mettre au monde un ou deux enfants tous les neuf mois? Stérile avec un époux, elle aurait tous les droits de le quitter pour être fécondée par d'autres; et de son côté, le mari dont la femme aurait conçu serait, en attendant sa délivrance, absolument contraint de lui être infidèle, afin d'utiliser, cependant, toute la vertu prolifique dont il pourrait disposer?

S'il ne s'agissait que de répondre aux secrètes intentions de la nature, peut-être faudrait-il, en somme, qu'il en fût ainsi, toute créature ayant le droit incontestable d'exercer librement les organes que la nature lui a donnés; mais il est bien évident que de telles habitudes seraient la complète négation de nos mœurs et des institutions sociales actuelles.

Malthus n'a-t-il point catégoriquement prouvé, d'ailleurs, que la production des subsistances, sur la terre, est bien loin d'être proportionnée au nombre possible des consommateurs? Et Darwin, s'appuyant sur cette grande loi, n'a-t-il pas irréfutablement établi que toute créature doit, sans relâche, combattre et lutter pour obtenir une part de cette quantité restreinte de subsistances? Dans cette « bataille pour la vie », les mieux doués, seuls triomphent et se nourrissent; en se reproduisant, ils lèguent à leurs descendants leurs aptitudes supérieures, et par les effets successifs de cette « sélection », les êtres, d'âge en âge, vont s'améliorant et se perfectionnant sans cesse*.

Dans notre monde, cependant, c'est avec une telle ardeur qu'il faut lutter pour vivre, et les préjugés, les vieux usages et les mauvaises lois jettent, dans la mêlée, tant de troubles et d'obstacles; les meilleurs et les plus braves y sont, en outre, à tel point écrasés par l'injustice, le favoritisme, les avantages et les privilèges dont la fortune héréditaire ou la déloyauté donnent tout le bénéfice à des rivaux notoirement inférieurs, que les couples sans fortune et sans appuis sont vraiment excusables de ne point augmenter, autant qu'ils le pourraient, le nombre de ces malheureuses victimes de la sottise, de la brutalité, de l'orgueil, de la mauvaise foi, de la scélératesse humaines!

Devoirs de la patrie envers les citoyens. — Assurément, il est très regrettable que la population d'un grand et beau pays, au lieu de s'accroître, diminue, et que les jeunes ménages jugent de plus en plus raisonnable et prudent de restreindre leur progéniture.

---

* Voir : *La Création naturelle et les êtres vivants*, t. I, par le Dr J. Rengade.

On aurait, certes, du bonheur, à voir successivement grandir autour de soi, de gentils enfants, de même que l'on aurait, aussi,
pas mal de plaisir à les faire; mais nos législateurs qui paraissent navrés de constater sur les recensements annuels l'abaissement progressif du chiffre des naissances, font-ils seulement la
moindre tentative pour empêcher le progrès de cette fâcheuse dé-
population?

Oh! c'est une belle et bonne chose, à coup sûr, que de donner
des enfants à la patrie! Encore faudrait-il que la patrie, en retour, leur rendît la vie à peu près possible; qu'elle ne les abreu-
vât point, dès qu'ils ouvrent la bouche, du lait frelaté des bibe-
rons; qu'elle ne les livrât point, tenant à peine sur leurs jambes,
aux ridicules sévérités des cuistres et des pédagogues; qu'elle
n'abrutît point leur jeune intelligence dans les geôles de ses pensionnats; qu'elle ne les fît point, jusqu'à vingt ans, soigneusement élever par leurs mères, pour les envoyer se faire égorger
alors, dans une guerre sans profit et sans gloire, comme on
expédie des veaux gras à la boucherie!

Il ne faudrait pas, quand ils honorent la patrie par leur courage ou leurs travaux, qu'elle méconnût outrageusement, comme
elle le fait, les services rendus et le véritable mérite; qu'elle
réservât toutes ses faveurs aux incapables soutenus par la basse
intrigue, et qu'au préjudice des vaillants et des forts, elle assurât
ainsi, par une sélection à contre sens, le triomphe des impuissants
et des inutiles! Il ne faudrait pas, non plus, que les producteurs
d'enfants, pères et mères, outre leur cœur et leur sang, que la
patrie réclame, fussent encore contraints de lui donner, sous forme
d'exorbitants impôts, leur temps, leurs fatigues, leurs peines, la
plus grande et la meilleure part du pain si péniblement gagné!

Or, font-ils quoi que ce soit, nos prétendus hommes de gouvernement, pour modifier ce déplorable état des choses? De plus
en plus, au contraire, ils semblent prendre plaisir à l'aggraver,

uniquement préoccupés qu'ils sont, de leurs intérêts personnels. Non pas qu'ils ne nous invitent expressément, toutefois, nous, médecins et moralistes, à chapitrer nos clients sur la regrettable infécondité de leurs amours ; à bien faire comprendre, surtout, à nos jeunes lectrices, comme Arnolphe à la naïve Agnès, que le mariage, en réalité, « n'est point un badinage! » Nous sommes vraiment bien reçus avec nos vertes réprimandes et nos superbes raisons! Eh, messieurs! donnez-nous de la sécurité, de la justice, de la paix, du travail, et l'on vous donnera des enfants, de nombreux et beaux enfants, qui feront, avec la force, la richesse et l'honneur de la patrie, la mère commune!

Quant à menacer des flammes de l'enfer ou des tortures plus positives d'une maladie organique, les couples trop prudents qui ne veulent, de l'amour, goûter que les plaisirs, ce n'est vraiment l'affaire ni d'un « directeur de conscience », ni d'un sérieux médecin, ni d'un moraliste quelconque. Ces intimités-là ne regardent que les époux; et les économistes, à ce sujet, pas plus que les prêtres ou les docteurs, n'ont à mettre le nez dans l'alcôve conjugale.

Les enfants, il est vrai, sont le plus souvent, « la joie de la maison », et les soins quotidiens qu'ils exigent, les constantes sollicitudes dont ils sont l'objet, l'inquiétude même qu'inspire à tout instant leur fragile existence, ne contribuent pas médiocrement à maintenir unis des parents dévoués. Mais que de peines et de sacrifices aussi, nécessite l'entretien de ces chers petits êtres! Que de craintes et de soucis, quand ils sont délicats et souffrants! Que de tourments pour leur avenir, dans un monde où la vie est si difficile! Pourquoi donc des époux raisonnables et sensés n'hésiteraient-ils pas, avant de donner le jour à de pauvres créatures que décimeraient fatalement la misère ou la maladie? Pourquoi, ne pouvant convenablement élever qu'un ou deux enfants, en produiraient-ils un plus grand nombre qu'ils né-

gligeraient et ne pourraient peut-être même nourrir, faute de suffisantes ressources?

Sous peine d'accidents graves et d'une réelle immoralité, cette
fois, il faut pourtant bien que deux jeunes mariés qui s'aiment,
s'abandonnent librement à la vive passion qui les a poussés l'un
vers l'autre, et le plus complètement possible apaisent les ardents désirs de leur cœur. Ce n'est jamais trop longtemps que
durent, en ménage, les amoureux transports! Ils ne sont pas
moins utiles, cependant, au maintien de la bonne harmonie entre
les époux, qu'à la satisfaction de leurs besoins génésiques; car
le mariage sans l'amour n'est plus que la banale association de
deux êtres fatalement obligés d'aller chacun de son côté, chercher
ailleurs ce qu'ils ne trouvent plus l'un chez l'autre. Les doux
rapprochements, les tendres caresses, sont une compensation nécessaire, enfin, aux tracas, aux soucis, aux désagréments de toute
espèce dont personne n'est exempt. Ce n'est bien que lorsqu'il
aime ou lorsqu'il dort, que l'homme échappe tout à fait aux
ennuis de l'existence!

RAPPORTS MORAUX ENTRE LES ÉPOUX

Inconstance de l'amour. — Cette suprême question de l'amour
n'est-elle point, d'ailleurs, celle qui dans notre société, tourmente
et trouble le plus tous les ménages ? C'est qu'il est si difficile,
même aux couples les plus vertueux, les plus aimants, les plus
unis, de se garder une absolue fidélité durant une vie tout
entière! Est-il dans la nature, un homme dont le cœur n'ait
jamais battu que pour une seule femme? Est-il une femme,
même parmi les plus froides et les plus fières, qui n'ait jamais
éprouvé qu'à la vue, à la pensée d'un seul homme, l'ardent
désir de lui plaire et d'être aimée de lui?

Cette constance de la passion est d'autant plus impossible que
les amants se trouvent placés dans une société plus nombreuse

et plus choisie.; dans un milieu où les comparaisons entre les indifférents et la personne aimée sont plus fréquentes et plus faciles. Outre que le caractère humain est essentiellement mobile et changeant, surtout après la satisfaction plus ou moins complète du désir, fatalement il arrive, aussi, que l'être un moment préféré, subissant, comme toutes les créatures, une évolution physique et morale, perd peu à peu, à mesure qu'il se transforme, les qualités et les avantages qui le faisaient aimer.

Loin d'être voulue par la nature, la fidélité conjugale, au surplus, est en complète contradiction avec les instincts polygamiques de l'homme, qui, de nos jours encore, sont le principe même et la règle du mariage chez tous les peuples de l'Orient. Partout et de tout temps, enfin, l'homme à l'état primitif ayant été polygame, une influence atavique incontestable ne peut qu'empêcher dans l'union monogamique, la constance de l'amour.

Infidélités conjugales. — Jalousie. — Sans aborder ici le grand problème social que ces considérations soulèvent, faut-il en conclure que l'homme et la femme sont dûment autorisés à satisfaire, chacun de son côté, toutes leurs fantaisies, tous leurs caprices amoureux ? Non, sans doute, puisqu'ils ne le peuvent guère, dans notre monde, qu'au détriment de leur honneur, de leurs intérêts ou de ceux de leur famille, qu'en rompant plus ou moins avec les convenances et les conventions généralement acceptées.; mais peut-être est-il bon, quand ils se donnent l'un à l'autre, que les époux aient une juste idée de leurs droits naturels et de la valeur des serments qu'ils ne manquent pas alors d'échanger.

En se persuadant bien, tout épris qu'ils soient, que la nature ne s'engage point avec eux et qu'ils ne peuvent pas beaucoup plus, contre elle, que le brin de plume contre le vent dont il est le jouet, ils seront réciproquement plus disposés à se pardonner, à l'occasion, quelque petite faiblesse.; ils éviteront, surtout, d'être la proie de cette ridicule et brutale *jalousie* qui boule-verse les ménages, et chaque jour occasionne tant de scènes grotesques ou tant de crimes odieux !

N'est-il pas vraiment excessif qu'un homme, parce qu'il donne sa main et son nom à une femme, puisse, dès ce moment avoir la conviction que cette créature est, désormais, tout entière son bien, sa propriété, sa chose ; qu'elle lui appartient corps et âme, qu'il est son seul et unique maître, physiquement et morale-ment ? Et comment donc ne le croirait-il pas, puisque la loi l'y autorise et le lui affirme ? Oui, cet humiliant trafic de per-sonnes est encore possible ; ce révoltant achat du plus faible par le plus fort est sanctionné par la loi, dans notre société soi-disant civilisée !

Qu'un jour, aussi, dans ce fragile et sensible cœur féminin que, trop bénévolement, s'imagine posséder à lui seul, son légi-time propriétaire, germe et se développe un nouvel amour ! Qu'un désir, longtemps contenu, soudain s'y réveille, à la faveur peut-être, d'injustes reproches, d'un brusque abandon, d'une violence imméritée ! Que la malheureuse femme incapable de dompter sa passion, séduite, entraînée, palpitante, aille se jeter, aveugle et folle, aux lèvres de celui qui l'attend !

Terrible, l'homme qui se dit son maître, la guette et la pour-suit. Il la découvre, la surprend, pénètre de force où elle se cache, et la rage au cœur, l'injure à la bouche, le revolver au poing, il se rue, plus féroce qu'un bourreau, sur cette créature qui, même dans les bras d'un autre, lui appartient toujours ! Il la saisit, lui tord les poignets, la terrasse, lui fracasse la tête à coups de pistolet ; il l'égorge et lui prend la vie pour la punir d'un mensonge ; au mépris de tout droit naturel, il détruit une existence humaine ; il répand et sacrifie tout le sang d'une femme, d'une mère peut-être, pour laver on ne sait quel ridicule affront fait à sa dignité de mâle et de mari ! Glorieuse et noble

Pl. VIII. — LA VIE A LA VILLE. — UN MÉNAGE D'OUVRIERS.

vengeance, vraiment ! Admirable trait de bravoure et de grandeur d'âme ! (*Pl. VI.*)

A la bête brute qui ne recule pas devant cette horrible besogne, la loi, cependant, donne toute latitude et toute raison ! Il faut bien, dit-elle excuser la faiblesse de l'homme ; faire la part de la noire jalousie et de l'irrésistible colère qui mettent la haine au cœur, et l'arme à la main du mari trompé ! Sans doute, autant qu'on le peut, il faut avoir pitié de cet être qui se croit raisonnable et fort entre tous, quand il est le simple jouet de ses passions ; quand ses sentiments et ses idées, non seulement changent avec l'âge, mais varient, pour ainsi dire, à toute heure du jour, selon ce qu'il mange ou ce qu'il boit, selon que le ciel s'assombrit ou s'éclaire !

Mais pourquoi donc, pleine d'indulgence pour le mari qui tue, la société se montre-t-elle impitoyable pour la femme qui trompe? Est-il donc plus honorable de s'abandonner à la fureur qu'à l'amour? Est-il plus naturel et plus facile de résister aux entraînements du cœur, que d'étouffer, en soi, le ressentiment et la haine?

Assurément, cette flagrante injustice est une conséquence de la traditionnelle coutume qui, de tout temps et dans tous les pays, a fait de la femme l'esclave de l'homme ; aussi, dans nos codes actuels, les deux époux étant déjà reconnus à peu près égaux, et le divorce, désormais, leur permettant de se dégager d'une union mal faite, n'est-il pas douteux que la loi future ne tolèrera plus ce formidable droit du plus fort, et ne distinguera plus de l'assassinat le meurtre odieux de l'adultère !

Chez la femme, ordinairement, c'est par une violente exaspération contre sa rivale que se traduit d'abord la jalousie, et cette fureur est d'autant plus impétueuse que la femme est plus aimée, plus ardente, moins distraite par sa situation ou ses goûts de l'unique passion qui lui remplit le cœur.

Dans les plus humbles classes de la société, si farouche est la haine, chez la femme jalouse, qu'elle la pousse aussitôt aux actes extrêmes. Bravant toute convenance et tout ridicule, la malheureuse délaissée cherche partout celle qui trouble son bonheur, et sitôt qu'elle l'a rencontrée, elle l'apostrophe, l'injurie, se précipite sur elle, la saisit aux cheveux, lui déchire le visage, ou, plus cruelle encore, lui jette à la face le vitriol qu'elle a préparé tout exprès. Cette horrible vengeance, toutefois, ne suffit pas à rendre plus intéressante, ni vraiment tragique, la femme trompée. En dépit de la sincérité de sa colère, elle reste souvent aux yeux du public, exagérée, folle, grotesque, et quand elle se laisse aller jusqu'au guet-apens, jusqu'au crime, c'est, infailliblement, à sa victime, que vont toutes les sympathies.

La femme jalouse, en effet, quelque réelle que soit sa douleur, ne semble jamais avoir pour mobile, dans sa vengeance, que le regret du plaisir dont elle est sevrée ; elle ne peut invoquer, en sa faveur, les grandes excuses du mari trompé : l'ingratitude, la trahison de l'être qui déshonore son nom, la révoltante pensée, surtout, de recevoir de l'adultère un enfant qui volera la part d'affection et d'héritage dont les fils légitimes eussent profité.

Rarement, la femme du monde, intelligente et bien élevée, prend si vivement à cœur les escapades de son mari. Très libre elle-même dans ses relations, habituellement fort étendues, elle n'a ni le loisir, ni le souci de chercher querelle à « Monsieur » sur ses petits caprices ou ses bonnes fortunes. Quand il ne reste pas auprès de Madame, ou que de son côté Madame rend visite « à ses amies, » Monsieur « va au cercle », et ce seul mot est la sauvegarde absolue de sa liberté. L'on ne s'occupe plus de ses faits et gestes, ni de son départ, ni de son retour.

Or, il n'est pas en ville, autant ailleurs qu'à Paris, cercle si fermé qui ne communique avec beaucoup d'autres cercles : coulisses et foyers de théâtre, restaurants en renom, cabarets à la mode, salons demi-mondains et boudoirs hospitaliers. Monsieur, certainement, ne peut manquer de s'y égarer quelquefois, et ne serait-ce pas faire injure à ses aptitudes masculines, que de supposer qu'il peut, impunément aller et venir à travers ces milieux-là ? Est-il d'ailleurs un homme du monde assez chaste pour n'y avoir jamais pénétré ? Une parisienne assez naïve pour croire que c'est bien régulièrement et chaque soir « à son cercle » que va son mari ?

Ce ne sont point, toujours, au surplus, les moins bons ni les moins unis, ces ménages faciles, où les époux, réciproquement respectueux de leur indépendance, ont bien garde de se tourmenter sans cesse et de se taquiner sans répit, à propos d'un mot aimable, d'un sourire adressé ou reçu, d'une rencontre fortuite ou préméditée, d'une visite rendue ou d'une lettre écrite à une personne plus ou moins sympathique ! Heureusement, de douces amitiés, de vives affections naissent aussi des relations sociales, d'autre part si fécondes en froissements, dépits, brouilles et rancunes ! Ce sont les conséquences naturelles de la fréquentation du monde, les justes compensations aux sacrifices, aux fatigues, aux ennuis qu'elle cause ; la grande raison même et le réel attrait de ces réunions aimables où s'assouplissent les caractères, où se façonnent les manières, où s'adoucissent les mœurs.

A se tenir constamment enfermés chez eux, à se soigner, à se dorloter mutuellement, à ne point se quitter ni faire un pas l'un sans l'autre, à ne se permettre, en dehors de leur affection réciproque, aucune intimité ; combien d'époux, au contraire, finissent par s'impatienter, s'aigrir, s'irriter et se lasser absolument d'une existence égoïste autant que monotone ! C'est qu'il n'est pas plus dans le caractère que dans le cœur humain de se confiner ainsi dans un seul rêve, dans une exclusive passion. Des enfants, au moins, sont indispensables au salut de ces ménages trop étroitement serrés. En la détournant à leur profit, ils ravivent la tendresse usée des époux ; ils transforment en sollicitude maternelle, en soucis paternels, l'ardeur conjugale épuisée ; en y faisant entrer l'air et le jour, ils permettent, souvent, que dans ces foyers éteints se rallume une nouvelle flamme !

En dehors de la jalousie, il existe, d'ailleurs, tant d'autres sujets de discorde dans les ménages, que le plus petit nombre, en réalité, peut se dire encore, après un certain temps, véritablement heureux.

Pour peu que les deux époux aient une différente façon de voir et de juger les choses, — et comment en serait-il autrement, puisqu'ils diffèrent eux-mêmes par le sexe, le caractère, l'éducation, les goûts, les désirs, les aptitudes innées ? — fatalement, tôt ou tard, des contradictions, des discussions éclatent, des nuages s'amoncellent, des orages grondent à propos de tout et de rien ; de la cuisine et des affaires, des enfants et des domestiques, des amis et des voisins, des chiens et des chats, du beau temps et de la pluie ! Joignez à cela l'irritabilité de Madame, la mauvaise humeur de Monsieur, la légitime ténacité de l'un à vouloir être au moins son maître, l'exorbitante prétention de l'autre à tout gouverner : c'est la dispute, la querelle, le désaccord à tout instant et finalement la vie impossible.

Indulgence ! indulgence donc, jeunes époux ! Votre suprême devoir accompli, l'entretien et l'éducation des enfants assurés, persuadez-vous bien que vous ne devez pas plus être esclave que tyran à l'égard l'un de l'autre.

A vous, Monsieur, la rude besogne de trouver le vivre et le couvert ; d'apporter, sitôt que vous le pourrez, l'aisance et le bien-être ! A vous, Madame, d'être, avant tout, la paix, le charme et la joie de la maison ; c'est-à-dire, une véritable mère pour vos enfants, une agréable compagne pour votre mari qui, dans ces conditions, sera, toujours aimant, votre camarade et votre ami, — jamais votre maître !

ENTRETIEN DU MÉNAGE. — TRAVAIL ET BUDGET.

La question d'argent. — Quelque vaillant et courageux que l'on soit, il ne faut certes point se dissimuler que l'on entreprend beaucoup en se mariant, au temps où nous sommes !

A ce jeu de l'amour et du hasard, on perd tout d'abord, en effet, la douce insouciance de n'avoir plus à penser « qu'à soi seul » chaque jour. Prendre femme, puis, se donner, avec le luxe des enfants, c'est considérablement multiplier les appétits, les besoins quotidiens à satisfaire ; et dans la vie sociale actuelle, on n'a pas le choix des moyens, pour la satisfaction des besoins !

Tout se vend, aujourd'hui, tout s'achète ; il faut, pour vivre, de l'argent, — beaucoup d'argent, — si l'on rêve seulement de jouir d'une modeste aisance.

Il est des gens assez heureux pour naître riches, et qui, tout le long de leur existence, n'ont plus qu'à dépenser les revenus dont ils peuvent disposer. La vie, dans ces conditions est facile, ne possédât-on que les cinq ou six mille francs de rente qui suffisent au simple contentement des goûts et des besoins naturels.

Si vous êtes de ces privilégiés, tant mieux ! car vous vous en félicitez, sans doute ; et, pourtant, si jamais vous n'avez été dans la gêne ; si vous n'avez jamais eu le souci du pain quotidien ; même en jetant l'or à poignées pour contenter vos caprices, vous ne connaissez pas une des meilleures, des plus pures joies de la vie : celle que procure la généreuse dépense de l'argent péniblement, mais honnêtement gagné !

Nécessité du travail. — C'est que le travail est la grande loi, le suprême devoir imposé par la nature. En être exempté par la fortune, et n'y point user, au moins dans une certaine mesure, ses forces et ses facultés, c'est volontairement renoncer à tout un ordre de vives jouissances ; c'est perdre tout un ensemble de bonnes et douces sensations, comme le sourd-muet ignore les charmes de la musique et de la voix ; l'aveugle-né les inappréciables plaisirs des yeux, les merveilleux effets de la lumière !

Au point de vue social, au surplus, un homme qui ne travaille pas ou n'a point travaillé, n'est vraiment pas intéressant. C'est un inutile, un invalide, un spectateur impassible de l'ardente lutte où sont engagés les autres hommes, un égoïste, un indifférent. Il possède, sans les avoir conquis, tous les moyens de se donner le bonheur ou le bien-être ; il y réussit même quelquefois, et tient à ce qu'on le sache ; mais il ne mérite pas, en tous cas, que l'on se préoccupe de lui.

Les gens véritablement dignes d'intérêt, dans le rude combat pour la vie, ce sont les combattants eux-mêmes, les travailleurs ; ceux qui luttent, non seulement pour la satisfaction de leurs besoins personnels, mais hardiment et vaillamment, pour soutenir leur famille. Qu'ils usent, à la peine, leur esprit ou leur corps, voilà, dans toute société, les vrais et les bons citoyens, les hommes utiles.

Et l'on sait, quand on est de ceux-là, ce qu'il faut, aujourd'hui, pour vivre, de courage et d'efforts !

Que l'on soit ouvrier, cultivateur, artiste, employé, commerçant, homme de lettres ou de science ; que l'on manie la plume ou l'outil, ce n'est qu'à force de persévérance et de labeur que l'on apaise ses moindres appétits, que l'on subvient aux frais quotidiens d'une modeste existence !

Dépenses et ressources. — Dans nos campagnes, encore, à dire vrai, la vie est relativement facile. Ses besoins physiologiques n'étant point aiguillonnés sans cesse, ni par conséquent affinés comme ceux de l'habitant des villes, le paysan se contente aisément d'une nourriture grossière, d'une simple demeure, d'une grosse et bruyante joie, d'une passion naïve ou bestiale.

Evidemment, on vit mal ainsi ; contrairement, même, le plus

souvent, aux lois de l'hygiène ; mais l'on vit sans dépense appréciable, en plein repos d'esprit, et dans une sorte de patiente béatitude.

Il n'en est plus de même dans les villes, où l'affluence des hommes sur un même point, rend la place difficile à tenir, la concurrence active, la lutte acharnée, les convoitises ardentes. A Paris, où plus que partout ailleurs, ces conditions défavorables se trouvent réunies, une petite famille d'ouvriers, aussi parcimonieusement qu'elle vive, ne saurait plus aujourd'hui, sans une dépense annuelle de 2.300 à 2.600 francs, subvenir aux inexorables nécessités qui la pressent.

Or, toute modeste qu'elle semble, cette somme suppose encore, déduction faite des jours de repos, de chômage ou de maladie, un gain quotidien de 7 à 8 francs ; et si c'est bien là ce que rapportent journellement au logis la plupart des travailleurs parisiens, combien d'autres en est-il qui ne parviennent jamais à toucher ce trop juste salaire ?

Comment donc, et de quoi peuvent bien vivre ces pauvres diables, malheureusement doués comme les gens les plus riches, de fort bonnes dents et même d'un meilleur estomac ? Et ceux encore que leur travail suffit actuellement à nourrir, comment vivront-ils plus tard, quand l'heure aura sonné des infirmités et de la retraite ?

Préoccupés, à bon droit, de l'intéressante situation de ces petits ouvriers, de ces employés modestes, dont la résignation aux injustices du sort égale le dévouement à la famille et le courage au travail, les hommes d'État et les philanthropes ont depuis longtemps fondé pour leur venir en aide, des institutions de prévoyance, des sociétés de secours mutuels, des caisses d'épargne ou de retraite qui rendent, en effet, de réels services à ces honnêtes travailleurs. A Paris et dans les grandes villes où fonctionnent régulièrement, surtout, ces utiles créations, on ne

Pl. IX. — LA VIE A LA CAMPAGNE. — UN MÉNAGE DE PAYSANS.

saurait trop engager les ouvriers à profiter des avantages qu'elles leur offrent. Et pourtant, qu'ils ne se reposent pas absolument sur l'assistance que le syndicat ou la société leur doit au besoin; qu'ils ne s'endorment pas dans une insouciante sécurité, parce qu'ils en pourront recevoir un secours, en cas de maladie ou de chômage!

L'ordre et l'économie. — Quelque sentiment que l'on puisse avoir de sa faiblesse, ce n'est jamais sur les autres, mais sur soi, qu'il faut compter. C'est, le plus possible, par ses propres forces, par son intelligence et son labeur personnels, qu'il faut agir, lutter, se tirer d'embarras, s'élever d'une position précaire à un sort meilleur, à l'aisance, au moins, bien souvent préférable à la richesse!

Et ce mieux que doit rechercher tout homme de courage, deux qualités indispensables à la mère, au père de famille, l'ordre et l'économie, permettent de l'obtenir.

Si limitées que soient vos ressources, ordonnez donc et réglez vos dépenses de telle sorte qu'elles restent toujours en deçà de vos gains ou de vos revenus. Établissez votre budget hebdomadaire ou mensuel avec assez de prévoyance et de précision pour qu'il vous laisse, au bout de la semaine ou du mois, la douce surprise d'une petite épargne que vous alimenterez bientôt et nourrirez instinctivement sans regret ni sans peine, comme si vous comptiez, dans le ménage, une bouche de plus!

La vie de l'ouvrier. — Sans doute il est difficile au travailleur, à l'ouvrier des villes, de faire, et plus encore de conserver ces modestes économies. Certes, il en sent le besoin, la nécessité, les avantages; mais sous ses yeux, sur ses pas, et tout autour de lui, si nombreuses sont les tentations, les occasions de dépense!

Est-il sans force morale et trop « bon garçon »? le marchand de vins, le tabac, le jeu, les amis, lui vident si facilement les poches! Est-il rangé, sérieux, raisonnable, uniquement préoccupé du bonheur des siens? Un jour, à l'étalage d'un magasin, c'est un colifichet qui fait envie à sa femme ; une autre fois, un spectacle à voir, un livre à lire, un bibelot à se donner, un jouet à rapporter aux enfants! Et constamment, ainsi, filent les gros sous, les pièces blanches, tant et tant qu'il n'en reste plus pour la tirelire, et que ces pauvres ménages d'ouvriers citadins, au lieu de faire régulièrement quelque épargne, ne réussissent pas même à payer leurs frais, à « joindre les bouts ». (*Pl. VIII.*)

La vie du paysan. — L'ouvrier des champs, au contraire, le tranquille paysan, quoique beaucoup moins rétribué que le travailleur des villes, n'ayant, pour ainsi dire, aucune occasion de dépenser son maigre salaire, en arrive souvent à l'économiser presque tout entier. L'entretien de son ménage lui coûte si peu! Bien autrement agréable et salubre, quand il est proprement tenu, que la misérable soupente où sont forcés de s'entasser dans nos faubourgs, tant de laborieuses familles, le logis, à la campagne, est si commode et si facile à trouver! La nourriture est peu variée, grossière, insuffisante même parfois, c'est vrai! mais elle a le grand mérite de n'être point frelatée, et les champs, les jardins, les vergers, les vignes, les animaux domestiques ou sauvages de la contrée, à peu près pour rien la fournissent ou la donnent. Réduite à sa plus simple expression, la toilette n'exige qu'une robe, une veste des dimanches, d'une coupe et d'un drap qui durent toute la vie. L'hiver, on se chauffe avec le bois du pays; on s'éclaire avec l'huile des noix ou des faînes récoltées; on se distrait, au coin du feu, par de plaisants récits ou des contes à faire frémir, qui valent bien la plupart de nos opérettes et de nos mélodrames.

On aurait, là, de l'argent à poignées, que l'on ne saurait vraiment, à quoi l'employer, ni qu'en faire. Aussi, le peu qu'il en gagne, le paysan le garde-t-il, l'amasse-t-il, le cache-t-il, à seule fin d'en acheter quelque jour, un morceau de ce bien qui, pour lui, les contient tellement tous, qu'il est le « bien » même; un

arpent de ce sol, qui le nourrit, l'habille, le chauffe, l'éclaire
l'abrite vivant et mort; un lopin de cette terre où il est né, où
il a grandi, où il a vécu, où il rentrera, calme et satisfait, sans
avoir plus souffert des âpres envies que joui des fugitives satisfactions données par un milieu tout différent, à l'ouvrier des
villes ! (*Pl. IX.*)

Combien de malheureux végètent à Paris, manquant de pain
à certains jours, s'étiolant, eux et leurs enfants, au fond de réduits sans air et sans lumière, qui retrouveraient à la campagne
la paix, le bien-être et la santé! Mais on ne change pas aisément
sa vie, après l'avoir arrangée de telle ou telle manière. L'apprentissage terminé, les habitudes prises, l'adaptation faite à tel
ou tel métier, il ne pourrait être facile qu'avec des ressources et
du temps, d'entreprendre une autre profession, de se façonner à
une nouvelle existence, et dans les moments difficiles, ce sont
toujours, précisément, le temps et les moyens qui manquent le plus !

Loin de vous laisser abattre aux heures mauvaises, réagissez
donc, humbles et vaillants travailleurs! Aidez-vous et redoublez
d'efforts pour sortir d'embarras, pour vous dépêtrer de la malechance et de la misère. Ne comptez point, surtout, alors, pour
vous tirer d'affaire et vous assurer un meilleur avenir, sur ces
enragés déclamateurs, toujours prêts en pareil cas, à vous offrir
leurs services, à vous entraîner dans la rue, à se sacrifier, soi-
disant, pour vous; tout ce beau zèle, dans l'unique pensée de
se créer à vos dépens une popularité, d'obtenir de vous, tôt ou
tard, une situation politique.

Dites-vous bien, au lieu de perdre votre temps à les écouter,
qu'il n'est point, en réalité, si difficile situation dont un homme
de cœur ne finisse par sortir, s'il est intelligent, persévérant,
honnête, rangé; si de bonne heure, surtout, il a pris l'habitude
de ne point bouder à la besogne, quelque ingrate et pénible
qu'elle fût!

Épargnes et revenus. — A force de travail et d'économie, parvenez-vous, enfin, malgré tout ce qu'il en coûte à vivre, à faire une petite épargne sur vos dépenses de chaque jour? Possédez-vous, même, déjà, quelque argent que vous voudriez, naturellement, placer le plus avantageusement possible?

Gardez-vous bien de l'exposer le moins du monde, en comptant le faire mieux valoir!

C'est avec une véritable rage, aujourd'hui, que l'on se jette dans les opérations financières les plus hasardeuses, dans les paris, dans les jeux de bourse; que l'on souscrit aux émissions les plus extravagantes, que l'on confie ses économies aux plus effrontés spéculateurs.

Tout le monde a soif de s'enrichir, et les plus pauvres sont quelquefois ceux qui prétendent faire le plus rapidement fortune. Aussi n'est-il pas moins ridicule que douloureux de voir des ouvriers, des petits commerçants, tenter, comme de gros capitalistes, des coups de Bourse où sombrent le plus souvent, avec leurs épargnes, leur tranquillité morale et leur courage au travail.

Où donc placer, alors, me demanderez-vous, le peu d'argent, si péniblement gagné, que vous tenez en réserve pour vos vieux jours?

Faut-il le laisser dormir, infructueux, au fond d'un tiroir, où, pour n'être pas entre les mains d'un financier suspect, il n'en court pas moins le risque d'être emporté par un voleur?

Eh! non, sans doute, il ne faut point, à la façon des avares, thésauriser pour laisser l'argent improductif. Mais c'est justement parce que vous êtes embarrassé de vos économies, parce qu'en dépit de la sagesse qui vous conseille, vous ne demandez pas mieux que d'en obtenir les plus beaux revenus possibles, que de tenter même une « petite affaire », si vous n'y voyez pas grand danger; c'est parce que secrètement vous vous dites cela, qu'à toute heure du jour vous êtes sollicité par de tapageuses annonces, de mirobolantes affiches, de ronflants prospectus assez « empoignants », il faut bien en convenir, pour empoigner, avec votre confiance, votre petit magot !

Et vous souscrivez, alors, et vous versez ! et vous y allez bon jeu bon argent, jusqu'au moment où, pour employer le mot du jour, un terrible *krach* vous annonce, au moins la fin de vos rêves, et le plus souvent, à la fois, l'anéantissement de tout votre avoir.

Résignez-vous donc à transformer en bonnes valeurs vos modestes épargnes. Nos rentes françaises, nos chemins de fer, ne rapportent plus guère, il est vrai, que 3 à 4 0/0 : mais ce sont là de solides placements qui, tout en vous donnant quelques revenus, vous ôtent toute inquiétude au sujet de votre argent, et vous laissent par conséquent le calme et le courage nécessaires pour en gagner encore.

D'un œil indifférent, alors, vous pourrez suivre ces oscillations si dangereuses de la Bourse, ces hausses, ces baisses imprévues, qui font chavirer, au jour de la liquidation, les banques les mieux équipées, les financiers les plus habiles.

Tous les trois mois, invariablement, vous n'aurez qu'à toucher vos coupons, sans regret, sans remords et sans crainte, et vos gains quotidiens, soutenus, compensés au besoin par ces échéances fixes, vous permettront d'établir avec une précision des plus favorables à la prospérité de vos affaires l'assiette de votre budget.

Mais pour cela, n'achetez jamais que l'argent à la main, toujours au comptant et jamais à terme.

Ne vous laissez point séduire, surtout, quels que soient les noms et la notoriété des gens qui les patronnent, par ces fantastiques émissions dont vous verrez passer tout le long de l'année, sous vos yeux, les éblouissantes promesses.

Ducs, marquis, sénateurs, anciens ministres, députés, richissimes banquiers ont beau pavoiser le conseil d'administration de leurs croix, de leurs rosettes et de leurs titres. Toute cette exhibition n'est pas une garantie ; et derrière ce brillant décor s'ouvre

l'inconnu, le hasard ; la chance et le succès rarement, le plus
souvent la faillite et la catastrophe !

LES ENFANTS

Insouciance des parents envers les enfants. — Quelle que soit la
position sociale et la situation de fortune, les enfants, dans tous
les ménages, tiennent une place considérable dans les préoccupations de chaque jour.

Et quelles questions, en effet, pourraient être plus intéressantes que celles ayant pour objet l'éducation, l'instruction, le
bonheur de ces petits êtres?

A notre époque d'opiniâtre labeur, où le temps, dévoré par la
bataille quotidienne de la vie, fait absolument défaut pour la satisfaction des besoins affectifs, on ne s'occupe cependant pas encore
assez de l'enfant.

Dans le plus grand nombre des familles, la chétive créature
aussitôt née, devient un encombrement, une gêne, et l'on s'en
débarrasse comme on peut. La mère, quand elle en a les moyens,
se décharge, sur une étrangère, de la peine à prendre et des
soins à donner ; elle lui livre son enfant s'il lui est impossible de
mieux faire ; et voilà le pauvre petit emporté loin des siens, dans
une maison où, le plus souvent, l'incurie et les mauvais traite-
ments, s'ils ne le tuent pas, après toutes les douleurs physiques,
l'exposeront à subir toutes les souffrances morales.

Aucune bête, dans la création, ne se résoudrait à ce transport
de ses petits dans le nid ou le repaire d'une autre. Il fallait un
animal intelligent, l'homme, pour trouver ce moyen simple et
commode de manquer au premier de ses devoirs.

De cet exil, de ce bagne qu'il n'a point mérité, l'innocent,
toutefois, s'échappe, grâce à l'extraordinaire affinité de la vie
pour ce frêle petit corps ; il revient, pâle, souffreteux, pensif, au

foyer qu'il n'eût point dû quitter, et où le pauvre enfant s'imagine qu'il va cette fois rester, être aimé, jouir un peu de la vie peut-être !

Ah bien oui ! Le premier jour, sans doute, c'est une fête, un épanchement de tendresse, une crise d'amour, un déluge de bonbons et de caresses, qui plongent le « cher petit mignon » dans le ravissement.

Mais le lendemain ! — C'est bien turbulent, avance le père, un enfant de cet âge ! — Et gauche, et mal élevé, continue la mère. — Certes ! mais il ne manque pas de *bons* pensionnats !

Et sans autre forme de procès, voilà le « petit mignon » condamné de rechef, — pour récidive d'encombrement, — à dix ou douze années de galères !

Comment s'étonner, après cela, de l'amoindrissement de l'esprit de famille et de ces monstrueux exemples d'ingratitude des enfants envers les parents que signalent, à l'envi, tous les moralistes ?

En pourrait-il être autrement avec de semblables habitudes ?

Les sentiments affectifs, comme tous les autres, ne s'épanouissent pleinement que par l'exercice. Comment se développeraient-ils chez un enfant jeté dans un milieu où il n'aura que très rarement l'occasion de les éprouver ?

Éducation et pensionnats. — Voici l'heure de la « rentrée », cependant. Le « bon pensionnat découvert », on y pousse « le petit », avec la recommandation de ne s'y point ennuyer, la promesse de venir souvent le voir, s'il est sage ; et l'on s'en va, le cœur un peu gros, peut-être, en se disant, comme pour s'excuser, qu'il faut bien, que l'enfant s'instruise et qu'il s'apprenne à vivre ; qu'aujourd'hui, vraiment, les travaux d'écoliers ne sont plus qu'un passe-temps agréable, et que le règlement de l'internat ne saurait être plus paternel.

Eh bien, non ! Tout n'est point pour le mieux, tout n'est point à louer, dans ces vastes institutions pédagogiques où les « jeunes

Pl. X. — LES JEUNES ÉCOLIERS.

élèves », courbés sous le joug universitaire, sont mécaniquement saturés de tout ce qu'il faut maintenant savoir pour faire, au moins, bonne contenance, dans le combat pour la vie.

Malgré les incontestables améliorations introduites depuis quelques années dans les programmes de l'enseignement et le régime des prisons scolaires, de grandes réformes sont encore indispensables pour que l'enfant reçoive, dans les meilleures conditions physiques et morales, cette utile instruction que la société lui demande et qu'elle lui doit.

Il ne suffit pas, en effet, de modifier le plan d'études officiel, de multiplier les « leçons de choses » pendant les cours, ni de remplir d'images les livres classiques. Une éducation vraiment rationnelle et libérale exige, en outre, que l'enfant soit élevé selon ses aptitudes héréditaires et spéciales, avec le plus d'égards possibles pour sa liberté, son esprit d'initiative, son intelligence particulière des êtres et des choses qui l'impressionnent constamment.

Peut-être m'objectera-t-on que cette partie de l'éducation ne saurait être donnée dans un établissement fréquenté par un grand nombre d'élèves, et qu'il serait difficile de trouver, pour appliquer ce point important du programme, de bons professeurs.

J'admets que des parents instruits et dévoués sont à peu près seuls capables de mener à bien cette tâche; et voilà précisément pourquoi je plains encore ces pauvres petits diables, dont l'esprit, toujours en éveil, ne se détache du livre d'étude que pour se heurter aux grands murs blancs, aux fenêtres grillées du pensionnat.

Sans doute, par cette séquestration rigoureuse, on finit par obtenir, sous le niveau de fer du règlement, des sujets irréprochables en apparence, et convenablement dressés. A force de leçons, de pensums et de soupes, au lieu du méchant gamin que vous leur aviez confié, les pédagogues vous rendent, souvent, un assez bon jeune homme, uffisamment instruit de tout ce que promettait le prospectus universitaire, mais complètement ignorant, en somme, des choses de la vie pratique, et sans aucune aptitude à faire sa trouée dans la mêlée humaine, à s'y maintenir même, s'il n'y trouve point sa place toute prête et bien gardée.

On peut ainsi s'expliquer pourquoi tant de parfaits bacheliers, n'étant vraiment bons à rien, ne savent seulement pas dans quelle voie s'engager en quittant le collège; pourquoi la plupart, si longtemps, mangent de la « vache enragée » et comment beaucoup d'entre eux restent à jamais déclassés avec leur diplôme — une peau d'âne — en poche!

C'est qu'en effet, la hardiesse, l'audace, la volonté même, n'existent plus, chez ces jeunes gens tenus, durant huit ou dix années, sous la férule des pions et des cuistres. L'esprit d'initiative et d'invention qu'ils n'ont jamais pu librement exercer, leur fait alors absolument défaut; leur pensée ne peut pas plus, désormais, prendre son essor, qu'un oiseau trop longtemps laissé en cage. Ce sont des êtres inertes, passifs, à qui des rênes et des garde-fous seront constamment nécessaires, et qui ne pourront se distinguer, jamais, que sous la tutelle du gouvernement, dans la bureaucratie ou la carrière militaire.

Quoique destinées à vivre sous la protection plus ou moins effective d'un mari, les jeunes filles n'ont aucun avantage à retirer, non plus, d'une éducation faite hors de la famille, entre les quatre murs d'une institution laïque ou d'un couvent. L'incarcération, ici, se complique même, ordinairement, d'un véritable entraînement religieux, dont l'influence, quand elle n'est point contrebalancée par la raison, peut être extrêmement fâcheuse pour l'avenir d'une enfant impressionnable et sensible.

Est-il, d'ailleurs, personne au monde plus rempli d'illusions, et plus ignorant des réalités de la vie, qu'une petite pensionnaire? C'est pourtant cette rêveuse et naïve jeune fille dont la pensée, jour et nuit, court après des papillons, sous des ciels bleus bordés d'horizons roses, que l'on s'empresse de marier au jeune et brillant bachelier du lycée voisin! — Voyez-vous, d'ici, le joli ménage?

Éducation en famille. — Externat. — L'internat scolaire n'est donc pas seulement une atteinte à la liberté de l'enfant, c'est encore un contre sens, un faux calcul, une mauvaise préparation aux inévitables luttes de la vie sociale. En admettant même que le petit élève, à la pension, soit mieux nourri, mieux soigné que chez ses parents, qu'il n'y reçoive jamais que de bons exemples et n'y rencontre pas même un camarade précoce ou vicieux, il ne s'y trouve pas moins absolument soustrait aux influences du milieu dans lequel, un jour, il devra vivre, et qui lui semblera fatalement, alors, vulgaire, injuste, odieux, impossible, parce que petit à petit, il ne s'y sera point adapté.

Il ne faut donc point séparer les enfants de la famille, ni leur cacher le spectacle du monde. Il est utile qu'ils soient témoins, à la maison, du labeur quotidien de leur père, de ses inquiétudes et de ses soucis; qu'ils voient leur mère à l'œuvre, active, zélée, s'occupant sans cesse à leur procurer, avec la plus grande économie, l'aisance et le bien-être; il faut même qu'ils aient leur petite part des chagrins, des découragements et des tristesses causées par une affaire manquée, une perte d'argent, le difficile paiement d'une dette. Avec leur vive intelligence, les enfants, on peut le croire, sentent parfaitement et comprennent tout cela. Sans que l'on s'en aperçoive, ils sont au plus haut point frappés d'un fait ou d'un mot qui leur donne longtemps à penser, à réfléchir, et ce sont là des « leçons de choses » qui développent leur jugement ou leur raison, bien autrement que celles du programme officiel.

Convenons, pour excuser un peu les parents, que les établissements actuels d'instruction ne permettent qu'au plus petit nombre d'y placer leurs enfants en qualité d'externes ou de demi-pensionnaires. Aussitôt qu'une certaine distance sépare du lycée la maison paternelle, il n'est plus possible à l'élève de rentrer, le soir, dans sa famille, et d'échapper ainsi pour quelques heures aux sévérités des règlements.

Réclamons donc, au lieu des immenses casernes scolaires que l'on bâtit aujourd'hui, des écoles en plus grand nombre, et dans chaque rue, s'il le faut, d'agréables maisons d'éducation dont les portes, grandes ouvertes, nous laissent voir de joyeux enfants, toute la journée, comme les abeilles d'une ruche, librement entrer et sortir! (*Pl. X.*)

Hygiène des écoles et des écoliers. — En dépit des grands progrès accomplis dans l'organisation matérielle et la bonne tenue des institutions, combien est encore restreint, d'ailleurs, le nombre des établissements qui ne laissent, au point de vue du bien-être et de l'hygiène, à peu près rien à désirer?

Presque toujours, on le sait, les enfants sont parcimonieusement nourris dans les pensions. Trop souvent on les entasse, la nuit, dans un étroit dortoir, le jour, dans une classe froide, humide, mal aérée. L'hiver on les chauffe à l'aide de poêles en fonte qui dessèchent l'atmosphère des salles d'étude ou la vicient de dangereuses émanations ; l'été, quand on n'impose pas à leur cerveau des travaux excessifs, on les exténue souvent, sous prétexte de les récréer, à de trop longues promenades.

Sans doute, depuis quelques années, à l'instigation des hygiénistes, le mobilier scolaire a subi de grands perfectionnements. Solidement reliés ensemble, les pupitres et les sièges ont une stabilité fort avantageuse à la bonne tenue des écoliers. Il est seulement regrettable que les bancs soient généralement encore à plusieurs places, et par conséquent disproportionnés, quelquefois, avec l'âge et la taille des différents élèves qui les doivent occuper. C'est à force de se pencher, en effet, sur des pupitres trop bas ou trop éloignés des sièges, que les jeunes enfants finissent par se déformer la poitrine ou par prendre de vicieuses attitudes dont il leur est bien difficile de se corriger.

L'hygiène à l'école.

Attitude vicieuse.   Attitude normale.

Peut-être, à cela, pourrait-on répondre que la gymnastique, en honneur dans presque toutes les maisons d'éducation, a précisément pour but de développer les forces physiques de l'enfant et de contrebalancer les fâcheux effets de l'application intellectuelle.

Sans doute, les mouvements méthodiques auxquels sont régulièrement soumis les élèves, sont parfaitement combinés pour assurer la rectitude, la souplesse, la légèreté du corps; le malheur est qu'ils ne répondent jamais à un travail musculaire naturel ou professionnel, et que toujours très fatigants, ils n'ont, en somme, aucune utilité pratique.

On l'a si bien compris dans quelques établissements, que déjà l'on commence à substituer en partie, à la gymnastique, l'apprentissage, non moins avantageux au point de vue physiologique, et beaucoup plus utile, d'un métier manuel. La menuiserie, la serrurerie, l'art du tourneur et de l'ajusteur-mécanicien, à la grande joie des élèves, sont enseignés dans un petit nombre d'institutions libres. Il serait à souhaiter que le travail agricole,

plus important encore, au point de vue économique et social,
pût être aussi pratiqué par la plupart des jeunes gens.

Ce sont là, dira-t-on, les vieilles idées de Jean-Jacques!

— Les bonnes, en somme, puisque l'on y revient.

Enseignement littéraire et professionnel. — C'est trop exclusivement, en effet, à choisir une profession intellectuelle ou libérale,
que l'enseignement secondaire entraîne encore, aujourd'hui, l'esprit de l'écolier. En affinant le goût, les études littéraires mal
pondérées ont le tort grave de fausser un peu le jugement.
Elles développent, à coup sûr, le sentiment du beau, l'instinct
de l'art et de la poésie ; mais, trop souvent, elles inspirent
aussi le dédain du réel et le mépris de l'utile.

Quelque modeste que soit leur condition, les parents, au surplus, ont presque toujours la généreuse mais déraisonnable ambition de donner à leurs fils une éducation supérieure; ils rougi-
raient de les voir, un jour, vivre d'un travail manuel; tout leur
désir est que l'Université leur fasse des « messieurs » absolument aptes, par leur haut savoir, à tenir un poste officiel, un
emploi brillant; à se créer une position lucrative autant qu'honorable.

Eh bien! dans les nouvelles conditions d'existence où les
grandes découvertes de ce siècle placent les nations et les individus, il faut, désormais, autrement envisager l'avenir de ses
enfants; il est indispensable, pour leur bien et la prospérité de
leur pays, de réformer complètement les études universitaires.

L'enseignement littéraire, en somme, a fait son temps; il
importe de le réduire de plus en plus, pour développer d'autant
l'enseignement professionnel et scientifique.

L'époque n'est encore pas bien éloignée, où, sans grec et
sans latin, l'on n'était rien au monde. Avec ce seul bagage, à
présent, l'on n'est plus propre à grand'chose, et l'on sera tout à
fait « impossible » demain.

Au collège, il n'y a pas un quart de siècle, on ne nous présentait et nous ne tenions pour « hommes de génie » que des rhéteurs, des historiens, des poètes, ou de sanguinaires conquérants dont les abominables exploits servaient de thème ordinaire aux gens d'esprit.

Le moment est venu de faire entendre aux jeunes gens qu'il y eut, dans les temps passés et présents, d'autres grands hommes qu'Homère, Démosthène, Cicéron, Tacite, Horace, Virgile, Dante, Shakespeare, Bossuet, Corneille, Racine, Alexandre, Annibal, César, Napoléon. Tout justement renommés que puissent être au moins certains d'entre eux, ces personnages ne nous montrent, en somme, que les deux mêmes aspects de l'intelligence et du génie humains. Beaucoup plus illustres, ils ne méritent réellement pas d'être plus admirés qu'Archimède, Gutenberg, Palissy, Papin, Lavoisier, Franklin, Stephenson, Arago, simples ouvriers ou laborieux savants, dont la main seconda si merveilleusement la pensée, dans toutes les grandes œuvres qu'ils réalisèrent.

Qu'ils tiennent la plume ou le marteau, tous les hommes qui se distinguent par un travail exceptionnel ont droit aux mêmes éloges. On ne saurait trop, actuellement, le redire aux jeunes écoliers, afin qu'ils chassent bien de leur esprit ce fâcheux préjugé qu'une profession libérale indique plus d'intelligence et mérite plus de considération qu'un métier manuel ; afin qu'ils se persuadent bien, surtout, que l'on n'est pas « plus bête » parce que l'on fabrique du sucre ou des compteurs à gaz, que parce que l'on écrit des romans à succès ou que l'on fait d'heureuses spéculations à la Bourse !

Dans la formidable concurrence qui stimule, aujourd'hui, l'activité de tous les peuples, l'avenir, le présent même, on peut le croire, appartiennent aux savants pratiques, aux ouvriers instruits.

Il faut, en grand nombre, des agriculteurs pour obtenir du sol tout ce qu'il peut donner ; il faut des ingénieurs et des

PL. XI. — L'HABITATION MODERNE. — UNE MAISON A PARIS.

mécaniciens, pour inventer, ajuster, perfectionner, conduire les puissantes machines de fonte et d'acier dont le prodigieux travail centuple le travail de l'homme.

Il faut, en quantité, des chimistes, pour transformer la matière brute en produits utiles ; des industriels, pour exploiter dans de vastes usines ces fécondes inventions; des commerçants, pour les répandre et les faire accepter jusque dans les plus lointaines régions du globe ; des colonisateurs, qui, vaillamment, sur les terres vierges, aillent ouvrir et préparer aux habitants trop nombreux du vieux monde une nouvelle patrie !

Absolument nécessaires à notre époque, ces hommes de science et d'art manquent encore, alors que foisonnent, encombrant les carrières réputées libérales, tant d'inutiles bacheliers.

Avocats, médecins, professeurs, écrivains pullulent, dans notre société contemporaine où de telles rivalités les écrasent, qu'une bonne moitié va forcément grossir, chaque année, la foule des soi-disant « hommes d'affaires », des charlatans, des bohèmes, des déclamateurs politiques et des simples « meurt-de-faim ».

Le siècle, enfin, approche où les aimables « belles-lettres » ne seront probablement plus, devant la Science indispensable et triomphante, qu'un agréable passe-temps. « Ceci tuera cela », pourrait encore écrire Victor Hugo, de même qu'à la fin du moyen âge, l'imprimerie devait fatalement tuer l'architecture.

Tout en traduisant le doux Horace, que les « jeunes élèves » songent donc à l'âpreté de la lutte au temps où nous vivons ! Autant que leur cerveau, qu'ils exercent leurs muscles, afin qu'en sortant du collège ils ne soient pas moins aptes à manier l'outil que la plume, et qu'ils puissent, au besoin, tracer des sillons dans la terre, avec la même rectitude que des lignes noires sur du papier blanc !

LA MAISON.

LA MAISON DE VILLE.

L'HABITATION MODERNE

Choix d'une habitation. — Est-il encore rien de plus charmant, dans notre société sceptique et blasée, qu'un gentil petit couple de jeunes mariés, qui s'en va, par les rues, la petite femme heureuse, rayonnante, au bras de son mari ; lui, plus calme et plus grave en apparence, mais souriant, sous sa moustache, de se sentir frôlé, pressé par elle, comme si déjà la peur la tenait qu'il allât s'enfuir ou qu'on le lui enlevât ?

Ils vont à petits pas, les deux amoureux, causant, jasant, s'arrêtant à l'entrée de chaque maison pour jeter un coup d'œil sur la façade, sur les écriteaux appendus à la porte, puis, rapidement, ils pénètrent sous le vestibule, passent la tête à travers le vasistas entr'ouvert par le concierge, et tout à coup, à la réponse qui leur est faite, ils repartent, se sauvent en riant, comme des gamins qui viendraient de réussir une « bonne niche. »

On les regarde, on les admire, on les envie ; ils n'y prennent point garde, tant la joie d'être ensemble les possède tout entiers. Et toute la journée ils marchent, interrogeant, cherchant, furetant comme des oiseaux dans un buisson, hésitant à prendre un parti, se demandant avec une inquiétude feinte, s'ils resteront sur le pavé ; très difficiles, d'ailleurs, sur le choix du logis où ils feront un premier nid à leurs amours.

C'est, qu'en effet, se loger commodément et confortablement n'est point chose facile à tout le monde, dans une grande et populeuse ville comme Paris. Les loyers y sont chers, en dépit des vastes constructions qui s'élèvent chaque jour dans tous les quartiers ; il importe, avant de s'engager, de bien peser ses ressources ; d'arrêter, d'avance, le chiffre que l'on ne veut point dépasser ; puis, bravement, après avoir délimité la zone où les relations, les occupations quotidiennes obligent à se fixer, on entreprend les recherches, les investigations, les pourparlers avec les concierges ; on n'hésite pas, partout où le prix, la disposition des locaux paraissent convenir, à tenter la pénible ascension des étages !

Constatons, en passant, que ces fatigantes démarches pourraient être évitées en partie, si les propriétaires, au lieu du banal écriteau : « *Grand* ou *petit appartement à louer* », faisaient seulement afficher à la porte de leurs immeubles un tableau des logements disponibles avec l'indication du nombre des pièces et du plus juste prix des loyers.

Il n'en est guère, on ne sait trop pourquoi, qui s'y décident ; et c'est vingt fois inutilement qu'il faut entendre tomber de la dédaigneuse bouche du cerbère interrogé, quelque réponse de ce genre : « Au troisième, sur la cour, salon, salle à manger, chambre à coucher, cabinets à l'anglaise : trois mille cinq ! Pas de fleurs sur les balcons ! pas d'enfants ! pas de bêtes ! »

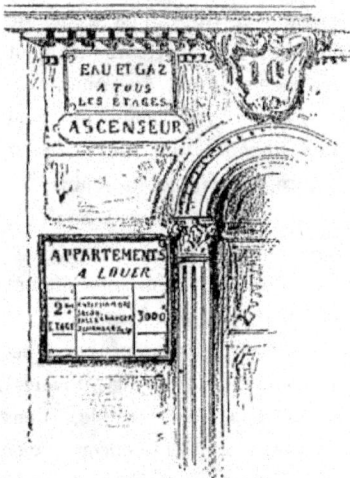

Tableaux indicateurs
à la porte d'une maison neuve.

Vieilles maisons et maisons neuves. — Toutes révoltantes que puissent sembler ces conditions, sans s'émouvoir on continue à chercher jusqu'à ce que le logis à peu près souhaité soit découvert ; et c'est, en général, aujourd'hui, bien plutôt dans une maison récemment construite que dans une vieille habitation qu'il est possible de trouver un domicile à la fois salubre, agréable et commode. (*Pl. XI.*)

Même les maisons bâties dans la première moitié de ce siècle laissent, la plupart, au point de vue de l'hygiène, beaucoup à désirer.

Il y a cinquante ans à peine, on ne perçait pas encore de larges rues. On se préoccupait peu des questions d'aération, d'assainissement et de voirie, si justement considérées de nos jours dans tous les règlements de police urbaine. La canalisation des eaux de source n'existait guère alors qu'à l'état de projet. C'est seau par seau que de vigoureux porteurs devaient journellement, jusque sous les toits, monter l'eau de Seine.

Pour les divers besoins du ménage on tirait aussi du fond des puits creusés dans des courettes humides une eau fade et crue, ordinairement chargée de plâtre, impropre à cuire les légumes autant qu'à dissoudre le savon ; trop souvent souillée, enfin, par des infiltrations d'égouts ou de latrines.

Dépourvus de tout appareil inodore, les lieux d'aisance étaient en outre généralement placés au palier de chaque étage, et mal tenus, communs à plusieurs locataires, ils répandaient par l'escalier, dans toute l'habitation, les émanations les plus infectes!

Réparées et modernisées autant qu'il a été possible, dans certains quartiers, ces anciennes maisons existent encore avec tous leurs inconvénients dans certains autres. Relativement avantageuses au point de vue de la dimension des pièces, plus vastes et plus hautes que celles des nouvelles constructions, elles restent, en somme, généralement moins bien distribuées, plus sombres, plus humides et plus froides que les maisons neuves.

Celles-ci, bâties sur de larges espaces et dans toutes les conditions d'hygiène et de confort que permettent de réaliser la science et l'industrie modernes, sont bien, véritablement, en grand nombre, des merveilles d'art et de goût. Il est même à regretter que les architectes aient avant tout, aujourd'hui, le souci du décor, et qu'ils sacrifient, trop souvent, à ce qui frappe les yeux, ce qui pourrait, avec de moindres frais, rendre l'habitation plus agréable et plus saine.

Dans ces superbes palais qui sans interruption se succèdent, de chaque côté de nos nouveaux boulevards, tout est admirablement disposé, cependant, en vue du plus grand bien-être. La pierre et le fer, ingénieusement combinés, y suppriment à peu près tout danger d'incendie ; les marbres et les mosaïques, employés à profusion dans les escaliers, les vestibules et les couloirs, y maintiennent une propreté constante. Un ascenseur, sans fatigue et sans bruit, du rez-de-chaussée porte chez lui le locataire des étages supérieurs ; l'été, de larges baies vitrées permettent de ventiler la maison ; l'hiver, les chaudes effluves des calorifères placés au sous-sol y font partout régner une douce température. L'électricité, dont les merveilleuses applications se perfectionnent ou se multiplient chaque jour, ne court plus, seulement, à travers toutes les pièces des appartements pour mettre instantanément en rapport les maîtres et les domestiques. Par le réseau téléphonique, elle rattache à toute la ville l'habitation privée, et la nuit, maintenant, dans les salons comme dans les rues, elle substitue aux flammes jaunes du gaz, les rayons d'argent de sa vive lumière.

Quoique plus modestes dans les quartiers commerçants et populeux, les maisons nouvellement construites y sont très confortables encore et commodément agencées. On n'y trouve pas seulement de l'eau et du gaz à tous les étages, mais aussi, malgré l'étroitesse fâcheuse de certains logis, une propreté fort engageante, une bonne apparence qui plaît aux yeux.

C'est, d'ailleurs, dans ces maisons-là qu'aiment surtout faire leur nid les jeunes couples. Trois petites pièces fraîchement peintes et bien parquetées, une cuisinette à carreaux rouges où l'eau coule sur l'évier, quoi de plus facile et de plus agréable à meubler quand on commence la vie; que l'on s'élance, plein d'amour, d'espérance et d'ardeur, à la conquête d'une position sociale?

Conditions hygiéniques de l'habitation. — Il ne suffit cependant pas qu'à première vue un appartement convienne, pour s'y installer. Si commode et gentil qu'il paraisse, il faut d'abord s'inquiéter de savoir s'il est bien dans de bonnes conditions d'hygiène; l'agrément et le confort, en somme, ne pouvant jamais être obtenus en dehors de la salubrité.

L'air et le soleil, ces suprêmes agents de force et de vie, doivent, avant tout, avoir dans l'habitation, le plus grand accès possible. « Où le soleil n'entre pas, entre souvent le médecin », dit un sage proverbe. On ne saurait donc apporter trop d'attention, quand on loue un appartement, à son orientation, à la situation qu'il occupe dans l'immeuble.

Les magasins, les rez-de-chaussée, les entresols même, dans les rues étroites et dans les cours, manquent presque tous de lumière. Jamais un rayon de soleil n'y dissipe l'ombre humide qui les emplit; aussi les commerçants, les ouvriers, contraints par leur profession, de passer dans ces locaux la plus grande partie de leur temps, doivent-ils, autant que possible, se procurer ailleurs un logement plus sain, surtout s'ils vivent en famille.

Très clairs, ordinairement, et très aérés, les appartements placés sous les toits ont le grave défaut d'être un peu froids en hiver, un peu chauds en été. Ce sont là, toutefois, de minimes inconvénients, comparés à ceux des sous-sols et des rez-de-chaussée humides. Aux jeunes couples doués de bonnes jambes et peu pourvus d'argent, ces modestes logis sont particulièrement recommandables. Il importe, cependant, qu'ils ne soient pas absolument situés sous les combles ni dallés de carreaux, comme il arrive si souvent; ni plafonnés trop bas, ni divisés par des cloisons trop minces. A peu de frais, les petites Parisiennes savent bâtir, à ces altitudes, des nids charmants, entre la rue profonde qui gronde à leurs pieds et le grand ciel vaporeux qui s'étend au-dessus de leurs têtes. On n'y voit ni riches tentures, ni meubles de prix; mais la gaieté, le courage, le bonheur, volontiers y résident; et souvent, quand la fortune a permis de quitter pour le premier, le cinquième étage, une heure vient où l'on se demande si les jours passés là-haut, dans les mansardes, n'ont pas été les plus beaux et les meilleurs!

Au seul point de vue de l'hygiène et du confort, néanmoins, c'est bien, en général, aux appartements situés aux étages moyens de l'habitation qu'il faut donner la préférence. Quoique, dans la plupart des maisons neuves, les pièces manquent encore un peu d'ampleur, elles y sont, ordinairement, bien distribuées et suffisamment éclairées aussi; celles, du moins, qui ne donnent pas sur la cour ou sur une ruelle étroite. Les habitations les mieux exposées ont leur façade tournée vers le midi; mais dans ces maisons-là, trop souvent, les appartements où l'on se tient le moins, le salon et la salle à manger, reçoivent seuls l'air et le soleil, tandis que par un fâcheux contre-sens, les pièces les plus habitées, le cabinet de travail et les chambres à coucher, sont exposées au nord et ne reçoivent guère que le jour triste et froid d'une cour sombre.

Par contre, les maisons moins agréables d'aspect dont la façade regarde le nord, ouvrent fréquemment au midi les appartements où la famille se tient d'habitude. Éloignées ainsi de la rue, ces pièces sont plus silencieuses, plus calmes, et dans une ville bruyante comme Paris, ces avantages-là sont très justement appréciés de toutes les personnes à qui, pour leurs occupations ou leur repos, une tranquillité parfaite est indispensable. (*Pl. XII.*)

Pl. XII. — L'HABITATION MODERNE. — UN APPARTEMENT A PARIS.

A. Porte d'entrée. — B. Antichambre. — C. Cuisine. — D. Salle à manger. — E. Salon. — F. Cabinet de travail. — G. Chambre à coucher.

Quelque bien orientées que puissent être nos grandes constructions urbaines, et tout agréables, commodes, irréprochablement agencés leurs appartements, les hygiénistes ne sauraient, cependant, convenir que ces superbes bâtisses répondent, de tous points, à nos besoins physiologiques ; ni que l'idéal de l'habitation humaine est bien réalisé par ces immenses édifices où les familles s'entassent comme les abeilles dans les rayons d'une ruche à miel.

En dépit des cloisons et des murs qui les séparent, les habitants d'une même maison, en effet, sont bien loin d'être indépendants, isolés les uns des autres. Les couloirs, les corridors, les escaliers, les tuyaux des éviers et des cabinets d'aisance rattachent, en réalité, tous les appartements. Les courants d'air continus qui les parcourent, transportent, constamment, d'un étage à l'autre, les émanations, les gaz et les poussières qui s'exhalent ou se détachent de tel ou tel point de l'habitation. Les ordures ménagères que l'on enlève, les tapis que l'on secoue aux fenêtres, les balayages même, et les ventilations que l'on opère chaque jour, répandent dans l'atmosphère commune des nuées de germes impalpables dont un grand nombre peuvent être les pernicieux ferments d'une maladie contagieuse, si quelque maladie de cette nature a déjà régné dans la maison.

Habitations privées. — Au seul point de vue de l'hygiène et du confort, les familles, au lieu d'être encagées dans une habitation plus ou moins luxueuse, devraient donc, autant que possible, être logées chacune isolément dans une maison particulière qu'il serait assez facile, dans les villes, d'adapter aux exigences du commerce ou de l'industrie. Une telle réforme dans nos habitudes ne serait pas moins avantageuse, en outre, au point de vue social ; l'habitation réduite à de modestes proportions pouvant être bien plus facilement acquise par les travailleurs économes, dont la plupart auraient certainement l'ambition de devenir, à force de travail et d'épargne, propriétaires de la maison où ils vivraient en famille, où ils auraient vu naître et grandir leurs enfants. Car, le légitime désir de posséder le toit qui le protège, l'abri de planches et de pierres où il passe les trois quarts de sa vie, tout homme, sans contredit, l'éprouve à peu près aussi vivement qu'il tient à être le possesseur de l'habit qu'il porte ou de tel autre des objets qui lui sont, dans l'existence, d'un usage journalier. De même que l'oiseau bâtit son nid sous l'irrésistible impulsion de l'amour, ainsi nous sommes puissamment sollicités par nos besoins affectifs à nous construire une demeure, à nous établir dans un domicile où nous soyons bien tout à fait chez nous.

En Angleterre, en Belgique, en Hollande, même dans les plus importantes cités, les familles ont sur les nôtres cet incontestable avantage d'habiter au moins des maisons distinctes, des « hôtels privés » dont l'acquisition, pour les simples locataires est le but de tous les efforts, la raison de toutes les économies. Au lieu de superposer leurs étages, ce qui produit bientôt la gêne et l'encombrement, les habitations s'y développent surtout en largeur, ce qui donne aux habitants beaucoup plus d'air et d'aisance. Il fut sans doute un temps, où les villes, entourées de remparts, ne pouvaient guère grandir qu'en surélevant leurs maisons ; mais aujourd'hui que toutes les grandes cités renversent ou font craquer leurs murailles, que les tramways et les locomotives rattachent aux campagnes avoisinantes les centres les plus populeux, l'ancien mode d'édification des habitations urbaines, déjà si défectueux au point de vue hygiénique, ne répond guère mieux au progrès industriel et social. Aussi, l'urgente et difficile question des « logements à bon marché » ne saurait-elle être résolue, à Paris et ailleurs, autrement que par la construction, dans la banlieue, de maisons ouvrières, de simples et modestes villas dont la location ou l'achat ne seraient point trop difficiles aux artisans, aux employés, aux petits bourgeois économes et rangés. En quelques instants, des trains rapides et nombreux transporteraient les travailleurs dans tous les quartiers où ils auraient affaire, et le soir venu, ces mêmes moyens de locomotion les ramèneraient chez eux.

Or, les frais ne seraient point excessifs, même aux environs de Paris, de ces habitations privées, à la fois hygiéniques et confortables. Que faut-il, après tout, pour loger à l'aise une famille : père, mère, enfants, domestiques au besoin ? Une maisonnette de moellons et de briques, située, s'il est possible, entre cour et jardin, sur des caves voûtées élevant au-dessus du sol un rez-de-chaussée haut de quelques marches. A cet étage, seraient placés le vestibule et la cuisine ; une grande pièce dont les ménages sans prétention feraient à la fois leur salon et leur salle à manger ; une autre chambre qui pourrait au gré des locataires, servir de cabinet de travail ou de petit atelier ; un office ou chambre de débarras ; enfin des lieux d'aisance.

Au-dessus, le premier étage comprendrait trois ou quatre belles chambres à coucher ouvrant sur un corridor clair, à proximité d'un water-closet correspondant à celui du rez-de-chaussée, et comme celui-ci garni d'une cuvette inodore. Sous la toiture, assez haute, seraient disposés des logements pour les domestiques ou des chambrettes pour les enfants. (*Pl. XIII.*)

Avec un peu plus d'ampleur, de recherche et d'élégance, de charmantes habitations bourgeoises, de ravissants « petits hôtels », pourraient être construits sur ce plan ou d'après tel autre plus ou moins analogue. Dans le sous-sol on placerait alors la cuisine, à peu de distance du calorifère chauffant toute la maison. Le rez-de-chaussée serait occupé par le vestibule, le salon, la salle à manger, le cabinet de travail, le petit salon ou la bibliothèque. De spacieuses chambres à coucher, avec la lingerie, les cabinets de bains et de toilette, rempliraient tout le premier étage ; et sous un toit d'ardoises légères, les mansardes pourraient être encore divisées en plusieurs petits appartements.

A ces habitations un peu plus luxueuses seraient annexées toutes les dépendances nécessaires, écuries, remises, grenier à fourrage, bûcher. On adopterait, pour le dallage des cours, le pavé, le ciment ou le bitume. Pour la voie publique, afin d'amortir le bruit et le roulement des voitures, on ne saurait trop engager les municipalités à donner leur préférence au pavage en bois. (*Pl. XIV.*)

Matériaux de construction. — Maçonnerie. — La maison, grande ou petite, est pour ainsi dire le vêtement commun à toutes les personnes qu'elle abrite ; aussi convient-il qu'elle possède, vis-à-vis de l'air, de l'eau, de la température, toutes les propriétés inhérentes aux étoffes de nos vêtements. Les murs, quelle que soit leur épaisseur, doivent toujours demeurer perméables à l'air ; une ventilation, beaucoup plus active qu'on ne pense, s'opérant constamment à travers leurs parois. Il n'en est point, à cet égard, de préférables à ceux que l'on construit en briques cuites au four, en moellons, ou en meulières. Ceux que l'on bâtit en grès, dans certains pays, n'ont plus la même porosité ; ceux, au contraire, que l'on fait en pisé, c'est-à-dire en briques simplement séchées au soleil, sont généralement un peu trop perméables.

Facilement traversés par l'air, les murs se laissent trop souvent aussi pénétrer par l'eau qui, du sol où reposent les fondations, s'élève graduellement et par un simple phénomène de capillarité, plus ou moins haut dans les rez-de-chaussée et jusque dans les appartements du premier ou du second étage. Peut-être ce grave inconvénient est-il moindre, toutefois, quand il se produit dans un mur poreux que dans un mur compact, l'eau d'infiltration, dans ce dernier cas, n'étant pas aussi promptement enlevée par le courant d'air qui traverse la muraille.

On sait comme il est dangereux d'habiter une maison humide,

ou ce qui revient au même, de prendre trop tôt possession d'une maison nouvellement bâtie. Un très grand nombre de rhumatisants, de scrofuleux, d'anémiques, d'albuminuriques, de tuberculeux etc., ne prennent pas autrement leur mal. Il est donc toujours prudent de laisser plusieurs mois s'écouler avant d'entrer dans une maison neuve, et même d'en sécher préalablement les plâtres, en allumant de grands réchauds de coke dans toutes les pièces tenues grandes ouvertes pour permettre en même temps l'active ventilation du logis.

On a préconisé de très nombreux moyens d'asséchement des habitations. Les revêtements de plâtre ou de chaux dont on crépit les murs suffisent, ordinairement, à préserver la maison de l'humidité quand ses fondations reposent dans un sol sablonneux et sec; mais lorsqu'une certaine quantité d'eau remonte, par infiltration, dans la bâtisse, il faut absolument recourir, soit aux enduits hydrofuges composés, la plupart, de bitume, de résine, de cire et de ciment; soit à des murailles doubles ou tout au moins aérées, de distance en distance, au moyen de briques perforées.

Relativement à la température, les parois de l'habitation ne doivent pas, enfin, laisser trop facilement passer la chaleur ou le froid. Entre le marbre et la pierre de taille, — celle-ci, trop pénétrable, tandis que le marbre l'est trop peu, — la brique cuite présente encore une moyenne qui devrait lui faire donner la préférence si l'on n'avait égard qu'à cette seule considération. Mais on ne s'en inquiète guère, habituellement, quand on fait construire; un simple plâtrage, une boiserie, un papier de tenture appliqués contre une muraille pouvant très efficacement s'opposer, soit à la déperdition de la température interne, soit à la pénétration de la chaleur ou du froid extérieurs.

Charpente et parquets. — Quoique la charpente de la maison n'ait qu'une importance relative au point de vue hygiénique, le bois de chêne, dur et sec, étant le plus inaltérable, est aussi le meilleur que l'on y puisse employer. C'est en chêne encore, que doivent être faits les parquets, les marches d'escaliers, les chambranles au moins; et les châssis des portes et des fenêtres; les bois plus tendres, tels que le sapin et le hêtre, ne pouvant guère servir qu'aux boiseries légères, aux cloisons, à certains planchers.

Autant que possible, et pour plus de sécurité en cas d'incendie, à la charpente en bois il faudrait même substituer la charpente en fer, aussi résistante à toutes les pressions qui s'exercent sur elle, que réfractaire à la vermoulure, à l'eau et au feu.

Dans les vestibules, les corridors et les sous-sols, il peut être avantageux de préférer aux parquets en bois le dallage au moyen de pierres taillées, de briques, de carreaux de ciment, de marbre ou d'argile plus ou moins agréablement peints et façonnés. Partout ailleurs, et dans les chambres à coucher surtout, le plancher seul est acceptable. Pour en empêcher la sonorité, si ce n'est pas assez du plafond de la pièce sous-jacente, on interpose entre ce plafond et le parquet soit de la laine de scories, soit du plâtre en couche épaisse. Il est essentiel, aussi, que toutes les pièces du plancher soient parfaitement jointes, et qu'un encaustique, un enduit à la cire, obturent, au besoin, toutes les fissures où s'amasseraient de la poussière et d'autres impuretés.

Est-ce plutôt, dans un rez-de-chaussée, contre l'humidité du sol, que l'on veut se défendre? Après avoir bien battu la terre, on y répand d'abord un lit de ciment ou de béton, sur lequel on pose, à intervalles égaux, des traverses en bois ou des poutrelles. Dans ces intervalles on verse ensuite de l'asphalte bouillant, et sur les traverses ainsi soudées au sol, on cloue un parquet en bois, à quelques centimètres au-dessus du bitume.

Escaliers. — On ne saurait, dans aucune habitation publique ou privée, donner aux vestibules, aux escaliers, aux corridors, trop d'ampleur ni trop de lumière. Un escalier de pierre, moins sonore, est toujours aussi, plus propre qu'un escalier de bois. Les mar-

ches en doivent être larges, peu rapides et coupées, par séries de
13 à 21 au plus, — le nombre impair étant commandé par la
nécessité de rompre le pas — d'un repos ou palier qui permette
de monter d'étage en étage, sans fatigue et sans essoufflement.

Il faut, autant qu'on le peut, éviter les escaliers à vis ou tournants, extrêmement dangereux quand ils sont enfermés, comme
il arrive si souvent, dans une cage obscure. Un escalier droit,
clair, à pente douce, n'est point, d'ailleurs, seulement commode
et rassurant. Il contribue encore à donner à l'habitation une
grande apparence, et très utilement il y fonctionne, même alors
que toutes les pièces sont closes, comme un vaste appareil ventilateur.

Toiture. — Parce qu'il protège et couvre la maison, le toit ne
doit point l'étouffer ni l'écraser sous sa pesante masse. Il importe qu'il soit, comme les murs, pénétrable à l'air, mais imper-
méable à l'eau, toujours assez incliné, par conséquent, pour que
la pluie qu'il reçoit ruisselle aussitôt à sa surface. Si l'on ne se
préoccupait que de l'aération, les tuiles d'argile cuite, très employées, pour cette raison, dans les pays chauds, formeraient,
sans contredit, la meilleure toiture. En général fort lourdes et
souvent aussi très poreuses, elle exigent, malheureusement, une
charpente massive avec une inclinaison très prononcée; encore,
par les fortes ondées, l'eau se glisse-t-elle, fréquemment, à travers
les interstices et les joints qui les séparent. Plus élégante et plus
légère aujourd'hui, dans les grandes villes surtout, l'ardoise est
particulièrement usitée. Lisse et compacte, elle se laisse moins
pénétrer par l'eau que la tuile; aussi peut-on, sans inconvénient,
diminuer beaucoup la pente des toits que l'on en doit recouvrir.

Aux revêtements de plomb, que l'on employait couramment
autrefois, on substitue à peu près partout, maintenant, les couvertures de zinc ou de tôle. Il est sans doute possible qu'en
raison de leur extrême légèreté ces toitures soient fort avanta-

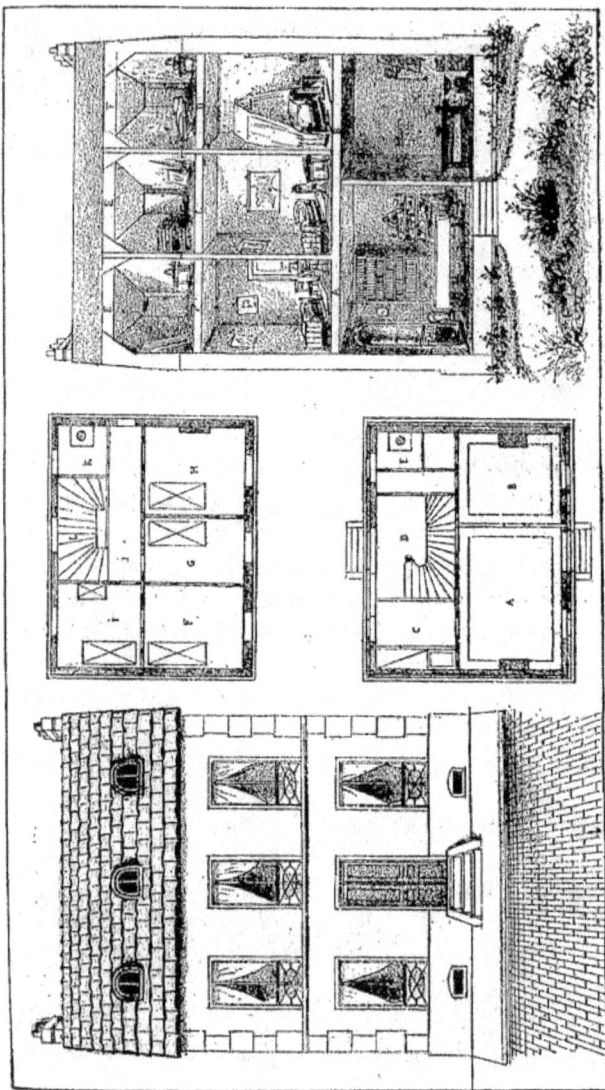

Pl. XIII. — L'HABITATION MODERNE. — FAÇADE, COUPE ET PLAN D'UNE MAISON OUVRIÈRE.

Rez-de-chaussée : A. Salle à manger et Bibliothèque. — B. Atelier. — C. Petite Chambre. — D. Vestibule et Escalier. — E. Water-closet.

Premier étage : F. G. H. I. Chambres à coucher. — J. Palier. — K. Water-closet. — L. Escalier.

geuses quelquefois. Au point de vue de l'hygiène et du confort, elles ne sont guère plus recommandables que les rustiques toits en chaume des maisons de paysans ou que les revêtements en carton bitumé, d'un emploi plus économique et plus facile encore. Absolument impénétrables à l'air et très chaudes en été, les couvertures métalliques, au surplus, doivent être percées, pour la ventilation, de nombreuses lucarnes.

Une des plus importantes conditions d'une bonne toiture est le parfait établissement des gouttières et des chéneaux. Que l'on fasse choix du zinc ou de la tôle, il est essentiel que les conduites soient, dans toute leur longueur, bien étanches et que du pied de la maison, l'eau qui s'en écoule soit aussitôt entraînée vers l'égout.

Papiers peints et couleurs. — Au lieu des coûteuses boiseries dont on les revêtait autrefois, il est de mode, aujourd'hui, d'appliquer sur les murs des papiers peints d'un bon marché relatif, mais beaucoup moins avantageux au point de vue hygiénique. Non seulement, en effet, quelque bien fabriqués qu'ils soient, ces papiers s'imprègnent de l'humidité des appartements, des exhalaisons et des poussières; déjà par eux-mêmes, ils sont tous à peu près un peu toxiques, les couleurs qui les décorent contenant, la plupart, une notable quantité d'arsenic. Plus abondant, peut-être, dans les couleurs vertes, ce poison se rencontre aussi dans un grand nombre de gris, de bleus, de blancs, et même de teintes neutres. Glacées, d'habitude, ou recouvertes d'un vernis, ces tapisseries arsenicales, toutefois, sont d'abord complètement inoffensives; mais avec le temps, les couleurs s'effritent, s'en vont en poussière, et les coups de plumeau du nettoyage répandent chaque jour, dans l'atmosphère, la substance vénéneuse qu'elles laissent échapper.

Il n'est pas jusqu'à la colle au moyen de laquelle les papiers sont fixés au mur, qui ne puisse devenir une cause d'infection, dans les appartements humides.

Elle s'y corrompt très rapidement, en effet, surtout quand les tapisseries y sont superposées en certain nombre, englobant entre elles des ferments, des germes en masses, dont l'éclosion se fait, dans ces matières organiques, comme dans du fumier.

A ces inconvénients, peut-être serait-il facile de parer en mêlant à chaque kilogramme de colle pour l'empêcher de se gâter, 15 à 20 grammes d'acide borique ; encore vaudrait-il mieux, dans les pièces où règne une certaine humidité, appliquer sur les murs préalablement bien plâtrés, une épaisse peinture à l'huile.

Même dans le choix des couleurs que l'on pourrait alors employer, on ne saurait, du reste, apporter trop de prudence. En dépit des innombrables accidents causés par la céruse et beaucoup d'autres peintures à base de plomb, ces couleurs, journellement encore, sont étalées dans nos habitations sur de vastes surfaces. Le blanc de zinc, cependant, peut avantageusement remplacer la céruse dans toutes ses applications. Il est aussi durable, aussi brillant, infiniment plus salubre et plus économique. Mais nos peintres en bâtiment ne se sont point encore accoutumés à son emploi. Les couleurs saturnines se prêtant mieux à leur pinceau, paraît-il, avec la plus parfaite insouciance ils continuent à nous empoisonner doucement, tout en s'empoisonnant parfois très vite eux-mêmes !

AMÉNAGEMENT DE L'HABITATION

SERVICE DES EAUX

L'eau dans la maison. — Dans toute habitation, dans tout ménage, il n'est au point de vue de l'hygiène et de l'économie domestique, aucun problème plus important à résoudre que celui de l'abondance et de la qualité de l'eau.

L'idéal, à cet égard, serait de pouvoir disposer d'une source apportant des profondeurs du sol une eau toujours limpide, aérée, douce et fraîche, sans odeur ni saveur appréciables, restant claire à l'ébullition, ne formant aucun dépôt, cuisant bien les légumes sans les durcir, et dissolvant le savon sans le réduire en grumeaux ; n'occasionnant, enfin, dans les digestions, ni pesanteur ni trouble.

Cette eau serait absolument exempte de toute matière organique. Elle ne contiendrait ni germe, ni microbe d'aucune espèce ; elle ne pourrait donc occasionner aucune des graves maladies que déterminent ces dangereux ferments : la fièvre typhoïde, la cholérine ou le choléra, la dyssenterie et beaucoup d'autres sans doute.

Même à la campagne, il n'est, malheureusement, pas facile de se procurer partout de l'eau dans ces bonnes conditions, et dans les villes, non seulement il n'y faut point songer, mais encore doit-on considérer comme très avantageux de pouvoir chez soi, constamment, avoir sous la main un robinet d'eau de rivière ou de ruisseau, présentant à peu près toutes les qualités désirables.

Telle est l'eau dont la dérivation de la Dhuys et de la Vanne nous permet de disposer dans la plupart des quartiers de Paris. Mais dans la banlieue, comme dans tous les pays où les sources sont rares, c'est de l'eau des puits, ou même de l'eau pluviale, conservée dans des réservoirs, qu'il faut se contenter pour la boisson de chaque jour et les divers usages culinaires.

Or, le plus souvent, les puits étant creusés dans les cours, à proximité des habitations, reçoivent forcément, fussent-ils alimentés par une source, une partie des liquides impurs qui s'infiltrent dans le sol : eaux de vaisselle et d'égout, purins des fumiers et des écuries, déjections des fosses d'aisance.

L'eau des pluies que l'on pourrait croire très pure et qui l'est en effet, à sa sortie du nuage, ordinairement se charge, dans l'air et sur les toits où elle ruisselle, de poussières organiques, de germes, de ferments qui, dans la citerne où l'eau s'amasse avant d'être consommée, se développent aux dépens de l'air en dissolution, et souvent pullulent au point de donner au liquide une odeur, un goût de moisi des plus désagréables.

Clarification de l'eau. — Filtres. — Il n'est point rare, alors, que ces eaux, habituellement inoffensives, deviennent, en temps d'épidémie, insalubres autant que le sont, en aval de Paris, les eaux de la Seine, ou que le seraient celles d'un fleuve quelconque souillé par les excrétions journalières d'une populeuse cité. Dans ces circonstances, d'ailleurs, même les eaux de rivière et de source doivent être suspectes, et devant les graves accidents que peut occasionner leur usage, se dresse l'importante question de la clarification, du filtrage et de la purification de l'eau.

A Toulouse, à Lyon, et dans quelques autres grandes villes, c'est à travers des *galeries filtrantes*, composées de couches de sable et de gravier, que les eaux fluviales, presque toujours chargées de limon, sont conduites aux fontaines publiques, mais dans ce tamisage souterrain, s'arrêtent, seulement, les plus grosses des impuretés qui les souillent; et ce n'est pas trop, pour rendre ces eaux véritablement potables, que de leur faire subir, à domicile, une deuxième filtration.

Depuis longtemps, la science et l'industrie, unissant leurs efforts, se sont évertuées à trouver un appareil qui permît de réaliser cette opération le plus parfaitement possible. Dans le grand nombre de *filtres* imaginés jusqu'à ce jour, il en est peu, cependant, qui soient de tous points irréprochables; c'est-à-dire qui, dépouillant l'eau de tout ferment et de toute matière organique, la laissent toujours passer avec une même et suffisante rapidité.

Le *filtre en papier*, le plus simple de tous, est formé d'une feuille de papier sans colle ou papier joseph, découpée en rond et repliée en cône pour être facilement introduite dans un entonnoir de verre ou de fer-blanc. En quelques instants, ce petit appareil permet de clarifier un liquide trouble ou bourbeux quel qu'il soit; mais il est bien loin de le dépouiller de toutes ses impuretés, des germes nuisibles surtout qu'il peut contenir; aussi ne l'emploie-t-on utilement, dans les ménages, que pour le filtrage des vins et des liqueurs.

Filtrage au papier.

Destinés à ce même usage, les *blanchets* de laine ou les *chausses* de feutre ne sauraient davantage convenir à la parfaite épuration de l'eau. Pour y réussir autant qu'on le puisse, c'est le charbon pilé, le grès, le sable, le verre, la pierre ponce finement pulvérisés, le calcaire poreux, la terre de pipe, les éponges, la laine même ou le coton cardés que l'on utilise le plus communément à la fabrication des filtres.

Filtres de ménage. — La plupart des *fontaines* en terre ou en grès que l'on trouve dans toutes les cuisines de Paris ne sont pas faites autrement. Les cloisons filtrantes qui les divisent à l'intérieur ne se composent, souvent, que d'une épaisse lame de calcaire poreux, à travers laquelle l'eau du récipient pénètre, goutte à goutte, dans un compartiment distinct; mais quelquefois, entre deux plaques de pierre perméable, elles enferment un lit de sable, une couche de grès ou de charbon. De quelque façon qu'elles soient fabriquées, d'ailleurs, ces fontaines s'encrassent rapidement; et si l'on ne prend soin de les faire de temps en temps

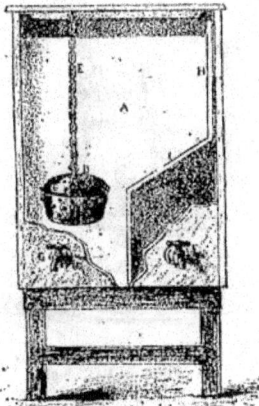

Fontaine filtrante
au calcaire poreux et au charbon.

A. Grand réservoir. — B. Compartiment de l'eau filtrée. — C. Pierre filtrante en calcaire poreux. — H. Ventouse du filtre. — D.E. Coffret à charbon et sa chaînette. — F. G. Robinets.

nettoyer, elles finissent, au lieu de purifier l'eau, par lui donner un fort mauvais goût .de moisi, par la rendre même insalubre.

Dans la composition des filtres de ménage, le charbon, toutefois, est un des éléments les plus utiles, une des substances que l'on peut le moins supprimer. Non seulement il concourt à la clarification du liquide, mais il lui enlève encore tous les gaz putrides qui par la stagnation ne manquent pas de s'y développer. Au lieu d'enclaver la poudre désinfectante entre deux couches de grès ou de sable, peut-être vaudrait-il donc mieux, comme l'a récemment .proposé M. E. Richard, l'enfermer dans une boîte en fer ajourée que l'on suspend, à l'aide d'une chaînette, au couvercle de la fontaine, ce qui permet de renouveler tous les mois le charbon, sans aucune difficulté.

Pour plus de simplicité, du reste, dans les maisons où l'on ne dépense qu'une minime quantité d'eau, l'on pourrait la clarifier et l'assainir aussi, en y plongeant un de ces petits *filtres portatifs* qu'emploient surtout les voyageurs et les touristes. Il en est de très légers, en grès et en charbon, que l'on moule en forme de gourde ou de bouteille, et qu'il suffit d'immerger pendant quelques instants dans une eau bourbeuse pour obte-

Filtre portatif au charbon.
A. Filtre. — B. C. Siphon.

nir, à l'intérieur, un liquide transparent. Un siphon, qu'il est facile d'adapter à l'appareil, au fur et à mesure qu'elle passe dans le filtre, verse l'eau pure au dehors, dans un autre récipient.

Tout efficace qu'il soit contre les gaz putrides, le charbon n'est cependant pas la seule substance qui possède ces remarquables propriétés. On les retrouve, au contraire, plus actives et plus durables encore, dans un peroxyde rouge de fer, l'*hé-matite*, rendu poreux par le grillage, et sous cette forme nouvelle, désigné sous le nom de *fer spongieux*. Dans les filtres, encore très usuels, où ce produit est substitué au charbon, l'eau que l'on y verse laisse d'abord toutes ses impuretés et ses matières organiques; trois lits superposés de sable et de bioxyde de manganèse, la corrigent ensuite du goût de métal que lui a donné le fer spongieux; absolument limpide, enfin, dans le réservoir où elle s'amasse, elle y serait aussi pure, en effet, qu'on le peut souhaiter, si malheureusement elle ne contenait encore quelquefois, comme toutes les eaux filtrées, d'ailleurs, des bactéries et d'autres microbes.

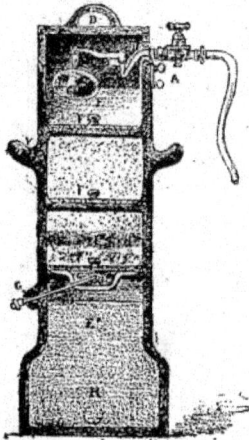

Filtre au fer spongieux.

A. Conduite d'arrivée. — B. C. Soupape et flotteur. — D. Couvercle. — E F. Réservoir. — F'. Fer spongieux. — F''. Sable et manganèse. — E'H. Eau filtrée. — G. Tube pour le contrôle.

C'est pour opposer une infranchissable barrière à ces infiniment petits, que M. Chamberland, d'après un système imaginé par M. Pasteur, a construit un dernier appareil, impénétrable, paraît-il, à tout corpuscule organique. Il consiste, essentiellement, en un tube de porcelaine dégourdie, fermé à l'un des bouts, effilé de l'autre, et donnant de ce côté-là, passage à l'eau qui l'a traversé. Logée dans un récipient de métal, cette bougie filtrante se laisse d'autant plus facilement pénétrer que la pression exercée sur elle par le liquide à filtrer est plus considérable. Adapté, dans nos ménages parisiens, aux conduites d'eau de la ville, qui supportent, toutes, une très forte pression, un seul de ces tubes bien entretenu, peut fournir en moyenne quarante litres d'eau par jour; mais il est facile, en augmentant le nombre des bougies, d'obtenir sans pres-

Pl. XIV. — L'HABITATION MODERNE. — FAÇADE ET COUPE D'UN PETIT HÔTEL.

sion ce même débit, et c'est là ce que donne, en effet, le filtre portatif à vingt bougies, désigné par M. Chamberland, sous le nom de « filtre de ménage ».

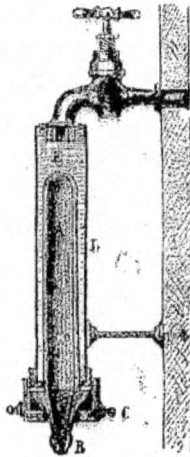

Filtre Chamberland, système Pasteur.

Filtre fixe à pression.
A. Bougie filtrante. — B. Ouverture. — C. D. Récipient en métal. — E. Eau à filtrer.

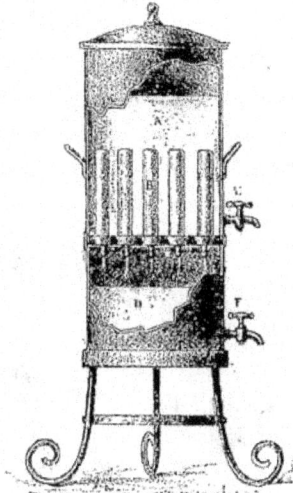

Filtre de ménage.
A. Réservoir. — B. Bougies filtrantes. — C. Orifices des bougies. — D. Compartiment de l'eau filtrée. — E. F. Robinets.

Distribution de l'eau dans la maison. — L'eau claire, l'eau fraîche, l'eau pure, n'est pas moins indispensable à notre corps qu'à nos habitudes. Si l'on tient compte de la dépense quotidienne que nous en faisons pour la table, la toilette, le blanchissage, les bains, les lavoirs, les usages industriels, ce n'est point exagérer que d'estimer à cent litres par personne et par jour, la quantité nécessaire ; et l'on comprend, sans peine, comme il doit être difficile, dans une agglomération de deux millions d'hommes ou seulement de trois cent mille, de fournir journellement cet hectolitre d'eau à chaque individu.

Même dans les populeuses villes de l'Angleterre et de la Hollande, où le service des eaux est parfaitement organisé, c'est à peine si l'on peut mettre à la disposition de chacun des habitants, plus de 75 à 80 litres; et les Parisiens seraient bientôt à sec si chacun d'eux dépensait un tel volume d'eau chaque jour.

Il est, en tous pays, cependant, un grand nombre de localités bien plus mal partagées encore. L'éloignement de tout cours d'eau n'y permettant aucune canalisation, c'est par les puits et les citernes seulement, que l'on peut s'approvisionner, et la stricte économie à laquelle on est forcé par les étés secs et chauds, est vraiment quelquefois aussi dangereuse que pénible.

On sait quels sont, dans les villes, les inconvénients de l'eau des puits. Outre le mauvais goût et les propriétés si contraires aux usages domestiques, qui lui viennent du sol même où elle est recueillie, presque toujours elle est plus ou moins corrompue par les infiltrations des ruisseaux, des égouts et des lieux d'aisance. Or, déjà si peu recommandable à cet égard, l'eau des puits n'est guère plus avantageuse au point de vue de la commodité du service. En ne la tirant même pas à force de bras, comme on le fait encore dans les campagnes, il faut toujours, pour la puiser, mettre en mouvement une *pompe;* et de la cour où cette pompe est ordinairement placée, transporter l'eau dans la maison, à pleins seaux, selon les besoins de la consommation quotidienne.

Incontestablement, les citernes où s'amasse l'eau pluviale, tout en n'étant pas beaucoup plus salubres que les puits, sont bien plus favorables à la distribution de l'eau dans l'habitation. Si l'on place, en effet, au niveau des toits le réservoir de tôle ou de zinc destiné à recueillir les eaux des gouttières, il est facile, avec quelques mètres de tuyaux, de les conduire, sous une assez forte pression, des étages élevés aux étages inférieurs; à la cuisine, aux cabinets de toilette et dans toutes les pièces où l'on veut les utiliser.

Dans les villes très peuplées, cependant, le seul moyen vraiment pratique de mettre à la disposition des habitants une quantité d'eau suffisante, consiste dans la dérivation plus ou moins complète des rivières ou des ruisseaux les plus voisins. Cette canalisation, quand elle est possible, répond bien au triple problème d'édilité, d'économie domestique et d'hygiène que l'on se propose de résoudre en l'exécutant; mais dans les pays même les plus favorisés elle est toujours fort coûteuse et très difficile; car les procédés de captage et de distribution ne varient guère selon les localités.

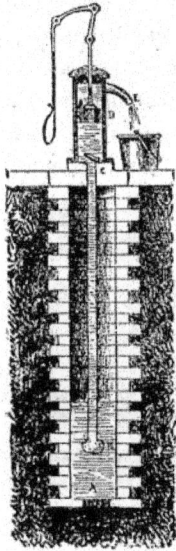

Généralement amenées d'une grande distance par des canaux ou des aqueducs, ainsi que nous le voyons à Paris pour la Dhuys, l'Ourcq et la Vanne, les eaux sont d'abord versées dans un certain nombre de réservoirs placés sur les points élevés de la ville, d'où, par des conduites de différents diamètres, elles sont répandues dans toutes les voies du quartier. (*Pl. XV.*)

Le puits et la pompe.

A. Eau du puits. — B. Tuyau de la pompe. — C. Soupape. — D. Piston. — E. Sortie de l'eau.

De ces gros troncs, couchés dans le sol et recouverts par le pavé des rues, se détachent, au niveau de chaque maison, des conduites de moindre calibre, puis tout un système de tuyaux de plomb, par lesquels, grâce à l'énorme pression qu'elle reçoit de la masse liquide emplissant le réservoir, l'eau peut être portée à travers tous les appartements, jusqu'aux mansardes les plus hautes.

En quittant les gros canaux de la ville pour entrer dans les artères de l'habitation, il est de règle, toutefois, que l'eau fournie aux locataires traverse un appareil spécial, un « *compteur* » qui permet à l'administration d'en mesurer le débit à intervalles réguliers, et de percevoir une taxe proportionnelle. Quel qu'en soit le modèle, ce compteur se compose essentiellement d'une boîte métallique enfermant un moulinet à quatre ailettes dont chacun des tours se transmet au système de cadrans et d'aiguilles qui constitue la minuterie. Entré par un des orifices de l'appareil, le courant d'eau, après en avoir fait tourner les ailettes, brusquement, quand on ouvre un robinet, s'échappe de la boîte, pour parcourir avec une extrême vitesse les tuyaux distributeurs.

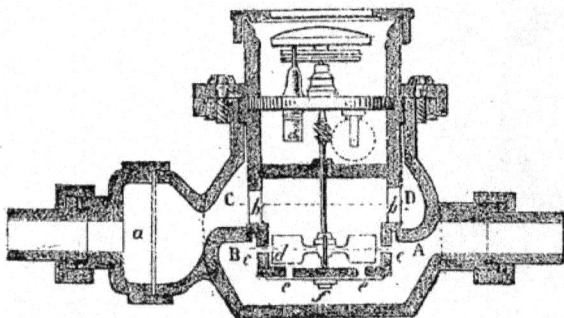

Coupe verticale d'un compteur à eau.

A. B. C. D. Chambre du compteur. — *a*. Orifice d'entrée et treillis-filtre arrêtant les matières en suspension dans l'eau. — *b b*. Ouvertures par lesquelles l'eau pénètre dans la chambre. — *c c*. Ouvertures de sortie. — *d*. Ailettes et pivot de la minuterie. — *e ef*. Orifice pour le réglage et conduite de départ.

On a dit, à une certaine époque, beaucoup de mal de ces tuyaux de plomb qui, suivant plusieurs hygiénistes, devaient, en s'oxydant, communiquer à l'eau des propriétés toxiques. Il est évident que des conduites en fonte émaillée, partout où elles pourraient être employées, le seraient avec avantage. Depuis quelques années, cependant, la doctrine microbienne ayant fait retomber sur les germes contenus dans les eaux la plupart des accidents dont le plomb était autrefois rendu responsable, les tuyaux de ce métal, beaucoup moins incriminés aujourd'hui, sans inconvénients sérieux servent toujours à des usages auxquels leur souplesse ne les rend pas moins propres que leur inaltérabilité.

Dans toutes les constructions modernes, en somme, l'aménagement de l'eau ne s'impose pas moins que celui de l'air et de la lumière. Il n'importe pas moins à la salubrité qu'à l'agrément de l'habitation, à la santé de l'hôte du logis qu'aux multiples besoins du ménage.

C'est un hasard, aujourd'hui, de rencontrer dans quelque coin reculé des faubourgs, un de ces braves et robustes auvergnats qui jusqu'au milieu de ce siècle, montaient encore quotidiennement sur leurs épaules, la voie d'eau de Seine indispensable à chaque famille, dans toutes les maisons de Paris!

« Eau et gaz à tous les étages »; lisons-nous maintenant sur les écriteaux d'émail incrustés au fronton des grandes bâtisses urbaines; et véritablement, dans ces confortables habitations, la lumière et l'eau prêtes à jaillir de vingt robinets, se trouvent, à toute heure de la nuit et du jour, à la disposition des locataires.

En général, c'est à la cuisine, au-dessus de la pierre d'évier, qu'est placé le robinet du plus fort débit et la prise d'eau principale. On tire de là, l'eau des boissons et des préparations culinaires, qu'il est toujours fort avantageux de filtrer avant de s'en servir. Les cabinets de toilette, les coquettes salles de bains aménagées dans les grands appartements sont aussi pourvus de robinets à ressort qui, lorsqu'ils sont maintenus ouverts, laissent, à grand fracas, échapper beaucoup de liquide; dans les lieux d'aisance, enfin, l'eau ruisselle à profusion pour empêcher toute émanation fétide, et l'on conviendra qu'elle ne saurait être, ici, plus utilement dépensée.

CHAUFFAGE

L'extrême utilité du feu se montre à tout instant, dans nos besoins de chaque jour. Sans lui, point d'industrie, point de

cuisine, point de foyer par conséquent, et point de ménage
peut-être; aussi, l'usage du feu spécial à l'homme, suffirait-il à le
distinguer des autres animaux, dont le plus intelligent n'a jamais
su trouver ce précieux agent de civilisation, de progrès et de
bien-être.

En hiver, encore, que deviendrions-nous sans le feu? L'abri
le plus confortable, les vêtements les plus chauds, ne nous dé-
fendraient pas suffisamment des froids rigoureux de certaines
années. Dans la vie pratique il est donc peu de questions qui
se dressent, plus impérieusement, devant la maîtresse de maison,
que la question du combustible.

Oserons-nous l'avouer, cependant? Le feu, pour bien des
pauvres gens, est encore un véritable luxe; et dans ce superbe
Paris où tant d'or se gaspille en frivolités, en emplettes inutiles,
de malheureux petits enfants, des vieillards grelottent et meurent
de froid sous le toit inclément des mansardes!

Combustibles. — Bois et charbon. — Les ressources en combustible que nous offre la nature sont, il est vrai, très restreintes et
bornées. Ce n'est qu'au prix de beaucoup de peine et d'efforts
qu'elle nous livre du bois, du charbon, de la tourbe; et les
quelques produits artificiels que nous employons au chauffage, ne
sont ni moins coûteux, ni plus faciles à obtenir.

Aussi, le vieux dicton : « Vous saurez de quel bois je me
chauffe! » — ne saurait-il plus désormais signifier, comme autrefois : « Vous allez savoir qui je suis. » Incontestablement, aujourd'hui, tout individu qui, pour se chauffer, brûle du bois,
n'est certes pas le premier venu, brûlât-il même du bois de qualité médiocre.

A quelque essence qu'ils appartiennent, tous les bois, quand
ils sont pareillement secs, dégagent pareille quantité de chaleur.
Entre tous on préfère les bois durs, le *chêne*, le *hêtre*, le *bou-
leau*, l'*orme* et le *frêne*, parce qu'ils donnent moins de flamme

et se réduisent plus lentement en une braise compacte qui se maintient dans le foyer. Les bois tendres de *tilleul*, de *peuplier*, d'*aulne* et de *saule* ont l'inconvénient, très desséchés, de flamber trop vite ; le *sapin*, qui s'allume facilement, répand le plus souvent une désagréable odeur de résine et produit beaucoup de fumée.

Humide et vert, outre qu'il brûle mal en donnant fort peu de chaleur, le bois siffle, pétille et dégage des vapeurs très irritantes pour les yeux. Au chauffage de l'appartement, il est plus avantageux, encore, d'employer du bois neuf que du *bois pelard* ou sans écorce, et de grosses bûches rondes que du bois de branche ou du bois fendu.

Calciné, dans les forêts, sous des meules de terre, le bois se convertit en *charbon* de qualité variable selon l'essence des arbres dont il provient. Le meilleur, celui de chêne, doit être dur, sonore, et ne point se réduire en poussier. Ce n'est plus guère, aujourd'hui, qu'à la cuisine, que l'on brûle du charbon de bois. En se consumant il répand, en effet, une abondante quantité d'acide carbonique et d'oxyde de carbone dont on pouvait ne pas trop souffrir autrefois, dans les vastes pièces aérées que l'on chauffait avec des *braseros*, mais qui dans nos logis étroits et bien clos, occasionneraient promptement une asphyxie mortelle.

Tourbe. — Tannée. — Dans les localités où le bois est rare, on emploie souvent au chauffage la *tourbe*, ou le charbon qu'elle fournit. Quoique son pouvoir calorifique soit un peu plus élevé que celui du bois, la tourbe, ordinairement lente à brûler, ne donne que peu de chaleur et beaucoup de fumée. Il n'en est pas de même de la *tannée* que les corroyeurs utilisent, partout, à fabriquer des *mottes*. Bien sèche, elle se consume à peu près sans fumée, sans odeur, et répand dans l'appartement une chaleur douce.

Charbons de terre. — Coke. — Au point de vue du chauffage,

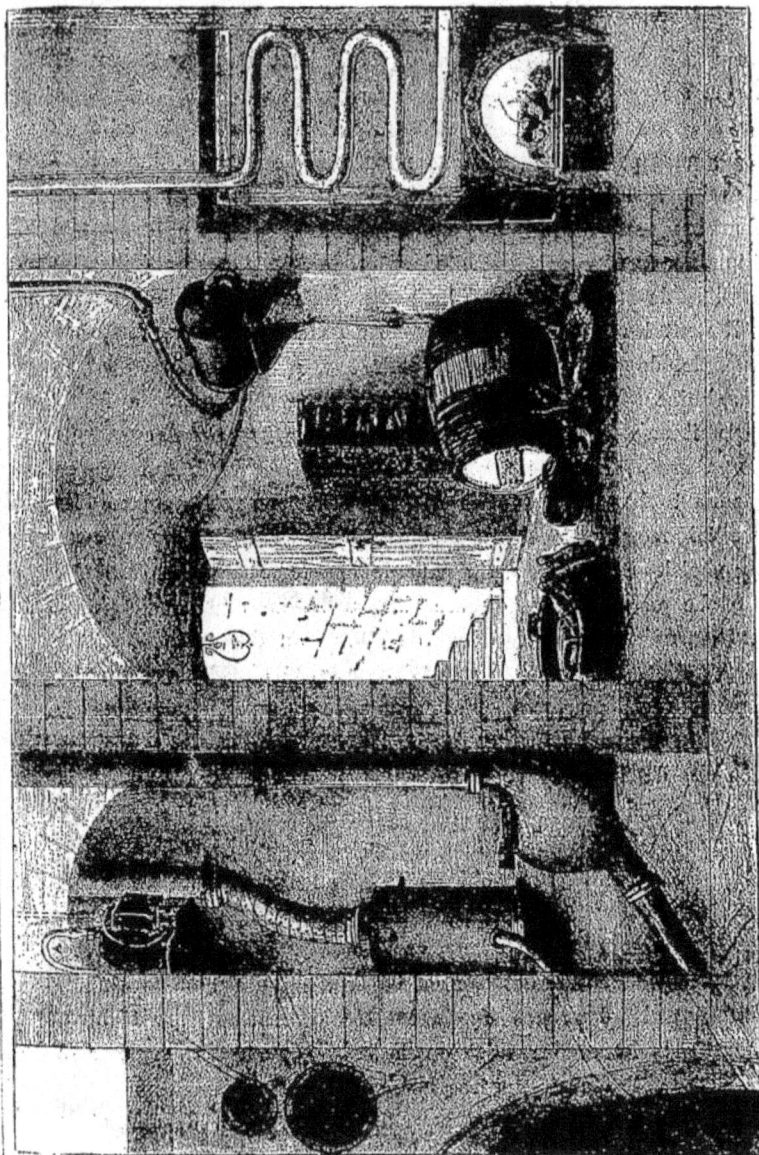

Pl. XV. — AMÉNAGEMENT DE L'HABITATION. — LES CAVES ET LE SOUS-SOL.

A. Conduite de gaz. — B. Conduite d'eau longeant la maison. — C. Compteur à eau. — D. Tinette filtrante débouchant dans l'égout G. — E. Tuyau de décharge des eaux ménagères et coupe-air de l'égout. — F. H. Calorifère de cave et sa prise d'air au dehors.

les charbons que l'on extrait du sol, selon qu'ils sont plus ou moins maigres ou gras, possèdent des propriétés bien différentes. Leur puissance calorifique est, en général, double de celle du bois; mais parmi les charbons maigres, il en est , comme l'*anthracite*, que l'on n'allume que très difficilement; et parmi les charbons gras, les *lignites* ou « bois fossiles », la plupart très bitumineux, dégagent tant d'odeur et de fumée, qu'il n'est guère possible de les brûler en dehors des poêles du plus fort tirage.

Restent les *houilles*, dont les plus grasses encore, celles, par exemple, de *Saint-Étienne* et de *Mons*, ayant l'inconvénient de s'agglutiner en brûlant, ne conviennent guère qu'à la forge. Mais il en est de demi-grasses ou de maigres; notamment le *cannel-coal* d'Angleterre et le charbon de *Charleroi*, qui tout en chauffant beaucoup, ne se réduisent pas en pâte comme les houilles maréchales et ne donnent pas autant de fumée; aussi les choisit-on de préférence pour le chauffage des appartements.

Sèche ou grasse, il est rare que la houille ne répande pas en brûlant, une désagréable odeur de bitume ou de soufre, et même, quand elle est humide, une certaine quantité d'acide sulfhydrique gazeux. C'est pourquoi, tout avantageuse qu'elle soit pour le chauffage des calorifères et des poêles, au point de vue de l'hygiène et de l'agrément elle est bien inférieure au *coke* pour le chauffage des cheminées.

Dépouillé, dans les cornues à gaz, de toutes les matières bitumineuses et sulfureuses qu'il pouvait contenir, le coke est encore du charbon presque pur, brûlant sans flamme et sans odeur, mais rayonnant une chaleur considérable. Il s'allume difficilement et s'éteint aussitôt qu'on l'éparpille ou que sa masse diminue; mais dans une cheminée bien garnie et tirant bien, même sous la cendre dont on le couvre pour en modérer la combustion, il fournit un très bon chauffage.

Avec des poussiers de charbon, de menus débris de coke et de houille que l'on recueille dans les chantiers et que l'on cimente au moyen d'argile pétrie dans du brai sec ou du goudron, de nombreux industriels fabriquent aujourd'hui des *agglomérés*, des *briquettes*, des *charbons de Paris, etc.*, qui se recommandent aux ménagères par leur bon marché relatif et divers autres avantages. On les allume, en général, plus facilement que le coke; ils s'éteignent moins vite et donnent à peu près la même chaleur.

Pétrole. — Gaz. — Malgré qu'il soit parfaitement possible, au moyen d'appareils spéciaux, d'utiliser le pétrole au chauffage, comme les expériences de M. Sainte-Claire Deville l'ont bien démontré, ce dangereux liquide n'est guère encore employé, comme combustible, que dans les petites cuisines où il sert, brûlé dans des fourneaux portatifs, à faire rapidement cuire les aliments.

C'est à ce même usage, on le sait, mais dans bien d'autres proportions, que l'on emploie aussi le *gaz d'éclairage*; et la commodité, la propreté de ce combustible, la chaleur intense qu'il dégage à l'instant, expliquent bien la haute préférence que lui donnent toutes les cuisinières sur le charbon de bois. En dépit des ingénieux appareils imaginés pour le brûler, il est encore très coûteux, cependant, de faire servir le gaz au chauffage des appartements. A la vue, sa pâle flamme bleue est bien loin, d'ailleurs, d'avoir le réjouissant aspect d'un clair feu de bois sec, et trop souvent, dans les pièces où l'on en fait une grande consommation, par les robinets mal fermés, les tuyaux disjoints, des émanations, des fuites se produisent, quelquefois dangereuses, désagréables toujours.

Pouvoir calorifique des divers combustibles. — Un des points essentiels de la question du chauffage, c'est de pouvoir, partout, en évaluer la dépense d'après la cherté relative des divers combustibles que l'on emploie. On y parvient assez facilement, — étant connus, pour chacun d'eux, le prix moyen du kilogramme, et le

nombre d'unités de chaleur ou *calories* qu'il peut fournir, — en cal-
culant et comparant le prix de revient de 1000 calories. Maintes
fois déterminées par d'habiles physiciens, ces puissances calorifiques des différents combustibles sont inscrites au tableau suivant :

Bois sec.	Le kilo dégage en moyenne	4.000	calories.	
Bois ordinaire.	—	—	3.000	—
Charbon de bois. . . .	—	—	7.000	—
Tannée sèche	—	—	3.400	—
Tourbe sèche	—	—	5.300	—
Charbon de tourbe . .	—	—	6.400	—
Houille moyenne . . .	—	—	8.000	—
Coke	—	—	6.500	—
Pétrole	—	—	10.400	—
Gaz d'éclairage	le kilo	—	9.500	—
—	le mètre cube	—	7.700	—

Pour apprécier complètement la valeur de tel ou tel combustible, il est indispensable, enfin, après avoir constaté sa puissance calorifique, de tenir compte encore de son pouvoir rayonnant. Or, il n'en est pas, à cet égard, de plus avantageux que
le charbon de bois, la houille et surtout le coke, qui rayonnent
moitié de la chaleur produite, tandis que la tourbe, et même le
bois ordinaire, n'en émettent guère que 25 à 30 pour cent.

Appareils de chauffage. — Cheminées. — Tous les appareils de
chauffage d'invention moderne sont construits dans le but de
fournir au meilleur marché possible la plus grande quantité de
chaleur, et dans le nombre, il en est, certainement, qui résolvent
assez bien ce problème économique; mais il n'en est pas de plus
hygiénique ni de plus agréable que la simple cheminée. Dans
tout appartement où elle fonctionne, son foyer, largement ouvert,
procure à la fois air, chaleur, gaieté, lumière. La pièce qu'il
chauffe, il la ventile en même temps et l'emplit de claires lueurs
qui donnent au logis, par les froides soirées d'hiver surtout, une
bonne partie de son charme.

Économique, en revanche, la cheminée ordinaire ne peut l'être;

avec son large conduit en briques encastré dans le mur, par où s'échappe, avec la fumée, la presque totalité de la chaleur produite. Selon le combustible que l'on y brûle, il est certaines cheminées, en effet, qui ne renvoient dans l'appartement, avec un feu de charbon, que douze pour cent; avec un feu de bois, que six pour cent de la chaleur totale. C'est, il faut bien en convenir, un rendement beaucoup trop faible, et l'on comprend que d'habiles ingénieurs se soient évertués à corriger ce grave défaut, sans enlever à la cheminée aucun de ses avantages.

Cheminées modernes. — Un très notable perfectionnement est déjà réalisé par la *cheminée à la Rumford*, telle qu'on la construit de nos jours, avec son tuyau considérablement rétréci, son foyer porté tout en avant, ses parois latérales obliques, sa paroi postérieure en fonte épaisse, ses pans inclinés en faïence blanche qui rejettent vers la pièce les rayons calorifiques partis du foyer. A ces modifications, la plupart apportées par Lhomond, si l'on ajoute l'installation d'un *tablier mobile* qui permet selon qu'on l'abaisse

Cheminée moderne.

ou l'élève, d'augmenter ou de modérer le tirage à volonté; si l'on garnit, en outre, le foyer, d'une *bûche économique* en fonte qui rayonne beaucoup du calorique qu'elle reçoit par contact, l'appareil fonctionne mieux encore, et renvoie le double à peu près, de la chaleur qu'une cheminée ancienne peut utiliser.

Pour obtenir davantage, on perce, ordinairement, sur les côtés extérieurs de la cheminée, des « bouches de chaleur » qui projettent de l'air chaud; mais ce dernier perfectionnement ne donne de vraiment bons résultats que par l'emploi des *cheminées ventilatrices*, ainsi désignées parce qu'elles apportent directement du dehors au foyer, le grand volume d'air nécessaire à la combustion.

Même dans les cheminées modernes les mieux construites toute prise d'air spéciale étant négligée, le tirage ne s'opère, en effet, que par les « mal-joints » des fenêtres, les fissures des portes et des parquets. Or, il n'est pas besoin d'y réfléchir beaucoup, pour découvrir les nombreux inconvénients de cette ventilation primitive. Et d'abord, dans une pièce parfaitement close, comme on pourrait souhaiter qu'elle le fût, il serait impossible au feu de brûler; au moins la cheminée fumerait-elle à tel point, en ce cas, que l'appartement serait bientôt intenable. Cette circonstance étant relativement rare, il faut bien l'avouer, c'est non seulement du dehors, mais de toutes les parties de l'habitation que l'air se précipite en une multitude de courants, vers la cheminée qui l'appelle. A la vérité, ce violent tirage emporte rapidement toutes les émanations insalubres du logis, l'atmosphère viciée et les exhalaisons malsaines; mais après celles-ci, c'est l'air neuf et déjà chauffé qui fuit à son tour, en refroidissant considérablement le dos et les jambes des personnes assises près du feu, jusqu'à ce qu'enfin les mauvaises odeurs des cuisines, des latrines et des couloirs, attirées par la puissante aspiration du foyer, pénètrent aussi dans la pièce.

Cheminée ventilatrice, système Joly.

Cheminées ventilatrices. — Tous ces désagréables inconvénients, les cheminées ventilatrices les suppriment, non seulement parce qu'elles puisent à l'extérieur, par un conduit spécial, l'air qu'elles consomment, mais aussi, parce qu'avant de l'user, elles l'envoient, tout chaud, dans l'appartement, pour l'y reprendre au fur et à mesure qu'il s'y refroidit, l'employer seulement alors à la combustion, et lui donner définitivement issue par le tuyau de tirage.

Dans la *cheminée Joly*, l'un des plus simples de ces ingénieux appareils, l'air du dehors, amené par une conduite ménagée sous le plancher, vient se chauffer sous la maçonnerie de la cheminée, sur les parois brûlantes d'un âtre tout en fonte, en forme de cloche ou de coquille, et tout autour des tuyaux qui le continuent. Il pénètre alors dans l'appartement, par des bouches de chaleur percées sur les côtés du chambranle, et de la pièce qu'il chauffe, il rentre dans le foyer.

Les mêmes avantages sont obtenus peut-être plus économiquement encore, par l'emploi de la *cheminée Douglas Galton* ou celle, plus récente, de *Wason*, dont les bouches, ouvertes au-dessus de la cheminée, près du plafond, projettent assez d'air chaud pour que l'on puisse, avec un seul foyer, chauffer deux pièces directement placées l'une au-dessus de l'autre.

Il n'est point rare que ces appareils, bien construits, utilisent cinq ou six fois plus de chaleur que les cheminées ordinaires.

Cheminée ventilatrice
de Douglas Galton.

Un peu plus coûteux d'abord, ils dépensent donc beaucoup moins ensuite; fonctionnent bien plus régulièrement, et ne fument presque jamais.

Or, ce n'est pas encore, on le sait, un des moindres inconvénients de la cheminée que de ne plus tirer suffisamment si les portes et fenêtres sont trop bien closes; si le tuyau de dégage-

ment est trop large ou trop étroit; si, comme il arrive trop souvent dans nos maisons, plusieurs tuyaux débouchent l'un dans l'autre.

En raison de son fort tirage, une cheminée ventilatrice expose toujours bien moins à ces désagréments; il lui reste, ainsi qu'à tous les foyers largement ouverts, le défaut d'exposer les personnes qui s'approchent de trop près, à brûler leurs vêtements, et celui de lancer quelquefois, sur les tapis et les meubles, des bluettes qui peuvent être une cause d'incendie. Pour éviter ces redoutables accidents, il est toujours bon de placer au devant des chenets, un large *garde-feu* qui barre toute la cheminée, un *pare-étincelle* métallique en forme de paravent ou d'éventail selon le luxe de l'appartement, et dans les pièces où se tiennent les jeunes enfants, un grillage moins facile à déranger, et plus solide encore, qui les empêche absolument de s'approcher du feu.

Poêles ordinaires et ventilateurs. — Le point capital de la question, dans un ménage modeste, est-il de se chauffer économiquement avant tout, sans aucune hésitation c'est aux *poêles* qu'il faut recourir, et l'on en fabrique aujourd'hui, soit en fonte soit en terre, des modèles si variés, qu'il en est, on peut le dire, pour tous les goûts et pour toutes les bourses. La plupart, au surplus, sont très simples et se composent essentiellement d'un foyer compris entre le long tuyau cylindrique où passe la fumée et le récipient où tombent les cendres. D'après le système des cheminées ventilatrices on en fait cependant aussi de bien plus compliqués, avec prise d'air au dehors, chambre à air chaud, bouches de chaleur, qui peuvent être utilement employés au chauffage de très vastes pièces.

Poêle en fonte.

De quelque matière et si bien conditionnés qu'ils soient, les

Pl. XVI. — AMÉNAGEMENT DE L'HABITATION. — L'EAU, LE CHAUFFAGE ET L'ÉCLAIRAGE.

Éclairage : A. Lampe modérateur. — B. Candélabres à bougies. — C. Suspension à gaz et c° bec de gaz en rapport avec le compteur placé dans la cuisine. — D. Lampes à pétrole. — E. Chandelles et flambeaux. — *Chauffage :* F. Feu de bois dans une cheminée à la Rumford. — G. Cheminée de salle à manger avec grille à coke. — H. Poële américain. — I. Fourneau de cuisine. — *Eau :* J. Réservoir avec filtre à charbon. — K. Robinet de l'évier. — K' Conduite d'arrivée. — L. Fontaine de cuisine.

poêles ne donnent point, à beaucoup près, une chaleur agréable et salubre comme celle des cheminées. Ils ne réjouissent point la vue comme le foyer où flambe un feu clair, et de leurs brûlantes parois, à travers les fissures ou les pores dilatés par un chauffage excessif, peuvent, quelquefois, s'échapper des exhalaisons nuisibles.

Très critiqués à ce sujet, depuis quelques années, les poêles sont-ils, cependant, bien coupables de tous les méfaits que leur ont reproché les ingénieurs et les hygiénistes?

Incontestablement, ceux en métal dégagent tous, plus ou moins, de l'acide carbonique et de l'oxyde de carbone, dont les effets toxiques sur l'organisme ne sont pas douteux, et les poêles en terre, à cet égard moins dangereux, présentent le défaut commun de dessécher à tel point l'air de l'appartement, qu'il devient bientôt irritant pour les voies respiratoires.

Poêle ventilateur.

A. Prise d'air. — B, Chambre à air chaud. — G. Foyer. — P. Soupape de la conduite d'air. — U. Cheminée. — T. Tuyau de dégagement.

Mais, à ce dernier inconvénient, l'on peut très facilement parer en plaçant sur l'appareil un vase plein d'eau, d'où la chaleur fait bientôt s'élever d'abondantes vapeurs qui se répandent dans l'atmosphère; et l'on évite à peu près sûrement les émanations délétères des poêles de métal, en maintenant toujours ouverte la soupape des tuyaux; en ne chauffant jamais leurs parois jusqu'au rouge.

Poêles-fourneaux. — C'est que le poêle, en dépit de ces quelques défauts, dans les sous-sols humides, les logements étroits, et chez

les gens peu fortunés, rend, tout l'hiver, de si grands services !
il serait bien difficile à la plupart des familles d'ouvriers, de
modestes commerçants, de petits employés, de lui substituer un
mode de chauffage plus économique et plus commode.

Le *poêle-fourneau* qu'utilisent avec tant d'avantage ces ménages
intéressants, sert à la fois, en effet, de cheminée, de fourneau,
de cuisine même. Sur la
sole rectangulaire ou carrée qu'un feu de houille
chauffe par dessous, sont
percés des trous où, dans
des capsules de tôle
pleines de sablon fin,
peuvent être solidement
enfoncées une marmite,
une casserole, une terrine
où mijote le repas du soir.

Poêle-fourneau.

En regard de la porte du fourneau, sur un large entablement,
tient encore une bouilloire en fer battu ; çà et là, trouvent place,
enfin, deux ou trois fers à repasser que la ménagère, en attendant son mari, promène avec méthode sur le linge fraîchement
savonné, tandis qu'au tuyau ronflant de ce poêle providentiel, de
petits enfants suspendent des hélices, des spirales en papier, auxquelles, en s'élevant, l'air chaud communique un mouvement de
rotation rapide.

Malgré l'étroitesse du logis qu'ils réchauffent, ces poêles-fourneaux, grâce à leur fort tirage, n'en vicient point l'atmosphère
autant qu'on le pourrait supposer. Avec dix fois moins de combustible, ils donnent autant de chaleur qu'une cheminée, et présentent de tels avantages dans les petits logements que l'on ne
saurait apporter à leur perfectionnement trop de soins et d'intelligence.

Poêles mobiles. — Il n'en est pas de même de ces appareils de récente invention, *poêles américains* ou *mobiles*, qui, tout économiques qu'ils soient, ne sauraient être comparés au chauffage à la cheminée, au point de vue de l'agrément et de l'hygiène.

La plupart, en effet, pour ne point consommer des masses de charbon qui rendraient leur usage onéreux, n'ont qu'un très faible tirage ; quelques-uns même, dépourvus de tuyau de dégagement, reproduisent tous les inconvénients des anciens braseros. Dans toutes les maisons où l'on adopte un de ces appareils, il faut donc, après l'avoir bien choisi, le surveiller avec le plus grand soin ; ne le laisser jamais, pendant la nuit, dans les chambres où l'on couche, et tenir, enfin, à ce que son tuyau reste toujours grand ouvert, dans le conduit de la cheminée où il est introduit. (*Pl. XVI.*)

Poêles et cheminées à gaz. — Sans être beaucoup plus agréables que les poêles ordinaires, les *cheminées* et les *poêles à gaz*, pour ne donner qu'une même chaleur, dépensent beaucoup plus. Ils rachètent, à vrai dire, ces défauts par des qualités de premier ordre ; la propreté, la commodité, la facilité avec laquelle on les allume et les éteint aussitôt que l'on désire ou que l'on ne veut plus s'en servir. Aussi conviennent-ils surtout, au chauffage des magasins, des bureaux, des appartements où l'on ne se tient guère qu'à certaines heures de la journée. On place, ordinairement, dans ces locaux, des cheminées à réflecteurs en cuivre poli, dont le nombre et la dimension des becs règlent la dépense par heure ;

Cheminée à gaz, à réflecteur.

mais ces appareils, tout élégants qu'ils soient, fatiguent la vue et
l'on a souvent grand avantage à leur substituer soit des cheminées à feu apparent qui laissent passer le gaz à travers les orifices
de bûches en fonte garnies d'asbeste, soit plutôt, des *poêles ventilateurs* dont la supériorité n'est pas contestable, au point de vue
de l'économie et de la salubrité.

Calorifères. — Dans tous les bâtiments publics ou privés construits selon les dernières exigences de l'art, c'est au moyen de
calorifères, surtout, que l'on distribue économiquement, dans les
diverses pièces de l'habitation à la fois, dans les vestibules même
et les escaliers, une chaleur plus ou moins suffisante. Ces ingénieux appareils, en effet, permettent d'utiliser au chauffage les
combustibles les moins coûteux, ils ne laissent perdre, jamais,
qu'une minime part du calorique qu'ils dégagent et comme, à
peu de frais, ils répandent ainsi, partout, une égale température, on comprend qu'ils soient généralement adoptés quand le
problème se pose de chauffer un grand établissement, ou même
un petit hôtel, une maison particulière.

Suivant l'importance et la disposition des locaux, on peut
alors choisir entre des calorifères de plusieurs systèmes et de
modèles très variés; tous essentiellement composés, en somme,
d'un foyer principal et d'une chaudière ou chambre de chauffe,
dont les tuyaux font circuler dans l'épaisseur des murs et sous
les planchers des appartements, de *l'air chaud*, de la *vapeur*
ou de *l'eau chaude*.

Calorifères à air chaud. — Absolument comparables à de vastes
poêles-ventilateurs, les *calorifères à air chaud* sont les plus
simples et les plus usuels. On les place ordinairement au sous-
sol, dans une maçonnerie en briques, où l'on dispose au-dessus
d'un large fourneau les tuyaux diversement combinés qui forment
comme la base de l'appareil. Un de ces conduits va puiser l'eau
au dehors, en un point où il soit aussi pur que possible; et du

foyer qu'il traverse, en y faisant plusieurs circuits afin d'augmenter la surface de chauffe, il se dirige, pour y distribuer l'air chaud, vers toutes les pièces de l'habitation.

Les calorifères construits d'après ce système, comprennent différents modèles plus ou moins perfectionnés. L'un des plus recommandables, le *calorifère de cave* de Geneste et Herscher, outre ses tuyaux d'apport et de dégagement, se compose d'une cloche de fonte relevée de fortes nervures, et d'une sorte de coffre métallique entourant ce foyer de hautes parois demi-circulaires sur lesquelles, avant de pénétrer dans la maison, l'air du dehors vient se chauffer. Très fréquemment, encore, on installe dans les caves soit le *calorifère Perret*, où l'on peut économiquement brûler tous les combustibles; soit le *calorifère céramique* de Gaillard et Haillot, tout en briques réfractaires, qui fournit un air moins sec, toujours exempt de poussière et de fumée.

Calorifère de cave à air chaud, de Geneste et Herscher.

A. Cendrier. — B. Foyer. — C. Cloche métallique à nervures. — D. F. Chambre demi-circulaire. — G. H. Conduite d'entrée et de sortie de l'air.

Calorifères à vapeur et à eau chaude. — Peu différents, en principe, des calorifères à air, les appareils à vapeur et à eau chaude s'en distinguent surtout par la disposition des chaudières et des tuyaux formant ensemble un circuit continu, qu'un rapide courant de vapeur ou d'eau surchauffée parcourt dans toute son étendue, sous une pression plus ou moins considérable.

Au lieu de projeter directement de la chaleur dans les appartements qu'ils traversent, les conduits de ces calorifères en chauffent donc l'atmosphère par rayonnement. Aussi, dans toutes les pièces où ils pénètrent, pour en obtenir le plus de chaleur possible, les contourne-t-on souvent en spirale à l'intérieur d'une cheminée ou d'un cylindre métallique, disposition que l'on a désignée sous le nom de *poêle d'eau.*

Moins sèche et plus agréable que celle des calorifères à air, la

Calorifère à eau chaude et à haute pression.

A. Chaudière. — B. C. Tuyau ascendant. — D. Poêle d'eau supérieur et tuyau de retour se continuant en E, F, I, L. — G. J. Poêles des étages intermédiaires.

chaleur qui se dégage des chaudières à vapeur ou à eau chaude devrait toujours faire préférer aux premiers, ces derniers appareils. Leur emploi, malheureusement, exige une extrême prudence ; et malgré toutes les précautions prises, d'épouvantables accidents peuvent être causés par la subite explosion d'une chaudière ou d'un conduit. On ne saurait, surtout, trop se défier, à cet égard, des *calorifères à haute pression*, qui ne communiquant pas avec l'atmosphère, lancent dans tout leur circuit un courant d'eau bien au-dessus de 100 degrés. Seul, un chauffeur habile peut surveiller et conduire ces appareils partout où l'on en fait usage.

Ainsi, quelques sérieux progrès qu'ait réalisés la fumisterie moderne, il n'est, en réalité, jusqu'à présent, pour le confort et l'hygiène, aucun appareil qui puisse remplacer la traditionnelle cheminée.

Sans doute, un bon feu de bois, clair et vif, est loin d'être économique. Le violent courant d'air nécessaire à sa combustion s'empare, en même temps que de la fumée, des trois quarts de la chaleur produite, et fait payer un peu cher l'incontestable plaisir de voir pétiller et flamber la bûche ; mais de même qu'il y a fagots et fagots, pour les brûler, il existe aussi, nous l'avons dit, des cheminées de plus d'un système ; et nous devons reconnaître, qu'en général, les foyers établis dans les nouvelles constructions, rendent et renvoient, — tout en tirant bien, — le plus de chaleur possible.

Outre qu'il est absolument nécessaire, au point de vue physique, de se réchauffer en hiver, peut-être n'est-il pas moins réconfortant, au point de vue moral, de recevoir, après la fatigue de la journée, la bienfaisante et lumineuse chaleur de l'âtre qui rayonne.

Ce n'est pas sans raison, que tous les peuples civilisés ont fait du foyer le point de ralliement, le centre de la famille. Les deux mots sont aujourd'hui synonymes dans toutes les langues, et s'il n'est plus très à la mode de parler du « foyer conjugal » ou du « foyer paternel », il n'est pas moins vrai qu'un ménage, une famille, ne sauraient longtemps rester unis dans une maison sans foyer ; pas même devant une cheminée qui fume !

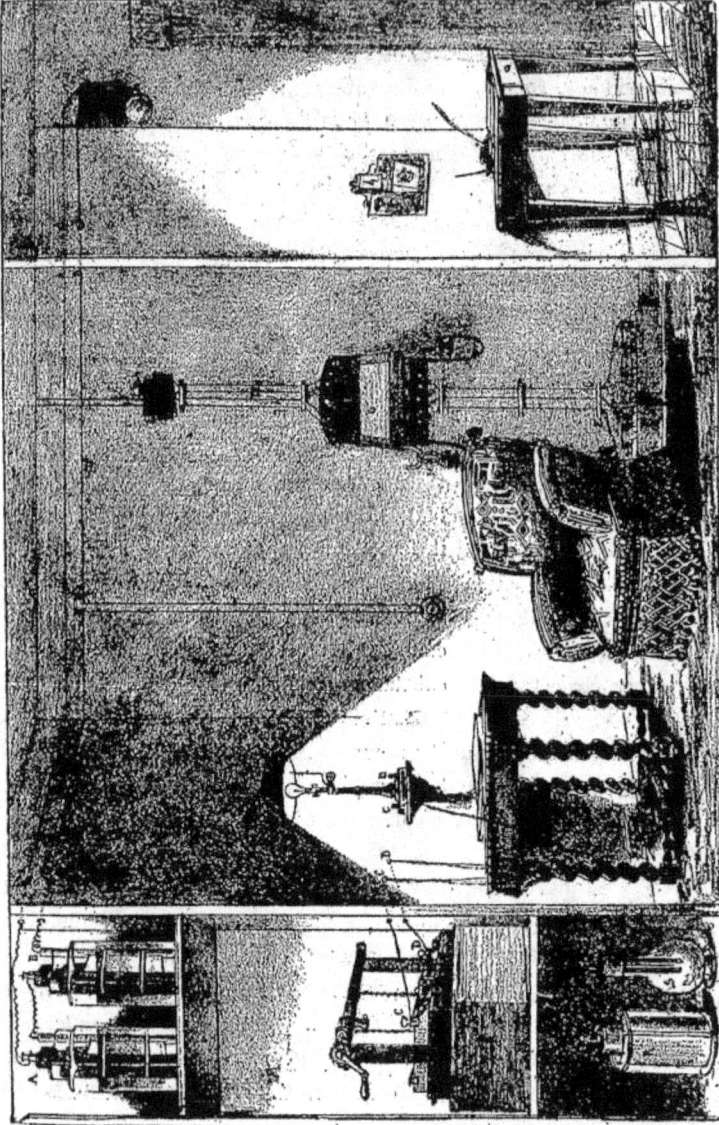

Pl. XVII. — AMÉNAGEMENT DE L'HABITATION. — L'ÉLECTRICITÉ DOMESTIQUE.

A. B. Sonnerie électrique avec ses piles, ses fils conducteurs, le bouton d'appel et la sonnerie. — C. D. Installation de lumière électrique avec la batterie, la lampe et les fils conducteurs. — O. Téléphone et ses accessoires.

ÉCLAIRAGE.

La lumière, dans nos maisons, ne nous est pas moins indispensable que le feu. Plus encore que la chaleur, elle est même une des conditions essentielles de la santé. Tandis que l'ombre attriste la pensée dans le corps qu'elle étiole, le jour, égaye l'esprit et le rassérène, en donnant aux organes la force, aux tissus l'éclat et la fraîcheur. Pâle imitation de la splendide lueur du soleil, la lumière artificielle que nous opposons à la nuit, dans nos demeures, ne doit donc pas être, au moins par ses qualités hygiéniques, trop inférieure à celle du jour. Il faut qu'elle soit assez vive pour impressionner suffisamment la vue ; assez douce pour ne la point fatiguer ; assez pure pour ne dégager, en brillant, ni vapeurs ni fumées nuisibles ; il faut, enfin, qu'à peu de frais on puisse l'obtenir, toutes conditions absolument dépendantes de la valeur commerciale et des propriétés des substances éclairantes.

Flamme d'une chandelle.

Matières éclairantes. — Chandelles. — Pour nous éclairer, nous brûlons surtout, aujourd'hui, des *corps gras* solides ou liquides, des *huiles minérales* volatiles et le *gaz* qui provient de la distillation de la houille, ce dernier produit, en maints endroits déjà, remplacé par le *courant électrique* lumineux dont le vif éclat convient plutôt à l'éclairage des grands établissements, des rues et des places publiques. Les corps gras solides, le suif, la cire, la stéarine, et la paraffine sont les matières constituantes des

chandelles et des bougies. Faites de suif, les chandelles brûlent avec
une flamme jaune, fumeuse, qui n'éclaire qu'imparfaitement et
répand dans l'atmosphère, outre beaucoup de charbon, de fétides
vapeurs d'acides gras. Dans une chandelle allumée, d'ailleurs,
pas plus que celle du suif, qui ruisselle de tous côtés, la combustion de la mèche n'est complète. Au fur et à mesure qu'elle
brûle, elle s'encroûte de noirs champignons de fumée et l'on est
obligé de la raccourcir, de la « moucher » à chaque instant, si
l'on veut lui conserver sa faible puissance lumineuse.

Bougies. — La plupart de ces inconvénients sont supprimés
par l'emploi des *bougies stéariques*, dont l'usage est aujourd'hui
si répandu. Blanche et pâle, la flamme de la bougie ne dégage,
en effet, que fort peu d'odeur et de fu-
mée. La stéarine qui n'est point consu-
mée, à mesure qu'elle fond, se concrète en
larmes sèches, peu salissantes; la mèche,
enfin, de la bougie, est tressée de telle
sorte qu'elle se recourbe en brûlant, et
que, déjà carbonisée', sa pointe achève
ainsi de se consumer dans la zone externe
de la flamme. Beaucoup plus coûteuses
que la stéarine, la cire et la paraffine servent à fabriquer des bougies diaphanes
que l'on colore souvent, pour les rendre
plus élégantes, mais dont le pouvoir éclairant n'est point supérieur à celui de la
simple bougie.

Flamme d'une bougie.

Huiles grasses. — On emploie communément, à l'éclairage, les huiles végétales
de *colza*, d'*œillette*, de *noix*, de *chènevis*,
de *cameline* et plus rarement l'*huile de poisson*. Préalablement
épurée et brûlée dans une bonne lampe, l'huile de colza, de

beaucoup la plus usuelle, donne une flamme claire, blanche, exempte de mauvaise odeur et de fumée. Fréquemment on la falsifie, il est vrai, en la mélangeant d'huile de chènevis qui rend la flamme rougeâtre, fumeuse, encombre la mèche de dépôts charbonneux et lui fait répandre, quand on éteint la lampe, de désagréables émanations.

Le pouvoir éclairant de l'huile dépend essentiellement, on le conçoit, du système et de l'importance de l'appareil où elle est brûlée. Une lampe dépensant 22 grammes d'huile de bonne qualité par heure, donne une lumière égale à celle de quatre bougies.

Huiles minérales. — Plus économiques, et d'une puissance lumineuse supérieure encore à celle des corps gras, les huiles minérales de *schiste* et de *pétrole* sont aujourd'hui, comme les huiles végétales, très communément employées. Épurées et raffinées avec soin, elles fournissent une belle lumière blanche, assez vive et nette, pour laisser bien voir, à la nuit, certaines nuances, le bleu, le vert, le jaune, le rose, dont on ne peut juger qu'imparfaitement, à la clarté de la lampe ou de la bougie. Mais la composition de ces substances est si complexe, qu'il est extrêmement difficile d'obtenir une huile de pétrole d'une densité toujours égale et d'un même degré de volatilité. Du pétrole brut, soumis à la distillation, se dégagent, en effet, à mesure qu'on le chauffe, d'abord des huiles volatiles légères, les *essences de pétrole*, que l'on brûle à la cuisine, dans des lampes à long bec; puis, des huiles de plus en plus lourdes, les dernières épaisses et charbonneuses; les moyennes, qui bouillent entre 35° et 50°, particulièrement propres à l'éclairage.

Ce sont ces huiles, quelquefois chargées de vapeurs en excès, qui peuvent s'enflammer et faire explosion dans les lampes qu'imprudemment on agite ou que l'on renverse, accidents qu'il est cependant facile de prévenir, en n'employant jamais que du pétrole bien raffiné, reconnaissable à ce qu'il ne s'enflamme pas en masse au contact d'une allumette ; en prenant soin de tenir la lampe constamment pleine, de ne la point souffler pour l'éteindre, et de ne la nettoyer jamais qu'à la clarté du jour.

Gaz d'éclairage. — Très usité, dans les villes, pour l'éclairage des rues, des places publiques, des grands établissements, des ateliers, des magasins, et des escaliers des maisons, le *gaz* de la houille, en dépit de ses nombreux avantages, est encore moins employé que les huiles végétales et minérales dans les habitations privées. Non pas, à vrai dire, qu'il soit en cela plus coûteux ; mais il est moins maniable ; il dégage toujours quelque désagréable odeur ; à la moindre fuite il fait courir, aux hôtes de la maison, des risques d'asphyxie ou d'explosions redoutables. Nette et brillante, sa lumière, enfin, a le défaut d'absorber une grande quantité d'air respirable et de dégager beaucoup de chaleur. En l'excitant, elle congestionne la rétine, et dans tous les travaux exigeant une attention minutieuse, dans le travail de bureau surtout, elle est loin d'être aussi favorable que celle de la lampe ou de la bougie à la bonne conservation de la vue.

Comme l'électricité, dont les applications à l'éclairage domestique seront bientôt aussi nombreuses et peut-être plus pratiques que celles du gaz, le lumineux produit de la houille devrait donc, au point de vue hygiénique, être utilisé surtout à l'éclairage des grands espaces où se trouvent neutralisés tous ses inconvénients.

Appareils d'éclairage. — **Flambeaux.** — **Lampes à l'huile.** — Pour brûler la chandelle et la bougie on fait usage, depuis longtemps, de très simples appareils : *flambeaux, candélabres, bougeoirs*, dont on varie la forme et l'ornementation selon le style du mobilier dont ils sont, dans toute habitation, l'un des éléments indispensables.

Le mécanisme et la disposition des *lampes à l'huile grasse* étant beaucoup plus complexes, les modèles en sont bien moins variés. Aux anciens et fumeux quinquets dont on se servait presque exclusivement encore au commencement de ce siècle, furent d'abord substituées les *lampes de Carcel*, dont le bec tubulaire double, imaginé par Argand, reçoit d'un récipient inférieur l'huile que pousse un mouvement d'horlogerie ; mais ces excellents appareils étant un peu coûteux et trop sujets à se déranger, on leur préfère, généralement, aujourd'hui, l'ingénieuse *lampe à modérateur* de Franchot, dans laquelle un large piston pressé par un ressort à boudin pousse dans un tube vertical l'huile du réservoir qui

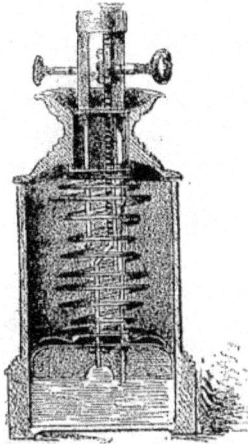

Coupe verticale d'une lampe à modérateur montrant le mécanisme de l'appareil.

ne retombe, goutte à goutte, dans le récipient, qu'après avoir immergé la mèche.

Alimentée par de la bonne huile de colza, une lampe à modérateur bien construite et d'un calibre de 12 à 15 millimètres doit fournir un éclairage suffisant pour un travail de cabinet. Afin d'en obtenir le plus de lumière possible, autant que pour garantir la vue de son trop vif éclat, il est essentiel d'adapter à la cheminée de verre un *abat-jour* en carton, vert en dessus, blanc en dessous, qui réfléchisse les rayons lumineux dans un petit cercle, au pied de la lampe. Pour la table et l'appartement, au lieu

Lampe de bureau avec son abat-jour.

des globes en verre dépoli qui laissent passer une lumière blanche

et crue, souvent pénible à supporter, il est mieux de choisir un
abat-jour de fantaisie, en papier de couleur,
qui tamise agréablement l'intense clarté de la
flamme. On n'obtiendra, dans tous les cas, une
bonne lumière, qu'à la condition de couper toujours très nettement la mèche, avant de l'allumer et qu'en faisant correspondre à peu près
exactement au milieu de la flamme, pour l'empêcher de fumer, le coude de la cheminée de
verre.

Lampes à pétrole. — Beaucoup plus simples,
les *lampes à pétrole* se composent d'un récipient
de dimension variable et d'un gros bec circulaire ou plat, à l'intérieur duquel une crémaillère fait descendre ou monter une mèche de
même forme. Directement plongée dans l'huile,
cette mèche, quand on l'allume, en doit être
assez retirée pour que la flamme n'échauffe point

Lampe à pétrole, à mèche
plate.

le liquide et ne le vaporise pas dans le vase même qui le renferme, ce qui pourrait être une sérieuse cause
d'explosions.

Brûlé dans une lampe bien construite, un
pétrole de bonne qualité ne répand aucune odeur
et ne produit point de fumée ; aussi, d'année
en année, en consomme-t-on davantage, et fa-
brique-t-on maintenant, pour l'éclairage au
moyen de l'huile minérale, des appareils très
élégants et très perfectionnés ; les uns, particulièrement avantageux au point de vue de la
sécurité, les autres, « à bec intensif », donnant aux moindres frais, la plus vive lumière.

Lampe à pétrole accrochée
au mur.

Pour la cuisine et l'office, on fait, à très bon marché, des lampes à long goulot, de modèles très variés, où l'on brûle exclusivement de l'essence de pétrole. Il en est, en forme de poire, que l'on place dans les flambeaux ; d'autres que l'on porte à l'aide d'une poignée, comme des bougeoirs ; d'autres encore qui peuvent être suspendues à la muraille. La flamme un peu jaune que donne l'essence équivaut à peu près à celle d'une bougie.

Appareils à gaz. — Des grandes usines où l'on distille la houille, le gaz, dans les villes, est conduit aux habitations par une suite de conduits de fonte et de plomb qui vont aboutir, dans les appartements, aux divers appareils spécialement disposés pour ce mode d'éclairage. Comme l'eau, que l'on distribue au moyen d'une canalisation identique, le gaz traverse d'abord un *compteur* où s'inscrit, en mètres cubes, la quantité que l'on en consomme chaque jour ; il est ensuite amené, par des tuyaux

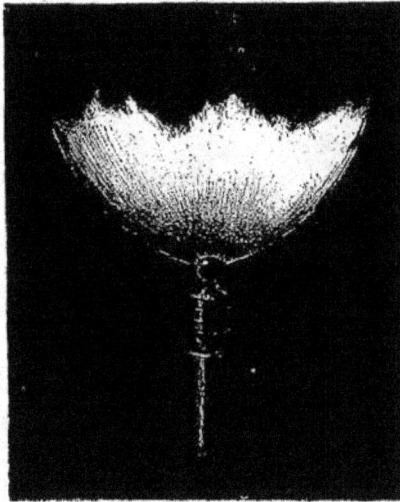

Bec fendu ou papillon.

de plus petit calibre aux *appliques, lampes et suspensions* où il brûle avec d'autant plus de flamme et d'éclat, que le bec de l'appareil en laisse passer davantage.

On s'est beaucoup occupé, pour régulariser la dépense et tirer le meilleur parti possible du gaz, de varier la forme et la disposition des brûleurs. Entre tous les appareils imaginés dans ce but, on emploie surtout le *bec fendu*, dit *papillon*, dont l'extré-

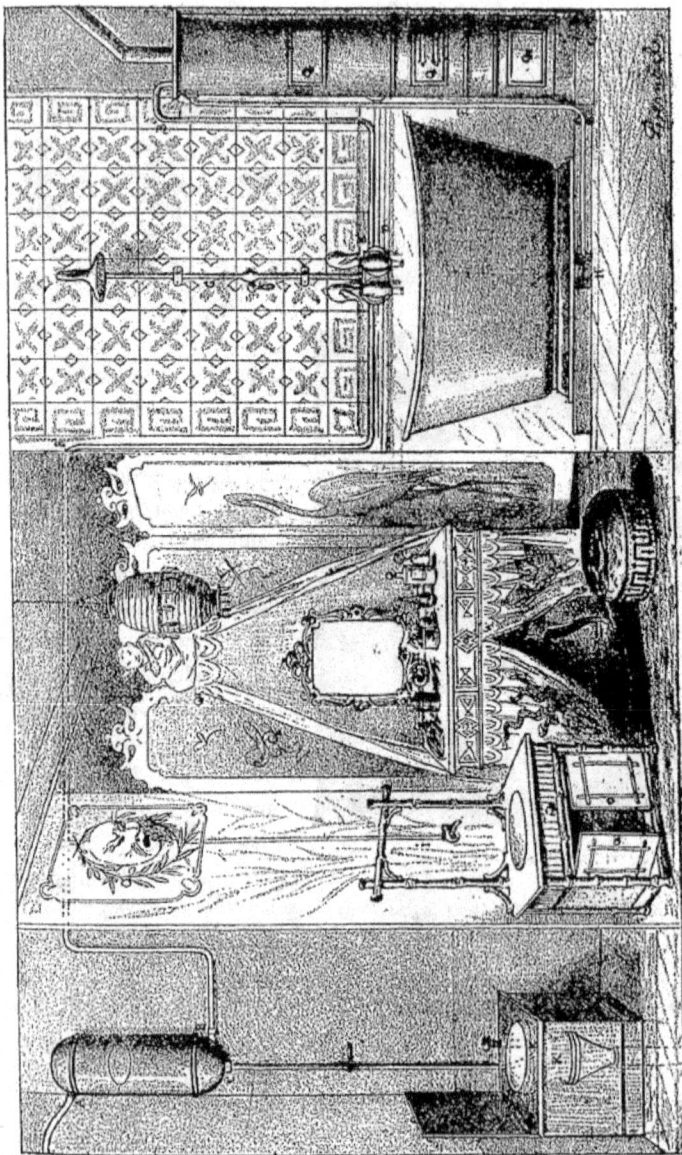

Pl. XVIII. — AMÉNAGEMENT DE L'HABITATION. — LE WATER-CLOSET, LE CABINET DE TOILETTE ET LA SALLE DE BAINS.

A. C. K. Réservoir et conduite d'eau du water-closet. — B F. Conduite d'eau de la salle de bains, alimentant le robinet d'eau froide, la chaudière et l'appareil à douches G. — D. Conduit de la chaudière au robinet à eau chaude. — E. Déversoir du trop-plein de la chaudière. — H. Soupape de la baignoire. — I. Conduit et robinet de la toilette.

mité sphérique est verticalement coupée par une fente linéaire ; le *bec manchester* à deux orifices en regard, et le *bec d'Argant* ou *bec rond*, constitué par un tube en porcelaine percé de 15 à 20 trous à des intervalles de 3 millimètres.

Avec ce dernier brûleur et les différents modèles que l'on en construit aujourd'hui, le gaz donne une longue flamme blanche très fixe et sans odeur quand elle est entourée d'un verre cylindrique ; aussi, pour l'éclairage domestique, préfère-t-on cet appareil au bec fendu, dont la flamme, plate et dentelée comme l'aile d'un papillon, fournit, pour la même dépense de gaz, la plus grande quantité de lumière.

Bec d'Argant.

A la campagne et dans les établissements industriels isolés, il n'est pas impossible de se procurer les avantages de l'éclairage au gaz en faisant passer un rapide courant d'air à travers un liquide hydrocarburé tel que le pétrole. Les appareils construits dans ce but sont d'abord assez coûteux ; mais, d'un maniement facile et sans danger, ils peuvent être alimentés à peu de frais, n'occupent que très peu de place, et peuvent fournir, selon leurs dimensions, assez de gaz dans une journée pour suffire à la dépense d'une dizaine à quelques centaines de becs, durant plusieurs heures.

ÉLECTRICITÉ.

Éclairage électrique. — Aux pas de géant que font, de concert, la science et l'industrie, il est à croire, cependant, que l'éclairage au gaz, tout en vogue qu'il soit, avant longtemps sera remplacé, dans un grand nombre de ses applications, par l'*éclairage électrique*. Au point de vue de l'agrément et du confort, ce sera certainement, encore, un grand progrès, l'électricité étant appelée à nous rendre en même temps, à domicile autant qu'au dehors, bien d'autres services ; mais peut-être, au point de vue hygiénique, pourrons-nous le regretter, quoique à n'en pas douter, nos savants trouveraient toujours un moyen de défendre nos yeux des malfaisants rayons d'une lumière trop vive.

Pendant un demi-siècle on a cherché, mais en vain, à rendre l'éclairage par l'électricité véritablement pratique à l'intérieur des habitations.

Il fallait, pour y réussir, résoudre d'abord, comme l'a fait Edison, le grand problème de la division du courant fourni par les appareils électriques ; inventer ensuite des lampes d'une structure toute spéciale, où la lumière pût briller de son plus vif éclat ; imaginer, enfin, des réservoirs d'électricité, des *accumulateurs*, assez peu volumineux pour être commodément maniés, susceptibles, néanmoins, d'alimenter toute la nuit une ou plusieurs lampes.

En attendant que de puissantes machines dynamo-électriques, installées dans tous les quartiers, nous permettent de recevoir dans nos maisons, aussi facilement que l'eau et le gaz, l'électricité lumineuse ou motrice, ce sont surtout les *piles au bichromate de potasse*, les *piles Grenet*, que l'on emploie à domicile pour la production du courant.

Disposées en batteries plus ou moins puissantes, ces piles sont rattachées, par des fils de métal, aux accumulateurs à lames de plomb dont on doit à M. Gaston Planté le premier modèle, ingénieusement modifié dans ces dernières années par divers autres électriciens. En quelques heures, l'accumulateur, mis en rapport avec les piles, se charge de toute l'électricité qu'elles lui envoient.

Il la conserve, l'emmagasine et, ne la laissant plus s'échapper qu'autant qu'on le désire, il permet même qu'on l'emporte pour la dépenser ailleurs.

S'agit-il de transformer en lumière cette force accumulée ? Au moyen de deux fils conducteurs on rattache simplement à l'appareil la lampe que l'on veut allumer, et tout aussitôt on y voit jaillir un arc lumineux d'un éclat qu'il n'est réellement possible de comparer qu'à celui d'un rayon solaire.

Ce sont, véritablement, de petits chefs-d'œuvre de délicatesse et d'ingéniosité, que ces lampes à incandescence d'Edison, de Swan, de Lane-Fox, de Maxim, qui depuis quelque temps déjà rivalisent de clarté dans nos magasins, nos théâtres, nos luxueuses maisons modernes, et qui brilleront demain, sans doute, jusque dans nos plus modestes habitations. (*Pl. XVII.*)

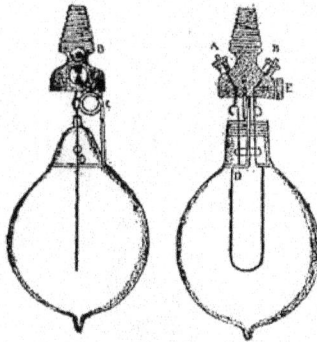

Quel qu'en soit le système, chacune d'elles se compose d'un frêle filament de charbon recourbé en forme d'U à l'intérieur d'une ampoule de verre absolument vide d'air, ou remplie, comme dans la lampe Maxim, d'un gaz carburé tout à fait impropre à la combustion. Par l'intermédiaire de deux fils de platine encastrés dans le pied de la lampe, le courant atteint l'anse de charbon qui s'allume aussitôt, et ce brin végétal calciné, gros à peine comme un cheveu, brûle, éclaire, rayonne, étincelle tant, et chaque fois que le courant passe, durant cinq ou six cents heures en moyenne, sans se consumer !

Avec beaucoup d'intelligence et de goût, nos ingénieurs élec-

Lampes à incandescence.
A. B. Boutons de communication. — C. Fil de cuivre formant support. — D. Filament de charbon. — E. Commutateur.

triciens ont adapté la lampe à incandescence aux appareils d'é-
clairage les plus usuels. M. Trouvé, l'un des premiers, a construit, pour l'usage domestique, des *flambeaux* et des *candélabres*

Flambeau de M. Trouvé pour
éclairage électrique.

Candélabre Trouvé pour éclairage
électrique.

qui ne le cèdent en rien aux riches appareils de ce genre édités
par les fabricants de bronzes d'art les plus renommés et qui

présentent l'incontestable avantage de servir, soit à l'éclairage électrique, soit, comme tous les autres, à brûler simplement de la bougie. M. Aboilard, non moins ingénieux, a créé toute une série de *chandeliers*, *d'appliques*, de *lustres*, dont le style parfaitement artistique, s'harmonise à souhait avec les élégantes ampoules de verre où brille l'électricité.

D'après les mêmes systèmes, fonctionnent des *lanternes de voiture* qui projettent à distance une très vive lumière ; des *lampes de sûreté*, dont on devrait faire exclusivement usage pour la recherche des fuites de gaz ; enfin, nos inventeurs, songeant à l'agréable autant qu'à l'utile, d'admirables *bijoux*, des broches de cristal, des épingles, des diadèmes renfermant une anse voltaïque, rayonnent maintenant la nuit, dans les salons et les théâtres, d'éclairs factices et de feux artificiels.

Lanterne électrique de voiture, avec sa boîte d'accumulateurs.

Moteurs électriques. — Ce n'est point, au surplus, seulement une incomparable lumière que l'on peut obtenir chez soi d'une batterie électrique suffisante et convenablement entretenue. Il est facile, si l'on ne veut point s'en servir pour l'éclairage, de dépenser en *force motrice* l'électricité emmagasinée dans les accumulateurs, et l'on parvient ainsi, très aisément, à faire fonctionner un petit moteur, par exemple une machine à coudre.

A beaucoup moins de frais, il est possible encore d'appliquer le courant électrique à rendre, dans la maison, quelques autres services fort importants. Avec trois ou quatre piles Leclanché, qui ne font aucune dépense et ne tiennent que fort peu de place, on n'installe pas seulement dans toutes les pièces d'un vaste appartement des sonneries fonctionnant par l'intermédiaire d'un électro-aimant, comme celle des télégraphes ; ce même appareil, complété de quelques commutateurs et contacts en rapport avec les portes et les fenêtres, procure une absolue sécurité contre les voleurs, en donnant l'éveil, la nuit, à la moindre tentative d'effraction, ou même en déchaînant, dans la maison, un tintamarre tel : détonation, carillon d'alarme,

Moteur électrique adapté à une machine à coudre.

éclairage subit, qu'il serait bien difficile au plus audacieux malfaiteur de n'en être point épouvanté!

Sonneries. — A très bon marché, l'on trouve, aujourd'hui, dans le commerce, des *sonneries électriques* munies de tous leurs accessoires, et dont la pose ne présente aucune difficulté. D'une couple d'éléments Leclanché, placés dans une armoire, on fait, pour cela, partir deux longs fils conducteurs enduits de bitume et couverts de coton, que l'on fixe le long des murs au moyen d'isoloirs et de clous à crochet, jusqu'à la rencontre de la sonnerie, préalablement suspendue à l'endroit de l'appartement où l'on désire qu'elle fonctionne. Ordinairement très simple, cette sonnerie se compose d'un *électro-aimant* attirant et repoussant tour à tour un marteau de métal soulevé par un ressort, et d'un *timbre* ou *grelot* sur lequel, à coups précipités, vient frapper le

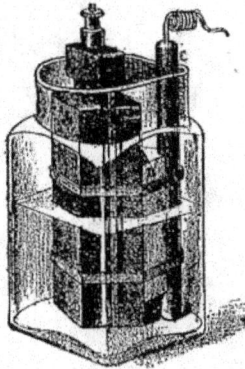

Pile Leclanché.
AA. Plaques d'agglomérés, au charbon et au peroxyde de manganèse. — B. Lame de charbon. — C. Crayon de zinc. — D. Isolateur

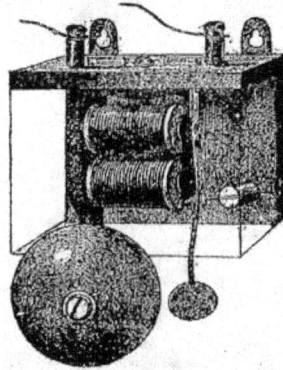

Sonnerie électrique.
AF. Electro-aimant. — G. Vis de réglage. EG. Bornes des fils conducteurs. — H. Marteau. — U. Support du timbre.

marteau, quand le courant passe. Dans chacune des pièces traversées par les fils conducteurs, on établit ensuite, sur le trajet même de ces fils, des *boutons* ou *contacts*, qui tenant le circuit rompu, le rétablissent instantanément sous le doigt qui les presse et mettent ainsi la sonnerie en action. De formes très variées selon

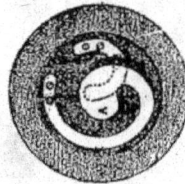

Bouton ou contact à deux paillettes A. B.

qu'ils répondent à tel ou tel usage, les contacts sont ordinairement composés de deux *paillettes* de cuivre écartées l'une de l'autre et logées dans une boîte isolante à travers laquelle pénètre le bouton qui sert à rapprocher les lamelles de métal.

Pl. XIX. — L'APPARTEMENT. — LA CUISINE.

Avertisseurs. — Une très simple modification à cet ingénieux appareil le transforme en un précieux *avertisseur d'incendie*, que l'on ne saurait trop employer partout où l'on aurait quelque sujet de craindre le feu. Le bouton du système Dupré, l'un des plus pratiques, ne diffère du contact ordinaire que par la fixation, sur la paillette inférieure, d'un morceau d'alliage assez fusible pour se liquéfier à la température de 37 à 40 degrés.

La chaleur, dans un appartement, s'élève-t-elle au point d'amener cette fusion, la lame inférieure de l'avertisseur, cessant d'être comprimée par le morceau d'alliage, aussitôt vient se mettre en contact avec la lame supérieure, et fait ainsi, sans interruption, fonctionner la sonnerie.

Avertisseur d'incendie.

A. Paillette supérieure. — B. Paillette inférieure. — C. Alliage fusible.

Quelques changements d'une tout aussi grande simplicité, permettent de placer des boutons avertisseurs dans tous les endroits et sur tous les points où l'on désire que dans telle ou telle condition, un signal soit donné. L'ouverture ou la fermeture d'une porte, l'entrée d'une personne et sa sortie, le moindre attouchement aux serrures d'une caisse, peuvent être, de la sorte, instantanément annoncés à distance et même inscrits, si l'on veut, enregistrés sur un tableau. Les mécaniciens, à cet égard, imaginent chaque jour, les combinaisons les plus ingénieuses. En Amérique, déjà, les coffre-forts ne se contentent plus d'avertir quand on les force; ils allument, en même temps, une lampe électrique, et les plus perfectionnés se défendant eux-mêmes, s'ils ne déchargent pas un revolver, saisissent au moins les mains, et prennent la photographie du voleur !

Allumoirs. — L'*allumoir électrique*, du reste, ne date point d'hier. L'appareil très pratique de Loiseau, qu'un très faible courant suffit à faire fonctionner, peut être très utilement placé à la portée de la main, dans une chambre à coucher, une cuisine, une antichambre.

Il suffit de pousser, sous le fil de platine qui la surmonte, une petite lampe à essence adaptée à l'armature, pour se procurer aussitôt du feu.

Téléphone domestique. — L'on n'aurait point à installer un outillage beaucoup plus complexe pour faire vibrer chez soi un *téléphone*, si ce merveilleux instrument était d'un emploi commode en dehors du réseau qui donne à chaque poste téléphonique d'autant plus d'importance et d'utilité qu'il le met en communication avec un plus grand nombre d'autres.

Allumoir électrique à essence de pétrole.

Mais le téléphone n'est véritablement avantageux que parce qu'il rattache, précisément, les uns aux autres, les hommes d'affaires, les négociants, les financiers, les industriels, les fonctionnaires d'une grande ville, leur permettant ainsi de correspondre, de s'entretenir, de s'entendre, sans qu'ils aient à sortir de leur cabinet. (*Pl. XVII.*)

Un doigt posé sur un bouton de sonnette, une oreille appliquée au récepteur, et cela suffit. Instantanément, monsieur tel ou tel n'est plus à plusieurs kilomètres de distance, mais à vos côtés, chez vous, devant vous. Vous lui parlez, il vous écoute ; il vous répond, vous l'entendez. Votre voix lui parvient et vous recevez la sienne avec le timbre et l'accent que, réciproquement, vous vous connaissez, quoique un peu rauque et grelottante par les jours pluvieux, comme une voix de polichinelle !

Mais ce petit défaut, avec le temps se corrigera. L'heure même n'est pas éloignée, on peut le croire, où, des plus lointaines distances, la parole humaine, expédiée par le téléphone, sera transmise assez nette, assez pure, assez forte pour donner à plusieurs personnes assemblées l'illusion complète de la présence de l'absent.

VENTILATION. — ÉVACUATION DES IMMONDICES.

Ventilation. — L'ingénieur et l'hygiéniste ne sauraient jamais trop se préoccuper de la *ventilation* du logis ; c'est-à-dire de la substitution régulière et suffisante d'un air neuf à l'air vicié par les émanations de toute nature qui sans cesse se dégagent dans une maison habitée. Très difficile à réaliser, cette essentielle condition de bien-être est absolument négligée, cependant, même par les architectes modernes, toujours forcés de concilier, avec les réels avantages, les sérieux inconvénients d'une trop vive aération.

Les physiologistes, au surplus, sont loin de s'accorder sur la question du volume d'air à fournir à une ou plusieurs personnes, en un temps donné. Tandis qu'il suffit, au dire des uns, de 7 à 10 mètres cubes d'air neuf par personne et par heure, pour bien respirer, ce n'est pas trop, selon les autres, de 50, 60, ou 80 mètres cubes, pour obtenir une bonne aération. De même que jamais on n'a trop de lumière, jamais non plus, il est vrai, l'on n'a trop d'air pur. A la vouloir absolument ventiler, cependant, il faut craindre de refroidir l'habitation, en y faisant passer de rapides courants d'air dont l'inconvénient ne serait pas moins grave que celui d'une atmosphère à moitié confinée. Dans un simple appartement ou dans une maison privée dont les cheminées tirent bien, la ventilation qui s'opère d'elle-même par les fissures des portes et des fenêtres suffit donc, ordinairement, pour opérer la substitution de l'air neuf à l'air vicié. Veut-on, dans certaines pièces, un tirage un peu plus actif? On y parvient en plaçant un *ventilateur à palettes* dans une croisée; une *brique perforée* et munie d'un tiroir, dans l'épaisseur d'un mur; en détachant, au besoin, une vitre d'une fenêtre, pour en faire un *vasistas*.

S'agit-il, dans une habitation de quelque importance, d'introduire un grand volume d'air, on bâtit les cheminées avec des tuyaux en poterie, verticalement cloisonnés pour laisser, à côté de la fumée qui s'élève, se dégager l'air vicié de l'appartement. Des ventouses placées près des plafonds débouchent dans ces tuyaux et d'autres orifices de ventilation, percés au bas des murs, introduisent dans la pièce l'air neuf ou préalablement chauffé par un calorifère.

Dans les grands édifices publics, enfin, les hôpitaux, les théâtres, les usines, et même certaines maisons à loyer, ce n'est plus, seulement, à ces simples moyens, mais à de véritables machines qu'il faut recourir, pour assurer, en temps déterminé, le libre renouvellement de l'air. Ces puissants appareils ventilateurs, fonctionnant, les uns par *aspiration*, les autres par *refoulement*, permettent d'envoyer, en moyenne, 100 mètres cubes d'air neuf par personne et par heure, dans tous les locaux où ils sont installés. En raison des rapides courants qu'ils déterminent, il est indispensable, d'ailleurs, que leurs conduits soient accouplés à ceux des calorifères, afin que l'énorme volume d'air frais qu'ils apportent, n'abaisse point trop la température des salles ventilées.

Evacuation des immondices. — Ce n'est cependant pas seulement l'air souillé qu'il importe de chasser du logis, mais aussi les *immondices* liquides ou solides de toute nature; eaux ménagères, déchets de cuisine, balayures, excréments. La plus grande partie en est versée à l'égout ou jetée à la rue, dans les villes; dans les campagnes, au fumier; mais on ne peut si facilement se débarrasser des matières fécales, et dans les cités populeuses, surtout, la question des vidanges est une de celles qui préoccupent le plus justement les hygiénistes et les administrateurs. (*Pl. XV* et *XVIII*.)

Quel que soit, à cet égard, le système adopté par les municipalités, ce qu'il faut tout d'abord obtenir, dans l'habitation, c'est l'absolue propreté des lieux d'aisance, la parfaite occlusion des latrines et des cuvettes qui reçoivent toutes les déjections.

Water-closets. — Aujourd'hui, dans les villes importantes, la plupart des appartements, ont un water-closet dont le bassin, en poterie émaillée, est lavé, sitôt qu'il a servi, par le courant d'eau qui lui vient d'un réservoir superposé. De ces bassins, presque tous d'invention ou de fabrication anglaise, les dimensions et les systèmes sont très différents. Il en est à siphon, à soupape, à valve et à siphon tout

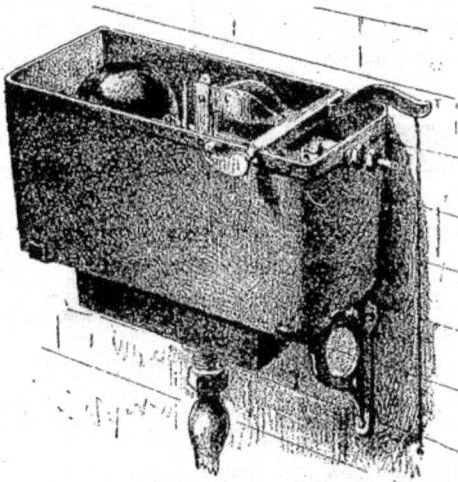

Réservoir de cabinet d'aisances.
A. Soupape à boulet. — B. Tube d'aérage. — C. D. E. Levier. F. Cordon de la soupape. — H. Citerne. — I. Tuyau d'écoulement.

à la fois; quelques-uns, fort ingénieusement construits, mais un peu sujets à se déranger.

Les plus anciens, trop en usage encore, dans nos habitations mo-dernes, ont une forme conique et sont fermés par une cuvette en plomb qui, lorsqu'on l'ouvre, a l'inconvénient de laisser tomber les matières dans un récepteur à parois concaves où, souvent, elles peuvent séjourner.

Ce grave défaut n'existe plus dans les « closets » perfectionnés que l'on fabrique actuellement en An-gleterre; leurs bassins, en forme de godet, s'ouvrant directement dans un large siphon, qui débouche, aussitôt, dans le tuyau de chute.

Outre qu'après la projection des matières dans le conduit, une no-table quantité d'eau demeure dans le siphon pour couper l'air de l'é-gout, une soupape ou valve métallique garnie de caoutchouc, obture parfai-tement les divers appareils de ce genre, ceux, notamment, de Doul-ton, de Tylor, de Jennings, de Bol-ding qui sont les plus usuels. Pour assurer leur bon fonctionnement,

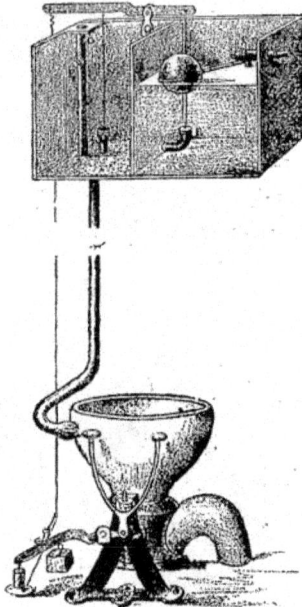

Closet automatique de Bolding, et son réservoir.

A. B. Double soupape, la première se fermant d'elle-même quand on prend place sur le siège; la seconde s'ouvrant pour remplir le compartiment. — C. Conduit d'alimentation et sa soupape à flotteur. — D. Tuyau de décharge. — E. Tube d'aé-rage.

toutefois, il est indispensable de pouvoir disposer d'une cer-taine quantité d'eau : huit ou dix litres d'un seul coup, pouvant être doublés ou triplés s'il le faut, par le simple jeu de la poignée qui sert à manœuvrer la soupape. A tous les closets de ce système, on annexe donc un réservoir à flotteur dont le mécanisme est combiné de telle façon que la quantité d'eau nécessaire au nettoyage de la cuvette, aussitôt dépensée s'y renouvelle et y demeure en réserve jusqu'à ce que l'on en fasse un nouvel emploi. Sans la gaspiller, on obtient ainsi, de l'eau projetée dans le closet, une chasse assez forte pour emporter les immondices jusque dans le tuyau de chute, et le liquide qui reste dans la courbure du siphon s'oppose au retour de toute émanation fétide, au dégagement de toute mauvaise odeur.

En Angleterre, où le système de vidanges mis en pratique est celui du « tout à l'égout », ces appareils perfectionnés empêchent absolument l'infection du logis par les gaz méphitiques. Moins indispensables dans nos maisons modernes, où les matières sont reçues dans des *tinettes filtrantes* retenant toute la partie solide pour laisser seulement les eaux et les urines se rendre à l'égout, ils n'y seraient pourtant que très avantageusement usités encore, l'excès de précautions, en pareil cas, ne pouvant être que très favorable à la santé des personnes, en même temps qu'à la propreté de l'habitation.

DISTRIBUTION DE L'HABITATION. — L'APPARTEMENT.

VESTIBULE. — ANTICHAMBRE

Assurément, un des points les plus difficiles de l'art de l'architecte est celui du cloisonnement de la maison, de la division de la surface habitable en pièces distinctes, toutes suffisamment spacieuses, claires, abordables et parfaitement appropriées à leur destination. Si, dans une maison particulière isolée, ce travail est relativement réalisable encore, dans la plupart des constructions urbaines, tant d'obstacles s'opposent à la bonne distribution du logis, qu'il est bien rare, le plan en eût-il été des mieux conçus, d'y découvrir un appartement remplissant

Pl. XX. — L'APPARTEMENT. — LA SALLE A MANGER.

bien toutes les conditions désirables de facile accès, de lumière et d'espace.

En général, on sacrifie l'hygiène et le confort à la sotte ostentation, au vain plaisir de paraître. Au meilleur endroit on place d'abord le salon et la salle à manger, les pièces où l'on ne fait que passer pour ainsi dire; et sur les cours, on relègue les chambres à coucher, les cabinets de travail où s'écoule la plus longue part de l'existence.

Ordinairement aussi, l'on ne s'inquiète aucunement du *vestibule* ni de l'*antichambre*. Le moindre coin qui reste après la division du corps de logis paraît suffisant pour cela. Que cette rognure soit étroite, biscornue, sans air et sans jour, on s'en accommode en disant que ce ne sera jamais là qu'un lieu de passage, et de ce réduit, déjà fort exigu, l'on fait, définitivement, un cabinet de débarras.

Le vestibule et l'antichambre, cependant, sont comme la préface de l'habitation, et doivent permettre au visiteur d'apprécier favorablement, au premier coup d'œil, non seulement la situation, la fortune, mais aussi le caractère et les goûts du maître de la maison. Il est donc indispensable que la pièce reçoive, par une ou deux fenêtres, la clarté du jour et que le soir, seulement, elle soit éclairée par une lanterne.

La décoration, d'ailleurs, en doit être simple, sobre, sévère ; les boiseries, en vieux chêne, par exemple; les murs de teinte neutre, peints à l'huile ou couverts d'un papier de tenture à fond lisse ou velouté. Dans un vestibule au rez-de-chaussée, il peut être avantageux de couvrir le sol d'un dallage en carreaux céramiques ; aux étages élevés il est préférable que le plancher soit formé d'un parquet ciré que l'on recouvre, au moins en hiver, d'un tapis sombre. Fréquemment, le départ de l'escalier occupe une large place au fond ou sur l'un des côtés du vestibule où s'ouvrent aussi, sur les autres parois, un certain nombre

de portes; celles notamment du salon et de la salle à manger.
Ce serait peut-être beaucoup, que de les draper, uniformément,
de rideaux ou de portières; il faut bien convenir, toutefois,
qu'une vieille tapisserie, une riche tenture d'Orient, retombant
à gros plis, font toujours très bon effet sous un grand cadre.

On meuble ordinairement l'antichambre d'un mobilier solide et
réduit aux objets d'une stricte utilité. C'est un banc à coussins
de drap ou de velours, quelques chaises ou fauteuils; une table
de vieux chêne. Il est indispensable d'y placer un porte-canne
avec un miroir et des patères en quantité suffisante; sur la table,
une écritoire artistique, un bassin de cuivre repoussé pouvant
servir de porte-cartes; au besoin, une grande plante, ou des
vases de fleurs pour y jeter quelque gaîté si l'ensemble paraît
un peu triste.

Il est malheureusement bien rare, excepté dans les hôtels
privés et les luxueuses habitations de Paris, que « l'entrée »
d'un appartement se prête même à cette ornementation élémentaire. Le plus souvent toute la place disponible y est occupée
par le porte-parapluie; il y faut allumer le gaz en plein jour;
enfin, ce qui n'est pas le moindre des inconvénients, les portes
mal closes de la cuisine et du water-closet, y répandent toujours, quoi qu'on fasse pour l'empêcher, des émanations aussi
désagréables que malsaines.

CUISINE. — OFFICE

Emplacement de la cuisine. — La *cuisine* est le laboratoire du
ménage, et l'*office*, quand il en est distinct, le centre de tous
les services de la maison. Au seul point de vue de la commodité, ce serait donc au milieu de l'appartement que devrait être
placée la cuisine. Il y aurait, par contre, tant d'inconvénients à

cela, que cette pièce essentielle est autant que possible éloignée des autres pour être reportée vers l'antichambre, à proximité de l'entrée principale et de la salle à manger.

On ne peut trop rien reprocher à cette disposition dans les maisons où l'architecte a pu ménager en dehors du grand escalier un escalier de service, le vestibule ou l'antichambre étant ordinairement, en ce cas, séparés par un corridor spécial de la cuisine et des cabinets d'aisances; mais dans la plupart des appartements desservis par un seul escalier, les visiteurs, avant d'être introduits, sont trop souvent obligés de passer devant la cuisine et les water-closets, dont il faut absolument leur épargner les odeurs et la vue.

Dans les habitations privées, on obvie à ces divers désagréments en plaçant au sous-sol, office et cuisine. Il est vrai qu'au nom de l'hygiène, on pourrait, alors, quelquefois protester; mais quand on n'y fait point sa chambre à coucher, il est généralement possible, en somme, de passer sans inconvénient une partie de la journée dans un sous-sol bien aéré, surtout si l'on y travaille, en tout temps, auprès d'un fourneau, souvent, en outre, l'hiver, à côté d'un calorifère.

Quelque emplacement qu'elle occupe dans la maison, la cuisine, au lieu d'être d'une ridicule exiguïté, comme dans un trop grand nombre de logements parisiens, doit avoir, en tous sens, de suffisantes dimensions pour que, non seulement l'aération, mais encore la propreté, l'aisance du service y soient parfaitement assurés. Les murs, qu'il faut pouvoir laver, seront revêtus de stuc, d'une épaisse couche de plâtre peinte à l'huile, ou tout au moins, badigeonnés à la chaux. Le parquet sera formé de dalles, de carreaux, et même, au sous-sol, afin de prévenir toute humidité, d'une assise de béton recouverte d'asphalte.

Évier. — Habituellement, c'est à la cuisine, au-dessus de l'*évier*, que l'on installe la principale prise d'eau de la maison.

Presque toujours un gros robinet permet de la tirer directement du conduit qui l'apporte; mais il serait beaucoup mieux d'adapter à ce robinet un filtre de ménage, à travers lequel s'épurerait la quantité de liquide dont on fait usage chaque jour.

L'évier, où l'on verse toutes les eaux ménagères, doit être soigneusement lavé, brossé, nettoyé à grande eau. Faute de le faire, les infectes émanations qui s'en dégageraient, par les fortes chaleurs surtout, seraient aussi nuisibles qu'insupportables. Pour les neutraliser, il faudrait alors répandre sur la pierre et dans les tuyaux de l'évier, une certaine quantité d'eau de javel ou de thymol.

Ameublement de la cuisine. — Tout spécial, le mobilier de la cuisine sera limité aux ustensiles, aux meubles vraiment usuels. Une ou deux grandes tables massives, en bois de chêne ou de hêtre, toujours très propres, en occuperont les côtés. Elles seront assez épaisses et solides pour que l'on y puisse hacher, piquer, préparer les viandes; y fixer même un moulin à café, une machine à broyer, un affiloir à polir les couteaux. A côté, devra trouver place un billot avec ses hachoirs et ses couperets; sur d'autres points, le buffet, un tabouret-échelle,

Fontaine filtrante.

une fontaine filtrante, si l'on n'a point mis un filtre en rapport direct avec le robinet de l'évier. (*Pl. XIX.*)

Fourneaux. — Mais le meuble caractéristique de la cuisine est le *fourneau*. Dans les campagnes, où la place n'est point parcimonieusement mesurée, où les opérations culinaires sont généralement simples et primitives, c'est encore, à la vérité, la large et haute cheminée qui sert à peu près exclusivement à la préparation des repas, la maison de maître seule étant pourvue d'un fourneau de brique ou « potager, » dont les foyers ne s'allument

guè.e qu'aux grandes occasions. A la ville, au contraire, la cheminée de cuisine a maintenant disparu devant le fourneau qui
lui est incontestablement supérieur au point de vue de l'économie
et de la commodité, mais qui n'en présente pas les avantages
hygiéniques.

Pour les cuisines de toute importance, on fabrique aujourd'hui,

Fourneau de cuisine.

CH. Chaudière à eau. — CM. Cheminée. — CK. Coquille à rôtir — CS. Cendrier. —
E. Foyer. — I. Four. — Fb. Réchaud à charbon. — G. Grillade à côtelette. — P. Coffre
à charbon. — S. Robinet de la chaudière. — RC. Étuve. — T. Réchaud à charbon de
terre. — V. Ventilateurs.

des fourneaux en fonte de toutes les dimensions. Il en est de
très grands, à l'usage des hôtels et des maisons nombreuses;
de moyens et de tout petits, à l'usage des plus modestes ménages;

ces derniers aussi parfaitement agencés, d'ailleurs, que les plus encombrants. Ils se composent tous d'un foyer plus ou moins vaste, ordinairement placé au centre de l'appareil et dans lequel on peut brûler du bois, du charbon de terre ou du coke; d'un ou de plusieurs fours où l'on fait rapidement rôtir les viandes; d'un réservoir à eau chaude et d'une table supérieure où sont percés des trous. Remplis par des disques de métal, concentriques et mobiles, ces trous, selon que l'on enlève un ou plusieurs des obturateurs, s'adaptent exactement au diamètre des casseroles et marmites que l'on y introduit pour les chauffer à feu nu ; mais il suffit, le plus souvent, de poser les ustensiles à plat sur la table de fonte pour que les aliments y cuisent plus ou moins vite, suivant que la casserole est plus ou moins rapprochée du disque central.

Un fourneau de dimension moyenne, et même la simple *cuisinière comtoise* qui rend de si grands services dans les petits ménages, ordinairement comprennent encore un ou deux réchauds carrés à charbon de bois, une étuve ou chauffe-assiettes, un cendrier. Sur la porte abattante ou la table inférieure des petits fourneaux, on peut, en outre, placer une rôtissoire, une bouilloire ou des fers à repasser. Aux appareils plus importants, on annexe, enfin, soit une coquille à rôtir, soit une grillade à charbon de bois, munie pour le rapide enlèvement des

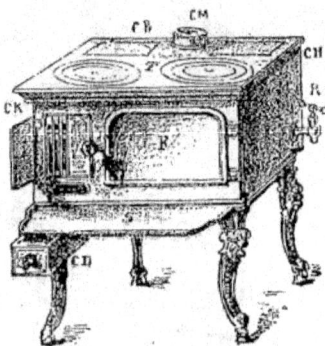

Fourneau des petits ménages ou cuisinière comtoise.

CH. Chaudière et son robinet. — CM. Cheminée. — CD. Cendrier. — R. Réchaud à charbon de bois. — CK. Foyer à rôtir. — F, Four. — S. Table inférieure. — T. Table supérieure et réchauds à charbon de terre.

fumées, d'un tuyau qui va déboucher dans la cheminée principale. Aussi parfait qu'en soit le tirage, il est toujours utile, au surplus, —

afin d'éviter à la ménagère de douloureuses migraines, — de coiffer le fourneau d'une large hotte où s'envolent, avec les gaz carboniques, toutes les mauvaises odeurs.

Fourneaux à gaz. — Depuis quelques années, l'emploi du gaz d'éclairage à la cuisson des aliments, s'est beaucoup répandu dans les villes et l'on ne saurait nier que la commodité, la propreté de ce combustible, le rendent absolument recommandable à cet égard. La cuisine au gaz est donc appelée à se généraliser dans toutes les habitations où l'on brûle aussi du gaz pour l'éclairage, les fourneaux spécialement construits pour l'usage culinaire étant eux-mêmes très propres et très faciles à gouverner. Mis en communication par un tube de caoutchouc, avec les conduits de

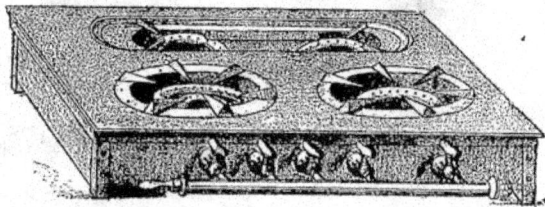

Réchaud portatif à gaz.

Réchaud à gaz à quatre bouches.

distribution, ces appareils sont essentiellement composés de couronnes creuses en fer, percées de petits trous par lesquels s'échappe le fluide inflammable. Une caisse en fonte brute, émaillée ou nickelée, enveloppe les brûleurs, supportant, au-dessus de chacun des réchauds, une grille ou des lames qui font office de trépieds. Tous les fourneaux à gaz, quels que soient

PL. XXI. — L'APPARTEMENT. — LE SALON.

leur volume et leur forme sont pourvus de robinets qui permettent de réduire au minimum la dépense du combustible. Surveillés par une ménagère soigneuse, ils ne sont donc pas d'un usage plus dispendieux que les fourneaux à charbon. Mais il n'est point rare, entre les mains d'une cuisinière insouciante, qu'ils soient, au contraire, beaucoup plus onéreux.

Fourneaux portatifs. — A la campagne et dans les modestes ménages, quand il s'agit de préparer à la hâte un petit repas, on peut, en partie, bénéficier des avantages du gaz en allumant soit une grosse *lampe à l'alcool*, soit, plutôt, un *fourneau portatif* au pétrole. Entourés d'un cylindre métallique ou d'un trépied de fer, ces appareils, soigneusement entretenus, fournissent immédiatement et sans danger une chaleur intense.

Ustensiles. — Vaisselle. — Il faut, même dans une cuisine modeste, un nombre considérable d'ustensiles de toute forme et de toute matière, pour la préparation des aliments et le service des repas : marmites, casseroles, chaudrons, grils, broches, rôtissoires, poissonnières, poêles à frire, bouilloires, écumoires, passoires et tamis, sans compter beaucoup d'autres instruments, vases ou récipients, indispensables à la confection de telle ou telle spécialité culinaire et complétant bien l'attirail qu'une ménagère soucieuse appelle si fièrement « sa batterie ».

L'industrie, chaque jour, multiplie ou perfectionne ces engins ; mais on ne doit jamais adopter que ceux qui, présentant un réel caractère d'utilité, ne peuvent aucunement altérer les aliments, ni même en modifier la saveur.

Les divers métaux que l'on emploie à la fabrication des ustensiles de cuisine sont bien loin d'être également recommandables à cet égard. Le *cuivre*, l'un des plus usités, sert à confectionner, surtout, les casseroles, les bassines, en un mot la plupart des vases où l'on fait cuire les aliments. Ce n'est pas seulement pour sa solidité, qu'on le choisit, mais parce qu'il se prête mieux que la vaisselle de fer ou de terre à la bonne préparation des mets. On sait, toutefois, avec quelle fâcheuse facilité s'oxyde ce métal au contact de l'eau salée, du vinaigre, du vin, d'un acide quelconque et même des corps gras. Il se couvre, alors, d'une couche plus ou moins épaisse de vert-de-gris, et malgré que les propriétés vénéneuses de cette substance, depuis quelques années aient été mises en doute, il faut pourtant bien reconnaître que sa formation sur les ustensiles de cuivre est un inconvénient dont on ne saurait trop se garantir. S'il n'empoisonne pas absolument, en effet, le vert-de-gris occasionne au moins des nausées, des vomissements, des coliques; aussi convient-il de ne jamais employer, à la cuisine, que des vases bien étamés et d'une propreté irréprochable, dans lesquels on ne laissera point refroidir ni séjourner les aliments.

Le *fer-blanc* et le *fer battu*, si communément usités dans les petits ménages, présentent, sur le cuivre, l'avantage du bon marché. L'on en fait surtout des casseroles, des bouilloires, des tourtières, des rôtissoires, des passoires et beaucoup d'autres objets. Les ustensiles destinés à la cuisson des mets ont le tort grave, cependant, de s'échauffer trop vite et de donner trop facilement aux préparations culinaires un goût de brûlé. Pour la fabrication des simples récipients et des boîtes à conserves, le fer-blanc, au contraire, est d'un emploi fort avantageux, à la condition qu'il soit toujours couvert d'une couche d'étain exempt de tout alliage plombique. Certaines applications du fer battu ne sont pas moins recommandables. Telle, la rôtissoire ovale des cuisines parisiennes, dont les deux réflecteurs concaves rejettent et concentrent sur la pièce à rôtir toute la chaleur du foyer.

La *tôle* et le *fer brut* ont leur principal emploi dans la fabrication des fourneaux et de leurs accessoires; mais on les utilise avec tout avantage encore à la confection des fours de campagne, des couvercles, des poêles à frire et des grils, ces derniers très perfectionnés depuis l'usage du gaz qui permet de faire cuire à peu près sans fumée toutes les viandes.

La parfaite salubrité du fer se retrouve dans les ustensiles en *fonte* : marmites, casseroles, braisières, ceux en *fonte émaillée* notamment, que nulle substance ne peut altérer et qu'il est si facile de tenir

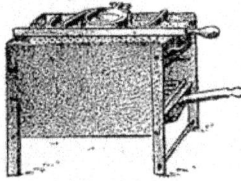

Gril sans fumée.   Rôtissoire.

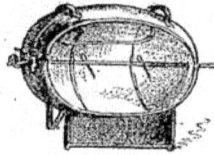

propres. Quoique un peu sujet à se fendiller, le revêtement vitreux de ces vases résiste et se conserve bien quand on ne les expose pas, à vide, sur un feu trop ardent.

Presque exclusivement employés, autrefois, à la fabrication des couverts, des plats et de certaines autres pièces de vaisselle, le *plomb* et l'*étain* ne le sont plus guère aujourd'hui. Sans doute, ce dernier métal, dont on fait encore les vases à mesurer les substances alimentaires, pourrait toujours, comme le fer-blanc, servir à les conserver quand il est pur; mais le plomb, trop facile à s'oxyder, doit être absolument rejeté du ménage, les sels éminemment toxiques dont il est la base pouvant, à très faible dose, déterminer de douloureuses coliques et de plus graves accidents.

Longtemps considéré comme insalubre, le *zinc*, au contact des acides et de certains sels, s'oxyde assez énergiquement, aussi, pour communiquer aux aliments des propriétés, sinon vénéneuses, au moins malsaines. On ne l'emploie donc guère qu'à fabriquer des seaux, des brocs, des récipients où l'on ne conserve point les liquides, mais au moyen desquels il est toujours sans inconvénient de les transporter.

Il n'est point, enfin, jusqu'aux *poteries*, aux *verreries* grossièr.s dont on se sert dans les cuisines, qui ne puissent altérer les mets que l'on y prépare, ou les substances que l'on y laisse séjourner. Le vernis à base de plomb dont les vases de terre sont émaillés, s'en détache souvent quand l'argile n'est pas assez cuite. Attaqué par l'acide tartrique, le verre à bouteilles est quelquefois assez impur pour décomposer le meilleur vin, en y mêlant une quantité trop appréciable d'hydrogène sulfuré.

Office. — Dans toutes les maisons où l'on dispose d'un suffisant espace, il n'est pas moins avantageux, au point de vue de l'hygiène que de l'économie, de réserver, entre la cuisine et la salle à manger, un local parfaitement aérable, mais bien clos, où l'on conserve toutes les provisions du ménage. Ce réduit, c'est l'*office*; et son très simple mobilier doit se borner à quelques

Meuble d'office à conserver les provisions.

meubles spéciaux, armoires et buffets, où l'on tient enfermés : dans les uns, les ustensiles ou les objets de table qui ne sont point d'un usage journalier, service de porcelaine, couteaux, couverts, cristaux, réchauds; dans les autres, les légumes secs et les diverses denrées dont il est toujours bon d'avoir en provision une certaine quantité : pois, haricots, lentilles, riz, épices, sucre, café. Isolées autant que possible et soigneusement enveloppées, ces substances devront être tenues surtout à l'abri des poussières et de l'humidité.

A l'office encore, on placera les garde-manger fixes et mobiles où les viandes et les aliments susceptibles d'altération seront mis au frais. Formé d'un châssis en bois ou d'une charpente en fer, le garde-manger mobile doit être suspendu au plafond au moyen d'une poulie qui permette de l'élever et de l'abaisser à volonté. Fixe, il n'est jamais mieux placé qu'à l'extérieur, en regard du nord, ou dans un couloir déterminant une ventilation énergique. De toutes parts il est essentiel qu'il soit fermé par une toile métallique à mailles assez étroites pour que les mouches n'y puissent pénétrer.

Dans les habitations où l'on ne peut disposer d'un office, on a souvent l'habitude de mettre à la cave le garde-manger. Cette pratique est sans inconvénient lorsque la cave est bien aérée et suffisamment fraîche. Au cas contraire, il n'est point rare que la viande, au lieu de s'y maintenir en bon état, ne s'y gâte plus vite, une mauvaise cave, comme nous le verrons plus loin, n'étant d'ailleurs pas plus propre à conserver les vins que les autres substances alimentaires.

Garde-manger à châssis de bois.
A. Roulette tournante à crochets. — B. Planche ou rayon cloué au châssis de bois.

SALLE A MANGER

C'est une des pièces les plus importantes de la maison, que la *salle à manger*. Pour qu'elle réponde parfaitement à son but, il faut qu'elle soit non seulement bien située, mais bien aménagée, en communication directe avec le salon, en rapport facile avec la cuisine et l'office. Elle doit recevoir, par de larges fenêtres ou des baies vitrées un air abondant et pur, en même temps qu'une vive lumière. Il est essentiel, en un mot, que la salle à manger soit, d'abord, agréable; et cela, bien moins encore pour le plaisir des yeux que pour le bon fonctionnement de l'estomac. Non pas que l'on doive, dans cette intention, la meubler avec un raffinement excessif, d'œuvres d'art ou de curiosités. Il importe, au contraire, que les personnes assises autour d'une table bien servie n'aient point l'attention détournée par un tableau trop frappant, un meuble trop bizarre, encore moins par un objet quelconque qui puisse froisser leur amour-propre ou blesser leurs convictions.

Ameublement. — Tout en étant artistique et gracieux, le mobilier de la salle à manger restera donc plutôt simple et sévère. S'ils n'ont pas été peints à l'huile et revêtus de stuc, on en couvrira

Imitation de vitraux anciens obtenue par l'assemblage de feuilles transparentes.

les murs d'une tapisserie de teinte neutre, ou mieux de panneaux décoratifs représentant de très simples sujets : paysages ou natures mortes. A défaut, l'on y pourra discrètement placer quelque vieille faïence, un plat de Delft ou de Rouen, une curieuse pièce du Japon ou de Chine.

Aux fenêtres, il vaudra mieux ne point mettre de tentures ni de rideaux qui s'imprègnent des vapeurs des plats et toujours masquent plus ou moins la lumière; mais on en pourra garnir les châssis, de vitraux peints ou simplement imités par des feuilles transparentes, certaines décorations de ce genre, d'un prix très accessible aujourd'hui, produisant, quoique factices, un effet artistique des plus satisfaisants.

On choisira, de préférence à tout autre, un meuble de chêne ou de noyer, de style Henri II ou Louis XIII, comprenant une table carrée ou ronde, à pied central et s'ouvrant au milieu pour recevoir un certain nombre de rallonges; un grand buffet dressoir, à portes vitrées, où seront enfermés l'argenterie et les services de table; une douzaine de bons sièges couverts de cuir frappé, de solide maroquin ou d'une étoffe résistante. On complètera l'aménagement par une table à découper que l'on placera le plus près possible de l'office, et par un chauffe-assiettes d'assez grandes dimensions pour que, dans un dîner, tous les mets gras et chauds puissent être mangés dans des assiettes chaudes.

Sous la table, et la débordant de tous côtés, on étendra, l'hiver, un tapis doux et moelleux; l'été, des nattes de paille tressée, sur lesquels, avant le repas, on fera placer, selon la saison, des chaufferettes ou des tabourets pour les dames.

Chaise Henri II à balustres.

Chauffage. — Il n'importe pas moins à la bonne digestion qu'au

PL. XXII. — L'APPARTEMENT. — LE CABINET DE TRAVAIL.

simple confort d'obtenir, dans la salle à manger, une température moyenne de 15 degrés centigrades. Ordinairement, la pièce est chauffée, dans ce but, par une cheminée, un poêle céramiques, où l'on brûle indifféremment du bois ou du charbon. Les appareils de ce genre offrent, sans doute, l'avantage d'éviter aux convives le vif éclat ou l'ardente chaleur du foyer; mais un clair feu de bois, flambant sur des chenets en fer forgé, présente aussi son agrément, et la cheminée ouverte, proscrite, au siècle dernier, par des gourmands trop exclusifs, convient, en somme, à la salle à manger autant qu'à toute autre pièce de l'appartement.

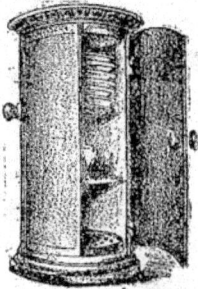
Chauffe-assiettes.

Éclairage. — La question de l'éclairage n'est pas moins importante ni moins controversée. En dépit des progrès accomplis dans cette branche de l'industrie moderne, il est généralement admis, par les hygiénistes et les gastronomes émérites, que l'éclairage aux flambeaux est le seul convenable sur une table bien dressée. La douce lumière des bougies ne fait pas moins valoir, en effet, le visage des convives que le luxueux arrangement d'un repas, et les jolies femmes, à table, sont tout aussi flattées d'être bien vues que d'être bien servies.

La flamme du gaz ayant été jugée trop brillante et trop chaude, depuis quelques années d'assez heureux efforts ont été tentés cependant, afin de combiner la lumière d'une bonne lampe à celle des bougies, pour l'éclairage de la table. Il en est résulté l'invention et l'étonnante vogue de ces « suspensions » de styles si variés, que l'on voit, aujourd'hui, dans toutes les salles à manger de Paris et de la province. Munis d'un lourd contrepoids qui permet de les élever et de les abaisser à volonté, ces appareils s'accrochent au plafond, juste au-dessus de la table, et sans

embarrasser le service, il est vrai qu'ils produisent souvent, par
leur ornementation et leur volume même, un certain effet décoratif. On en fabrique de très luxueux, d'ailleurs, dont les armatures métalliques et les bougeoirs
artistement travaillés s'harmonisent parfaitement avec les formes
et les dimensions du réflecteur
et de la lampe; mais quelque élégantes qu'elles soient, ces suspensions ont toujours le tort grave
de répandre de trop haut une lumière blanche et dure qui fait
miroiter les assiettes, fatigue la
vue, et projette de haut en bas,
sur le visage des invités des ombres désagréables.

Il ne nous appartient pas ici,
de traiter du service de la table
ni de l'ordonnance d'un repas.
C'est au maître, à la maîtresse
de maison, de remplir le mieux
possible cette haute et difficile
tâche, en se proposant avant tout
et toujours le bien-être et la satisfaction de tous leurs invités.

En principe, ils devront ne réunir jamais à la fois qu'un petit

Suspension de salle à manger.

nombre de convives, afin que chacun d'eux, sacrifiant ses habitudes et ses aises au plaisir qu'il se promet, ne soit point trompé
dans son attente et qu'il puisse s'asseoir, manger et causer à la
table où il est reçu, sans gêne ni contrainte. Il n'est, certes,
pas de plus fâcheuses corvées, dans le monde, que celles de ces

dîners de cérémonie où l'on manque d'espace, où l'on ne sait à qui,
ni sur quel ton parler; où l'on ne peut, sans déranger à tout instant
ses voisins, se procurer du pain ou se faire servir à boire. Outre
le profond ennui qu'ils engendrent, ces désagréments exercent le
plus déplorable effet sur la digestion, et ce n'est vraiment pas être
charitable envers ses amis que de les attirer dans un tel piège.

SALON

De même que la salle à manger doit rester la pièce sérieuse
où l'on se nourrit et se réconforte, le *salon* ne peut jamais être
que l'aimable endroit de la causerie et du repos. C'est là son caractère essentiel ; aussi par sa situation, sa disposition, son ameublement, faut-il que le salon soit à la fois agréable, intéressant et confortable.

Il n'en est, à vrai dire, pas toujours ainsi dans les édifices officiels et les riches hôtels des quartiers aristocratiques où l'on reçoit cérémonieusement un grand nombre d'invités ; mais le plus

Fauteuil Louis XIV à grand dossier.

souvent, alors, à cette froide et solennelle salle de réception, se
trouve annexé un « petit salon » tout intime, exclusivement ouvert aux amis de la maison.

Ameublement. — Même en gardant bonne apparence et grand air, ce salon-là doit surtout paraître accueillant et familier au premier coup d'œil. Il est indispensable qu'il soit clair et bien aéré, qu'il reçoive, au moins par deux hautes croisées, une franche lumière, et qu'il s'ouvre, dans l'appartement, à la fois sur l'antichambre et la salle à manger.

Suivant le style et le luxe du mobilier que l'on y place, on en couvre les murs de tentures, de vieilles tapisseries, ou plus simplement, d'un papier de teinte neutre, uni, gaufré, doré, velouté, toujours en harmonie, au moins, avec les étoffes des rideaux et des meubles. Si l'on ne tend pas de même le plafond, comme on le fait plutôt dans les boudoirs demi-mondains, on en remplit le vide par un ciel sobrement peint dans un cadre rond ou ovale, et sur le plancher, pour

Fauteuil Louis XV.

compléter cet ensemble, on cloue un tapis dont les couleurs et le ton doivent s'accorder encore avec la décoration générale de la pièce et le style du mobilier.

Veut-on vraiment faire œuvre de goût, on adoptera, pour un appartement de réception, le meuble Louis XIV aux lignes sévères, et pour un salon plus intime, le Louis XV ou le Louis XVI aussi confortable que coquet. (*Pl. XXI.*)

C'est par le fauteuil, surtout, la pièce caractéristique du salon, que l'on peut apprécier le style d'un mobilier, et se rendre compte de l'effet qu'il pourra produire. Dans le meuble Louis XIV la rigide ligne droite règne toujours, quoique moins absolue que dans le mobilier de l'âge précédent, et déjà très heureusement combinée avec de sobres lignes courbes. Plus ou moins larges et hauts, les fauteuils de ce style ont quand même, un air d'importance et de majesté que n'atténuent pas suffisamment les tapisseries, les velours à fleurs dont on les recouvre.

Dans le fauteuil Louis XV, au contraire, c'est partout la ligne courbe qui se substitue à la ligne droite absolument disparue, mais il faut, à ce siège gracieux, le cadre élégant des boiseries sculptées, peintes de couleur claire et relevées d'or, où les tourterelles et les amours se jouent dans les festons et se cachent sous les corniches.

Le meuble Louis XVI redevient un peu plus grave et ne reste pas moins coquet. Par ses formes multiples, en outre, il se prête à toutes les combinaisons, à toutes les fantaisies, et par la nuance des vives tapisseries, des soyeuses étoffes dont on peut le revêtir, il donne à la pièce où il est placé le ton plus ou moins sévère ou familier qu'on lui désire.

En dehors de ces types classiques, il n'est guère que le fauteuil capitonné moderne, le « crapaud » bas et trapu, le « confortable » anglais, à dossier carré, que l'on puisse admettre dans un salon bien aménagé, mais à peu près exclusivement dans le salon intime.

Le siège choisi, le meuble adopté, toute la décoration fixe ou mobile de l'appartement doit s'y rattacher, en somme, et les tables, les buffets, les vitrines, les consoles, les glaces et les boiseries, les tentures, la garniture même de la cheminée, le lustre et les appliques, sous peine de produire l'effet le plus discordant, ne peuvent que s'harmoniser avec les pièces essentielles du mobilier.

A cette règle expresse font exception, toutefois, les objets d'art de petite ou de moyenne dimension, les tableaux, les statuettes, les bustes, les faïences de prix, les mille bibelots précieux que recherchent avec amour, les véritables connaisseurs et qui ne laissent pas d'ajouter un grand intérêt à la pièce où ils sont rassemblés, tout en rendant sa décoration beaucoup plus originale et plus riche.

Après, et peut-être autant que les meubles, ce sont bien certainement les étoffes qui servent le plus à l'ornementation du salon. Nulle autre part, dans la maison, elles ne sauraient être employées avec plus de variété, ni contribuer plus heureusement au confort, en même temps qu'à l'élégance de la pièce.

Et d'abord, il est de toute rigueur qu'un épais tapis, au moins en hiver, couvre la surface entière du salon. L'été, ne fût-ce que pour le battre et le nettoyer, on peut, sans inconvénient, le remplacer par une large carpette;

Grand fauteuil Louis XVI recouvert en tapisserie.

mais on ne doit, en aucun temps, s'accommoder du parquet ciré, trop sonore et trop froid, pour une pièce consacrée aux réceptions amicales, aux aimables causeries.

Décoration d'une fenêtre de salon. — Armature de rideaux de style Louis XVI.

Pl. XXIII. — L'APPARTEMENT. — LA CHAMBRE A COUCHER.

Aux murailles, rien n'est plus agréable ni plus luxueux que de tendre de belles tapisseries anciennes ou modernes, dont les sujets soient bien en rapport avec le caractère général de l'appartement. Ces superbes tentures, il est vrai, sont malheureusement toujours très coûteuses ; et plutôt que d'en étaler de grossières ou de médiocres, mieux vaut employer à cacher les murs une étoffe semblable à celle qui recouvre les meubles, damas, lampas, reps ou cretonne, si l'on ne veut pas se contenter d'un riche papier peint.

C'est encore avec une étoffe identique à celle du mobilier que l'on composera, pour plus d'harmonie, les portières et les rideaux des fenêtres. A cet usage, conviennent parfaitement les velours unis ou figurés, les reps, les damas de soie ou de laine drapés selon le goût du moment, bordés de franges ou de bandes en tapisserie, adaptés, aux fenêtres, à des armatures en bois sculpté répondant toujours bien au style de l'ameublement.

A moins que la forme archaïque du mobilier ne l'exige, on ne placera point de vitraux aux croisées du salon ; mais on en couvrira les glaces d'un tissu transparent et léger qui tamise le jour sans s'opposer au parfait éclairage de la pièce. Les mousselines brochées ou brodées, le tulle, la guipure, se prêtent, à cet égard, aux plus heureuses combinaisons, en même temps qu'elles laissent toujours passer, dans l'appartement, une belle lumière blanche. C'est donc à tort qu'on leur préfère souvent des stores en taffetas, de couleur rouge ou bleue, à travers lesquels ne pénètre jamais qu'un jour coloré, peut-être fort agréable à l'œil, mais très peu recommandable, en somme, au point de vue hygiénique.

Chauffage. — Le salon, quelles que soient ses dimensions, ne peut guère être chauffé que par un clair et bon feu de bois brûlant dans une cheminée bien construite. Il n'est pas seulement essentiel, en effet, que cette cheminée ne donne ni mauvaise odeur ni fumée; il importe encore qu'elle soit assez large pour envoyer la chaleur et la gaieté de sa flamme à toutes les personnes qui, l'hiver, s'en approchent pour causer; il faut, en outre, que l'âtre en soit assez profond pour que les bûches enflammées ne puissent jamais, en roulant sur les chenets, risquer d'incendier les vêtements ou les meubles.

Au salon, le grave et trop réel inconvénient de la cheminée ouverte est tout entier, d'ailleurs, dans le danger qu'il peut y avoir, pour les dames, à s'en approcher de trop près. Attirés par le courant d'air du foyer, les légers volants, les rubans de leurs robes, au contact du feu s'allument tout à coup, et quelque empressement que l'on mette à secourir la victime d'un si déplorable accident, il est malheureusement rare que l'on puisse lui épargner de douloureuses brûlures.

La cheminée du salon et ses accessoires.

Pour éviter de tels malheurs, il sera toujours prudent de placer au-devant de la cheminée, un de ces écrans ou « pare-étincelles » métalliques, qui garantissent de la flamme, sans en empêcher le rayonnement. On en fait, aujourd'hui, de tout spéciaux, pour le salon, dont les feuillets s'ouvrent à la façon des lames d'un éventail, et qui, tout en étant très décoratifs, n'en restent pas moins fort utiles.

Éclairage. — Pas plus qu'à la salle à manger, l'éclairage au gaz ou à l'huile ne convient au salon, les soirs de réception surtout, où la douce lumière des bougies peut seule bien faire valoir les belles carnations et les riches toilettes. Même dans les grandes soirées officielles où l'on utilise plutôt la lumière électrique, le gaz, trop brutal et trop chaud, est rarement employé.

C'est dans des candélabres, des appliques fixées aux murs, des lustres suspendus aux plafonds, que l'on brûle, selon la mode du jour, la stéarine ou la paraffine, celle-ci, malgré le peu de consistance des bougies qui, sous l'influence de la chaleur, se tordent et coulent trop facilement. En famille, au contraire, c'est à la lumière d'une bonne lampe et sous le reflet d'un élégant abat-jour, que l'on veille au salon, que l'on s'y distrait à lire, à causer, que l'on y reçoit, sans cérémonie, ses amis intimes.

CABINET DE TRAVAIL

Ameublement. — Il est, aujourd'hui, bien peu de maisons où l'on ne trouve une *bibliothèque*. A notre époque, en effet, on ne peut guère plus se passer de livres que de pain. Il faut s'instruire, il faut savoir, il faut nourrir son esprit comme son corps, ou tout au moins se délasser, chaque jour, de ses fatigues et de ses ennuis, par d'agréables lectures.

Grande ou petite, la bibliothèque est donc à présent, à la ville comme à la campagne, un des meubles indispensables du logis, et l'on doit mettre, à la composer, tout le jugement, tout le soin dont on est capable. Un bon livre que l'on achète est d'ailleurs, un ami que l'on se fait; un hôte complaisant et discret que l'on s'attache et qui, sans être onéreux ni gênant, est toujours prêt à donner un avis, un conseil, une idée, quand on l'interroge.

Assurément, le trop étroit espace dont nous pouvons disposer dans la plupart des habitations urbaines, ne permet que très rarement, de consacrer à la bibliothèque une des pièces de l'appartement. Il faut, pour cela, que l'exercice d'une profession libérale nécessite l'installation d'un *cabinet de travail*, d'un *bureau*, tout au moins, où de beaux et bons livres ont leur place naturellement indiquée. Mais dans les plus modestes ménages, que d'espaces encore perdus, que de petits coins vides ou mal remplis, au salon, à la salle à manger, dans la chambre à coucher, qui seraient utilement occupés par une bibliothèque, une étagère, une simple planchette avec un nombre suffisant d'ouvrages bien choisis! Dans les villes, où si facilement, de nos jours, on se procure des livres, il n'est point si pauvre famille qui ne puisse se donner cet excellent réconfort; et dans les campagnes où l'instruction fait, maintenant, de rapides progrès, la bibliothèque domestique est d'autant plus indispensable, que le hameau se trouve plus éloigné de tout centre intellectuel.

Partout où il est nécessaire ou possible d'aménager un cabinet de travail, la bibliothèque en doit être le meuble essentiel et caractéristique. Point n'est besoin qu'il soit en bois précieux ou délicatement sculpté. Le chêne, le noyer simplement travaillés, conviennent particulièrement à cet usage. On en fait, dans le style Henri II ou Louis XIII, des mobiliers complets, non moins sérieux que confortables, et qui garnissent un cabinet d'étude bien mieux que le palissandre ou l'acajou. (*Pl. XXII.*)

Au point de vue hygiénique, c'est le siège et la table de travail surtout, qu'il faut judicieusement choisir et placer dans les conditions les plus favorables. On augmente toujours beaucoup la fatigue cérébrale, et l'on s'expose à de graves désordres de l'estomac ou des intestins, en se tenant de longues heures penché sur une table trop basse, en restant assis sur un siège incommode ou trop dur. Elastique et souple, recouvert de cuir ou de maroquin, plutôt que d'étoffe, un bon fauteuil de bureau doit avoir un dossier bas et rembourré, pour que les reins, quand on se redresse, y trouvent un solide point d'appui.

L'écrivain à son bureau.

Sur le bureau, qui recevra le jour de gauche à droite, il sera toujours utile, quelle que soit sa forme, de placer un pupitre assez élevé pour que l'on y puisse aisément écrire sans se courber; encore se trouvera-t-on mieux, souvent, de travailler debout, sur un pupitre spécial, une crédence, ou tout autre meuble que l'on fera dresser à proximité d'une fenêtre ou dans quelque autre endroit bien éclairé.

Chauffage. — Éclairage. — En hiver, la température du cabinet

de travail ne peut guère être inférieure à dix-huit degrés, et
pour la maintenir à ce niveau, la cheminée où l'on fait du feu
doit être l'objet d'une attentive surveillance. En chauffant la
pièce au moyen d'un poêle ou d'un calorifère, on se débarrasse,
il est vrai, de cette préoccupation; mais en même temps que
l'on risque, alors, d'avoir trop chaud et d'endurer tous les désagréments des émanations carboniques, on se prive de la réjouissante vue de la flamme et du plaisir de tisonner si cher à la
plupart des écrivains et des philosophes.

Non moins importante, la question de l'éclairage artificiel est
ici plus facile à décider. Une bonne lampe à l'huile entourée
d'un large abat-jour opaque et réfléchissant bien la lumière est,
en effet, le seul appareil que l'on puisse encore, sans trop d'inconvénients pour les yeux, employer aux travaux de cabinet.

Outre le mobilier spécial, bibliothèque et bureau, qui lui
donne son caractère, un certain nombre d'autres objets, carton-
niers, casiers, vitrines, étagères, etc., peuvent d'autant plus utilement trouver place dans le cabinet d'études, qu'ils ont plus de
rapport avec la profession et les goûts du maître du logis. Un
savant n'adoptera point, à cet égard, les mêmes meubles qu'un
littérateur, l'artiste n'aménagera point son « atelier », comme
l'homme d'affaires son cabinet, comme son « bureau, » le jour-
naliste. Les ouvrages même, que celui-ci placera dans sa bibliothèque, ne seront plus ceux que choisira le chimiste ou le médecin.

Chez l'un, la décoration de la pièce, essentiellement fantaisiste
et pittoresque, sera surtout obtenue par des tableaux, des statuettes, des faïences, des chinoiseries; sérieuse et scientifique chez
l'autre, elle sera simplement due à des instruments d'étude, à
des objets tout spéciaux : baromètres, microscopes, sphères et
reliefs géographiques, dont l'aspect, dans un cabinet bien tenu,
ne sera point sans produire, d'ailleurs, un très agréable effet.

Plus que toute autre pièce de l'appartement, celle où l'on travaille, enfin, doit être silencieuse et par conséquent isolée; aussi, pour éviter toute perte de temps, est-il indispensable de la rattacher à l'antichambre par une sonnerie électrique, ou mieux encore par un tube acoustique qui permette au maître de la maison d'appeler un domestique et de donner un ordre sans se

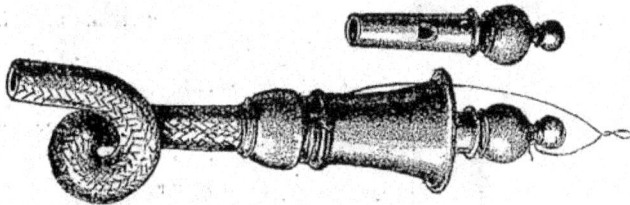

Tube acoustique et son sifflet.

déranger de son bureau. Terminé par une embouchure où s'engage un sifflet d'appel, le tube acoustique s'adapte à l'oreille ou aux lèvres, selon que l'on veut entendre ou parler. Moins sujet à se déranger que le téléphone, il suffit pour la communication à courte distance, et peut être installé partout à très peu de frais.

CHAMBRE A COUCHER

La chambre où l'on dort, tout intime qu'elle soit, ne mérite pas moins que la chambre où l'on travaille, d'être hygiéniquement et confortablement meublée. Il n'en est cependant pas toujours ainsi, la plupart des petits ménages, par ostentation ou par nécessité, sacrifiant trop souvent au besoin de paraître, même les éléments essentiels du bien-être et de la santé.

C'est au salon, à la salle à manger, presque toujours, d'ailleurs, placés à tort dans la partie la plus agréable et la plus salubre de l'habitation, que l'on se plaît à étaler un certain luxe, dût-on, pour cela, se priver du nécessaire en famille et dans l'in-

Pl. XXIV. — ANIMAUX ET PLANTES D'APPARTEMENT.

timité. Point n'est besoin de faire ressortir toute l'absurdité de cette pratique au point de vue de l'hygiène et du confort bien entendu. S'il est, dans l'appartement, un local où la lumière et l'air doivent entrer à profusion, où la propreté soit désirable autant que le calme, où il fasse doux et bon vivre, en un mot, n'est-ce point la chambre où l'on se repose, où l'on se délasse, où l'on se retire quand on souffre, où l'on passe, à dormir, plus de la moitié de la vie?

Quelque vaniteuse et mondaine que soit une femme, quelque agrément qu'elle trouve aux réceptions, aux visites, aux soirées, de toutes les pièces de sa maison, ce n'est pas, au surplus, le salon, pas même son boudoir, qu'elle préfère. Elle réserve à sa chambre à coucher ses secrètes sympathies. C'est à la meubler, à l'orner, qu'elle met tout son goût, toutes ses attentions et ses délicatesses.

Ce serait donc une grande faute, quand on entre en ménage, que de négliger la chambre à coucher. Non qu'il y faille dépenser beaucoup pour l'ameublement ou la décoration; le luxe, ici, devant absolument céder le pas au confort et surtout à l'hygiène; mais encore, après avoir choisi, pour cette destination, une pièce parfaitement claire et bien aérée, convient-il d'y placer un mobilier spécial, agréable et simple à la fois, moins fait, en somme, pour les yeux que pour l'usage.

Le lit en sera le meuble principal, et sa forme, sa disposition, détermineront celles des autres meubles. On ne le placera point dans une alcôve où l'air se confine trop facilement, on ne l'enveloppera pas, non plus, d'épais rideaux de laine ou de tapisserie qui s'imprègnent toujours très vite des poussières, des mauvaises émanations du logis et fournissent souvent de trop sûrs abris aux insectes parasites. Il sera très hygiénique et très commode en même temps, de ne le faire toucher au mur que par une de ses extrémités, une ruelle restant sur chaque bord assez large pour que deux personnes faisant lit commun puissent, sans se déranger, y entrer et en descendre.

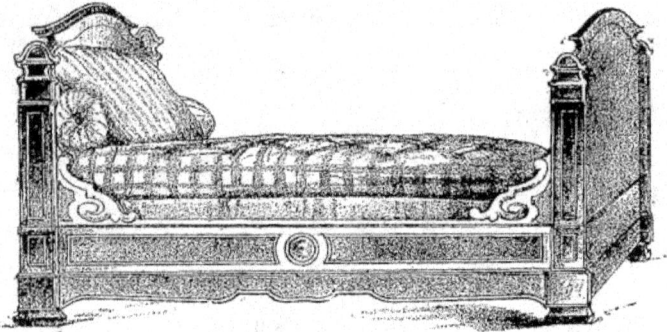

Le lit et sa garniture : sommier, matelas, oreiller, traversin.

Dans ces conditions, on pourra faire choix d'un lit à colonnes dépourvu de ses lourdes draperies, d'un lit à la romaine dont le pavillon laisse retomber quatre légers rideaux sur les tiges en fer qui le supportent; ou bien, comme c'est aujourd'hui la mode, d'un de ces « lits d'anges », dont le ciel, cloué à la muraille et plus court que la couchette, est garni seulement de deux rideaux à embrasses qui se fixent au chevet.

Quoique le lit en fer soit particulièrement recommandé par les hygiénistes, il est si dur, si froid et si peu meublant, que l'on ne saurait vraiment insister pour le faire quand même accepter dans une chambre tant soit peu coquette et confortable. Pourvu que la profusion des sculptures et des moulures n'y multiplie pas les « nids à poussière », et que toutes les pièces en puissent être facilement nettoyées, un bon lit en bois n'est vraiment pas plus malsain qu'un lit en fer, et combien est-il plus décoratif et plus agréable!

Mais ce n'est pas tant du bois de lit lui-même que de la literie, qu'il faut s'inquiéter, au point de vue de l'hygiène. Au lieu de la paillasse de maïs dont on le garnissait autrefois, il est bien préférable de placer, sur des traverses, un sommier à ressorts élastiques, par-dessus lequel un ou deux matelas étendus constituent une excellente couchette. Des draps de toile plus ou moins fine, un traversin, un oreiller de plume ou de crin, des couvertures épaisses en hiver, légères en été, complètent ordinairement la garniture. A ces pièces essentielles, dont la propreté doit toujours être irréprochable, les personnes frileuses ajoutent volontiers un édredon.

En bonne logique, c'est d'après le style et la décoration du lit qu'il faut choisir, pour achever l'ameublement de la chambre à coucher, les sièges et les tentures. Sans trop risquer, cependant, de choquer le goût, il est possible, ici, de laisser à la fantaisie quelque latitude. Aux meubles de style on préfère généralement, d'ailleurs, pour l'usage tout intime auquel ils sont destinés, les confortables sièges modernes à bois couvert et matelassé de gros capitons : les anglais, les crapauds, les bébés, dont les formes, un peu lourdes, ne sont pourtant pas disgracieuses. Un meuble de ce genre, très apprécié des dames, la chaise-longue, occupe utile-

Fauteuil anglais moderne, capitonné.

ment, dans la chambre à coucher, la place du canapé au salon.
C'est un véritable petit lit de repos où l'on se délasse mieux que
dans un fauteuil, où il est commode de se remettre d'une courte
indisposition, où l'on peut, dans la journée, coucher et changer
un malade.

La chaise-longue.

En dehors du lit et des sièges, l'ameublement de la chambre à
coucher comprend nombre d'autres pièces plus utiles que décoratives, chiffonniers, bureaux, secrétaires, crédences, coffres,
bahuts, cabinets, parmi lesquels la haute armoire à glace et la
classique commode à table de marbre, sont les plus connus. On
drape les fenêtres d'épais rideaux pour amortir les bruits de la
rue et tempérer l'éclat du jour; on suspend au mur, sans aucune
prétention artistique, des portraits, des photographies, des gravures, et tous autres objets pouvant rappeler d'aimables souvenirs.
Rien n'est meilleur, plus moral ni plus sain, concluerons-nous
avec M. Havard, que de vivre au milieu de ces cadeaux intimes,
témoins de notre passé, qui marquent les étapes de notre vie, et

nous sont surtout précieux par la main qui nous les a donnés *.

Chauffage. — Éclairage. — De tous les appareils de chauffage possibles, un seul convient parfaitement à la chambre à coucher. C'est une bonne cheminée à brûler du bois et tirant bien ; de préférence à toute autre, une cheminée ventilatrice qui, même sans feu, pendant l'été, produise un appel suffisant pour renouveler l'air de la chambre en entraînant toute mauvaise émanation. Le meilleur éclairage artificiel est celui que l'on obtient d'une petite lampe ou de la bougie.

Cabinet de toilette. — Salle de bains. — Il n'importe pas moins au bien-être qu'à l'hygiène, d'annexer une « toilette » au mobilier de la chambre à coucher; mais il est surtout avantageux, au point de vue de l'agrément et de la propreté, que les divers appareils servant aux ablutions soient installés dans un cabinet spécial, plutôt que dans la chambre elle-même. On fait, aujourd'hui, pour cet usage, des toilettes-réservoirs parfaitement agencées, où il est facile, à l'aide d'un branchement, d'amener l'eau de la maison.

Toilette à réservoir

Sans plus de difficulté, l'on peut, de même, alimenter, dans le cabinet de toilette, soit un appareil d'hydrothérapie, soit une baignoire avec son chauffe-bain, cette installation, qu'il est quelquefois si bon d'avoir chez soi, complétant bien l'aménagement de la chambre à coucher. (*Pl. XVIII.*)

* L'ART DANS LA MAISON : *Grammaire de l'ameublement*, par H. Havard. Paris, 1884.

ANIMAUX ET PLANTES D'APPARTEMENT

Il ne suffit pas à beaucoup de personnes d'avoir une habitation spacieuse, un appartement agréable et bien meublé. La maison paraît vide et froide, s'il n'est rien de vivant qui l'anime ; aussi voit-on généralement les personnes seules, les célibataires, les vieilles filles, les ménages sans enfants s'entourer d'animaux ou de fleurs qui les distraient, les amusent ou simplement leur « tiennent compagnie ».

Ici, c'est un joli petit chien frisé que l'on soigne et que l'on gâte jusqu'à la folie ; là-haut, un superbe chat que l'on dorlote ; ailleurs, en dépit de ses cris et de son bavardage, c'est un gros perroquet qui possède toutes les bonnes grâces de la maîtresse de la maison. A ces animaux familiers, mais plus ou moins bruyants, coureurs ou malpropres, nombre de paisibles bourgeois préfèrent, aujourd'hui, les calmes poissons rouges nageant dans un aquarium aux parois de cristal ; généralement, toutefois, ce sont les petits oiseaux que l'on aime le plus entendre chanter et voir sautiller autour de soi ; aussi, soit à la ville, soit aux champs, la volière occupe-t-elle dans certaines habitations, une place considérable.

C'est à la jeune fille, ordinairement, que revient la tâche délicate d'élever, de nourrir, d'entretenir les oiseaux en cage. Si l'on se contente des charmantes et rustiques espèces de nos climats : pinsons, bouvreuils, serins, chardonnerets, mésanges, il n'y faut guère, à vrai dire, que de l'exactitude et quelques menus soins ; mais une véritable vigilance et d'extrêmes précautions sont indispensables, si l'on entreprend l'élevage de ces rares oiseaux exotiques que leur plumage ou leurs habitudes rendent si séduisants : bengalis, senegalis, cou-coupés, becs de corail, veuves à collier, cordons bleus et tant d'autres qu'il est, malheureusement, très difficile, même dans nos maisons les mieux closes, de préserver des atteintes de nos rigoureux hivers.

Jardinets de fenêtres. — Peut-être ne retire-t-on pas moins de plaisir à cultiver des plantes chez soi, tout en y mettant infiniment moins d'attention et de peine. C'est, en effet, une des bonnes petites joies de l'existence, que d'avoir le goût des fleurs et le loisir de leur consacrer quelques minutes chaque jour.

Point n'est besoin, pour cela, d'un vaste jardin, d'un parterre ou d'une serre chaude. Une caisse sur un balcon, quelques pots de terre sur une fenêtre exposée au midi, suffisent à la satisfaction de cette jouissance, et ces jardinets suspendus, même dans les quartiers les plus populeux, peuvent être le théâtre de phénomènes intéressants, de floraisons merveilleuses.

Une vigne vierge, un rosier grimpant accrochés aux barreaux d'un vert treillage, un cadre de volubilis et de cobœas aux clochettes bleues, une garniture de pois de senteur ou de haricots d'Espagne, rendent plus lumineux et plus gai le carré de ciel gris qui se découpe à travers la croisée, dans la brumeuse atmosphère des villes.

L'arrosage quotidien d'un pied de pensées, d'une touffe de balsamines ou de pétunias, suffit à rompre les ennuis d'une existence sédentaire ; l'agréable aspect d'une capucine ou d'un œillet dont l'éclatant coloris attire et retient le regard, souvent vient heureusement changer le cours d'idées monotones ou pénibles.

Sur quelque étroit espace qu'on la pratique, cette horticulture aérienne procure, au surplus, à l'ouvrière qui travaille, au philosophe qui rêve, au malade qui languit derrière la vitre, des visites aussi variées qu'imprévues.

De grand matin, ce sont les passereaux du quartier, qui viennent frotter leur bec aux balustrades enguirlandées et piailler un peu dans la verdure. Puis, des abeilles arrivent, graves, mé-

Pl. XXV. — LA MAISON DE CAMPAGNE. — UNE VILLA AUX ENVIRONS DE PARIS.

thodiques, affairées, qui se plongent, déjà toutes jaunes de pollen, dans le tube entr'ouvert des fleurs nouvelles, pour y prendre une gouttelette sucrée, en échange du message amoureux qu'elles apportent. Des papillons blancs leur succèdent, légers, pimpants, joyeux, se posant çà et là, sur les corolles d'or ou d'argent, juste le temps de relever et d'étaler leurs ailes; fréquemment, aussi, c'est un gros bourdon paresseux, depuis plusieurs jours parti des bois environnants, qui, d'étape en étape, voyage, et rencontrant ces fleurs si bien nourries, les tâte, les flaire, les palpe en connaisseur, puis, soudain, plus « malin » que l'abeille, au lieu de les servir, effrontément, pour leur voler le nectar, leur perce le flanc d'un coup de mandibule !

Par une chaude journée d'été, restez quelques minutes en observation derrière le tremblant rideau des liserons et des aristoloches.

Voici venir, avec un sourd bruissement, la superbe xylocope violette, dont le corsage et les membres ont le reflet de l'acier poli; puis encore, un peu plus tard, porté sur quatre ailes vibrantes, pressé, rapide, et ne se posant jamais, un gros papillon velu, couleur de rouille et gris de fer, le ravissant moro-sphinx, qui sans les toucher, et toujours volant, plonge sa longue trompe déliée au fond des fleurs tubuleuses avec toute la délicatesse de l'oiseau-mouche dont il a, d'ailleurs, la grâce et la légèreté.

La nuit venue, enfin, la série des visiteurs ailés ne s'épuise pas encore. A leur tour, de nombreux phalènes se jettent brusquement sur les fleurs, qui souvent gardent pour ces mystérieux amis leurs parfums les plus suaves, et quand à cette heure tardive, on veille à la lueur de la lampe, auprès de la fenêtre entre-bâillée, c'est plaisir de voir les petits papillons aux ailes d'argent tournoyer sous l'abat-jour, dans la lumière!

Semons donc, et plantons des fleurs sur nos fenêtres, puisqu'elles sont le plus aimable des luxes, le plus utile et le moins coûteux des plaisirs.

ENTRETIEN HYGIÉNIQUE DE L'HABITATION

Les récentes découvertes de la science ont bouleversé comme tant d'autres choses, toutes les traditions, toutes les méthodes de nos grand'mères relatives à l'entretien, à la propreté du logis. Il n'y a pas bien longtemps encore, on ne frottait pas à la cire le parquet des appartements. Le matin, comme cela se fait toujours dans un très grand nombre de maisons, en province, la servante promenait de pièce en pièce, un arrosoir conique, en forme d'entonnoir, et du filet d'eau qui s'en échappait, dessinait rapidement, sur le plancher, de capricieuses arabesques.

Cette douce pluie, quand on balayait ensuite l'appartement, maintenait, pensait-on, et rabattait la poussière. Peut-être ; mais avec la poussière, elle formait surtout un véritable terreau pétri de ferments et de germes, que le balai poussait dans toutes les fentes et les fissures du plancher. Aussi, pour peu que la maison fût humide, des moisissures et des champignons variés sortaient-ils à chaque instant d'entre les planches, probablement avec tout un peuple de microbes qui, selon leur nature, pouvaient exercer la plus fâcheuse influence sur la santé des habitants.

A cette pratique irrationnelle, on joignait, mais ne le fait-on pas encore aujourd'hui ? — le brossage à outrance des tentures et des rideaux, le battage effréné des lits et des sièges, l'époussetage au plumeau, des meubles et des murs.

Quoi de plus illogique et de plus dangereux, cependant, que cet apparent nettoyage ? Et comprend-on que nos intelligentes ménagères suivent encore de tels errements, après tout ce que nous ont révélé, sur le mode de développement et de propagation des plus dangereuses maladies, les récents travaux des hygiénistes ?

Dans tout appartement, en effet, peut avoir séjourné une personne atteinte de variole, de fièvre typhoïde, de croup, ou de toute autre maladie contagieuse. Les impalpables germes ou contages qu'elle n'a point manqué de dégager, se sont disséminés autour d'elle. Ils ont flotté dans l'air de la chambre, qui doucement les a déposés sur les murs, les tapisseries, les corniches, les moulures, où, protégés par la poussière, ils ont conservé toute leur maligne influence, toute leur pernicieuse activité.

Vienne alors un malencontreux coup de plumeau! Voilà les terribles ferments réveillés, remis en circulation, renvoyés dans l'atmosphère avec la poussière soulevée, qui bientôt retombent à tout hasard, sur le parquet, les meubles, les vêtements, les mains, le visage, et les lèvres des gens du logis; les voilà qui pénètrent dans les armoires entr'ouvertes; qui s'insinuent dans les goulots des carafes et des bouteilles; qui se déposent sur les provisions, les viandes, le pain, le lait, le bouillon, les assiettes et les mets déjà servis.

Quelques instants après, ils seront introduits, avec les aliments dans les voies digestives de telle ou telle des personnes qui prendront insouciamment cette nourriture, et pour peu que le terrain leur soit favorable, ils reproduiront chez elle la funeste maladie dont ils sont eux-mêmes issus!

Absolument démontrés par la science moderne, ces faits, aussi graves que singuliers, se révèlent chaque jour, dans nos maisons, par des phénomènes longtemps restés inexplicables, mais que toutes nos ménagères comprendront facilement désormais.

Ainsi, le lait qui tourne, le bouillon qui sûrit, le vin, le pain, les conserves, les confitures, les fromages qui se couvrent de « fleurs » et de moisissures, ont certainement reçu, par la voie de l'air, les différents germes qui, dans leur substance, ont déterminé ces réactions chimiques ou fait éclore, à leur surface, ces étranges végétations.

En secouant chaque matin les tapis, en époussetant et battant les meubles, ce n'est donc pas un nettoyage que l'on fait, mais, en réalité, de dangereuses semailles de ferments et de microbes. Au lieu d'enlever ou d'anéantir les germes, on les répand, on les éparpille, on travaille activement à leur propagation !

Comment donc s'y prendre, et quels procédés employer pour entretenir chez soi la propreté, sans offenser à la fois la raison, la science et l'hygiène ?

Une impérieuse indication tout d'abord se présente à nos ménagères : Ne point soulever les poussières ; et pour cela, renoncer le plus possible, aux balais et plumeaux !

Frotter tous les parquets à la cire, qui ferme les fissures du bois où les atomes nuisibles pourraient se cacher. Ne jamais battre et brosser les meubles qu'au grand air, hors de l'appartement ; les essuyer avec un linge sec, un chiffon de laine, ou les laver, s'ils peuvent l'être, avec une éponge imbibée d'une solution antiseptique de borax ou de thymol.

Boucher enfin tous les récipients, tous les vases, et tenir à l'abri de la poussière les substances liquides ou solides qui servent à l'alimentation.

Toutes simples qu'elles paraissent, ces seules précautions, outre qu'elles assureraient bien la propreté du logis, contribueraient certainement aussi beaucoup à sa salubrité. Très utiles et recommandables en tout temps, c'est dans le cours d'une épidémie, surtout, qu'elles devraient, rigoureusement, être mises en pratique.

LA MAISON DE CAMPAGNE

La vie aux champs n'est pas moins agréable ni moins bonne que la vie à la ville; et si, trop souvent, les citadins considèrent d'un air de pitié les paysans, ceux-ci n'envient pas autant le sort de ceux-là, que les petits bourgeois le pourraient croire.

Ce n'est guère que le désir de gagner de l'argent, qui pousse les gens de la campagne vers les villes; tandis que, régulièrement, même le plus endurci des Parisiens, éprouve l'impérieux besoin d'aller aux champs se reposer, respirer un air pur, prendre une saine nourriture, et, ne fût-ce qu'un jour, contempler un large horizon, un ciel bleu, des prés verts.

Comme elle est plus naturelle, la vie rustique est aussi plus facile et plus douce que la vie urbaine; et certainement elle offre au citadin qui peut en prendre l'habitude, plus d'attraits encore qu'au villageois dont l'existence s'est tout entière écoulée au hameau natal. En se retirant à la campagne, le bourgeois, en effet, s'y installe avec tout le confort domestique auquel il est accoutumé. Son esprit est plus éclairé, ses ressources plus étendues, ses habitudes plus hygiéniques. Il peut et sait se donner, dans sa nouvelle résidence, des agréments que le paysan ne soupçonne même pas. Il se loge plus convenablement, il se nourrit mieux; il se tient au courant, par les livres et les journaux, du mouvement intellectuel de son époque.

A n'en pas douter, dans ces conditions il fait meilleur vivre aux champs qu'à la ville; et la démonstration de cette vérité sera la conclusion logique de la description qui va suivre d'une maison de campagne bien aménagée.

LE SITE ET L'HABITATION

Aussi grand ami que l'on soit de la nature et de la vie champêtre, il ne suffit pas de trouver un pays agréable, pour se résoudre à l'habiter. Avant tout, il faut bien s'assurer que l'on y peut vivre, qu'il est facile de s'y procurer les ressources indispensables pour subvenir aux besoins de chaque jour, et que les communications avec les localités où l'on peut se pourvoir, à toute époque de l'année sont aussi sûres que commodes.

Ces avantages essentiels ne manquant pas à la contrée, c'est bien d'après les agréments et les attraits du paysage que l'on doit faire son choix; mais les goûts, à cet égard, ne sont pas moins variés que les sites eux-mêmes. Telle personne, selon ses habitudes ou ses projets, préférera la plaine à la montagne; l'idéal, pour telle autre, sera d'habiter au pied d'une falaise, au bord de la mer; un chasseur ne voudra vivre que dans un pays de bois ou de bruyères; un pêcheur ne comprendra pas la vie à la campagne autrement que sur les rives d'un lac ou d'un cours d'eau.

Situation d'une maison de campagne sur les rives d'un cours d'eau.

La même diversité de sentiments et de goûts se retrouvera vis-à-vis du choix de l'emplacement, du type de la maison à bâtir, de l'orientation à lui donner, de la situation de ses annexes et dépendances.

En principe, on ne construira point une habitation de plaisance, une villa, dans un bas-fond sans horizon et sans vue, sur un sol humide ou marécageux, insalubre, en été, par ses émanations, en hiver, par l'infiltration aqueuse des murs qui, du rez-de-chaussée s'élèverait jusqu'aux pièces supérieures. Autant que possible, on évitera le pied des hautes montagnes où les eaux ruisselant sur les pentes viennent s'amasser, et les sommets d'un difficile accès où les vents, toute l'année, soufflent avec violence.

Villas au bord de la mer.

C'est à mi-coteau, quand on le pourra, sur un sol perméable et sec, ou mieux encore au point culminant d'une proéminence qu'il faudra bâtir la maison, sa façade orientée vers le sud ou le levant; ses alentours suffisamment plantés d'arbres pour que l'on y puisse trouver, à l'abri du vent, en été, de la fraîcheur et de l'ombre.

Le voisinage d'une forêt n'est pas seulement avantageux au point de vue des divers agréments qu'il procure. La température est toujours plus égale, dans une contrée boisée, et l'influence des rayons du soleil, les grandes masses végétales dégageant beaucoup d'oxygène, contribuent puissamment à la purification de l'air.

Dans les pays de montagnes, où l'atmosphère est si pure et si douce pendant le jour, la fraîcheur du soir est généralement un peu vive. Il n'en est pas de même au bord de la mer, où

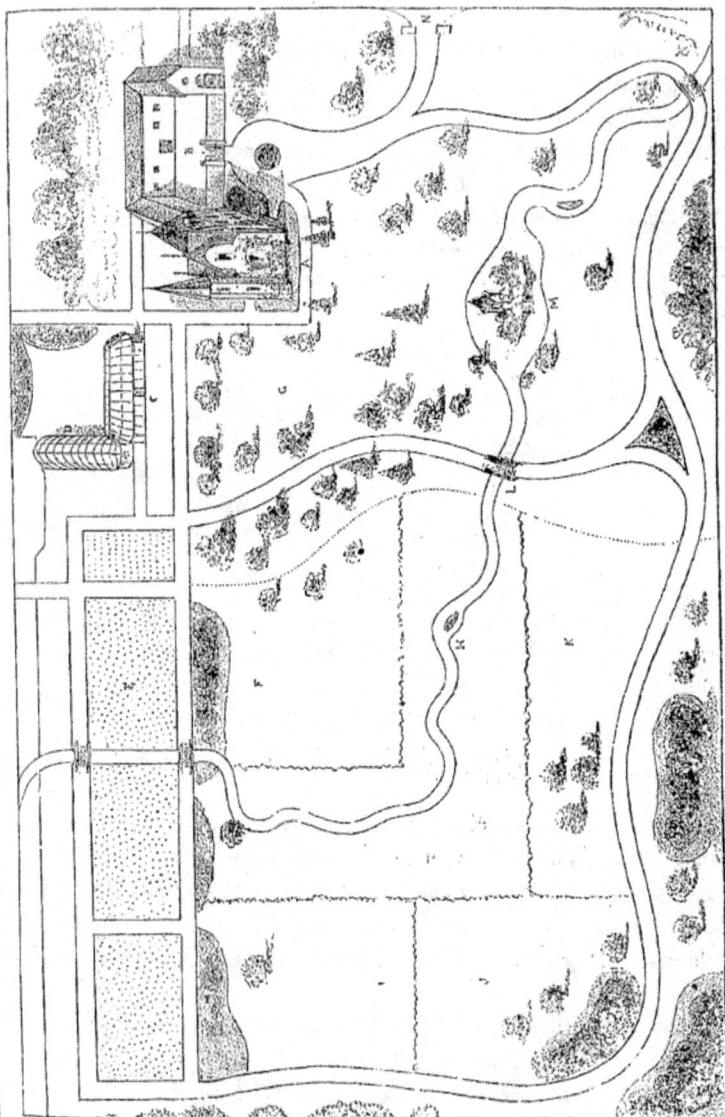

Pl. XXVI. — PLAN D'UNE PETITE PROPRIÉTÉ D'AGRÉMENT ET DE RAPPORT

A. Maison de maître. — B. Écuries et communs. — C. D. Serres. — E. Jardin potager. — F. I. J. K. Herbages et champs cultivés. — G. Parc ou jardin paysager. — H. Ruisseau. — L. Pont rustique. — M. Île et kiosque. — N. Entrée.

les écarts de température aux diverses heures de la journée sont bien moins sensibles.

La proximité d'une rivière ou d'un lac ajoute, comme celle de l'Océan, d'incontestables attraits à la campagne. Encore ne faut-il pas, dans ces conditions, asseoir immédiatement au bord de l'eau la maison que l'on doit habiter; l'humidité, la fraîcheur, les émanations d'un sol souvent inondé ne pouvant que la rendre insalubre ou peu confortable.

Une terrasse, un parc, un jardin s'abaissant en pente douce vers le rivage, en la préservant de ces graves inconvénients donnent toujours à l'habitation bien plus d'apparence, et le site ne laisse vraiment plus rien à désirer, si de grands bois coupant les vents et retenant les pluies, du voisinage de la maison s'élèvent jusqu'au sommet de la colline.

Spécimens d'architecture rustique.

Petit château.   Villa italienne.   Chalet suisse.

Quoique chacun soit absolument libre de bâtir sa demeure à sa fantaisie, les dimensions et le style d'une habitation presque toujours sont commandés par l'importance de la propriété, les habitudes du pays, la topographie même et la nature de la contrée où l'on se propose de construire. Aux environs de Paris et de tous les grands centres où la campagne est déjà couverte de pittoresques villas, peut-être est-on plus à l'aise pour laisser libre cours à son caprice; mais on ne saurait, vraiment, sans commettre une lourde faute d'art et de goût, élever en plaine

un chalet, ni dans un site alpestre une chaumière normande.
Veut-on, dans une région montagneuse et froide, bâtir une confortable et charmante habitation, c'est un petit château Louis XIII
que l'on édifiera sur le bord d'une terrasse ou le versant d'une
colline ; c'est, de préférence, une villa italienne que l'on construira,
si l'on désire se créer, dans un pays chaud et modérément acci-
denté, une agréable résidence.

La maison faite à l'endroit choisi, les dépendances et communs
qui la doivent compléter seront nécessairement en harmonie avec
le principal corps de logis, comme l'habitation devra l'être avec
le site qui l'environne. Aux bâtiments, précédés d'une cour bien
entretenue, on pourra souvent, sans nuire à l'aspect, annexer
une serre, un jardin d'hiver, mais on aura soin d'en éloigner
les écuries, les poulaillers, toute construction, en un mot, d'où
pourraient s'échapper des bruits et des émanations désagréables.

LE PARC OU JARDIN PAYSAGER

Point n'est besoin d'être un grand propriétaire, pour se donner
le luxe d'encadrer sa maison de campagne d'un parc ou d'un
jardin paysager. Bien modeste serait l'enclos où l'on ne pourrait
pas, autour d'une rustique villa, planter quelques grands arbres,
dessiner quelque allée tournante à travers des plates-bandes de
gazon.

Même dans une petite propriété de rapport, il est toujours
facile, sans de grands sacrifices, de consacrer un coin de terre
à la culture, aux travaux de pur agrément. On s'y délasse des
plus dures fatigues qu'exige le travail des champs ; on s'y distrait, par de charmantes occupations, des soins qu'il faut donner
chaque jour, aux moissons attendues, aux récoltes futures.

Si jolie que soit la campagne où l'on va seulement pour se
reposer, il n'est point mauvais, d'ailleurs, d'y trouver, en dehors

du parc où souvent l'on s'ennuie, une prairie où l'on assiste en
juin à la coupe des foins; un champ de blé que l'on voit mois-
sonner en juillet; un coteau planté de ceps où l'on prend toujours plaisir à vendanger en septembre. Éminemment hygiéniques,
ces rustiques travaux varient très agréablement aussi les distractions habituelles que procure le séjour à la campagne; la pêche,
la chasse, la promenade, les excursions. Ils constituent une
excellente gymnastique, et tout en fortifiant le corps, ils fournissent à l'esprit une simple et saine occupation qui le préserve
de l'ennui.

Premiers travaux. — Tout aride, ingrat et stérile qu'il soit, il
n'est point si pauvre terrain que l'homme ne puisse rendre
fécond à force de travail et de persévérance; mais quand il s'agit
de créer un parc, c'est, ordinairement, sur un sol fertile ou
déjà cultivé que l'on opère, et tout le problème alors consiste à
modifier l'espace dont on peut disposer, selon le plan que l'on
se propose.

Pour y réussir et faire vraiment œuvre de goût, il ne suffit
pas toujours d'avoir avec beaucoup de zèle et d'activité, des
ressources suffisantes. Des connaissances étendues sont indispensables au jardinier paysagiste qui voyant la nature en artiste
et la comprenant en poète, devra, tour à tour, être dessinateur,
géomètre, architecte, géologue, agronome, botaniste, horticulteur.

Avant de rien changer à l'état des choses, il étudiera longtemps
et minutieusement tout le parti qu'il en pourra tirer. Il ne se
préoccupera pas, seulement, de transformer le domaine qui lui
appartient; il tiendra compte, afin d'éviter tout contraste fâcheux,
de l'aspect du paysage environnant, de l'apparence et de l'effet
des propriétés voisines. Ses projets raisonnablement conçus et
bien arrêtés, il en dessinera les plans, en établira les devis,
jusqu'à ce que, parfaitement fixé sur ses intentions, il n'ait plus
enfin qu'à les exécuter avec méthode et résolution, sans craindre

d'être à tout instant interrompu par des hésitations aussi décourageantes que coûteuses.

La première règle à suivre, dans la création d'un parc ou jardin paysager, c'est de bien s'assurer, d'abord, que les travaux à mettre en œuvre, loin de détruire aucun des avantages naturels de la propriété, ne contribueront qu'à les mieux faire valoir en les complétant ou leur servant de cadre.

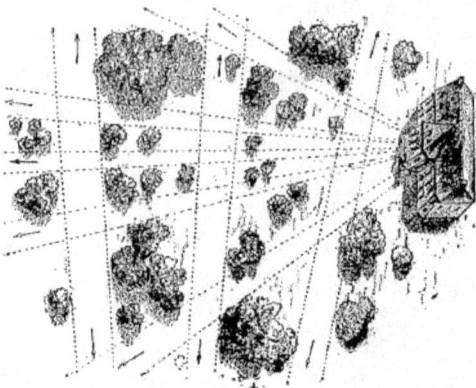

Réserve des points de vue et des perspectives.

Si la maison de campagne, par exemple, est située en regard d'un bel horizon; si des fenêtres ou du seuil, on découvre d'agréables points de vue, il faut bien se garder de les masquer par des massifs ou des constructions plus ou moins fantaisistes.

Quand, au contraire, il suffit, pour s'ouvrir d'intéressantes perspectives, de niveler une éminence ou de pratiquer dans une butte, une large tranchée, même au prix de quelques sacrifices on ne doit point hésiter à faire exécuter ces terrassements, les lointains horizons et les profonds panoramas ajoutant toujours beaucoup aux charmes d'une campagne. Il ne faudrait pas trop regarder, non plus, aux frais que nécessiterait la recherche d'une source, la dérivation d'un ruisseau que l'on amènerait jusque sur les pelouses de la villa, le moindre filet d'eau courante étant pour toute propriété de rapport ou d'agrément d'une valeur considérable.

De même que l'on doit absolument éviter de se fermer un point de vue, on ne saurait trop s'appliquer, dans la création d'un parc, à cacher les limites de l'enclos, à dissimuler les clôtures et les murs qui le rapetissent. Une haute et longue muraille fait toujours mauvais effet dans une campagne; et souvent elle ne protège pas plus des indiscrets ou des voleurs qu'une haie de buissons touffus, qu'un fossé profond, bordé d'un simple treillage ou d'une palissade en lattes assez serrées pour opposer aux animaux une barrière infranchissable.

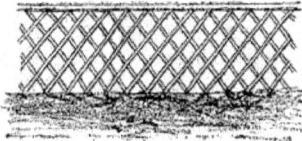

Clôture à claire-voie.   Palissade impénétrable en bois.

Tout élégantes ou rustiques que soient ces clôtures, encore vaut-il mieux, quand elles interceptent la vue, les remplacer par une large tranchée, un saut-de-loup dont le fond peut être inondé ou planté d'épines. Est-on masqué par un mur dont il est impossible de se débarrasser, au lieu de le recouvrir de lierre ou d'autres plantes grimpantes on le cache, le plus possible, sous un haut talus que l'on plante d'arbustes et d'arbrisseaux à feuilles persistantes.

Loin de procéder à la hâte et sans ménagement dans l'exécution de ces divers travaux, il importe, au contraire, de ne jamais rien sacrifier qu'après mûre réflexion, de respecter, autant qu'on le peut, la configuration naturelle du sol, les rochers, les vieux arbres surtout, dont l'abatage est, le plus souvent, une irréparable maladresse. Quand on défriche un terrain boisé, non seulement il faut laisser debout, avec toutes leurs branches, les arbres les plus beaux; mais encore convient-il de réserver çà et

là, ces bouquets entiers qui garderont, parmi les autres plantations, un inimitable cachet de vérité sauvage. Un chemin creux,
une ruine, une pierre, une souche moussue, peuvent fournir au
parc des motifs d'un très heureux effet, d'un bien meilleur goût,
en tout cas, que ces « fabriques » dont on abusait tant au
siècle dernier : allégories, attributs, temples mythologiques,
inscriptions et constructions puériles ou grotesques, quand elles
n'accusaient pas un sot orgueil, une ridicule prétention.

Ce que l'on ne saurait trop encore éviter, dans un jardin paysager, ce sont ces longues haies taillées, ces droites allées
d'arbres qui pouvaient
parfaitement répondre au
style classique et correct
des jardins du dernier
siècle, mais qui ne sont
plus en harmonie avec
le genre éminemment ir-
régulier des parcs et jardins actuels. Autant que
l'on respecte les vieux
arbres, force est bien d'en
sacrifier un certain nom-
bre; quand on veut, dans
une propriété, rompre la
monotonie d'une de ces
vénérables allées. En le

Allée d'arbres dans un parc de style régulier.

Allée transformée en bouquets d'arbres dans un jardin paysager.

faisant avec toute la discrétion, tout le goût possibles, il n'est
point rare d'obtenir ainsi, même d'un élagage partiel, de très
charmants effets. Toujours facile, d'ailleurs, quand elle se borne
à l'abatage de quelques arbres, cette transformation d'un parc
classique en jardin paysager ne saurait être tentée dans les grands
domaines depuis longtemps et dans toutes leurs parties aménagés

dans le style régulier. Ce serait une sottise autant qu'une profanation de bouleverser, pour en faire un parc anglais, une création de Le Nôtre. Tout au plus, en ce cas, et quand on n'est point arrêté par l'œuvre d'un artiste, peut-on quelquefois adopter un genre mixte, en modifiant seulement les jardins, et conservant, aux abords de l'habitation, les avenues, les terrasses, les haies taillées et les plantations symétriques.

Allées et pelouses. — L'emplacement du parc étant bien déterminé, la surface du sol défrichée et préparée pour la culture, avant tout autre travail il est essentiel de marquer la place des pelouses et de tracer les contours des allées. Une première et très importante voie, l'allée de ceinture, doit être conduite tout autour de la propriété. Bien loin d'en suivre servilement les clôtures et de leur être parallèle, elle en sera, le plus possible, séparée par d'épais massifs et des terrassements qui n'en laisseront point soupçonner la proximité.

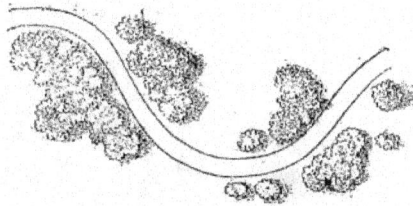
Distribution des massifs sur les courbes d'une allée.

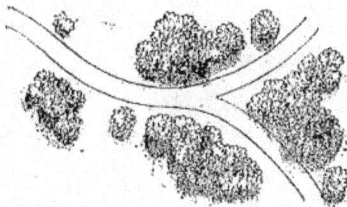
Distribution des massifs à l'embranchement d'une allée.

Par d'élégantes courbes et de gracieux contours, à cette principale allée viendront se rattacher les allées secondaires, toutes tracées pour mener aussi rapidement qu'agréablement vers un but précis, afin que le promeneur ne soit point, à tout moment, tenté d'abréger en passant à travers les pelouses.

A moins d'absolue nécessité, ces sentiers ne seront jamais parallèles et ne feront point double emploi; leurs embranche-

PL. XXVII. — LA MAISON DE CAMPAGNE. — LE PARC OU JARDIN PAYSAGER.

ments, à l'endroit même de la bifurcation, s'écarteront nettement l'un de l'autre. On évitera, d'ailleurs, de les faire se couper à angles droits, et partout où ils sembleront trop rapprochés, on les séparera par des plantations, des massifs en harmonie avec ceux dont leurs bords seront garnis, au niveau des points d'intersection surtout, et des fortes courbes.

Ainsi limitées et circonscrites par les contours des allées, les pelouses se présenteront, le plus souvent, sous la forme de larges ovales, de cercles, de triangles plus ou moins irréguliers, dont la verdure sera d'autant plus fraîche et plus agréable à l'œil que les semis auront été mieux faits, que le jardin sera mieux entretenu.

Ce n'est point, en effet, du hasard seul, comme on le pourrait supposer, que l'on obtient une belle pelouse. Quand on ne la compose point de mottes gazonnées bien choisies, ce qui n'est guère possible dans un parc de quelque étendue, il faut, sur une terre soigneusement labourée pendant les dernières semaines de mars ou d'août, semer épais les graines d'un certain nombre de gramens mélangés, selon le climat et la nature du sol, en proportions variables. D'après MM. Decaisne et Naudin, les graminées les plus recommandables à cet égard seraient : la fétuque des moutons, la rouge et la duriuscule, le paturin des prés, la fléole, le cynosure, la flouve odorante, les agrostides, l'ivraie vivace ou ray-grass. A ces espèces qui réussissent généralement bien, l'habile directeur des promenades de Paris, M. Alphand, ajoute le brôme des prés et, pour les endroits ombragés, le paturin des bois qui pousse dru et serré jusque sous les arbres. Le vert tapis d'un gazon très soigné ne doit être émaillé d'aucune fleur cultivée ou sauvage ; mais il est bien difficile et bien rigoureux, à la campagne, d'empêcher les graines de germer où les jette le vent, et l'on n'accepte pas volontiers que des pâquerettes ou des boutons d'or puissent jamais déparer une pelouse.

Il n'est guère possible, au surplus, d'avoir de beaux gazons dans un parc, sans des arrosages fréquents. « L'eau fait l'herbe », disent avec raison les agronomes; et quand l'herbe est haute,

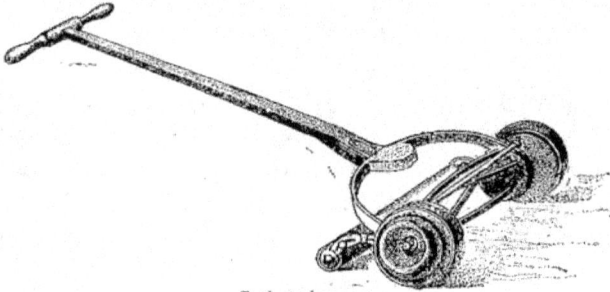

Tondeuse de gazons.

il faut encore, si l'on veut lui conserver sa fraîche et tendre couleur verte, la tailler souvent, soit à la faux, soit plutôt au moyen d'une de ces « tondeuses » à lames tournantes, qu'il suffit de rouler sur le gazon pour le faucher et le fouler bien plus régulièrement que le meilleur ouvrier ne saurait le faire.

Eaux. — Il n'est pas de plus bel ornement, dans une propriété, qu'un ruisseau d'eau vive serpentant à travers les pelouses ou s'étalant, au creux d'un vallon, en une nappe transparente dont l'aspect, à toute heure de la journée, change selon l'état de l'atmosphère et la couleur du ciel. De tous les points où l'on peut l'apercevoir, ce miroir tremblant donne au paysage une incomparable animation. Les nuages qui passent s'y réfléchissent avec les feuillages des massifs plantés sur ses bords; les hirondelles, d'un vol rapide, en rasent la surface pour y happer les moucherons; les poissons que l'on y peut élever sans beaucoup de frais ni de peine, à toute heure de la journée y sautillent, et de temps en temps, y fournissent l'occasion d'une pêche d'autant plus avantageuse qu'elle procure à la fois un incontestable plaisir et les éléments d'un excellent repas.

L'aménagement des eaux dont on peut librement disposer exige toujours beaucoup de goût, mais rarement une importante dépense.

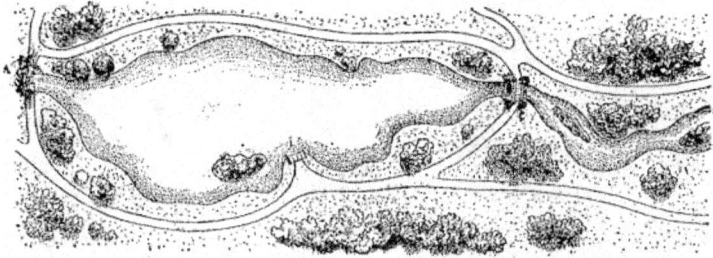

Aménagement d'une pièce d'eau. — A. Rocailles sur le trajet du cours d'eau. — B. Embarcadère et petite île. — C. Pont rustique sur le ruisseau.

Dans les sinuosités à faire décrire au ruisseau, dans les contours à tracer aux bassins, il est essentiel d'imiter le plus possible la nature, et surtout de ne point donner à ces créations factices un caractère qui les différencie par trop du paysage environnant. Sans doute, il faut souvent, sur un sol perméable et spongieux, étendre au fond des lits que l'on a creusés, une épaisse couche de ciment ou de béton; mais il n'est même pas impossible de dissimuler ces travaux de maçonnerie, et dans ce but, c'est principalement aux plantes, aux arbres, aux roches de la contrée que l'on doit emprunter les éléments décoratifs qui servent à donner l'illusion de la vérité. De gros blocs de pierre habilement juxtaposés, font très bon effet, en ce cas, sur le trajet du cours d'eau qu'ils brisent en cascatelles bruissantes, à la condition, toutefois, qu'ils rappellent exactement, par leur disposition et leur aspect, les vrais rochers avoisinants; qu'ils ne soient pas bâtis en meulière sur un sol de lave ou de granit, ni déplorablement pétris de minéraux ou de coquillages bizarres. Lorsque les dimensions et les contours de la pièce d'eau le permettent, il est très agréable d'y ménager une petite île; d'y jeter, d'une rive à l'autre, un pont rustique; d'y placer, sur quelque promontoire, un embarcadère à côté duquel on puisse amarrer un léger canot.

Pont rustique.

Kiosque abri.

Même dans le parc le plus vaste, il convient, cependant, d'être toujours sobre de ces ornements, des cascades, des grottes, des rochers artificiels qui ne plaisent, vraiment, qu'autant qu'ils sont de proportions naturelles, c'est-à-dire grandioses et par conséquent très dispendieux. Pour les rendre plus vrais et plus agréables, il est indispensable, en outre, de les orner de quelques plantes spéciales : de lierres , de fougères, d'orpins ou de joubarbes, dont les épaisses feuilles grasses ne sont pas moins décoratives que les fleurs.

Grotte ornée de fougères.

Ameublement du parc. — Ces premiers travaux terminés, il faut, enfin, s'occuper de l'ameublement du jardin de plaisance, y faire construire, à l'un des endroits les mieux situés, un kiosque rustique, un pavillon de bon goût, autour duquel on disposera comme en divers autres points, des bancs, des chaises, une table où l'on prendra souvent plaisir à se reposer.

Il est facile de se procurer, à de très avantageuses conditions, un solide mobilier de ce genre. On fabrique, aujourd'hui, tout exprès, d'élégantes chaises en fer à siège élastique ; des bancs à lames de bois et de métal, dont certains modèles, pourvus d'une tente ou d'un store, peuvent offrir, sur une terrasse découverte, un sûr abri contre le soleil. Ces meubles, encore qu'un peu

Chaise en fer à lames élastiques.   Chaise et table rustique avec flambeau de jardin.

lourds, sont parfaitement confortables, et s'ils n'ont point l'attrayante simplicité des tables et sièges en bois brut que l'on peut faire dresser chez soi, du moins ont-ils l'avantage, étant à peu près inaltérables, de pouvoir, par tous les temps, être laissés au dehors. Pour achever la décoration du parc, on peut enfin très heureusement placer, à proximité de l'habitation, sur les piliers des portes et les socles des terrasses, des vases en terre cuite ou même en fonte, que l'on plante de fleurs voyantes ou de feuillages colorés. (*Pl. XXVII.*)

Plantations. — Mais c'est à la plantation des arbres et des arbustes qu'il faut surtout apporter beaucoup d'attention et de goût. Au lieu de rechercher des espèces absolument distinctes de celles qui croissent dans le pays, il importe d'examiner, parmi ces dernières, les types qui réussissent le mieux, et de les choisir entre tous, pour en composer

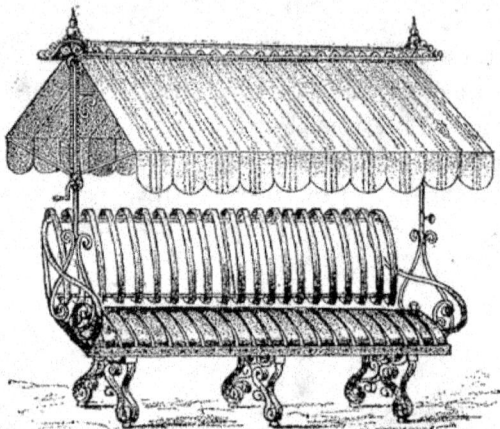

Banc à stores, à lames élastiques.

au moins les bouquets et les principaux massifs. Ainsi l'on obtient la parfaite harmonie du parc avec la campagne environnante, et les plus lointaines perspectives semblent naturellement continuer les premiers plans du jardin paysager.

Ce n'est jamais par masses épaisses, mais bien plutôt par bouquets de deux à quinze arbres, que doivent être faites les plantations. Alors, tout en donnant beaucoup d'ombrage, les massifs restent assez pénétrables à la lumière pour que les gazons et les fleurs des bois puissent encore couvrir le sol. Irrégulièrement, d'ailleurs, et tout autour des arbres, on dispose des groupes et des buissons d'arbustes qui, sans intercepter la vue, agrandissent les massifs et par un effet semblable à celui que produisent les coulisses de théâtre, les font paraître bien plus profonds et plus reculés.

Loin d'exclure absolument les végétaux exotiques, la plupart très décoratifs par leur feuillage ou leurs fleurs, on les réservera pour l'ornement des pelouses les plus rapprochées de l'habitation où, plus exposés aux regards, ils recevront plus régulièrement aussi les soins exceptionnels que leur délicatesse exige.

Vase décoratif garni de feuillages.

En procédant avec méthode et réflexion au choix des arbres et des arbustes, en variant leurs espèces et les groupant avec art, on obtiendra souvent, de la seule combinaison des feuillages, les plus merveilleux effets. C'est là que doivent surtout se montrer le talent et le goût du jardinier paysagiste. Aux verdures quelquefois trop sombres que forment les massifs d'arbres verts, il faut savoir opposer les légères feuillées des érables et des frênes, les tiges blanches des bouleaux, les clairs et gais buissons des rosiers grimpants et des chèvrefeuilles. Sur les points battus des vents, il n'est pas seulement indiqué de planter des espèces à fortes racines, à rameaux vigoureux; mais encore, à leur abri, des arbres à feuilles bicolores, le peuplier blanc, par exemple, et le tilleul à feuilles argentées, dont le retroussis produit de si pittoresques effets, au moindre souffle qui les agite. Au pied des grands peupliers qui se réfléchissent dans les eaux, il est essentiel de savoir grouper les aunes et les saules à feuillages variés qui partout les accompagnent; et sur les pentes des col-

Pl. XXVIII. — LE JARDIN FLEURISTE. — FLEURS DE PRINTEMPS.

A. B. Roses trémières à fleurs simples et doubles. — C. Pivoine de Chine. — D. Renoncule des fleuristes.
E. Myosotis des Alpes.

lines, les hêtres et les marronniers à feuilles rougissantes, où les rayons du soleil couchant allument des lueurs d'incendie.

Choix d'arbres et d'arbustes. — Arbres forestiers. — Il est toujours assez difficile et coûteux de créer un parc sur un terrain absolument découvert, surtout si l'on entreprend de transplanter des arbres déjà forts, dont le plus grand nombre ne résiste pas à cette dangereuse épreuve. Aussi, tout arbre développé dans le domaine que l'on se propose d'embellir, loin d'être abattu sans raisons majeures, doit-il, autant que possible, servir de base aux plantations d'arbres plus jeunes que l'on choisira, dans une pépinière voisine, parmi les sujets de un à trois ans au plus.

N'était l'extrême lenteur de leur croissance, les grandes et belles espèces de nos forêts, le Chêne, le Châtaignier, l'Orme, le Charme, le Hêtre, seraient aussi les plus propres à l'ornementation de nos parcs. Cette longue durée de leur développement n'est point, toutefois, un suffisant motif de les en exclure. Il est toujours possible, en effet, d'en composer, çà et là, quelques bouquets, autour desquels on plante d'abord d'épais massifs d'arbustes, et pour les endroits les plus fréquentés on réserve les arbres à rapide évolution qui s'élèvent en quelques années et donnent de beaux ombrages.

On peut choisir, parmi ces derniers, le Marronnier d'Inde, si décoratif au printemps, par ses girandoles de fleurs blanches et roses; en été, par ses larges feuilles palmées, impénétrables aux rayons du soleil. Le Platane au tronc grisâtre, le Tilleul de Hollande et l'espèce à feuilles argentées, l'Érable sycomore et le jaspé, l'Ailante ou Vernis du Japon, très employé dans les promenades de Paris, ne sont pas moins recommandables.

Sur les collines sèches et les terrains sablonneux, où prospèrent surtout les conifères, on peut, avec succès, planter aussi des Bouleaux, si remarquables par la blancheur de leur tronc et la flexibilité de leurs branches; des Sorbiers à fruits rouges, des

Robiniers faux-acacias, dont les grappes de fleurs exhalent un parfum des plus agréables. Dans les bas-fonds humides et tourbeux ou obtiendra d'excellents résultats avec les Peupliers d'Italie, de Virginie, du Canada, mêlés à ceux de Hollande ou de Russie

Marronnier d'Inde.

à feuilles blanches; avec le Saule blanc et le Marsault, le Frêne commun, l'Aulne à feuilles en cœur et le Merisier à grappes.

Conifères. — En raison de leur forme, de leur élégance et de l'originalité de leur feuillage toujours vert, les conifères sont des arbres essentiellement décoratifs, dont on doit retrouver, dans un parc bien entretenu, les principales espèces. Isolé sur une vaste pelouse, un Cèdre donnera toujours grande apparence au domaine, et sur les coteaux, les collines élevées, on produira sûrement de charmants aspects en plantant par massifs ou même isolément, le classique Sapin commun, « l'Epicea », très ornemental, quoique très répandu ; le Sapin de Nordman et le Pinsapo d'Espagne ; les Pins d'Ecosse, d'Autriche, le Laricio de Corse, et si l'on veut une verdure moins sombre, le Mélèze de nos climats. Certaines espèces, le Pin de lord Weymouth notamment, le Taxodier distique et le Sapin argenté viendront bien jusque dans les terres humides ; à proximité de l'habitation, enfin, l'on pourra fort avantageusement isoler, sur les plus fraîches pelouses, quelques types particulièrement distingués : les Genévriers, les Cyprès exotiques, le Sequoia, le Cryptomeria du Japon, les Thuyas de diverses nuances, l'Araucaria du Chili, le Biota de la Chine, ou mieux encore le superbe Thuyopsis boréal.

Arbustes forestiers. — De moyenne, ou même de petite taille, ces arbrisseaux d'ornement ne sauraient être prodigués dans un

Sapin commun.

parc de quelque étendue. Pour y être vraiment remarqués, ils
ne doivent, au contraire, y figurer que par exception, les massifs
les plus épais et les plus lointains ne pouvant être composés,
pour éviter tout contraste disgracieux, que d'espèces forestières
faciles à retrouver dans la campagne avoisinante. Mais quels
groupes charmants ne peut-on pas former avec cette profusion
d'arbrisseaux de nos haies et de nos bois quand on les connaît
bien et que l'on sait les asso-
cier comme le fait la nature?
Est-il rien de plus frais, au
printemps, qu'un bouquet
d'Aubépines, de Troënes, de
Viornes et de Sureaux? Ma-
riez à ces arbustes les Cor-
nouillers sanguins et les Prunelliers bleus, les étranges
Fusains aux fruits rosés et
les Bourgènes aux tiges grisâtres. Plantez çà et là, dans
les endroits secs ou rocailleux, des Buis et des Houx
aux feuillages toujours verts,
jetez sur les buissons un peu
nus les souples lianes d'un
Chèvrefeuille ou d'une Clématite, laissez même naturellement pousser, par places,
l'Églantine et le Lyciet, vous
obtiendrez, sans difficulté, des
effets absolument rustiques.

Lilas commun.

Arbres et arbustes d'ornement. — Pour la décoration plus recherchée des abords de l'habitation et des premiers plans du jardin,

le choix à faire parmi les arbrisseaux et les arbustes d'ornement n'est pas moins considérable. Même sans recourir aux rares espèces exotiques, ne pouvons-nous pas former d'admirables massifs avec les Lilas, les Lauriers-roses, les Berberis, les Cytises, les Alisiers, les Seringats, les Pivoines et les Mauves en arbre ?

Rhododendron arborescent.

Voulons-nous mieux encore et n'hésitons-nous pas devant quelques frais : Voici la splendide tribu des Rhododendrons, des Azalées, des Kalmia, dont chaque sujet constitue à lui seul tout un monceau de fleurs ; mais si nous abordons cette décoration de haut luxe, il ne nous reste vraiment plus qu'à ouvrir toutes grandes les portes de la serre pour en tirer les Palmiers, les Cannas, les Aralias, les Bananiers, dont les amples feuillages se détachent si magnifiquement sur le velours vert des gazons.

De toute rigueur, alors, il faut, à ces arbustes de prix, l'accompagnement des arbres exotiques ; le voisinage des Magnoliers à grandes fleurs, des Paulownias aux larges rameaux ; des Tulipiers de Virginie, des Catalpa, des Sophora du Japon, des Gaîniers de Judée ou des Pêchers de Chine. Et pour compléter ce superbe décor, ce n'est plus, seulement, la Clématite ou la Vigne vierge que nous jetterons sur les treillages et les murs, mais aussi les Glycines, les Jasmins, les Bignones pourpres et les Passiflores bleues ; enfin, jusque sur les balustres des terrasses, les appuis des fenêtres et des balcons, toutes les variétés de ces délicats Rosiers de Banks dont les tiges grimpantes ont bientôt fait d'enguirlander la maison de leurs admirables fleurs roses et blanches !

LE JARDIN ET LE JARDINAGE

Assolement. — Un jardin, si modeste qu'il soit, complète toujours bien une maison de campagne, et le jardinage est certainement l'occupation la plus fructueuse, la plus hygiénique et la plus agréable à la fois que l'on puisse avoir aux champs.

Quoique la pratique en soit généralement très facile, ce n'est cependant pas sans étude ni sans peine que l'on devient un bon jardinier. L'expérience, ici comme en toute chose, est indispensable, et la parfaite connaissance du sol que l'on cultive, du climat et du milieu dans lequel on opère, n'est pas moins nécessaire que celle des procédés de culture et du maniement des outils.

Que l'on sème des fleurs ou que l'on plante des choux, il est d'abord essentiel de savoir qu'une même portion du sol, un même carreau de jardin, ne peut pas indéfiniment produire les mêmes récoltes. Cette loi primordiale de toute culture est le principe même de l'*assolement*, c'est-à-dire, de la division des terres en un certain nombre de portions ou *soles*, sur lesquelles des cultures toutes différentes doivent régulièrement se succéder dans un ordre constant. Tandis, en effet, que certaines plantes mûrissant leurs graines ou leurs racines, épuisent promptement la terre qui les nourrit, nombre d'autres, généralement cultivées pour leurs feuilles et leurs fleurs, améliorent et reconstituent, pour ainsi dire, le sol épuisé. Pour obtenir toujours de bonnes récoltes, et conserver, le plus possible, la fertilité du sol, il importe donc de ne cultiver jamais sur le même terrain une plante épuisante qu'après une plante reconstituante et réciproquement ; de telle sorte que cette *rotation* méthodique ne ramène la même culture que tous les deux ou trois ans. Ainsi l'on évitera de laisser sur aucun point le jardin en friche, et la seule fumure que l'on étendra chaque année sur le sol, avant les semis, suffira pour lui rendre amplement tous les matériaux nutritifs dont il aura été dépouillé par les précédentes récoltes.

Arrosage. — Il n'est point d'horticulture possible sans eau. Le premier soin du jardinier sera donc de s'assurer, à tout prix, cet élément de succès indispensable.

Dans les localités où l'on ne peut, à proximité de l'habitation, disposer d'une eau courante, il faut absolument, si l'on veut, faire du jardinage, pouvoir tirer l'eau d'un puits, soit au moyen d'une pompe, soit à l'aide de deux seaux pendus aux deux extrémités d'une corde, sur une poulie. Une citerne, une fosse ou des tonneaux alimentés par des eaux pluviales, peuvent être, aussi, d'un grand secours ; mais par les années de sécheresse, on ne saurait compter sur ces seuls moyens pour l'arrosage d'un jardin de quelque importance.

La meilleure façon d'arroser, ou comme disent les jardiniers, de « mouiller » les plantes, consiste à répandre régulièrement et doucement sur elles, l'eau que l'on a puisée dans un *arrosoir*. Depuis fort longtemps en usage, ces récipients n'ont subi jusqu'à présent, que d'insignifiantes modifications. D'une capacité moyenne de douze à quinze litres, on les fait soit en fer-blanc, soit en zinc, soit en cuivre;

Arrosoir ovale en zinc.

Pl. XXIX. — LE JARDIN FLEURISTE. — FLEURS D'ÉTÉ : LES ROSES.

1. Églantine. — 2. Rose cent feuilles. — 3. Rose du Bengale. — 4. Rose moussue. — 5. Rose thé du Bengale.

ceux en zinc ordinairement de forme ovale et munis d'une anse demi-circulaire qui les rend très commodes à manier. Au tuyau plus ou moins long de l'arrosoir, peuvent s'adapter, selon les besoins, une pomme percée de trous, un bec à petit orifice, ou bien encore une languette métallique qui, divisant l'eau, l'étale et l'éparpille en nappe.

Pour l'arrosage des arbustes et des plantes élevées, comme il serait très difficile et très fatigant de verser de haut le contenu d'un arrosoir, on se sert, plus avantageusement, soit d'une pompe à chariot dont le tube aspirateur plonge directement dans une citerne, soit d'une petite *pompe à main* qui puise dans un seau le liquide dont on lance le jet sur les tiges et les feuillages. Quels que soient, d'ailleurs, le système et l'appareil employés, l'été, par les fortes chaleurs, il faut, en moyenne, pour bien mouiller, répandre au moins le contenu d'un arrosoir, c'est-à-dire une douzaine de litres d'eau, par mètre carré de surface. On doit aussi, pour que l'effet soit complet, arroser le soir plutôt que le matin, l'évaporation, pendant la nuit, étant beaucoup moins active que pendant le jour. Enfin, dans les terrains maigres, et pour obtenir toujours de beaux produits, il est essentiel de faire, une ou deux fois par semaine, des arrosages fertilisants, en mêlant, par hectolitre, 3 à 4 kilogr. de guano ou de tout autre engrais, à l'eau d'une citerne.

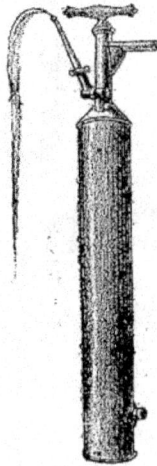

Pompe à main.

Labours. — Quoique, dans un jardin où les cultures les plus variées se succèdent, il n'y ait point d'époque rigoureusement déterminée pour les *labours*, c'est, d'habitude, à partir de l'automne et pendant l'hiver, que cette opération s'exécute. On com-

mence, pour y réussir, par creuser, sur toute la longueur de
l'espace à labourer, une fosse de 30 centimètres de profondeur,
la *jauge*, dont on transporte la terre à l'autre bout
de la planche, pour combler le vide que la dernière
jauge y laissera. De tous les instruments usités en
divers pays pour le labour, la *bêche* est le plus
recommandable. Le manche en étant solidement
saisi à pleines mains, on en pousse du pied la lame,
pour la faire pénétrer dans le sol, et la motte de
terre que l'on enlève à chaque fois est non seulement déposée, mais retournée et brisée sur le bord
opposé de la fosse. La première jauge étant terminée, parallèlement et sans se presser, on creuse la
seconde, puis les suivantes, jusqu'à l'autre bout de
la planche à bêcher. Si l'on fume le sol en même
temps, c'est au fond de chaque jauge que l'on dépose
l'engrais, pas trop profondément, toutefois, afin qu'il
y soit en contact avec les racines des plantes.

Semis. — Après un bon labour on peut, avec toute
chance de succès, entreprendre les *semis*, si l'on
observe bien, pour cette délicate opération, quelques
précautions indispensables. Il est de règle de choisir

Bêche longue.

une belle journée de printemps pour semer les graines des fleurs
et des herbes potagères. Quand on s'est assuré de leur bonne qualité, pour empêcher que le plant ne lève trop dru, l'on mêle les
graines fines et légères à dix ou douze fois leur volume de terre
ou de sable fin; puis, la main pleine de ce mélange, on le jette
à la volée sur le sol, en allant, pas à pas, d'un bout à l'autre de
la planche et revenant de même, jusqu'à ce que la provision destinée à l'ensemencement soit tout à fait épuisée.

Avec un rateau, l'on recouvre alors le semis d'une légère
couche de terre ou de terreau que l'on tasse doucement ou

que l'on foule même sous les pieds pour bien attacher les graines au sol. Enfin, si le temps est sec, on termine par un arrosage que l'on répète chaque jour pour activer la germination.

Au lieu de procéder ainsi, quand on sème des graines d'un certain volume, il est mieux de tracer avec les dents d'une *binette* ou d'une *ratissoire*, une série de sillons parallèles, au fond desquels on dépose les semences pour les recouvrir, ensuite, de toute l'épaisseur de la terre relevée sur les bords des sillons. Quelle que soit la méthode employée, après l'ensemencement, il est toujours utile, enfin, d'étendre sur le sol une légère couche de paille ou de fumier long, qui prévient le durcissement de la terre à la suite des arrosages, et, par cela même, favorise beaucoup la levée du plant.

Repiquage. — Pour se développer dans toute leur perfection, nombre de plantes cultivées doivent être transplantées, de bonne heure, dans un autre terrain que celui où elles ont germé. Quand le moment est venu d'entreprendre ce travail, désigné par nos jardiniers sous le nom de *repiquage*, on choisit les jeunes plants sur le carreau où l'on a dû les semer en *pépinière*; on en prend une poignée de la main gauche, et, la main droite armée d'un *plantoir*, un à un on les enfonce dans les trous que l'on fait à distances égales, sur la planche où doit se terminer leur développement.

Binage. — Sarclage. — Sur ce nouveau terrain que l'on a d'abord dû *bassiner*, c'est-à-dire arroser légèrement, ou mieux encore recouvrir d'un paillis, pour faciliter la reprise des jeunes plantes, désormais les végétaux repiqués exigent des soins assidus. Non seulement, en été, des arrosages quotidiens leur sont indispensables; mais il faut aussi, presque journellement, surtout quand le sol n'a point été paillé, soulever la terre avec une *serfouette* ou *binette* à deux dents, la briser et l'ameublir, sitôt que la sécheresse l'a durcie, afin de la rendre perméable à l'air et à la rosée nocturne. Il faut défendre les plantes encore tendres et frêles, de leurs nombreux ennemis; des larves et des courtilières qui rongent leurs racines; des limaces et des insectes qui s'attaquent à leurs feuilles, aux bourgeons de leurs fleurs; il faut, à l'aide d'un *sarcloir*, extirper de leur voisinage toutes les mauvaises herbes qui se développent à leurs dépens. Ces petits travaux-là ne sont, il est vrai, ni difficiles ni pénibles; pratiqués dans un jardin d'agrément, ils constituent bien plus une distraction qu'une occupation fatigante; ils sont, enfin, largement rétribués par le plaisir que l'on é prouve à recueillir de belles récoltes, à

Sarcloir.   Serfouette à dents ou binette.

former et à voir prospérer, chez soi, de superbes produits.

Culture forcée. — Habituellement, d'ailleurs, les vrais amateurs de j rdinage ne se bornent pas plus à cette culture élémentaire, que les horticulteurs de profession. La plupart ne reculent pas devant les minutieuses précautions qu'exige la culture forcée des fleurs et des légumes; et s'ils ne peuvent toujours se donner le luxe d'une serre chaude, il leur est facile de se procurer à bas prix, des *verrines* portatives, des *cloches* en verre; même une grande *bâche* à châssis vitrés qui donne d'excellents résultats entre les mains d'un horticulteur habile.

Généralement, quand on fait usage de ces appareils, on pratique aussi la culture sur *couches*, distinguées en *chaudes* et *sourdes*, suivant que le lit de fumier de cheval et de terreau, dont elles sont composées, repose au niveau du sol sous une bâche vitrée ou tout simplement au fond d'une fosse entourée de planches, à l'exposition du midi.

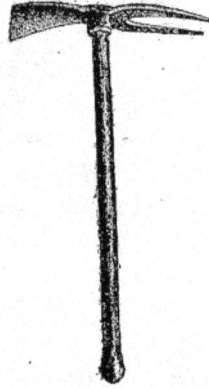

L'on ne doit jamais rien semer ni planter sur le terreau d'une couche avant que le fumier sous-jacent n'ait, selon l'expression des jardiniers, « jeté son feu », c'est-à-dire, dégagé, pendant cinq à six jours au moins, la chaleur intense qu'y produit la fermentation.

Pour hâter le développement des plantes poussées sur couches et préserver aussi de la gelée les végétaux délicats, on peut, indifféremment, les couvrir de cloches ou de verrines au-dessus desquelles, si le soleil ou le froid sont trop vifs, il est facile encore d'étendre une litière, ou de dérouler des paillassons formant abri.

Cloches abritées par un paillasson.

Quoique placées, ordinairement, au pied d'un mur, sur une couche chaude, les grandes bâches vitrées ne dispensent pas de ces mêmes précautions. Garnis, comme ceux d'une petite serre,

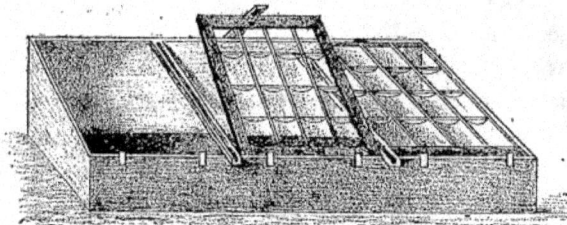
Bâche à châssis vitrés.

de carreaux de vitre se recouvrant l'un l'autre, leurs châssis ne peuvent être maintenus ouverts, qu'aux plus belles heures de la journée. Le soir, il faut absolument les fermer, les couvrir ; encore si les nuits sont très froides, devient-il souvent indispensable de chauffer la bâche, soit au moyen d'un termosiphon à l'eau bouillante, soit, quand on ne peut mieux faire, en l'entourant d'une épaisse couche de fumier en pleine fermentation.

LE JARDIN FLEURISTE

La culture des fleurs, les soins à donner au parterre, sont bien certainement les plus agréables des travaux rustiques; mais ce n'est point sans beaucoup d'application, de patience et de goût, joints à la parfaite connaissance du métier, qu'ils peuvent procurer à l'amateur une satisfaction réelle. Comment faire un choix, seulement, dans ces superbes massifs de plantes de toute espèce qui depuis quelques années s'offrent à notre admiration dans toutes les expositions florales et jusque sur nos marchés?

On se perd, aujourd'hui, dans le nombre considérable de végétaux et de fleurs servant à l'ornement, à la décoration des jardins. Sur les vertes pelouses des « squares » et des « jardins anglais », se sont introduites dans nos anciens parterres une multitude de plantes d'agrément tout à fait inconnues à nos pères, et dont la conquête fait le plus grand honneur, du reste, à nos horticulteurs.

Le temps n'est pas encore éloigné où les plus passionnés fleuristes ne cultivaient guère que la rose, le lis, l'œillet, la pensée, la tulipe, la giroflée, le jasmin, la jacinthe, le réséda, etc., fleurs charmantes d'ailleurs, bien vivaces, bien françaises, qui formaient la base de tous les bouquets et « parlaient » même, au besoin, comme l'amoureux le plus tendre, quand une main savante les disposait dans cette intention — selon les règles de l'art!

Mais, de nos jours, ces fleurs trop vulgaires, les plus belles cependant et les plus séduisantes encore par leur éclat et leur parfum, sont absolument reléguées au second plan, ou même complètement délaissées pour la flore exotique et bizarre qui s'est absolument imposée à nos regards. Ce sont, aujourd'hui, les végétaux à feuillages colorés ou découpés, les plantes colossales, les arbustes étranges, qui règnent en maîtres dans nos jardins. Nos yeux se sont habitués à cette végétation pittoresque, et nos parterres, vraiment, nous sembleraient nus, si nous leur enlevions de pareils décors.

Il faut bien convenir, au surplus, que les massifs de balisiers, de rhododendrons, d'azalées, dont on abuse un peu, dans les squares, habilement mariés aux lilas, aux fusains, aux viornes, aux troënes, produisent toujours et partout un merveilleux effet. L'art presque tout entier du jardinier décorateur consiste, maintenant, dans cette judicieuse combinaison de la flore ornementale moderne avec celle d'autrefois ; et parmi les plantes nouvellement cultivées, un certain nombre, les bégonias, les ricins, les aloës, les fuchsias, les gynériums, les phlox, les glaïeuls, les pélargoniums, les chrysanthèmes, s'harmonisent tout particulièrement avec les fleurs classiques des vieux jardins.

Ce n'est point toutefois à l'importation, à l'acclimatation seules des végétaux étrangers, qu'il faudrait attribuer le rapide accroissement de nos richesses florales. La greffe et le semis répété de nos plantes indigènes en ont à tel point multiplié les premières variétés connues, que la rose cent-feuilles de nos jardins, par exemple, a peut-être produit de cette façon sept à huit mille variétés de roses !

Sans pousser la passion florale jusqu'à cette recherche excessive des variétés et des monstruosités du monde végétal, il est bien difficile, à la campagne, de ne point être pris d'un goût plus ou moins vif pour la culture des fleurs.

Après un court apprentissage on y réussit aisément, la plupart des belles espèces de nos climats n'exigeant, d'ailleurs, aucun soin spécial. Pour orner plutôt le parterre et s'y développer dans tout leur éclat, nombre d'entre elles, il est vrai, doivent être

Pl. XXX. — LE JARDIN FLEURISTE. — FLEURS D'AUTOMNE.

A. Dahlia varié. — B. Chrysanthème à grandes fleurs. — C. Pélargonium zonale.

semées sur couche, puis repiquées de bonne heure en pleine
terre, en pots, en terre de bruyère; mais il en est aussi beaucoup que l'on peut rapidement multiplier soit par *boutures*, soit
par *marcottes*, c'est-à-dire en replantant simplement, dans le sol,
une de leurs pousses ou de leurs rejets.

Ce qui demande plus d'étude et d'attention c'est, dans le
nombre considérable des espèces et variétés aujourd'hui cultivées,
le choix de celles qui tout en flattant le plus l'œil ou l'odorat
doivent, selon l'époque de leur floraison, régulièrement se succéder dans les corbeilles du parterre. Aussi, quoique les amateurs
ne se laissent guère guider que par leurs préférences personnelles, suivrons-nous, ici, l'ordre naturel des saisons, pour énumérer les plantes à fleurs et les végétaux d'ornement les plus
recommandables.

Choix de plantes d'ornement. — Fleurs de printemps. — Dès la fin
de l'hiver, sitôt que les promenades au jardin redeviennent possibles, beaucoup de jolies plantes y peuvent déjà charmer les
yeux par la fraîcheur de leur feuillage ou la vivacité de leur
coloris.

C'est, généralement, à d'étroites plates-bandes, à des corbeilles,
à des buttes de terre ménagées dans les pelouses, que le jardin
fleuriste se limite de nos jours. Pour peu que l'on ait pris soin
de les abriter, pendant les froides journées d'hiver, sous une litière de paille, tous ces petits parterres laissent percer aux premiers rayons du soleil, les gros bourgeons des plantes vivaces et
bulbeuses restées ou mises en place depuis l'automne précédent.

Bientôt, s'épanouissent, aux bordures, les rosettes rouges ou
blanches des Pâquerettes, les cornets multicolores des Primevères
et des Oreilles d'ours, les larges touffes jaunes de la Corbeille
d'or, les blanches petites croix de l'Arabette des Alpes. Un peu
communes, sans doute, ces fleurs, n'en sont pas moins charmantes ; au surplus, pour les varier agréablement, ne peut-on

avoir que l'embarras du choix, parmi cent autres espèces plus aptes à les remplacer : l'Aspérule odorante, le Muguet de mai, le Myosotis des Alpes, la Cynoglosse printanière, la superbe Gentiane acaule aux longues campanules bleues.

En même temps, dans les espaces que ces mignonnes plantes encadrent, peuvent fleurir, en deuxième bordure, ou sur toute l'étendue du sol, les Crocus de Hollande aux gros calices bleus, blancs, jaunes ou violacés ; le Perce-neige et la Nivéole, dont on voit paraître dès le milieu de janvier, les frêles clochettes blanches rayées de vert ; les innombrables variétés de Tulipes, parmi lesquelles le Tournesol et le Duc de Thol, les plus hâtives, se font remarquer par leurs éclatantes corolles presque doubles, d'un beau jaune orangé. A ces magnifiques fleurs, toutes très printanières, il est facile de faire succéder nombre d'autres plantes bulbeuses non moins estimées : les Narcisses, les Jonquilles, les Jacinthes surtout, dont les odorantes grappes bleues, roses ou blanches se diversifient en mille variétés de différentes nuances sans rien perdre de leur suave et capiteux parfum.

Et ces admirables Liliacées que recherchent, à l'envi, tous les amateurs, sont bien loin de constituer nos seules ressources. Ne pouvons-nous pas, en effet, très heureusement leur opposer les superbes Violettes de Parme et des Quatre-Saisons, ou mieux encore un choix, judicieusement fait, de ces merveilleuses Pensées aux larges pétales de velours flambant des couleurs les plus

vives? Et les grosses Renoncules d'Afrique et d'Asie, et les gracieuses Anémones de nos climats, la pulsatille, l'éclatante, l'hé-
patique aux fleurs simples et doubles; et nos banales Giroflées,

Anémone pulsatille.

Lis orangé.

même, nos Thlaspi, nos Juliennes, n'est-il pas tout indiqué d'en
composer de magnifiques corbeilles, d'admirables tapis?

Pour la formation des massifs, du commencement à la fin du
printemps, on n'aura pas plus de peine à réunir les plantes les
plus variées, les fleurs les plus élégantes. A cet emploi, conviendront à merveille les énormes Pivoines aux pétales cramoisis,
les Ancolies aux clochettes bleues, les Dielytras en cœur, tendre-
ment rosés, les Phlox de Drummond aux mille nuances. Avec les
liliacées de grande taille, la Fritillaire aux couronnes d'or et les

Lis de toute espèce, le blanc, l'orangé, le doré, le martagon, le fer-de-lance, on composera d'incomparables gerbes que pourront, çà et là, dominer encore les casques d'azur des Aconits où les gros pompons pourprés des Roses trémières.

Aux treillages, grimperont, dans un pêle-mêle charmant, les Capucines jaunes, les Liserons ou Volubilis, à fleurs panachées, les rustiques Pois de senteur et les Haricots d'Espagne.

Dans les eaux de l'étang et sur les berges des ruisseaux, s'éparpilleront, dès la fin d'Avril, pour y fleurir tout l'été, les Renoncules aquatiques aux corolles blanches, les Butomes joncs fleuris, aux ombelles roses; les Plantains et les Potamots na-

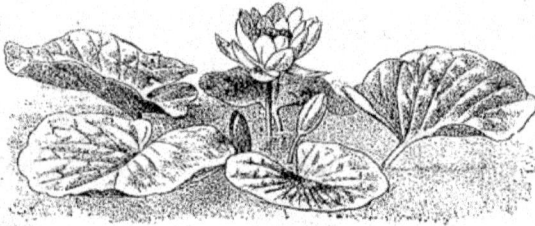

Nymphœa à fleurs blanches.

geurs, les Iris aux feuilles en sabre et les Sagittaires aux feuilles en flèche; les Vallisnéries, si justement célèbres par leurs curieuses amours; les Nymphœas, si décoratifs par leurs fleurs d'or ou d'argent et leurs grandes feuilles rondes. (*Pl. XXVIII.*)

Fleurs d'été. — Tendres et délicates, la plupart des fleurs printanières ne résistent point aux ardentes chaleurs de l'été. Rarement elles atteignent la seconde quinzaine de juin sans se flétrir et disparaître; mais à ce moment, si l'on a su bien profiter, pour la culture, des belles journées du printemps, une floraison nouvelle, non moins brillante que la première, doit à son tour, s'épanouir dans les corbeilles et les plates-bandes du jardin.

Aux bordures, les Silènes, les Saponaires roses et blanches, les Némophiles bleues, les Gazons d'Olympe ont alors leur place toute marquée à côté des Saxifrages, des Oxalides, des Pieds d'alouette nains, de ces charmants Œillets mignardise surtout, dont les épaisses touffes produisent, sans relâche, d'abondantes fleurs.

En larges nappes, en superbes bouquets, dans les espaces laissés libres par l'enlèvement des plantes bulbeuses, on peut voir se développer les Verveines, les Coréopsis, les Ketmies d'Afrique, l'Escholtzia de Californie aux fleurs safranées, variant de leurs éclatantes couleurs les modestes Campanules, les suaves Héliotropes, les petites Croix de Jérusalem, les nobles Balsamines, les sombres Scabieuses de nos anciens jardins français.

Œillets de Chine   Pétunia blanc.

Certaines liliacées tardives, les splendides Amaryllis, la Tubéreuse bleue, l'Hémérocalle jaune, serviront encore, dans les riches parterres, à former d'admirables massifs, et sur les plates-bandes les plus rustiques, par-dessus l'abondante floraison des Œillets ou des Pétunias de toutes nuances, les hauts Pavots et les Althœa dresseront toujours, avec succès, leurs grosses têtes multicolores.

C'est pendant tout l'été que fleuriront enfin, pour le plus grand régal des yeux, les merveilleux épis des Glayeuls, les larges disques rayonnants des Reines-Marguerites, et, dominant tout le parterre de l'incomparable beauté de ses fleurs, la prodigieuse tribu des Rosiers, aux variétés sans nombre. Rose-églantine, Rose cent-feuilles, Rose du Bengale, Rose-noisette, Rose mousseuse, Rose thé, Rose île Bourbon, Rose des Alpes, Rose de Banks, ces diverses dénominations n'indiquent plus, en effet, que les types primordiaux d'autant de races comptant chacune des milliers de représentants plus ou moins différenciés par le coloris, la forme, la taille ou quelque autre particularité beaucoup moins facile à saisir !

Fleurs d'automne. — Les Roses, à l'exception d'un petit nombre d'espèces remontantes, ne fleurissant

Rose mousseuse.

guère qu'en été, le jardin d'agrément, à l'automne, risquerait d'être bien dégarni, si, par des semis, des repiquages successifs, on n'avait, dès le mois de juillet, soigneusement préparé le renouvellement des fleurs détruites ou fanées par les chaleurs estivales.

Pour peu que l'on ait pris ce soin, non seulement on obtiendra jusqu'en novembre, une seconde floraison des plus belles plantes du printemps et de l'été, des Pensées, des Phlox, des Thlaspi, des Verveines, des Juliennes, des Coréopsis, mais encore un épanouissement inédit d'espèces plus spécialement automnales.

Dans les bordures embaumées par les Thyms, les Basilics et

les Résédas, on pourra voir fleurir alors la Valériane rouge, l'Alysson maritime, la Lippie gazonnante aux petites têtes lilas, l'Œillet d'Inde aux pompons de velours, la Nigelle de Damas aux feuilles linéaires.

Sur les plates-bandes et les corbeilles se développeront, en épais tapis, les Crépides roses et les Soucis de Trianon, la Gilie tricolore et ses diverses variétés; la Clarkie mignonnette aux pétales en croix et surtout, la merveilleuse collection que l'on aura dû faire de ces Pélargonium ou Géranions à grandes fleurs dont les nombreuses variétés blanches, roses, rouges, écarlates, carminées forment certainement aujourd'hui la plus brillante parure de nos jardins.

Les massifs seront encore très agréablement composés d'Hortensias, de Fuchsias de toutes nuances; d'Amarantes veloutées à fleurs en crête ou en queue, de Lobélies, de Daturas aux longs cornets blancs ou rouges. Plantés isolément, les Rhubarbes, les Ricins, les Solanées à feuillage ornemental, le rustique Gynerium aux épis argentés feront toujours bonne figure sur les pelouses; aux treillages, les Jasmins, les Chèvrefeuilles, les Passiflores, les Houblons, les Aristoloches épanouiront jusqu'à la fin d'octobre leurs feuillages ou leurs fleurs.

Enfin, même dans les plus mauvais jours de la saison, il sera possible, avec peu de soins, d'obtenir les plus beaux spécimens des Marguerites et des Asters; des Dahlias des plus riches cou-

Pensée des jardins.

PL. XXXI. — LA SERRE ET LES CAVES A CHAMPIGNONS.

leurs, des Zinnias infiniment plus variés encore que ces Dahlias, dont ils sont comme une réduction charmante; en outre, et jusque sous la neige de l'hiver, toutes les variétés blanches, jaunes, pourprées, des Chrysanthèmes à grandes fleurs, qui sont

Jasmin à grandes fleurs.   Amaranthe à crête

bien, avec la pâle Rose de Noël, le dernier, ou le premier ornement de nos parterres!

Végétaux exotiques. — Serres. — La parfaite décoration du jardin fleuriste n'exige pas seulement la simple culture des plantes annuelles et vivaces de pleine terre dont nous venons de nommer les espèces les plus remarquables et les plus recherchées. Elle nécessite aussi l'emploi d'un certain nombre de végétaux de luxe que nous avons dû signaler dans notre énumération et qui doivent être cultivés en serre quand on n'a point la facilité de se les procurer en temps opportun sur les marchés.

Élégantes et légères, les serres à charpente en fer que l'on construit de nos jours permettent d'entreprendre et de pratiquer aux moindres frais possibles, cette haute floriculture vers laquelle l'amateur, si peu qu'il se passionne, se sent irrésistiblement entraîné; mais la conduite d'une serre bien aménagée, outre les dépenses qu'elle occasionne, réclame de la part du jardinier une vigilance, une patience extrêmes et des soins quotidiens qui ne sauraient être négligés.

Autant qu'on le peut, il est indiqué, dans toute villa de plaisance, de faire de la serre une annexe de l'habitation communiquant par une large baie avec le salon ou la salle à manger. Aux avantages de la serre, sont unis, ainsi, les agréments du « jardin d'hiver »; et s'il est difficile, dans une construction servant à ce double usage, d'obtenir les plus rares plantes tropicales, le nombre de celles que l'on y peut cultiver est encore assez considérable pour emplir la haute salle vitrée d'une merveilleuse végétation.

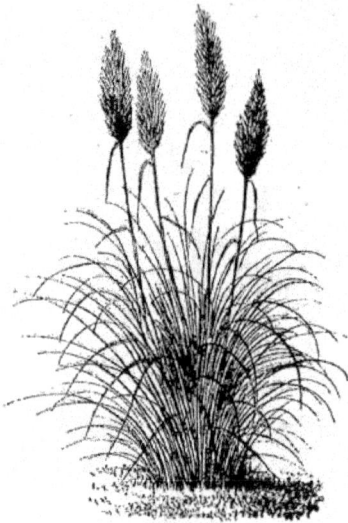

Gynerium argenté.

Quelles que soient, d'ailleurs, l'architecture et la disposition adoptées, les serres se distinguent bien moins par la forme qu'on leur donne que par la température à laquelle, régulièrement, elles doivent être chauffées.

Dans les serres *froides*, de beaucoup les plus économiques, le thermomètre ne saurait, sans inconvénient, s'abaisser au-dessous de zéro. Mais à cette condition, aussi peu, par conséquent, qu'on la chauffe en hiver, une serre froide bien aménagée permet de cultiver uue quantité beaucoup plus importante qu'on ne pense de magnifiques fleurs et de végétaux exotiques à feuillage ornemental. Ce sont, parmi les Palmiers, si luxueusement décoratifs, le Dattier d'Afrique et le Cocotier du Chili, le Corypha de la Nouvelle-Hollande, le Latanier de Bourbon, le Chamœrops éventail d'Afrique et d'Asie.

Parmi les Fougères arborescentes aux admirables frondaisons, ce sont les Alsophiles, les Cyathées, les Lomaria, les Todea de l'Australie et de la Nouvelle-Zélande. Les Yucca, les Agave, les Aralia, les Araucaria, les Ficus et cent autres plantes à superbe feuillage, n'y prospèrent pas

Cyclamen de Perse.

moins que les Rhododendrons, les Azalées, les Camellia, les Myrtes, les Lauriers, les Cassies et la plupart des arbustes qui joignent à la beauté des feuilles, la magnificence des fleurs.

Plus considérable encore, peut être le choix des végétaux herbacés que protège suffisamment la serre froide ; mais l'on y cultive surtout, avec un plein succès, des Cinéraires, des Oxalis, des Chicorées, des Cactus ; le plus grand nombre des Erica du Cap, ou Bruyères d'Afrique, les plus charmantes variétés du Cyclamen de Perse aux pétales blancs ou roses très coquettement redressés.

Dans la serre *tempérée*, déjà plus dispendieuse et plus difficile à conduire, régulièrement la température doit s'élever au-dessus de 6 degrés et le plus souvent, osciller entre 10 et 14. Plus sû-

rement encore que dans la serre froide, toutes les plantes que
nous venons d'énumérer y pourront réussir; mais elles y réclameront, avec des soins plus minutieux, une plus attentive surveillance.

Outre ces magnifiques espèces, la serre tempérée permet d'obtenir
les Palmiers les plus délicats,
les Cycadées, les Fougères
acaules, les Dracœna du Brésil
et des archipels océaniques,
les Fuchsias, les Pelargonium
de tous les types et de
toutes les variétés, les Coleus,
les Bégonias aux feuillages
chatoyants, les Chrysanthèmes
arborescents à la floraison
merveilleuse. Sans plus de
difficulté, l'on y peut cultiver
les Bananiers de toute espèce,
les Balisiers ou Cannas, les
Caladium ou Colocasia, les
Wigandia, les Montanœa;
toutes les grandes Solanées
décoratives. Et parmi les végétaux de moindre apparence,
mais éminemment remarquables par leurs fleurs, les
Sauges, les Véroniques, les

Palmier d'Australie.

Verveines, les Héliotropes exotiques, les Eupatoires célestes, les
Gloxinia, les Roses de Chine aux corolles cramoisies, les admirables Calcéolaires ou Sabots de Vénus, dont le coloris n'est pas
moins bizarre que la forme.

En élevant la température à 20 degrés en moyenne, et ne la

laissant jamais retomber au-dessous de 15 degrés, facilement, enfin, de la serre tempérée on fait une serre *chaude*; et, dans ce milieu, l'horticulteur émérite voit se développer, dans toute leur splendeur, les plus rares spécimens de la flore tropicale. Ce ne sont plus seulement les Fougères, les Palmiers, les Bananiers, qui toute l'année y prospèrent avec une exceptionnelle vigueur, mais les Pandanées des Moluques, les Euphorbiacées du Mexique, les Broméliacées du Brésil et de la Nouvelle-Grenade, les Aroïdées des Philippines, les incomparables Orchidées de l'Amérique du Sud et de l'Inde qui, s'y retrouvant pour ainsi dire dans l'atmosphère natale, y fleurissent dans tout l'éclat de leur fatueuse beauté. (*Pl. XXXI.*)

Très impressionnables en hiver, les plantes de serre même les plus délicates, peuvent, en général, être exposées au grand air dès la fin du mois de mai, sous le climat de Paris. C'est alors, suivant leur genre et leur coloris, qu'on les dispose en bordures, en tapis, en massifs, dans les corbeilles du parterre, ou qu'on les isole en belle vue sur les pelouses les plus rapprochées de l'habitation. Pendant quatre mois, au moins, on peut, sans inconvénient, les y laisser en place; mais il est prudent de les rentrer dès les premiers jours d'octobre, selon qu'elles sont plus ou moins sensibles au froid et à l'humidité.

Plantes grasses. — Mosaïculture. — En dehors des magnifiques végétaux d'ornement dont la culture exige la température de la serre, l'importante catégorie des plantes grasses a toujours été, de la part des amateurs, l'objet d'une certaine prédilection. Aujourd'hui surtout où, sous le nom de *mosaïculture*, il est de mode, dans les jardins, de composer, avec des plantes choisies, des arabesques et des dessins de couleurs variées, les Crassulacées, particulièrement employées à ce genre de décoration, sont plus que jamais en vogue. A l'ancienne tribu des Cactus, presque exclusivement recherchée autrefois, sont ainsi rapidement venus

se joindre les Sedum, les Crassules, les Sempervivum ou Joubarbes, aux épaisses feuilles groupées en rosettes; les Ficoïdes
glaciales, toutes couvertes d'une abondante rosée aussi transparente que le cristal. De tous les végétaux de serre et d'appartement, les plantes grasses, d'ailleurs, sont les plus vivaces et ceux
aussi qui donnent, aux moindres frais, les plus satisfaisants résultats.

LE JARDIN POTAGER

Quand on vit dans un petit enclos, à la campagne, le jardin
potager, plus utile, l'emporte presque toujours sur le jardin d'agrément; et quelque passion que l'on ait pour les fleurs, il est bien
rare, même dans la plus luxueuse villa, que l'on ne réserve pas
un petit coin pour y cultiver des légumes.

Outre que c'est, ordinairement, une fructueuse besogne, c'est,
en effet, un plaisir aussi que de planter des choux; et s'il est
souvent vrai, comme on l'a prétendu, que le carreau des Halles
est le plus économique des potagers, la saveur toute particulière
que l'on trouve aux produits de son jardin vaut bien encore
qu'on l'apprécie et qu'on la paye de quelques menus sacrifices.

Il faut donc absolument avoir, à la campagne, un jardin
potager que l'on place, sinon à l'endroit le plus agréable, au
moins dans une partie bien exposée, à proximité des bâtiments
accessoires, en arrière ou sur l'un des côtés de l'habitation.

Et ce n'est certes pas une médiocre satisfaction, ni même un
banal amusement, que de se promener, en bon propriétaire, entre
des carreaux de navets bordés d'oseille, ou des planches de laitues encadrées de persil; que de surveiller ses asperges et de
protéger ses melons; que de donner un coup de bêche à ses
pommes de terre, un coup d'arrosoir à ses chicorées, que de
ramer des haricots, ou d'arracher, pour le pot au feu, quelques
carottes!

Toute matérielle qu'elle paraisse, la culture maraîchère, au surplus, ne constitue pas seulement un travail, ni même un très hygiénique exercice manuel. Intelligemment pratiquée, elle stimule considérablement l'esprit investigateur et scientifique, et le plus souvent elle dédommage amplement l'horticulteur de la peine et des soins qu'elle lui a coûtés.

Loin de s'en tenir aux moyens de culture, aux routines souvent mauvaises des jardiniers du pays, on devra donc adopter pour la conduite du jardin potager les méthodes les plus perfectionnées, les plus nouveaux procédés de culture. On s'attachera, surtout, à n'y semer ou planter que les espèces, les variétés de légumes les plus parfaites ; à n'y conserver, comme porte-graines, que les sujets les plus purs ou présentant un satisfaisant ensemble de bonnes qualités. Ce que l'on ne saurait, enfin, trop rechercher dans un potager devant servir aux besoins culinaires de chaque jour, c'est la diversité des cultures, un choix d'herbes et de légumes assez judicieusement fait pour qu'en toute saison l'on en puisse trouver chez soi la quantité nécessaire à la consommation quotidienne de la famille.

Malgré que les procédés de culture varient, pour ainsi dire, avec chacune des espèces cultivées, il n'est certainement pas irrationnel, au point de vue horticole, de classer les légumes, comme on le fait au point de vue alimentaire, d'après leurs parties utiles et leurs propriétés. C'est le meilleur moyen de comparer les divers types, de se rendre compte de leurs qualités respectives, et de connaître ainsi quelles sont, dans tel sol et dans telles conditions, les races les plus avantageuses à cultiver.

muLeég sverts. — Choux. — Il n'est, sans doute pas, dans nos jardins, de plus anciens légumes que les Choux, et la culture en est si simple, qu'aux temps les plus reculés elle était probablement déjà, ce qu'elle est encore aujourd'hui. Pour avoir des Choux en été, il suffit, en effet, d'en semer la graine en avril et

Pl. XXXII. — LE JARDIN POTAGER.

A. Artichauts. — B. Carottes courte et longue. — C. Panais. — D. Navets. — E. Radis roses. — F. Chou pommé. — G. Oseille.

d'en repiquer un mois après le jeune plant pourvu d'un bourgeon terminal et de deux larges feuilles. Il faut, pour en récolter
tout l'hiver, repiquer vers la
fin de septembre ceux que l'on
aura semés en août.

Plantés dans une terre bien
fumée à 60 centimètres l'un de
l'autre, arrosés et binés de
temps en temps, les Choux,
sans autres soins, se développent à merveille, résistant, par
les temps chauds, à la séche-
resse, aux neiges et aux gelées par les plus rudes hivers.

Du Chou commun ou Cabus, type du genre, sont issues, depuis longtemps, de nombreuses variétés à pomme sphérique et volumineuse, parmi lesquel-
les le gros Chou blanc
d'Alsace, le Cœur de bœuf
et le Chou nantais de Bretagne sont des plus ré-
pandues et des plus esti-
mées.

Originaire d'Angleterre,
le Chou d'York, à pomme
petite et précoce, a produit
aussi diverses variétés hâtives que l'on plante à
l'automne pour les manger au printemps à l'état de Choux verts.
Le Chou de Milan, pommé-frisé, n'est, au contraire, généralement
planté qu'au printemps, surtout dans la banlieue parisienne où l'on
cultive de préférence l'excellente variété désignée, de son lieu
d'origine, sous le nom de Milan des Vertus. Hauts de tige, le Chou

Chou de Milan.

Chou-rave.

cavalier, particulièrement répandu dans l'Ouest de la France et le Chou de Bruxelles plus cultivé dans le nord, diffèrent surtout en ce que ce dernier porte à l'aisselle de ses feuilles, de toutes petites pommes que l'on récolte aussitôt formées.

Le Chou-fleur, dont les tiges et les feuilles froncées prennent, en se développant, l'aspect granuleux qui les fait paraître fleuries, quoique un peu plus délicat que le Chou commun, n'exige guère, pour prospérer, qu'une meilleure préparation du sol et que de fréquents arrosages. On cultive de même, en certaines régions, une de ses variétés à feuilles violettes ou jaunâtres, le Brocoli, que ses têtes granuleuses différencient parfaitement du Chou Cabus à feuilles rouges planté surtout dans l'est et le nord de notre pays. Une dernière espèce très usuelle, est le Chou-rave, dont la tige, renflée en boule, ne peut vraiment acquérir ses qualités alimentaires qu'à la condition d'être soigneusement buttée par les temps secs.

Asperges. — Justement appréciée des consommateurs, l'Asperge est un des légumes qui demandent au jardinier le plus de soins et de persévérance. Quoique très perfectionnée par les maraîchers d'Argenteuil, sa culture exige, en effet, trois années de travail avant d'être productive.

Asperges à divers états de développement.

La première année on sème les graines pour en obtenir des souches ou *griffes* que l'on transplante la deuxième année, à 50 centimètres les unes des autres, dans des fosses largement fumées, puis

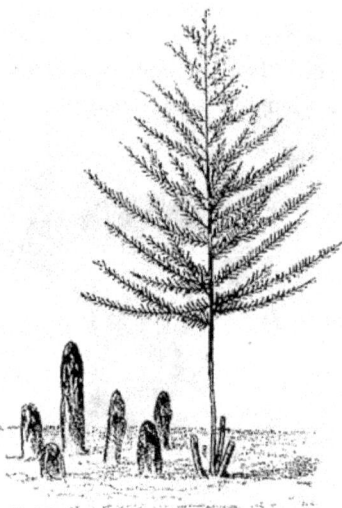

recouvertes, après la plantation, de dix centimètres de terre. La troisième année on butte les souches de trente centimètres environ, et l'on procède avec la plus grande discrétion à la récolte des premières asperges. Spécialement cultivée à Argenteuil, la grosse Asperge de Hollande, à tête violette est la plus répandue dans le nord de la France et la plus estimée. Dans le midi, c'est l'Asperge commune, à tête verte, très savoureuse aussi, quoique elle n'atteigne jamais qu'une médiocre grosseur.

Artichauts. — Cardons. — Céleri. — Comme toutes les plantes dont la culture est spéciale, celle de l'Artichaut réclame, pour réussir, quelques soins particuliers. Que l'on cultive le Gros vert de Laon ou le Camus de Bretagne, il faut, au printemps, détacher des vieux pieds les œilletons les plus propres à la repro-

Artichaut camus de Bretagne.   Artichaut vert de Laon.

duction et les planter isolément, dans un sol bien préparé, à un mètre au moins de distance. Dès l'automne suivant on peut en obtenir une récolte qui pendant quatre années se renouvelle de plus en plus abondante, si, par un fort buttage, l'on a bien préservé les plants des gelées de l'hiver. L'Artichaut sylvestre ou Cardon, cultivé, comme le Céleri, pour ses longues et larges feuilles, réclame à peu près les mêmes soins que cette plante potagère et non plus ceux de l'Artichaut. Reproduit par le semis, on le butte ou l'enveloppe de litière pour faire *blanchir* ses feuilles dès qu'elles ont atteint tout leur développement.

Herbes potagères. — Salades. — Indispensable pour attendrir les herbes potagères et les dépouiller de leur verdeur, cette opération du *blanchiment* est aussi le point décisif de la culture des Salades. On la pratique, principalement, sur les Laitues et les Chicorées dont il suffit, pour cela, de relever les feuilles verticalement et de les lier, soit avec un jonc, soit avec un brin de paille. Ainsi traitée, la Laitue romaine ou Chicon devient très tendre en quelques jours. Mais en dehors de cette espèce type, beaucoup d'autres Laitues, destinées à être mangées vertes ou pommées, sont cultivées toute l'année dans nos jardins. Au printemps, on repique surtout, en prenant les plus grandes précautions contre le froid, la Laitue Gotte et la Palatine, ou même les Romaines hâtives semées à l'automne précédent; en été, ce sont les Laitues de Versailles, de Batavia, de Berlin, la Romaine blonde maraîchère, que l'on sème pendant toute la saison; en octobre, la Laitue de la Passion, la Romaine verte et la rouge d'hiver, que l'on a dû semer dès la fin d'août ou les premiers jours de septembre.

Les Chicorées, dont la culture est tout aussi facile, outre les variétés frisées d'Italie et de Meaux, que l'on sème au printemps, comprennent encore la Scarole aux feuilles croquantes, et la Chicorée sauvage, que l'on fait souvent blanchir en cave, l'hiver, pour en obtenir les longues feuilles étiolées connues sous le nom de « barbe de capucin ». D'un simple semis en bonne terre on obtient la Raiponce, la Mâche, le Pissenlit, trois modestes et salutaires plantes que l'on peut aussi recueillir dans les champs, à l'état sauvage, comme dans les clairs bassins des fontaines on recueille le Cresson. Sans plus de soins, enfin, poussent où l'on veut, les Épinards, l'Oseille, la Poirée à cardes, et nombre d'autres herbes potagères dont les plus répandues : le Persil, le Cerfeuil, l'Estragon, la Pimprenelle, employées pour le seul assaisonnement des mets, ne sont guère cultivées qu'en bordures dans les jardins particuliers.

Légumes bulbeux. — Usitées aussi comme condiments, les

plantes aromatiques bulbeuses, l'Oignon, l'Ail, la Ciboule, la Ciboulette, l'Echalote et le Poireau, réclament une culture un peu plus soignée. Le plus souvent on sème ensemble, soit au printemps, soit à l'automne, les graines de l'Oignon et celles du Poireau, pour séparer bientôt les jeunes plants et les repiquer à part dans un sol que l'on aura fumé une année d'avance.

Mais on peut, aussi, directement planter de petits oignons d'une précédente récolte. Quelle qu'en soit la variété, blanche, jaune ou rouge, ils deviennent ainsi plus succulents et plus gros. Le Poireau, dont on connaît deux variétés, le long et le court, doit être repiqué, pour blanchir, dans des trous très profonds, et butté, s'il le faut, jusqu'au milieu de la tige.

L'Ail et toutes les autres plantes bulbeuses dont on peut détacher, de la racine, des « gousses » ou caïeux, la Ciboule, la Ciboulette, l'Echalote, l'Oignon patate et l'Ail d'Egypte ou Rocambole se multiplient facilement par la seule plantation de ces caïeux dans les bordures du potager.

Oignon en fleur.

Légumes racines. — Il n'est pas de culture plus simple ni plus avantageuse que celle des légumes à racines alimentaires dont la consommation est si grande chaque jour. Point de repiquage ni de buttage pour la plupart. On sème, on arrose et l'on récolte. Ainsi l'on obtient, d'un bout de l'année à l'autre, les Carottes de toute variété : la courte hâtive, de Hollande, la rouge demi-longue, la jaune et la rouge longues, qui sont toutes plus ou moins estimées. Sans plus de soins ni de peine, on peut récolter, en automne, les Navets de diverses races que l'on a semés en été : le Navet hâtif des Vertus, presque cylindrique, le Navet de Freneuse, l'un des plus succulents, les grosses Raves,

Rabioles ou Turneps, dont les Anglais ont perfectionné la culture; le Navet boule d'or, à chair jaune, large et plat comme un oignon.

La Betterave et le Panais, que l'on sème dans les champs, sont bien plus rustiques encore. Il n'est pas plus difficile, enfin, d'obtenir tout l'été, de semis successifs, les Radis roses, blancs, gris, jaunes, violets, que l'on sert sur toutes les tables, et l'automne venue, le gros Radis noir ou Raifort, dont il existe deux espèces très tranchées : le Raifort des Parisiens et le Raifort sauvage ou Cranson, que l'on mange plutôt en Allemagne.

Navet des Vertus.   Navet boule d'or.

Quelques autres légumes-racines, le Salsifis blanc et la Scorsonère d'Espagne, pour acquérir toute leur saveur, exigent un sol profond et bien préparé. Semé sur couche au mois de mars, le Céleri-rave doit être, en mai, repiqué en pépinière; puis, après d'abondants arrosages, définitivement être mis en place au mois de juin; le Cerfeuil bulbeux, dont on récolte, en juillet, les racines féculentes, ne se développe bien qu'à la condition d'avoir été semé, le précédent automne, dans un bon terrain.

Tubercules féculents. — Pommes de terre. — Mais, de tous les tubercules comestibles, le plus avantageux, sans contredit, est la Pomme de terre, que l'on ne saurait se dispenser de planter, même dans le plus modeste potager. Certaines de ses variétés, extrêmement nombreuses, relèvent plutôt de la grande culture; beaucoup d'autres, les « jardinières », plus fines et plus farineuses, se développent mieux dans un sol bien préparé. Sphériques, les Pommes de terre appartiennent à la catégorie des Patraques, dont les plus renommées sont la farineuse rouge, la violette, la patraque Blanchard, la Chave ou Shaw, la Segonzac, la Seguin, très productives et très bonnes. Oblongues, elles se rangent, en général, dans la série des Vitelottes, parmi lesquelles, la Kidney hâtive ou Marjolin, la jaune longue de Hollande, la Vitelotte de Paris, la Quarantaine violette et la Pousse-debout sont les plus estimées.

Patraque Blanchard.

Quelle qu'en soit, d'ailleurs, la variété, la culture de cet excellent légume est des plus faciles. Il suffit, pour en obtenir une abondante récolte, d'enterrer, dès la fin de février, à 10 ou 15 centimètres de profondeur, des tubercules de petit volume ou des fragments d'un gros, pourvus de plusieurs yeux. Aussitôt que les tiges ont une certaine hauteur, on les butte en relevant la terre autour de chaque touffe, et sous cet abri, les jeunes pommes de terre, déjà très savoureuses en mai, grossissent et mûrissent jusqu'à la fin de l'été.

Pomme de terre vitelotte.

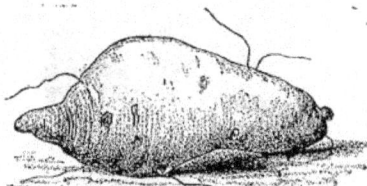

Patate douce.

Dans le Midi de la France, on substitue souvent avec avantage, à la Pomme de terre, la Patate douce de l'Inde, qui résiste bien aux longues sécheresses, mais dont la culture est, malheureusement beaucoup plus difficile dans le Nord. On peut,

Pl. XXXIII. — LE JARDIN POTAGER.

A. Melon cantaloup. — BC. Pois et haricots ramés. — D. Pommes de terre.

en revanche, à peu près partout, obtenir sans peine, l'Igname de la Chine, aux tubercules aussi riches en fécule que ceux de la Pomme de terre, et se prêtant, de même, à toutes sortes de préparations.

Légumes farineux. — Généralement cultivés pour leurs graines farineuses, les légumes à gousse sont aussi régulièrement récoltés pour être mangés verts. Sous cette forme on consomme surtout les Pois et les Haricots ; et presque exclusivement, à l'état sec, les Fèves et les Lentilles. Dans nos jardins, la culture de ces diverses légumineuses ne diffère pas essentiellement. On sème leurs graines en lignes ou par touffes ; on les bine avec soin dès qu'elles sont levées et l'on plante des perches ou rames à leur pied, si l'on a fait choix d'espèces grimpantes.

Les Pois, épuisant beaucoup le sol, ne peuvent jamais être cultivés deux années de suite dans le même terrain. Avant l'hiver on sème, pour le récolter au printemps, le Pois Michaux de Paris, très rustique et très précoce ; au printemps, et successivement, pour les cueillir toute l'année, le Pois Michaux de Hollande, le Pois ridé de Knight, le Pois nain de Bretagne ; puis, les nombreuses variétés à rames : Pois Marly, Mange-tout, Pois d'Auvergne ; enfin, jusqu'en juillet, le Pois de Clamart, productif encore en novembre.

Les Haricots de toutes variétés, Haricots nains et Haricots à rames, ne peuvent être semés qu'au printemps dans une terre bien fumée. Parmi ceux de la première série, on estime particulièrement le Flageolet, le Sabre-nain, le Bagnolet, le Haricot de Chine ; parmi les espèces à rames, le fameux Haricot de Soissons et le Haricot sabre ; le Prédome ou Mange-tout, le Prague rouge et le jaspé ; les Haricots-beurre, enfin, à cosses jaunes ou violettes.

On ne cultive qu'exceptionnellement, dans le jardin potager, les Lentilles et les Fèves, malgré que celles-ci, dont les deux principales variétés sont la Fève des marais et la Fève anglaise, possèdent le singulier avantage d'améliorer, de reposer, tout au moins, le sol épuisé.

Légumes-fruits. — Melons et citrouilles. — En dehors des maraîchers, devenus très habiles dans cette culture, la production des gros légumes-fruits de la famille des Cucurbitacées, Melons et Citrouilles, ne peut tenter encore qu'un petit nombre d'amateurs. Il faut, en effet, avoir vraiment la passion du jardinage, pour donner à des melons tout le temps, le travail, les soins incessants qu'ils exigent, depuis l'heure où on les sème jusqu'au jour où l'on peut les cueillir. Aussi, ces légumes n'acquièrent-ils, vraiment, toutes leurs qualités qu'entre les mains des spécialistes. Même dans le midi de la France, où leur culture en pleine terre est relativement aisée, ils sont bien loin de parvenir à l'excellence de ceux qui dans le centre et le nord sont méthodiquement surveillés, taillés, aérés, éclairés, arrosés sous les cloches de verre et sur les couches grassement fumées où ils se développent.

Quoique très nombreuses, les variétés de melons se rattachent

Melon maraîcher.　　　　　Melon cantaloup.

à trois types très distincts : les Melons brodés, parmi lesquels on cultive surtout les Maraîchers, l'Ananas à chair verte, et les

Sucrins de Honfleur; les Cantaloups à grosses côtes, dont on estime particulièrement les Prescott, le Gros de Portugal et le Cantaloup noir des Carmes; les Melons à écorce lisse, bien représentés par le Melon de Malte et le Melon muscade des États-Unis.

Plus facilement, en pleine terre bien fumée et sous quelque climat que ce soit, on peut obtenir des Courges de toutes variétés, des Citrouilles, des Giraumons, des Potirons et des Concombres. Les jeunes fruits de ces derniers sont les Cornichons, que l'on cueille à divers degrés de développement, pour les conserver dans du vinaigre.

Dans le midi de la France, outre les Cucurbitacées, on sème

Tomate.

et l'on récolte abondamment, sans autres soins, des Tomates et des Aubergines. Comme la Pomme de terre, ces plantes appartiennent à la famille des Solanées, mais la culture en est toute différente. Dans le nord, elles ne mûrissent, l'une ses grosses pommes rouges, l'autre ses longs fruits violets, qu'à la condition d'avoir été semées sur couches, au printemps, puis repiquées en mai dans un bon sol, au pied d'un mur ou contre une palissade.

Champignons de couche.

Champignons. — Très spéciale encore et seulement pratiquée en grand aux environs de Paris, la culture des Champignons présente si peu de difficultés, que l'on peut, avec toute chance de succès, en tenter l'essai partout où l'on dispose d'un cellier ou d'une cave. Il suffit, pour cela, d'établir dans un de ces locaux, à la surface du sol ou contre un mur, une couche épaisse de fumier de cheval bien consommé. La *meule* ainsi faite est façonnée en forme de talus, puis, dans toute sa hauteur, lardée de morceaux de blanc de champignons provenant autant que possible d'une couche épuisée. On recouvre le tout d'un revêtement de terre que l'on fait tenir en frappant dessus avec le plat de la bêche. On arrose modérément, et l'on voit, en peu de jours, sortir en nombre, des parois de la meule, les chapeaux des Champignons (*Pl. XXXI*).

Fraisiers. — La Fraise n'est plus un légume, mais un fruit des plus justement estimés. C'est, pourtant, au potager que l'on cultive les Fraisiers, en raison de leur petite taille, et sans plus de peine, d'ailleurs, que les autres plantes herbacées. Rarement on les reproduit de leurs graines; d'habitude, au contraire, des coulants ou rejets qu'émettent leurs racines et que l'on repique, au printemps ou à l'automne, dans un sol bien préparé. Très activement cul-

Fraise des Quatre-Saisons.   May queen.

tivés depuis quelques années, les Fraisiers ont produit un grand nombre de variétés à fruits plus ou moins volumineux, mais dont la plupart, quelque soin que l'on en prenne, s'épuisant très vite, doivent être replantées tous les deux ou trois ans.

Certaines de ces variétés, dites *remontantes*, donnent des fruits tous les mois. Ce sont, entre autres, le Fraisier des Alpes ou des Quatre-Saisons, à fruits rouges ou blancs; le Fraisier de Montreuil, très productif, et le Buisson de Gaillon qui, n'émettant pas de coulants, est très propre à former des bordures. Les variétés à gros fruits, presque toutes dérivées du Fraisier Capron, quoique ne remontant pas, donnent souvent une double récolte chaque année, ou du moins, en été, des fruits très abondants et très parfumés, pendant cinq à six semaines.

On cultive surtout, parmi les plus savoureuses et les plus belles, l'Ananas, l'Écarlate de Virginie, le Docteur Morère, le

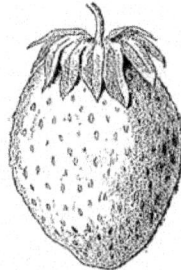

Docteur Morère.　　　　　　　　　Châlonnaise.

sir Harry, le Carolina Superba, le May queen, la Châlonnaise, la Marguerite et la fraise Howey, celle-ci, recommandée comme une des plus parfaites par les horticulteurs américains.

LE JARDIN FRUITIER

Tout le monde, plus ou moins, aime les fruits, et c'est un des grands avantages, en même temps qu'un des plus réels agréments de la vie à la campagne, que d'en pouvoir cultiver et cueillir dans son jardin.

La conduite des arbres fruitiers, toutefois, n'est point aussi facile que la culture des fleurs ou des herbes potagères. Il y faut apporter, outre de sérieuses connaissances techniques, un talent tout spécial, une dextérité toute particulière, que peuvent seules donner de longues études pratiques, dirigées par un habile jardinier. Nous nous contenterons donc, ici, d'indiquer les principes généraux de l'arboriculture et de mettre en relief tout le plaisir et le profit que l'on en peut retirer, laissant aux heureux possesseurs d'une maison rustique, le soin d'acquérir la science indispensable et de pénétrer tous les secrets de l'art.

En France, où la plupart des jardins servent indistinctement à toutes les cultures, il est d'usage de planter le long des chemins et des murs, les arbres à fruits. On ne saurait, évidemment, quand on ne dispose que d'un petit enclos, leur choisir une meilleure place; mais cet aménagement primitif, il faut bien en convenir, n'est point recommandable, et la réunion, sur un même point, d'arbrisseaux taillés, de fleurs et de légumes, toujours défavorable aux plantes, ne laisse pas aussi, le plus souvent, d'être désagréable aux yeux.

De même que nous avons écarté le potager du parc et du parterre, nous séparerons donc, quand ce sera possible, des planches à légumes, le jardin fruitier. Placé sur une bonne terre franche et perméable, à l'abri des vents et des gelées, il remplira toutes les conditions d'avenir désirables s'il est, en outre, établi dans un espace parfaitement clos de murs, à proximité de l'habitation. Pour la facilité de la culture, on le divisera, dans tous les sens, en allées plus ou moins régulières, séparant des carrés ou des plates-bandes dont le milieu pourra, souvent, être rempli par des fraisiers ou des arbrisseaux productifs; les bordures devant toujours être occupées par les plantations les plus importantes, et les murs, par des espaliers.

Plantation des arbres fruitiers. — Malgré leur apparente vigueur, les arbres à fruits, ne sont, en général, pas moins délicats que les autres plantes cultivées. Il leur faut, aussi, pour donner de bons produits, un sol profond, bien préparé, débarrassé de ses pierres, plutôt fumé, cependant, par des boues, des ordures ménagères, que par du fumier d'écurie.

Il est rare, aujourd'hui, dans une petite propriété d'agrément, surtout, que l'on élève soi-même, en pépinière, les arbres destinés à composer le jardin fruitier. On s'épargne, en effet, autant d'argent que de peines et de déboires, en faisant tout de suite son choix chez un arboriculteur consciencieux qui fournit, exactement étiquetées, les espèces et variétés qu'on lui demande, à l'époque et dans les conditions les plus favorables à leur transplantation.

C'est, ordinairement, à l'automne, avant les grandes gelées, que l'on plante les jeunes arbres. On choisit, autant que possible, pour faire cette opération, une journée douce et couverte, sans grand soleil ni forte pluie; et dans chacun des trous creusés d'avance, on place verticalement le sujet qui doit l'occuper, après avoir délicatement rafraîchi le chevelu de ses racines. On recouvre le pied de l'arbre en rejetant sur lui la terre et les amendements déposés au bord de la fosse; on foule ou l'on arrose modérément, afin de bien mettre le végétal en contact avec le sol, et l'on termine en étendant autour du tronc une épaisse litière. Aussi courte que soit la racine, il ne faut point, d'ailleurs, l'enfoncer à une trop grande profondeur pour mieux vouloir l'assujettir. Tout en tenant compte du tassement qui ne manque pas de se produire, il est essentiel de laisser le bourrelet de la greffe au-dessus du sol.

Abris contre les gelées. — Facilement, quand on obtient d'un jardin fruitier de beaux résultats, on s'intéresse à ses plantations, on s'attache à leur donner des soins, on s'exerce aux opérations fondamentales de l'arboriculture.

Sous nos climats, les arbres à fruits n'ont pas de plus redoutable ennemi que les gelées printanières, et rien n'est plus pénible à celui qui les cultive, que de voir disparaître, en une nuit, toutes les promesses d'une merveilleuse floraison. Malgré qu'il soit toujours très difficile de lui procurer un abri suffisant, on parvient, souvent, à préserver au moins une partie de la récolte, en disposant au-dessus des sujets les plus exposés, une toiture provisoire, faite de bâches légères ou de paillassons.

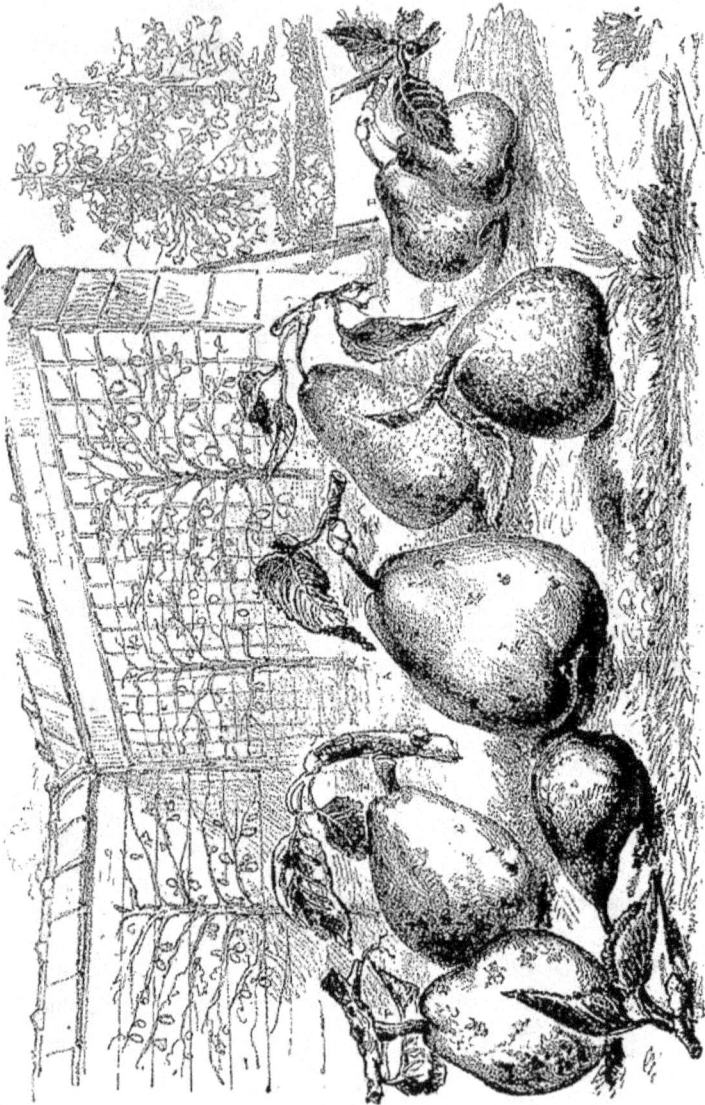

Pl. XXXIV. — LE JARDIN FRUITIER. — LES POIRES.

A. Duchesse d'Angoulême. — B. Louise bonne d'Avranches. — C. Doyenné de Mérode. — D. Joséphine de Malines. — E. Beurré bach.Her.
— F. Bon chrétien d'hiver. — G. Épargne.

Applicables surtout aux espaliers, au-dessus desquels on peut, sans grands frais, fixer au mur des stores à demeure, ces procédés, soigneusement mis en pratique, ont l'avantage d'épargner à l'arboriculteur une déception complète, en lui permettant de cueillir, chaque année, une quantité notable de ses meilleurs fruits.

Boutures et marcottes. — Si peu que l'on s'occupe de ses plantations, il est certains petits travaux que l'on arrive bien vite, à savoir parfaitement exécuter. Rien n'est plus simple, par exemple, que de faire une *marcotte* en couchant dans le sol, sans la détacher de la plante-mère, une branche que l'on y fixe au moyen d'un crochet. Il n'est pas moins élémentaire d'apprendre à tailler, à planter des boutures, ni plus difficile de marcotter en pot une haute branche, en l'entourant d'un vase, d'un manchon plein de terre, où elle finit par s'enraciner.

Greffes. — Un peu plus délicate est l'opération de la *greffe* que l'on peut avoir souvent à pratiquer, et qu'après quelques essais, d'ailleurs, on réussit à merveille. Les greffes les plus usitées en arboriculture, la *greffe en fente* et la *greffe en écusson* peuvent être généralement exécutées, l'une et l'autre, avec un simple petit instrument ou *greffoir*, dont le manche porte une lame convexe à un bout, une spatule en ivoire à l'autre.

Ce n'est guère, toutefois, qu'aux époques où la sève est particulièrement active dans les arbres, au printemps et à l'automne, que ces opérations même les mieux faites, présentent de sérieuses chances de

Greffoir

succès.

Pour greffer en fente, après avoir détaché de l'arbre porte-greffe des pousses ou scions de l'année, bien pourvus de bourgeons, on coupe nettement, en travers, le sujet à greffer; on le

fend par le milieu, sur une hauteur de 3 à 4 centimètres, et
dans la fente ainsi produite, on in-
troduit un des scions dont on a
taillé la base en biseau. L'écorce
et le jeune bois de la greffe étant
mis en parfait contact avec les
mêmes parties du sujet, on maintient ces rapports à l'aide d'une
ligature; on recouvre les surfaces
d'une couche de mastic, et si

Greffe en fente simple   Greffe en fente double

l'opération a été bien conduite, la circulation de la sève entre
la souche et la greffe s'établit aussitôt.

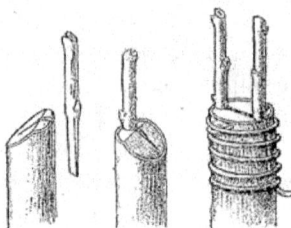

Pour greffer en écusson, le procédé, tout différent, n'est pas
plus difficile. Du sujet à reproduire on détache un *œil* ou *bourgeon*, avec le morceau d'écorce qui l'environne, et l'on divise
en forme de croix ou de T,
sur un point de la tige, toute
l'épaisseur de l'écorce du sujet
à greffer. Les lambeaux ainsi
taillés étant alors soulevés avec
la spatule du greffoir, on in-
sère délicatement, au dessous,
le bourgeon du premier sujet;
on rabat, par-dessus, les lèvres
de l'incision, et l'on entoure la

Greffe en écusson

greffe sans trop la serrer, d'une ligature faite avec un jonc ou
un gros fil de laine. Pratiquée à l'automne, la greffe en écusson
est dite à *œil dormant*, le bourgeon greffé devant subir, sans se
développer, le sommeil hivernal; elle est dite à *œil poussant*,
quand on la pratique d'avril en juin, l'épanouissement du bourgeon succédant presque aussitôt, alors, à l'opération de la greffe.

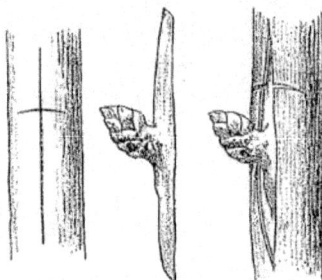

Taille et conduite des arbres fruitiers. — De tous les travaux de l'arboriculteur, la taille des arbres à fruits, n'est pas seulement le plus important, mais celui qui nécessite le plus d'étude et de pratique. Ce n'est pas, en effet, dans le seul but de leur donner une forme plus ou moins élégante, que l'on taille les arbres fruitiers. C'est surtout, pour en obtenir, dans un parfait état de maturité, de très bons fruits, en aussi grande quantité que possible. Or, on ne parvient pas à de tels résultats, sans une connaissance approfondie des procédés qui permettent de les atteindre; procédés que l'expérience seule enseigne, après les leçons d'un habile jardinier.

On se sert habituellement, pour tailler, d'un sécateur, d'une serpette, et quelquefois d'une petite scie à main dite égohine. On taille, en hiver, pour former la charpente et diriger les branches des arbres; on taille, en été, pour modérer et régulariser le développement des rameaux.

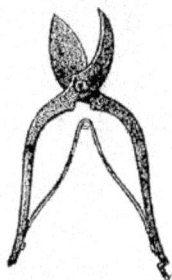

De quelque façon que l'on taille un arbre fruitier, il est essentiel, afin que la sève s'y répartisse également, de donner à sa charpente une forme symétrique. On y parvient, d'habitude, en coupant très court les rameaux vigoureux et laissant très longs ceux qui sont faibles; en redressant ceux-ci, tandis que l'on abaisse ceux-là; puis, si ce n'est pas assez de ces moyens, en pinçant de bonne heure les bourgeons sur les branches fortes.

Sécateur

Pour faciliter, sur les arbres trop vigoureux, la production des boutons à fruit, on taille très long toutes les branches de la charpente; on pince ou l'on tord les bourgeons déjà développés; on pratique très bas, au pied de l'arbre, au moyen d'une scie, une incision annulaire de 4 ou 5 millimètres au plus qui s'oppose, très efficacement, à la montée de la sève.

Au point de vue de la taille et de la forme à leur donner,

on divise les arbres fruitiers en deux catégories : les arbres à fruits à pépins, poiriers et pommiers, dont les bourgeons porte-fruits ne se développant sur les rameaux qu'au bout de trois ans, sont désignés sous le nom de *lambourdes* ; et les arbres à fruits à noyau, pêchers, pruniers, cerisiers, dont les fruits sont exclusivement portés, chaque année, par les jeunes branches.

Aux Poiriers, généralement plantés en plein vent, on donne surtout la forme en *pyramide*. Elle est obtenue par une série de tailles annuelles de la tige ou du rameau terminal, dont le résultat est l'accroissement de plus en plus marqué, des branches latérales. La taille en *fuseau*, quelquefois préférée, n'en diffère pas essentiellement. Comme la précédente, elle a principalement pour objet de refouler la sève vers les bourgeons à fruits, et de re-trancher, au fur et à mesure de leur pro-duction, toutes les pousses inutiles.

Pyramide

Aux Pommiers, qu'il ne serait pas plus difficile de tailler de la même façon, il est plutôt de mode de donner la forme en *vase*. On l'obtient, en réduisant à cinq, en moyenne, le nombre des premiers rameaux. Redressées à mesure qu'elles grandissent, leurs pousses sont attachées sur un cercle transversal qui les tient à égale distance de son centre. Fréquemment, pommiers et poiriers sont encore plantés et taillés en cordons hori-zontaux qu'il est très avan-tageux, dans le jardin frui-tier, de conduire le long des bordures. Un simple fil

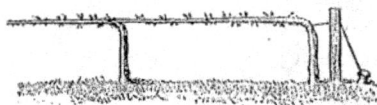

Cordon horizontal

de fer fortement tendu, sert, en ce cas, de support à l'unique

tige qui les constitue et ne laisse pas, quand elle est bien soignée, de porter des fruits en abondance.

Exceptionnellement appliquée à la production des fruits à
pépins, cette disposition des arbres fruitiers en cordons est, d'ailleurs, la base même de la culture du Pêcher d'après les méthodes les plus récentes. Plantés en *espalier* contre un mur, à
un mètre au plus l'un de l'autre, les jeunes pêchers y sont établis sur une seule tige que l'on incline, dès son départ, sous un
angle de 45° au lieu de la laisser naturellement s'élever dans la
direction verticale. De cet arrangement résulte une suite de *cordons obliques* qu'il est facile de maintenir dans un parallélisme
parfait en s'opposant, au moyen de la taille et du pincement
des bourgeons, à tout dé-
veloppement des branches
latérales.

Ce n'est point exclusive-
ment en cordons, toutefois,
que l'on doit diriger tous
les arbres à fruits auxquels
la culture en espalier peut

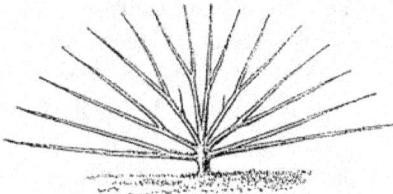
Éventail

être profitable. Qu'ils soient fixés contre un mur, à la charpente
d'un treillage, ou simplement
attachés aux fils de fer d'un
contre-espalier, leurs rameaux
peuvent être, avec plus ou
moins de symétrie, étalés en
éventail, en *candélabre*, en
V, en *U*, en *palmette* simple
ou double.

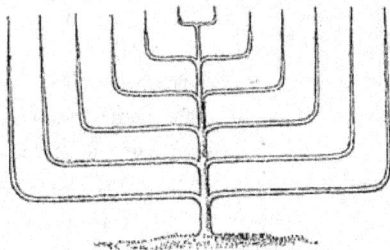
Palmette

Les poiriers, les pommiers,
les abricotiers, autant que les pêchers, se prêtent à ces formes.
La vigne, dont la culture en treilles est relativement si facile,

donne surtout d'excellents produits quand elle est dirigée en cordons horizontaux, obliques ou verticaux, selon la hauteur des murs ou des contre-espaliers qui la soutiennent.

Choix d'arbres fruitiers. — Poirier. — De tous les arbres à fruit, le Poirier certainement, est l'un des plus répandus et des plus estimés. Il réussit, en effet, à peu près partout, et, sans exiger de grands soins, il produit assez régulièrement, chaque année, une quantité de beaux fruits d'une saveur irréprochable. Très lent à se développer quand on le multiplie par semis, il évolue, au contraire, assez rapidement, quand on le reproduit par la greffe, et c'est généralement ainsi que procèdent, aujourd'hui, les arboriculteurs. Greffé sur *franc*, c'est-à-dire sur un sujet provenant d'espèces cultivées, il est, en outre, bien plus hâtif que lorsqu'il est greffé sur un sauvageon, et plus durable que lorsqu'il est obtenu d'une greffe sur cognassier; mais, dans ce dernier cas, ses fruits acquièrent souvent plus de couleur, de volume et de finesse.

De quelque façon qu'il soit planté, le Poirier se prête aisément aux formes les plus diverses. En plein vent, on le taille surtout en pyramide, en fuseau, en cordon vertical, en corbeille. On lui donne ordinairement, en espalier, la forme de l'éventail ou de la palmette.

Dans le nombre considérable des variétés aujourd'hui connues, c'est encore dans les anciens groupes des Beurrés, des Doyennés, des Bons-chrétiens, des Duchesses, que l'on peut trouver les meilleures « poires à couteau ». Si l'on se propose de créer un jardin fruitier, l'on ne se contentera pas, cependant, d'y réunir un choix des Poiriers les plus recommandables au point de vue de l'excellence de leurs fruits. Il faudra, tout en n'acceptant que de bonnes variétés, tenir grand compte encore de l'époque où elles mûrissent, afin d'en avoir toujours à sa disposition pendant la plus grande partie de l'année. En procédant d'après ces principes, on pourra se donner l'agrément de cueillir, dès la mi-juillet, la Poire d'épargne, le Saint-Jean musqué, la Blanquette, la Madeleine, le Doyenné de juillet; en août, la Poire de l'Assomption, le gros Rousselet, le Beurré d'Amanlis, le Bon-chrétien Williams, le Bon-chrétien d'été; en septembre, le Beurré gris, le Doyenné de Mérode, le Bon-chrétien musqué, la Louise bonne d'Avranches, la Bergamote d'été, la Belle de Flandre; en octobre et novembre, les Doyennés et Beurrés les plus exquis : Beurré d'Arenberg, Beurré Hardy, Beurré magnifique, Délices d'Hardenpont, Doyenné blanc Doyenné gris, Duchesse d'Angoulême. Plus tard encore, en décembre et jusqu'en avril, le Beurré bachelier, la Joséphine de Malines, le Triomphe de Jodoigne, le Bési de Saint-Waast, le Passe-Colmar, les Doyenné, Saint-Germain, Bon-chrétien d'hiver, la Bergamote crassane.

Bergamote crassane

En toute saison, et quelle que soit la variété du sujet, le moment de la cueillette est toujours plus ou moins difficile à saisir. Il n'est pas de plus sûr indice, à cet égard, que la chute naturelle du fruit par un temps calme. Quand on est à peu près fixé sur l'époque où pour chaque variété, ce phénomène s'accomplit, on choisit une belle journée pour faire la récolte, et prenant successivement chaque poire d'une main, de l'autre on la détache de l'arbre avec sa queue, sans heurter le fruit, ni froisser son épiderme.

Pommier. — Plantés surtout en vergers, pour la fabrication du cidre, les Pommiers comptent un certain nombre de belles et bonnes variétés qu'il peut être très agréable de cultiver dans le jardin fruitier. On les obtient par la greffe de rejets ou rameaux

Pl. XXXV. — LE JARDIN FRUITIER. — LES POMMES.

A. Reinette du Canada. — B. Reinette franche. — C. Bellefleur rouge. — D. Calville rouge. — E. Calville blanc.

détachés d'une souche-mère après un buttage assez prolongé pour
que des racines aient pu se former à leur pied. La souche-mère
ainsi traitée, doit provenir, d'ailleurs, du semis d'une bonne variété de pommes à couteau. Selon les soins et le mode de culture
qui lui sont donnés, les rejets qu'elle fournit dans ce « marcottage par cépée », constituent les pommiers *doucins* et les
pommiers *paradis*, parfaitement distincts, ainsi, des pommiers
francs, obtenus par le semis de pépins de pommes à cidre.

Tandis que ces derniers servent exclusivement à la plantation
des vergers, on greffe donc, pour le jardin fruitier, sur le dou-
cin, les variétés de moyenne taille : les pommiers à gros fruits,
en particulier les Reinettes et les Calvilles, que l'on taille en pyramide, en vase, en gobelet ; sur le paradis, plus délicat, les pommiers nains et toutes les variétés destinées à former des cordons
horizontaux, des buissons ou des petites corbeilles.

En faisant, comme pour les poiriers, un choix judicieux dans
le grand nombre des pommiers plus ou moins recommandables,
on se donne aisément la joie de cueillir, dans son jardin,
d'excellentes pommes, du commencement de l'automne à la fin
de l'hiver. On peut choisir, parmi les plus précoces, le pommier
d'Astrakan, le Borovitsky, les Calvilles d'été, les Pommiers d'Api
dont les fruits ont un si brillant
coloris, à défaut d'une saveur exquise. Parmi les variétés automnales, le Calville rouge d'hiver, le
Saint-Sauveur, le Pommier d'Ève,
le Cœur de bœuf et le Court-pendu.
Dans la quantité des races hivernales, enfin, le Fenouillet gris, anisé,
le jaune ou drap d'or, la rouge Jo-

Pomme Court-pendu.

séphine ou Belle des bois, le Pigeon d'hiver, le Calville blanc, la
Belle fleur, la Reinette du Canada, la Reinette blanche, la Reine

des Reinettes, la Reinette grise haute bonté, cette dernière donnant encore de bons fruits, alors que toutes les autres fleurissent.

Pêcher. — D'une culture très facile, même en plein vent, dans nos départements méridionaux, le Pêcher ne réussit vraiment bien qu'en espalier, sous le climat de Paris. Il prospère surtout dans un sol calcaire, à l'exposition du sud-est, et s'y reproduit assez rapidement par le semis ou par la greffe. Ce dernier moyen de multiplication, toutefois, est de beaucoup le plus usuel, et plutôt que sur le franc, trop long à donner des fruits, c'est, habituellement, sur l'amandier ou le prunier, que l'on greffe en écusson les bonnes variétés de pêches.

Transplantés, à l'automne, au pied des murs où ils doivent être dressés en espaliers, les pêchers s'y prêtent aux formes les plus diverses. A Montreuil, où leur culture a pris une grande extension, il fut longtemps de règle de les tailler en V largement ouvert. On les dispose en outre, aujourd'hui, tantôt en carré, tantôt en palmette simple ou double, ou mieux, encore, en cordons obliques simples, consistant en une seule tige que l'on incline à 45° sur le treillage, et dont on taille, annuellement, toutes les branches qui ne sont pas des « coursons », c'est-à-dire des branches à fruit.

Très favorables au développement des pêches, ces cordons permettent encore de planter, sur un petit espace, un choix de variétés mûrissant à d'assez longs intervalles pour fournir des fruits pendant toute la saison.

Les pêchers en espalier, conduits avec méthode et discernement, donnent en général, chaque année, d'abondantes et belles récoltes. Il est seulement indispensable de les mettre à l'abri des gelées du printemps, qui leur sont très funestes, et l'on y réussit, à Montreuil, en couronnant les murs de larges chaperons au-dessous desquels, sur de légères potences fixées à demeure, on étend, de février jusqu'en mai, de larges paillassons.

Aussi différenciées que soient les pêches, il est facile de les distinguer en pêches duveteuses et pêches lisses, chacune de ces catégories se subdivisant en deux groupes, selon que la chair du fruit ne tient pas, ou tient au noyau.

Pêche Grosse-mignonne.

Les pêches duveteuses, à chair non adhérente, comprennent les variétés les plus justement estimées : la Petite et la Grosse mignonne, la Bellebausse, la Reine des Vergers, la Galande ou Bellegarde, la Madeleine de Courson, la Pêche de Malte ou Belle de Paris, la Bourdine, le Tèton de Vénus et le Bonouvrier qui mûrissent successivement de la mi-juillet en octobre. Les duveteuses à chair adhérente, désignées sous le nom de Pavies, renferment la Pavie Madeleine, la Jaune, la Pavie de Pomponne, les Persèques ou persecs du Languedoc; aux pêches lisses, dont la chair se détache du noyau, se rapportent la grosse et la petite Violette; enfin, le groupe des pêches lisses à chair adhérente est constitué par tous ces bons fruits connus sous le nom de Brugnons, qui tiennent à peu près autant de la prune que de la pêche.

Abricotier. — Bien plus facile à cultiver que le pêcher, l'abricotier, même sous le climat de Paris, ne réclame, pour ainsi dire, qu'un sol sablonneux et chaud, dans une situation abritée le plus possible, des vents malsains et des brouillards. Aussi, réussît-il surtout dans les vallons resserrés, les jardinets clos de murs, à l'exposition du levant. S'il y échappe aux gelées printanières, il peut donner, dès le mois de juin, des fruits abondants, par une singulière exception, beaucoup plus savoureux et plus beaux sur les arbres en plein vent que sur les espaliers. C'est donc, ordinairement, en plein vent qu'on le transplante, après l'avoir greffé sur prunier, sur pêcher franc ou sur amandier. La taille en vase, en corbeille ou buisson, ne lui est pas funeste; mais il vaut mieux le laisser librement évoluer, en se bornant à le débarrasser du bois mort.

Les variétés d'abricot les plus recommandables, sont l'Alberge, le Gros Saint-Jean, le Royal, le Luizet, l'Abricot commun de Lyon, de Clermont, de Bordeaux, et l'Abricot-pêche. Cultivées sous un même climat, on peut successivement les cueillir de la mi-juin à la fin d'août.

Prunier. — De tous nos arbres à fruit, le Prunier passe, à bon droit, pour un des moins difficiles sur la nature et sur la qualité du sol. Ses fleurs, malheureusement, très délicates, sont trop souvent brûées par les brouillards et les gelées d'avril. Pour l'obtenir aussi rustique et fécond que possible, on multiplie par le semis et le marcottage en cépée diverses espèces sauvages : le Prunellier des haies, le Prunier cerisette, le Damas et le Saint-Jullien, sur lesquels on greffe ensuite les variétés de choix.

Généralement, on plante en plein vent, et l'on abandonne peut-être trop à lui-même l'arbre greffé à haute tige; mais le Prunier se prête encore facilement à la

Prune Reine-Claude.

taille en gobelet, en buisson, en pyramide, et même à la culture en espalier. Conduit en espalier sur cinq ou six branches, il devient si productif quelquefois, qu'il est prudent de sacrifier une partie de la récolte pour conserver le sujet.

Un choix judicieusement fait parmi les diverses variétés aujourd'hui connues, permet de récolter des prunes fraîches pour la table, de juillet en octobre sans interruption. Dans le nombre, on doit préférer, à cet égard : la Précoce de Tours, la Jaune hâ-

tive, la Prune de Montfort, le Monsieur hâtif et le Monsieur jaune; la vraie Reine-Claude à la chair délicieuse; la Reine-Claude violette et la diaphane; la petite Mirabelle si recherchée pour les confitures; le Damas, le Perdrigon violet, la Mirabelle tardive; enfin l'excellente Coëts golden drop ou Goutte d'or, qui, déjà bonne à cueillir en septembre, prolonge jusqu'en octobre et novembre sa maturité.

Cerisier. — Non moins rustique que le Prunier, le Cerisier réussit à peu près dans tous les terrains. On l'y cultive, d'habitude, en plein vent, à haute ou basse tige, après avoir établi sur trois ou quatre bonnes branches la charpente de l'arbre et sans plus s'en occuper, ensuite, que pour le débarrasser du bois mort. Le Cerisier n'est, d'ailleurs, pas plus rebelle que le Prunier aux différentes tailles en buisson, vase ou pyramide. Sous forme d'éventail, ou de palmette, il peut être, enfin, très avantageusement conduit en espalier, à l'exposition du levant.

Habituellement obtenues par la greffe du Merisier des bois et du Cerisier Mahaleb ou de Sainte-Lucie, les variétés cultivées dans les jardins mûrissent, pour la plupart, de mai en juillet. On peut choisir, dans les quatre groupes qui les comprennent toutes : parmi les Bigarreaux : le Hâtif, le Napoléon, le Groscœuret ou Cœur de pigeon; parmi les Cerises : l'Anglaise hâtive, la Belle de Châtenay, la Belle de Choisy, la Mont-

Cerise Reine-Hortense.

morency, le Cherry-duke, la Reine-Hortense, cette dernière très justement recommandée; parmi les Griottes et les Guignes : la Griotte d'Acher et la Guigne agathe, cerises tardives, dont la maturité se prolonge jusqu'à la fin d'août.

Vigne en treilles. — Depuis longtemps cultivée dans les jardins pour fournir des raisins de table d'une qualité supérieure, la Vigne n'y donne de vraiment bons produits qu'autant qu'elle est conduite en treille, c'est-à-dire sur un treillage d'espalier ou de contre-espalier. C'est, ordinairement, par boutures ou par marcottes, qu'on la multiplie. Plantées au pied d'un mur, dans une plate-bande bien fumée et défoncée à un mètre de profondeur, les marcottes ou « chevelées » sont dirigées, sous le sol, vers le treillage qui les doit soutenir. Naguère encore, à mesure qu'elles s'élevaient, on les y fixait sans méthode et sans art, laissant les ceps librement pousser, de tous côtés, des sarments que l'on taillait chaque hiver, vaille que vaille.

Aujourd'hui, ce sont, à peu près partout, les procédés suivis par les vignerons de Thomery pour la culture du Chasselas, que l'on met en pratique, et malgré les grands soins qu'exige ce mode de culture, l'excellence des résultats obtenus ne permet plus de traiter la Vigne en espalier comme on le faisait autrefois.

La conduite des treilles à la Thomery n'est point, d'ailleurs, sans analogie avec la culture du pêcher à la Montreuil. Les murs d'espalier sont de même garnis de chaperons et d'abris mobiles destinés, au printemps, à préserver la vigne des gelées, à l'automne, des abondantes pluies qui pourraient encore gâter le raisin au moment de la cueillette.

Espacés au pied du mur, de 40 à 50 centimètres, les jeunes ceps sont ensuite conduits en cordons sur les lattes croisées à

Chasselas de Fontainebleau.

angles droits, ou mieux sur les gros fils de fer transversaux dont

se compose le treillage. Par une série de tailles méthodiques,
ayant pour but le développement exclusif des coursons ou rameaux à fruit, d'un seul ou des deux côtés de la tige, ils y
sont dirigés, soit en cordons horizontaux que l'on étage en manière d'escalier, soit plutôt, d'après les derniers perfectionnements dus à M. Rose Charmeux, en cordons verticaux simples
ou doubles, particulièrement avantageux quand on se propose de
couvrir de treilles un mur très élevé.

Dans le nombre des cépages de choix spécialement cultivés
pour la table, il est facile de trouver d'excellentes variétés mûrissant successivement de la fin d'août au milieu d'octobre, sous
le climat de Paris. Ce sont, entre autres, tout au début de la
saison; le Morillon hâtif, le Chasselas rose ou Royal-rosé; le
Muscat d'Alexandrie; en septembre, le Chasselas blanc de Fontainebleau et le Frankental, particulièrement recherchés sur les
marchés parisiens; puis, le Blanc de Saint-Pierre, la Perle de
Hollande et le Gromier du Cantal dont la maturation se continue
durant toute l'automne.

Groseillers. — Framboisiers. — Dans un jardin bien agencé, ce
ne sont pas seulement les grands et beaux arbres à fruit qui
doivent être cultivés; mais aussi nombre d'espèces qui pour être
plus humbles, n'en donnent pas moins des produits agréables ou
d'une certaine utilité.

Dans les carrés bordés de pyramides ou de contre-espaliers,
de larges espaces, au surplus, restent ordinairement vides, où il
est indiqué de planter des groseilliers, des framboisiers et même
des figuiers, si la rigueur du climat n'en rend pas la culture
trop difficile.

Groseillers et Framboisiers se cultivent très simplement, d'habitude, en vases ou buissons isolés; mais pour en obtenir de
très beaux fruits, mieux est de les conduire en cordons obliques
sur les fils horizontaux d'un contre-espalier. Dans la triple série

Pl. XXXVI. — LA BASSE-COUR.

Coq et Poule de Houdan.

Coq et Poule de la Flèche.

des Groseillers à fruits blancs, rouges ou noirs existent de nombreuses variétés plus ou moins recommandables; les Hollandaises rouges et blanches, estimées pour la table autant que pour la préparation des confitures, et le Cassissier à gros fruits, qui sert à peu près exclusivement à fabriquer le ratafia de cassis; mais on plante aussi, dans les jardins, beaucoup de Groseillers épineux dont les grosses baies, hérissées ou lisses, sont communément désignées sous le nom de Groseilles à maquereau.

Les Framboisiers, dont la culture a pris une grande extension depuis quelques années, comprennent des variétés ordinaires à petit ou gros fruit, dont les plus méritantes sont la rouge, la jaune, l'orange, la Hollandaise, l'Anglaise ou Fastolf, et des variétés remontantes, dites bifères, parmi lesquelles on choisit de préférence les Merveille rouge et jaune, la Belle de Fontenay, le Surpasse Fastolf, la Sucrée de Metz, la Surprise d'automne.

Figuier. — Très prospère dans nos départements méridionaux, où l'arbuste abandonné à lui-même se couvre toujours de bons fruits, le Figuier ne peut être cultivé qu'avec des soins exceptionnels dans les autres parties de la France. Il est surtout indispensable, en hiver, de l'envelopper d'une véritable housse de paille ou mieux encore, comme le pratiquent avec tant de succès, les jardiniers d'Argenteuil, de coucher dans une fosse les branches de la cépée pour les y laisser enfouies jusqu'au printemps suivant, sous une haute butte de terre. En procédant ainsi, l'on peut, dans un enclos bien exposé, recueillir en abondance, chaque année, même aux environs de Paris, diverses variétés de Figues; notamment la Blanquette ou blanche longue, l'Angélique ou Figue jaune, la Violette ronde, et la Poire violette ou Figue de Bordeaux.

Fruitier. — Ce n'est pas tout, cependant, que d'obtenir d'une plantation bien dirigée, beaucoup de beaux et bons fruits. La plupart mûrissant et devant être presque simultanément cueillis, à l'automne, il faut encore, à ce moment, pouvoir disposer, dans l'habitation, d'un local assez spacieux pour les recevoir, et placé dans de telles conditions qu'ils s'y puissent conserver le plus longtemps possible.

C'est donc un véritable problème, que celui de la construction d'un bon fruitier. Constamment il y doit régner une température moyenne de 8 à 10 degrés centigrades, et l'humidité, pas plus que la trop vive lumière, n'y peuvent avoir accès. Soigneusement assaini, nettoyé, aéré quelques jours avant la récolte, il devra toujours être ensuite assez exactement clos pour que l'atmosphère, sans cesser d'être respirable, y reste chargée, dans une certaine proportion, de l'acide carbonique exhalé par les fruits.

L'aménagement du local présentant ces conditions sera, d'ailleurs, des plus simples. On se contentera d'en garnir les parois de rayons de bois blanc soutenus par des tasseaux à crémaillère, et sur ces tablettes, plus ou moins espacées, on posera les fruits avec la plus grande précaution, les plus mûrs en avant et sans qu'ils se touchent l'un l'autre.

La place dont on peut ainsi disposer ne suffit-elle point à recevoir toute la récolte, il est facile d'établir en plus, au milieu de la pièce, soit un fruitier portatif à tiroirs superposés, soit un fruitier pyramidal à tablettes rondes, supportées par un axe pivotant sur lui-même entre le plafond et le plancher.

Pour la bonne conservation du raisin de table, il est indispensable, au lieu de coucher les grappes sur un rayon, de les suspendre par la queue ou par la pointe, à des fils de fer tendus en travers du fruitier. Encore n'obtient-on de vraiment bons résultats, à cet égard, qu'en faisant tremper dans des carafes, comme l'indique M. Rose Charmeux, le raisin détaché de la treille avec un bout de sarment. Additionnée d'une pincée de charbon qui l'empêche de se putréfier, l'eau des récipients est ainsi lentement absorbée par les grappes, dout les grains gardent toute leur fraîcheur jusqu'à la fin de l'hiver.

LA BASSE-COUR

A la maison de campagne, le mouvement et l'animation ne sont pas moins nécessaires que les arbres et les fleurs. Il y faut, pour compléter les avantages et les agréments de la vie rurale, le va-et-vient et le bruit des animaux domestiques, de ceux, au moins dont l'élevage est le plus facile, les animaux de volière et de basse-cour.

Même les plus familiers, à la ville, outre la sujétion qu'ils imposent, sont une incessante cause d'embarras et de malpropreté dans les appartements. Chiens et chats ne se trouvent réellement bien dans leur milieu qu'à la campagne, et c'est uniquement là que l'on peut, en toute liberté, s'entourer de bonnes bêtes, entretenir, à sa fantaisie, pour l'agrément ou pour la table, des pigeons, des poules, des canards, des lapins même, si ce n'est pas assez de la tribu gloussante des palmipèdes et des gallinacés !

On ne s'imagine pas, comme quand on s'occupe intelligemment de ce monde ailé, on s'intéresse vite à ses mœurs, à son perfectionnement, à la multiplication de ses variétés de choix, au développement de ses individus les plus remarquables. En Angleterre, en Belgique, où l'élevage de ces volatiles a fait surtout de grands progrès, les amateurs sont nombreux, — colombophiles ou gallinophiles, — qui poussent jusqu'à la passion, la pratique de l'art, le plaisir de nourrir des pigeons et des poules !

Et ce ne sont pas, seulement, des races de pur agrément que ces éleveurs émérites obtiennent de l'acclimatation, du croisement, de la sélection patiemment poursuivie des types étrangers ou des espèces indigènes. On leur doit, aussi, d'avoir créé nombre de variétés rustiques, à rapide développement, bien supérieures, au seul point de vue de l'alimentation, aux races communes qui, seules, il y a peu d'années encore, étaient apportées sur nos marchés; on leur doit surtout, d'avoir, par l'emploi d'ingénieux appareils d'éclosion et d'incubation, à tel point perfectionné l'élevage, que la seule production de volailles constitue, de nos jours, une source considérable de bénéfices, pour les fermiers intelligents qui veulent bien substituer les nouvelles méthodes aux routines d'autrefois.

Sans entrer absolument dans cette voie qui réclame une installation toute spéciale, un personnel et des frais plus ou moins importants, le simple amateur, s'il applique bien ces ingénieux procédés, aura tout avantage, encore, à élever, en même temps que les types de luxe, les oiseaux de basse-cour nécessaires à sa consommation.

Même pour cette destination, cependant, il devra choisir le plus possible, de belles et bonnes races, des pondeuses fécondes, à chair plutôt fine qu'abondante, aux os menus ; en n'oubliant pas « qu'un mauvais animal mange autant qu'un bon », et que les sujets les plus gros, les plus beaux en apparence, ne sont pas toujours les meilleurs.

LA BASSE-COUR ET L'ÉLEVAGE

Aménagement de la basse-cour. — Rarement, à la campagne, on trouve une basse-cour bien aménagée. Les volailles y sont, le plus souvent, logées dans un réduit étroit, obscur et malpropre, d'où, librement elles s'échappent, le jour venu, pour aller courir les champs.

De telles conditions, on le conçoit, ne peuvent être favorables à l'élevage méthodique, et l'on ne saurait, surtout, avoir la prétention de conserver des poules de race pure dans un tel milieu.

Pour y réussir, il importe, avant tout, que la basse-cour soit spacieuse, propre et bien exposée. Abritée du vent du nord par un mur d'au moins deux mètres, elle sera placée en regard du levant ou du midi, sur un sol sablonneux et sans humidité.

De tous côtés on l'entourera de hautes clôtures à claire-voie ou d'un treillage métallique; et dans l'enclos ainsi limité, l'on plantera quelques arbustes buissonneux, des acacias, des mûriers blancs ou des groseillers qui donneront aux poules, outre de frais ombrages, l'été, des graines et des fruits dont elles sont très friandes.

Si l'on n'élève, dans cette basse-cour, que des volailles communes, il sera plus avantageux que nuisible d'y laisser, à peu près constamment ouverte, une petite porte par laquelle coqs et poules pourront librement aller prendre leurs ébats et chercher leur nourriture au dehors; mais on ne saurait trop veiller, au contraire, à fermer toute issue, si l'on se propose d'élever, et de défendre de tout croisement étranger des poules d'une race quelconque.

Il serait très désirable, aussi, que la basse-cour fût traversée par un ruisselet d'eau vive. A défaut, on y placera, soit un large *abreuvoir* à fond plat, qu'il faudra tenir d'alimenter, soit plutôt un ou deux de ces abreuvoirs ronds, en zinc ou en terre, qui, dans l'augette ménagée à leur base, ne laissent couler l'eau qu'au fur et à mesure des besoins. Les graines et la pâtée destinées à la nourriture, au lieu d'être jetées sur le sol, seront déposées, celle-ci dans une *auge* plate et découverte, celles-là dans une *trémie* à compar-

Abreuvoir.

timents s'ouvrant chacun par un mouvement de bascule sous le poids de l'animal qui s'y pose pour y picorer.

Sur le côté le plus abrité de la basse-cour, en avant du

poulailler dont il sera comme le vestibule, on prendra soin de dresser un petit *hangar* sous lequel, à côté d'une *fosse à cendres*, on étendra une litière épaisse de paille et de fumier. En hiver et les jours de pluie, les poules aimeront à venir s'y poudrer, y gratter la terre, y chercher sous le fumier, des larves et des vermisseaux.

Poulailler. — Ordinairement construit au fond de la basse-cour, en regard du midi, le *poulailler* en est la partie essentielle. On ne saurait donc trop s'attacher, quand on le bâtit, à lui donner une ampleur suffisante, à le percer d'ouvertures assez larges pour en permettre l'aération, à revêtir intérieurement ses parois, pour les rendre impénétrables aux insectes, d'une épaisse couche de chaux hydraulique ou de ciment romain.

Il sera facile, ainsi, de nettoyer à fond le poulailler, au moins tous les trois mois, d'en sabler le sol, d'en laver les perchoirs et les murs, de le blanchir à la chaux tous les ans. Au bas de la porte, exactement tenue close, on fera percer une ouverture assez étroite pour que les poules ne puissent jamais qu'une après l'autre, entrer ou sortir; et le soir, au moyen d'une planchette à coulisse, on fermera cette issue en même temps que les volets des fenêtres, toujours barrées, elles-mêmes, par un grillage en fil de fer. A l'intérieur du poulailler seront placés à diverses hauteurs, des *perchoirs* en forme d'échelle ou disposés en gradins, et tout près du sol, accrochés au mur, des *pondoirs* en osier garnis de paille, dans lesquels les poules prendront l'habitude d'aller pondre leurs œufs.

Nid ou pondoir.

Quand on se propose d'élever un certain nombre de volailles, il est indispensable, pour la tranquillité des couveuses, que le

poulailler soit divisé en deux compartiments. Celui qui renfer-
mera les nids devra s'ouvrir, en outre, sur un large enclos, ou
mieux sur un parc spécial qui sera planté d'arbres et garni,
comme la basse-cour, d'un hangar, d'une trémie, d'un abreuvoir
et d'une fosse à cendres.

Aussitôt que les poussins seront éclos, on pourra, d'ailleurs,
à leur grand avantage, et pour débarrasser le poulailler, les faire
camper, dans le parc, sous des *boîtes à élevage*. On leur en
tiendra la porte ouverte toute la journée, à moins que le temps
ne soit par trop froid ou humide; et le soir on les y fera rentrer pour qu'ils y reçoivent, toute la nuit, la douce chaleur de
la poule couveuse.

Élevage. — Nourriture. — Si l'on n'habite pas une grande ferme,
où les poules ont la liberté d'aller chercher aux champs une
bonne part de leur
nourriture, où l'on
peut, par surcroît,
leur donner toutes
les criblures, les
déchets de grains,
les restes et résidus
de toutes les pro-
visions et récoltes
que l'on manie jour-
nellement, il est in-
contestable que l'é-
levage des volailles
coûte toujours fort
cher, et qu'il dé-

Boîte à élevage.

passe souvent, même, la valeur de tous les produits de la basse-
cour.

Ordinairement, il est vrai, ce n'est point, en ce cas, pour le

Pl. XXXVII. — LA BASSE-COUR.

A. B. Coq et poule Cochinchinois.

C. D. Coq et poule de Crèvecœur.

bénéfice que l'on en peut retirer, mais bien plutôt pour l'agrément, que l'on nourrit des poules. On se donne, alors, la distraction d'élever de belles et bonnes volailles; des sujets d'une
race de choix; on a le plaisir, en attendant mieux, d'en obtenir des
œufs frais tous les jours; cela vaut bien quelque menue dépense.

Et d'ailleurs, les oiseaux de basse-cour, quels qu'ils soient,
s'accommodent, pour leur alimentation, d'une telle variété de
substances animales ou végétales, qu'il est encore facile, si l'on
sait bien composer suivant les saisons, leur nourriture quotidienne, d'en élever à bon marché, pour la table, un certain
nombre chaque année.

Non seulement toutes les graines de céréales et de légumineuses leur conviennent, mais encore elles sont très friandes de
blé noir, de chènevis, de jarosses, de graines de tournesol, de
marc de raisin, de fruits murs et de légumes farineux. Elles
mangent avec avidité les betteraves, les pommes de terre, toutes
les racines charnues, crues ou cuites, divisées en morceaux ou
réduites en pâtée; certaines herbes, même, les choux, les salades, l'oseille, quoique fort peu nourrissantes, ne leur déplaisent
pas, quand elles leur sont distribuées en quantité modérée.

Une nourriture animale, enfin, sans être indispensable aux volailles, ne leur est pas inutile. Elle les excite à la ponte et les
dispose à la couvée; mais comme il serait peu pratique et très
coûteux de leur faire une distribution de viande, il faut absolument, si l'on veut les mettre à ce régime, se résoudre à les
laisser aller aux champs chercher des vers et des insectes, ou
bien, établir tout exprès une *verminière* dans une fosse à fumier
où l'on aura jeté du sang et des matières corrompues.

De quelque façon, d'ailleurs, qu'on les nourrisse, il importe
de donner chaque jour, à la même heure, aux poules, leur
pâtée, et de ne leur distribuer jamais, en graines surtout, que la
quantité qu'elles doivent consommer en un seul repas.

Ponte et couvée. — L'approche du coq n'est point indispensable à la poule pour qu'elle ponde des œufs; mais ceux qu'elle donne ainsi, d'elle-même, en dehors de tout accouplement, ne peuvent être employés qu'aux usages culinaires.

Nées au début du printemps, les poulettes pondent, en général, six mois après, à l'automne. Écloses dans le courant de l'été, ce n'est jamais qu'au printemps suivant qu'elles font leur ponte. Une bonne pondeuse donne en moyenne cent œufs par année pendant quatre ou cinq ans; et sa deuxième année est généralement la plus féconde. On en voit, cependant, qui produisent davantage et même, dit-on, jusqu'à 300 œufs tous les ans; mais ces dernières, s'il en est, sont tout à fait exceptionnelles.

C'est, ordinairement, tous les jours, dans la belle saison, que les poules pondent; il en est, toutefois, un grand nombre qui ne pondent que de deux jours l'un, ou tous les trois jours. A moins qu'on ne les excite en leur donnant des vers ou des grains, il est rare que la ponte commence avant la fin de février, même pour les plus fécondes. Très active au printemps, elle diminue en juillet, pour reprendre en août et en septembre, puis cesser à peu près complètement dès la fin d'octobre, à l'époque de la mue. Il n'est cependant pas impossible, en hiver, d'obtenir des œufs frais de jeunes poulettes, à la condition de placer celles-ci dans une étable chaude, où elles sont exclusivement nourries de chènevis, de maïs et de vers.

Généralement, après avoir pondu quinze à vingt œufs, la poule se dispose à les couver; aussi doit-on prendre soin, si l'on veut l'en empêcher, de les lui enlever au fur et à mesure. Un seul œuf laissé dans le nid, suffit à l'y faire retourner, surtout quand elle n'y est troublée ni par les gens, ni par les autres volailles; dans le cas contraire, elle ne tarde pas à l'abandonner pour aller pondre, hors du poulailler, sous une haie ou dans une grange.

Il faut alors, par une attentive surveillance, découvrir où la poule fait sa cachette, puis, afin de la décider à rentrer au bercail, enlever d'un seul coup tous ses œufs, sitôt qu'elle a fini sa ponte.

On reconnaît qu'une poule est sur le point de couver, aux gloussements particuliers qu'elle pousse; à sa façon de tenir ses ailes écartées quand elle marche; à l'habitude qu'elle prend, de rester couchée dans son nid, eût-on substitué à ses œufs, comme on le fait quelquefois, des œufs de plâtre.

Veut-on, pour obtenir de beaux poussins, profiter de ces dispositions? Parmi les œufs fécondés que l'on a dû réserver dans ce but, on choisit les plus lourds et les plus volumineux. On les place, au nombre de dix à douze, dans le nid de la couveuse, selon sa grosseur ou l'ampleur de ses ailes; et si, par hasard, au début, elle en casse quelques-uns, on les enlève simplement, sans les remplacer par d'autres.

Il est de la plus haute importance que la poule soit tranquille durant tout le temps de l'incubation; aussi doit-on l'enfermer, alors, dans la partie du poulailler exclusivement destinée aux couveuses, sauf à la lever chaque matin pour la faire boire et manger, quand elle ne le fait point d'elle-même. Il n'est pas mauvais, non plus, à ce moment-là, de la faire sortir pour l'aérer et lui dégourdir les jambes.

Les habitudes de la couveuse étant ainsi réglées, après sept à huit jours d'incubation, il ne sera pas inutile de *mirer* les œufs c'est-à-dire de distinguer, à la clarté de la lampe, quels sont les bons et les mauvais, les féconds et les stériles. Examinés par transparence, les premiers, devenus opaques, donneront sûrement un poussin; les seconds, restés clairs, ne laisseront évoluer aucun germe.

Toutes les poules ne sont pas également aptes à couver. S'il en est de très précoces, comme les Cochinchinoises, et de si passionnées, à cet égard, qu'elles ne veulent point quitter leur nid, même pour manger, nombre d'autres, en revanche, ne peuvent s'astreindre à y demeurer; il en est, aussi, qui mangent les œufs qu'on leur confie, et beaucoup, enfin, qui ne sont pas disposées à l'incubation, au moment où l'on voudrait obtenir l'éclosion d'une couvée. Dans les campagnes, on a souvent la cruelle habitude, pour les y contraindre, de frotter les bêtes avec des orties, après leur avoir arraché les plumes du ventre. Il serait tout aussi facile d'atteindre le même but en leur donnant à manger des trempées au vin, de la graine d'orties pulvérisée ou des graines de moutarde, et peut-être plus commode, encore, d'avoir à sa disposition quelques poules cochinchinoises ou brahma, que l'on sait prêtes à couver en tout temps et à toute heure.

Incubation artificielle. — Mais si l'on se propose d'élever, chaque année, un certain nombre de poussins, mieux vaut absolument renoncer aux couveuses vivantes, pour employer à l'éclosion des œufs les ingénieux appareils incubateurs dont l'usage est, aujourd'hui, si pratique. L'un des plus simples et des plus sûrs, l'incubateur Roullier-Arnoult, se compose, essentiellement, d'un récipient à eau chaude compris dans une caisse à parois épaisses, entre un tiroir sous-jacent et une chambrette capitonnée placée sous le couvercle. Il suffit, pour le faire

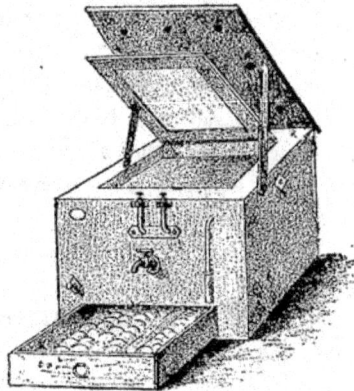

Incubateur Roullier-Arnoult.

fonctionner, de remplir une première fois ce réservoir, d'eau bouillante; puis, les œufs ayant été rangés au nombre de 25 à 30 dans le tiroir, de retirer, chaque jour, matin et soir, dix litres de l'eau versée la veille dans l'appareil, pour les remplacer par une égale quantité d'eau bouillante. Exactement renouvelée à des heures régulières, cette opération maintient à 40° en moyenne, la température du récipient. Il n'en faut pas davantage pour amener, au bout de vingt et un jours, l'éclosion de la presque totalité des œufs, si peu que l'on ait pris soin de les retourner et de les déplacer tour à tour, afin de les exposer de tous côtés, à la chaleur de la couveuse artificielle.

Éclosion. — Aussi bien que ces précautions aient été prises, les poussins, cependant, ne sortent point tous de l'œuf le même jour. La plupart, dès le vingt-unième, ont, comme on dit, commencé à *bêcher* leur coquille; mais c'est le vingt-deuxième jour, surtout, qu'ils s'en dégagent, en grand nombre, ou que l'on peut, sans inconvénient, les aider à en sortir.

Après les avoir essuyés avec un linge chaud, on les place, alors, pour qu'ils y prennent des forces, dans la chambre supérieure de l'appareil, puis, aussitôt qu'ils commencent à manger, vingt-quatre heures plus tard, en moyenne, on les en retire; et comme une douce chaleur est indispensable, encore, à ces oisillons sans mère, on la leur procure en les mettant sous une *éleveuse artificielle* chauffée à l'eau bouillante, de la même façon que l'incubateur.

Éleveuse ou mère artificielle.

Désignée, aussi, sous le nom d'*hydro-mère*, l'éleveuse repose, en effet, sur quatre pieds assez hauts pour que les poussins, dans les douces étoffes qui garnissent cet espace, puissent trouver un abri. De cette chaude cachette ils se répandent, à leur gré, dans un petit parc ou préau formé d'un grillage métallique et de planchettes qui les empêchent de trop s'écarter. On y met à leur portée sur de légers billots, une pâtée de farine d'orge ou de maïs dont ils se nourrissent exclusivement, pendant tout le temps de l'élevage, et pour boisson, dans une soucoupe, de l'eau pure ou coupée avec du lait.

Éducation des poussins. — Éclos sous les ailes de la poule ou dans le tiroir de l'incubateur, les poussins exigent de grands soins durant les premiers jours de leur existence; et certainement il est plus facile de les élever au moyen de l'hydro-mère, qu'en les laissant sous la conduite de la poule qui les a couvés. Presque toujours, en effet, malgré l'admirable tendresse qu'elle a pour ses petits, celle-ci perd quelques-uns d'entre eux en les promenant dans la basse-cour parmi les grosses volailles; elle peut être atteinte d'une maladie ou de parasites, qu'à leur grand détriment, elle communique aux poussins.

Pour atténuer un peu ces inconvénients, on emprisonne quelquefois la couveuse dans une *mue* ou cage d'osier qui laisse, entre ses barreaux, passer les petits; on l'enferme dans une boîte à élevage où elle fait rentrer sa nichée au moindre péril; mais ces moyens, encore très pratiques tant qu'on n'élève qu'une ou deux couvées, ne le sont plus guère lorsqu'on se propose de nourrir à la fois un grand nombre de poussins.

Engraissement. — Après leur avoir, pendant quinze à vingt jours, donné de la pâtée, il devient indispensable de faire prendre aux jeunes poulets une nourriture plus substantielle; de menus grains, par exemple, et des larves de verminière dont ils sont déjà très friands. Un peu plus tard, à l'âge d'un mois ou cinq

semaines, ils sont assez forts pour aller d'eux-mêmes et sans
guide, chercher des insectes au dehors; mais si l'on veut les engraisser, il est impossible de les laisser chaque jour se contenter
d'une si maigre nourriture. On doit alors, à des heures régulières, les appeler pour leur donner à manger du maïs, du blé
noir, ou bien, encore, une pâtée de pommes de terre, de farine d'orge ou de sarrazin délayées dans du lait de beurre, enfin,
de temps en temps, quelques betteraves hachées menu.

Les poulets ainsi nourris, tout en gardant leur liberté parviennent, en douze ou quinze jours, à un suffisant état de graisse
pour pouvoir être mangés ou vendus. Ils sont loin, toutefois,
d'acquérir, à ce régime, le volume et la finesse des volailles
tenues captives dans une étroite épinette où, pendant un mois,
elles sont gavées de grains et d'épaisses pâtées; à plus forte raison restent-ils de beaucoup inférieurs aux chapons et poulardes
soumis, durant trois ou quatre semaines, à l'empâtement forcé,
selon les procédés de la Flèche et du Mans.

C'est une très pénible et très désagréable besogne, du reste,
que cet engraissement méthodique des volailles au moyen de
pâtons et de boulettes qu'on leur introduit, de force dans le go-
sier. On ne la peut vraiment faire exécuter, dans de bonnes
conditions, que par des gents experts, très difficiles à trouver
hors des pays où ils exercent d'habitude; aussi, pour obvier à
ces inconvénients, a-t-on, depuis longtemps, imaginé d'ingénieux
appareils de gavage dont l'un des plus pratiques est la « gaveuse
mécanique » d'Odile Martin.

Essentiellement composée d'une épinette à compartiments, où
sont enfermées les volailles, et d'un réservoir cylindrique empli
de la nourriture qui leur est destinée, la gaveuse permet aux
personnes les moins expérimentées, d'engraisser facilement un
nombre quelconque de poulets, de chapons, de volatiles de toute
espèce. Chassée, par une forte pression, dans un tube de caout-

Pl. XXXVIII. — LA BASSE-COUR.

1. Paon domestique. — 2. Faisan commun. — 3. Pintade commune.

chouc qui se détache du réservoir, la pâtée est introduite jusque
dans le jabot de l'animal, au moyen d'une canule coup sur coup
ouverte et fermée par une soupape métallique. Un cadran fixé
sur l'appareil indique, en centilitres, la quantité de nourriture
distribuée à chaque volaille, dont l'engraissement s'opère, de la
sorte, avec autant de précision que d'économie.

Engraissement des volailles à la gaveuse Martin.

Dans toute ferme ou maison de campagne, il est ainsi possible,
sans beaucoup de peine ni de frais, d'avoir toujours à sa disposition un choix d'excellentes volailles, pour la table ou pour le
marché.

ANIMAUX DE BASSE-COUR. — GALLINACÉS.

Coqs et Poules. — On élève, aujourd'hui, dans les basses-cours,
des *Poules* et des *Coqs* d'un grand nombre de races; mais il

n'est vraiment pratique et bien avantageux que de s'en tenir à l'une d'elles exclusivement, à moins que l'on ne se livre, tout à fait en amateur, à la gallinoculture.

En France, la plupart des races indigènes sont les plus aptes à donner, dans tout le pays, d'excellents résultats, si l'on prend bien soin de les placer partout dans les mêmes conditions que dans leur pays d'origine ; et ce n'est point une petite occupation, déjà, que de préserver une race pure de tout croisement étranger, que de chercher à l'améliorer constamment, à la perfectionner par la sélection des individus les plus propres à la reproduction, des coqs les plus vigoureux et les plus ardents, des poules les plus grosses et les plus douces.

En général, à quelque race qu'il appartienne, un beau coq doit être robuste, fier et hardi. La crête rouge, l'œil vif, le regard effronté, le bec gros et court, les pattes fortement éperonnées, il doit chanter souvent au milieu de ses poules, les surveiller, les guider, les défendre, les appeler pour leur faire manger le grain qu'il découvre, être empressé auprès d'elles, les féconder toutes, les rassembler, le soir, pour les faire rentrer au poulailler.

Une bonne poule aura le bassin large et l'abdomen volumineux, la crête épaisse et le corps bien emplumé. Familière et douce, elle s'occupera, constamment, de chercher sa nourriture ; elle sera, surtout, pleine de sollicitude et de tendresse pour ses poussins. On reconnaîtra la bonne pondeuse à la rougeur des caroncules et de la crête, à la blancheur du disque auriculaire, à l'épaisseur des plumes de l'abdomen ; la couveuse, à son corps bas et trapu, garni sous le ventre et sur les cuisses d'un abondant duvet recouvert de plumes légères.

Races françaises. — D'après les derniers recensements des spécialistes et des amateurs, on pourrait, aujourd'hui, compter vingt et une races, au moins, de poules domestiques qu'il serait facile de grouper, suivant leur taille, en deux ou trois catégories; mais peut-être vaut-il mieux, au point de vue pratique, étudier séparément les races françaises et les races étrangères.

Et d'abord, dans la plus grande étendue, de notre pays, on n'élève guère encore que des volailles sans type bien arrêté, des poules de race *commune*. Variables de taille et de grosseur, selon qu'elles sont plus ou moins bien nourries, elles ont un plumage très diversement coloré qui revêt souvent, chez les coqs, les plus vives nuances. La plupart pondent beaucoup et couvent bien; mais elles sont aussi très coureuses, presque sauvages, et comme elles vont chercher une grande partie de leur nourriture au dehors, tout en paraissant ne rien coûter, elles occasionnent d'habitude, dans les jardins et les champs, des dégâts considérables.

Parmi les races, nettement définies, qu'on leur doit préférer, les *Poules de Houdan* méritent certainement, à de nombreux égards, d'être mises en première ligne. On les reconnaît, de prime abord, à leur belle taille, à leur plumage caillouté, blanc et noir, à la huppe très fournie qu'elles portent crânement en arrière et sur les côtés de la tête, à leur cravate plumeuse et surtout au double ergot qu'elles ont à chaque pied. Le coq est trapu, robuste, porté par de fortes jambes, et sa mâle physionomie, comme l'a fait remarquer M. Charles Jacque, rappelle bien, quoique un peu caricaturée, l'expression du visage humain.

De toutes nos races indigènes, celle de Houdan est la plus féconde et la plus précoce pondeuse. On en obtient, dès le mois de décembre, des œufs volumineux et très blancs. Les jeunes poulettes, couveuses médiocres, s'engraissent vite et fournissent une excellente chair. (*Pl. XXXVI.*)

Les *Poules de Crèvecœur*, dont la race est très pure au village de ce nom, dans le département de l'Oise, se font remarquer par leur forte corpulence, leurs courtes jambes, leur plumage d'un beau noir, se dressant sur la tête en une grosse huppe panachée de blanc, au-devant de laquelle la crête, bifurquée, forme deux cornes rouges. Le coq est vigoureux, fier, d'un fort bel aspect, avec sa huppe touffue, sa crête en croissant, sa barbe et sa collerette mordorées, ses longs et rouges caroncules. Excellentes pondeuses, les poules de Crèvecœur, comme celles de Houdan, ne sont malheureusement pas de bonnes couveuses. Souvent elles cassent leurs œufs, qui sont volumineux et lourds; mais toutes les volailles de cette race, peu coûteuses à nourrir, s'engraissent rapidement jusqu'à peser trois ou quatre kilogrammes.

Les *Poules de la Flèche*, hautes sur jambes, ressemblent à celles de Crèvecœur, non seulement par leur plumage noir à reflets verts ou violacés, mais aussi par la double corne rouge de leur crête. Elles en diffèrent, surtout, par les plaques blanches qu'elles ont à la face et par l'absence à peu près complète d'une véritable huppe. Pondeuses et couveuses médiocres, elles ont le grand mérite de prendre facilement la graisse et d'avoir une excellente chair; aussi les élève-t-on particulièrement dans le Maine, pour en faire des poulardes et des chapons d'une exceptionnelle finesse.

Outre ces races de premier choix, nous pouvons encore compter, comme très avantageuses, parmi nos poules indigènes, l'excellente *race de la Bresse*, qui se reconnaît à son plumage blanc ou noir, plus ou moins tacheté de gris, et les poules de *Barbezieux*, noires, sans huppe, et très basses sur jambes. Dérivées, à ce que l'on croit, des poules bressannes, elles présentent, comme celles-ci, d'ailleurs, toutes les qualités alimentaires des poules fléchoises.

Races étrangères. — Très voisines de notre pays, les *Poules de la Campine* ou d'*Hoogstraten*, dans la province d'Anvers, ont acquis, depuis quelques années, une réputation qu'elles méritent. Gracieuses de forme et d'un volume moyen, elles se distinguent à leur crête simple et pendante, à leur camail blanc, à leur plumage gris cendré, s'allongeant en une queue haute et bien fournie. Le coq, peu différent, est de moyenne grosseur, grisâtre, avec une queue en panache, à reflets dorés. Élevée dans la plus grande partie de la Belgique septentrionale, la poule de Campine, en raison de sa fécondité tout exceptionnelle, y est désignée sous le nom de « pond-tous-les-jours ». Au point de vue de l'engraissement, elle ne le cède en rien à nos meilleures races françaises; les éleveurs, toutefois, s'accordent à reconnaître qu'elle est délicate et difficile à dépayser.

Grosses, lourdes et trapues, les *Poules cochinchinoises* ou de *Shang-Haï* sont les plus bizarres au moins, sinon les plus recommandables des poules étrangères. La plupart ont le plumage fauve, mais il en est aussi de blanches, de noires, de couleur coucou et de couleur perdrix. Les coqs, vraiment étonnants par leur taille et leur ampleur, ont une fière allure, une haute crête dentelée, et comme les poules, les jambes pattues, c'est-à-dire couvertes de plumes jusqu'aux doigts. On sépare, aujourd'hui, de la race cochinchinoise, les *Brahma-pootra* qui présentent, seulement un peu plus marqués, les mêmes caractères. Ces poules, comme celles de Shang-Haï d'ailleurs, pondent toute l'année

Poule de Padoue.

des œufs jaunâtres, volumineux, et ce sont, aussi, d'excellentes couveuses. Douces et sédentaires, elles ne maraudent point dans les champs, mais leur chair n'atteint jamais au degré de finesse et de saveur de celle des poules françaises. (*Pl. XXXVII.*)

De bien moindre taille, mais très élégantes de forme et d'un plumage agréablement varié, les *Poules de Padoue* ou de *Pologne* se distinguent à leur superbe huppe d'une couleur toujours différente de celle du corps. Il en existe de noires, de blanches, de chamois, de dorées, d'argentées, toutes précoces et bonnes pondeuses, mais absolument impropres à l'incubation. Leurs œufs, au surplus, sont d'un médiocre volume, leurs poussins, très délicats; et pourtant, malgré ces sérieux inconvénients, on les élève encore avec profit, en raison de leur facilité à prendre la graisse et de l'extrême délicatesse de leur chair.

Les *Poules de Dorking*, très vantées en Angleterre, ne diffèrent de nos poules communes, ni par le plumage, ni par la grosseur. Elles ont seulement, pour caractère distinctif, deux pouces à chaque patte. Pondeuses et couveuses médiocres, elles sont, en outre, dans le jeune âge, très sensibles au froid; aussi ne méritent-elles bien, qu'au point de vue de l'engraissement, la réputation qu'on leur a faite.

Aux *Poules espagnoles* et de *Hambourg*, non moins estimées d'un certain nombre d'amateurs, les mêmes considérations pourraient être applicables. En dehors de ces belles races, enfin, mais bien moins pour le profit que pour l'agrément, il serait facile

Poule anglaise ou de Bantam.

d'élever partout, à peu de frais, les poules étrangères de petite race : les *sauteuses du Cambodge*, par exemple, qui sont très fécondes; les *négresses*, dont le plumage est blanc et la peau

noire; les *frisées*, les *soyeuses*, à la chair délicate; et, plus avantageusement encore, les petites *poules anglaises* ou de *Bantam*, à peine plus grosses que des perdrix, mais très variées de couleurs, très élégantes, très douces, excellentes pondeuses, au surplus, et si parfaites couveuses, qu'on leur confie toujours, dans les faisanderies, de préférence aux véritables mères, les œufs des faisanes et des perdrix.

Faisans. — En dehors des éleveurs de profession, il n'est guère, encore, qu'un petit nombre d'amateurs qui sache pratiquer avec succès l'élevage du *faisan commun* pour les chasses réservées, ou, plus directement, pour la table.

. Cette industrie, cependant, n'offre point de difficultés sérieuses, et dans toute ferme bien tenue elle pourrait être fort lucrative, si l'on se donnait la peine de l'entreprendre et de la diriger méthodiquement.

Les faisanes, en général, étant de fort mauvaises couveuses, il est essentiel, d'abord, de donner leurs œufs à couver à de petites poules anglaises, si l'on veut être certain de les voir éclore au moment voulu. Les petits, aussitôt nés, sont enfermés avec leur mère adoptive dans une boîte à élevage et nourris d'œufs durs hachés menu, d'œufs de fourmis des bois, ou même, à défaut, de bribes de viande cuite et de grains de millet. Au bout d'un mois, on peut leur donner du chènevis et du froment puis, après la dangereuse crise qu'ils subissent un peu plus tard, au moment de la mue, on n'a plus qu'à les nourrir comme les autres volailles, en veillant à ce qu'ils aient toujours de l'eau fraîche et qu'ils soient tenus avec la plus grande propreté.

Dès qu'ils se sentent capables de prendre leur vol, emportés par un besoin subit d'indépendance, les faisandeaux souvent s'échappent et se jettent dans les bois. Ordinairement, il est vrai, surtout quand ils sont en nombre, ils reviennent à la basse-cour à l'heure où ils recevaient habituellement leur nourriture, et

Pl. XXXIX. — LA BASSE-COUR.

A. Oies de Toulouse. — B. Canard de Normandie. — C. Canard de Chine ou Mandarin. — D. Canard sauvage. — E. Pigeon commun et Pigeon ; aon.

l'on peut, alors, les faire rentrer au poulailler. Pour éviter cet inconvénient, certains éleveurs couvrent la faisanderie d'un filet à larges mailles; d'autres cassent le fouet de l'aile aux poussins. Cette précaution prise, il est très profitable à leur développement de les laisser en liberté dans un enclos sec et sablonneux où les boîtes à élevage auront été placées avec les poules couveuses. Les petits faisans y rentrent au premier appel de la mère, et s'y réfugient d'eux-mêmes tous les soirs.

Pintades. — Il n'est guère plus facile d'élever des *Pintades* que des Faisans, et pourtant, ces gros Gallinacés vagabonds, désagréables et criards, se trouvent assez communément dans les basses-cours de nos maisons de campagne. Très délicate dans les premiers mois de son existence, la Pintade, à l'âge adulte, ne se résigne pas aisément à la domesticité. Sauvage, elle se tient à l'écart des autres volailles, ne les aborde que pour leur chercher querelle, et s'échappe généralement du poulailler pour aller pondre ses œufs au dehors, sous une haie ou dans un buisson. Ces graves défauts, elle les rachète, à vrai dire, par l'abondance de sa ponte, par le bon goût de ses œufs, teintés de rouge-brun, par l'excellence, enfin, de sa chair, suffisamment grasse, quand la pintade est bien nourrie, pour qu'elle puisse être mangée en tout temps, sans engraissement préalable.

Mâle ou femelle, l'oiseau lui-même est, d'ailleurs, d'un agréable aspect, avec son plumage d'un bleu grisâtre tacheté de noir et de blanc, sa petite tête surmontée d'une crête charnue, ses caroncules et ses joues, bleuâtres chez le coq, d'un rouge vif chez la poule. Il est essentiel, pour mener à bien une couvée de jeunes pintades, de les tenir à l'abri de la pluie dans une chambre chaude jusqu'à ce qu'elles aient des plumes, et de les nourrir, tout ce temps-là, comme les petits faisans.

Dindons. — C'est, à peu près exclusivement, dans les grandes fermes que l'on élève des *dindons*, parce que leur engraissement n'est avantageux qu'autant qu'on en nourrit un certain nombre et qu'une bergère est indispensable pour conduire et garder aux champs le troupeau. Mal domestiqués encore, les dindons, en effet, ne s'accommodent point d'être enfermés dans une basse-cour. Il leur faut la liberté, l'espace, et de plus, comme ils sont très délicats dans leur jeune âge, les soins les plus attentifs jusqu'à ce qu'ils aient « pris le rouge », c'est-à-dire jusqu'au temps où les caroncules qui garnissent leur tête se sont bien développés. Le froid, la pluie, l'humidité, leur sont longtemps funestes ; il suffit même de la terre mouillée qui s'attache à leurs pattes pour les rendre souffrants ; aussi ne réussissent-ils vraiment bien que sur les terrains sablonneux, schisteux ou granitiques.

Mêlés, dans une basse-cour, aux autres volailles, les dindons se montrent, en outre, toujours sauvages, querelleurs et méchants. Dans les violentes colères qui les saisissent, ils attaquent, sans provocation, les chiens, les enfants mêmes, et, comme leur ramage autant que leur plumage est sans agrément, qu'ils n'ont d'autre mérite, en somme, que la délicatesse de leur chair, ce n'est, vraiment bien que lorsqu'ils sont tout à fait gras et bons à manger que l'on peut recommander leur introduction dans la maison de campagne.

Paons. — Tous les défauts de la pintade et du dindon se retrouvent, exagérés, encore chez le *Paon*, qui ne les rachète même pas, aujourd'hui, par ses qualités culinaires. On ne sert plus, en effet, pompeusement le paon sur les tables princières, comme on le faisait au moyen âge, quoique jusqu'à trois ans, la chair des paonneaux ait une excellente saveur. C'est, exclusivement, pour la fastueuse beauté de son plumage, qu'on l'élève, dans les châteaux et les grandes villas ; encore semble-t-il que depuis quelque temps cet oiseau, trop classique et trop décoratif, ait beaucoup perdu de son ancien prestige. Moins délicats, dans

le jeune âge, que les dindonneaux, les jeunes paons peuvent être,
de bonne heure, conduits au dehors par la mère paonne ou la
poule qui les a couvés. Rustiques et sauvages à l'âge adulte, ils
aiment à grimper sur les arbres, à percher sur les toits ; rarement ils se familiarisent avec les personnes qui les soignent, et
le plus souvent ils sont pris de vives colères contre les enfants
et les chiens.

PIGEONS

A la ferme, autant qu'à la villa, les *Pigeons* ne sont guère
moins en faveur que les Coqs et les Poules. Dans leurs colom-
biers primitifs, toutefois, les paysans n'élèvent, en général, que
des *Pigeons communs*, les *fuyards* ou *bisets*, dévastateurs de
récoltes dont les inconvénients ne sont pas moindres que les avantages ; tandis que l'amateur admet exclusivement dans sa volière
les beaux *Pigeons de race*, choisis à sa fantaisie et selon ses goûts.

Très diversifiés, aujourd'hui, par leur commune origine, ces
pigeons perfectionnés ne coûtent, d'ailleurs, pas plus à nourrir que
les bisets dont ils sont issus, et comme, en causant beaucoup moins
de dégâts, ils donnent d'aussi bons produits, ce sont, évidemment
partout, ces variétés de choix qu'il faut élever de préférence.

Pigeonnier. — Colombier ou volière, le *pigeonnier* où seront
logés ces intéressants volatiles devra surtout être très calme et
très propre ; à l'abri des coups de vent, du bruit des voitures,
de tout ébranlement provoqué par des chocs extérieurs. Autant
que possible on le bâtira sur un terrain sec, à l'exposition du
levant ou du midi. Fréquemment badigeonnés au lait de chaux,
ses murs, à l'intérieur au moins, seront arrondis plutôt que
carrés ; on y placera, sur plusieurs rangs, les nids d'osier, les
cases ou *boulins* de planches et de briques où, sur la paille
brisée, les pigeons s'habitueront à déposer leurs œufs. Une ou
deux petites fenêtres ouvrant vers le sud et faciles à fermer au

moyen d'une planchette à coulisses, permettront aux pigeons de
sortir et rentrer librement à toute heure du jour. En avant de
chacune on établira, soit une corniche en saillie, soit une simple
tablette entourée d'une cage de fer-blanc qui, tout en facilitant
l'accès du colombier à ses hôtes habituels, le défendront aux
rats, aux belettes, aux fouines, à tous les animaux nuisibles,
carnassiers ou rongeurs. Quatre ou cinq fois, enfin, dans l'année,
suivant le nombre des Oiseaux et des nids, le pigeonnier sera
complètement assaini, lavé, nettoyé, mais toujours avec précaution et sans brusquerie, afin de ne point effrayer les jeunes et
les mères.

Élevage des pigeons. — Quand on se propose de peupler une
volière, c'est au printemps, surtout, qu'il faut s'en occuper. On
se procure alors, selon l'importance du colombier, quelques
paires de beaux pigeons, de la variété que l'on préfère, et pendant huit ou quinze jours on les y enferme en leur fournissant
la nourriture et l'eau dont ils ont besoin. Aussitôt qu'ils semblent bien familiarisés avec leur nouveau domicile, un soir, et
par un temps de brume, on leur ouvre la porte; mais, si l'on
veut être encore plus sûr qu'ils rentreront d'eux-mêmes, on
attend, pour les lâcher, qu'ils aient pondu leurs premiers œufs.

Les pigeons de volière, bien accouplés, font, en général, deux
pontes par an, chacune au plus de deux œufs que la femelle
et le mâle couvent tour à tour. Il en résulte, après une quinzaine de jours d'incubation, deux pigeonneaux de sexe différent,
ce qui maintient une heureuse harmonie entre les couples, les
plus graves désordres pouvant être occasionnés par la présence
de deux ou trois mâles en trop dans le colombier. Incapables de
manger seuls et très délicats à leur naissance, les petits sont
nourris avec un soin extrême par leurs parents qui ne dégorgent
dans le bec des oisillons les aliments qu'après les avoir, eux-
mêmes, à moitié digérés.

On pourrait, à la rigueur, suppléer à cette nourriture spéciale, en triturant, dans sa bouche, des grains qu'y viendraient prendre les pigeonneaux; mais les oiseaux élevés ainsi, malgré toute la peine que l'on se donnerait, resteraient toujours plus chétifs et moins beaux que les autres. Aussitôt qu'ils savent trouver et prendre ce qu'on leur donne, les pigeons s'engraissent facilement et à peu de frais. Ils aiment, par-dessus tout, les graines sèches et farineuses, notamment les vesces, les lentilles, les pois, le chènevis, l'orge, le sarrazin, le maïs, les pepins de raisins, le seigle; mais ils mangent très bien, aussi, le pain, les fruits, les pommes de terre bouillies. C'est les régaler, enfin, que de leur donner à becqueter, de temps en temps, des tourteaux composés de vesce, de blé noir et d'argile salée, ou mieux encore une morue sèche, dont ils ont bientôt fait de dévorer la chair.

Races de pigeons. — Loin d'être, comme on l'a dit, strictement fidèles à leur compagne, les pigeons mâles se croisent volontiers avec toutes les femelles qu'on leur présente; aussi n'est-il point possible, si l'on veut les conserver avec tous leurs caractères, d'enfermer des couples de différentes races dans le même colombier. Les plus communs des pigeons de volière, les *mondains*, proviennent, précisément, de ce mélange des diverses variétés de pigeons. Ce sont de gros oiseaux à plumage variable, très féconds et très avantageux pour la table ou le marché. Mais les amateurs choisissent de préférence, pour peupler la volière, les véritables races d'agrément, parmi lesquelles les *Pigeons pattus*, dont les doigts sont emplumés; les *tambours* ou *glouglous*, ainsi nommés du son particulier de leur voix; les *grosse-gorge* ou *boulans* et les *lillois* qui gonflent en boule leur jabot; les *Pigeons paons* à la queue en éventail, et les *nonnains* coiffés d'un capuchon de plumes; les *romains* et les *turcs* aux gros yeux bordés de rouge; les *Pigeons tournants* ou *batteurs*, qui tournent quand ils volent, et les étranges *culbutants* qui font des culbutes en l'air; enfin les plus justement estimés depuis la malheureuse guerre de 1870 où ils nous rendirent de si grands services, les *Pigeons à cravate*, dans la race desquels on recrute les *messagers* les plus rapides, les plus intrépides *voyageurs*.

PALMIPÈDES

Canards. — Une bande de *Canards domestiques* fait très bien dans une basse-cour; mais on ne peut fructueusement entreprendre l'élevage de ces oiseaux qu'à la condition d'avoir une rivière, un étang, une mare à leur donner, ou, tout au moins, quelque flaque d'eau stagnante.

Embarrassé, triste et gauche, quand, de ses larges pattes, il piétine le sol, le canard est un tout autre animal, en effet, lorsqu'il peut nager, barbotter, fouiller la vase avec son bec pour y prendre les larves et les vers dont il se régale. Très accommodant au point de vue du logement et de la nourriture, il se trouve bien, dans tout abri couvert, cellier, hangar, étable, surtout s'il peut s'y coucher sur un lit de paille fréquemment renouvelée. Son robuste estomac et sa voracité permettent de l'engraisser à peu de frais en lui donnant tous débris, déchets de cuisine, graines et pâtées quelconques, les substances les plus invraisemblables pouvant être englouties et digérées par lui.

Moins féconde que la poule, la cane pond, en moyenne, chaque semaine et pendant trois mois, cinq œufs volumineux et d'un jaune verdâtre qu'elle dépose sur la paille ou sur le sol, quelquefois, quand elle est libre, dans les herbes ou les roseaux. Ces œufs, si l'on veut élever des canetons, doivent être confiés, de préférence, à une poule couveuse, dont la sollicitude et le dévouement pour les petits palmipèdes ne sont pas moindres que pour ses propres poussins.

Malgré les excellentes qualités qui le font rechercher de tous les éleveurs, le Canard domestique, en dehors de la race commune, ne comprend guère que deux variétés également estimées, l'une, française, le *Canard de Rouen* ou *de Normandie*, l'autre, anglaise, le *Canard d'Aylesbury*, plus avantageuse encore, que la précédente. Mais on élève aussi, dans un grand nombre de fermes, le *Canard de Barbarie* ou *musqué*, grand, gros, d'un bizarre aspect, avec sa tête ornée de rouges caroncules ; très bon à manger d'ailleurs, quand, après l'avoir tué, l'on a pris soin d'enlever du croupion les glandes à musc qui donnent à sa chair une odeur trop forte. En se croisant avec la cane domestique, le Canard de Barbarie produit un métis infécond, le *Canard mulet*, particulièrement engraissé, dans le sud-ouest de la France, pour la fabrication des terrines de foie gras. Dans les villas de plaisance, enfin, les amateurs ne manquent pas de placer, sur les pièces d'eau, le magnifique *Canard de la Chine*, le *Mandarin* aux formes gracieuses, au plumage bariolé des plus vives couleurs.

Oies. — L'élevage des *Oies*, comme celui des Dindons n'est guère avantageux que dans les grandes fermes et dans les pays de médiocre culture où l'on peut mettre à la disposition de ces volatiles un peu d'herbe et beaucoup d'eau. Pour y trouver quelque bénéfice, en effet, il faut nourrir ensemble une certaine quantité d'oies, en former un troupeau non seulement fort sale et très désagréable, mais très nuisible encore aux récoltes quand il n'est point conduit au pâturage et gardé par un berger. Ce troupeau, généralement, est composé de familles comprenant chacune sept à huit oies femelles pour un mâle, appelé *jars*. On les loge ensemble, ou mieux par groupes, dans une étable à compartiments, bien couverte et garnie d'une bonne litière de paille. En dehors de ce qu'elles trouvent aux champs, on donne aux oies, pour toute nourriture, des pommes de terre, des betteraves, des herbes potagères, du trèfle, du ray-grass, des orties qu'elles aiment beau-

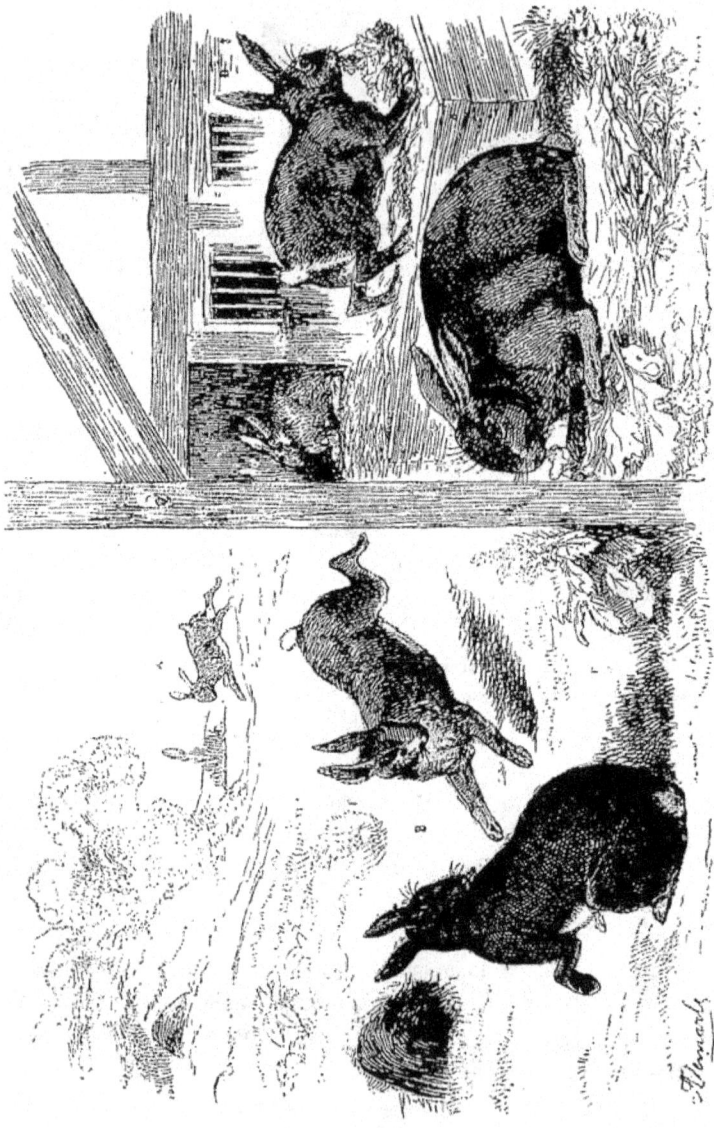

Pl. XL. — LA GARENNE ET LE CLAPIER.

A. Lièvre commun. — B. Lapins de garenne. — C. D. Lapins gris de clapier.

coup à moins qu'on ne les élève tout exprès pour l'engraissement ; auquel cas il convient de suivre les méthodes de gavage usitées dans le sud-ouest de la France.

Les Oies pondent ordinairement douze à quinze œufs avant de les couver, puis encore autant quand on leur enlève les premiers à mesure. Couveuses médiocres, d'ailleurs, à tout instant elles quittent le nid pour aller boire ou manger ; aussi, quand on se propose d'élever des oisons, vaut-il mieux en confier l'incubation à des dindes ou des poules.

Ce n'est pas seulement pour leur graisse et pour leur chair que l'on élève les Oies ; mais aussi pour l'abondant duvet de leur corps et les plumes de leurs ailes. Des deux seules races jusqu'à présent domestiquées, les Oies de la *grande espèce* et celles de la *petite*, les premières, sans contredit, sont les plus avantageuses à tous égards, notamment les variétés de Toulouse et d'Alsace.

Cygnes. — Exclusivement décoratif, comme le Paon, le *Cygne* n'est vraiment bien à sa place que sur les grandes pièces d'eau des châteaux princiers, dans le cadre aux lignes sévères des parcs et des jardins de style classique.

C'est, d'ailleurs, un bel et élégant oiseau, non moins remarquable par la gracieuseté de ses formes que par le pur éclat de son plumage blanc, et dont l'élevage, en somme, n'est ni plus difficile ni plus coûteux que celui de tout autre volatile. Une petite cabane en bois, au bord de l'eau, avec un lit de paille et une augette pour la pâtée, le couple unique de Cygnes que l'on élève habituellement n'exige pas un logement plus confortable. La femelle y pond, dès le mois de février, six à huit gros œufs d'où s'échappent, après trente jours d'incubation, des petits couverts d'un duvet grisâtre dont ils ne se débarrassent tout à fait qu'à l'âge de deux ans. Au bord des eaux, les Cygnes prennent des insectes, des larves, des vers, des mollusques, des grenouilles, des poissons. Ils mangent de l'herbe et certaines plantes aquatiques; mais il est indispensable de compléter leur nourriture avec des graines, du pain, des déchets de viande, des légumes, de la salade hâchée. Leur développement, au surplus, est toujours très lent, car ils vivent, dit-on, souvent plus d'un siècle.

On n'engraisse pas les jeunes Cygnes, mais leur chair est tendre et de bon goût; aussi, quand on ne veut garder ni vendre la couvée, peut-on, sans hésitation, l'utiliser pour la table. Le *Cygne blanc*, depuis si longtemps classé parmi nos oiseaux domestiques, n'est plus la seule espèce que l'on élève de nos jours. Sur les bassins des grandes propriétés on voit aussi nager, maintenant, le beau *Cygne noir* de l'Australie, introduit, depuis peu d'années, dans nos jardins zoologiques.

LAPINS

Élevage des lapins. — Il est, certainement, difficile, aujourd'hui, de se faire trois mille livres de rente à élever des *lapins*. Mais il faut encore convenir que ces animaux, très féconds et très productifs, nous sont toujours fort utiles au point de vue industriel et culinaire. Aussi bien leur élevage est-il plus que jamais en faveur dans les fermes et les maisons de campagne, où les lapins, soit qu'on les enferme dans des *clapiers*, soit qu'on leur laisse, dans les garennes, une liberté relative, ne coûtent ordinairement pas beaucoup à nourrir. (*Pl. XL.*)

Clapier. — Le clapier varie d'importance et de dimensions, suivant le nombre de lapins que l'on élève. Il peut consister, soit en une simple caisse que l'on ouvre par le haut, soit en petites cabanes fermées, en avant, par une porte à claire-voie, et situées, les unes à côté des autres, au fond d'une courette où les animaux, dans la journée, peuvent prendre leurs ébats. Analogue à celui de la basse-cour, cet arrangement du clapier doit être adopté de préférence, quand on dispose, pour l'établir, d'un espace suffisant. Dans le cas contraire, on peut superposer les loges, et même, avantageusement, les remplacer par de vieux tonneaux que l'on couche, la bonde en bas, pour laisser l'urine s'écouler, après avoir transformé l'un des fonds en une porte grillagée glissant dans une double rainure.

De quelque façon qu'il soit organisé, le clapier doit être toujours très propre et bien tenu, si l'on veut éviter aux lapins d'incessantes maladies dont la plupart leur seraient fort nuisibles. On les y nourrit, à peu de frais, d'herbe des prés et de plantes potagères, feuilles de choux, chicorée, fanes de carottes parfaitement ressuyées, de feuilles de maïs, de racines de toute espèce, betteraves, carottes, pommes de terre, navets cuits ou crus; et surtout, quand on veut rapidement les engraisser, de croûtes de pain, de drèche de brasserie, avec une poignée d'avoine ou d'orge. L'hiver, on remplace par du bon foin les herbes vertes, et l'on s'applique, en toute saison, à distribuer les aliments trois fois par jour, à heures régulières. Il est essentiel, enfin, de changer fréquemment l'eau de l'augette et de renouveler la litière aussitôt qu'elle dégage de mauvaises émanations.

A l'âge de six mois, la lapine peut être mise en rapport avec le mâle, et, dès ce moment, elle donne, année moyenne, six à sept portées variant de deux ou trois, jusqu'à douze ou quinze petits. Une moyenne de six à huit est la plus favorable à l'élevage; aussi vaut-il mieux enlever l'excédent de ce nombre, que d'exposer les lapereaux à mourir de faim, ou même à être tués par la mère, comme il arrive parfois quand elle ne peut pas les nourrir.

Au bout d'un mois ou cinq semaines, ces petits étant assez forts déjà pour manger seuls, on remet, une nuit, la femelle au mâle qui de nouveau la féconde, et le lendemain on la rend à ses lapereaux dont elle termine l'élevage en attendant qu'elle ait à s'occuper de ceux de la seconde portée. De deux seules lapines élevées de la sorte, on obtient facilement, une centaine de petits chaque année. C'est plus qu'il n'en faut pour suffire à la consommation d'une famille vivant à la campagne.

Garenne. — Laissés à peu près libres dans une garenne, les lapins que l'on y introduit s'y différencient assez sensiblement des lapins de clapier pour qu'il soit bientôt facile de les distinguer, non seulement au goût de la chair, mais encore à la couleur des poils, à la souplesse du corps, même à la forme des oreilles. Déjà le lapin de garenne, en effet, se rapproche du lièvre, dont il a la saveur. Son poil, gris de fer, est plus rude, son corps plus agile et plus élancé que celui du lapin de choux; ses oreilles, au lieu de s'allonger pour retomber sur les côtés de la tête, comme chez ce dernier, restent plus courtes et plus droites.

La garenne convient d'autant mieux aux lapins qu'elle est plus spacieuse et plus diversement plantée d'arbres forestiers et fruitiers, d'arbrisseaux en buissons, d'herbes aromatiques et potagères. Il est avantageux qu'elle soit établie sur une colline, à l'exposition du levant ou du sud, et sur un terrain parfaitement clos, friable, sablonneux, assez résistant, toutefois, pour que les lapins y puissent, en toute sécurité, creuser leurs terriers, y percer, en tous sens, des galeries, sans qu'elles s'éboulent. Placée dans ces conditions, la garenne est si productive, qu'il est indispensable d'y faire de fréquentes battues pour maintenir dans de justes limites le nombre de ses habitants.

Le lapin domestique a produit un certain nombre de races et de variétés dont les plus remarquables sont le *lapin gris* ou *commun*, le *lapin riche*, *argenté*, dont on recherche surtout la fourrure; le *lapin russe* ou *polonais*, tout blanc avec des yeux rouges; l'*angora* d'Asie, à la chair délicate, aux longs poils soyeux et légèrement frisés.

LIVRE II. — BESOINS NUTRITIFS

L'ALIMENTATION ET LES ALIMENTS

Avantages d'une bonne alimentation. — Une impérieuse loi naturelle à laquelle il est impossible de se soustraire, nous oblige à manger pour vivre, et, ce besoin pressant, trois ou quatre fois par jour, la sensation de la faim nous invite à le satisfaire.

Mais dans les conditions plus ou moins difficiles où le plus grand nombre se trouve placé, que faut-il manger? comment? et de quelle manière? Toute une science, tout un art, tiennent dans ces trois interrogations, et c'est incontestablement à la maîtresse de maison qu'il importe de les connaître.

Dans la presque totalité des ménages, le problème capital de l'alimentation se pose à peu près comme il suit : Fournir au corps tous les matériaux de nutrition qui lui sont indispensables, sans dévorer en même temps toutes les ressources d'un modeste budget. Au premier abord, cela semble tout simple. En réalité, rien n'est plus difficile ; et peut-être aujourd'hui ne trouverait-on pas, en France, une jeune fille à la veille du mariage qui fût vraiment capable de résoudre ce problème embarrassant.

D'une alimentation complète, économique et saine dépendent, cependant la santé, la bonne humeur, le courage au travail, le bonheur présent et l'avenir, par conséquent, de tous les membres de la famille. « Dis-moi ce que tu manges, » disait Brillat-Savarin, « je te dirai ce que tu es. »

La chimie industrielle, de nos jours, a fait tant de progrès, qu'il devient de plus en plus difficile, dans les villes surtout, de se procurer des aliments de bonne qualité, naturels et salubres.

Le laboratoire municipal d'analyse chimique, il y a peu d'années ouvert à Paris, démontre à chaque instant cette vérité, depuis longtemps connue, que la plupart des denrées et des boissons vendues aux consommateurs sont altérées et sophistiquées de mille manières.

Mais, pour quelques centaines de personnes, trop effrontément empoisonnées, qui prennent la peine d'aller au laboratoire faire analyser un produit suspect, combien se résignent à s'intoxiquer lentement, n'ayant ni le temps, ni l'humeur, ni même la pensée de vérifier le fait par l'expertise?

Avec quelque habitude du choix et de l'achat des aliments, quelques notions d'hygiène et de chimie pratiques, non seulement on pourrait cependant s'éviter ces dangereux désagréments, mais encore on rendrait aux falsificateurs, malgré toute leur habileté, leurs odieuses combinaisons à peu près impossibles.

Importance de la cuisine. — Et la cuisine, que l'on abandonne si volontiers, dans tous les ménages bourgeois, à des bonnes sans aucune aptitude et sans aucun goût, ne serait-il pas nécessaire que les maîtresses en connussent parfaitement aussi la pratique et la théorie, ne fût-ce que pour apprécier les extravagantes préparations qui trop souvent paraissent sur leurs tables?

La cuisine la meilleure et la plus nourrissante n'est point, comme on se l'imagine, la plus coûteuse et la plus raffinée; mais un aliment quelconque, s'il est convenablement préparé, l'emporte de beaucoup, au point de vue nutritif, sur la même substance accommodée à tout hasard par une cuisinière incapable.

Et, malheureusement, pour une qui sait, combien en compte-t-on, à Paris surtout, de ces pauvres filles fraîchement débarquées de la campagne, qui gâchent, gaspillent et dénaturent absolument tout ce qu'elles touchent? Entre ces mains inhabiles et trop souvent malpropres, non seulement tout progrès culinaire est irréalisable, mais encore toute tradition se perd; et la cuisine française, qui jusqu'à ce jour a joui chez tous les peuples civilisés d'une indiscutable réputation, y sera, certainement, bientôt contestée, comme beaucoup d'autres de nos gloires!

A nos jeunes ménagères donc à défendre, sur ce point, l'honneur national.

Art essentiellement utile, agréable et réconfortant, la cuisine est infiniment plus facile, en somme, et plus avantageuse à cultiver, que le piano, la potichomanie ou la peinture à l'huile. Elle ne se recommande pas moins que la tapisserie, la broderie ou la guipure, à leur intelligente activité.

Les plus fiers et les plus nobles esprits ne se sont-ils pas, de tout temps, occupés, avec une véritable passion parfois, de combinaisons et de formules culinaires? Des philosophes, des savants, des historiens, des poètes, des ministres, des princes et des rois, pourraient être honorablement inscrits sur la liste des cuisiniers émérites. De graves magistrats, de célèbres médecins, n'ont pas dédaigné d'écrire des traités de cuisine et de gastronomie toujours aussi bons à consulter qu'agréables à lire.

« Un bon livre de cuisine, disait Hoffman, est un bon morceau de littérature. Il a le précieux avantage d'être entendu de tout le monde, de flatter le goût des lecteurs et d'exciter en eux un intérêt qui se renouvelle deux ou trois fois par jour. De quel poème, de quelle tragédie, de quel discours académique pourrait-on faire un aussi bel éloge? »

Avec leur grand sens pratique et leur parfaite entente du confort, les Anglais devaient nécessairement en venir à considérer l'art culinaire comme le couronnement des études de toute jeune fille accomplie, et c'est, évidemment, sous l'empire de cette idée qu'ils ont fondé, sous le patronage même du gouvernement, des

Pl. XLI. — L'ALIMENTATION. — LA BOUCHERIE.

1. Demi-bœuf et ses morceaux. — A. Culotte. — B, Tranche au petit os et tranche grasse. — C, Pièce ronde. — D. Gîte à la noix. — E. Gîte de derrière. — F. Aloyau et filet. — G. Colonne vertébrale. — H. Côtes couvertes et côtes plates. — I. Flanchet. — J. Poitrine. — K. Paleron. — L. Collier. — M. Gîte de devant. — 2. Gigot. — 3. Épaule de mouton. — 4. Demi-mouton. — a. Gigot. — b. Filet. — c. d. e. Côtes couvertes et découvertes. — f. Colonne vertébrale. — g. Épaule. — h. Collier. — 5. Culotte coupée pour le pot-au-feu. — 6. Côtelettes de gigot. — 7. Côtelettes premières. — 8. Fricandeau.

écoles où de graves maîtres cuisiniers enseignent aux gracieuses élèves qui se pre sent à leurs cours, l'art difficile de nourrir une famille et d'administrer un ménage.

De spacieuses cuisines, où les apprenties ont tout loisir de s'exercer, sont mises à leur disposition, et chaque année un concours décide quelle est, entre toutes les jeunes miss du Royaume-Uni, la plus experte à faire sauter un poulet ou à tourner une mayonnaise.

Franchement, ne devrions-nous pas organiser en France, dans les sous-sols des institutions et des pensionnats féminins, de semblables laboratoires? On ne se doute pas comme les petites Parisiennes, sortant de l'école avec un premier prix de pot-au-feu, seraient admirées, fêtées, choyées, et trouveraient facilement à faire un bon mariage!

SUBSTANCES ALIMENTAIRES

L'homme est un « omnivore », affirment les naturalistes. La forme et la disposition de ses dents lui permettent de se nourrir des substances les plus diverses; — il peut vivre de tout, pour ainsi dire; — ce qui ne l'empêche malheureusement pas quelquefois de mourir de faim, même dans les sociétés les plus civilisées.

C'est que, tout en donnant à l'homme la précieuse faculté de pouvoir manger de beaucoup de choses, la nature ne les lui a pas précisément mises dans la main. Elle a fait, au contraire, qu'en tout temps et toute saison, la quantité des vivres disponibles fût toujours au-dessous des besoins des consommateurs; de telle sorte qu'il ne s'agit pas simplement, pour l'homme, de s'asseoir à une table toute servie, mais bien, après avoir lui-même dressé cette table, d'y conquérir de haute lutte une place et, ce qui n'est pas moins difficile, de l'y conserver.

Cet incessant effort pour se procurer l'aliment; cette perpétuelle dispute des affamés pour la possession de la nourriture, chez les hommes comme dans toute autre race animale, est le principal épisode de la bataille pour la vie : c'est la réalisation naturelle, — combien plus terrible encore que la menace, — de la fatale parole rapportée par la Genèse : « Tu gagneras ton pain à la sueur de ton front. »

A ces conditions expresses, le travail, la peine, la lutte incessante, l'effort soutenu, l'homme trouve, à peu près partout, de quoi se nourrir. A force de labeur et de persévérance, il a même considérablement amélioré, perfectionné, multiplié les substances de toute sorte que la nature lui fournit avec autant de simplicité que de parcimonie ; il peut, aujourd'hui, selon ses moyens et ses goûts, vivre de viandes et d'autres substances animales ; de plantes, de fruits, de pain et de tous produits végétaux ; de certains minéraux même, s'il n'est pas trop délicat ; il lui est loisible, enfin, d'arroser ces aliments solides des boissons les plus diverses, depuis la simple eau claire jusqu'aux vins les plus rares et les plus renommés. Les ressources pour se les procurer étant acquises, ce ne sont évidemment pas, dans la civilisation moderne, les moyens qui manquent à l'apaisement de nos besoins nutritifs.

VIANDES ET SUBSTANCES ANIMALES

PROPRIÉTÉS ALIMENTAIRES DES VIANDES

Qualité des viandes. — Il faut à l'homme, pour se maintenir en santé parfaite, une nourriture variée. Les aliments riches en *azote*, les viandes, doivent, dans ses repas, se mêler aux substances végétales *hydrocarbonées* en proportion telle que, sans excès des unes ni des autres, les premières réparent, au fur et à mesure, les pertes que subit l'organisme, tandis que les secondes, en brûlant dans les tissus, fournissent au corps la chaleur dont il a besoin.

Rigoureusement calculée par les physiologistes, cette proportion, pour un adulte de moyenne taille, doit être de 300 grammes de viande pour 1000 grammes de pain ou de légumes chaque jour. C'est ce que l'on nomme la ration alimentaire ou d'entretien parce qu'elle assure bien mieux que tout autre combinaison d'aliments le fonctionnement régulier des organes*.

Il ne suffit cependant pas, pour se bien nourrir, de manger de la viande. Encore faut-il que cette viande soit de belle et de bonne qualité, ni trop faisandée, ni trop fraîche et qu'elle provienne d'un animal de boucherie convenablement engraissé. L'on peut reconnaître, à des signes certains et très apparents, la bonne ou la mauvaise qualité de la viande. Nouvellement coupée, elle est d'un rouge vif chez le bœuf et le mouton; d'un brun roux ou noir lorsque, détachée depuis plusieurs jours, elle a déjà perdu, par évaporation, la petite quantité d'eau qui lui donnait sa fraîcheur et sa coloration normales. En même temps qu'elle se dessèche et se fane, la viande acquiert, d'ailleurs, une odeur forte, puis fétide, bien différente de la bonne odeur franche qu'elle exhalait tout d'abord. Elle ne saurait, alors, aucunement servir à l'usage alimentaire.

Si l'on doit tenir, avant tout, à ce que la viande soit fraîche, on ne saurait attacher, aussi, trop d'importance à la façon dont le *gras* et le *maigre* s'y trouvent mêlés. Il ne faudrait point, par exemple, en dépit de sa fraîcheur, juger très savoureuse une viande dont la coupe présenterait des amas plus ou moins volumineux de graisse alternant avec de gros faisceaux musculeux. Pour que la chair ait bon goût autant que bon aspect, il est essentiel, au contraire, que la graisse y soit, le plus possible, divisée entre les fibres musculaires, auquel cas, la viande est criblée, sur toute sa surface, d'une infinité de points blancs et rouges

* Toutes les questions relatives à la *Physiologie de la digestion*, à l'*assimilation*, à l'*hygiène alimentaire* ont été traitées dans la VIE NORMALE et LA SANTÉ. p. 201 et suivantes.

constituant ce que les bouchers nomment le *persillé* ou *marbré*.

Plus cette marbrure est fine, plus la viande est tendre et facilement tranchée par le couteau; moins elle perd, à la cuisson, de ses qualités nutritives. Outre la graisse ainsi disséminée entre les fibres des muscles, la chair des animaux de boucherie est souvent recouverte de l'épaisse couche graisseuse qui double la peau et que l'on désigne sous le nom de *couverture*. Il n'est jamais avantageux, on le comprend, de choisir un morceau de viande trop recouvert; mais cette couche graisseuse, en continuité, d'ailleurs, avec celle qui sépare les faisceaux musculeux, indique toujours, par son abondance et sa teinte jaune-paille ou beurre frais, une chair tendre à la mastication, nourrissante et savoureuse.

Selon qu'elles réunissent un plus ou moins grand nombre de ces caractères, les viandes ont été classées en trois catégories : *première, deuxième* et *troisième,* se subdivisant elles-mêmes en *première, deuxième* et *troisième* qualité. Les morceaux de premier choix se distinguent par leur supériorité frappante au point de vue de la couleur, du marbré, de la finesse de la chair, de l'épaisseur de la couverture. Détachés surtout des régions lombaires et fessières de l'animal, ils appartiennent au *filet*, à l'*aloyau*, au *gîte à la noix*, à la *tranche*, à la *tranche grasse*, à la *culotte*. Très acceptables encore, les viandes de la deuxième catégorie offrent une bonne moyenne de qualités; elles sont fournies par le *paleron*, le *train de collier*, le *train de côte*, la *bavette d'aloyau* taillés dans les muscles de l'épaule et des côtes. Dans les derniers morceaux, enfin, la chair, fibreuse ou grasse à l'excès, n'est jamais livrée qu'avec une certaine quantité d'os, de tendons ou de cartilages. Elle provient surtout de la partie inférieure des membres, de l'abdomen, de la tête et du cou de l'animal, régions habituellement désignées sous les noms de *collier*, *plat de joues* ou *de côtes*, *gîte de derrière* ou de *devant*.

Quoique moins agréables au goût, généralement, les viandes de la troisième catégorie, détachées d'une bête jeune et bien engraissée, ne laissent pas d'être très nourrissantes et très saines. Aussi doit-on les préférer, même aux meilleurs morceaux d'un animal vieux, épuisé, mal nourri, soigné hâtivement, ou même abattu trop tôt après une marche forcée, un excès de fatigue,

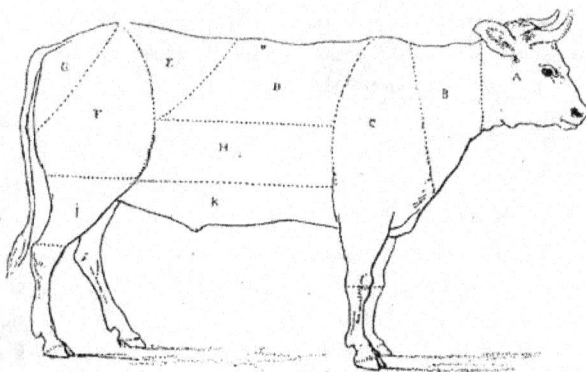

Division du bœuf en catégories de morceaux

A. Plat de joue. — B. Collier. — C. Paleron. — D. Côtes couvertes. — E. Aloyau et filet. — F. Tranche au petit os et gîte à la noix. — G. Culotte. — H. Plat de côtes. — I. Gîte de derrière. — J. Jarret. — K. Poitrine et flanchet.

un surmenage quelconque. Dans ces derniers cas, en effet, non seulement la viande fermente et subit rapidement, à l'air, la décomposition putride ; mais encore elle peut occasionner au consommateur de fâcheux désagréments ; altérer même quelquefois sa santé, comme le ferait la chair d'une bête malade.

Préparation des viandes. — Particulièrement nourrissante quand on la mange crue, la viande de boucherie ne convient guère, sous cette forme, qu'aux personnes débilitées, aux estomacs délicats, incapables de digérer et de supporter cet aliment réparateur autrement qu'à l'état naturel et sous un petit volume.

Chez tous les peuples civilisés, on sert, sur les tables, la viande plus ou moins cuite ; et quelque nombreuses que soient les façons de l'accommoder, c'est, en somme, à la faire griller, rôtir ou bouillir, qu'aboutissent finalement, les recettes culinaires. Ces opérations, il est vrai, toutes simples qu'elles paraissent, doivent être exécutées avec méthode et discernement, le succès de chacune étant absolument lié à la parfaite observance de règles et de lois ignorées de la plupart des ménagères, mais que les cuisiniers habiles connaissent au moins par expérience, s'il ne leur est pas toujours possible d'en expliquer la théorie.

Il suffit, cependant, de savoir, pour cela, que la viande est surtout composée de *musculine* constituant la chair proprement dite, d'*albumine* soluble, de *graisse* et de quelques *sels*. Or, sous l'influence de la chaleur, des phénomènes tout différents modifient chacune de ces substances. Elastique et souple, à la température de l'air, la musculine, en présence du feu, contracte et resserre aussitôt ses fibres ; l'albumine, comme le blanc d'œuf dans l'eau qui bout, de liquide qu'elle était, s'épaissit et se coagule ; la graisse fond, se liquéfie, pénètre la chair dans toute son épaisseur et dissout les sels qu'elle renferme.

Théorie du rôti. — Cette action de la chaleur sur la viande étant bien connue, il est facile de comprendre que la marche et les effets de la cuisson différeront beaucoup, non seulement selon que la viande sera rôtie ou bouillie, mais suivant, aussi, que le feu sera plus ou moins intense. Avant tout autre effet, un feu vif, ardent, bien allumé, « saisit » la viande. Instantanément et sur toute l'étendue de la tranche, il coagule l'albumine, qui forme, de la sorte, un enduit superficiel assez impénétrable pour empêcher le durcissement des couches profondes et retenir à l'intérieur la graisse fondante, le jus rouge et savoureux découlant des fibres musculaires. Ainsi l'on obtient la grillade cuite à point, le rôti parfait, uniformément roux et dorés à la surface, rosés,

tendres et juteux dans leur épaisseur. Un feu brûlant mal, au
contraire, en ne coagulant pas l'albumine d'un seul coup, laissera ruisseler au dehors toute la graisse et le jus de la viande.
Les fibres charnues n'étant plus humectées, se dessécheront, per-
dront toute saveur, et fatalement, alors, le rôti sera sec, la grillade sera dure.

Que ce soit pour griller ou pour rôtir la viande, il faut donc
allumer un bon feu tout d'abord. Sur le gril, au-dessous duquel
le brasier doit rester très ardent, on ne placera la viande qu'une
fois sur chacune de ses faces; à la broche, le premier effet obtenu, le feu sera progressivement ralenti pour que la coction
s'opère petit à petit de la surface du rôti vers les couches profondes.

Théorie du bouilli. — Se propose-t-on de faire cuire les viandes
dans une sauce ou dans le bouillon du pot-au-feu? l'on devra se
régler sur des considérations analogues. Un feu vif au début em-
prisonnera dans la viande les sucs qu'elle fournit; une chaleur
progressive et modérée laissera se dissoudre dans le liquide où
la viande baignera, toutes ses parties nutritives. Dans le premier
cas, la viande sera meilleure que la sauce; elle vaudra moins
dans le second cas, comme le prouve nettement l'absolue infériorité du bouilli vis-à-vis du bouillon, dans tout pot-au-feu
ayant, selon les règles de l'art « mijoté » sur un feu doux, durant de longues heures.

VIANDES DE BOUCHERIE

Bœuf. — **Races de boucherie.** — Le Bœuf, le bon gros Bœuf, est
la base de toute alimentation sérieuse et complète. On ne réflé-
chit pas assez au rôle essentiel que remplit ce robuste et savoureux animal dans la vie d'une famille et d'un peuple : on n'encourage pas assez les éleveurs dont les efforts tendent à faire de
plus en plus entrer dans la consommation, cet indispensable
agent de santé, de travail et de force.

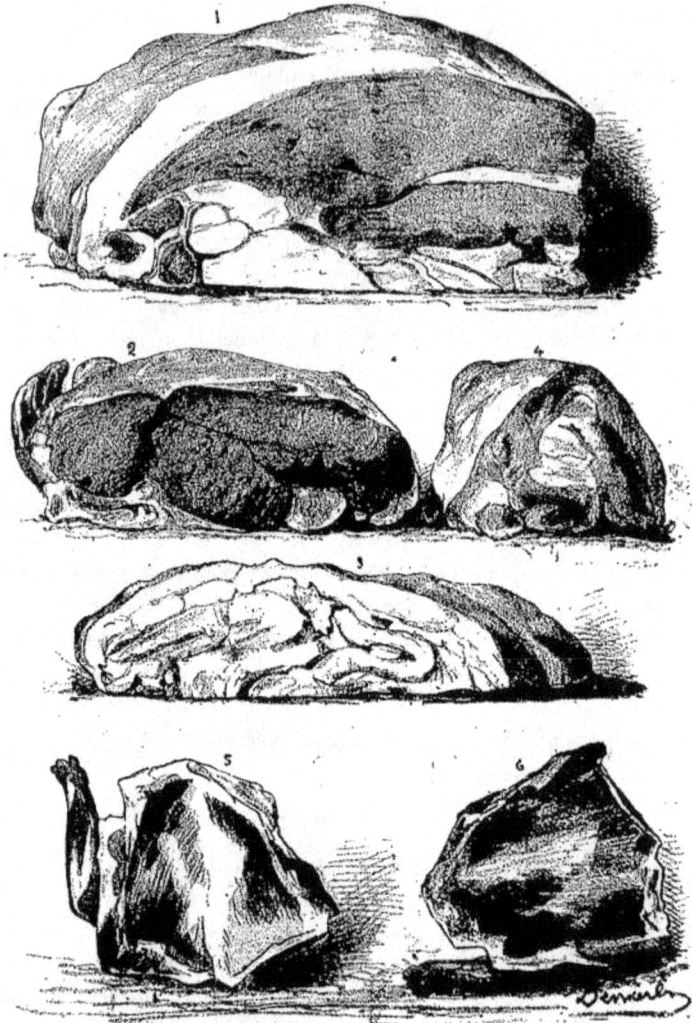

Pl. XLII. — L'ALIMENTATION. — CHOIX DES VIANDES DE BOUCHERIE.

1. Bœuf de bonne qualité. — 2. Bœuf de mauvaise qualité. — 3. Veau de bonne qualité. — 4. Veau de mauvaise qualité. — 5. Mouton de bonne qualité. — 6. Mouton de mauvaise qualité.

Les physiologistes ont depuis longtemps démontré quelle étonnante influence exerçait sur le développement des individus et des groupes humains une nourriture animale, azotée, éminemment plastique et réparatrice. Il n'est pas douteux que dans tous les pays où l'on mange beaucoup de viande et principalement du bœuf, la population s'élève à un degré d'énergie, de vigueur, d'activité qu'elle n'atteint jamais dans les contrées où l'alimentation est surtout végétale.

Pour ne comparer à cet égard que les hommes vivant sous les mêmes latitudes, n'existe-t-il pas un véritable abîme, par exemple, entre les Chinois, mangeurs de riz et les Américains, gros consommateurs de viande? Les Indiens à peau rouge ne doivent-ils pas une bonne part de leur vigueur musculaire, de

Bœuf de boucherie. — Race de Durham à courtes cornes.

eur audace, de leur intrépidité, si différentes de l'apathie des autres sauvages, à la chair fraîche ou séchée du Bison, dont ils se nourrissent presque exclusivement toute l'année?

Et les Anglais, ces carnivores aux dents longues, qui nous ont fait apprécier « beefsteaks » et « roastbeefs », ne sont-ils pas eux-mêmes grandement redevables au bœuf de leur indéniable force intellectuelle et physique, de leur sagacité commerciale et politique, de l'âpreté au gain, de l'astuce qui les trahit à tout instant, et que l'on retrouve dans les habitudes des rapaces, des félins, de toutes les bêtes carnassières ?

Aussi, comme ils sont bien pénétrés de tous les avantages que procure une succulente alimentation, les Anglais restent-ils nos maîtres dans cet art si difficile de l'élevage, dont les progrès n'importent pas moins au bien-être individuel qu'au développement social. Très experts à pratiquer de judicieuses sélections, des croisements méthodiques, ils excellent à fabriquer la viande autant qu'à la manger.

C'est chez eux et par leurs procédés que s'est formée, entre autres, cette superbe race de Bœufs *Durham à courtes cornes*, qui généralement, aujourd'hui, l'emporte dans tous les concours; et qui nous offre le type parfait du bœuf de boucherie : corps épais et long, « bien roulé », large à la croupe et « près de terre », c'est-à-dire porté par de petits membres aux os grêles, toute la place possible étant prise par la graisse et par la chair.

Outre cette remarquable race, incontestablement la plus estimée, la Grande-Bretagne et l'Écosse opposent à nos éleveurs les Bœufs de *Hereford*, de *Devon*, de *West-Highland* et d'*Angus*, ou « race sans cornes »; mais nos campagnes, ici, soutiennent avantageusement la lutte, avec leurs belles et bonnes races *Normande*, *Poitevine*, *Nivernaise*, *Charolaise*, cette dernière, limitée d'abord aux environs de Charolles, dans le Saône-et-Loire, s'étendant, aujourd'hui, dans tout le bassin de la Loire, le Maine et le Morvan.

Comme les Bœufs anglais, nos meilleurs Bœufs de boucherie ont les os minces, le fanon très réduit, la peau fine, blanche, blonde ou cendrée; le poil court et duveteux, les reins et la croupe largement développés aux dépens de l'encolure et de la tête, qui reste petite; mais, en général, ils n'ont point la précocité des Bœufs de Durham, que l'on peut abattre dès la troisième année, ni toujours, par conséquent, la chair absolument tendre et délicate des jeunes animaux de cette race.

Viande de vache. — Encore n'est-ce pas uniquement du bœuf de plus ou moins bonne qualité que les bouchers livrent journellement à leur clientèle. Nombre de vaches aussi sont couramment débitées sous cette même étiquette, et beaucoup d'entre elles ont le tort grave d'être de vieilles laitières épuisées, dont les poumons, quand elles ont été longtemps enfermées dans les étables des nourrisseurs, sont trop souvent ravagés par la phtisie tuberculeuse.

Quoiqu'il suffise, ordinairement, d'une coction prolongée pour détruire tout germe contagieux dans une substance quelconque, il peut n'être pas sans inconvénient, pour la santé, de faire entrer dans l'alimentation la chair de ces vaches malades.

On la reconnaîtra, non seulement à la teinte rouge pâle de ses fibres, toujours plus décolorées dans la viande de vache que dans celle de bœuf, mais encore à leur mollesse, à leur flaccidité, décelant bien l'animal profondément affaibli, sinon malsain, très défectueux, en tout cas, au point de vue alimentaire.

Eu égard à sa valeur nutritive, la chair de la vache, quand elle est parfaitement saine, n'est point inférieure, comme on l'a dit, à la viande de bœuf. Elle est, seulement, presque toujours un peu plus dure, la vache n'étant, ordinairement pas engraissée, avant d'être livrée à la consommation.

Préparations culinaires du bœuf. — En France, il est fâcheux de le constater, nous ne savons pas encore utiliser pour notre meilleur profit la plus savoureuse et la plus nourrissante de toutes les viandes; nous ne savons pas manger le bœuf. Aussi, depuis longtemps, de l'autre côté du détroit, les gros mangeurs de roastbeef nous ont-ils ironiquement qualifiés de « mangeurs de soupe ».

Dans nos provinces, même les plus riches, la soupe est, en effet, toujours considérée comme la base essentielle du repas, et les plus belles tranches de bœuf, invariablement destinées au *pot-au-feu*, ne servent jamais qu'à préparer le bouillon dont la soupe est trempée!

Le pot-au-feu! Certes, c'est bien là le « mets national », et le rusé Béarnais ne pouvait mieux gagner le cœur de ses sujets qu'en leur promettant, pour leur pot, la poule du dimanche!

De nos jours encore, à ce seul mot de « pot-au-feu », l'on voit, dans tous les ménages, les visages s'épanouir. L'arome en est si pénétrant, le fumet si délicieux! Versée toute bouillante dans la soupière, sur les croûtes de pain dorées, cette complexe décoction de viande semble si réconfortante à l'œil et si savoureuse au goût, que l'on ne regrette pas trop, en la dégustant, la grosse pièce de bœuf indispensable à sa bonne préparation.

Mais le *bouilli?* le bouilli, cette pierre d'achoppement de la petite cuisine bourgeoise? Comment se débarrasser du bouilli? A

Bœuf bouilli, garni de racines.

quelle sauce accommoder ce gros tas de viande épuisée, cette masse compacte et serrée de fibres naguère charnues et maintenant presque ligneuses?

Sans doute une cuisinière habile parvient toujours à faire absorber à son entourage une partie de ce résidu. Mais combien de maris se révoltent, à la fin, contre les *vinaigrettes* répétées, les *hachis* et les *boulettes!*

On se garde bien, chez nos voisins d'outre-Manche, de sacrifier ainsi la bonne viande de bœuf. Le potage y perd peut-être un peu de sa saveur; mais le beefsteak saignant y rend les hommes vigoureux, les femmes vaillantes, et si l'État y trouve son compte, la famille, généralement unie et nombreuse, n'a point à s'en plaindre non plus!

C'est, du reste, convenons-en, une excellente et très pratique manière de préparer le bœuf, que de le faire griller ou rôtir. En quelques minutes, une belle *entrecôte*, un morceau de *filet*, jetés sur des charbons ardents, et servis, avec une garniture de pommes de terre, sur du beurre fondant, constituent un mets substantiel et de bon goût, convenant à merveille au déjeuner de l'homme actif, dans nos grandes villes.

On met rôtir plutôt, pour le repas du soir, le *filet* ou l'*aloyau*, préalablement piqués de lard et laissés, dix à douze heures durant, dans une marinade aromatique. C'est là le *roatsbeef* des Anglais, aussi savoureux et nourrissant que le classique *beefsteak*. Mais ces morceaux de choix peuvent être encore préparés de bien d'autres façons. Il est rare, on le sait, de ne point trouver inscrit, au menu d'un dîner, le traditionnel *filet de bœuf aux champignons* ou *sauce Madère*. En famille, on se régale volontiers d'un *bœuf à la mode*, consistant, d'habitude, en une épaisse tranche de *culotte* que l'on met cuire, une demi-journée, dans une terrine, avec un grand verre de vin ou deux petits verres d'eau-de-vie.

Outre sa chair musculaire, si généralement estimée, le bœuf fournit à l'alimentation nombre d'autres parties plus ou moins utilisables. Le *foie* est surtout apprécié cuit sur le gril, à la façon du beefsteak; les *rognons*, *sautés au vin blanc*, notamment au *vin de Champagne*. Braisée comme le bœuf à la mode, la *queue en hochepot* compte encore des amateurs ; mais le morceau que tous les gastronomes s'accordent à trouver excellent, c'est la *langue*, dans ses diverses préparations ; en *daube*, en *papillottes*, au *gratin*, même la simple *langue à l'écarlate*, que l'on « fourre » dans un boyau de bœuf pour la fumer, et que l'on sert, ensuite, comme le saucisson, coupée en petites tranches.

Veau. — On n'amène guère les veaux à la boucherie avant l'âge d'un mois ou six semaines. Leur chair, en effet, jusqu'alors n'est point suffisamment faite ; elle est fade, mucilagineuse, assez insalubre pour déterminer dans les voies digestives de graves accidents.

Les plus justement estimés sont les veaux laissés à la vache ou nourris de lait jusqu'à deux ou trois mois. Sur les marchés de Paris, où ils sont, de préférence, amenés des départements voisins, on les désigne sous les noms de *veaux de lait, veaux de Pontoise*, et plus généralement, aujourd'hui, sous la dénomination de *veaux blancs* qu'ils doivent à l'exceptionnelle blancheur de leur chair. Très avantageuse peut-être, pour la vente, cette décoloration des tissus n'est point due, toutefois, comme on le pourrait croire, à la nourriture exclusivement lactée que l'on donne aux jeunes veaux. Elle est le résultat d'un appauvrissement maladif du sang, d'une véritable chlorose provoquée chez ces pauvres bêtes par le barbare traitement qu'on leur fait subir.

L'engraissement des veaux de lait n'est point sans analogie, en effet, avec celui des poulardes et des oies que l'on gave chaque jour à heures fixes, en les tenant enfermées dans d'obscures épinettes où elles ne peuvent se mouvoir. Isolés de même, dans le plus sombre coin de l'étable, et maintenus muselés dans d'étroites cases où il leur est impossible de remuer, les veaux y reçoivent régulièrement autant de lait pur qu'ils veulent en boire, huit, dix, quinze et jusqu'à dix-huit litres par jour. A ces doses élevées, ils engraissent vite, on le conçoit, mais il est indispensable, alors, d'ajouter des œufs frais à l'alimentation qu'ils reçoivent, l'abus du régime lacté pouvant leur occasionner des diarrhées subites qui, rapidement, font perdre aux éleveurs tout le bénéfice de ce coûteux entretien.

Quelque blanche et tendre que soit leur chair, les veaux blancs, nourris de la sorte, ne sont cependant pas les seuls appréciés. On recherche aussi, pour la boucherie, les *veaux de Caen, de Montargis*, et plus encore les *veaux de rivière*, élevés aux environs de Rouen. De toutes les parties de l'animal utilisées en cuisine, la cuisse est certainement celle dont on tire le plus de profit. On y taille, en effet, la *culotte* ou *quasi*, la *noix*, les *rouelles*; mais on n'estime pas moins la *longe* et le *carré* qui lui fait suite, et peut-être nombre de personnes préfèrent elles encore, à la chair musculaire, les *ris*, les *rognons*, la *langue*, la *cervelle*, la fameuse *tête* de veau.

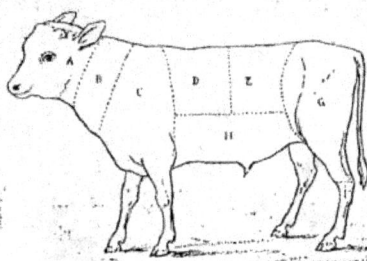

Division du veau en catégories de morceaux.

A. Tête. — B. Collet. — C. Épaule. — D. Carré. — E. Longe et rognon. — G. Cuissot comprenant la noix et les rouelles. — H. Poitrine. — I. Jarret.

Préparations culinaires du veau. — D'un blanc rosé quand elle est fraîche, et recouverte d'une graisse blanche, ferme au toucher, la viande de veau ne convient cependant pas à tous les estomacs, d'aussi bonne qualité qu'elle puisse être. Pour la préparer à la cuisson, il est d'usage de la battre, afin d'en rompre les fibres et de les attendrir; mais la saveur et la tendreté de la chair varient toujours beaucoup selon la pièce choisie et la sauce qui l'accompagne.

On met rôtir surtout le *carré* avec son rognon, le *quasi*, quelquefois la *longe*, devant un feu clair et vif où ils doivent rester

Pl. XLIII. — L'ALIMENTATION. — LA TRIPERIE.

A. Poumons et cœur de bœuf. — B. Langue de bœuf. — C. Foie de bœuf entier. — D. Foie coupé. — E L. Tête et pieds de veau. — F. Rognon de veau. — G. Rognon de bœuf. — H. Ris de veau. — I. Cœur de veau. — K. Rognons de mouton à la brochette.

jusqu'à ce qu'ils soient bien dorés à la surface et parfaitement cuits à l'intérieur.

L'*épaule* est ordinairement servie farcie, les *côtelettes*, *grillées au naturel*, en *papillotes*, ou bien encore accommodées *au beurre*, aux *fines herbes*, à la *sauce piquante*, et c'est, aussi, de ces diverses façons que l'on prépare les *escalopes* détachées de la rouelle ou de tout autre morceau. Mais la principale destination culinaire de la rouelle, c'est d'être transformée par une lente cuisson dans la casserole, en un bel et bon *fricandeau* que

Fricandeau.

l'on a dû préalablement piquer de lardons fins et que l'on sert tantôt simplement glacé dans son jus, tantôt sur une épaisse garniture d'oseille ou de chicorée. Les *pieds de veau*, la *poitrine*, et les *tendrons* que l'on en détache, ne sont guère prisés qu'à la sauce blanche ou *poulette*, par la plupart des amateurs. En revanche, il en est peu qui n'apprécient la *tête* de veau dans ses différentes préparations : *au naturel*, en *blanquette* plus ou moins relevée, en *tortue* surtout, comme on a coutume de la servir dans les grands dîners, sur une complexe garniture de quenelles, de rognons, de crêtes de coq, de queues d'écrevisses, de tranches de truffes et d'autres condiments de haute saveur.

Certaines autres parties du veau fournissent enfin des mets non moins recherchés : les *ris* notamment, que l'on prend dans la poitrine entre les poumons de l'animal; le *foie*, que l'on peut griller, rôtir, apprêter à toutes sauces; les *rognons*, que l'on fait sauter, la *cervelle* que l'on fait frire, la *langue* à qui l'on applique les mêmes recettes qu'à la langue de bœuf.

Mouton. — A tout âge et dans toutes ses races, le mouton de boucherie est l'objet d'un commerce important. On tue déjà l'agneau après qu'il a seulement tété pendant un mois ou six

Bélier southdown.

semaines; on le consomme un peu plus âgé, sous la dénomination d'*agneau gris*, lorsqu'il provient de certaines variétés de choix obtenues par le croisement de sujets *mérinos* avec des *berrichons* ou des *southdown*; on le mange, enfin, à l'état de véritable *mouton*, quand il est gras à point et complètement développé.

En principe, les races les plus estimées au point de vue de l'abondance et des qualités de la viande sont les races anglaises de *Southdown* et de *Leicester* ou de *Dishley;* les races françaises *berrichonnes* et de la *Charmoise*, puis, aussi, les métis *mérinos* de ces diverses variétés. Mais, peut-être, le milieu, le mode d'élevage, la nature de l'alimentation, plus encore que la race, influent-ils sur le volume et le goût de la chair. C'est pourquoi l'on estime, entre tous, les moutons dits de « présalé », qui sur les bords de la Manche et de l'Océan, broutent les herbes maritimes; ceux de Dol en Bretagne, par exemple, et ceux encore des Ardennes, malgré qu'ils ne soient pas placés dans les mêmes conditions.

D'un rouge cramoisi chez l'animal adulte, la chair de mouton doit être recouverte d'une belle couche de graisse blanche et ferme, moins épaisse chez les moutons de pré-salé. Pour l'attendrir il est utile de la laisser se mortifier pendant trois ou quatre jours dans le garde-manger. Très sapide, d'ailleurs, agréable et nourrissante, elle est à peu près autant que le bœuf, appréciée

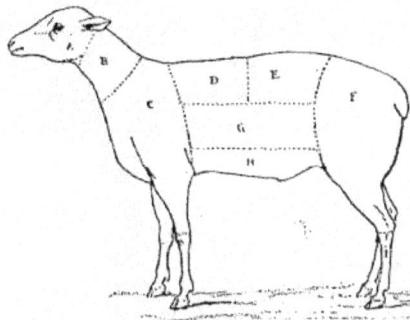

Division du mouton en catégories de morceaux.
A. Tête. — B. Collet. — C. Épaule. — D. Carré. — E. Selle ou filet. — F. Gigot. — G. Côtelettes. — H. Poitrine.

de tous les consommateurs, et convient particulièrement aux personnes débilitées qui la digèrent sans peine.

Préparations culinaires du mouton. — C'est par son *gigot*, surtout, que le mouton est fameux en cuisine. Aussi bien, quand il est

Gigot rôti.

d'irréprochable qualité, tendre, juteux et cuit à point, le gigot constitue-t-il un excellent mets, figurant avec honneur sur les bonnes tables bourgeoises. Mais il n'est pas déjà si facile de réussir parfaitement un gigot rôti. Placé devant un feu très vif, bien allumé d'avance, il doit, en une heure et demie, en moyenne, avoir atteint un suffisant degré de cuisson pour n'être point brun ni violet au centre, mais d'une belle teinte rouge ou franchement rosée.

On fait souvent rôtir, outre le gigot, la *selle* ou *filet* de mouton et quelquefois l'*épaule*, que l'on farcit aussi comme l'épaule de veau. Les *côtelettes*, d'autant meilleures que la noix centrale se détache mieux, grillées et panées avec soin fournissent, comme le beefsteack, un dé-jeuner substantiel et commode. Mais il est deux autres formules culinaires auxquelles s'adaptent à merveille toutes les parties de l'animal. C'est le *mouton aux haricots* et le *haricot de mouton*,

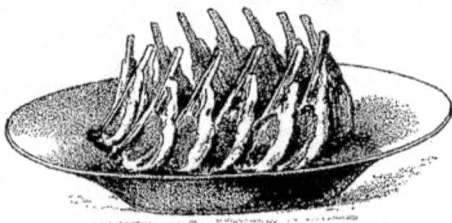
Côtelettes de mouton.

préparations toutes différentes, en dépit de la similitude de leurs dénominations ; celle-ci consistant en un ragoût de viande aux navets ou aux pommes de terre, celle-là reposant sur la coction simultanée, dans une braisière, d'un morceau de mouton de choix et de beaux haricots blancs ou verts.

Généralement moins estimées que celles du veau, les parties accessoires du mouton, *langue, cervelle, rognons,* se préparent à peu près de la même manière. Il convient, toutefois, de mentionner spécialement les *rognons à la brochette*, que l'on fait cuire sur le gril, et les *pieds à la poulette* que l'on sert dans une sauce blanche relevée, après les avoir fait bouillir dans l'eau pendant six ou sept heures.

Agneau et chevreau. — Tendre et mucilagineuse, la chair de l'*agneau* et celle du *chevreau*, ne saurait être accommodée selon les mêmes recettes que la viande de mouton. Pour lui trouver quelque saveur, il faut, surtout, la manger rôtie, et l'on obtient un excellent rôt en mettant, soit au four, soit à la broche, une moitié tout entière de l'un ou l'autre animal. Le *quartier de chevreau*, très croustillant, est particulièrement apprécié, mais le *carré d'agneau* figure honorablement, aussi, dans un repas, quand il est cuit *à la Périgord*, dans une épaisse sauce aux truffes.

Porc ou cochon. — Charcuterie. — Il n'est, assurément, sur la terre, aucun animal qui soit plus mangé par l'homme, que le porc. Entre toutes les bêtes nourries à la ferme pour fabriquer de la viande, aucune n'est plus accommodante, plus rustique, plus prompte à s'engraisser, plus féconde, et par conséquent plus avantageuse que le pachyderme « habillé de soies ». Tous les résidus de la maison, tous les déchets et tous les débris de cuisine qui ne feraient pas même un mauvais fumier, le cochon les absorbe et les utilise. Dans son estomac, comme dans une usine vivante, il les décompose, les transforme, en refait de nouveaux aliments ; du lard, de la graisse, du sang, de la chair, qu'il emmagasine et conserve consciencieusement sous sa peau, jusqu'à ce qu'il plaise à son maître de venir, le couteau à la main, l'égorger, lui ouvrir le ventre, lui faire rendre ses comptes dans un sanglant inventaire où, le lard de la bête pesé, la panne fondue, les tripes lavées, le boucher constatera s'il n'a point fait, en nourrissant ce porc, une mauvaise affaire ; si ce récureur de baquets rend bien, au centuple, ce qu'il a reçu ; si ce zélé nettoyeur d'immondices ne fut point une bouche onéreuse ; et si, dans sa hure, ses pieds, ses jambons, sa graisse et ses viscères ; si dans les aunes de saucisses et de boudins que l'on tirera de son ventre, on retrouvera bien, au moins, ce qu'il aura coûté !

Car, « tout est bon, dans le cochon » ; depuis les pieds jusqu'à la tête, on mange tout; et pas un autre animal ne fournit une chair plus variée, plus sapide, plus apte à toutes les préparations, à toutes les combinaisons culinaires!

Des viandes que l'on sale et que l'on fume, c'est aussi celle du porc qui se conserve le mieux et qui garde le plus longtemps, avec sa saveur, ses qualités nutritives.

L'alimentation des ouvriers et des paysans n'est sans doute pas toujours très substantielle mais ne serait-elle pas absolument in-

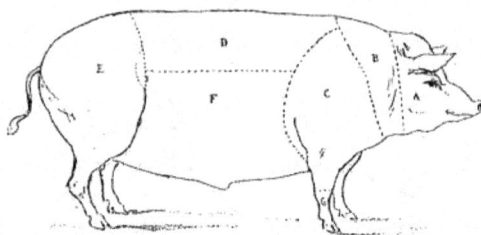

Division du porc par catégories de morceaux

A. Hure. — B. Collier. — C. Épaule et jambonneau. — D. Côtes et filet. — E. Cuisse ou jambon. — F. Poitrine. — G. Pieds.

suffisante sans le cochon, dont le rouge « petit salé » fait si bien sur un plat de légumes ou d'herbes cuites, et dont le lard n'est pas plus à dédaigner dans la classique omelette, que dans l'odorante soupe aux choux?

Et les marins, de quoi se nourriraient-ils, sur leurs navires, s'ils n'emportaient, avec la provision de biscuit, une copieuse quantité de salaisons et de conserves?

Tout calomnié, bafoué, méprisé, maltraité qu'il soit de son vivant, le porc est donc bien, sinon la plus noble, au moins l'une des plus précieuses conquêtes de l'homme sur le règne animal. En tout temps, en tous lieux, sa chair, qu'il est si facile d'obtenir, constitue une ressource alimentaire dont on usera d'autant plus que l'on saura mieux et plus hygiéniquement élever, nourrir, engraisser les types les plus avantageux de la race porcine.

Or, ils sont nombreux, les porcs sur lesquels on peut, raisonnablement, fonder l'espoir d'une copieuse provende. On peut citer, parmi les variétés françaises *à longues oreilles* : le *porc craonnais*, le *normand*, le *charolais*, l'*augeron* surtout et le *périgourdin*

Porc anglais de Yorkshire.

qui, facilement, atteignent, dans l'année, un poids de 150 à 160 kilos. Parmi les races anglaises, plus précoces encore, et plus estimées, les grands et gros *Yorkshire*, les *Middlesex*, les *New-Leicester*, les *Berkshire*, un peu confondus aujourd'hui, mais qui, sans peine, parviennent en un an à l'énorme poids de 250 à 300 kilogrammes.

Ce n'est pas tout, cependant, que de tirer d'un porc beaucoup de viande. Encore faut-il qu'elle soit d'irréprochable qualité, de bonne couleur, d'une belle finesse de grain et de marbrure; à plus forte raison, parfaitement exempte de toute altération morbide, de tout parasite transmissible comme le sont les *trichines* et les *cysticerques de la ladrerie* si fréquents chez les cochons mal soignés qui se nourrissent de charognes et d'excréments dans les ruelles de village.

A l'œil nu, l'on peut aisément distinguer, dans la chair d'un porc ladre, les cysticerques qui s'en détachent sous la forme de gros grains de riz et produisent bien des ténias ou vers solitaires,

Pl. XLIV. — L'ALIMENTATION. — LA CHARCUTERIE.

A. Demi-porc. — a. Jambon. — b. Aloyau et filet. — c. Côtes et poitrine. — B. Jambon frais. — C. Jambon fumé. — DE. Saucissons et cervelas. — F. Hure. — G. Mortadelle de Bologne. — H. Jambonneau. — I. Fromage de cochon. — K. Pieds de cochon. — L. Langue fourrée. — M. Andouillette. — N. Boudin.

dans les voies digestives de l'homme, quand ils n'ont pas été détruits par la cuisson; mais en raison de leur extrême petitesse, les trichines ne peuvent être découvertes qu'au micros-

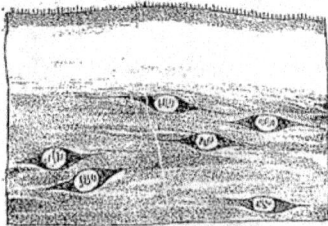

Trichines enkystées du porc, vues au microscope.   Cysticerques du porc la re légèrement grossis.

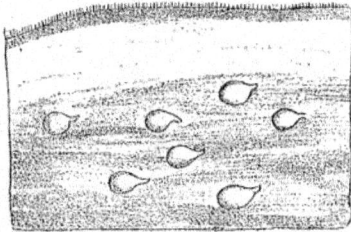

cope, et ces vers infimes, particulièrement communs dans les salaisons d'Allemagne et d'Amérique, ne laissent pas, en pullulant dans les tissus, d'occasionner parfois de très graves accidents.

Préparations culinaires du porc. — Charcuterie. — Quoique la viande de porc soit utilisable de toutes les manières et se prête à toutes les préparations, c'est, relativement, en petite quantité, que l'on mange, à l'état frais, l'animal en qui tout est bon. Presque toujours alors, très grasse et de digestion difficile, cette chair dense, à fibres serrées, avant de servir à la cuisine doit, au moins, être battue et suffisamment mortifiée. En les soumettant, deux heures environ, à l'action d'un feu vif, on fait un excellent rôti du *filet* ou des *côtes*, que l'on sépare d'un coup de couperet à leur base, afin de pouvoir, sur la table, les découper aisément. Les *côtelettes*, cuites à la poêle, sont généralement servies sur une sauce relevée de pickles ou de cornichons. Les *oreilles* et les *pieds*, après avoir longtemps bouilli dans l'eau, sont présentés sur une purée de pois, de lentilles, de haricots, ou simplement, aussi, dans une sauce piquante.

Autrefois très apprécié, le *cochon de lait*, tout croustillant qu'il soit quand il est rôti bien à point, n'est pas déchu, sans raison, de l'estime des gastronomes, tous bien d'accord, aujourd'hui, pour reconnaître que le morceau par excellence du porc est le bon, le rose, le savoureux *jambon*.

Mais la préparation de ce mets de haut goût et de précieuse ressource relève bien moins de la cuisine que de l'art du charcutier. C'est un des produits essentiels de la salaison du porc, parmi les cent autres que l'on fabrique couramment avec les différents morceaux de la bête; le *jambonneau*, que l'on détache de l'épaule; les

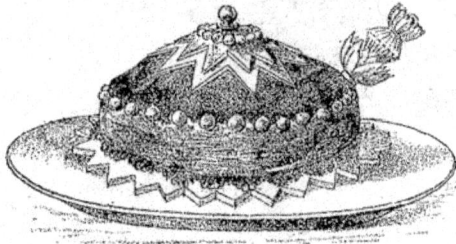

Jambon glacé.

pieds, que l'on vend *farcis*, *truffés* ou seulement cuits *à la Sainte-Ménehould*, d'une façon toute particulière; la *hure*, que l'on sait merveilleusement transformer, quand on ne la sert pas entière, en un excellent *fromage de cochon*, plus ou moins criblé de pistaches; le *foie*, que l'on tasse et triture avec toutes sortes d'aromates dans une terrine d'où il est extrait, après une cuisson d'une heure, sous la triomphante appellation de *fromage d'Italie!*

Et toute la série des préparations auxquelles les boyaux du porc servent de récipient et de moule : les *andouilles*, bourrées de lanières intestinales fortement épicées; les *boudins*, où l'on coule, avec quelles précautions! le sang épaissi de la victime; les *saucisses* de tout calibre et de toutes longueurs, que l'on emplit de chair menu hâchée; les *saucissons*, objet d'une concurrence effrénée entre Lyon, qui pour les confectionner, mêle à la viande du porc celle du bœuf, et peut-être celle de l'âne; Francfort, qui fume ses longues saucisses et ses *cervelas;* Bologne, qui donne pour enveloppe à ses énormes *mortadelles*, la vessie même du cochon !

Puis, enfin, c'est le *lard* et la *graisse*, de première nécessité dans la cuisine, que la charcuterie utilise encore de diverses façons. D'une épaisseur souvent considérable dans la région dorsale, le lard ou *graisse de dessus* doit être ferme, d'un grain fin, et d'une teinte légèrement rosée; la *panne* ou *graisse de dessous*, qui double la peau de la poitrine, et le *ratis* ou *graisse de dedans*, exceptionnellement fins, sont ordinairement fondus avec la *coiffe* ou *toile intestinale* pour faire le *saindoux*. De cette graisse, où l'on a broyé des morceaux de poitrine ou de foie, on prépare encore, à Tours et ailleurs, des *rillons* et des *rillettes* qui peuvent se conserver plusieurs mois.

Du vulgaire *petit salé* que l'on sert sur les choux, dans les campagnes, jusqu'au luxueux *jambon glacé* qui, dans les soirées mondaines constitue la pièce de résistance des soupers froids, le porc, on peut le certifier, fournit donc quelque chose constamment, à notre alimentation quotidienne. Il serait difficile, en tout cas, de pousser plus loin l'exploitation de ce malheureux animal, de tirer meilleur parti de cette excellente bête.

Cheval. — Hippophagie. — Si le porc est beaucoup mangé, le *cheval*, en revanche, ne l'est guère encore. Et pourtant, sa chair, quand elle est saine, a toutes les qualités nutritives, l'aspect, la coloration, à peu près même le bon goût de la viande de bœuf. Rôti et bouilli, le cheval pourrait donc être régulièrement servi sur toutes les tables. Il le fut à Paris, pendant le siège, où l'on n'abattit pas moins de 65,000 chevaux pour les besoins de la consommation; mais la nécessité ne l'y forçant plus, le public aisé n'en continua point l'usage et c'est à peine si la population parisienne indigente consomme, aujourd'hui, 3000 chevaux par an.

Les morceaux de l'animal le plus appréciés, sont, comme pour le bœuf, le *filet*, l'*aloyau*, et les muscles de la *cuisse;* les premiers, grillés ou rôtis, les seconds, bouillis dans la marmite où leur décoction fournit un bouillon absolument identique à celui du bœuf. Nombre de personnes, en outre, mangent du cheval à leur insu, dans les saucissons les plus renommés et maintes autres préparations de charcuterie journellement déclarées excellentes. A la faveur de sauces plus ou moins épicées, les petits restaurateurs en font aussi manger beaucoup à leur clientèle ; on ne peut donc qu'approuver les personnes qui se mettant au-dessus du préjugé se procurent économiquement, par l'usage de la viande de cheval, une alimentation que l'emploi des meilleures viandes de boucherie rendrait cinq ou six fois plus coûteuse.

VIANDES DE BASSE-COUR.

Volailles. — A côté des gros mammifères qui fournissent nos tables de *viandes rouges* très riches en principes nutritifs, les volailles de nos basses-cours nous donnent des *viandes blanches* qui nourrissent moins, mais dont la saveur n'est pas moins agréable. Il est rare qu'une belle volaille n'entre pas, sous une forme quelconque, dans la composition d'un bon repas. C'est pourquoi l'élevage spécial des races destinées à l'alimentation, rendu très pratique, aujourd'hui, par l'emploi des appareils incubateurs, deviendra certainement de plus en plus fructueux pour les habitants des campagnes.

Tous les détails intéressants à ce sujet ayant été donnés plus haut, nous nous bornerons à faire connaître, ici, les qualités alimentaires et les caractères distinctifs des bonnes volailles. La qualité la plus importante, le caractère essentiel, est la tendreté. Ce n'est guère que chez les jeunes volailles qu'on la rencontre, et jusqu'à présent, sur nos marchés, les poulets nouveaux n'apparaissent guère avant les mois d'avril ou mai. Les vieilles volailles, à quelque sauce qu'on les apprête, ne donnant jamais de bons résultats, il importe donc de choisir les poulets avec une prudence exceptionnelle à la « fin de saison », c'est-à-dire, approximativement du 1er décembre au commencement du printemps. On reconnaît qu'une volaille est tendre, le poulet surtout, à la grosseur des genoux et des pattes; à la flexibilité de l'aileron et du bréchet. Un poulet dur, outre ses pattes minces, a le cou maigre et les cuisses violacées. Une dinde de bonne qualité se distingue, à la blancheur de sa graisse, d'une dinde dure ou médiocre, reconnaissable à ses longs poils et à la teinte bleuâtre de sa chair. L'oie et le canard tendres ont l'aileron souple et le bec flexible; les jeunes pigeons les pattes relativement grosses et la chair des filets rouge-clair.

Les belles et bonnes volailles, cependant, ne doivent pas avoir les seuls mérites de la jeunesse et de la tendreté. Il faut encore qu'elles aient le volume et la graisse, l'abondance et la délicatesse de chair que l'empâtement méthodique et la castration font si rapidement acquérir aux sujets des meilleures races. C'est exclusivement par ces procédés, tout barbares qu'ils soient, que l'on obtient les chapons dodus, les fines poulardes, les dindes obèses, les oies ventrues dont l'incontestable supériorité, dans les grands dîners où figurent ces volailles de choix, est proclamée à l'envi par tous les gastronomes.

De préférence et selon les pays, les éleveurs engraissent pour la table, les poulardes et chapons de la *Bresse*, du *Mans*, de la *Flèche*, de *Crèvecœur*, de *Houdan*, ces derniers expédiés surtout à Paris par les fermières normandes et bretonnes. Les dindes et dindons, en grand nombre nous sont envoyés de la Sologne; mais les plus estimés viennent de la Bourgogne, de la Champagne et des environs de Caen. Les canards de Rouen et ceux du Languedoc ont acquis, depuis longtemps une réputation qui dure; les plus belles oies sont nourries dans les fermes de la Gascogne et de l'Alsace, d'où nous les recevons par Toulouse et Strasbourg.

A part quelques légères différences dans la composition de la pâtée et la façon de l'administrer aux volailles, les méthodes d'engraissement reposent à peu près sur les mêmes principes, partout où elles sont pratiquées. En général, c'est à l'âge de trois mois que les jeunes poulets et les poulettes sont transformés en chapons et poulardes avant d'être enfermés dans les étroites épinettes où ils doivent subir l'empâtement forcé. Deux ou trois fois par jour, à heures fixes, ils y sont gavés, soit à la main, soit à la mécanique, jusqu'à ce que de véritables tumeurs graisseuses se formant sous leurs ailes, ces malheureuses bêtes ne peuvent presque plus respirer.

Chez les canards et les oies, l'engraissement méthodique provoque, en outre, une dégénérescence du foie qui ne tarderait pas à leur être fatale. Monstrueusement amplifié, déjà, par l'alimentation, l'organe s'infiltre d'une telle quantité de graisse, qu'il remplit bientôt le ventre tout entier. Mais ce produit pathologique, absolument funeste au volatile, est au contraire très avantageux pour l'éleveur qui nourrit l'animal et le consommateur qui l'achète. C'est le *foie gras*, dont on fait à Strasbourg, à Nérac, à Toulouse, de si délicieuses terrines, de si fameux pâtés.

Poulet. — Chapon. — Poularde. — En cuisine, la destination la plus ordinaire du *poulet*, à l'état de *poularde* et de *chapon* surtout, est d'être mis à la broche. Il est peu d'opérations culinaires plus simples que celle-là; cependant, pour la bien réussir, après avoir vidé, flambé, bridé, bardé le poulet selon l'art, faut-il encore attentivement le surveiller durant toute la cuisson et le débrocher à point aussitôt qu'il a pris une belle couleur dorée sur la poitrine, les ailerons et la partie extérieure des cuisses.

Il suffit généralement, pour cela, d'une exposition d'une demi-heure à trois quarts d'heure, devant un feu clair, suivant la grosseur de la volaille; mais si l'on a chargé la broche d'une pièce de choix, si l'on a mis, par exception, rôtir quelque opulente poularde, quelque fin chapon magnifiquement truffés, c'est à la fois l'instinct du praticien de génie, le coup d'œil et le flair du gastronome qu'il faut posséder pour saisir d'emblée l'instant psychologique du débrochage, car l'axiome de Brillat-Savarin reste toujours d'une justesse incontestable : « On devient cuisinier, mais on naît rôtisseur. »

Poulet bridé pour rôti.

Des cent autres façons de manger le poulet, il en est une encore très en faveur dans tous les ménages et dont les maîtresses de maison se servent volontiers comme d'une pierre de touche quand elles prennent une cuisinière nouvelle, pour avoir la mesure exacte de son talent. C'est la délicate, la subtile, la méticuleuse *fricassée!* Depuis la dissection préalable du poulet jusqu'à la manière de tourner et de servir la sauce blanche qui l'accompagne, tout, dans cette préparation périlleuse, peut être la cause d'une maladresse ou d'un insuccès. Méfiez-vous donc du soi-disant cordon-bleu qui tout d'abord vous hachera sa volaille à grands coups de couperet, cassant, au hasard, et broyant les os au risque de vous faire déchirer la bouche par les esquilles! Ce seul début annonce à coup sûr une fricasseuse, jamais une cuisinière sachant faire une fricassée!

D'une exécution bien plus facile et rapide sont les recettes du *poulet sauté* soit *aux champignons*, soit au *vin blanc*, à la

Pl. XLV. — L'ALIMENTATION. — LA VOLAILLE.

A. Pintade. — B. Poulet. — C. Canard. — D. Pigeons. — E. Dinde grasse. — F. Dindon rôti. — G. Oie grasse. — H. Canard de Rouen. — I. Poularde. — J. Poulet gras. — K. Pigeons bardés. — L. Abatis de volaille.

Marengo, dans une sauce à l'huile. A ces mets savoureux et relevés, nombre de personnes, d'ailleurs, préfèrent les préparations, plus élémentaires encore, du poulet, de la poularde ou du chapon *au jus, au riz,* au *gros sel,* voire la simple et classique *poule au pot* dont se régalent, aux grands jours, les paysans de nos campagnes.

Les diverses combinaisons auxquelles se prête la volaille froide ne sont pas moins estimées. Quel meilleur déjeuner qu'un poulet *à la mayonnaise,* à la *rémoulade,* qu'un *chaudfroid à la gelée,* qu'une bonne *galantine* même, quand ce complexe pâté de volaille a bien été composé selon les règles par une cuisinière soigneuse qui n'y a point épargné les truffes, ni, comme tant de charcutiers indélicats, frauduleusement remplacé les blancs de poulet ou les filets de dinde par des escalopes de veau !

Dinde et dindon. — Excellentes et précieuses bêtes encore, le dindon et la dinde, alors que jeunes et tendres, ils sont en même temps, gras, dodus et bien en chair. Particulièrement fine et délicate, une dinde grasse est surtout et toujours une pièce de haut mérite, qu'elle apparaisse, au milieu d'un dîner de gala, fastueusement bourrée de truffes ou plus modestement farcie de champignons, de bonnes olives, de savoureux marrons. Et ce n'est point seulement rôtie, que l'on peut servir la dinde. Bouillie *au pot,* comme la poule et surtout cuite *en daube* quand elle est vieille, elle fournit toujours un très bon manger. Les *abatis* même, composent un plat agréable, soit en *haricot,* soit en *fricassée.* Comme celle de toutes les volailles, enfin, sa chair froide, relevée d'une *mayonnaise,* ou taillée dans une épaisse *galantine,* peut former la base d'un excellent déjeuner. La pintade, élevée souvent avec les dindons, dans les grandes fermes, ne leur est pas inférieure au point de vue gastronomique et se prête merveilleusement aux mêmes emplois.

Pigeons. — Entourés de bardes de lard et de feuilles de vigne,

les pigeons, mis à la broche, quand ils sont gras et jeunes
font un rôti délicat. On les prépare, cependant, de bien d'autres
façons : en *compote*,
à l'*étuvée*, en *papil-
lottes*, mais surtout
aux *petits pois*, cuits
dans une casserole,
ou mieux encore *à
la crapaudine*, dans
une sauce à l'écha-
lote, après les avoir
préalablement fen-
dus pour les faire cuire à petit feu, sur le gril.

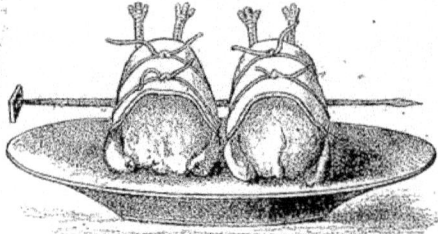

Pigeons à la broche.

Canard. — Un canard de belle race et parfaitement engraissé,
de quelque manière qu'on l'accommode est toujours un mets de
haute saveur, en gé-
néral bien accueilli.
Sans lui rien enlever
de son mérite, on peut
utilement le farcir de
marrons ou d'olives
en le faisant rôtir ;
mais il n'est pas moins
profitable ni moins
bon de traiter le ca-

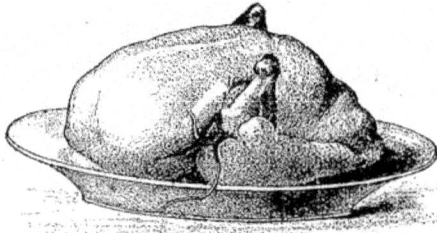

Canard bridé pour la casserole ou la broche.

nard selon telle ou telle des autres formules qu'il a rendues classiques ; de le mettre en *daube*, en *salmis*, de le préparer aux *petits
pois*, aux *navets*, au *céleri-rave*, aux *choux*, comme la perdrix,
même aux *pommes reinettes*, ainsi que le font avec un réel succès,
les cuisinières du nord de la France et de la Belgique.

Oie. — Et ces excellentes recettes ne sont pas seulement
applicables au canard. Elles ne conviennent pas moins à l'oie,

à ce lourd et savoureux palmipède dont l'abondante graisse n'est pas moins précieuse que la chair. Dans un ménage modeste c'est toujours un véritable festin que le repas où figure une oie jeune et tendre, bien rôtie et dûment farcie de marrons. Servie sur un lit de cresson qu'elle baigne de son jus, la plantureuse volaille est aussi réjouissante à l'œil qu'agréable au goût et confortable à l'estomac. Encore ne sait-on vraiment bien préparer et manger l'oie que dans les pays où l'on élève spécialement ces volatiles pour la table, comme ailleurs les moutons ou les bœufs. En Alsace, en Allemagne, c'est, ordinairement, sur une copieuse garniture de choucroute accompagnée de saucissons et de cervelas que l'on présente aux convives l'oie traditionnelle de Noël, toute juteuse et fumante ; mais on y sert fréquemment aussi des quartiers d'oie fumée, accommodés à diverses sauces. Dans nos provinces méridionales au contraire, on ne conserve jamais l'oie que dans sa propre graisse, et de ces *confits* très estimés se nourrissent, presque toute l'année, les habitants de la Gascogne et des Landes.

Énormément amplifié par l'engraissement, le *foie* de l'oie et du canard est le morceau de choix de ces succulentes volailles. D'une haute valeur commerciale et gastronomique il n'est guère employé qu'à la confection de terrines et de pâtés d'une exquise saveur quand ils sont, selon les procédés de Nérac, de Ruffec, d'Angoulême ou de Strasbourg, farcis, épicés, lardés avec soin, et suffisamment bourrés de truffes.

Lapins. — Entre les volailles et le gibier, le lapin, dans l'ordre culinaire des viandes, établit une transition d'autant plus ménagée qu'il appartient à la basse-cour par le clapier, à la venaison par la garenne. D'où qu'il provienne, en somme, à la cuisine il est toujours traité de la même façon : quand on ne le fait point rapidement *sauter* à la casserole, comme c'est l'habitude dans les cabarets de barrière, c'est qu'il est fatalement voué soit à la *gibelotte*, soit au *civet*. Encore la différence entre ces dernières préparations est-elle des plus minimes, certains éminents cuisiniers prétendant qu'une gibelotte est un civet sans vin, tandis que plusieurs autres, non moins fameux, définissent le civet : une gibelotte vineuse. Pour approfondir cette question délicate, ne serait-ce même pas, seulement, d'après l'espèce de la bête, que la sauce porterait telle ou telle dénomination ? « Pour faire un civet, prenez d'abord un lièvre », écrivait autrefois un auteur dont on a peut-être à tort critiqué la naïveté ; car si le lièvre est vraiment indispensable à la confection du civet, il faut absolument reconnaître aussi que la gibelotte et le lapin sont inséparables.

Gibelotte ou civet, après tout, ce sont là des mets excellents quand ils sont réussis, de bons plats de ménage, populaires et traditionnels comme la fricassée, le haricot de mouton, ou le bœuf à la mode. Quelquefois on fait griller en *papillottes* le lapereau de garenne entouré de bardes de lard et d'une double feuille de papier ; mais rarement, et sans aucune bonne raison, d'ailleurs, on lui fait les honneurs de la broche, spécialement réservés au jeune levraut.

GIBIER.

Gibier à poil. — Lièvre. — Même dans les meilleures maisons, c'est toujours une pièce de luxe qu'un lièvre rôti. Mais à ce haut emploi peut prétendre seul le levraut dit « trois-quarts » d'un poids moyen de cinq livres, jeune, par conséquent tendre, nourri d'herbes aromatiques dans un pays de montagnes, et facilement reconnaissable, sur les marchés, au moindre volume de la tête, à la grosseur des genoux, à la fragilité des pattes de devant.

Deux jours avant de le mettre à la broche, il est bon de le

plonger dans une *marinade* aromatique où le girofle, le thym, l'oignon, le laurier, le genièvre, heureusement combinés au poivre, au sel, au vinaigre, à l'huile, communiquent à sa chair un parfum des plus agréables, s'ils ne la purifient point et n'en détruisent pas les « principes malfaisants », comme le croyaient les anciens.

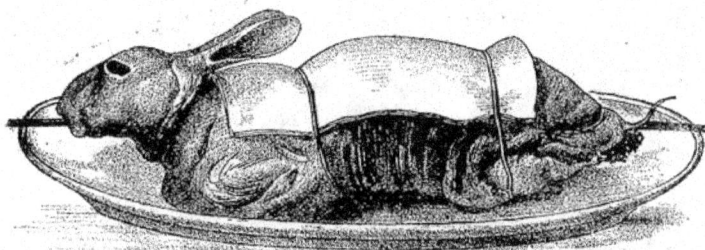

Lièvre rôti.

Rôti, le levraut doit être servi dans son jus, mais on peut lui adjoindre une sauce relevée, présentée à part, dans une saucière. Pour tirer le meilleur parti possible d'un vieux lièvre, on a le choix entre trois formules pareillement recommandées : le *civet*, le *pâté* ou la *terrine*. La première permet encore d'obtenir un mets des plus savoureux avec une sauce bien faite ; entre les deux derniers moyens, c'est-à-dire sur la simple question de savoir si le lièvre doit être mis *en croûte* ou *en pot*, on ne pourra pas longtemps hésiter, car ils sont aussi bons l'un que l'autre.

Cerf et Chevreuil. — Il faut être un peu sauvage, pour manger du cerf, surtout si la bête a passé trois ans, et qu'elle ait été plus ou moins surmenée à la chasse. La chair en est alors si dure, en effet, qu'aucune préparation ne saurait l'attendrir, et que de fortes mâchoires seules peuvent en venir à bout. Tel n'est pas tout à fait le cas pour le cerf encore jeune, ni pour la

biche ; mais la viande de ces animaux est ordinairement assez
fade et bien moins agréable au goût que celle du chevreuil.

Ce gracieux et timide animal fournit donc, jusqu'à présent,
aux bonnes tables et dans les grands repas, les pièces de venaison les plus estimées et les plus importantes. On recherche,
entre autres morceaux, le *gigot* ou *cuissot*, que l'on fait rôtir,
soigneusement piqué de lardons fins, après l'avoir laissé cinq à
six jours séjourner dans une marinade ; la *selle* ou les *filets*, que
l'on détache de la colonne vertébrale, l'*épaule*, que l'on fait
rôtir, comme la cuisse, pour la servir, de même, avec sa patte
garnie de poils ; les *côtelettes*, que l'on met simplement sur le
gril, mais que l'on sert, comme les autres pièces, d'ailleurs,
avec une bonne *sauce poivrade*. Des morceaux moins estimés,
de la poitrine, des côtes, souvent aussi de l'épaule, on prépare,
en les accommodant à la façon du lièvre, des civets très nourrissants et d'un excellent fumet.

Sanglier. — Le sanglier, véritable porc sauvage, ne saurait
être, en cuisine, autrement traité que le cochon. Sa chair, plus
savoureuse et plus dure, doit longtemps mariner avant de subir
une préparation quelconque ; encore ne sert-on généralement, que
les *filets* rôtis, les *côtelettes* grillées, la *hure* et le *jambon*, sous
les mêmes formes et façons que ceux de l'animal domestique. Une
sauce piquante ou poivrade, aussi nécessaire à masquer la forte
saveur qu'à faciliter la digestion de ces viandes fermes et lourdes,
est l'accompagnement obligé des rôtis et grillades de sanglier.

Gibier à plumes. — **Perdreaux et Cailles.** — Le gibier à plumes,
au moins dans nos contrées, est surtout bien représenté par les
perdrix et les cailles. Ces excellents oiseaux, en effet, non seulement sont les plus communs, sur nos marchés, pendant toute
la durée de la chasse ; au point de vue zoologique et culinaire
ils se rapprochent encore beaucoup des volailles de nos basses-
cours, et leur chair, d'un fumet délicat, se prête, selon l'âge

et les qualités du volatile à diverses préparations, toutes plus ou moins dignes de figurer sur les meilleures tables.

Les chasseurs, comme les naturalistes, distinguent deux espèces de perdrix : la *rouge* et la *grise*, celle-ci, moins sensible au froid, répandue dans toute la France, où celle-là, plus délicate, ne se rencontre guère avec la même fréquence que dans nos départements méridionaux. Exceptionnellement, on tire dans nos champs, la *perdrix de Damas* ou *de passage*; mais il n'est point rare que l'on expédie à Paris de superbes *Bartavelles* ou *perdrix de montagne*, tuées dans les hautes régions des Alpes et des Pyrénées.

C'est au printemps que les jeunes perdreaux éclosent pour se développer, jusqu'en septembre, dans les bruyères et les moissons. A cette époque de l'année, leur chair, fort tendre d'abord, est déjà plus ferme; ils perdent, à mesure que s'avance l'automne, leurs caractères distinctifs; et quand arrive, avec octobre, la Saint-Rémi, « perdreaux sont perdrix ». Il faut, alors, une grande habitude pour reconnaître les jeunes, quoique leurs pattes restent généralement lisses et fines, tandis qu'elles sont écailleuses et rudes chez les vieilles perdrix; mais jusqu'en octobre, le perdreau gris se distingue encore assez facilement, au bout pointu des plumes de l'aile; le perdreau rouge à la tache blanche dont ces mêmes plumes sont marquées jusqu'à l'âge adulte, et dont on ne voit plus trace quelque temps après.

Des côtes de l'Asie et de l'Afrique, les cailles viennent généralement faire leur nid au commencement d'avril, dans les champs et les prairies de toute l'Europe; puis, l'automne venue, elles s'en retournent, avec les jeunes, hiverner dans les climats plus chauds d'où elles sont parties. Grasses et dodues, alors, elles sont activement recherchées par les chasseurs, à la grande satisfaction des gourmets qui, la plupart, préfèrent, même au perdreau le plus tendre, un cailleteau de l'année mangé dans

Pl. XLVI. — L'ALIMENTATION. — LE GIBIER.

A. Lièvre. — B. Lapereau. — C. Bécasse. — D. Perdreau rouge. — E. Perdreau gris, F. Cailles.

toute sa délicatesse et sa fraîcheur. Cailles ou perdreaux, en somme, c'est à la broche et surtout *rôtis* sous une barde de lard qu'ils sont le plus estimés; on peut même convenir, avec les plus fins connaisseurs, que toute autre préparation dénature le goût de la caille. Plus maniable, le perdreau peut être, encore,

Perdreau rôti.

très heureusement accommodé soit en *salmis*, rehaussé d'une sauce *espagnole*, soit à la *crapaudine* comme le pigeon, ou même, plus simplement grillé sous une enveloppe de papier, c'est-à-dire en *papillottes*.

Mais ces excellentes recettes ne sauraient être appliquées aux vieilles perdrix. C'est dans la casserole ou la daubière, que celles-ci doivent longtemps être cuites à petit feu, si l'on veut rendre à leur chair, toujours d'une excellente saveur, la tendreté qu'elle a perdue par l'âge. Ainsi l'on prépare, en ne lui ménageant pas plus les soins que les condiments indispensables, la classique et succulente *perdrix aux choux;* ainsi l'on obtient, avec un peu plus de raffinement encore, la *chartreuse* et la *galantine* de perdreaux, très justement appréciées l'une et l'autre.

Coq de bruyère. — Gélinote. — Faisan. — Gibiers de luxe et mets savoureux, le *coq de bruyère*, la *gélinotte* et le *faisan* sont traités par les cuisiniers avec les mêmes égards et selon les mêmes formules. Il est, malheureusement, trop rare d'avoir un coq de bruyère, une poule des bois à faire rôtir, quoique l'on tire encore quelquefois ces superbes oiseaux dans les Pyrénées

et les Vosges; tandis qu'aujourd'hui le faisan n'est ni plus difficile, ni plus coûteux à se procurer qu'une belle et bonne
volaille. Pour qu'il soit agréable, ou même simplement bon à
manger, il faut, cependant, laisser le faisan se mortifier pendant
cinq à six jours en été, huit jours en hiver, selon la température; mais il est vraiment inutile, comme le font certains prétendus amateurs, d'attendre, pour le mettre à la broche, que
l'oiseau soit à peu près corrompu.

Piqué de lardons et recouvert d'un papier beurré, le faisan
rôtit en trois quarts d'heure environ, devant un feu bien entretenu. Cuit à point, on le dresse sur des rôties arrosées de son
jus, et dans un dîner d'apparat on le porte sur la table après
lui avoir restitué sa tête et sa queue, dont le plumage est en
effet, très décoratif et très riche.

Pigeons ramiers. — **Petits oiseaux.** — Toutes les préparations auxquelles peuvent être accommodés les pigeons domestiques conviennent, avec avantage, aux pigeons ramiers. Le plus souvent,
toutefois, on les fait rôtir, s'ils sont tendres, et c'est encore à
la broche que l'on met, de préférence, tous les oiseaux de petite
taille, *grives*, *merles*, *bec-fins*, *alouettes* ou *mauviettes*, pour les
servir, aussitôt cuits, sur de croquantes rôties de pain beurré.

Du milieu de l'automne à la fin de l'hiver on chasse activement, dans nos contrées, les petits oiseaux. Grives et merles,
alors, sont très savoureux et très gras, la *grive des vignes* après
qu'elle s'est gorgée, dans les champs, de raisins et de figues; la
litorne ou *grive de montagne*, après qu'elle s'est rassasiée,
dans les bois, des grains du genévrier. « C'est faute de grives,
dit-on, que l'on prend des merles. » Et vraiment, puisqu'ils ne
sont bien que des pis-aller, peut-être vaudrait-il mieux faire
absolument grâce à ces gais siffleurs ainsi qu'à tant d'autres
gentils passereaux bien plus utiles par les services qu'ils rendent
aux agriculteurs que par les satisfactions culinaires qu'ils pro-

curent aux gastronomes. Mais, à ce compte-là, ce sont, autant
dire, tous les petits oiseaux qu'il faudrait épargner, les alouettes,
dont on abat un nombre incalculable, chaque année, pour en
faire des *pâtés* ou des *brochettes* ; les becs-figues, les ortolans
même, à l'exquise saveur, et malgré que ce ne soient pas, en
général, de méchantes gens, les gourmets n'accepteraient jamais
un tel sacrifice.

Gibier d'eau. — **Canards et Sarcelles.** — En cuisine comme en histoire naturelle, le *canard sauvage* doit être considéré comme le
chef de file d'un certain nombre d'oiseaux à pieds palmés, aux
mœurs aquatiques, à la chair noire et de haut goût. Bien autrement savoureux qu'à l'état domestique, le canard sauvage, cependant, n'est point soumis à d'autres préparations que le palmipède barbottant de nos basses-cours. Excellent s'il est tendre et
rôti bien à point, il fournit encore un mets succulent quand
on le sert en *salmis*, aux *navets*, aux *petits pois*, aux *olives ;*
mais ce qui le différencie surtout, au point de vue gastronomique, des autres membres de la famille ailée dont il est le
principal représentant, c'est que, devant les lois de l'Église, le
canard demeure un oiseau gras, rigoureusement interdit en
carême, tandis que ses parents les plus proches dans l'ordre des
palmipèdes, formellement reconnus « maigres », même les jours
de pénitence, peuvent être mangés sans péché.

Ainsi, la *sarcelle*, la *macreuse*, la *poule d'eau*, le *souchet* ou
«rouge de rivière » et quelques autres délicates espèces de canards
se trouvent canoniquement placés parmi les poissons, au grand
scandale des naturalistes ; mais ce n'est point par ignorance ou
par caprice, comme, on le pourrait croire, ni même par ce « qu'il
est toujours avec le ciel des accommodements. »

Si ces oiseaux passent pour maigres, toute huileuse, noire et
serrée que soit leur chair, c'est parce qu'autrefois les savants
eux-mêmes étaient pleinement convaincus qu'ils naissaient dans

l'eau. Très communément, en effet, sur les bords de la mer, on rencontre, attachés par un pédicule aux charpentes, aux coques de navires, aux bois submergés, de bizarres animaux qui, dans une carapace de plusieurs pièces, vivent enfermés comme des moules dans leur coquille. Ce sont ces crustacés informes, aujourd'hui bien connus sous les noms d'anatifes ou pouce-pieds, que l'on prenait alors pour les œufs d'où sortaient les macreuses ; et cette opinion semblait d'autant plus vraisemblable, que les canards de toute espèce, très friands d'anatifes, abondent toujours aux endroits où se trouvent aussi ces crustacés. Voilà déjà longtemps que les naturalistes ont rayé des traités de zoologie cette erreur grossière ; mais on ne corrige pas de même les règlements de l'Église ; aussi, malgré leurs plumes, leur chair, leur graisse, leur naissance et leur développement qui ne diffèrent en rien de ceux des autres oiseaux, sarcelles et macreuses restent-elles encore poissons, aux yeux des gens orthodoxes !

Et pourquoi s'en plaindrait-on, après tout, puisque ce gibier d'eau n'arrive pas moins opportunément que marée, — en Carême ?

Dès les premiers froids, c'est de l'extrême nord de l'Europe et des régions voisines du pôle, que descendent par troupes, pour venir se jeter sur les plages, les étangs, les rivières, les marais de l'Europe centrale, tous ces représentants chaudement emplumés, de la famille des canards. Malgré leurs grandes analogies de couleur, de taille et de forme, il est facile, avec un peu d'habitude, de distinguer ces espèces, qui toutes plus ou moins, sont apportées sur nos marchés.

Ainsi, la sarcelle au bec mince, à la tête fauve, au dos rayé de noir et de blanc, ne saurait être confondue avec la sombre et noire macreuse au bec bombé, non plus qu'avec le rouge de rivière ou souchet, dont le bec, étroit en arrière, s'élargit en spatule en avant.

Au point de vue alimentaire, il importe d'autant plus de les reconnaître, d'ailleurs, que si le souchet, la sarcelle et quelques autres, sont d'excellents morceaux, il n'en est plus de même des foulques et des macreuses, fit-on cuire celles-ci dans du vin blanc, après les avoir farcies de chocolat, selon la recette usitée peut-être encore de nos jours, dans les couvents de Bénédictines! Et puis, qu'arriverait-il, en somme, au consciencieux pratiquant qui, ne sachant pas bien distinguer de la sarcelle permise, le canard défendu, laisserait innocemment sa cuisinière, au lieu de l'oiseau maigre, mettre à la broche l'oiseau gras?

Bécasses et Vanneaux. — En même temps que ces opportuns palmipèdes viennent ainsi fournir un aliment substantiel aux personnes soucieuses de sauver leur âme, nombre d'autres oiseaux de passage, — ceux-là rigoureusement interdits par l'Église, — accompagnent ordinairement dans nos contrées les représentants si variés du groupe des canards. Ce sont des *échassiers* d'une réputation gastronomique indiscutable, les *Bécasses* et les *Vanneaux*.

Entre tous les gibiers à plumes, la bécasse est particulièrement estimée pour la délicatesse et la saveur de sa chair qui répand un fumet toujours très pénétrant, soit qu'on la serve en *salmis* soit tout simplement *rôtie* sur une tranche de pain frite dans le beurre. On en distingue les diverses espèces de *bécassines*, la *commune* et la *sourde*, toutes deux excellentes et, malgré leur moindre taille presque aussi recherchées que la bécasse des bois.

Les Vanneaux, dont la chair plus blanche est aussi d'un fort bon goût, quoique bien moins appréciés de nos jours, longtemps furent placés par les amateurs, même au-dessus de la bécasse. « Qui n'a mangé ni pluvier, ni vanneau, ne sait pas ce que gibier vaut », prétendaient les anciens chasseurs ; et ce n'est point, en effet, un méchant morceau, qu'un pluvier doré servi tout chaud sur une rôtie, ou même cuit dans une sauce au vin blanc rehaussée de quelques truffes. Après ces échassiers savoureux on ne saurait citer avec éloges, encore moins servir sur une bonne table, leur modeste voisin, le petit *râle d'eau* qui les accompagne souvent. Peut-être, toutefois, n'est-il pas exagéré de regarder, au moins comme l'égal du vanneau, le *râle de genêts* que l'on désigne à tort sous le nom de « roi des cailles », mais qui n'est pas indigne, à la broche, de cette glorieuse appellation.

POISSON

Propriétés alimentaires du poisson. — Les poissons, si variés de forme et de goût, qui paraissent sur nos tables, appartiennent, on le sait, à l'une ou l'autre des deux grandes catégories des *poissons d'eau douce* et des *poissons de mer*.

En même temps qu'ils nous permettent de varier très agréablement notre alimentation, ils nous sont, tous les jours, d'une incontestable ressource, la majeure partie des habitants du littoral vivant à peu près exclusivement de poisson, durant toute l'année.

Quelque blanche et légère qu'elle soit, la chair de ces animaux ne laisse pas, en effet, d'être très sapide et très nourrissante. Elle est généralement infiltrée, au surplus, d'une certaine quantité de graisse phosphorée dont la valeur nutritive est considérable, et qui justifie bien la recommandation souvent faite par les médecins aux personnes épuisées, de manger beaucoup de poisson. La laitance et les œufs, surtout, en sont très abondamment imprégnés ; mais tandis que la laite est, en général, un mets agréable et délicat, quoique un peu fade, les œufs souvent sont indigestes et même, quelquefois, chez le brochet, le turbot, la tanche, véritablement malsains.

Ce n'est point, d'ailleurs, seulement d'après l'espèce, que varient de saveur et de goût les divers poissons. Le milieu où d'habitude ils se tiennent, influe considérablement aussi sur la délicatesse et la sapidité de leur chair. Sans contredit, ceux qui vivent dans la haute mer, dans les endroits rocailleux, les eaux claires et vives, sont bien autrement appréciés que les espèces provenant des étangs, des mares, de l'embouchure des fleuves, des bas-fonds vaseux. A plus forte raison peut on trouver détestables ceux que l'on prend dans la traversée d'une grande ville ; ces « fritures de Seine », par exemple, que les gamins de Paris pêchent aux bouches d'égout, tout le long des quais, du pont d'Austerlitz au Point-du-jour !

Si la chair de ces poissons, cependant, est le plus souvent d'un goût désagréable, rarement elle est malsaine, et jamais elle n'est vénéneuse comme celle de certaines espèces des mers tropicales, le Tétrodon, le perroquet de mer, la sardine des tropiques, la sardine dorée. Ces poissons-là sont, en tout temps, réellement toxiques, et les accidents que leur usage détermine ressemblent tout à fait à ceux d'une attaque de choléra. D'autres, au contraire, ordinairement bons à manger, n'acquièrent que passagèrement ces propriétés délétères ; entre autres : le hareng aux gros yeux des Antilles, le pagre, la dorade, et même, dit-on, quelquefois, l'anguille de nos cours d'eau. En général, aussi, moins redoutable, l'empoisonnement provoqué par l'ingestion de ces derniers se limite à quelques troubles digestifs suivis d'une forte éruption d'urticaire et d'un vague assoupissement.

Quoique, dans nos contrées, de si fâcheux inconvénients ne soient point à craindre, une ménagère ne saurait jamais apporter trop de soins à bien choisir le poisson. La fraîcheur en est l'indispensable qualité, le principal mérite, et ce n'est pas seulement à l'irréprochable odeur de l'animal qu'il importe de l'apprécier, mais encore à la fermeté des chairs, au brillant de l'œil, à la vive rougeur des ouïes. Encore doit-on prendre garde, à cet égard, aux ruses des marchandes, souvent très habiles à

PL. XLVII. — L'ALIMENTATION. — LE GIBIER.
1. Chevreuil. — 2. Faisan commun. — 3. Canard sauvage.

présenter comme parfaitement frais, une pièce « usée » sur la glace, un vieux poisson dont elles auront ravivé les ouïes avec du sang de veau ! (*Pl. XLVIII.*)

Préparations culinaires du poisson. — Matelotes, et fritures. — Les façons d'accommoder le poisson varient considérablement selon les espèces. Il en est de très simples, et ce ne sont pas les moins bonnes ; il en est de très complexes qui ne valent pas grand chose, une sauce trop raffinée semblant n'avoir pas d'autre but que de « faire passer le poisson. »

En général, et quelque recette qu'on leur applique, avant d'être définitivement apprêtés, les poissons doivent subir une cuisson préalable dans un *court-bouillon* à l'eau que l'on additionne de lait ou de vin blanc selon les pays, mais que l'on compose exclusivement de vin rouge, quand il s'agit de préparer le poisson *au bleu*. Le bon vin rouge est aussi la base de la traditionnelle *matelote* si chère aux canotiers parisiens et, dans tous les petits restaurants, populaire autant que la gibelotte, dont elle a d'ailleurs, la composition.

Une excellente manière, encore, d'accommoder le poisson, c'est de le faire frire, la *friture* étant, pour cette chair molle et friable, ce qu'est le rôtissage pour les viandes de boucherie. Toutes les difficultés à éviter pour obtenir un bon rôti se présentent, en effet, dans la préparation de la friture. Comme l'a fait comprendre Brillat-Savarin, dans la curieuse théorie qu'il a donnée de cette opération culinaire, que l'on y emploie le beurre, l'huile ou la graisse, il est indispensable, surtout, que la friture soit extrêmement chaude, avant d'y jeter le poisson. A cette condition, seulement, celui-ci sera *surpris ;* et comme la viande à la broche saisie par le feu, sa chair, cuite dans ses propres sucs, ne perdra rien de sa fermeté ni de sa délicatesse.

Même sur les meilleures tables il est de règle, après le potage, de servir très simplement le poisson, avec une sauce plus ou moins relevée que l'on présente à part, dans une saucière.

Mais autant que toute autre viande, un beau poisson se prête à
l'ornementation que réclame un dîner de cérémonie. Un turbot,
une barbue garnis de *coquilles de homard*, de *laitances de*

Saumon à la Chambord

carpe ou de *croquettes de sole*, une truite, un brochet, un
saumon *à la Chambord*, dûment flanqués de quenelles, d'écrevisses, de crevettes, de truffes, et piqués de longs hâtelets de
même composition, ne sont pas seulement des mets exquis, mais
de véritables œuvres d'art, flattant agréablement la vue, avant
de charmer le goût.

Poisson de mer. — Turbot et Barbue. — En raison de leur volume
et de la finesse de leur chair, le turbot et la barbue sont de
tous les poissons de mer ceux que l'on sert le plus volontiers
comme relevé de potage, au commencement d'un grand repas.
On doit les choisir très blancs, très fermes, d'une bonne épaisseur, couverts d'un grain rond et saillant, indice de leur fraîcheur et de leur délicatesse.

Ce n'est pas sans de sérieux motifs que le turbot a depuis
longtemps été qualifié de « faisan des eaux » par les gastronomes. La savoureuse Barbue ne serait pas moins digne d'une

semblable dénomination. A ces excellents poissons, au surplus, conviennent les mêmes recettes. Après les avoir fait cuire à petit feu, dans un court-bouillon au lait, on les sert en entier, simplement garnis de persil, soit avec la classique *sauce blanche* aux câpres, soit plutôt, avec une de ces fines *sauces génevoise* ou *hollandaise* à peu près exclusivement composées d'un beurre de premier choix. Turbot ou barbue font encore de fort bons mets en morceaux apprêtés à la *béchamel*, à la *crème*, à la *mayonnaise*, en *croquettes* taillées en petits dés que l'on fait frire après les avoir trempés dans des œufs battus.

Soles et Llimandes. — A la *sole*, à la *limande* et autres poissons plats, ces mêmes formules sont parfaitement applicables. Mais il est, pour la sole surtout, certaines autres préparations non moins avantageuses, et plus facilement pratiquées. Après avoir été simplement plongée dans une friture bouillante, la sole est exquise, arrosée d'un jus de citron. A moitié frite et jetée dans une matelote où elle achève de cuire, elle constitue la fameuse sole *normande*, unanimement appréciée des amateurs de poisson. Préparée au *gratin* ou *sur le plat,* elle est aussi très généralement estimée. Les *filets de sole*, enfin, combinés à des quenelles, des champignons, des crevettes, des écrevisses, servent journellement, dans la haute cuisine, aux plus riches garnitures, aux plus savoureuses compositions.

Raie. — La *raie*, plus populaire, ne se mange ordinairement pas dans sa première fraîcheur. Des deux espèces qui paraissent sur nos marchés, la *raie blanche* et la *raie bouclée*, celle-ci, reconnaissable aux ardillons recourbés de ses écailles, quoique la plus petite est la plus estimée. Modérément faisandée, elle est excellente au *beurre noir*, ou même, malgré que la formule en soit moins connue, au *beurre blanc* relevé de câpres.

Maquereau. — Le *maquereau*, s'il était moins commun, serait certainement regardé comme un poisson du plus haut mérite.

Pêché d'avril en mai, avant la saison du frai, la vivacité de son coloris, le brillant éclat de sa peau, nuancée de vert et de bleu, révèlent la fraîcheur et la délicatesse de sa chair, à cette époque de l'année véritablement délicieuse. Il est fort bon cuit au *beurre noir*, comme la raie, ou coupé par tronçons dans une matelote ; mais après l'avoir mis sur le gril, on le sert plutôt dans une sauce à la *maître d'hôtel* où il acquiert son plus haut degré de saveur, si l'on n'y a point ménagé le beurre.

Merlan. — Éperlans. — De même qu'au printemps on promène le « brillant maquereau » dans les rues de Paris, à l'entrée de l'hiver on y crie volontiers le « *merlan* frit, — à frire ! » Une bonne friture, en effet, convient seule à ce poisson, dont la chair friable et légère est agréable au goût mais fort peu nourrissante. On fait aussi frire surtout, réunis en brochette, les *éperlans*, que l'on prend en nombre considérable à l'embouchure de la Seine entre Rouen et le Havre ; mais ces excellents petits poissons ne sont pas moins appréciés des amateurs lorsque, simplement cuits à l'eau de sel, ils sont accompagnés d'une sauce hollandaise.

Bar. — Mulet. — Rougets. — Avec le *Bar* et le *Mulet*, la mer nous fournit encore deux volumineux poissons qui peuvent être accommodés aux mêmes sauces. On les prend en assez grand nombre sur les côtes de la Méditerranée avec une autre délicieuse espèce, le *mulle* ou *surmulet*, justement considéré, de nos jours, comme le vrai *Rouget* que les Romains prenaient plaisir à voir agoniser sur leurs tables. Moins barbares, mais aussi gourmands, nos gastronomes, au lieu de s'amuser à voir ce malheureux poisson changer vingt fois de couleur avant de mourir, se contentent de le savourer cuit au court-bouillon, avec une bonne sauce piquante.

Comme la Méditerranée, la Manche et l'Atlantique ont aussi leur Rouget, mais celui-ci, poisson bizarre, à tête énorme et cuirassée, ne ressemble, vraiment, que par la couleur, au Rouget

historique. Aussi, pour éviter toute confusion, devrait-on seulement lui conserver la dénomination de « Grondin », sous laquelle
il est pareillement bien connu des cuisinières. C'est à la *sauce
blanche*, en *matelote*, ou même à *l'huile*, qu'il est le plus avantageux de manger le grondin.

Morue. — Partout consommée en grande quantité, la *morue*,
fraîche ou salée, joue particulièrement dans l'alimentation des
peuples du nord un rôle considérable. On la pêche en abondance, tous les ans, dans les parages de l'Islande et du grand
banc de Terre-Neuve ; mais on en capture isolément, aussi, de
nombreux individus, dans la Méditerranée et l'Atlantique. Ces
derniers, désignés sous le nom de *cabillauds* ou *cabeliaus*, sont
le plus souvent mangés frais, tandis que la morue des grandes
pêches, destinée à être conservée, reçoit les différentes dénominations de *stockfish* lorsqu'elle est sèche et fumée, de *merluche*
ou *morue sèche*, quand elle est sèche et salée ; de *morue verte*,
enfin, quand elle n'a subi qu'une simple salaison, sans dessication
préalable.

Quelle que soit, d'ailleurs, la variété choisie, il importe, avant
tout, que la morue soit parfaitement blanche, et que sa
chair, sans être coriace, ni filandreuse, se détache par larges
feuillets. Taillés dans la partie moyenne du poisson, les *filets*
en sont les morceaux les plus estimés ; viennent ensuite les *crêtes*,
qu'elles soient coupées entre le ventre et la tête ou bien entre
le ventre et la queue ; mais aucune partie du poisson ne vaut,
pour les gourmets, la *langue*, ordinairement très tendre et
charnue.

Avant d'accommoder la morue, sèche ou salée, à une sauce
quelconque, il est indispensable de la faire tremper pendant
deux ou trois jours, dans de l'eau froide fréquemment renouvelée. On la met cuire, alors, dans un court-bouillon au lait
ou à l'eau pendant trois quarts d'heure environ, mais sans l'y

faire bouillir, afin d'éviter qu'elle y durcisse, et les recettes les plus diverses, désormais, lui peuvent être appliquées. La morue se combinant à merveille avec la pomme de terre, on l'associe toujours avec avantage à ce légume cuit à l'eau. La fameuse morue à *la bonne femme*, la morue *à l'huile*, ne sont pas des préparations autrement compliquées ; mais on mange encore la morue à *la maître d'hôtel*, à la *béchamel*, au *gratin*, au *fromage*, et ces excellentes formules ne conviennent pas moins au cabillaud. Enfin, les Marseillais ont une façon toute spéciale de préparer la morue : c'est d'en faire une *brandade*, en broyant et pilant avec de l'ail, du lait et de l'huile des morceaux de poisson soigneusement choisis.

Thon. — Les Méridionaux, à peu près seuls encore, savent parfaitement utiliser le *thon*, ce gros et bon poisson de la Méditerranée, à la chair dense, compacte, quelquefois difficile à digérer, mais toujours très nourrissante. Outre les savoureuses conserves *à l'huile*, servies comme hors-d'œuvre sur les bonnes tables bourgeoises, on peut facilement, en effet, obtenir du thon frais tout ce que peut tirer du saumon, un cuisinier habile ; beaucoup plus, même ; car, à la broche ou sur le gril, le thon, traité comme le veau, acquiert tout à fait le goût de l'animal de boucherie !

Harengs et Sardines. — Les *harengs*, quoique bien moins volumineux que le thon et la morue, n'occupent pas une place moins importante dans l'alimentation des petits ménages de tous les pays. On les prend en quantité considérable dans les mers du nord, à la fin de l'été, pour en manger un certain nombre cuits sur le gril avec une bonne sauce piquante. Il les faut choisir pleins et fermes, laités, l'œil saillant, l'écaille argentée, les ouïes sanguinolentes. Mais la plupart sont conservés pour être livrés au commerce, et suivant la préparation qu'on leur a fait subir, on distingue aisément les *harengs pecs* ou *salés*, des *harengs fumés* ou *harengs saurs*.

Ces derniers, reconnaissables à leur belle couleur dorée, sont ordinairement accommodés à l'huile et au vinaigre, après avoir été cuits sur le gril ; mais on les mange encore en *omelette*, en *salade*, avec des œufs durs. Les harengs pecs les plus estimés sont les harengs *marinés* de Dieppe et les harengs *blancs* de Hollande. On les sert en hors-d'œuvre, au déjeuner, soit entiers, avec du beurre frais, soit par tronçons, arrosés de bonne huile d'olives.

Dans la cuisine bourgeoise, c'est exclusivement, aussi, parmi les hors-d'œuvre, que les *sardines* sont classées ; mais ces prétendus accessoires, constituent si souvent tout le repas de tant de pauvres gens ! Quoique pêchées en grande abondance dans l'Atlantique et la Méditerranée, les sardines sont relativement fort peu mangées fraîches. Cuites sur le gril, cependant, elles ont vraiment alors un fort bon goût, celles, entre autres que l'on prend à l'embouchure de la Gironde, et que l'on vend, à Bordeaux, sous le nom de « royans. »

La plus grande quantité, destinée au commerce, aussitôt après la pêche est mise en conserves de diverses façons. Dans le plus ancien procédé, nommé « harengade » en Provence, et « malestraut » en Bretagne, les sardines, lavées à la mer, sont jetées, d'abord, dans une forte saumure, puis empilées, par couches régulières dans des barils où elles sont quelque temps soumises à une compression graduée. On conserve dans des pots, les sardines *anchoisées*, c'est-à-dire, préparées, à la façon des *anchois*, en simple saumure ; enfin, l'on plonge dans l'huile, après une friture légère, et l'on soude dans des boîtes de fer-blanc, chauffées au bain-marie, les sardines *en boîte*, dont l'usage est aujourd'hui si répandu.

Anchois. — S'il est encore possible — en carême — de faire un déjeuner de sardines ou de harengs, on ne le peut plus guère avec de simples anchois, en raison de la forte saveur qui condamne bien

Pl. XLVIII. — L'ALIMENTATION. — LE POISSON.

A. Turbot. — B. Raie bouclée. — C. Sole. — D. Limande. — E. Maquereau. — F. Saumon. — G. Thon. — H. Truite des lacs. — I. Tranche de saumon. —
J. Rouget grondin. — K. Vive. — L. Merlan. — M. Mulet. — N. Goujon. — O. Brochet. — P. Carpe. — Q. Tanche. — R. Anguilles.

ces petits poissons à n'être jamais servis qu'en hors-d'œuvre. Broyés à petite dose, alors, avec du beurre ou des jaunes d'œufs, ils composent un agréable condiment. Les plus appréciés nous viennent de Fréjus et de Nice.

Anguille de mer. — Les énormes *anguilles de mer* ou *congres*, que nous voyons sur nos marchés, n'ont pas toujours un excellent goût et sont parfois très indigestes. Cuites *sur le gril* ou *frites* dans le beurre elles sont exquises, au contraire, quand leurs dimensions n'excèdent point celles des anguilles de nos cours d'eau. Les pêcheurs de la baie de Cancale, après les fortes marées, prennent souvent sur les rochers qui découvrent, un grand nombre de ces jeunes anguilles de mer dont la chair est aussi savoureuse que la capture intéressante.

Poisson d'eau douce. — Saumon. — Tantôt marin, tantôt paisible habitant des eaux douces, le *saumon* peut être considéré comme le poisson par excellence ; qu'il soit simplement servi par tranches ou *darnes* plus ou moins épaisses, ou qu'il paraisse, dans une majestueuse ampleur, au début d'un grand festin. On reconnaît, en tout temps, sa fraîcheur, à l'éclat de l'œil, à la fermeté des chairs, à la vive rougeur des ouïes ; mais c'est au printemps surtout, avant l'époque du frai, que le poisson présente à leur plus haut degré de perfection, ses qualités nutritives et culinaires. A ce moment, en effet, sa chair, plus qu'en toute autre saison, est imprégnée de cette substance rose qui la colore et lui donne la sapidité spéciale, si prisée des amateurs, que l'on retrouve chez les truites dites *saumonées*. Au temps de la ponte, au contraire, l'*acide salmonique* qui constitue cette teinture, passant presque complètement dans la laitance ou les œufs, le poisson se décolore et perd beaucoup de sa saveur. Un peu lourd à l'estomac, habituellement, peut-être est-il cependant, alors, d'une digestion plus facile.

De quelque façon qu'on l'apprête, le saumon fournit toujours un très bon mets. Depuis la modeste darne *à la vinaigrette*, jusque sous la fastueuse garniture à *la Chambord*, il se montre avantageusement sous tous les aspects et dans toutes les sauces. Outre la *hollandaise* et la *génevoise* qui l'accompagnent admirablement, il s'adapte à merveille au *jus de viande*, à *la mayonnaise*, à la *rémoulade*, à la *matelote*, à la *béchamel*. Il est toujours bien accueilli, dans les fins repas, sous la forme de *croquettes* ou de *coquilles ;* il n'est pas, en un mot, chair ni poisson dont on puisse mieux faire sauce et pâté.

Esturgeons. — Trop rarement on nous expédie des *esturgeons* de la Méditerranée ou des grands fleuves de Russie. Ces poissons, d'énorme taille, plus encore que le thon et le saumon nous fournissent, en effet, une chair grasse, nourrissante, d'un goût fort agréable, possédant, au plus haut degré,toutes les qualités alimentaires des viandes de boucherie. Aussi, dans les divers pays où l'on consomme habituellement de l'esturgeon, le met-on surtout griller et rôtir comme le veau, malgré que toutes les sauces à poissons lui soient parfaitement applicables. Avec ses œufs, que l'on mêle à de fortes épices, on prépare le *caviar*, servi, comme l'anchois, en hors-d'œuvre, pour être étendu dans du beurre, sur des tranches de pain grillé.

Truites. — Les *truites* de nos eaux vives ont une juste renommée gastronomique, qu'elles doivent à la blancheur, à la délicatesse, à l'exquise sapidité de leur chair. Les meilleures, de taille moyenne, habitent les rivières, les ruisseaux des régions montagneuses, où fréquemment, avant la ponte, elles sont en grand nombre *saumonées*. Il n'en est pas de plus délicieuse que la *féra* du lac de Genève, bien distincte de la grande *truite des lacs*, ni de plus estimée que le *lavaret* des mêmes eaux, ou que l'*ombre chevalier* des torrents alpestres. Ces dernières espèces, malheureusement, deviennent de plus en plus rares, et c'est encore une bonne aubaine que de s'attabler devant une simple truite saumonée *frite* dans le beurre ou dans l'huile; accompagnée d'une *mayonnaise*, d'une *maître d'hôtel*, d'une *vinaigrette ;* ou plus luxueusement servie avec une des savantes garnitures dont on entoure le saumon.

Carpe. — Les classiques *carpes* d'étang, réputées pour leur longévité, bien plus que pour le goût un peu vaseux de leur chair, ont fait le plus grand tort, au point de vue culinaire, aux carpes d'eau courante, la plupart très savoureuses à manger. C'est en vain que l'on voit souvent figurer, dans les dîners somptueux, la fameuse carpe du Rhin *à la Chambord*, dressée, toute farcie de quenelles de poisson, sur une garniture de sauce espagnole, d'écrevisses, de truffes et de croûtons glacés : la carpe ne se relève pas du discrédit fâcheux où elle est tombée ; et cela, tout simplement, peut-être, parce que l'on ne sait pas très bien distinguer de la carpe d'étang celle de rivière, si reconnaissable, cependant, à ses écailles, brunes sur le dos, blanches sous le ventre, et d'un beau jaune d'or sur les côtés.

Excellent quand il est bien *frit*, ce poisson peut encore être très avantageusement cuit au bleu, comme le brochet, au *gratin*, comme la sole, en *matelote* ou sur *le gril*, pour être servi, dans ce dernier cas, avec une sauce à la *maître d'hôtel*.

Perche. — **Tanche.** — **Brochet.** — **Barbeau.** — Prises dans une eau stagnante, la *perche* et la *tanche* ont tous les inconvénients de la carpe d'étang ; toutes ses qualités, quand elles ont été capturées de même, en eau vive. Il en est encore ainsi du *brochet*, le meilleur, sans contredit, des poissons de ce groupe, caractérisé, comme les précédents, par son dos verdâtre et son ventre argenté, quand il provient d'une rivière ; par sa teinte brune générale, quand il a été pêché dans un étang. En dépit de ses nombreuses arêtes, le brochet doit à la blancheur, au bon goût de sa chair, d'être assez recherché. Ses œufs, toutefois, comme ceux du *barbeau*, son voisin dans l'ordre zoologique et culinaire, souvent occasionnent des éruptions ortiées, des vomissements, des purgations violentes révélant une véritable intoxication.

A ces divers poissons, conviennent, à peu près, les mêmes sauces. On les mange en *friture*, en *matelote*, aux *fines herbes*, au *gratin*, au *bleu*. Quelquefois, en outre, à cause de son nom, peut-être, on met à la broche le brochet. Piqué de lardons, arrosé de vin blanc, c'est, alors un mets délicat, digne des meilleures tables.

Ablette. — Goujons. — Poissons blancs. — Infiniment plus humbles, l'*ablette* et le *goujon*, quand ils échappent à la voracité du « requin des eaux douces », fournissent, d'habitude, aux pêcheurs à la ligne, les éléments de *fritures* estimées. En raison de leur fadeur et de leurs arêtes, on prise beaucoup moins les gros poissons blancs de nos rivières, l'*able*, la *brême* et le *meunier*. Au contraire, la grasse et fine *alose* qui remonte, au printemps, nos grands fleuves, est fort agréable au goût, de quelque façon qu'on l'apprête, au *court-bouillon*, en *matelote*, aux *fines herbes*, à l'*étuvée* ou sur le *gril*.

Anguille. — Loche. — Lamproie. — De la mer, où probablement elles se reproduisent, les *anguilles*, en nombre incalculable, chaque année, reviennent, par les fleuves, peupler les rivières et les ruisseaux du continent. Elles y atteignent, en cinq ou six ans, une longueur d'un mètre ; mais, dès la troisième année, elles sont assez grosses pour composer un mets généralement apprécié quoique un peu lourd à certains estomacs. La *grande* et la *petite lamproie*, autrefois très recherchées, la *lotte* et les *loches* de nos cours d'eau, se rangent, gastronomiquement, à côté de l'anguille. Ce sont tous d'excellents petits poissons que l'on fait ordinairement *frire* ou *griller* quand ils sont d'un suffisant volume. Mais il est, en outre, pour l'anguille, deux traditionnelles recettes qui seront toujours en faveur : l'*anguille à la poulette*, habituellement servie, avec sa sauce blanche, dans une croûte de vol-au-vent, et *l'anguille à la tartare*, que l'on dresse en spirale autour d'une rémoulade bien épicée, après l'avoir fait cuire, en entier, dans une marinade aromatique.

Reptiles. — Grenouilles. — Ce serait, infailliblement, couper l'appétit à bien des gens, que de les inviter, d'emblée, à déjeuner d'un plat de *reptiles*. Et pourtant, ce sont bel et bien des reptiles, ces grosses et grasses *grenouilles* dont les cuisses, par paquets et par brochettes de douze, sont apportées, au printemps, sur nos marchés. Leur chair, peu nourrissante, à vrai dire, est fine, délicate, agréable aux petits estomacs. On fait, ordinairement, *frire* les grenouilles ; elles ne sont pas moins bonnes à *la poulette*, comme l'anguille, ni même en *fricassée*.

Tortue. — Encore un reptile et des plus usuels, que la *tortue* employée depuis longtemps par les Anglais à la confection de savoureux potages. On mange diverses espèces de ce chélonien à la chair blanche et de facile digestion, les uns marins, les autres habitant la terre ou les eaux douces. La petite *tortue terrestre*, des côtes de l'Algérie, est de beaucoup la plus répandue chez les marchands de comestibles ; mais les grands cuisiniers seuls savent tirer parti de cet animal, trop couramment remplacé par la tête de veau, dans les restaurants de deuxième ordre.

Couleuvres. — Faut-il, enfin, compter au nombre des bons morceaux le *serpent*, le reptile par excellence ? Non, n'est-ce pas ? Une table où l'on servirait un serpent, à quelque sauce que ce fût, réunirait peu de convives. Et pourtant, en maints endroits, dans nos campagnes, les paysans se régalent, souvent, d'une *couleuvre à collier*, d'une *couleuvre verte et jaune*, qu'ils désignent poliment sous le nom *d'anguille de haie* ou *de buisson*, pour ne dégoûter personne. Il est bon d'ajouter que la tête coupée et parfaitement cuit, le serpent ne saurait être reconnu, surtout quand son déguisement est complété par une bonne sauce *poulette* ou *tartare*.

CRUSTACÉS.

On ne se nourrit pas de *Crustacés*, mais dans les fins dîners et sur les bonnes tables, la chair savoureuse de ces animaux constitue un accessoire excellent, un mets fort apprécié quoique un peu lourd à l'estomac et rassasiant vite. A certaines personnes, au surplus, particulièrement aux herpétiques et rhumatisants, les crustacés, comme le poisson malsain, occasionnent parfois des éruptions, des vomissements et des coliques. Il convient donc de n'en jamais manger qu'avec une extrême modération, pour ne pas s'en fatiguer, autant que pour n'en pas être malade.

Homard et Langouste. — Le *homard* et la *langouste*, celle-ci reconnaissable à l'absence des grosses pattes qui caractérise celui-là, sont par leur volume et leur bon goût, des crustacés du plus haut mérite. Les meilleurs, toutefois, ne sont pas les plus gros, mais les plus lourds. Quoique on les trouve tout cuits, chez les marchands, et généralement dans un état de fraîcheur suffisante, les vrais gourmets préfèrent les acheter aussi vivants que possible, pour les jeter dans une eau de sel en pleine ébullition, où, selon leur grosseur, ils doivent séjourner de 20 à 30 minutes.

On sert froids, ordinairement, la langouste et le homard, soit avec une sauce *mayonnaise* ou *rémoulade*, soit avec une simple sauce à *l'huile* et *au vinaigre*, où l'on a broyé la partie crémeuse du ventre et les œufs. Dans la grande cuisine on compose des *coquilles*, des *aspics*, des *croquettes*, des *canapés* de homard, pour couper fort agréablement les pièces de résistance d'un dîner de gala.

Crevettes. — Crabes. — C'est en garniture, encore, et souvent en hors-d'œuvre, que l'on sert les *crevettes* et *salicoques* pêchées

sur les plages de nos mers. Celles-ci, d'une saveur exquise
quand elles sont fraîches, portent communément, la dénomination
de « bouquet ». Elles se teignent, à la cuisson, d'une belle
couleur rose que les petites crevettes grises ne prennent jamais.
Leurs *queues*, particulièrement savoureuses, sont employées, avec
des quenelles de poisson, des filets de sole, à la confection de
bouchées, de *coquilles,* de *timbales,* de *vol-au-vent* très goûtés,
en général, des palais même les plus délicats.

A l'exception du *tourteau,* souvent très charnu quand il est
au moins de la grosseur du poing, les *crabes* de nos côtes ne
valent guère la peine d'être mangés. Aussi ne les sert-on jamais
sur une bonne table, si ce n'est en purée, dans une *bisque,*
quand on manque d'écrevisses pour composer ce potage savant.

Écrevisses. — Prises dans l'eau vive et claire des torrents, les
écrevisses ont une fermeté de chair, une sapidité spéciale, que
l'on chercherait en vain chez les écrevisses souvent plus volumi-
neuses, pourtant, que l'on aurait pêchées dans une eau dormante.
On les distingue de ces dernières, toujours plus ou moins noi-
râtres, à la teinte vert-clair de leur carapace qui devient, chez
les unes et les autres, sitôt plongée dans l'eau bouillante, d'un
beau rouge vif. A l'inspection de la patte, différemment teintée
en dessous, les cuisiniers reconnaissent encore deux variétés
d'écrevisses : le *pied rouge* et le *pied blanc,* celle-ci, plus molle
peut-être, et la moins estimée.

La plus simple et la meilleure façon de faire cuire les écrevisses, c'est de les jeter dans un court-bouillon au vin blanc ou
au vinaigre, en pleine ébullition. Instantanément saisies, comme
le poisson, par la friture bouillante, elles ne perdent, ainsi, rien
de leur saveur, et l'on n'a point le déplaisir de voir ces pauvres
bêtes agoniser à petit feu, comme dans les barbares recettes de
la *cuisson à sec* ou de la coction progressive dans l'eau vinaigrée.

Servies en hors-d'œuvre, les écrevisses sont habituellement

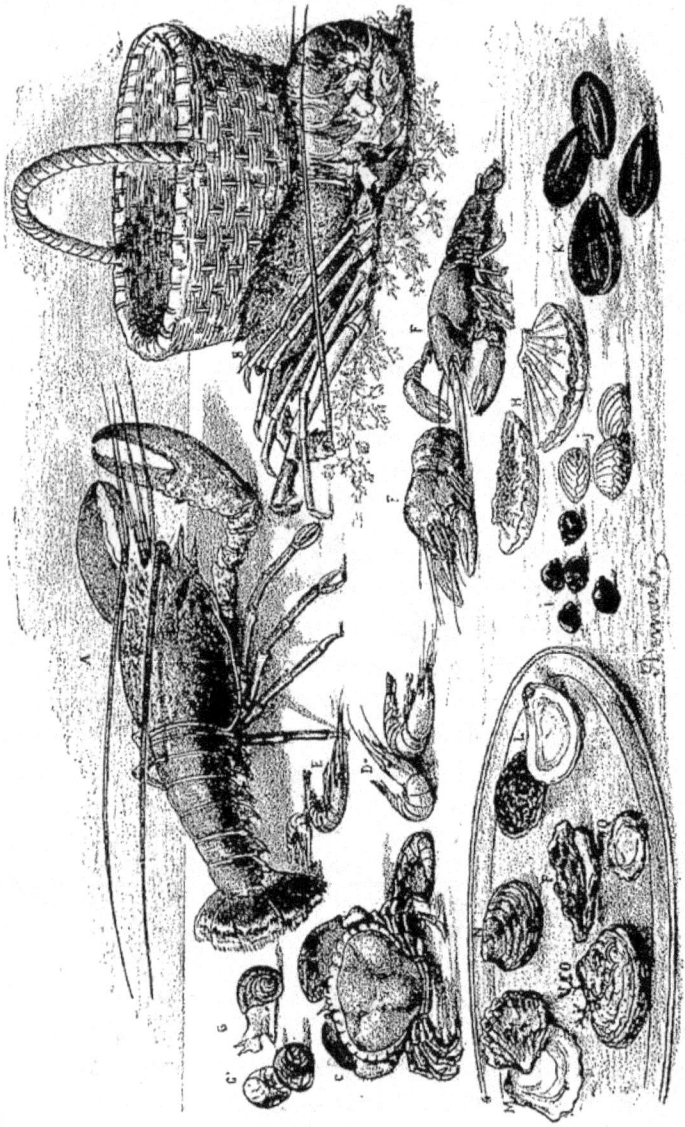

PL. XLIX. — L'ALIMENTATION. — CRUSTACÉS ET MOLLUSQUES.

A. Homard. — B. Langouste. — C. Crabe tourteau. — D. Salicoques. — E. Crevettes. — F. Écrevisses. — G. Escargots. — H. Huîtres pèlerines ou de Saint-Jacques. — I. Vignots. — J. Coques ou palourdes. — K. Moules marines. — L. Huîtres blanches de Cancale. — M. N. Huîtres vertes de Marennes. — O. Huître pied de cheval. — P. Huître portugaise. — Q. Huître d'Ostende.

dressées sur un socle en fer-blanc qui les réunit en *buisson* ou les groupe en *pyramide ;* mais il est bien d'autres manières encore de manger ces excellents crustacés. Cuits *à la bordelaise* dans une sauce aromatique et pimentée, pilés et broyés dans un bon consommé pour la confection du *potage à la bisque*, présentés en *canapés*, en *coquilles*, ou même en simple *garniture*, ils jouent toujours un rôle de quelque importance dans un dîner fin ; et si les convives, — hommes et dames, — n'abusent point de ce mets de haut goût, rarement ils ont à se repentir d'en avoir fait usage.

Buisson d'écrevisses

MOLLUSQUES

En général assez répugnants au premier aspect, les *mollusques* ne furent pas, comme on le pourrait croire, introduits dans l'alimentation par quelque gastronome curieux et blasé, désireux de se procurer des jouissances nouvelles. C'est, au contraire, dès la plus haute antiquité, qu'ils furent jugés dignes d'être mangés par l'homme. A l'âge de la pierre, les troglodytes, souvent, se nourrissaient de colimaçons et certaines tribus de ces temps primitifs, chaque année se rendaient tout exprès au bord de la mer pour s'y régaler de coquillages.

Huîtres. — Parmi ces derniers, les *huîtres*, faciles à recueillir sur les fonds rocheux à marée basse, durent avoir, tout d'abord, de nombreux amateurs qui, longtemps, sans doute, se contentèrent de les récolter sur les bancs naturels où ils foisonnaient ; mais plus tard, ces mollusques trop appréciés commençant peut-être à se faire rares, de vastes réservoirs furent créés non seulement pour la conservation, mais aussi pour l'amélioration des huîtres. Aujourd'hui, c'est à peu près exclusivement dans les ports de notre littoral que l'on pêche, de septembre en avril, — les mois marqués d'un R, — toutes les huîtres livrées au commerce.

Les plus estimées viennent de Marennes et d'Arcachon, sur les bords de l'Océan ; de Cancale, de Granville, de Courseulles, de Saint-Wast, d'Étretat, de Dieppe, de Dunkerque, et de quelques autres stations des côtes de la Manche. Ostende en expédie pareillement une quantité de moyen et de petit volume, à barbillon vert, qui sont encore, quoique un peu fades, très renommées. Généralement blanches ou blondes sur les plages normandes, les huîtres, à Marennes, acquièrent une belle couleur verte, probablement due à ce que l'eau des parcs où elles séjournent est moins fréquemment renouvelée. En dehors de ces espèces, que leur vogue a rendues trop coûteuses, on mange encore, assez couramment, l'huître *cuiller* de la Méditerranée, la *portugaise* aux valves irrégulières et l'énorme *pied de cheval*, dont le volume nuit malheureusement beaucoup à la qualité.

Les huîtres, mangées fraîches et crues, en quantité modérée, sont agréables à l'estomac autant qu'au goût, et de digestion facile. Il n'en est pas de même quand on en fait abus, comme tant de soi-disant amateurs qui, par gloriole, plus encore que par appétit, en absorbent, d'un trait, huit à dix douzaines. Pris en masse, en effet, cet aliment, qui n'est ni chair ni poisson, se digère mal et trouble souvent les voies digestives.

Une huître n'est vraiment saine et bonne qu'autant qu'elle est fraîche, et cette essentielle qualité se reconnaît, non seulement à l'absence de toute mauvaise odeur, mais encore à l'éclat, à la netteté de sa chair, à l'abondance, à la limpidité de l'eau qui la baigne. L'huître est malsaine ou malade, quand, à demi desséchée sous sa coquille entr'ouverte, elle est molle, friable et fanée.

On sert généralement les huîtres au commencement des repas, même avant le potage. Pour les absorber dans toute leur saveur, on ne doit les faire ouvrir qu'au fur et à mesure et le plus soigneusement possible, afin que le liquide qu'elles contiennent ne s'en échappe pas. Au moyen d'une fourchette spéciale ou d'un petit couteau, l'on détache le mollusque de sa valve inférieure en évitant de percer le fond, parfois très mince, de la coquille, par où s'exhalerait souvent une mauvaise odeur. D'une seule bouchée, alors, promptement on gobe l'huître, soit au naturel, comme le font les vrais amateurs, soit en y répandant quelques gouttes de jus de citron, de verjus, ou quelques grains de poivre mignonnette.

Conservées dans une *marinade*, les huîtres, à toute époque de l'année, peuvent encore avantageusement figurer en hors-d'œuvre ou se mêler aux divers ingrédients d'une sauce quelconque. Elles contribuent, par exemple, beaucoup, à relever la saveur de la sole normande; mais en dehors de quelques rares préparations, c'est une hérésie culinaire, vraiment, que de faire cuire les huîtres. Servies en *coquilles*, en *friture*, en *ragoût*, elles ont néanmoins leurs amateurs, quoique sous ces diverses formes elles soient un peu dures ordinairement, et par conséquent indigestes.

Moules. — On trouve dans l'eau douce et dans la mer, des *moules* comestibles; mais les moules marines seules, malgré leur moindre volume, sont véritablement appréciées. En maints endroits, sur les plages de l'Océan, elles forment des bancs énormes d'où l'on ne peut les arracher qu'en brisant les solides filaments ou *byssus* qui les tiennent unies ; mais partout où il est facile de les cultiver, sur les côtes vaseuses de la Saintonge, par exemple, elles sont parquées commes des huîtres, et l'on en récolte un nombre considérable, chaque jour, sur les pieux et les clayonnages où elles s'attachent et se multiplient.

Contrairement aux huîtres, qu'il faut manger crues, les moules doivent être habituellement mangées cuites, et leur chair, quand elles sont bien fraîches et grasses, est ordinairement, d'un excellent goût. En dépit de cette cuisson, cependant, certaines d'entre elles peuvent se trouver assez malsaines encore, quand on les sert, pour occasionner, au moins aux personnes prédisposées, des rougeurs, des démangeaisons, des suffocations, des vomissements, tous les symptômes d'une intoxication aisément reconnaissable.

N'étaient ces désagréables accidents qu'il est heureusement assez facile de dissiper, d'habitude, en prenant dans un peu d'eau sucrée quelques gouttes d'éther, les moules auraient encore bien plus d'amateurs et seraient, hygiéniquement, aussi, plus recommandables. Pour atténuer, autant que possible, leurs malfaisantes propriétés, on peut, en somme, toujours les plonger, avant de les faire cuire, dans de l'eau fraîche légèrement vinaigrée où, plusieurs heures durant, elles se dégorgent. On les accommode, ensuite, soit au *naturel*, à la *marinière*, après les avoir encore bien nettoyées des impuretés et des petits crabes qu'elles contiennent souvent, soit à la *poulette*, à la *provençale*, ou même en simple *salade*. Il est d'usage, dans ces diverses préparations, de n'enlever qu'une de leurs valves ; mais quand on les utilise seulement comme garniture, on les en dépouille tout à fait.

En dehors des huîtres et des moules, on mange, aux mêmes sauces, bien d'autres espèces de mollusques, dans nos ports de mer. Les grandes *huîtres de Saint-Jacques* ou *pèlerines*, les excellentes, *cythérées* ou *clovisses* de la Méditerranée, les *bucardes* ou *palourdes* de l'Atlantique, les *pétoncles pileux* de la Manche, les *vignots* et *bigorneaux* de toutes nos plages, en quantité considérable sont consommés par la population locale et quelquefois encore expédiés jusqu'à Paris. Mais il faut être absolument marin pour manger de la *pieuvre*, ou du poulpe, plus hideux encore, que les pêcheurs désignent sous le nom de *mina*.

Escargots. — La terre, comme la mer, a ses mollusques comestibles, les *hélices* ou *colimaçons*, dont on consommait autrefois un certain nombre d'espèces : la *jardinière*, le *ruban*, la *chagrinée*, la *naticoïde*, le *pezon*, mais dont on ne recherche plus guère, aujourd'hui, que la grosse *vigneronne*, l'escargot type par la forme autant que par les dimensions.

C'est principalement, dans les vignes de la Bourgogne, que l'on récolte les escargots. Pour qu'ils soient inoffensifs et bons à manger, on les fait jeûner, pendant un mois, dans un endroit frais sans être humide, où ils rejettent toutes les matières nuisibles qu'ils peuvent avoir absorbées. On a vu parfois, en effet, des escargots ramassés dans les champs, occasionner des empoisonnements plus imputables évidemment aux plantes vénéneuses qu'ils avaient broutées, qu'à la chair des mollusques eux-mêmes.

Avant d'être définitivement accommodés, d'ailleurs, les escargots doivent être plongés, pendant un quart d'heure, environ, dans un chaudron d'eau bouillante d'où ils sortent à peu près cuits. Facilement, alors, on les extrait de la coquille, on les essuie, et selon le goût des amateurs, on les prépare, soit *à la poulette*, avec une sauce au beurre convenablement épicée ; soit *à la bourguignonne*, en les replaçant, bien nettoyés, dans leur coquille, entre deux couches de farci.

Dans la médecine populaire, les escargots ne jouissent pas d'une moins bonne réputation que dans la petite cuisine.

On en compose des sirops, des pâtes, des bouillons pectoraux qui ne sont véritablement pas efficaces, mais qui par leurs propriétés adoucissantes ne laissent pas de procurer aux malades quelque soulagement.

SUBSTANCES ANIMALES ET PRÉPARATIONS DIVERSES

Pot-au-feu. — Bouillon. — Un des principaux emplois de la viande de boucherie, — au moins en France, — c'est de servir à faire du *bouillon*. L'on choisit ordinairement, pour cela, de la tranche ou de la culotte de bœuf que l'on met dans une marmite de fonte ou mieux dans un pot de terre, et l'on verse par-dessus de l'eau de fontaine en quantité suffisante, c'est-à-dire environ deux litres pour un kilogramme de bœuf. On sale aussitôt, et l'on place le pot devant un feu doux, afin que la viande étant, petit à petit pénétrée par l'eau chaude, lui abandonne tous ses sucs, au fur et à mesure que s'opère la coction. Saisie par un feu trop ardent, la viande, au contraire, résisterait à l'action dissolvante de l'eau. Elle se durcirait à la surface et conserverait tous ses sucs, ce qui produirait, peut-être, un excellent bouilli, mais en revanche, un bouillon bien fade.

A mesure que le pot-au-feu s'échauffe, il se couvre d'une épaisse écume qu'il faut tenir d'enlever, si l'on ne veut pas voir, sitôt que bout le liquide, se troubler le bouillon. Cette opération faite, on ajoute à la viande divers légumes dont la saveur ne contribue pas médiocrement à donner au pot-au-feu son goût spécial : deux ou trois carottes, un panais, quatre ou cinq poireaux, un bouquet de persil, deux ou trois oignons, dont un piqué de clous de girofle. On colore avec un peu de caramel, de carotte ou d'oignon brûlés, et si l'on désire obtenir, plutôt qu'un bouilli passable, un bouillon parfait, on laisse la cuisson lentement s'opérer pendant sept à huit heures.

Telle est, sauf, de légères variantes, la formule la plus usuelle du pot-au-feu. La savoureuse décoction de viande ainsi produite a-t-elle bien, cependant, toutes les bonnes et réconfortantes propriétés que depuis si longtemps on lui attribue? Sans doute, un bouillon bien composé constitue un aliment de haute valeur, agréable et commode ; mais, après tout, il ne contient jamais, délayés dans une grande quantité d'eau, qu'une partie des éléments de la viande, et sans contredit, au seul point de vue alimentaire, le roastbeef et le beefsteack, avec tous leurs sucs et leurs fibres, sont encore plus nourrissants que le meilleur bouillon.

Dans la plupart des ménages, outre le bouillon ordinaire, on prépare régulièrement le *consommé*, que l'on obtient en concentrant par la chaleur une partie du liquide, et plus rarement, pour les malades, le *thé de bœuf*, simple infusion, dans une petite quantité d'eau bouillante, d'un morceau de viande choisie.

Les emplois culinaires du bouillon ne sont pas moins importants que variés. Jeté bouillant sur des tranches de pain, il constitue la *soupe* ; on en fait d'excellents *potages* en y mêlant des farines, des fécules, des pâtes d'Italie: dans toutes les bonnes cuisines on l'utilise enfin à délayer les sauces, à mouiller les ragoûts.

Sauces. — Le nombre est si considérable, aujourd'hui, des mélanges, mixtures, combinaisons et préparations composant le groupe des *sauces*, qu'il serait téméraire autant qu'inutile d'en vouloir essayer même une simple énumération. Depuis longtemps, en effet, il n'est pas si médiocre cuisinier qui n'invente la sienne, ou qui, pour attacher son nom à quelque composition savante, ne modifie plus ou moins les formules de ses prédécesseurs. Aussi, pour se reconnaître un peu dans ce chaos, les cuisiniers eux-mêmes divisent-ils les sauces en deux catégories; les *grandes sauces* ou *sauces mères*, et les *petites sauces,* pro-

Pl. L. — L'ALIMENTATION. — BEURRE ET FROMAGES.

A. Fromage du Cantal. — B. Fromage de Gruyère. — C. C' Mottes de beurre. — D. Fromage de Hollande. — E. Roquefort. — F. Brie. — G. Chester. — H. Fromage de Gex. — I. Neufchâtel. — J. M. Marolles en tube. — K. Mont-d'Or. — L. Camembert. — N. Œufs.

cédant, la plupart, des précédentes, tout en étant parfois aussi compliquées.

Au nombre des premières, on compte surtout la sauce *brune* ou sauce *espagnole*, et la sauce *blanche* ou *velouté*, l'une et l'autre essentiellement composées de bon beurre frais et d'une quantité variable de farine. Les plus usuelles, parmi les secondes, sont l'*allemande*, très peu différente du velouté, la *hollandaise* et la *génevoise*, que l'on sert exclusivement avec le poisson ; la sauce *financière*, que l'on emploie dans un grand nombre de ragoûts ; la *béchamel*, excellente combinaison de lait et de farine ; la *tartare*, la *ravigote*, la *poivrade*, toutes fortement relevées ; la *mayonnaise* et la *rémoulade*, composées de jaunes d'œufs et de bonne huile d'olives, intimement liés.

A l'exception de ces dernières, qui sont froides et mêlées de diverses épices, les sauces épaisses ont généralement le tort grave d'être, quoique savoureuses, d'une difficile digestion. Celles au beurre et à la farine, surtout, ne conviennent qu'aux bons estomacs. Trop employées dans les petits restaurants où elles servent à déguiser toutes les viandes, elles sont, alors, d'autant plus lourdes et fastidieuses, que les ingrédients qui les composent sont aussi de moins bonne qualité.

Œufs. — D'une très grande ressource dans la cuisine de tous les pays, les *œufs*, sous quelque forme qu'ils soient servis, constituent toujours un aliment complet, très nutritif, par conséquent, en même temps que très agréable. Quoique les œufs de *poule* soient de beaucoup les plus usités, on consomme aussi les œufs de *cane*, qui s'en distinguent à la teinte verdâtre de leur coque ; les œufs d'*oie*, de forme allongée, blancs et volumineux ; les œufs de *dinde*, tout piquetés de taches rougeâtres, et les œufs de *pintade*, à la coquille panachée de gris, de rose et de vert. Trop petits, les œufs de *pigeon* n'ont guère d'autre emploi que de remplacer les œufs de *vanneau* dans certains potages.

A quelque espèce qu'il appartienne, en somme, il est indispensable que l'œuf soit frais pour être bon, et l'on peut assez exactement se rendre compte de sa fraîcheur en le « mirant », c'est-à-dire en le tenant un instant placé entre l'œil et la lumière d'une lampe. Il ne présente, alors, à l'intérieur, s'il est récemment pondu, ni trouble, ni taches, ni vides, tandis qu'un œuf datant déjà de quelques jours, outre de nombreux points sous la coquille, laisse apercevoir un vide plus ou moins large à son extrémité.

Plongé dans un vase empli d'une solution de sel à 125 grammes pour un litre d'eau, l'œuf frais se précipite aussitôt au fond du vase. Il n'atteint pas le fond s'il est de la veille; pondu depuis deux jours, il flotte dans le liquide, et reste à la surface s'il date de plus de cinq jours. Quel que soit son âge, d'ailleurs, il est encore sain tant qu'il n'a pas perdu sa transparence.

Cette rapide altération des œufs a dû faire imaginer, dès longtemps, divers moyens de l'empêcher ou de la retarder le plus possible. Selon les pays, on les couvre, dans ce but, d'une épaisse couche de cendres, de balles d'avoine ou de sciure de bois ; mais de toutes les poudres employées, la meilleure, à cet égard, paraît être un mélange bien sec de sel marin, de poussier de charbon et de menu sable. Enfouis dans cette poussière et placés dans une caisse, à l'abri de l'humidité, de la chaleur et du jour, les œufs, même fécondés, peuvent rester sains durant quelques semaines. Il est bon, quand on doit les transporter à distance, de les emballer à peu près de la même manière, ou de les envelopper, pour leur épargner le cahot des voitures, dans une épaisse couche de paille hâchée.

A la campagne, plus encore qu'à la ville, les œufs rendent aux ménagères prises à l'improviste des services incontestés. De combien de façons, en effet, ne peut-on pas les accommoder ? A quelles combinaisons ne se prêtent-ils pas ? Sous quelle forme, à

la seule condition d'être frais, ne composent-ils pas un mets toujours sain, digestif, nourrissant et parfaitement agréable ?

Au point de vue hygiénique, les œufs ne sont jamais meilleurs que mangés crus, aussitôt après la ponte, et bien des personnes s'en régalent quand elles en trouvent l'occasion. Mais il
est si simple de les faire cuire à point, en les plongeant deux
à trois minutes seulement,
dans l'eau bouillante ! Ces
œufs *mollets*, à la *coque*, à
la *mouillette*, ouvrent à
merveille un déjeuner. Les
casse-t-on dans une poêle ou
dans un plat de terre bien
beurré, l'on obtient en quelques secondes, des œufs *frits*,
des œufs *au miroir* ou *sur le plat*, des œufs *au gratin*, des œufs
au beurre noir, suivant qu'après les avoir diversement assaisonnés,
on laisse plus ou moins de temps sur le feu les œufs ou la friture. On farcit, on met en salade les *œufs durs ;* on les prépare à la *crème*, ont les sert à *l'aurore* dans une sauce à la
béchamel. Il n'est pas plus difficile, en les battant dans une casserole, de faire des *œufs brouillés* de vingt manières, selon que
l'on y incorpore tel ou tel accessoire ou condiment : des *fines
herbes*, des *pointes d'asperges*, du *jus*, du *jambon*, des *champignons*, du *fromage* ; non plus que de préparer, en les brisant dans un liquide en pleine ébullition, des œufs *en chemise* ou
pochés, que l'on habille, après coup, d'une sauce, d'une purée,
d'une garniture quelconques.

Et la nombreuse série des *omelettes ?* N'atteste-t-elle pas encore
en même temps que le haut mérite, l'extrême souplesse culinaire
des œufs ? On en compose de toutes les façons, des omelettes :
aux *fines herbes*, à *l'oseille*, à la *jardinière*, aux *champignons*,

Œufs à la coque

au *lard*, au *jambon*, aux *rognons*, aux *pommes*, au *rhum*, aux *confitures ;* et quelle qu'en soit la formule, c'est toujours un excellent mets quand il est parfaitement réussi. Certaines omelettes, au surplus, en raison du sucre et des aromates qu'on y ajoute, unissent étroitement la cuisine à la pâtisserie, et dans ce domaine-ci les emplois de l'œuf ne sont pas moins étendus que dans l'autre. Il n'est guère, en effet, de *pâtes*, de *crèmes*, de *mousses*, d'*entremets* qui ne lui doivent, au moins pour une bonne part, leur saveur et leur délicatesse.

Lait. — Les femelles de divers animaux domestiques, la *vache*, la *chèvre*, la *brebis*, l'*ânesse*, nous fournissent tout le lait qui sous une forme quelconque sert à notre alimentation ; mais le lait de vache, outre qu'il est le plus abondant, est aussi le plus agréable au goût, le plus digestif, le plus apte à tous les emplois culinaires.

Le lait de bonne qualité possède une odeur faible, rappelant celle de l'animal dont il provient. Sa saveur est douce et sucrée ; sa coloration d'un blanc pur ou légèrement jaunâtre. Inconstant et variable selon la quantité de beurre qu'il contient, sa densité, supérieure à celle de l'eau, mesure, en moyenne, 10 30, au *lacto-densimètre*.

Au repos, le bon lait se sépare naturellement en deux parties : l'une, la *crème*, épaisse et grasse, qui surnage ; l'autre, le lait *écrémé*, fluide et blanc, qui reste au-dessous. La crème est presque entièrement composée de globules graisseux dont l'agglomération constitue le *beurre*. Clairs et brillants, ces globules sont d'une très facile observation malgré leur petit volume, quand on examine au microscope une goutte de lait. Exposé quelque temps à l'air, le lait écrémé se divise pareillement en deux parties ; l'une, liquide, transparente, jaunâtre, le *sérum* ou *petit-lait ;* l'autre, solide, épaisse, le *caillé*, comprenant toute la *caséine* ou *caséum*, dont se compose le *fromage*.

Quand se produit spontanément ce phénomène, surtout fréquent par les temps orageux, on dit que le lait tourne, et c'est tou-

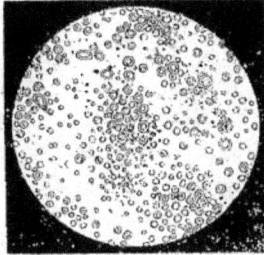

Globules du lait, vus au microscope

jours, alors, au développement de certains microbes ou ferments dans le liquide, que l'on peut attribuer sa décomposition. S'il est tiré depuis longtemps, ou s'il n'est pas de qualité parfaite, le lait tourne ou s'aigrit, d'ailleurs, avec bien plus de facilité. Pour assurer sa conservation le plus possible, il suffit, toutefois, de le faire bouillir, ou d'y ajouter, par litre, 2 ou 3 grammes de bicarbonate de soude, afin de neutraliser, au fur et à mesure qu'il se forme, l'acide lactique provenant de la fermentation.

La composition du lait que l'on obtient au commencement d'une traite diffère, en général, beaucoup, de celle du lait que l'on tire à la fin. Ce dernier peut, en effet, souvent contenir deux fois plus de crème et de beurre que le premier. Il est plus nourrissant, plus savoureux, mais aussi d'une plus difficile digestion, quand il est bu tiède, surtout, aussitôt après la traite. L'ébullition détruisant tout ferment nuisible dans le lait, il est préférable, en tout temps, et particulièrement dans le cours d'une épidémie, de le boire bouilli plutôt que cru, quoique l'on puisse, lorsqu'il est frais tiré, lui trouver un goût plus agréable.

Quand on met du lait sur le feu, sa surface ne tarde pas à se couvrir de pellicules blanches d'une faible épaisseur, désignées sous le nom de *frangipanes*. Formées de globules de graisse emprisonnés dans un réseau de caséum, ces membranes se reforment à mesure qu'on les enlève, et toujours elles sont assez épaisses, au moment de l'ébullition, pour s'opposer au dégagement de la vapeur d'eau contenue dans le liquide. Souvent, alors, si l'on n'y prend garde, la masse laiteuse boursoufle *monte* tout à coup, déborde le vase qui la contient, et rapidement se répand de tous côtés, au grand désespoir des ménagères. Le lait n'est pas seulement une agréable et bonne boisson; il sert encore à préparer des *potages*, des *bouillies*, des *bavaroises*, des *crèmes*, des *entremets*, des *gâteaux* de toute espèce. Mêlé de *café* noir ou de *chocolat*, il compose le déjeuner matinal d'un grand nombre de personnes. Coupé d'eau chaude et lentement versé sur un jaune d'œuf que l'on bat pour l'émulsionner, il constitue le *lait de poule*, plus ou moins favorable aux gens enrhumés.

Beurre. — C'est de la crème du lait, soigneusement recueillie et longtemps triturée, que l'on obtient le *beurre*. Pour opérer cette transformation, lorsque la quantité de crème est peu considérable, il suffit de la presser avec une cuiller contre les parois du vase qui la contient, jusqu'à ce que le lait s'étant tout à fait éliminé, les globules graisseux aient formé par leur adhésion, une masse parfaitement homogène.

Dans les fermes et les laiteries, on fait plutôt usage, pour hâter la préparation, d'une sorte de baril connu sous le nom de *baratte*, que traverse un bâton terminé par un disque ou muni d'ailettes en bois. La baratte ordinaire est verticale et ne peut encore servir qu'à produire en un temps relativement assez long une petite quantité de beurre. Il n'en est pas de même de la baratte de Normandie ou *serène*, véritable tonneau transversalement placé sur un chevalet qui permet de le faire tourner avec plus ou moins de rapidité sur son axe. A l'aide de cet appareil, intérieurement garni de planchettes dentelées pour battre et diviser la crème, on peut en un temps très court, selon la température et la saison, facilement fabriquer plusieurs kilos de beurre.

Comme elles donnent le lait le plus substantiel et le plus aromatique, les vaches nourries au printemps, dans les prés four-

nissent le beurre le plus savoureux et le plus gras. Il se dis
tingue des beurres inférieurs à sa couleur ambrée ou légèremen
jaunâtre, à la finesse de sa pâte, à la délicatesse de son goût. A Paris, où l'on
fait une grande consommation de ce beurre
de choix, on estime surtout celui qui tous
les jours est expédié d'Isigny, de Gournay en
Normandie, ou de la Prévalaye en Bretagne.

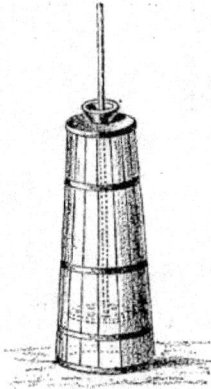

Sous l'influence de l'air, lentement et
de si bonne qualité qu'il soit, le beurre
s'altère. Il jaunit, d'abord, et la fermentation qui se développe dans la minime
quantité de lait qu'il peut contenir provoque, alors, un dégagement d'acides
gras volatils qui lui donnent une mauvaise odeur, une âcreté caractéristiques.

Baratte ordinaire

Pour empêcher le beurre de *rancir* ainsi, différents procédés,
plus ou moins usuels, peuvent être mis en pratique : tantôt
après l'avoir enfermé dans des pots, on en recouvre la surface
d'une couche de charbon en poudre ; tantôt on le fait fondre à
petit feu, pour en chasser l'air et l'eau qu'il peut contenir ;
tantôt, enfin, on y mêle une certaine quantité de sel qui s'oppose efficacement à la fermentation de la matière grasse.

Les usages culinaires du beurre, ne sont pas moins importants que variés. On en fait d'excellentes *sauces*, des *fritures*
très appréciées ; on en compose des *pâtes* et des *gâteaux* exquis ;
on l'emploie à la cuisson des viandes et des légumes. On le
mange *frais*, aussi, sur des tartines de pain dont les enfants
sont très friands ; on le sert avantageusement en hors-d'œuvre.

Comme le lait dont il dérive, le beurre est l'objet de nombreuses falsifications. Quelquefois c'est de la graisse ou du beurre
rance que les marchands enveloppent d'une couche de beurre

Pl. LI. — L'ALIMENTATION. — BOULANGERIE ET PATISSERIE

A. Pains blancs de fantaisie. — B. Pain boulot. — C. Pains fendus ou polkas. — E. Pain de munition. — F. Pain blanc rond ou couronne. — G. Pain de ménage. — H. Pain de seigle ou pain bis. — I. Petites brioches. — J. Brioche fine. — K. Gâteau de Savoie. — L. Tarte aux poires.

frais; quelquefois de la pomme de terre râpée, que l'on mêle à la pâte pour lui donner plus de poids; plus souvent, enfin, un mélange, difficile à reconnaître, de beurre véritable et de margarine. (*Pl. L*)

Fromage. — Même après que l'on en a retiré toute la crème, le lait contient encore, avons-nous dit, une quantité considérable d'une substance azotée très nourrissante, la caséine ou caséum qui constitue le *fromage*. Pour l'obtenir en abondance, et déterminer au plus vite la coagulation du lait, on emploie, dans toutes les fermes, une petite dose de présure extraite du quatrième estomac ou *caillette* d'un veau. A peine cette substance est-elle en contact avec le lait, qu'aussitôt la masse liquide se *prend* et se divise en deux parties distinctes; le *caillé*, renfermant toute la caséine, et le *sérum* ou petit-lait.

Opère-t'on de la sorte sur du lait préalablement écrémé, l'on obtient un fromage *maigre*, dit aussi *fromage blanc*, *fromage mou*, *fromage à la pie*. Coagule-t'on, au contraire, le lait avec toute sa crème, on produit un *fromage gras*, ou même, comme on le fait à Neufchâtel, en Normandie, un *fromage à la crème*, si l'on ajoute la crème de la veille au lait du jour.

Quoique chaque pays ait ainsi ses procédés pour la fabrication du fromage, l'opération, cependant, exige toujours la coagulation du lait par la présure ou tout autre ingrédient, la rupture du caillé, l'expression du petit lait, le moulage et la pressée, enfin, la salaison et la conservation en cave, de la *forme* obtenue.

Presque partout, en France, on foule à la main, ou l'on comprime le caillé, à l'aide d'appareils spéciaux. En Auvergne, et notamment dans le Cantal, où l'on fabrique de grandes quantités de fromage, les vachers écrasent avec leurs genoux la masse laiteuse coagulée, pour en exprimer le sérum. Dans certaines contrées, où la matière première est moins abondante, on fabrique surtout des fromages destinés à être mangés frais, les *bondons* de *Neufchâtel* entre autres, dans le pays de Bray. A Paris, les crèmiers préparent de même, en quelques minutes, des fromages blancs *à la crème*, qu'ils aromatisent au goût des con-.ommateurs, et qui ne se conservent pas. Dans la *Brie*, on fait des galettes de deux à trois centimètres de hauteur, que l'on sale, mais qui ne subissent qu'une fermentation légère, protégées qu'elles sont contre l'action prolongée de l'air, par l'épaisse couche de moisissure dont elles se couvrent bientôt. Le même phénomène s'accomplit, avec plus ou moins d'intensité, sur les fromages de *Livarot*, de *Camembert*, de *Pont-l'Evêque* et de *Marolles*. Une longue dessication à l'abri de l'humidité l'empêche de se manifester, au contraire, sur les fromages de *Hollande*, le *parmesan* et le *chester.*

Nos départements de l'Est, contigus à la Suisse, et quelques districts de la Meuse et des Vosges ont la spécialité du fromage façon *Gruyère*, dont la pâte insuffisamment séchée, doit subir, pour être inaltérable, une légère cuisson au four. Les vaches de la Franche-Comté ne sont point d'une belle race, mais leur lait est très caséeux, et l'on estime particulièrement les fromages de *Septmoncels*, de *Vei*, de *Gex* et de *Gérardmer*.

Au lait de vache on mêle d'ailleurs, quelquefois, le lait de chèvre ou de brebis, et certains fromages sont toujours préparés soit avec un semblable mélange, soit exclusivement avec le lait des brebis ou des chèvres. La plupart de ces derniers ont une pâte blanche et se mangent frais. On en fabrique dans un grand nombre de localités ; mais les plus renommés sont ceux de *Mâcon*, du *Mont-d'Or*, dans le Rhône, et ceux aussi de *Sassenage* et d'*Oisans*, qui prennent, après une légère fermentation, une coloration verte toute spéciale. Il n'en est point, toutefois, dont la réputation soit supérieure à celle du *Roquefort*, composé de lait de brebis et de chèvre mêlés de pain moisi qui donne à la pâte sa coloration bleue, puis après sa fabrication déposé dans des grottes basaltiques traversées de courants d'air froid, où il achève de prendre la teinte et la saveur qui le caractérisent.

Suivant qu'ils sont consommés à l'état frais ou longtemps après leur préparation, les fromages n'exercent point la même influence sur les organes digestifs. Ils sont nourrissants, doux et rafraîchissants dans le premier cas, mais un peu moins digestibles peut-être qu'après avoir été salés et gardés quelque temps à la cave. La fermentation change complètement leurs propriétés. Elle détermine, dans la pâte, la formation plus ou moins abondante d'un caséate d'ammoniaque, qui stimule vivement les fonctions digestives, mais trop souvent irrite jusqu'à l'inflammation, les muqueuses de la bouche et de l'estomac. Il n'est point rare, à cet égard, que le Roquefort occasionne des aphthes à la face interne des lèvres et des joues, ni même qu'il détermine des affections stomacales douloureuses et rebelles.

Aussi ne faut-il pas chercher ailleurs que dans l'abus des fromages irritants, la cause d'un grand nombre de gastrites et de dyspepsies opiniâtres, dont un régime alimentaire plus sage, suffirait à triompher en peu de temps. Le retour pur et simple à l'usage du lait peut alors opérer des guérisons inespérées, et le liquide crémeux, fraîchement tiré de la mamelle de la vache, réparer en quelques jours les désastres occasionnés par cette même substance, transformée par la perversion de notre goût en une matière véritablement caustique. « L'excès en tout est un défaut » dit le proverbe. La preuve en est certainement dans ce phénomène singulier d'un aliment plein de qualités, au moment où la nature nous le fournit, et devenant nuisible et malsain, quand nous exagérons ses propriétés pour la satisfaction de notre gourmandise.

ALIMENTS VÉGÉTAUX

CÉRÉALES

Propriétés alimentaires des céréales. — Ce sont trois ou quatre humbles plantes graminées, composant le groupe des « céréales », qui nous donnent cet aliment par excellence : le *pain*.

Quand on songe à cette merveilleuse chose, on a vraiment peine à se figurer comment, dans l'obtuse cervelle d'un homme des temps primitifs, put un jour éclore l'idée de cette sublime découverte ; on se demande, avec un doute, si jamais l'inventeur du pain a bien réellement existé.

Aussi bien, lorsque nous le trouvons, matin et soir, sur notre table, ce beau pain blanc, si tendre et si savoureux, ne pensons-nous guère à tout le travail qu'il a coûté, à la prodigieuse somme de peines et d'efforts qu'il représente.

Avant de jeter seulement à la terre cette petite graine blonde qui produit le pain, il a cependant fallu défricher le sol, le labourer, le herser, l'ameublir, l'amender, l'assainir par des fossés et des sillons ; il a fallu, les semailles faites, en surveiller la levée, défendre les germes contre les pluies, les gelées, les insectes et les oiseaux ; contre l'envahissante légion des herbes parasites que l'on a dû, toute l'année, arracher, sarcler, extirper brin à brin, jusqu'au moment de la moisson !

Le temps venu de s'armer de la faucille, il a fallu, tout le jour, courbé sous l'ardent soleil, couper le blé, faire les gerbes, les lier, les porter à la ferme, battre les épis sous le fléau, vanner le grain, l'enfermer dans les greniers et les silos jusqu'à l'heure de le réduire en farine, sous la meule du moulin !

Mais entre la farine et le pain cuit sont encore venus s'interposer l'art et le travail du boulanger, le blutage, le tamisage, le pétrissage de la pâte et du levain, la fermentation, la division des pains, l'enfournement et la cuisson ; et chaque année, à chaque nouvelle moisson, cette série de travaux recommence.

Ce n'est qu'après tant de labeurs, tant d'opérations diverses, que l'on a du pain !

Encore aujourd'hui ne peut-on se contenter d'un si beau résultat. C'est à fabriquer du pain en abondance, du pain à bon marché, qu'il faut travailler sans relâche, car le pain à bon marché, constitue le premier élément de la force et de la prospérité des États !

Blé ou Froment. — D'après une statistique récente, la France produit annuellement sept milliards de kilogrammes de blé qui donnent, en dehors du prélèvement de la semence, environ cinq cents grammes de pain par jour, pour chaque habitant. Ce n'est point tout à fait assez pour subvenir à la consommation locale, encore moins aux transactions du commerce; aussi, l'Égypte, la Russie et les États-Unis nous expédient-ils chaque année des grains en quantité considérable.

Les céréales dont la farine sert à faire le pain sont le *blé*, le *seigle*, l'*orge* et quelquefois l'*avoine*. De beaucoup la plus importante et la plus estimée, le blé comprend dans nos pays deux espèces distinctes : le *froment* et l'*épeautre*.

Originaire du centre de l'Asie, le premier n'est, probablement, que le dérivé d'une autre graminée du genre « œgilops, » le second, plus anciennement connu, fût, dit-on, cultivé, même avant le froment, dans toute l'Égypte civilisée, l'Italie et la Grèce. Quoi qu'il en soit, le froment doit être considéré comme le principal agent de la civilisation des peuples. Les races qui, dès le début, se sont adonnées à sa culture, ont rapidement et facilement prospéré, tandis qu'une invincible paresse physique et morale a retardé toujours les populations qui n'ont pas connu le pain.

Les espèces et variétés de froment aujourd'hui cultivées sont extrêmement nombreuses, toute contrée, toute province agricole ayant d'ailleurs ses races de prédilection depuis longtemps adaptées au sol et au climat. Les unes se sèment au printemps, les autres à l'automne, après un chaulage préalable qui généralement suffit à préserver des maladies parasitaires le grain ensemencé.

La plupart des agronomes distinguent : les *blés tendres* sans barbe, et les barbus ; parmi lesquels, le blé de Flandre, le blé de mars, le blé de Crépy, le hérisson, le blé d'automne ; les

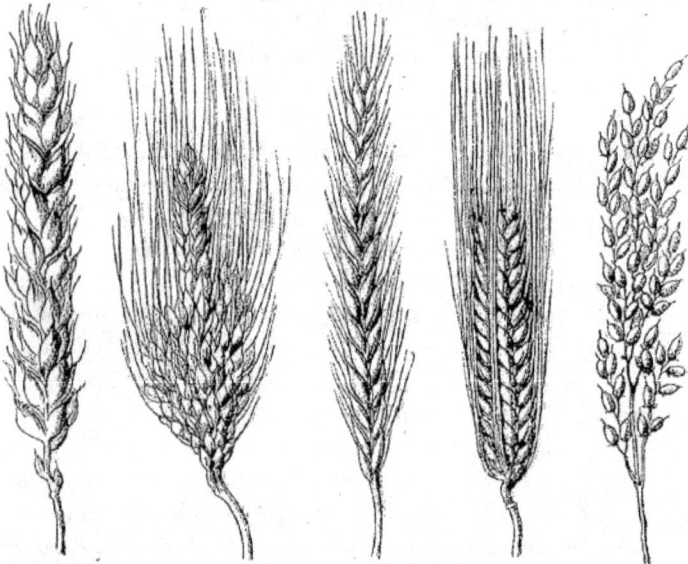

Blé tendre de Crépy   Blé de miracle   Seigle d'hiver   Orge commune   Riz commun

poulards à grain renflé, dont les plus connus sont le poulard blanc, le poulard d'Australie, le blé de miracle ; les *blés durs* à grain pointu, spécialement cultivés en Algérie ; le *blé de Pologne* à grain long et glacé ; les *blés à grains vêtus* ou *épeautres*, dont on rapproche les *amidonniers* et les *engrains*,

Fabrication du pain. — Si les variétés de blé, cependant, sont
en nombre considérable, en revanche, les procédés de fabrication
du pain varient fort peu selon les pays. Partout, après avoir
moulu le grain, on mouille d'eau la farine pour en faire une
pâte dont on détermine la fermentation en y introduisant une
petite quantité de levure de bière ou de pâte ancienne désignée
sous le nom de *levain;* partout on pétrit et repétrit longtemps
la pâte levée, avant de la diviser en pâtons de diverses formes
et de différents poids que l'on introduit ensuite dans un four

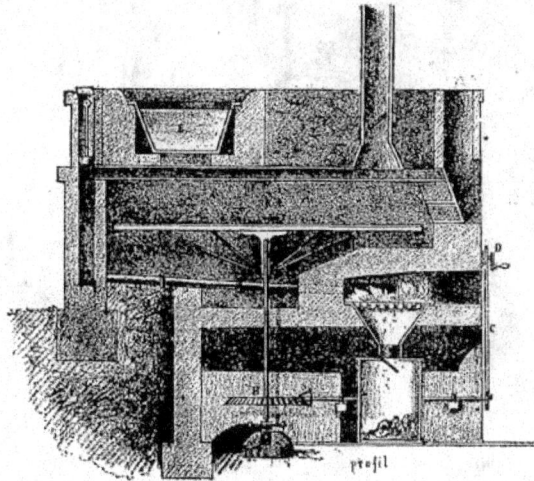

Coupe verticale du four aérotherme
A. Sole tournante, mue par le mécanisme B, C, D. — E, Bassin d'eau chaude. — F. Foyer

chauffé à point pour les faire cuire. Ces opérations fondamentales ne changent guère selon les contrées; néanmoins les sérieux
perfectionnements introduits dans l'art de la boulangerie depuis
quelques années, permettent, aujourd'hui, de les exécuter, au
moins dans nos grandes villes, bien plus méthodiquement et plus

Pl. LII. — L'ALIMENTATION. — LES LÉGUMES

A. Marmite de terre, pour le pot-au-feu. — B. Carottes. — C. Cardons. — D. Céleri. — E. Oignons. — F. Choufleur. — G. Chou pommé. — H. Poireaux. — I. Tomates. — J. Radis. — K. Navet. — L. Bouquet de thym. — M. Artichauts. — N. Champignons. — O. Pastilles colorantes. — P. Concombre. — Q. Échalote.

hygiéniquement surtout qu'autrefois. D'ingénieux pétrins, mus par la vapeur, n'épargnent pas seulement un travail des plus énervants aux malheureux « geindres » ; ils ont, aussi, l'inappréciable avantage d'empêcher le ruissellement, dans la pâte, de la sueur honorable, mais malpropre, de ces braves gens. Au lieu de l'ancien four en pierres, toujours sali de charbons ou de cendres, et dont la température était des plus difficiles à régler, le four *aërotherme* établi dans les boulangeries modernes, avec sa sole tournante isolée du foyer, donne toute facilité pour opérer l'enfournement et surveiller la cuisson. Dans toutes les localités, d'ailleurs, où fonctionne ce nouvel outillage, la supériorité de la panification ne tarde pas à être hautement proclamée par les consommateurs.

Pain de froment. — Bien préparé, le pain de froment doit être blanc, tendre, aéré, criblé de gros yeux dans toute l'épaisseur de sa mie, uniformément recouvert d'une croûte, en dessus cassante et dorée, en dessous plus souple et plus pâle. Sa saveur, alors, est fraîche, agréable, exempte de toute amertume. Elle donne pleinement raison au proverbe : « Bon comme le bon pain ! »

Mais, lorsque, dans les années pluvieuses, les épis ont été brûlés par le charbon, la carie, l'ergot, ou que les plantes étrangères, l'ivraie, la nielle, la rougeole, se sont, outre mesure, multipliées dans la moisson, la farine résultant de ces blés avariés ou mélangés peut être très nuisible, et le pain qu'elle fournit occasionner, parfois, des étourdissements, des maux de tête, des paralysies, des convulsions, des gangrènes locales, les divers symptômes, enfin, de ces maladies redoutables que l'on a désignées sous les noms « d'ergotisme » et « d'acrodynie ».

Un jour ou deux après la cuisson, de frais et tendre qu'il était, le pain généralement est devenu *rassis*, bien moins, comme on le croit, parce que l'évaporation l'a dépouillé d'une certaine quantité d'eau, que par suite d'une modification survenue, au contact de l'air, dans les éléments de la pâte. Il suffit, en effet, de repasser au four un vieux pain pour le rajeunir, et chez les petits boulangers il n'est point rare que l'on répète cette opération trois ou quatre fois de suite. Beaucoup moins agréable à manger, le pain rassis est d'une digestion bien plus facile que le pain chaud, dont la mie, trop facilement, pendant la mastication, redevient compacte et pâteuse.

Disposition du pain sur la sole du four.

En général, aussi, l'on digère d'autant mieux et l'on trouve le pain d'autant plus savoureux, que la proportion de la croûte à la mie est plus considérable. De là, la fructueuse invention de ces pains, dits *de fantaisie*, qui, ne pesant jamais le poids auquel ils sont censément achetés, permettent aux boulangers de réaliser en peu de temps de si beaux bénéfices.

Certes, ces pains de luxe, aujourd'hui, sont admirablement travaillés. L'aspect en est fort appétissant, la croûte à point croquante et dorée, la mie d'une parfaite blancheur et d'une porosité remarquable, mais, quelles que soient leurs formes et leurs dimensions, qu'on les nomme *flûtes, couronnes, croissants, tresses, boulots* ou *polkas*, ils se ressemblent tous par le notable déficit qu'ils accusent à la balance.

Souvent, ainsi, le pain de fantaisie d'une livre ne pèse plus que 350 grammes; celui de deux livres, 750 à 700 grammes; celui de deux kilos, 1 kilogr. 650 à 1 kilogr 500! Et si l'on songe que sur les 870,000 kilos de pain journellement fabriqués à Paris, au moins une moitié consiste en pains de fantaisie, on s'explique sans peine comment, dans les beaux quartiers, une boulangerie bien achalandée rapporte promptement de grands bénéfices.

Pâtes alimentaires. — La belle farine de blé, cependant, ne sert pas seulement à faire du pain. L'industrie sait encore en composer divers produits féculents d'un usage universel, ces *pâtes alimentaires d'Italie*, notamment, dont on fait, dans tous les ménages, aujourd'hui, des plats si nourrissants et de si bons

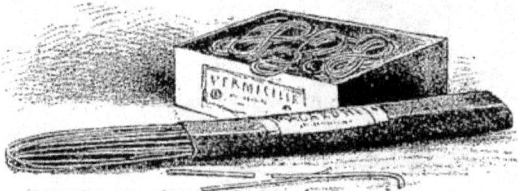

Pâtes d'Italie.

potages. La *semoule*, le *vermicelle*, les *nouilles*, le *macaroni*, ne sont pas autrement constitués, en effet, que par de la fine fleur de froment réduite en pâte et passée à travers des moules ou des tamis de diverses formes. On ajoute quelquefois, seulement, pour le rendre plus fin, un peu de farine de riz au mélange, et souvent, pour le colorer en jaune, une petite quantité de safran.

Seigle. — **Pain bis.** — La culture du *seigle* est à peu près semblable à celle du froment; mais tandis qu'il faut à la grande céréale, pour prospérer, un sol marneux ou calcaire, le seigle, moins difficile, se contente d'un terrain maigre et pierreux. En France, les champs granitiques de la Bretagne, de l'Auvergne et du Limousin, lui conviennent à merveille. Dans ces régions, dont il nourrit les trois quarts des habitants, on lui donne aussi le nom de « blé », sans toutefois le confondre avec le froment, exclusivement connu sous cette dernière dénomination.

Le *pain de seigle* ou « pain bis » possède un goût spécial que préfèrent à celui du pain blanc un grand nombre de personnes. La pâte en est plus grasse, mais moins nutritive que celle du froment. Elle est aussi plus rafraîchissante et se conserve bien plus longtemps à l'état frais. A la campagne, on fait une grande consommation de pain bis; dans les villes, on mêle plutôt la farine de seigle à celle de froment, et l'on fabrique ainsi le *pain de ménage*, qui se dessèche moins vite encore que le pain blanc.

Orge et avoine. — L'*orge* et l'*avoine* sont cultivées surtout pour l'alimentation des bestiaux; mais dans les pays pauvres, leur farine sert quelquefois encore à faire du pain. Vigoureuses et robustes, ces deux plantes résistent, d'ailleurs, aux plus grands froids, propriétés justement appréciées des populations septentrionales, qui se nourrissent volontiers de gruau d'avoine, et font servir à la fabrication de la bière l'orge germée.

Les grains d'orge et d'avoine, dépouillés de leurs enveloppes, sont désignés sous le nom de *gruaux*. Le gruau d'orge, ou mieux l'*orge perlée*, nous vient de la Hollande. De même que le gruau d'avoine, elle sert à faire des *crèmes* et des *potages* très nourrissants. Le dicton commun : « Grossier comme du pain d'orge », exprime bien ce qu'est le pain fourni par cette céréale. Ce pain-là, cependant, fut peut-être le premier dont mangèrent les hommes, car l'orge était cultivée en Égypte longtemps avant l'épeautre et le blé.

Riz. — Le *riz* ne tient pas beaucoup de place, parmi les récoltes annuellement faites sur notre sol. C'est, pourtant, une des céréales les plus utiles et les plus répandues, car les trois quarts des peuples s'en nourrissent. Mais au point de vue hygiénique, le riz est un médiocre aliment. Sa culture, dans les terrains marécageux qui seuls lui conviennent, favorise, en outre, considérablement, les endémies de fièvres intermittentes, et peut-être faudrait-il chercher dans les vastes rizières de l'Asie les véritables causes de ces épidémies de choléra qui déciment, de temps en temps, les populations européennes. On consomme,

dans les petits ménages, une assez grande quantité de riz, soit
en l'associant à des viandes, à des sauces succulentes, soit en
l'employant à la préparation de *gâteaux*, de *crèmes*, de *bouillies*
généralement estimés.

Maïs. — A maints égards préférable au riz, le *maïs* est cultivé, dans un grand nombre de localités, comme plante fourra-
gère ; mais les gros grains de ses épis fournissent aux habitants
de tout le Midi de l'Europe une alimentation
salubre et des plus profitables. Quelques auteurs
ont beaucoup exagéré les qualités du maïs en
le préconisant comme un préservatif certain de
la gravelle, de l'épilepsie, de la phtisie pulmonaire. D'autres, en revanche, ont prétendu, sans
plus de raison d'ailleurs, que la fécule de cette
céréale engendrait divers troubles digestifs et
certaines maladies de la peau, plus graves
encore. Il est vrai que la farine de maïs,
altérée souvent par des champignons parasites,
comme celle du blé, peut alors occasionner la
pellagre ; mais quand elle est saine et récente,
elle doit être, au contraire, regardée comme très
hygiénique, soit que l'on en prépare cette bouillie

Épi do maïs

si nutritive que l'on désigne, suivant les pays, sous les noms de *gaude*
ou de *polenta*, soit que l'on en fasse, comme dans les Landes,
une sorte de pain mou, malheureusement prompt à moisir, que
l'on cuit au four dans des terrines.

Millet. — Une dernière céréale alimentaire à signaler est ce
millet à longs épis, dont les oiseaux sont si gourmands, mais
qui fournit, à vrai dire, une bien maigre nourriture à l'homme.
Les sobres populations de l'Afrique, toutefois, en font un assez
fréquent usage, et dans quelques pauvres villages de nos contrées méridionales les paysans préparent avec du lard et des

grains de millet une sorte de friture substantielle qui n'est point désagréable au goût.

Sarrasin ou blé noir. — En dépit de sa dénomination, le *blé noir* diffère encore bien plus du blé par ses caractères, que par ses usages. Classé par les botanistes dans la famille des *polygonées*, il paraît être originaire de la Perse, d'où nous l'aurions reçu des Arabes nomades désignés à cette époque sous le nom de Sarrasins. Le blé noir prospère dans les terrains où le seigle et le froment ne viennent qu'à grand peine; aussi nos villageois de la Bretagne, de l'Auvergne, de la Sologne, de la Franche-Comté, le cultivent-ils avec tout avantage à la place des céréales plus estimées dont ils n'obtiendraient que d'insuffisantes récoltes. Le pain de blé noir est indigeste, mais on emploie surtout la farine de sarrasin à préparer des *galettes*, des *tartes* ou des *bouillies* que les robustes estomacs des campagnards digèrent à merveille.

LÉGUMES.

Propriétés alimentaires des légumes. — La plupart des végétaux comestibles ont été successivement conquis sur la nature sauvage; mais la culture a tellement modifié leurs caractères, qu'ils ne ressemblent plus maintenant aux espèces primitives dont le plus grand nombre se retrouve encore dans nos prés et dans nos bois.

Suivant la partie du végétal que nous utilisons, les légumes au point de vue alimentaire, peuvent être classés en *légumes-herbes*, *légumes-racines*, *légumes-fleurs* et *légumes-fruits*. Les premiers, de beaucoup les plus nombreux, ont presque tous une importance culinaire considérable. Ce sont leurs feuilles les plus tendres et les plus fraîches que l'on emploie généralement.

Légumes-herbes. — Le groupe des *laitues* occupe un des premiers rangs parmi les légumes herbacés. Les Grecs et les Romains cultivèrent la *laitue commune*; et Galien qui, le soir,

en faisait usage pour se procurer le sommeil, lui donnait le
nom « d'herbe des sages ». Les feuilles de cette plante contiennent, en effet, un suc blanc, légèrement narcotique, employé
en médecine sous le nom de lactucarium. Les maraîchers cultivent plusieurs variétés de laitues ; entre autres, la *romaine* ou
chicon, la *pommée*, la *frisée*, la *passion d'hiver*. Aussitôt qu'ils
jugent les pieds suffisamment développés, ils les relèvent, les
attachent à la pointe, et les feuilles centrales, ainsi préservées de
la lumière par les feuilles latérales qui les recouvrent, blan-
chissent par étiolement.

Les *chicorées*, quoique un peu dures, ne comptent pas moins
d'amateurs. Dérivées de la grande *chicorée sauvage*, dont les
fleurs, d'un bleu pur, se montrent en été au bord des chemins,
elles doivent à leur amertume des propriétés dépuratives qui
leur ont fait, dans le peuple, une certaine réputation. Horace
appréciait la chicorée sauvage; elle est à peu près abandonnée
aujourd'hui, pour la *chicorée frisée*, l'*escarole*, l'*endive*, blanchies
par l'étiolement, même pour cette longue *barbe de capucin* que
l'on décolore en la cultivant dans les caves pendant l'hiver.

Les *épinards* commandent à tout un autre groupe végétal
comestible, appartenant à la famille des *chénopodées*. Il se compose de la *bette* ou *poirée*, dont une variété, la *carde*, passe
pour un aliment très sain; de l'*arroche*, ou *bonne-dame*, et du
pourpier, qui se mangent en salade ou confits dans le vinaigre.

Les épinards sont d'une digestion si facile, et d'une si mince
valeur nutritive, qu'ils ont été surnommés le « balai de l'estomac »
Originaires de l'Orient, on ne les connaît guère que depuis deux
siècles dans notre pays.

Des divers autres légumes herbacés qui servent à notre alimentation, plusieurs se consomment encore en quantités considérables.

Tels sont l'*oseille*, que l'on associe ordinairement à des mets

Pl. LIII. — L'ALIMENTATION. — LES LÉGUMES

A. Petits pois. — B. Melon cantaloup. — C. Laitue pommée. — D. Laitue romaine. — E. Chicorée. — F. Pomme de terre patraque. —
G. H. Vitelottes jaune et rouge. — I. Asperges. — J. Haricots verts.

plus substantiels et dont on extrait en quelques localités le sel d'oseille ; le *céleri*, stimulant aromatique dont le type sauvage est connu sous le nom d'ache des marais ; la *mâche*, ou *doucette*, et le *pissenlit*, communs dans les prés, les jardins et les cultures ; les *cardons*, qui se cultivent à peu près comme les artichauts et dont on mange seulement les côtes des feuilles ; le *cresson*, enfin, le salutaire « cresson de fontaine », cultivé en grand, aux environs de Gonesse, pour la consommation extraordinaire qu'on en fait à Paris.

Les *choux*, grâce à l'épaisseur et à la richesse nutritive de leurs feuilles, tiennent le milieu, au point de vue alimentaire, entre les herbes et les racines légumineuses. L'ancêtre commun de toutes les variétés connues est le chou *champêtre* que les précieux services rendus par ses descendants doivent faire considérer comme un des plus utiles légumes de nos jardins. Suivant la grosseur de la pomme centrale, l'état lisse ou crispé des feuilles, et la grosseur des racines, on distingue un grand nombre de races de choux : le *pommé* ou *cabus*, le *frisé*, le *chou de Bruxelles* aux mille têtes, la *rave* et le *navet*, que l'on cultive comme légumes-racines ; le *chou-fleur* et le *brocolis*, délicats et savoureux entre tous. Les marins mangent encore le *crambe maritime* qui croît sur les bords de la mer, et c'est avec le gros chou pommé d'Allemagne coupé, salé, mis en presse dans un tonneau, que l'on prépare en deçà, comme au-delà du Rhin, la fameuse *choucroute*.

Presse à choucroute

Légumes-racines. — Outre la rave et le navet, qui sont aussi des choux, les légumes-racines comprennent beaucoup d'autres végétaux alimentaires.

La *betterave* est cultivée non seulement pour la table, mais surtout pour la grande quantité de sucre qu'elle contient. On en connaît trois variétés : la *rouge*, la *blanche* et la *jaune*, cette dernière plus spécialement réservée à la fabrication du sucre et de l'alcool.

La *carotte*, journellement employée dans les plus riches comme dans les plus humbles cuisines, n'est digestible qu'autant qu'elle n'a point acquis tout son développement. Plus tard elle se durcit et devient ligneuse. Les meilleures carottes nous viennent de la Flandre ; leurs variétés se distiguent, comme celles de la betterave, par la couleur.

Le *panais*, avec la carotte et le navet, fait ordinairement partie du pot-au-feu classique. Tout le monde, cependant, n'en aime pas la saveur ; aussi ne le cultive-t-on guère pour cet emploi hors de nos provinces septentrionales. Au nombre de ces légumes, dont l'usage est pour ainsi dire local ou relativement restreint, on peut encore citer le *chervis*, dont la racine contient beaucoup de sucre ; la *scorsonère* et le *salsifis* qui ne sont guère bons à manger que pendant l'hiver.

Mais la racine par excellence est la *pomme de terre*, ce tubercule féculent que Parmentier apporta de l'Amérique et qu'il eût tant de peine à faire accepter à ses concitoyens. De toutes les plantes qui servent à notre nourriture, la pomme de terre, cependant, est la plus facile à cultiver, la plus productive, celle qui donne à l'agronome les résultats les plus certains. Elle est nourrissante, très savoureuse, très digestible ; elle se prête à toutes les combinaisons culinaires que l'on peut imaginer. Un simple râpage sous un courant d'eau la dépouille de toute sa fécule, et cette dernière substance, entre les mains des chimistes, donne vingt autres produits : la *glucose* ou sucre de fécule, la *dextrine*, le *sirop* et l'*alcool de pomme de terre*, ce dernier, en dépit de ses propriétés toxiques, malheureusement trop employé, depuis

quelques années, au vinage des vins, à la fabrication des eaux-
de-vie et des liqueurs.

La *patate*, le *topinambour* et l'*igname*, offrent à l'alimentation d'excellentes racines, très riches en fécule et d'un très bon
goût. Mais aucun de ces légumes ne peut avec avantage remplacer la pomme de terre ; aussi les cultivateurs, en général,
s'en tiennent-ils à celle-ci.

Quelques plantes liliacées au parfum pénétrant, le *poireau*, l'*oignon*, l'*échalote* et l'*ail* ont encore leur place marquée parmi
les racines comestibles. Les bulbes du poireau sont utilisés
dans la confection du pot-au-feu et de nombreux potages ; ceux
de l'oignon entrent avec succès dans la composition des sauces
les plus savoureuses ; l'échalote et l'ail, mangés crus dans le
Midi de l'Europe, ne sont guère employés, dans la cuisine française, qu'à petite dose et comme condiments.

Le groupe intéressant des racines alimentaires se complète par
la petite famille des *radis*. Hiver comme été, le *radis rose* est
servi sur les tables parisiennes ; mais en province on ne le cultive, généralement, que pendant la belle saison. Le *radis noir*
ou *raifort*, d'une odeur forte et d'une saveur piquante, est un
stimulant énergique, dont les estomacs délicats ne doivent user
que modérément.

Légumes-fleurs. — Il est, de prime abord, assez invraisemblable
qu'un légume puisse se trouver dans une fleur. L'artichaut,
cependant, réalise ce phénomène. C'est une fleur dont on mange
la base charnue des bractées ainsi que le réceptacle ou *fond*,
sur lequel sont fixées les feuilles florales. Crus ou cuits, les
artichauts n'ont pas une grande valeur nutritive ; mais, en raison de leur saveur toute spéciale, ils sont assez estimés.

Simple bourgeon de feuilles tendres, terminant une tige gorgée
de sucs, l'*asperge* occupe une place à part dans le cadre gastronomique. Elle se recommande par ses vertus rafraîchissantes

autant que par son bon goût ; aussi, dans les villes et les campagnes, fait-on maintenant, partout, au printemps, une extraordinaire consommation de belles et grosses asperges obtenues par une culture des plus perfectionnées.

Légumes-fruits. — Le groupe alimentaire des légumes-fruits comprend les types les plus divers, les espèces les plus disparates. On y peut ranger, dans une première famille, les cucurbitacées de tout volume : *melons, potirons, citrouilles, concombres* et *cornichons* dont la cuisine tire parti de tant de manières. Le melon, quoique indigeste, est si rafraîchissant quand il est bon, que le meilleur accueil lui est réservé sur toutes les tables. Les potirons et citrouilles entrent dans la composition de divers potages ; et s'il est, relativement, peu d'amateurs de concombres, en revanche, le nombre est illimité des gens qui savent, dans une sauce piquante, apprécier le cornichon.

La *tomate* à la pulpe acidule n'est pas seulement employée à la préparation de belles sauces rouges dont la cuisine contemporaine fait peut-être un grand abus. Entière et farcie, elle compose un excellent mets, souvent servi dans le Midi de la France.

Mais de tous les légumes-fruits, ceux dont l'usage est le plus général appartiennent, sans contredit, à la classique famille des légumineuses. Quel gourmet n'attend avec impatience la saison des *petits pois* et des *haricots verts* ? Savoureux, tendres, succulents, ils sont, à l'état frais, consommés chaque année en quantités considérables. Grâce aux procédés de conservation, si perfectionnés de nos jours, on peut, en outre, s'en procurer en tout temps chez les marchands de comestibles, quoique ces conserves, souvent verdies par des substances chimiques n'aient plus l'arome ni la saveur des légumes printaniers. Après quelques jours de dessiccation, d'ailleurs, la pulpe verte des graines légumineuses se transforme en une farine dense, azotée, nourrissante, que ces hautes qualités alimentaires rendent précieuse pour beaucoup d'autres emplois. Les *haricots*, les *pois secs*, les *fèves*, les *lentilles* forment ainsi, chaque jour, en cuisine, la base de nourrissants *potages*, de substantielles *garnitures*, d'excellentes *purées*.

Préparations culinaires des légumes. — En dépit de leur amertume et de leur verdeur qui, si souvent, les rend indigestes, un certain nombre de légumes, les herbes, entre autres, sont habituellement mangés crus. On les sert alors en *salade*, c'est-à-dire assaisonnés d'un complexe mélange d'huile d'olives, de vinaigre, de sel, de poivre, et de divers autres condiments ; mais une salade seule ne constitue jamais une bien succulente nourriture ; aussi ne figure-t-elle, sur les bonnes tables, que comme complément du rôti. Dans cet emploi, par ses épices et ses sucs acidules, elle peut être, au surplus, un utile adjuvant de la digestion. En général très appréciée des jeunes femmes, dont le capricieux appétit n'accepte pas sans répugnance le gigot juteux ou le roatsbeef saignant, la salade, enfin, par sa fraîcheur et ses qualités détersives, sépare heureusement les fortes saveurs des viandes, des fadeurs sucrées du dessert.

Il n'est pas moins usuel de faire cuire les légumes, et c'est dans l'eau, le plus souvent, que s'opère cette coction. Outre qu'elle ramollit considérablement toutes les parties fibrineuses de la plante, l'eau chaude, en effet, dissout ou transforme les principes âcres dont les meilleurs légumes ne sont pas exempts. Non seulement elle en développe ainsi l'arome et la sapidité, mais encore elle rend tout à fait tendres et friables, des feuilles, des tiges, des racines qui ne seraient vraiment pas mangeables sans une cuisson prolongée. Après avoir été cuits, ou pour employer le mot technique, « blanchis » dans l'eau, les légumes, son accommodés aux sauces les plus diverses. Tantôt entiers, tantôt coupés, hâchés, ou réduits en purée, ils servent de garniture aux viandes, ou composent, à eux seuls, d'agréables entremets.

Champignons. — On n'emploie guère couramment, dans la cuisine des ménages, que le petit champignon blanc, l'*agaric comestible,* dont les maraîchers pratiquent avec tant de succès la culture sur couches dans les carrières des environs de Paris ; mais beaucoup d'autres bonnes espèces peuvent être cueillies, à la campagne, dans les prés et dans les bois. En raison, toutefois, de la dangereuse ressemblance que ces dernières présentent avec un certain nombre d'autres champignons vénéneux qui croissent dans les mêmes endroits, il est essentiel, avant de les récolter et de les faire cuire, de savoir infailliblement distinguer les bons des méchants.

On estime, entre tous, le *ceps ordinaire* ou *bolet comestible,* à chapeau large, fauve, lisse en-dessus, jaunâtre en-dessous ; la *chanterelle* jaune et rayée de nervures ; l'*agaric mousseron* voisin du champignon de couche ; la rare et délicieuse *oronge* au chapeau d'un beau rouge orangé ; la *morille* grisâtre, aux profonds alvéoles ; la *clavaire rameuse* qui rappelle un buisson de corail.

Champignons comestibles

Oronge   Bolet   Morille   Chanterelle

Tout inoffensifs qu'ils soient, ces champignons, aussitôt cueillis, doivent toujours être épluchés, lavés avec soin, jetés même quelques instants dans l'eau bouillante. On les accommode ensuite, de diverses façons : au *beurre*, à l'*huile*, aux *fines herbes* ; on en garnit les viandes fades, on en fait des omelettes d'un excellent goût. Au point de vue gastronomique, toutefois, il n'est pas de meilleur champignon que la *truffe*, ce « diamant de la cuisine », comme l'a qualifié Brillat-Savarin. Nul autre condiment, en effet, pour la saveur et le parfum, n'est comparable à la truffe noire, que l'on récolte, en hiver, dans les bois de chênes du Périgord. Enfouie à quatre ou cinq pouces de profondeur, au pied des arbres, on l'y soupçonne souvent aux fentes et crevasses du sol ; mais, pour la découvrir, on a plus habituellement recours au flair spécial des porcs ou des chiens dressés pour cette recherche. Dans un grand dîner, la truffe est la garniture obligée de la poularde ou de la dinde rôtie. On en met dans les sauces, les galantines, les pâtés; on sert même, chez les fins gourmets, « sous la serviette » ou dans un ragoût, des truffes entières. Il n'est point rare, alors, que l'on mange avec excès de ce délicieux champignon et qu'il soit jugé, par certaines personnes, échauffant, stimulant, excitant, ou tout simplement indigeste.

FRUITS.

Usage et culture des fruits. — Si l'été, quelquefois, nous accable de ses chaleurs excessives, s'il dessèche, habituellement, nos gosiers, en surchauffant outre mesure l'atmosphère que nous respirons, ne compense-t-il pas en partie ces désagréments en nous donnant à profusion les fruits rafraîchissants et savoureux que ses premiers rayons mûrissent ? Agréables à l'œil, doux à la bouche et salutaires au corps, ils sont les bienvenus, ces beaux et bons fruits, dès qu'ils apparaissent sur nos marchés et qu'ils sont servis sur nos tables.

Il n'est malheureusement pas permis à tout le monde d'aller

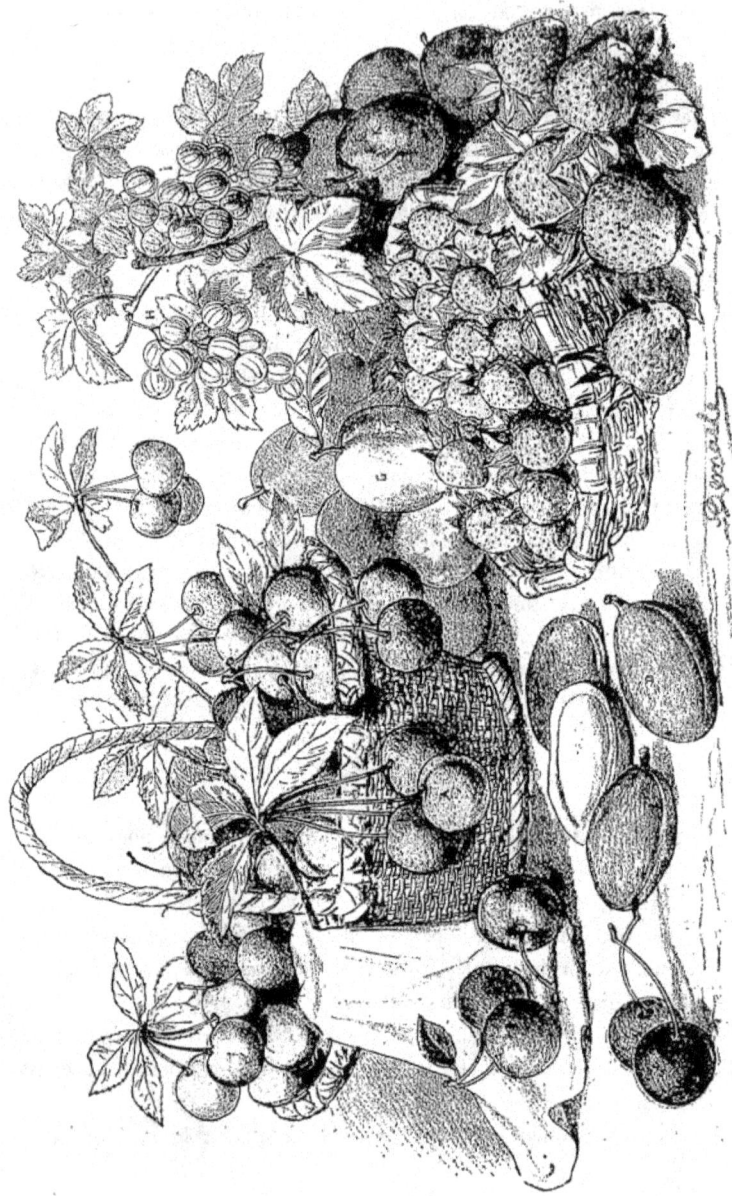

Pl. LIV. — L'ALIMENTATION. — LES FRUITS

A. Cerises de Montmorency. — B. Cerises anglaises. — C. Cerises communes. — D. Amandes fraîches. — E. Fraises des bois. — F. Fraises ananas. — G. Prunes Reine-Claude. — K. Prunes de Damas. — H. Groseilles communes.

au bois cueillir la fraise, ni de récolter sur le cerisier la cerise, ni de secouer en joyeuse compagnie, sur la pelouse, les lourdes branches du prunier. Mais pour quelques sous, l'été venu, chacun peut, à l'éventaire du marchand des quatre-saisons, emplir d'excellents fruits une corbeille et se composer, à la minute, le plus hygiénique, le plus agréable des repas!

La production des fruits est une des richesses de la France; aussi, les années même où de tardives gelées détruisent les deux tiers de la récolte, en reste-t-il toujours assez non seulement pour la consommation locale, mais pour en expédier encore une bonne part à l'étranger. Les seuls vergers ou jardins fruitiers occupent, en effet, sur le territoire national, une superficie d'environ huit cent mille hectares ; et dans les contrées les plus productives, l'arboriculture, aujourd'hui pratiquée par des horticulteurs habiles, fait, tous les ans, de grands progrès.

En dehors des jardins d'amateurs, où sont cultivés, avec les plus grands soins, des fruits de toute espèce et des meilleures variétés, on peut considérer, en France, deux régions pomologiques bien distinctes ; l'une au nord-ouest, l'autre au sud, nourrissant chacune, suivant les exigences du climat, leurs arbres de prédilection.

Fruits de printemps. — Un peu partout, actuellement, et partou avec le plus grand succès, on cultive la fraise, dont il n'entre pas à Paris, moins de deux à trois cent mille kilos chaque jour, du 15 mai au 15 juin. Aussi, de tous les fruits, les fraises sont elles celui que l'on peut, au plus bas prix, se procurer sur nos marchés, pour peu que la saison soit favorable. Les premières arrivées nous sont expédiées, en petits pots, de la Provence. Viennent ensuite les fraises de Bordeaux, puis enfin, par monceaux et par voitures, celles de la Bretagne et des environs de Paris.

Avec les dernières fraises apparaissent les *framboises* au parfum plus pénétrant et plus suave encore, en dépit de leur pulpe plus dure et moins facile à digérer ; les framboises qui, selon les poètes, fournissaient, aux âges mythologiques, la délicieuse « ambroisie » dont se nourrissaient les dieux !

A peu près en même temps et de tous côtés à la fois, nous arrivent aussi les acidules *groseilles* : les rouges, les roses, les blanches, les noires ou *cassis*, et les grosses « groseilles à maquereau », nommées ainsi parce qu'elles étaient, autrefois, employées, en guise de verjus, pour relever la saveur des poissons un peu fades.

Entre tous abondants et hâtifs, quand ils ont échappé, par hasard, aux gelées du printemps, les fruits du groupe des pruniers nous offrent, dès le début de la saison, nombre d'espèces à bon droit estimées pour leur chair délicate et juteuse.

Ce sont d'abord les *cerises*, aimées des enfants autant que des oiseaux : les bigarreaux, les guignes, les cœurets ou cœurs de pigeon, doux et frais à la bouche, qui nous viennent surtout de la Gascogne et du Languedoc ; les belles cerises de Montmorency, les griottes et les anglaises à chair acidule, avantageusement cultivées sous le climat de Paris ; la petite merise, enfin, commune dans nos bois à l'état sauvage, mais qui n'est guère utilisée, en deçà, comme au delà du Rhin, qu'à la fabrication du kirsch et d'autres liqueurs.

Arrivent ensuite les *prunes*. Savoureuses, douces, charnues, exhalant une bonne odeur de benjoin, elles satisfont à la fois l'odorat et le goût, autant qu'elles charment la vue par la fine fleur de sucre dont elles sont enfarinées. On distingue, parmi les meilleures, la fameuse Reine-Claude, à peau verte, à chair jaune et sucrée ; la prune de Monsieur, grosse, ronde et violette avec ses deux variétés : le Monsieur hâtif, et le Passe-Monsieur ; la Royale de Tours, d'un violet clair, très fleurie et toute marquée de petits points jaune d'or ; les Damas blanc et noir, et les Perdrigons légèrement ovales ; les Mirabelles enfin, petites, jaunes, fondantes, et malgré leur moindre volume, très justement appréciées. De tous les points de la France, les prunes sont expédiées par tas à Paris. Les cahots et les secousses du voyage leur enlèvent, malheureusement, avec la fraîcheur, cette fine poudre ambrée qui les fait juger si délicieuses à savourer, quand on les peut cueillir sur l'arbre.

Très proches voisins dans la même famille, malgré leurs profondes différences d'aspect et de goût, les *amandes* et les *abricots* d'habitude arrivent ensemble. On mange la pulpe juteuse de ceux-ci, d'un agréable parfum dans l'alberge, l'abricot royal et le Saint-Jean ; la graine croquante de celles-là, fraîche et délicate surtout dans les princesses à coque tendre.

Fruits d'été. — En général, quand recevons nous ces bons fruits le printemps est bien près de finir ; mais au moment où les chaleurs de l'été les rendent encore plus agréables, nombre d'autres espèces non moins exquises, à leur tour mûrissent et remplacent les premières.

Quoi de plus appétissant, par exemple, que ces magnifiques *pêches* de pourpre et d'or qui groupent, dès le mois de juillet, leurs sphères de velours aux étalages savamment agencés des marchands de comestibles ? Est-ce qu'à les regarder, l'eau n'en vient pas aussitôt à la bouche ?

Voici la véritable pêche, dont la chair se détache du noyau, la pavie, à chair adhérente, que les Toulousains désignent encore sous les noms de « pressec » ou de « perset » ; puis, le brugnon rustique, à la peau sans duvet, qui rappelle assez bien l'aspect et le goût de la prune.

Les premières pêches, sur nos marchés et sur nos tables, succèdent aux abricots. Elles nous sont, en grand nombre, d'abord, expédiées du midi de la France, et certaines d'entre elles, la grosse-mignonne, la Madeleine, la Belle-bausse, jouissent, à bon droit, d'une excellente réputation. Mais en septembre, c'est Montreuil qui nous expédie ses récoltes, et si la nature est quelquefois vaincue par le talent de l'homme, il faut bien convenir qu'elle ne l'est jamais plus que dans la production de l'admirable pêche de Montreuil!

Devons-nous, à propos de ce bel et bon fruit, faire une concession à l'hygiène ? Admettons qu'il semble parfois un peu lourd, un peu froid à l'estomac, et que la digestion en peut être, alors, assez difficile. Mais il suffit, ordinairement, de le manger avec du vin et du sucre, pour qu'il n'ait plus aucun de ces inconvénients.

En tous pays, la saison des pêches est celle aussi du *raisin*, qui mûrit, sous notre climat, d'août en septembre. C'est un fruit des plus salubres quand il est bien mûr et qu'on en fait modérément usage. Pris à jeun, dans la matinée, il est légèrement laxatif ; rafraîchissant, seulement, quand on le mange après le repas. Les variétés plus spécialement cultivées pour la table et les raisins de treille agissent moins, d'ailleurs, sur les voies digestives que les raisins des vignobles, destinés surtout à la fabrication du vin.

Les plus estimés sont les fameux chasselas de Fontainebleau, répandus aujourd'hui dans toute la France ; les Morillons noirs et blancs, les Muscats, le Frankenthal, le Gromier, le Damas et quelques autres dont la culture multiplie chaque jour les variétés.

Sur les marchés de Paris, suivant la saison, foisonnent les raisins de toutes les régions vinicoles ; dès la fin juillet, l'Afrique et la Provence lui envoient leurs espèces hâtives ; puis, vers la mi-septembre, Thomery, la véritable patrie du chasselas, commençant ses expéditions, ne fournit pas à nos tables moins d'un million de kilogrammes de raisin dans l'espace de quelques jours.

Avec certaines précautions, le raisin peut se conserver dans un état de fraîcheur relative d'une année à l'autre, et beaucoup de ménages, à la campagne, suspendent, dans ce but, à des cerceaux attachés au plafond, une partie de la récolte de leurs treilles. Dans quelques pays encore, mais en France, à Roquevaire seulement, on prépare, pour le commerce, des raisins secs ou « passerilles », que l'on place, grappe à grappe, dans des caisses, après leur avoir fait subir dans une lessive aromatique, une immersion suivie d'une dessiccation prolongée au soleil.

Aux délicieuses *figues* que l'on récolte dans nos départements méridionaux, ce même traitement est généralement appliqué pour la conservation en caisses de ces fruits à pulpe onctueuse et sucrée. En même temps que les raisins, on expédie cependant aussi beaucoup de figues fraîches de la Provence, du Languedoc, de l'Espagne et de l'Italie. Plus grosses et plus douces, elles précèdent, ordinairement, celles que l'on obtient avec de grands soins, aux environs de Paris.

Fruits d'automne et d'hiver. — La vigne ne peut être partout cultivée ; aussi, dans les contrées où l'on n'obtiendrait ni grappes, ni vin, — dans notre riche Normandie, par exemple, — plante-t-on à sa place des pommiers et des poiriers qui donnent à la fin de l'été, de bons fruits ou d'abondants tonneaux de cidre.

Les *poires* les plus renommées pour la table, les beurrés, les doyennés, les duchesses, les bons-chrétiens, les bergamotes, doivent toutes avoir, à maturité, la chair fine, sucrée, aromatique, fondante, n'être pas grumeleuses, et ne point craquer sous la dent.

Les *pommes* comestibles, au contraire, même les plus douces et les plus parfumées, les reinettes, les calvilles, les fenouillets, les pigeons, doivent conserver, quoique très mûres, une fermeté toujours fort appréciée, paraît-il, des jolies femmes qui les croquent !

Au point de vue hygiénique, poires et pommes procurent d'ailleurs à toutes les personnes qui les aiment un aliment salubre et rafraîchissant. Nombre de leurs variétés, de plus en plus tar-

dives, présentent, en outre, le grand avantage de fournir un dessert agréable du commencement de l'automne à la fin de l'hiver.

Le véritable fruit d'automne, toutefois, et le plus utile pour
combattre les rigueurs hivernales, est sans contredit, la *châtaigne*,

Corbeille de fruits

qui presque toute l'année, dans le Limousin, l'Auvergne et les
Cévennes, sert à peu près exclusivement à l'alimentation du
paysan.

A combien d'emplois gastronomiques ou culinaires la modeste
châtaigne n'est-elle point utilisée? On la mange fraîche et sèche,
bouillie ou non dans son écorce, simplement cuite sous la cendre,
ou grillée dans une poêle percée de trous. On la met en purée,
sous les rôtis de viande; on la mêle souvent à la farine, aux
fécules, à la pâte de chocolat. Quand vient l'hiver, à Paris, des
rôtiseurs installés au coin des rues, dans les quartiers populeux,

en vendent des quantités considérables; enfin les châtaignes de choix, improprement désignées sous le nom de « marrons de Lyon », peuvent passer, confites dans le sucre, pour une des grandes gloires de la confiserie!

Les *noix* et les *noisettes* sont incontestablement meilleures à manger fraîches qu'après la dessication. A peine mûres, les premières servies avec du sel, du verjus et du poivre, portent les nom de *cerneaux*. Sèches, on peut, en les plongeant dans l'eau, leur rendre en partie leur fraîcheur, ce qui n'est guère possible pour les *noisettes*. Avec les raisins secs, les figues et les amandes, celles-ci composent le dessert hivernal des « quatre mendiants », bien ¡âle souvenir des fruits vermeils de septembre. Les avelines à pellicule rose sont les noisettes les plus estimées.

Olives en hors-d'œuvre

Quelques arbustes sauvages nous fournissent encore, pendant l'hiver, divers autres fruits d'ailleurs peu recherchés. Tels sont le *néflier*, l'*alisier*, le *sorbier domestique*, tous plus ou moins communs dans les haies et les bois. Les nèfles paraissent sur nos marchés vers les derniers jours d'octobre. Comme les alises et les cormes, on les mange blettes et tout à fait ramollies. Sur le littoral de la Méditerranée croissent certains arbres spéciaux à cette zone, l'*oranger* aux sucs rafraîchissants, le *mûrier*, le *pis-*

Pl. LIV. — L'ALIMENTATION. — LES FRUITS

A. Chasselas de Fontainebleau. — B. Frankenthal. — C. Muscat de Frontignan. — D. Nèfles. — E. Beurré gris. — F. Duchesse. — G. Pêches de Montreuil. — H. Calville rouge et blanc. — J. Noix.

tachier, le *jujubier*, le *caroubier*, dont les fruits acidulés ou pectoraux sont utilisés de b'en des façons par les pharmaciens et les confiseurs. Mais dans le nombre, on compte aussi l'*olivier* qui, dans la seule Provence, fournit plusieurs variétés d'olives : les cayannes, dont on fait de l'huile, les picholines, les redouans et les amelous que l'on plonge, successivement, dans de fortes saumures aromatiques pour les conserver. Ces dernières, d'un très fréquent usage en cuisine, nous sont servies tantôt simplement dessalées, en *hors-d'œuvre*, tantôt en *garniture*, autour d'une viande ou dans une volaille rôtie.

Préparation des fruits. — Les fruits ne sont jamais meilleurs que lorsqu'ils se présentent, dans toute leur fraîcheur, dans leur goût véritable et sous l'agréable aspect que leur a donné la nature. Autant qu'à la bouche, ils plaisent à l'œil, aussi quand ils sont, avec art, disposés dans une élégante coupe, composent-ils le plus charmant décor d'une table bien servie.

Mais chaque année, dans nos jardins et nos vergers, les fruits sont produits en quantité si considérable, qu'ils ne peuvent être tout aussitôt consommés. De tous ceux qu'il est impossible de conserver, on prépare donc, suivant leurs dimensions et leurs qualités, tantôt des *compotes* et des *marmelades* destinées encore à un prompt usage; tantôt des *gelées* et des *confitures* auxquelles une cuisson prolongée dans le sucre assure une longue conservation. Il est aussi des fruits, naturellement très sucrés, les prunes, les figues, les raisins, qu'il suffit de faire sécher au soleil pour empêcher qu'ils ne s'altèrent ; d'autres, tels que les coings et les abricots, dont on fait des *pâtes* d'un fort bon goût ; d'autres encore, ceux de petit volume notamment, les cerises, les prunes, les noix,. que l'on conserve dans l'eau-de-vie, ou dont on fabrique des liqueurs, des ratafias de ménage. (*Pl. LVI.*)

ASSAISONNEMENTS ET CONDIMENTS.

Utilité des condiments. — Soit par nécessité physiologique, soit par habitude, nous n'absorbons guère nos aliments sans y ajouter une petite dose de quelque substance plus ou moins sapide qui tantôt en relève la saveur, tantôt en adoucit ou corrige le goût.

En tous pays et sur toutes les tables, ces ingrédients sont indispensables, et s'il en est de spéciaux à certaines contrées, où d'ailleurs ils sont parfaitement en rapport avec le régime alimentaire habituel de la population, nombre d'autres, qu'il est partout facile de se procurer, sont aujourd'hui d'un emploi général, au moins dans la cuisine de tous les peuples civilisés.

Suivant leur nature et leurs propriétés physiologiques, ces *assaisonnements* ou *condiments* exercent une action toute différente sur nos organes digestifs. Il en est de *salins*, qui ne concourent pas moins à la nutrition qu'à la digestion ; il en est d'*acides* qui rafraîchissent, et de *gras* qui réchauffent, en brûlant dans les tissus ; il en est de *sucrés*, qui plaisent à la bouche mais affadissent l'estomac, et d'*aromatiques*, à la saveur forte, qui produisent sur les voies digestives une vive excitation.

Sel. — Usité entre tous les condiments, le sel marin ne sert pas seulement, au point de vue hygiénique, à relever la saveur des mets. Il joue dans la nutrition un rôle de la plus haute importance, et nous ne pourrions pas en supprimer l'usage sans en éprouver les plus graves inconvénients. Le sel, en effet, paraît être un des éléments essentiels du sang. Il donne aux muscles la force, à l'estomac, les sucs digestifs nécessaires à la parfaite coction des aliments ingérés. Dans notre régime quotidien, d'ailleurs, nous n'en consommons pas moins de douze à quinze grammes, et certainement il y aurait tout profit pour les personnes délicates, les enfants et les femmes, à en absorber beaucoup plus.

Extrait, en un grand nombre de localités, des eaux de la mer ou des salines thermales, le sel se trouve dans le commerce tantôt à l'état de cristaux grisâtres constituant le *sel de cuisine* ou *sel gris*, tantôt à l'état de grains blancs, beaucoup plus purs, que l'on réserve pour la table.

Aussi parfaitement lavé qu'il paraisse, il est rare que le sel marin soit uniquement composé, comme il devrait l'être, de chlorure de sodium. En quantité notable, souvent, s'y trouvent mélangés de l'iodure de potassium, du sulfate et du chlorhydrate de magnésie, du sulfate de soude. Mais ces substances, quelquefois fort utiles, ne peuvent jamais altérer les propriétés alimentaires du précieux condiment. Il n'en est pas de même des poussières plus ou moins mêlées de microbes

Salière à couvercles

qui, dans nos appartements, se déposent chaque jour sur le sel de table exposé à l'air. Des salières à couvercle empêcheraient ce mode de propagation des germes pernicieux. Elles devraient être adoptées par toutes les ménagères.

Vinaigre. — Agréablement acide, le bon *vinaigre* a son emploi dans la préparation des salades et des sauces relevées désignées sous la dénomination de « vinaigrettes ». Il sert, en outre, à faire mariner les viandes et plus encore à confire les jeunes fruits ou les sommités de végétaux : oignons, câpres, cornichons, épis de maïs composant, selon leurs mélanges et variétés, les conserves d'*aschards* et de *pickles*.

Excellent, à petites doses, pour stimuler les fonctions digestives, le vinaigre peut occasionner de graves désordres gastriques quand on en fait abus, et cette sottise est, malheureusement, à chaque instant, commise par des jeunes filles assez naïves pour croire que le vinaigre fait maigrir. Aujourd'hui, surtout, qu'au lieu de véritable vinaigre de vin, l'on ne trouve plus, sous ce nom, dans le commerce, que de détestables coupages d'acides irritants, on ne saurait trop s'habituer à s'en servir avec modération, dans toutes les préparations culinaires.

Huiles. — Quelque apparente antipathie qu'il puisse y avoir entre un corps gras et un acide, on mélange souvent l'huile au vinaigre, en cuisine, et les diverses combinaisons que l'on obtient ainsi ne laissent pas d'être très agréables au goût. On y emploie, le plus souvent, l'huile d'*olives ;* mais à la campagne et dans les modestes ménages, les huiles de *noix* et de *noisettes*, l'huile de *pavots* ou d'*œillette*, et dans certaines contrées, l'huile de *sésame* ou celle d'*amandes douces*, pour toutes sauces et salades sont aussi très usitées.

Dans l'huile, on conserve en outre un certain nombre d'aliments; le thon, les anchois, les sardines ; enfin, dans tous les pays où la graisse et le beurre sont rares, dans le midi de la France notamment, on ne prépare jamais qu'à l'huile les légumes et les viandes.

Indigeste et désagréable quand on n'en a point l'habitude, cette cuisine est fort appréciée des méridionaux, à la condition, toutefois, qu'elle soit faite avec une huile de bonne qualité, qui ne

Huilier ménager

sente pas le rance. Pour le service de la table, il est d'usage de garnir d'excellente huile d'olives une des burettes de l'huilier, la seconde étant ordinairement remplie de vinaigre. L'huile d'Aix *vierge*, d'une teinte vert-clair, est préférable à toute autre. On la mélange presque toujours, malheureusement, d'huiles inférieures d'œillette ou même de colza.

Sucre. — Usuel entre tous les condiments, le *sucre* tient une place importante dans notre alimentation quotidienne. De nos jours, en effet, il ne sert plus seulement, comme autrefois, à corriger l'amertume ou la fadeur de certains mets. Il forme la base même de tous les produits de la pâtisserie et de la confiserie; il entre en proportion considérable dans les liqueurs, les glaces, les compotes, les gelées, les entremets de toute espèce. Pris en excès, toutefois, le sucre n'est pas sans occasionner à la longue de désagréables accidents. Il irrite et ramollit les gencives, agace et carie les dents, empâte la bouche et déprave le goût, affadit l'estomac et détermine une soif vive.

En raison du bon marché relatif auquel on peut l'obtenir, on n'utilise plus guère, aujourd'hui que le sucre cristallisé de *betterave*, aussi blanc, aussi doux que le sucre de *canne* encore très employé, cependant, aux lieux de production. De même, le sucre brut ou *cassonade*, autrefois très usité dans les petits ménages, ne l'est plus, maintenant, que pour la préparation industrielle des confitures et d'autres produits sucrés.

En brûlant le sucre on obtient le *caramel* que l'on emploie à colorer les bouillons, les liqueurs, certains bonbons ou gâteaux et maintes autres friandises. Mais ces diverses compositions qui relèvent de l'art du confiseur, autant que le *sucre candi*, le *sucre d'orge*, le *sucre filé*, le *sucre de pommes*, toutes plus ou moins douces à la bouche, sont loin d'être aussi bonnes à l'estomac.

Miel. — **Pain d'épice.** — Avant la vulgarisation du sucre, c'est le *miel* qui tenait, au moins en partie, son emploi. Nous ne le servons plus, aujourd'hui, qu'exceptionnellement, sur nos tables, malgré qu'il soit encore très goûté de certaines personnes, des enfants surtout.

En *rayons*, au sortir de la ruche, le miel est particulièrement appétissant et savoureux; mais c'est plutôt en *pots*, débarrassé de la cire des alvéoles, et plus ou moins épuré, sinon falsifié, qu'on le trouve dans le commerce. On estime, entre les miels de toutes provenances, ceux de Narbonne et du Gâtinais, d'un beau jaune blond ou presque incolores ; celui de Chamonix, d'un brun fauve, enfin, le classique et fameux miel du Mont Hymette que l'on doit avoir bien de la peine, à vrai dire, à se procurer chez les épiciers.

Rafraîchissant et même laxatif, le miel peut quelquefois être malfaisant, paraît-il, si les abeilles ont butiné sur des fleurs vénéneuses. Ses propriétés alimentaires se retrouvent intégralement, d'ailleurs, dans les diverses préparations où il entre en quantité notable, en particulier dans le *pain d'épice*, dont la fabrication est cependant bien plus complexe qu'on ne pourrait le supposer.

C'est toute une affaire, en effet, pour mener à bien cette opération, que de faire cuire sur un feu vif l'énorme quantité de miel nécessaire à la composition de la pâte et de le verser bouillant sur la fine fleur de farine destinée à s'incorporer avec lui. Le mélange doit être fait dans une huche, à l'aide d'une spatule ou d'une cuillère en bois que l'on agite fortement jusqu'à ce que la masse, bien liée, soit parfaitement homogène. On laisse alors la pâte se reposer et se refroidir ; puis, avant de la reprendre et de la manipuler, on y ajoute un grand verre de lait additionné d'une minime quantité de potasse. On la pétrit alors à deux mains, de la même façon que les boulangers opèrent ; et ce travail terminé, l'on fait du pain d'épice, selon le goût du jour, des gâteaux ronds ou carrés, des *nonnettes*, des *pavés* rafraîchissants, des biscuits ou de simples bonshommes !

Chocolat. — Condiment par le sucre et les aromates du cacao qui lui donnent sa saveur spéciale, le chocolat n'est pas moins un aliment d'une valeur, considérable, par la nourrissante fécule dont il est composé. Qu'on le mange ou qu'on le boive, c'est toujours un utile réconfortant, et dans certains pays, en Italie, en Espagne surtout, des populations entières en consomment assez

chaque, jour pour pouvoir, à peu près sans inconvénient, supprimer toute autre nourriture. En France où nous sommes moins
sobres, le chocolat
n'est guère servi,
cuit au lait ou à
l'eau, qu'au déjeu-
ner du matin ou
dans les soirées
mondaines ; mais
on l'emploie, avec
tout avantage en-
core, à la con-
fection de crèmes,
de gâteaux, de
bonbons, en géné-
ral fort appréciés.
C'est de l'Amé-
rique centrale et
du vaste bassin
des Amazones, que
sont expédiées, en
Europe, les grai-

Fleurs et fruits du cacaoyer

nes en forme d'amandes extraites du fruit du *cacaoyer*. Après une
torréfaction légère, elles sont broyées à chaud avec du sucre
aromatisé jusqu'à ce que les deux subtances forment une pâte
assez homogène pour que l'on en puisse emplir des moules où
le chocolat se termine en se refroidissant.

Malgré que la culture du cacaoyer soit aujourd'hui fort étendue,
la cherté relative de ses grains fait souvent que l'on falsifie le
chocolat avec diverses fécules ou farines qui le rendent épais,
indigeste et pâteux. Les Anglais, pour éviter cette fraude,
emploient souvent, sans autre préparation, la graine de cacao

Pl. LVI. — L'ALIMENTATION. — L'ÉPICERIE ET LES CONSERVES ALIMENTAIRES.

débarrassée de son beurre et très finement pulvérisée.

Moutarde. — Entre tous les condiments aromatiques et stimulants, la *moutarde* excite à la fois vivement l'appétit et concourt puissamment à la digestion. Il ne faut en user qu'à dose modérée, cependant, la vive irritation qu'elle détermine sur la muqueuse de l'estomac pouvant occasionner rapidement de la dyspepsie ou d'autres troubles gastriques. Préparée avec les graines de la *moutarde noire*, que l'on broie après les avoir laissé, pendant vingt-quatre heures, macérer dans du vinaigre fortement aromatisé, la moutarde forme une pâte claire d'une très piquante saveur. On la prend, ordinairement, avec une cuillère en bois, dans les petits pots où elle est enfermée, pour en imprégner à table, au fur et à mesure que l'on mange,

Fleurs et fruits de la moutarde noire

les mets trop fades et les viandes bouillies; mais on en compose aussi diverses sauces, *remoulades* et *tartares*, pour accompagner le poisson et les aliments froids.

En dépit d'imitations nombreuses, la moutarde la plus forte et la plus réputée est toujours celle de Dijon, d'un beau jaune et d'un goût ardent; on lui préfère, toutefois, dans nos provinces du Sud-Ouest, la moutarde de Brives, de couleur violette, et dans les pays du Nord la moutarde en poudre, depuis longtemps en usage chez les Anglais.

Poivre. — Très employé par les populations de la zone équatoriale dont il stimule toutes les fonctions organiques, le *poivre*, dans nos ménages, n'est guère usité qu'en poudre fine dont on ajoute timidement aux aliments peu sapides une petite pincée. Les charcutiers, cependant, le mêlent, en grains entiers, à la chair des saucissons, ou l'emploient, simplement concassé, sous la dénomination de *mignonnette*. Sous cette forme, en effet, le poivre possède toutes les qualités aromatiques que lui fait perdre le broyage ; aussi, vaut-il mieux, à table, moudre son poivre soi-même, à l'aide d'un petit moulin, qu'employer l'irritante poudre des épiceries, où les graines du véritable *poivrier noir* sont, en partie, remplacées par celles de la moutarde.

Piment. — Cannelle. — Girofle. — Nombre d'aromates encore, en dehors du poivre, ont leur emploi dans la cuisine de différents peuples ; mais chacune de ces substances se recommande moins par ses propriétés stimulantes ou digestives, que par son parfum spécial. D'une saveur brûlante, le *piment rouge* ou *poivre long* de nos climats, est souvent confit dans le vinaigre avec les pickles ou les aschards ; la *cannelle*, deuxième écorce du *laurier de Ceylan*, est employée à la préparation des entremets sucrés, des vins chauds et des potions cordiales ; le *girofle* ou *gérofle*, bouton floral d'un *myrte* des Moluques, donne à certaines sauces un fort bon goût.

Gingembre. — Muscade. — De nos jours, les Allemands et surtout les Anglais, font une grande consommation de l'*amome gingembre*, dont ils importent la racine de l'Inde et de l'Archipel javanais. Ils en mettent dans les aliments où il est le moins utile, et jusque dans les boissons, absolument comme nos pères « mettaient partout » de la *muscade* au temps où cette noix aromatique, récoltée sur les *lauriers* des îles d'Amboine, semblait indispensable à nos cuisiniers.

Conserves alimentaires. — Ce n'est point, comme on le pourrait croire, dans un simple intérêt commercial, que les hommes ont toujours eu l'habitude d'amasser des provisions et se sont efforcé de les préserver de toute altération le plus longtemps possible.

Cette coutume est bien réellement l'expression d'un véritable instinct, d'un besoin qui résulte de l'impérieuse nécessité où nous sommes d'avoir, en tout temps, à notre disposition, une nourriture suffisante. Certains animaux même, pour les jours de disette et la saison d'hiver, ont la prévoyance de recueillir des graines et des fruits, qu'ils enfouissent dans la terre, à l'abri de l'air et de l'humidité, comme nous enfermons les céréales dans des silos, les années d'abondantes récoltes.

Héréditairement transmis, de génération en génération, cet instinct ne pouvait manquer de se développer dans la race humaine ; aussi, même chez les hommes primitifs, dont les mœurs nous sont fidèlement rendues par les sauvages modernes, connaissait-on déjà l'art de conserver les viandes en les desséchant au soleil.

En Amérique, en effet, les Indiens ne traitent pas autrement, encore, la chair des bisons et des bœufs, pour en obtenir le fameux *pemmican* ou le *tajaso* qui fait la base de leur régime. Les Arabes d'Afrique n'ont pas de meilleur moyen pour s'approvisionner de viande de mouton ; c'est enfin, chaque année, par la seule dessiccation de la morue à l'air et au soleil, que l'on prépare, à Terre-Neuve, tout le *stockfish* dont se nourrissent les coolies et les nègres,

Le simple séchage des viandes, il faut bien en convenir, ne constitue, cependant, que le moins pratique et le plus grossier des procédés actuellement en usage. De bonne heure il dut être remplacé, dans les pays froids, par le *fumage*, et sur le littoral des mers, par la *salaison*, qui de nos jours, assurent à l'homme, en quelque temps et quelque lieu que ce soit, une alimentation reconstituante et savoureuse. Aussi, faudrait-il maintenant évaluer par millions et milliards de kilos, l'énorme quantité de viandes salées ou fumées qui sont annuellement consommées, en tous pays, par la plus intéressante partie de la population : les paysans, les marins, les soldats, les ouvriers des villes et des campagnes.

En dehors de leur extrême importance au point de vue commercial, et des inappréciables ressources qu'elles offrent à l'alimentation publique, ces dernières méthodes, au moins, répondent-elles bien à l'état actuel de la science, eu égard à la conservation des substances comestibles ? Non sans doute ; car depuis les récentes découvertes sur les véritables causes de la fermentation et de la décomposition des matières organiques, nous sommes bien forcés de reconnaître que la salaison et le fumage ne sont encore que des procédés tout à fait primitifs.

Il est incontestable, aujourd'hui, comme l'ont si parfaitement démontré les travaux de M. Pasteur, que les corpuscules en suspension dans l'atmosphère, les microbes et leurs germes, déterminent seuls ces altérations. Seules, ces poussières animées qui flottent, invisibles, autour de nous, selon leur espèce et la nature du milieu qui les reçoit, font aigrir, tourner, lever, fermenter, moisir, pourrir toutes les substances liquides ou solides que nous employons plus ou moins à nous sustenter chaque jour.

Suivant ces indications si précises, que faut-il donc faire, désormais, pour conserver les aliments ; pour empêcher de se gâter tout ce que l'on boit, comme tout ce que l'on mange ?

Préserver simplement ces substances des ferments susceptibles de les altérer, et pour cela, détruire d'abord, en elles, par la chaleur, tous ceux qu'elles peuvent contenir ; puis, absolument les soustraire au contact de l'air, ou leur adjoindre, à dose suffisante, un agent qui n'y permette plus le développement d'aucun germe nuisible.

C'est-là, de point en point, le *procédé d'Appert* qu'exécutent parfaitement, d'ailleurs, et sans s'en douter, nos ménagères, quand elles font, à l'occasion, cuire une sauce, une crème, une terrine au bain-marie. Les conserves de légumes, les sardines, le thon mariné qui figurent chaque jour sur nos tables, n'ont pas été préservés autrement de toute altération. Les vins, même de qualité médiocre, très sujets, comme on sait, à de véritables maladies qui les font aigrir ou tourner, en peuvent être garantis, selon la méthode de Pasteur, par un simple chauffage à 60°, qui détruit en eux tout élément de fermentation, toute mauvaise levure.

Mais peut-être est-il plus simple encore, et surtout plus expéditif, quand il s'agit de conserver une certaine quantité de liquide, d'y mêler quelques grammes d'une de ces substances préservatrices si justement désignées aujourd'hui sous le nom d'*antiferments*. Les plus recommandables, à cet égard, sont l'*acide borique*, le *borate de soude* ou *borax*, et l'*acide salicylique* parce qu'ils n'ont aucun goût, aucune odeur qui les trahisse, aucun inconvénient non plus pour la santé publique lorsqu'ils sont employés dans de justes proportions.

Déjà, grâce au « salicylage », une énorme quantité de vins, de bières, de cidres se conservent en cave chaque année ou sont expédiés à de lointaines distances sans rien perdre de leur valeur. Sagement réglementée par la loi, pour empêcher toute fraude et tout abus, la généralisation de ce procédé ne serait donc pas moins utile au commerce, à l'industrie, qu'à l'économie domestique.

BOISSONS.

Rôle physiologique des boissons. — Autant et peut-être plus que la faim, la *soif* est un des besoins les plus impérieux de notre organisme, une impulsion naturelle que l'on pourrait définir : « l'appétit pour les boissons. »

Il faut boire, en effet, pour maintenir au sang qui circule dans les vaisseaux, la fluidité nécessaire à la rapidité de sa course. Il faut boire, pour lui restituer la grande quantité d'eau que les reins lui enlèvent, et qu'il perd aussi par les glandes de la sueur, d'autant plus abondamment qu'il fait plus chaud. Il faut boire, enfin, pendant les repas, mais « boire à petits coups », selon le précepte de nos pères, afin de s'assurer une bonne et facile digestion.

Au point de vue hygiénique et physiologique, l'eau pure est la meilleure des boissons. Mais il n'est point déjà très aisé de s'en procurer partout, de la belle eau pure ; aussi, de très bonne heure, l'humanité gourmande a-t-elle imaginé de lui substituer des liquides non moins agréables et plus fortifiants : le vin, la bière, le cidre, et tant d'autres liqueurs fermentées.

Aux repas, pour bien manger, bien digérer, et plus complètement réparer les dépenses de l'organisme, un liquide alcoolique pris à dose modérée, le vin coupé d'eau par exemple, est certainement le breuvage par excellence, tonique autant que rafraîchissant.

Mais on ne boit pas seulement aux repas. Les sages seuls, rares de nos jours, sont à ce point réglés et sobres. On boit aussi, l'été surtout, pour calmer la soif ardente que provoque le moindre exercice, la seule élévation même de la température, quand le temps est à l'orage et que nul souffle ne traverse l'air étouffant.

Boissons hygiéniques. — Or, dans ces conditions, que faut-il boire ? Et d'où vient, d'abord, que la soif est si vive quand il fait chaud ?

A cette dernière question, il est aisé de répondre. C'est la sueur, comme on le peut deviner sans être un grand physiologiste, qui le plus souvent détermine et surexcite la soif. Par la transpiration, le sang perd, en effet, une partie notable de l'eau qui le fluidifie, et le pressant besoin de boire, qui se manifeste alors n'est pour ainsi dire que le cri du sang dépouillé, demandant, avec instance, que cette eau qu'il perd lui soit rendue.

Tout le problème de l'extinction de la soif consiste donc à restituer, au fur et à mesure, au sang, l'eau qu'il perd ; et la bonne eau claire est pour cela parfaitement suffisante ; mais la physiologie, toute rigoureuse et sévère qu'elle soit, n'exige point que nous nous en tenions quand même à l'eau pure.

Elle démontre aussi que l'excrétion de la sueur est une fonction fatigante, et par conséquent elle admet fort bien que, si l'eau est destinée à éteindre la soif, il n'est point mauvais qu'elle soit additionnée d'un principe ayant spécialement pour but la réparation des forces. D'où, raisonnablement, on peut conclure que la meilleure boisson dont on puisse faire usage pendant les chaleurs, est celle qui possède à la fois des propriétés rafraîchissantes et toniques.

A cet égard, l'eau sucrée, la bière, les sirops étendus, les limonades plus ou moins gazeuses dont la consommation journalière est si grande, ne répondent qu'imparfaitement à ce double but. Ils contiennent une proportion d'eau trop considérable, et ne servent, pour ainsi dire, qu'à prolonger la transpiration, sans fournir au corps le moindre élément de résistance. Au contraire, le vin, le café, l'eau-de-vie ou les liqueurs aromatiques, telles que le curaçao, la menthe, l'anisette, etc., convenablement mêlés à l'eau, soutiennent, tout en combattant la soif, la tonicité musculaire et nerveuse que les sueurs, en se continuant, affaibliraient de plus en plus.

Boissons fraîches. — Quand on a bien soif, cependant, point ne suffit de savoir ce que l'on doit boire ; au moins faut-il, encore, que l'on boive frais.

Le moyen le plus simple d'y réussir, quand on peut facilement se procurer de la glace, c'est d'en mettre dans son verre, ou dans le liquide à rafraîchir, un volumineux morceau. Si la glace est impure ou que la boisson ne puisse être étendue, on plonge carafes et bouteilles dans un seau rempli de glace pilée, assez longtemps pour « frapper » ou congeler en partie les liquides qu'elles contiennent.

Pl. LVII. — L'ALIMENTATION. — BOISSONS AQUEUSES.

A. Alcarazaz ou carafe à évaporation. — B. Gazogène. — C. Siphon à eau de seltz. — D. Carafe frappée. —
E. Eau sucrée. — F. Eau minérale. — G. Seau et glace à rafraîchir.

Tout agréable qu'il soit, en été, de boire « à la glace », il faut, néanmoins, reconnaître qu'en temps d'épidémie, surtout, on ne le fait pas toujours sans danger. De très fortes coliques, ou même un étranglement de l'intestin, peuvent être déterminés par l'ingestion d'une boisson trop froide.

Il est donc plus prudent de tenir simplement les boissons dans un endroit frais, à moins que, pour exécuter un singulier tour de physique amusante, on ne préfère, par une journée très chaude, les exposer en plein soleil. Dans ce cas, à vrai dire, il est indispensable d'envelopper la bouteille à rafraîchir d'un linge mouillé trempant, avec le fond du récipient, dans une assiette remplie d'eau, l'évaporation de ce liquide à travers les mailles du linge étant assez active pour abaisser de plusieurs degrés la température de la bouteille et celle de son contenu.

C'est, encore, sur ce principe du froid produit par l'évaporation, que sont spécialement fabriquées les carafes en terre poreuse désignées sous le nom « d'alcarazas. »

La minime partie du liquide qui suinte à travers leurs parois refroidit, à mesure qu'elle s'évapore, la quantité qui reste dans le récipient, et ce rafraîchissement à l'intérieur du vase est d'autant plus marqué que l'évaporation se fait plus rapidement à la surface extérieure.

BOISSONS AQUEUSES.

Eau potable. — La seule boisson naturelle est l'*eau*. Fraîche et pure, exempte de toute matière organique et de toute substance minérale en excès, elle est, aussi, la boisson hygiénique par excellence, au moins pour l'homme qu'un travail exagéré n'oblige pas à chercher dans un breuvage plus réparateur un supplément à sa nourriture quotidienne. Qu'il la boive, d'ailleurs ,ou qu'il l'emploie à tout autre usage, partout où il habite, l'homme ne saurait se passer d'eau. Les contrées où elle manque sont désertes, et sur tous les points où se sont formées de vastes agglomérations humaines, il n'est pas de plus important problème que de leur fournir une suffisante quantité d'eau chaque jour.

Nous avons assez longuement développé, dans la première partie de cet ouvrage, la question de l'aménagement et de la filtration des eaux dans les habitations, pour qu'il soit inutile d'y revenir ici. Rappelons, seulement, que la meilleure eau potable est l'eau de source; mais qu'à défaut, les eaux de rivière, de puits, de citerne, l'eau de pluie même, peuvent être le plus souvent bues sans inconvénient.

Pour être, à la fois, saine et bonne, il n'est pas seulement essentiel que l'eau soit claire, limpide, sans mauvais goût ni désagréable odeur. Il faut aussi qu'elle ne contienne ni principe ni ferment nuisible, et l'on ne peut constater qu'à l'aide d'un puissant microscope qu'elle remplit bien ces conditions. À ces qualités, enfin, il importe qu'elle en joigne deux autres non moins utiles ; c'est de contenir assez d'air pour n'être point indigeste ; d'être assez douce pour bien cuire les légumes et dissoudre le savon.

Prise à dose modérée, la bonne eau pure rafraîchit agréablement la bouche et les voies digestives. Elle calme la soif, et bien mieux que tout autre liquide elle facilite la digestion en délayant les aliments, sans exciter outre mesure les parois de l'estomac. Absorbée et portée dans le torrent circulatoire, elle épure et fluidifie le sang dont elle dissout, entraîne, emporte vers les émonctoires naturels la plus grande partie des matériaux inutiles et des produits toxiques provenant de la désassimilation des tissus. S'il est vrai qu'elle ne stimule point les fonctions, au moins les régularise-t-elle sans en affaiblir aucune ; les forces intellectuelles et physiques des personnes qui ne boivent que de l'eau n'étant vraiment pas inférieures à celles des gens qui n'en mettent même jamais dans leur vin.

Aussi pure, enfin, qu'elle soit, et tout invraisemblable que cela paraisse, l'eau nous répare et nous nourrit non seulement par les utiles éléments qu'elle nous apporte, mais surtout parce qu'elle compose et constitue, en nature, plus des trois quarts de notre corps. Le poids d'un cadavre desséché se réduit, en effet, à quelques livres, et la structure cellulaire de nos organes démontre bien, comme le disait Bordeu, que nous ne sommes « qu'une espèce de brouillard épais, renfermé dans quelques vessies. »

Impure, l'eau que l'on boit perd vraiment toutes ses qualités pour n'avoir plus que des propriétés nuisibles ; et les accidents qu'elle occasionne sont alors, suivant sa provenance, aussi graves que variés. Puisée dans une mare, une citerne mal close, elle renferme, ordinairement, de nombreux infusoires, des kolpodes, des paramécies, des vibrions, des monades, des bactéries, des bacilles de diverses formes, le plus souvent inoffensifs, mais quelquefois d'assez nuisible espèce pour déterminer de dangereuses maladies. Il en est de même de l'eau des puits, dans les grandes villes, et de celle des rivières souillées par des égouts.

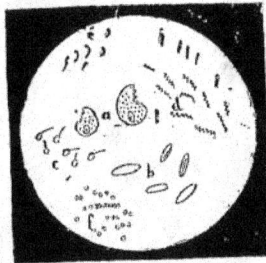

Infusoires de l'eau stagnante.
A. Kolpodes. — B. Paramécies. — C. Monades. — D. Bacilles ou Bactéries. — E. Bacille en virgule. — F. Micrococcus.

La fièvre typhoïde, la diphtérie, la fièvre intermittente dans les contrées marécageuses, probablement aussi le choléra, dont on a cru trouver le germe dans un bacille en forme de virgule, ne paraissent pas s'introduire en nous d'autre façon que par une eau accidentellement chargée de ces germes contagieux.

Dans toutes les localités où règne quelque épidémie de ce

genre, il faut donc apporter la plus grande attention à la qualité de l'eau que l'on boit. Pour peu qu'elle semble suspecte, on ne l'emploiera qu'après l'avoir préalablement fait bouillir, ou bien encore on choisira, pour l'usage habituel, aux repas, une de ces eaux minérales naturelles, légèrement gazeuses, qu'il est si facile de se procurer partout aujourd'hui.

Eaux minérales. — En dehors du grand nombre de sources depuis longtemps exploitées dans un but exclusivement médicinal, on utilise, en effet, maintenant, pour la table, beaucoup d'autres eaux d'une minéralisation faible, agréables au goût autant que bonnes à l'estomac. La plupart contiennent encore une petite quantité de bicarbonate de soude ; un peu de fer quelquefois, et souvent de l'acide carbonique libre en assez notable proportion pour leur donner une saveur piquante. Ces dernières, dont le type est l'eau de *Saint-Galmier*, quand elles ne sont point trop chargées de gaz, facilitent bien, pendant quelque temps, le travail de la digestion. A la longue, toutefois, elles peuvent occasionner des pesanteurs, des douleurs gastriques, et l'on ne saurait, alors, en continuer l'usage, sans en éprouver, bientôt, de plus graves accidents.

En raison même de leur composition naturelle et de leur incontestable pureté, les eaux des sources minérales doivent néanmoins, être toujours préférées aux diverses eaux artificielles dont la fabrication est actuellement, si développée. L'*eau de Seltz* factice que le commerce nous livre en *siphons*, quoique très agréable pendant la saison des chaleurs, est surtout beaucoup trop chargée d'acide carbonique pour ne point troubler fortement les voies digestives quand on en fait abus.

Dans l'industrie, de véritables machines d'une conduite assez difficile, permettent d'en produire, en peu de temps, de grandes quantités ; mais on se sert plus avantageusement, dans les ménages, d'appareils portatifs composés de deux globes de verre à l'intérieur desquels, pour saturer l'eau d'acide carbonique, on fait décomposer par l'acide tartrique une dose suffisante de bicarbonate de soude pulvérisé.

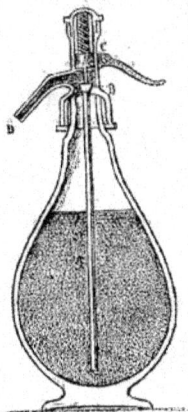

Rarement, dans les villes, on boit pure l'eau simple ou l'eau minérale. On l'emploie avec tout avantage, le plus souvent, pour couper le vin aux repas; l'été, pour se désaltérer, on y ajoute du sucre ou du sirop; on en fait des *grogs* en y mêlant, avec un peu de citron, du rhum, du kirsch ou de l'eau-de-vie. Ces préparations, d'un goût très agréable, sont bien moins débilitantes que l'eau vinaigrée dont on usait tant autrefois. Artificielles ou naturelles, les eaux gazeuses sont aussi principalement utilisées pour couper le vin. Mais en y délayant des sirops acidulés de groseilles, de grenadine ou de cerises, on en fait encore des *sodas* sinon suffisamment toniques, toujours, au moins, très rafraîchissants.

Coupe d'un siphon à eau de seltz.
A. Tube. — B. Bouchon.
C. Levier. — D. Bec du siphon.

Glace. — Il est, enfin, une forme sous laquelle l'eau se prête encore à de nombreuses applications. C'est la forme solide, l'état de *glace*, que le froid de l'hiver lui donne naturellement, ou que l'on détermine, dans les ménages, à l'aide de réactifs chimiques et d'appareils plus ou moins ingénieux. Ces glacières portatives se composent, essentiellement, d'une double boîte cylindrique dont l'intérieur est rempli d'eau, l'extérieur, d'un mélange variable de sels réfrigérants : l'azotate ou le chlorhydrate d'ammoniaque, mêlés à parties égales de carbonate ou de sulfate de soude.

Glacière portative.

Ces substances étant en présence, on fait tourner ou basculer la glacière au moyen d'une manivelle ; et dans le cylindre interne, la congélation de l'eau s'opère alors avec une extrême rapidité. Obtenue de la sorte, ou recueillie pendant l'hiver, la glace, en économie domestique autant qu'en hygiène, joue un rôle des plus importants. Elle ne sert pas, seulement, à frapper ou congeler des boissons dans les récipients qui les contiennent ; on l'emploie aussi à préparer des sorbets, des glaces, et diverses liqueurs d'agrément.

BOISSONS FERMENTÉES.

Vin. — Pays classique du bon vin, la France, il faut bien en convenir, est une terre privilégiée.

Durant un demi-siècle, ses vignobles ont été saccagés, dévastés, détruits même, en certains points, tour à tour par la pyrale, l'oïdium et le phylloxera ; trois fois, en quelques années, les vignerons ont désespéré de la vigne, et pourtant, la vénérable « mère du vin » vit encore, invariablement sauvée des parasites par la bonne nature du sol où elle est plantée !

Depuis qu'elle a tant souffert et tant risqué de périr dans nos provinces, la vigne, toutefois, a beaucoup été cultivée à l'étranger. En Italie, en Espagne, en Algérie, en Amérique surtout, on s'est efforcé de l'adapter aux terrains autrefois réputés les plus ingrats, tantôt en amendant le sol, tantôt en le plantant de cépages plus résistants et plus rustiques.

Dans toutes les régions vinicoles du vieux et du nouveau continent, on fabrique donc maintenant une certaine quantité de vin plus ou moins naturel ; mais le produit de ces vignes nouvelles est encore bien loin de posséder les qualités, les vertus parfaites des vins élaborés par les vieilles vignes françaises sous le climat exceptionnel qui les mûrit.

Si l'on ne procède pas partout de la même façon, pour la culture de la vigne, partout, d'ailleurs, la production du vin résulte des mêmes opérations et des mêmes phénomènes : l'écrasement préalable des grappes, et la fermentation consécutive du jus du raisin.

Entassées dans de grandes cuves, aussitôt après la vendange, les grappes sont foulées par des hommes chaussés de sabots. Un liquide abondant, le moût, jaillit sous cette pression ; il séjourne sur le *marc*, jusqu'à ce que la fermentation, se développant, fasse remonter à sa surface, au milieu de l'écume, les rafles et les pellicules du raisin. Ces débris soulevés par les bulles d'acide carbonique, constituent ce que les vignerons nomment le *chapeau*. L'effervescence terminée, ce chapeau s'affaisse, et l'on met le vin en tonneaux où sa fermentation se termine promptement. C'est au marc, que le vin doit sa couleur rouge caractéristique. Il suffit d'enlever, après le foulage, les résidus des grappes, pour obtenir du vin blanc.

Vins de France. — De quelque cru qu'ils proviennent, et quelle que soit aussi leur coloration, rouges ou blancs, pétillants ou sucrés, nos vins de France restent jusqu'à présent, les plus estimés et véritablement les meilleurs du monde.

Les *bordeaux*, malheureusement trop coûteux et trop rares, n'ont rien perdu de leur universelle renommée. Ce sont, comme on sait, les vins toniques et nutritifs par excellence, ceux qui, par leur composition, conviennent le mieux aux convalescents, aux gens nerveux, aux femmes délicates, comme par le suave bouquet qu'ils exhalent, ils plaisent surtout aux gourmets.

Les *bourgognes*, un peu moins éprouvés que les crus du Médoc par l'invasion phylloxérique, ont toujours aussi conservé leur légitime réputation. Ce sont des vins excitants, tout inoffensifs qu'ils puissent paraître, mais d'une facile digestion, d'un agréable arome, et généralement d'un si bon goût qu'ils sont bien souvent préférés aux bordeaux pour l'usage ordinaire.

PL. LVIII. — L'ALIMENTATION. — BOISSONS ALCOOLIQUES.

Vins et liqueurs.

Les *champagnes*, à peu près épargnés jusqu'ici par le terrible puceron, n'ont point déchu de l'étonnante vogue qu'ils doivent de longue date à leurs aimables qualités. Ce sont toujours des vins bien français, pas très sérieux peut-être, mais agréables, légers, effervescents, un peu fous comme le monde qui les boit, spirituels aussi comme le peuple qui les fabrique.

Autrefois très abondants et fort appréciés, les vins du *Rhône*, aujourd'hui, ne sont plus qu'un souvenir et qu'une espérance. Absolument ruinés en effet, par le phylloxera, les fameux vignobles de ce district ont été replantés en partie, ou très activement traités par leurs intelligents propriétaires ; aussi ne faut-il point désespérer de voir briller un jour, d'un nouvel éclat, la gloire, actuellement bien éclipsée, des grands crus de l'Ermitage et de Côte-Rôtie.

En dehors des ruines immédiates qu'elle eût accumulées, c'eût été, certes, un incalculable malheur pour les générations à venir, que la destruction des vignes françaises. L'alimentation, selon sa nature, exerce, en effet, une telle influence sur la constitution et le caractère des individus, que la suppression plus ou moins complète du vin n'eût point manqué, dans la suite des temps, de se faire sentir sur le corps et l'esprit des gens de notre race.

Qui pourrait dire jusqu'à quel point la bonne humeur, la verve, la gaîté, la franchise, la vivacité que nous apportons si naturellement, dans tous les actes de la vie, ne se sont point développées chez nos ancêtres, à la faveur de l'excitation cérébrale régulièrement produite par l'usage continu des bons vins de notre pays ? Autant que celle du soleil et du milieu, leur salutaire action sur le génie national paraît incontestable. Sevrés de la vermeille liqueur si longtemps savourée et chantée par leurs pères, dans un avenir plus ou moins éloigné, nos descendants, sans être devenus plus sages, auraient probablement acquis, au physique, la corpulence, la bouffissure, l'embonpoint de mauvaise

nature : au moral, l'indifférence, l'engourdissement, la torpeur
qu'ont certainement donnés, aux blêmes populations du nord, les
brouillards et la bière !

Falsifications du vin. — Vinage. — Depuis les derniers sévices du
phylloxera, malheureusement, nos bons vins français sont maintenant soumis à bien d'autres épreuves, et nos ancêtres auraient
souvent bien du mal à les reconnaître dans ces produits plus ou
moins chimiques où des teintures de toute sorte se substituent
au suc pourpré du raisin.

Rendus plus rares par les crises répétées qu'ont subies nos
vignobles, nos vins, en effet, depuis la rapide extension des chemins de fer, ont été si facilement enlevés des lieux de production, qu'une subite élévation de leurs prix s'en est fatalement
suivie, et que les spéculateurs n'ont point hésité, dès lors, à
tirer parti des excellentes qualités du produit, pour en augmenter, autant que possible, la quantité.

C'est ainsi qu'ils ont, d'abord, simplement coupé d'eau les
gros vins colorés du Centre et du Midi ; qu'ils les ont habilement mélangés, ensuite, avec des vins plus alcooliques et plus
sucrés ; qu'ils en sont, enfin, venus — le progrès n'étant pas
un vain mot — à fabriquer de toutes pièces des vins sans raisin, dont la base est une teinture, une macération plus ou moins
complexe de campêche et de sureau ; le sucre, un glucose obtenu
chimiquement par la transformation d'une fécule, et l'élément
tonique, l'alcool, un détestable trois-six de pommes de terre
distillées !

Même quand on fait entrer, dans ces mélanges, une certaine
quantité de vin naturel, c'est encore l'esprit de pommes de terre,
« l'alcool amylique », que l'on emploie, pour lui restituer la
force qu'on lui enlève en le coupant ; mais ce prétendu « vinage »,
comme les fabricants désignent une si singulière opération, s'il
assure réellement la conservation du vin, ne fait que nuire

davantage à ses qualités, qu'altérer de plus en plus ses propriétés hygiéniques.

Au vinage par l'alcool amylique, en effet, doit être surtout attribuée l'extension, si considérable aujourd'hui, de l'*alcoolisme*, cette fatale intoxication des buveurs, qui se termine si fréquemment par le délire furieux et la paralysie générale. Avant que cette fâcheuse industrie se développât, très rarement le vin naturel, même pris en excès, déterminait ces accidents redoutables. Il grisait, il abrutissait l'ivrogne, lui faisait momentanément perdre, avec ses forces, toute conscience et toute raison ; mais au moins ne lui dégradait-il point la cervelle, et lui laissait-il, les fumées alcooliques dissipées, un organe à peu près capable encore d'apprécier sa sottise et de s'en repentir !

Maladies du vin. — Quand ils ne sont point d'irréprochable qualité, les vins continuent, ordinairement, à fermenter dans les tonneaux, et souvent, au printemps qui suit la mise en cave, ils aigrissent, tournent, ou sont atteints de telle autre altération provoquée, comme les précédentes, par le développement, dans la masse liquide, de microscopiques champignons.

Ce sont là, d'après les plus récentes doctrines, les causes

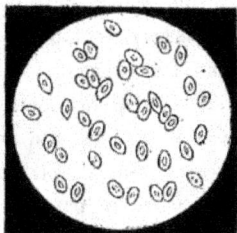

Mycoderme du vin.

d'autant plus probables des maladies du vin, qu'il suffit souvent, comme l'a démontré Pasteur, de chauffer le liquide à 60° pour l'en préserver, en y détruisant les germes ; ou même, d'y ajouter, pour empêcher leur développement, une petite quantité d'une substance antifermentescible telle que le borax ou l'acide salicylique. Le soutirage du vin malade dans un tonneau soufré, n'agit pas autrement quand il suffit à guérir l'altération commençante, et c'est pour n'avoir point à recourir, le cas échéant, à

cette opération incertaine, que l'on pratique d'avance, aujour-
d'hui, le salicylage du vin.

On ne peut mettre en doute, d'ailleurs, que l'air, en pénétrant dans les fûts, n'y répande les spores des champignons qui
s'y développent, de même qu'il ensemence d'abondantes moisissures la surface des confitures et d'autres provisions. L'un des
plus communs de ces organismes microscopiques est le *mycoderme du vin*, que l'on voit flotter, sous forme de « fleurs » ou
de grumeaux blanchâtres, sur le liquide des bouteilles mal
bouchées. Des cellules ovales, à noyau central, constituent ce
champignon, relativement volumineux, mais, en somme, peu différent de ceux qui produisent l'*acidité*, le *goût de fût*, le *gras*,
qui donne au vin une consistance visqueuse, la *tournure* qui le
colore en noir, la *pousse*, qui parfois précipite la fermentation
jusqu'à faire éclater les tonneaux.

Il est souvent possible de prévenir les maladies du vin par l'emploi d'un fausset hydraulique ou de tout autre système empêchant
l'air de pénétrer directement dans les fûts. De tous les procédés
imaginés pour les guérir, le soufrage et le collage, encore très
usités, sont bien loin d'offrir les garanties du chauffage et même
celles du salicylage, quand ce dernier, prudemment pratiqué, n'a
point seulement pour but d'assurer la conservation de quelque
mélange plus ou moins nuisible à la santé du consommateur.

Si, dans certaines conditions, le vin de qualité médiocre dégénère ainsi promptement, le bon vin s'améliore, au contraire, à
mesure qu'il vieillit dans les tonneaux, et souvent même acquiert
un exceptionnel mérite quand, embarqué sur un navire, il fait
un long voyage en mer. Longtemps, les vins « retour de l'Inde »,
furent célèbres dans les fastes de la gastronomie. Malheureusement, au lieu de recourir à cet honnête procédé, les marchands,
aujourd'hui, font vieillir artificiellement le vin comme ils le fal-
sifient ou le fabriquent de toutes pièces.

C'est, tantôt de la fleur de vigne, tantôt du sucre, qu'ils ajoutent
au liquide en certaine proportion, tantôt des parfums chimiques,
des éthers composés, qui rappellent de très près le bouquet naturel
des vins avec la saveur que leur donne la vieillesse.

Vins d'imitation. — Il n'est pas jusqu'aux produits, particulièrement appréciés, des vignes de Madère, de Malaga, de Malvoisie,
de Porto, d'Alicante, qui, par de semblables procédés, ne puissent
être, de nos jours, assez parfaitement imités pour tromper les
plus fins connaisseurs. A Cette, à Narbonne, et dans maintes
autres localités de notre littoral méditerranéen, les fabricants de
« vins d'imitation » pratiquent avec beaucoup d'habileté, maintenant, cette supercherie, d'ailleurs connue de l'acheteur, en
colorant, sucrant, alcoolisant et parfumant au degré voulu, les
vins déjà très alcooliques et très sucrés de la zone méridionale.
Aussi trouve-t'on couramment, dans le commerce, des Xérès, des
Madère, des Malaga de Cette, absolument inoffensifs pour la
santé publique, quoique plus ou moins dénaturés aux lieux de
production.

Ce qui n'est point, à juste titre, toléré par la loi, pas plus
que par le consommateur, c'est le coupage, par l'eau, d'un vin
naturel ; l'addition, à ce mélange, de substances chimiques telles
que le tannin, l'alun ou le plâtre, tout à fait étrangères au jus
du raisin ; la coloration, enfin, de ce liquide sans nom, par des
baies de sureau, des fleurs de mauve, du bois de Campêche, du
phytolacca, de la cochenille, encore moins par de la fuchsine
arsenicale qui peut déterminer de véritables empoisonnements.

Choix et service des vins. — En raison de la cherté croissante
des vins de bonne qualité, de la difficulté même, de plus en
plus grande, que l'on éprouve à s'en procurer argent comptant,
beaucoup de familles, de nos jours, ont dû renoncer à leur
usage. Dans les bonnes maisons, cependant, et chez les personnes
qui reçoivent, il est indispensable d'avoir en cave de bons vins,

sans en excepter le vin d'ordinaire; mais ce dernier peut, à la rigueur, être de modeste provenance, tandis qu'il est à peu près obligatoire, pour les vins fins, d'être servis sous les étiquettes des grands crus de Madère, de Bordeaux, de Bourgogne, de Champagne et d'autres vignobles renommés.

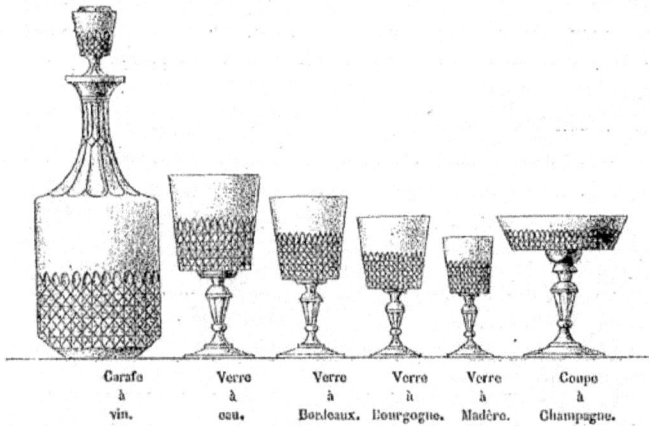

Carafe	Verre	Verre	Verre	Verre	Coupe
à	à	à	à	à	à
vin.	eau.	Bordeaux.	Bourgogne.	Madère.	Champagne.

Dans les dîners bien ordonnés, chaque convive a devant soi, des verres de forme et de capacité variable, en nombre égal à celui des différents vins qu'on doit lui servir, et méthodiquement rangés entre le grand verre et la coupe à champagne. Après le potage et le poisson, c'est, d'habitude, le Madère ou le Xérès que l'on sert, ou bien quelque vin blanc de premier choix : le Graves, le Chablis, le Meursault, le Sauterne.

Au premier service, les grands vins de Bordeaux montés assez tôt de la cave pour s'être réchauffés dans la salle à manger : Château-Laffite, Château-Margaux, Château-Latour, Saint-Estèphe, Saint-Emilion, Saint-Julien, Laroze, Léoville.

Au second service, on sert, aussi frais que possible, les Bourgogne de haute réputation : Volnay, Pomard, Clos-Vougeot, Chambertin, Romanée-Conti, Moulin-à-Vent, Beaune ; ou certains vins du Midi, malheureusement à peu près épuisés de nos jours : Tavel, Roussillon, Côte-Rôtie, Ermitage.

Au dessert, on verse dans les coupes ou les flûtes de cristal le Champagne frappé, ou bien, dans des verres à liqueur, les vins alcooliques et sucrés de Frontignan, de Lunel, de Malaga, de Tokay, de Constance, de Lacryma-Christi, de Malvoisie, d'Alicante.

Même dans les dîners du plus grand apparat, ce serait, d'ailleurs, une ostentation de fort mauvais goût, que de servir un trop grand nombre de vins à ses convives. Jamais on ne saurait plus à propos se souvenir que la qualité vaut beaucoup mieux que la quantité, d'autant plus que la succession trop rapide des vins, sans agrément pour la bouche, ne trouble pas moins le cerveau que l'estomac.

Eau-de-vie et liqueurs. — La bonne *eau-de-vie* ne se trouve, aujourd'hui, guère plus facilement, dans le commerce, que le bon vin, la plus grande quantité des prétendus cognacs, armagnacs, fines champagnes et autres alcooliques de table étant absolument composée de trois-six de grains, de betteraves, de fécule, et, pis encore, de cet alcool toxique de pommes de terre dont les effets sont si désastreux sur le cerveau des buveurs.

Entre toutes, la bonne eau-de-vie se reconnaît à son agréable odeur, à sa saveur franche ; les divers autres alcools de grains, de fécule ou même de fruits, se trahissant toujours à l'odorat par une âcreté particulièrement appréciable quand après en avoir mouillé la surface de quelques gouttes du liquide, on frotte l'une contre l'autre la paume des deux mains.

L'alcool et l'eau-de-vie ont un grand nombre d'emplois dans les ménages, dont le plus important est de servir à la fabrication des liqueurs. Il est, à la vérité, si commode, aujourd'hui,

Pl. LIX. — L'ALIMENTATION. — BOISSONS FERMENTÉES.

La Bière et le Cidre

de se procurer ces produits dans le commerce, que l'on prend rarement la peine de les préparer chez soi. C'est un tort, certainement, plus encore au point de vue de l'hygiène que de l'économie, les bonnes liqueurs de table n'étant pas autrement difficiles à fabriquer que les confitures, et leur composition présentant, quand elles sont soigneusement faites, toutes les garanties que l'on peut souhaiter.

Pour obtenir de bonnes liqueurs de ménage sans employer même les essences tout exprès préparées dans ce but, il suffit, en effet, de faire infuser ou macérer dans l'alcool coupé d'eau, les fleurs ou les fruits que l'on veut dépouiller de leurs principes aromatiques. Après un temps qui varie selon la résistance qu'offrent les ingrédients à céder leurs sucs ou leurs parfums, on ajoute au mélange une certaine quantité de sirop de sucre, On filtre, et sitôt qu'elle est parfaitement clarifiée, on met la liqueur en flacons.

Avec la plus grande facilité l'on peut ainsi fabriquer à peu de frais, chez soi, de l'*anisette*, de la *menthe*, de l'*angélique*, de la *chartreuse*, du *curaçao*, du *cassis*, de l'*eau de coings*, de la *crème de noyaux*, des *ratafias* de toutes sortes. Servies, à dose modérée, dans les petits verres destinés à cet usage, ce sont les meilleures préparations que l'on puisse employer, après un copieux repas, pour faciliter le travail digestif;

Cabaret à liqueurs

encore ne conviennent-elles point aux femmes, aux enfants, aux personnes nerveuses et sensibles.

Quant aux liqueurs fortes, telles que le *rhum*, le *hirsch*, l'*absinthe*, le *vermouth*, les *amers* et *bitters* quels qu'ils soient, en bonne hygiène on ne saurait vraiment en recommander l'emploi quotidien, même aux gens les plus robustes. Sans doute, une petite dose d'alcool stimule momentanément les forces physiques et facilite le travail intellectuel ; mais dans ce dernier cas, c'est la rapidité seule de la pensée qui se trouve augmentée par l'influence de la liqueur, au détriment, toujours, du jugement et de la logique.

De même, après avoir quelque temps prévenu la fatigue et soutenu l'énergie musculaire, l'alcool, si l'on en continue l'usage, semble perdre toute propriété réparatrice pour ne plus causer qu'une surexcitation de mauvais aloi. A peine en élève t'on la dose au-dessus de 30 grammes par jour, que ces inconvénients commencent à se produire. Ils aboutissent fatalement à l'alcoolisme chez les ouvriers qui ne tiennent aucun compte de ces phénomènes précurseurs.

Cidre. — Dans tous les pays où la culture du pommier peut donner des résultats que les conditions du climat ne permettent point d'obtenir de la vigne, on fabrique du *cidre* en laissant simplement fermenter à l'air le jus des pommes écrasées.

En France, c'est la Normandie, la Bretagne et la Picardie qui, de nos jours surtout, produisent le plus de cidre. On y emploie des pommes de diverses espèces, les unes âpres, acerbes, acides, amères, les autres douces et sucrées. Récoltées de septembre en novembre, à mesure qu'elles arrivent à parfaite maturité, la liqueur qu'elles fournissent ne diffère pas seulement de force et de saveur selon la nature du sol et la qualité des fruits. Légère et douce quand elle provient exclusivement des pommes précoces, elle est bien plus liquoreuse quand elle résulte de la pressée des pommes tardives, et ce dernier cidre, très alcoolique, facilement peut se conserver en bouteilles pendant quelques années.

Dans les grandes fermes normandes, c'est à l'aide de pressoirs et de moulins spéciaux que l'on écrase les pommes ; mais les petits cultivateurs se bornent à les broyer dans une cuve, à coups

de maillet. Cette première opération terminée, la pulpe juteuse
des fruits est mise à la presse entre des couches de paille, et
du cidre doux qui s'en échappe on emplit d'énormes tonneaux
où, presque aussitôt, s'établit une vive fermentation.

Après une effervescence dont la durée varie selon l'état de la
température, le cidre se repose sur une couche de lie, au-dessous d'un épais *chapeau* de résidus qui flottent à sa surface. On
le soutire au bout d'un mois, et pour l'usage quotidien on le
met en bouteilles ou dans de plus petits tonneaux.

D'un beau jaune ambré quand il est pur et fraîchement tiré,
le cidre souvent brunit et « se tue », au contact de l'air, surtout lorsqu'il provient exclusivement de pommes acerbes. Doux
et léger d'abord, c'est une agréable boisson, saine et rafraîchissante, parfois même laxative pour les personnes qui n'y sont
point habituées. On le coupe ordinairement d'eau, pour le servir
à table. Outre qu'en vieillissant il acquiert plus de force et de
saveur, il mousse et pétille à la façon du vin de champagne,
qualités qui le rendent plus agréable encore, mais aussi plus
capiteux.

Poiré. — Partout où l'on fabrique du cidre, on prépare, avec
le jus des poires, une boisson très analogue connue sous le nom
de *poiré*. Plus alcoolique encore, elle est moins nourrissante, et
la longue fermentation qu'elle subit en bouteilles, en empêche,
ordinairement, la conservation. Dans les fermes où le poiré n'est
produit qu'en petite quantité, souvent on le mêle au cidre. Il
donne au jus de pommes plus de limpidité, de saveur et de
piquant.

Bière. — A défaut de cidre et de vin, les peuples du Nord,
depuis la plus haute antiquité, boivent de la *bière*. C'est un
liquide complexe, alcoolique, en général obtenu par l'action d'un
ferment spécial, la levûre de bière, sur une décoction d'orge
germée.

Ce phénomène chimique reposant essentiellement sur la transformation de l'amidon des grains en glucose, puis, sur le dédou-
blement de cette dernière substance en acide carbonique et en
alcool, tous les amidons et toutes les fécules, à la rigueur, pourraient servir à la fabrication de la bière. On y emploie l'orge,
d'habitude, en raison de la rusticité de cette céréale qui permet
de l'obtenir partout à bas prix, et de la rapidité avec laquelle
la diastase qu'elle fournit en germant, transforme l'amidon en
sucre ; mais avec tout avantage, le froment pourrait remplir le

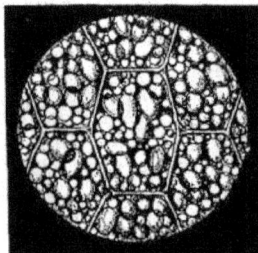

Amidon de l'orge   Fécule de la pomme de terre

même but, et dans certains districts de la Belgique, de l'Angleterre et de la Russie on fait régulièrement avec de l'avoine, du
seigle, ou même du sarrasin, une bière de fort bon goût dont
le plus sérieux inconvénient est de s'acidifier à la longue et de
rester trouble. Le riz, le maïs, même la fécule de pommes de
terre, si peu différente, d'ailleurs, de l'amidon du blé, pourraient encore servir à fabriquer une bière très alcoolique ; mais
peut-être n'aurait-elle point les qualités multiples de la bière
préparée avec l'orge et le houblon, la plus nourrissante et la
plus aromatique de toutes.

Quels que soient, en somme, les éléments de sa composition, la
préparation de la bière exige toujours beaucoup de travail et des
précautions minutieuses.

D'abord, pour faire promptement germer l'orge, après l'avoir laissé tremper dans l'eau quelque temps, on la répand en minces couches sur une aire plate où, sous l'influence d'une douce chaleur et de l'humidité, la gemmule perce bientôt les enveloppes de la graine. C'est là le *maltage*, qui développe dans l'amidon de l'orge, le ferment ou *diastase* nécessaire à sa transformation.

Quand, à la longueur de la gemmule, on juge l'opération terminée, on la fait cesser en portant le *malt* ou grain germé sur un plancher chauffé où il se dessèche et roussit plus ou moins, suivant que l'on veut fabriquer de la bière *brune* ou *blonde*.

On dépouille, alors, les grains de leurs germes, et l'on broie l'orge entre des meules ou des cylindres cannelés; puis on l'introduit dans une cuve où l'on fait, à deux ou trois reprises, pénétrer une certaine quantité d'eau chaude.

Le malt, à chacune de ces *trempes*, est vigoureusement *brassé*, remué, jusqu'à ce qu'il ait abandonné tout son sucre. Pour aromatiser le *moût* qui résulte de ces infusions, on y ajoute du houblon, quelquefois du buis ou des bourgeons de sapin en quantité variable. Enfin, l'on termine cette série d'opérations en faisant fermenter le moût au moyen de la levûre de bière. Composé de microscopiques cellules qui se multiplient à l'infini, le levain provoque la fermentation alcoolique avec un grand dégagement d'écume, et sitôt que celle-ci s'affaisse ou se dépose, on peut mettre la bière en tonneaux.

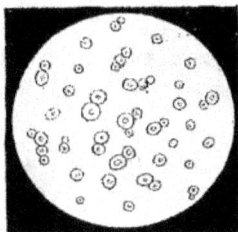

Levûre de bière

La force alcoolique et le goût de la bière varient surtout en raison des quantités de malt et de houblon que l'on y emploie; aussi distingue-t-on, d'après leur composition, des bières *faibles* et des bières *fortes;* les premières, représentées par la *bière de*

Paris, par certaines bières *bavaroises* à fermentation superfi-
cielle et plusieurs *ales* de Londres ; les deuxièmes, par un grand
nombre de bières *allemandes*, par le *lambic* et le *faro* de Belgique et mieux encore par les *porters* anglais.

A Paris, outre les bières françaises, on consomme surtout,
comme boissons d'agrément, les bières les plus réputées de l'Alsace, de la Bavière et de l'Autriche. D'une couleur et d'une
saveur très variables, on les désigne, en général, sous le nom
de « bières de garde » lorsque, fabriquées d'octobre en avril,
elles peuvent facilement se conserver et voyager sans aigrir ;
mais la plupart des grandes brasseries de l'étranger nous envoient
directement, aujourd'hui, leurs produits, au fur et à mesure de
leur fabrication, soit en y ajoutant de l'acide salicylique, qui
les empêche de s'acidifier, soit en les emmagasinant dans des
wagons spéciaux, véritables glacières roulantes.

Très agréable au goût quand elle est bue fraîche et dans le
pays d'origine, l'ale anglaise, même mise en bouteilles, perd
beaucoup à être transportée. On n'emploie guère à sa préparation, que de l'orge de qualité supérieure et simplement desséchée, afin que la liqueur, même très chargée en houblon, reste
toujours pâle et blonde.

C'est par la torréfaction du malt, au contraire, que l'on colore le
porter dont on corrige, en outre, l'amertume par divers aromates de
haut goût : le gingembre notamment, le genièvre et la coriandre.

Usuelles dans toute l'Europe et dans l'Amérique du nord, les
bières houblonnées sont en partie remplacées, dans les zones
septentrionales des deux continents, par des décoctions résineuses
de malt désignées sous le nom de *sapinettes*. La fameuse bière
de seigle ou *kwas*, que l'on boit en Russie, est aromatisée avec
du genièvre et de la menthe. Loin d'être nuisibles à la santé,
ces diverses combinaisons se recommandent toutes, au contraire,
par quelque propriété plus ou moins avantageuse. Il n'en est

malheureusement pas de même des bières de moins lointaine provenance dans lesquelles, souvent, on a remplacé le houblon par de l'acide picrique, de la noix vomique ou de la coque du Levant.

De plus en plus, dans les pays du nord principalement, l'usage de la bière comme boisson de table, tend à se substituer à l'emploi du vin. Ce serait, peut-être, à regretter, au point de vue de l'hygiène publique, si pour adopter la bière, on renonçait à boire du vin d'irréprochable qualité ; mais une bonne infusion houblonneuse de malt est certainement préférable à toutes ces teintures alcooliques trop communes, aujourd'hui, dans le commerce, qui du vrai vin de la vigne n'ont plus que le nom.

La bière, en effet, n'est pas seulement une boisson rafraîchissante, savoureuse, agréable au goût. Elle est, aussi, très nourrissante ; et si quelques personnes ne la digèrent pas sans peine, la plupart des consommateurs lui doivent, à la longue, outre de parfaites digestions, un certain degré d'embonpoint. Malgré les notables proportions d'alcool qu'elle peut contenir, la bière ne surexcite point le cerveau ni les nerfs comme le font les vins de nos contrées ou les autres boissons spiritueuses. Aussi convient-elle parfaitement aux personnes impressionnables, irritables, sujettes à s'émouvoir outre mesure, à tout propos. C'est donc avec toute raison qu'on la recommande aux nourrices, aux enfants, aux femmes délicates et nerveuses.

Hydromel. — Koumis. — Quoique l'usage de la bière se généralise de plus en plus, certains peuples consomment encore divers liquides fermentés d'une composition toute spéciale. Dans le nord et le centre de l'Europe, c'est l'*hydromel*, dont le miel forme la base et que l'on distingue en hydromel *simple*, quand il est fraîchement fabriqué ; en hydromel *vineux* après qu'il a subi la fermentation alcoolique.

Chez les Russes et les Tartares, c'est le lait de jument fer-

Fleurs et feuilles du thé.

Pl. LX. — L'ALIMENTATION. — BOISSONS AROMATIQUES.

Le Café et le Thé.

Fleurs et fruits du caféier

menté, le *koumis* à la saveur aigrelette et piquante, qui nourrit autant qu'il rafraîchit, et que l'on prescrit avec le plus grand succès, quelquefois, aux jeunes gens d'une délicate complexion, aux personnes débilitées par une maladie de poitrine. Dans les régions intertropicales, enfin, ce sont des boissons plus ou moins complexes, des vins, des breuvages alcooliques, dont le riz, le millet, le maïs, les fruits du cocotier, les fleurs et les sucs de plusieurs espèces de palmiers fournissent les matières premières.

BOISSONS AROMATIQUES.

Thé. — C'est à peu près exclusivement en Chine, jusqu'à présent, que l'on cultive la plante et que l'on prépare la feuille qui nous fournissent le *thé*. La plante est un arbuste élégant, rameux, au feuillage d'un beau vert, aux fleurs d'un blanc pur ou légèrement rosées, rappelant, quoique plus petites, les superbes fleurs des camélias. La feuille est une mince lamelle verte, ovale, dentée sur les bords, qui se crispe en se desséchant et se roule sur elle-même. (*Pl. LX.*)

Originaire du Céleste-Empire, où spontanément il croît dans les districts montagneux, c'est là seulement que le thé prospère et qu'il acquiert toutes ses qualités. Vainement les Anglais en ont tenté la culture au Thibet, dans l'Inde centrale, et sur plusieurs autres points de leurs vastes possessions. L'arbuste assez facilement s'acclimate dans toutes les régions tempérées ; mais ses feuilles, partout ailleurs maigres et rares, n'ont plus le suave arome de celles qui sont préparées et livrées au commerce par les Chinois.

Et d'abord, avec la patience et l'esprit inventif qui les caractérise, les cultivateurs de la Chine ont su tirer de l' « arbre à thé » de leurs montagnes, deux variétés éminemment propres à la culture : le *thé bohea* et le *thé vert*, dont ils obtiennent aujourd'hui d'aussi beaux bénéfices que de leurs meilleurs vignobles, nos vignerons.

Les feuilles de ces arbustes, qu'ils récoltent trois ou quatre fois l'an, sont jetées dans des bassines de fer chauffées où tout aussitôt elles se tordent et se crispent, à moins qu'elles n'aient été, préalablement, roulées à la main. Cette dernière opération ne se pratique, toutefois, que pour les thés d'une qualité supérieure, auxquels, afin d'en augmenter le parfum, on ajoute encore, durant le chauffage, les pétales odorants de diverses espèces de camélias et de jasmins.

Selon les préparations, plus ou moins secrètes, qu'on leur fait subir, les feuilles du thé bohea fournissent ainsi les différents *thés noirs* du commerce : le souchong, le congo, le pékao, qui sont le plus communément employés ; du *thé vert*, au contraire, on obtient les multiples qualités désignées sous les noms de thés Chulan, hyswen ou hyson, impérial, poudre à canon, fleur de thé, plus spécialement appréciées des amateurs.

De temps immémorial usité en Chine, où la culture de la vigne et l'usage du vin sont interdits par de sévères règlements, le thé n'a guère été connu qu'en 1666 en Europe, où les Hollandais l'importèrent les premiers ; et dans cette seule partie du continent, c'est aujourd'hui 50 millions de kilos que l'on en consomme, l'Angleterre à elle seule en absorbant plus de la moitié.

Journellement, de tous les ports de la Chine, le thé, par centaines et par milliers de caisses, est donc expédié vers les pays d'occident. Mais par la voie de terre, à travers la Sibérie, l'Europe en reçoit encore ; et ce « thé de caravane », comme on le désigne, quoique un peu plus coûteux, est ordinairement de bien meilleure qualité que celui qui nous vient par la voie de mer.

Dans toutes les réunions mondaines, dans toutes les réceptions et les soirées d'hiver, il est, pour ainsi dire, obligatoire, de servir du thé, que la maîtresse de la maison tient à honneur de préparer elle-même. Mais en dépit de la simplicité du procédé, combien de nos aimables petites bourgeoises sont véritablement aptes à réussir de tous points l'infusion de la feuille aromatique? Il faut, pour qu'elle soit irréprochab'e, tant de prudence, de mesure et d'attention!

Et d'abord, on ne saurait faire du thé, vraiment bon, dans un vase qui ne servirait pas exclusivement à cet usage. A défaut de la grande théière russe, le « samovar », qui permet d'opérer dans les conditions les plus avantageuses, il est indispensable d'employer une théière en métal anglais, dont le brillant empêche le liquide en ébullition de se refroidir. Le récipient ayant été préalablement échaudé, l'on y jette le thé dans la proportion d'une petite cuillerée à café pour chaque tasse, et tout aussitôt, une moyenne quantité d'eau bouillante qui saisit les feuilles et les force à se dérouler. On laisse infuser pendant quelques minutes, puis on ajoute à volonté l'eau toujours bouillante, et doucement, alors, on verse l'infusion sur le sucre, dans un coquet service en porcelaine de Chine ou du Japon.

Théière russe ou samovar

Le thé, quand on n'en a point l'habitude, excite au plus haut degré, le système nerveux. Même à petite dose, alors, s'il est pris dans la soirée, il cause une insomnie qui se prolonge très avant dans la nuit et qui s'accompagne souvent d'agitation, de tremblement des membres, de palpitations de cœur, d'agacements, de bâillements, de pincements gastriques d'une intensité toute particulière lorsqu'ils sont provoqués par une infusion de thé *vert*.

Promptement, il est vrai, par l'usage habituel de la boisson, ces effets s'atténuent et s'émoussent, excepté, cependant, chez les sujets irritables ou sensibles qui ne peuvent supporter, sans malaise, l'influence d'un excitant quel qu'il soit. En revanche, les personnes d'un calme tempérament et d'une constitution lymphatique, se trouvent parfaitement de prendre un peu de thé chaque jour. Mêlé de crème ou de lait, selon la pratique anglaise, il est souvent préférable au café du déjeuner du matin. A la fin des repas il stimule puissamment les fonctions de l'estomac, et l'on sait qu'il est employé de préférence à tout autre moyen, pour activer les digestions difficiles.

Comme le café, dont il n'a cependant pas les hautes vertus, le thé peut être, enfin, classé parmi les aliments d'épargne. En ralentissant l'incessant travail de désassimilation qui se fait dans nos tissus, il empêche nos forces de s'épuiser trop promptement et nous permet de **résister** longtemps à la fatigue. Trop souvent, il est vrai, le commerce ne livre aux consommateurs que des thés avariés ou mêlés d'autres ingrédients, et ces sophistications modifient toujours plus ou moins les propriétés de la feuille aromatique.

Café. — Il n'est certainement pas, dans le nombre si considérable de nos aliments, une substance dont le succès ait été plus rapide et plus universel que celui du *café*. Au milieu même du dix-septième siècle, on le connaissait à peine en Europe. Il fallut que Louis XIV en bût le premier, en France, pour que chacun, tout aussitôt voulût en goûter ; encore madame de Sévigné s'avisa-t-elle d'écrire, à ce moment où les tragédies de Racine jouissaient aussi d'une grande vogue : « Racine passera comme le café. »

Nous savons, aujourd'hui, comment ne s'est point réalisée cette prédiction doublement malheureuse. En ce qui regarde le café, surtout, la statistique nous apprend que l'Europe seule en consomme, chaque année, plus de deux millions de quintaux expédiés non seulement de l'Arabie et de Moka, d'où le précieux arbuste est originaire, mais aussi de Bourbon, de la Martinique, et des régions les plus chaudes de l'Amérique du Sud où la culture du café, depuis un siècle, a pris une très grande extension.

En dépit des nombreuses variétés résultant de ces multiples provenances, le café le plus estimé reste encore le *moka*, malheureusement très rare dans le commerce, mais facile à distinguer à son petit grain rond, de couleur jaune ou vert-pâle, et recouvert d'une pellicule dorée. Dans toute la pointe de l'Arabie où croît le *caféier* type, on laisse, pour en récolter la graine, s'ouvrir spontanément, à maturité, les petites baies rouges où elle est contenue. C'est le plus sûr moyen d'obtenir et de conserver le fruit dans tout son arome. Moins soigneusement récolté, le *Martinique* à gros grains verdâtres et le *Bourbon* aux petits grains arrondis, n'exhalent point le suave parfum du moka. Le mélange des trois variétés, toutefois, produit encore une infusion des plus aromatiques.

Quoique l'on puisse préparer une boisson fort agréable en faisant simplement, selon la méthode orientale, macérer dans l'eau quelques grains de café cru, la bonne pratique est de torréfier d'abord la graine et de la moudre, afin d'en obtenir, avec l'eau bouillante, une infusion fortement colorée.

On se sert ordinairement, pour griller le café, d'une sphère ou d'un cylindre de tôle traversé par un axe dont les deux extrémités reposent sur les bords d'un réchaud. Après avoir à moitié rempli ce récipient, on le fait tourner, à l'aide d'une manivelle, sur un feu vif de charbon de bois jusqu'à ce que les grains ayant pris une belle couleur brune, laissent suinter une légère humidité. Retirés alors de l'appareil, on les étale en couche mince sur une table de marbre ou de pierre, où ils se refroidissent promptement.

On les conserve dans une boîte parfaitement sèche, et suivant les besoins, on les broie dans un petit moulin spécial pour les réduire en une poudre assez grossière qui doit être aussitôt utilisée. Introduite, à cet effet, dans le compartiment supérieur d'une *cafetière* ou *filtre* de fer-blanc, petit-à-petit, elle est arrosée d'eau bouillante. En passant à travers la poudre, le liquide la dépouille de tous les principes aromatiques qu'elle contient et, goutte à goutte, s'amasse dans le compartiment inférieur du filtre. C'est là l'infusion partout connue sous le nom de *café noir* et généralement préparée dans les proportions de 60 à 100 grammes de poudre pour un litre d'eau.

L'habitude est de la servir brûlante dans des tasses de porcelaine d'où s'exhale, agréable à l'estomac avant de plaire au goût, son délicieux arome. La chaleur, en effet, développe considérablement toutes les propriétés du café. Sa saveur même, alors, est à tel point délicate, que beaucoup d'amateurs prennent leur café sans sucre, afin de la mieux apprécier. Convenablement sucré, cependant, additionné même d'une petite quantité d'eau-de-vie, outre qu'il est en général préféré, le café perd son amertume en conservant ses qualités essentielles. Pris froid et coupé d'eau, c'est le « mazagran » de nos soldats d'Afrique, la boisson rafraîchissante et tonique par excellence pendant les chaleurs de l'été. Mêlé de crème ou de lait, il fournit aux femmes, aux enfants, un déjeuner substantiel et des plus appréciés, malgré les inconvénients qu'ont pu lui reprocher, sans beaucoup de raison d'ailleurs, certains hygiénistes.

Aliment d'épargne, comme le thé, s'il agite peut-être un peu moins l'ensemble du système nerveux, le café paraît au contraire, exciter bien plus énergiquement les facultés cérébrales. Sans doute, avec l'habitude, ses effets ordinairement s'atténuent jusqu'à ne plus se manifester ; mais quand on ne prend du café que par intervalles, son action rapidement se révèle par une vivacité d'esprit inaccoutumée. L'intelligence engourdie s'éveille, l'humeur chagrine disparaît, les idées, rares et confuses d'abord, se multiplient, se précisent, éclosent et se traduisent avec une étonnante facilité. Cette surexcitation, le soir, empêche le sommeil et se prolonge plus ou moins dans la nuit. Elle se dissipe plutôt, le jour, par la causerie, l'entrain, l'exubérance de gestes et de mouvements provoqués par la liqueur stimulante.

De ces phénomènes aujourd'hui si connus, il est aisé de conclure que le café noir ne convient guère aux personnes impressionnables, nerveuses, à sensibilité mobile, à caractère irritable ou changeant.

Contraire aux jeunes enfants, il nuit, de même, à beaucoup de femmes ; mais, en revanche, il rend de véritables services aux sujets à circulation lente, aux lymphatiques, et plus encore, quelque soit leur tempérament, aux écrivains, aux artistes, aux philosophes, aux penseurs.

Par ses incontestables vertus autant que par son agréable saveur, le café mérite donc bien sa vogue universelle et son rapide succès. « Poison lent », au temps de Fontenelle et de Voltaire, c'est désormais un aliment de première nécessité comme la farine et le vin, une précieuse substance dont on ne peut blâmer que l'abus.

Le bon café, malheureusement, est rare et souvent frelaté comme toutes les denrées exotiques. En poudre, il est presque toujours mêlé de pois chiches, de haricots, de châtaignes, de glands de chêne pulvérisés ou, plus grossièrement, de cette âcre racine de chicorée dont la saveur est si caractéristique. En grains, quoique la fraude soit plus difficile, il n'est point rare de découvrir, dans un prétendu moka, de fausses graines faites au moule avec de la chicorée en poudre ou même de l'argile dont le

Pl. LXI. — ÉTOFFES ET TISSUS. — LA LAINE ET LA SOIE.

délayage dans le café donne à la liqueur qu'elle trouble un fort mauvais goût. Ces falsifications, il est vrai, se reconnaissent encore assez facilement : la première, au précipité poudreux que forme la chicorée au fond d'un verre d'eau sur lequel on répand une petite cuillerée de la poudre suspecte, la deuxième, à la mauvaise odeur qu'exhalent les grains faits au moule lorsqu'on en jette quelques-uns sur des charbons ardents.

Chocolat-Maté. — Appréciés aujourd'hui dans le monde entier, le thé et le café tendent à se substituer, avec l'alcool, aux divers autres excitants usités encore dans quelques pays. Le *chocolat*, dont nous avons plus particulièrement étudié, dans le groupe des condiments, les qualités nutritives, n'est pas moins estimé, cependant, pour ses seules vertus aromatiques, par les Espagnols, habiles à préparer, avec la seule écorce du cacao, des infusions légères qui leur servent de boisson. Dans l'Amérique du Sud, on emploie, en outre, et l'on expédie toujours en quantité notable, les feuilles d'un houx du Paraguay, le *maté*, dont l'infusion, pareillement agréable au goût, produit à peu près les mêmes effets que celle du thé de Chine.

LIVRE III. — BESOINS SENSITIFS

LES VÊTEMENTS ET LA TOILETTE

Utilité des vêtements. — Jeté nu sur la terre et plus exposé que tout autre animal à souffrir des atteintes du froid, l'homme dut chercher, de bonne heure, à protéger son misérable corps. Poussé, par ses besoins nutritifs, à chasser les bêtes sauvages, leur chair dévorée, il fut naturellement conduit par les désagréables sensations qui lui venaient du dehors, à se faire un vêtement de leur peau. Tout d'abord, donc, il se couvrit de fourrures grossièrement taillées et cousues ; mais bientôt, pour n'être point gêné dans ses mouvements, il éprouva le besoin de les mieux façonner ; puis, avec le désir de plaire et de se faire remarquer, l'instinct lui vint, nécessairement, de se parer, d'orner son corps, de varier son costume et de le rendre plus élégant en même que plus commode.

Alors il dédoubla la peau des bêtes pour en tisser la toison souple et chaude, *laine* ou *poil*, et pour faire, par le tannage, un *cuir* épais de la partie fibreuse. Le facile tissage de la laine lui suggéra l'idée de travailler de même la *soie* que le ver du mûrier lui fournissait toute filée, puis, les longs filaments qu'il put extraire de certains végétaux textiles, le *lin*, le *chanvre*, et même, paraît-il, le *coton*, dont l'usage, contrairement à ce que l'on croit, remonterait à l'antiquité la plus haute.

Telles sont encore, de nos jours, à peu près les seules matières qui, chez tous les peuples, servent à la confection du vêtement humain ; mais si l'on s'habille plus que jamais, à notre époque de civilisation avancée, ce n'est certes pas moins dans l'intention de s'embellir, de faire valoir ses agréments personnels, que par la simple et primitive nécessité de se couvrir.

Il serait difficile, surtout, de persuader aux femmes que le principal rôle du vêtement est de protéger le corps. La plupart ont certainement l'intime conviction que son but essentiel est d'orner la personne, de la parer, d'accuser ses avantages physiques et de cacher ses défauts; les seuls mérites qu'elles lui reconnaissent, c'est d'être d'une coupe irréprochable, élégant et bien ajusté. Le costume idéal, en un mot, à leurs yeux, — et même, il faut bien le dire, aux nôtres — est celui qui laisse le mieux voir ou deviner leurs formes; aussi, dans leurs plus ravissantes toilettes, au bal, au théâtre, se trouvent-elles, souvent, d'autant mieux habillées qu'elles sont moins vêtues !

Et l'on ne peut pas trop reprocher aux femmes, en somme, cette façon toute sensitive de comprendre le vêtement. Faites pour séduire et charmer, la coquetterie leur est instinctive, le goût de la parure naturel. Tout ce que nous devons leur demander, c'est que pour mieux nous plaire elles ne s'embellissent point au détriment de leur santé, de leur beauté, par conséquent ; c'est qu'elles subordonnent toujours, les fantaisies de la toilette aux préceptes de l'hygiène, et les caprices de la mode aux lois de la physiologie.

MATIÈRES DU VÊTEMENT. — ÉTOFFES ET TISSUS.

Fourrures. — Malgré que de nos jours, même chez les habitants de l'Europe septentrionale, la *fourrure* ne soit plus guère qu'un accessoire du vêtement d'hiver, on ne sait peut-être pas combien d'animaux encore sont spécialement traqués par l'homme dans le but d'être dépouillés, écorchés à son profit; combien sont tués pour la seule richesse de leur pelage ou la beauté de leurs plumes, pour couvrir, en un mot, de leur peau chaudement fourrée, la peau grelottante et nue de leur impitoyable ennemi.

Dans les régions polaires, véritable pays des fourrures, presque toutes les bêtes, tant leurs poils ou leur duvet sont abondants, peuvent fournir de chauds vêtements à l'homme. Aussi, les habitants de toutes ces contrées désolées, Lapons, Esquimaux, Kamtschadales, passent-ils leur existence à chasser l'*ours blanc*, l'*isatis*, le *renard argenté*, l'*hermine*, le *renne* et le *loup*, parmi les mammifères; le *grèbe* et l'*eider*, dans la multitude des oiseaux, conservant, pour leur usage, les peaux communes et de moindre valeur, trafiquant des précieuses fourrures avec tous les autres peuples du monde.

Dans la zone tempérée, c'est encore le loup, le renard, mais surtout les *martres*, la *loutre* et le *castor* que l'on poursuit pour leur pelage. L'Amérique méridionale nous fournit le *chinchilla*; l'Inde et l'Afrique nous expédient ces superbes peaux de *tigres* et de *lions* que l'on voit, formidablement étalées, aux vitrines des fourreurs et des naturalistes.

Le plus utile des rongeurs, enfin, le modeste *lapin domestique*, un peu par toute la terre, donne son poil pour la fabrication des feutres mous, sa peau tout entière pour jouer, au besoin, la zibeline ou le petit-gris, et sa chair en plus, le malheureux, pour la préparation des gibelottes.

Ce sont les dépouilles opimes de toute cette ménagerie, transformées en pèlerines, cols, manchons et boas, que les gens à la mode promènent, tout l'hiver, sur leur dos, autour de leurs mains et de leur cou, avec un engouement qui menace d'être désastreux pour les pauvres bêtes condamnées à fournir cette étonnante variété de fourrures. Déjà la loutre et le castor, en effet, sont à peu près complètement détruits, et la blanche hermine, dont la magistrature a tant abusé, ne doit pas non plus pulluler dans les campagnes sibériennes.

Il est vrai que l'industrie, de connivence avec la mode, ne s'embarrasse point pour si peu. Aussitôt qu'un produit naturel se fait rare sur le marché, d'ingénieux fabricants en offrent au public des « imitations » si parfaitement réussies, qu'elles ont souvent même plus de succès que le produit authentique.

A cette règle ne font point exception les fourrures, toute, difficulté qu'il puisse y avoir à les imiter. Déjà, pour différents emplois, l'on avait imaginé de leur substituer, en Russie, l'*astrakan* naturel, ou laine frisée des tout jeunes agneaux; mais cette fausse fourrure même, est actuellement remplacée par de faux astrakans obtenus avec des laines de toute provenance, et ces tissus taillés, bouclés, frisés de diverses façons, à peu près partout, maintenant, en raison de leur bon marché relatif, sont employés de préférence à la véritable fourrure.

Laine et lainages. — C'est aux moutons, on le sait, aux doux et paisibles moutons, que nous devons la *laine*, et comme le dit une vieille chanson, quoi que puissent faire ces pauvres bêtes, il est bien probable que « toujours on les tondra. »

La laine, en effet, usitée dès les temps les plus anciens, reste supérieure, par ses multiples propriétés à toutes les autres matières vestimentaires. Elle a la souplesse, la résistance, la légèreté, la douceur; elle se prête merveilleusement au tissage, au feutrage, à l'application des teintures les plus variées; elle se plie à toutes les fantaisies du goût, à tous les caprices de la mode.

Quelque avantageux que puisse être, à peu près en tous pays, l'élevage des moutons, croirait-on que l'Allemagne, dont les divers produits manufacturés trouvent, depuis quelques années, en France, un si facile écoulement, nous expédie aussi presque toute la laine destinée à la fabrication de nos plus beaux draps? C'est de la Saxe et de la Silésie que les habiles ouvriers de Sedan, d'Elbœuf, de Louviers, reçoivent, en grande partie les toisons qu'ils transforment en solides étoffes. La Grande-Bretagne alimente surtout les importantes fabriques de Roubaix et de Tourcoing ; d'un certain nombre de nos provinces, enfin, des laines de différents choix sont envoyées, chaque année, aux grandes fabriques du Nord et de l'Est de la France.

Tondues sur les moutons de race commune que l'on élève dans le Limousin, la Picardie, le Roussillon, les laines les plus grossières, après avoir subi toutes les opérations préalables de désuintage, battage, cardage, sont définitivement *foulées*, pour faire des chaussons, des tapis, des couvertures, des tricots, des limousines, des serges, des tartans écossais.

Coupées sur des métis ou des moutons mérinos de race pure, élevés dans la Brie, la Beauce, la Normandie, les laines fines se distinguent, dans la pratique industrielle, en deux qualités différant surtout par la longueur de leurs brins : les laines *courtes* ou *cardées*, qui servent à fabriquer les mérinos, barèges, mousselines-laine, mousselines ou satins de Chine ; les orléans unis ou façonnés, les dentelles de laine, les étoffes pour gilets et les damas d'ameublement ; — les laines *longues* ou *peignées*, dont les brins, sans aspérités ni frisures, sont employés au tissage des velours, popelines, flanelles, reps unis et façonnés, velours d'Utrecht et cachemires purs... autant qu'ils puissent l'être en France, les vrais cachemires de l'Inde étant exclusivement fabriqués en Orient, dans la vallée de Cachemire, avec la toison particulièrement souple et moelleuse des chèvres du Thibet !

Il serait vraiment difficile d'énumérer toutes les variétés de tissus de laine en usage, aujourd'hui, dans l'industrie du vêtement. Au seul groupe des *draps*, les uns *catis* ou tondus, les autres à *poils*, se rapporte le nombre considérable des étoffes qui servent à confectionner toutes les pièces du costume masculin. Aux classes plus importantes encore des *laines douces* et des *nouveautés*, tous les lainages de fantaisie à chaque saison modifiés et renouvelés pour le plus grand agrément de nos femmes et de nos filles.

Soie et soieries. — Exclusive, durant de longs siècles, à certaines contrées de la Chine, la production de la soie paraît avoir atteint tout son développement dans nos provinces méridionales où, de nos jours, sont activement pratiquées toutes les branches de cette grande industrie, depuis la plantation du mûrier qui nourrit le ver producteur, jusqu'au tissage des fils de soie en brillantes étoffes.

C'est du cocon où s'est enfermé le ver pour se transformer en chrysalide, que l'on retire, par un simple dévidage l'unique fil soyeux, ordinairement long de quinze à seize cents mètres, dont il est composé. Des ouvrières habiles à ce travail, après avoir fait ramollir les cocons dans l'eau chaude, y découvrent assez facilement, sous la *bourre* qui le cache, le bout du bon fil. Elles en réunissent six qu'elles font passer sur un dévidoir pour former un seul brin ou fil de soie grège, dont les écheveaux sont, plus tard, livrés aux tisseurs.

Lyon est, en France, le grand centre industriel de la soie; et l'on peut diviser en deux principales catégories les étoffes, toutes très estimées, d'ailleurs, qui sortent de ses fabriques. Au groupe considérable des tissus *unis*, se rapportent les divers taffetas, failles, poult-de-soie, crêpes, mousselines et foulards qui servent couramment à la confection des robes, tabliers, mantilles, gilets, chapeaux et cravates. On y classe les *satins*, gazes, peluches, velours unis, employés surtout aux vêtements de luxe, et l'on y rattache même les étoffes mêlées de laine ou de coton, popelines, mousselines de laine et thibets, dont on fait plutôt des fichus, des écharpes ou des châles. A la catégorie des tissus *façonnés* appartiennent toutes les belles et riches soieries, les moires, les rubans, les velours frisés, lamés et brochés, dont

Pl. LXII. — ÉTOFFES ET TISSUS. — LE LIN ET LE COTON

on compose les fastueux ameublements, autant que les magnifiques toilettes.

Chanvre et lin. — Les premiers utilisés parmi les végétaux
textiles, le *chanvre* et le *lin* sont encore l'objet . d'une importante culture, au moins sous nos climats. Outre qu'il est peu
difficile, en effet, d'en obtenir de belles récoltes, on en fait,
sans beaucoup de peine, de si beaux tissus, que nulle autre
substance vestimentaire ne saurait, dans leurs divers emplois,
remplacer le lin et le chanvre. Avant d'être livrées à la fila-
ture, les deux plantes, d'ailleurs, sont traitées, dans nos campagnes, à peu près de la même façon. Préalablement séchées à
l'air, puis égrénées, on les plonge par grosses bottes, dans une
mare où le *rouissage* prolongé qu'elles subissent prépare la
séparation de l'écorce textile du tissu ligneux. Après avoir été
séchées une deuxième fois, on les *broie* puis on les *teille*, afin
de détacher complètement l'épiderme et la tige de l'*étoupe* ou
filasse, que l'on envoie aux filateurs.

Bien plus grossiers que ceux de lin, les tissus ou *toiles de
chanvre* d'un très grand usage dans la marine et l'industrie, ne
servent guère, dans les ménages, qu'à la confection de draps de
lit, de serviettes, de chemises et de pantalons; encore convient-
il, pour ce dernier emploi, qu'ils soient de « pur brin », c'est-
à-dire d'une qualité supérieure.

Les *toiles de lin*, au contraire, quoique de très différentes
qualités, sont, en général, bien plus fines et plus souples. On
estime, surtout, les toiles de Frise ou de Hollande, les cretonnes ou toiles de Bretagne, dont on fait couramment de belles
chemises d'homme, des serviettes et des draps; les *batistes* et
linons de même provenance, qui sont spécialement réservés à
la confection de fins mouchoirs de poche, de légers fichus, de
cravates, collerettes et bonnets.

Coton. — Des progrès considérables depuis quelques années ont été faits par l'industrie cotonnière, dont les produits, en raison de leur extrême bon marché, tendent à se substituer de plus en plus aux étoffes de chanvre et de lin. De tous les pays où l'on peut avantageusement cultiver l'arbrisseau qui le fournit, des Indes, du Brésil et de l'Amérique centrale, après avoir été détaché des graines du cotonnier qu'il enveloppe d'une toison duveteuse, le coton est comprimé, tassé en balles épaisses pour être expédié aux filateurs. Un outillage très ingénieux lui fait subir, dans les fabriques, une série d'importantes opérations : battage, cardage, étirage, feutrage, filage, à la suite desquelles des toiles et tissus des qualités les plus diverses sont répandus dans le commerce de la nouveauté. Parmi les plus usuels, on distingue le *calicot*, dont la trame et la chaîne ont la même grosseur, et le *madapolam*, à trame plus grosse que la chaîne. Ils sont très employés, l'un et l'autre, dans la lingerie, notamment à la confection des chemises d'homme.

Plus forte, la *cretonne* sert à faire des draps de lit ; la *percale*, plus fine, des jupons et des camisoles. Avec les *coutils* à tissus croisés, on fait surtout des corsages et des pantalons ; avec les *percalines*, des doublures ; avec les *jaconas*, les *organdis*, les *nansouks* et autres légers tissus, des cols, des fichus, des mouchoirs et beaucoup d'objets de menue toilette.

Outre ces diverses étoffes qui composent le groupe du « blanc » dans les magasins de nouveautés, les fabriques produisent encore une variété considérable de toiles de coton imprimées ou peintes. Ce sont, entre autres, les *indiennes communes*, désignées aussi sous le nom de « rouenneries » quand elles proviennent de Rouen, et les *indiennes fines* d'Alsace, employées, comme les précédentes, à la confection de tabliers et de robes d'été. De nombreuses qualités de *perses*, de *cretonnes* imprimées, servent à faire des rideaux et des tentures.

Quoique très usitées dans toutes les parties du monde, les

substances vestimentaires dont nous venons de nous occuper, ne
le sont cependant pas exclusivement. Même en France, en effet,
on a depuis longtemps déjà, tissé les fibres d'une ortie exotique,
la *ramie*, dont les produits se rapprochent de ceux du coton,
et les Chinois mettent en œuvre, sous le nom de *ma*, une autre
urticée, très voisine de la précédente. Les indigènes de l'Australie savent parfaitement utiliser les fils très résistants du lin
de la Nouvelle-Zélande ou *Phormium tenax*, et les insulaires des
Philippines les dures fibres de l'*abaca*, fournies par un bananier
sauvage. De ces plantes étrangères à nos climats on peut rapprocher les arbres à *caoutchouc* de l'Amérique du Sud, l'*Hevea*
de la Guyane notamment, dont la gomme, étendue en mince
couche sur les tissus, les rend imperméables.

Conditions hygiéniques du vêtement. — Au point de vue du confort,
de l'élégance et de la protection qu'il peut, en tout temps,
nous offrir, le costume de laine, on n'en saurait douter, est
bien préférable au vêtement de fil ou de coton. S'il ne communique absolument pas, par lui-même, de la chaleur au corps,
au moins l'empêche-t-il de perdre, par le rayonnement, sa chaleur propre.

Dans ses mailles à texture plus ou moins lâche, le tissu de
laine emprisonne, en outre, de l'air chaud. Il absorbe, à la
fois, l'humidité du dehors et celle qui s'exhale de la surface
cutanée ; par sa rudesse, enfin, souvent il exerce sur l'épiderme une certaine excitation qui n'est pas sans être utile,
agréable même, aux personnes frileuses. — Un des grands
mérites du tissu de coton, c'est de se rapprocher, à cet égard,
plus encore que le tissu de fil, de l'étoffe de laine. Avec une
chemise de toile on ressent toujours un froid très vif quand le
corps est en sueur. Il n'en est pas de même avec une chemise
de coton, chaude encore à la peau, quoique humide.

Suivant les saisons et la température, ce n'est point, d'ailleurs, seulement parce qu'il est frais ou chaud, épais ou mince, lourd ou léger, qu'il importe de choisir son vêtement. Il n'est pas indifférent, aussi, qu'il soit, selon le temps qu'il fait, de telle ou telle couleur, de fort curieuses expériences ayant depuis longtemps prouvé que la coloration d'une étoffe influe considérablement sur ses propriétés hygiéniques.

Ainsi, le drap noir est celui qui laisse le plus vite et le mieux passer la chaleur ; puis, c'est le vert sombre ou le bleu foncé; le rouge écarlate ensuite; enfin, l'étoffe de couleur grise, et le drap blanc.

Si nous n'avions à nous préoccuper, en nous habillant, que de recevoir la chaleur du soleil ou celle d'un foyer, ce serait donc la couleur noire qu'il faudrait adopter, pour avoir le plus chaud possible. Mais il est d'abord essentiel que nous conservions la chaleur même de notre corps, et c'est précisément le vêtement noir qui la laisse rayonner davantage.

Contrairement à nos habitudes, nous devrions donc, en hiver, nous vêtir de laine ou de drap blancs, notre premier souci devant être de ne point nous refroidir, en un temps où nous ne pouvons compter recevoir du dehors le moindre calorique.

La nature, à cet égard, nous donne constamment une leçon frappante, elle qui teint en noir la peau des hommes vivant sous la zone torride, et qui, l'hiver, dépouille de leur robe d'été les animaux de la zone polaire, pour les couvrir d'une blanche toison.

Mais la mode, fille du caprice et de la fantaisie, n'est-elle pas l'antagoniste de la nature, et ne faut-il pas, pour la suivre, se résigner à subir la chaleur en été, le froid en hiver, en tout temps, hélas ! des souliers trop justes, des gants trop étroits, des chapeaux trop lourds, des corsets qui gênent le cœur, coupent la respiration, et déforment la taille?

LE COSTUME ET LA MODE.

Formes du vêtement. — Ce serait une très intéressante étude que celle du vêtement et de ses transformations chez tous les peuples, aux différentes époques de leur histoire ; mais pour être complète, elle exigerait de longs volumes, et la conclusion en pourrait bien être qu'en dépit des nombreuses modifications qu'il subit chaque jour encore, le costume ne fut jamais plus rationnel que celui des Parisiens de notre temps.

Cette opinion semble si généralement acceptée aujourd'hui, que la mode parisienne est maintenant souveraine en tous pays, et que les peuples les plus jaloux de conserver leurs traditions, ceux même dont le vêtement est déterminé par des conditions toutes spéciales du milieu où ils sont placés, n'hésitent plus à renoncer à leur costume national pour s'habiller à la française. Au point de vue de l'art on peut le regretter sans doute ; on ne saurait vraiment s'en plaindre au point de vue de l'hygiène et du progrès social.

De tout temps, au surplus, et dans ses transformations successives, le costume a fidèlement exprimé, dans les sociétés humaines, l'état des mœurs et des esprits. Pour ne considérer que les principales phases de son évolution en France, nous le voyons, tout d'abord, chez les Gaulois nos ancêtres, se composer essentiellement de la braie et du sayon de laine que portent encore, dans nos plus lointaines campagnes, les paysans et les bergers. Au moyen âge, quand ce n'est point l'armure pesante du chevalier, c'est la longue toge et la cape du châtelain, la houppelande du bourgeois, lourdes et sévères comme la robe du moine alors tout-puissant.

Avec la profonde révolution qui s'opère à la Renaissance, il semble que le costume se modifie encore plus que les mœurs et les idées. C'est l'époque, en effet, de l'extrême élégance et de

la recherche outrée dans le vêtement ; le temps, d'ailleurs peu
sérieux, des mantelets de velours, des pourpoints de satin, des
hauts de chausses à crevés, des colifichets de dentelle.

Un peu plus tard, au dix-septième siècle, tout en restant magnifique, le costume acquiert un très haut caractère de distinction
et de bon goût. Il se simplifie de plus en plus, sans cesser
d'être élégant, pendant toute la durée du dix-huitième siècle,
puis, après quelques malheureux essais de restauration des formes
antiques, il se démocratise, à la suite de la Révolution, jusqu'à
devenir le « complet » à prix fixe qui ne permet plus, actuellement, de distinguer l'ouvrier endimanché du bourgeois million-
naire, le Japonais de Yeddo du Parisien du boulevard.

C'est qu'en principe, et quoi que puissent désormais imaginer
modistes et tailleurs, il est définitivement admis, aujourd'hui, que la
forme du vêtement doit être, avant tout, subordonnée à celle des
diverses parties qu'il protège. Il convient, à la vérité, que le
costume varie selon les âges et les sexes; que son ampleur, sa
couleur, autant que les matières et les tissus qui le composent,
se modifient selon les climats et les saisons; mais en somme,
chez les divers types humains, la tête, le tronc, les membres,
étant à peu près façonnés de même, il n'est guère de bonne
raison pour qu'ils soient, à New-York et à Constantinople,
autrement couverts et drapés qu'à Paris.

Chapeaux et coiffures. — L'usage régulier des chapeaux, dans
notre pays, date de quelques siècles à peine, et malgré l'infinie
variété des couvre-chefs inventés depuis cette époque, la mode
ne nous a point encore donné le chapeau parfait, idéal, à tous
égards digne d'éloges.

Aussi bien, le chapeau varie-t-il comme l'âge, le sexe et la
qualité des têtes qu'il doit coiffer. Au tout jeune enfant convient
surtout le léger *bourrelet* à parois bombées, qui, sans la comprimer, protège la tête. Le paysan préfère à toute autre coiffure

le simple *bonnet* de laine ou de coton que l'on retrouve, à peine modifié dans le *béret* du marin et de l'artiste. Le citadin se couvre, habituellement, de chapeaux de *feutre* durs et mous ; il

Chapeau à haute forme   Képi   Casquette   Béret

porte en tenue de cérémonie, le chapeau *à haute forme*, dont la mode, sans l'améliorer jamais, toujours s'amuse à en hausser ou baisser le fond, à en élargir ou rétrécir les ailes.

L'été, le chapeau de *paille*, avec tout avantage est adopté par un grand nombre de personnes, à la ville comme aux champs.

Chapeau de paille   Chapeau de feutre dur   Chapeaux de feutre mou

La *casquette* est la coiffure économique et commode de l'employé modeste et de l'ouvrier ; le soldat, jusqu'à ces derniers temps affublé de si bizarres *shakos*, ne quitte plus guère, aujourd'hui, le *képi*, que pour prendre le *casque*. Quelle que soit sa forme, une coiffure est d'autant plus hygiénique, en somme, qu'elle est moins lourde à la tête, et que tout en l'aérant, elle la défend mieux contre la pluie et l'ardeur du soleil.

Accessoire important de la toilette féminine, le chapeau, sur la tête de nos élégantes, change, on peut dire, autant que la girouette au souffle du vent. Tantôt très haut et tantôt plat, tantôt très ample et tantôt minuscule, il n'est bien, en réalité, que le complément de la chevelure, dont le coquet arrangement constitue la plus belle coiffure qu'une femme puisse imaginer. De quelque étoffe qu'il soit fait, c'est avant tout, un prétexte à

Pl. LXIII. — VÊTEMENTS D'HIVER. — LES FOURRURES.

rubans, à parures de fleurs ou de plumes. On lui demande, d'abord, d'orner la tête ; il la protège ensuite, si la mode le permet. Contre cet élégant chapeau de fantaisie, toujours si frais et si changeant, l'hygiéniste aurait bien tort, d'ailleurs, de partir en guerre. On lui répondrait qu'il existe de bonnes et chaudes *capotes*, pour les personnes qui redoutent de s'enrhumer. Plutôt que de leur recommander les toupets, les chignons et les perruques, il faut cependant bien persuader aux femmes qu'un chapeau rationnel est quelquefois indispensable, ce qui ne l'empêche pas d'être décoratif et même tout à fait charmant. En hiver, une *toque* de fourrures, une capote de peluche ou de velours, préserveront utilement la tête du froid et des courants d'air. En été, le chapeau de paille à larges bords, coquettement garni d'un voile de gaze ou de mousseline, empêchera le tendre épiderme du visage d'être bruni par les rayons du soleil.

Mantille espagnole en dentelle noire

Chapeau de paille garni de mousseline

La chevelure est-elle abondante et relevée en nattes ou bandeaux, il suffira, le plus souvent, de la recouvrir d'un léger *bonnet*, même d'un simple voile de laine ou de dentelle, pour

que la tête soit parfaitement protégée. Outre qu'elle défend, à
la façon d'une cravate ou d'un fichu, la gorge et les épaules,
la *mantille* espagnole en dentelle noire ou blanche, fait à certains visages un cadre ravissant. Moins élégant peut-être, mais
plus étoffé, le *bachelik* en tricot de laine est très avantageux en
hiver, parce qu'il abrite la tête et le cou aussi complètement
qu'une grosse *capeline*, et qu'il garantit du froid la poitrine et
les épaules autant qu'une pèlerine ou qu'un mantelet.

Quelle que soit l'utilité des coiffures, on ne saurait, chez soi,
dans une maison bien close, et la nuit pendant le sommeil, de
trop bonne heure s'habituer à rester tête nue. Non seulement,
en effet, on s'aguerrit, ainsi, contre les refroidissements qui provoquent, d'habitude, tant de rhumes
et de névralgies; mais encore la chevelure aérée s'en trouve beaucoup
mieux, et l'on travaille avec d'autant
plus d'aisance le jour, on dort d'autant plus facilement, la nuit, que l'on
a laissé la tête plus libre.

Cols et cravates. — Il n'est pas de
moins bonne hygiène, au reste, de se
dégarnir le cou que la tête, de le
débarrasser de toute constriction pénible et de réduire au moindre volume
les *cols* et *cravates* qui doivent l'entourer.

Cette seule habitude suffit à prévenir
les angines, enrouements, coryzas, maux
d'oreilles que l'on s'expose toujours à
prendre quand, après s'être couvert la gorge, on se la découvre brusquement. Un de nos plus éminents physiologistes, Brown-Séquard,
en a donné la preuve en démontrant qu'un courant d'air froid

Bachelik en laine tricotée

projeté chaque jour sur la nuque au moyen d'un soufflet, constitue, contre toute affection de ce genre, le plus sûr préservatif. C'est la formelle condamnation des foulards, cache-nez, boas de laine ou de fourrure dont les personnes frileuses s'enveloppent jusqu'aux oreilles en hiver.

Dussent-elles, pour se rendre invulnérables, chaque matin, se faire souffler sur la gorge et les épaules, comme les gens à poitrine délicate, pour éviter un rhume, se font administrer une douche tous les jours, il faut donc que les jeunes femmes désormais s'affranchissent de tout *col* trop épais ou trop élevé, qu'elles proscrivent toutes *guimpes* et *gorgerettes*, tous *plastrons* et *fichus* qui formeraient un dangereux rempart à leur cou.

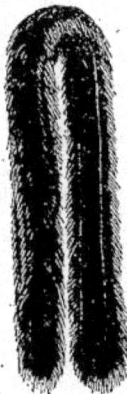

Peut-être devons-nous convenir, avec beaucoup d'entre elles, qu'il suffit, à cet endroit, d'un collier de perles ou d'une chaîne d'or. En passant, toutefois, sans précaution, d'une haute à une basse température, à la sortie du bal ou du théâtre, par exemple, il serait d'une extrême imprudence de ne point cacher sous un mantelet, un burnous

Cache-nez en
fourrures

ou même un châle, une gorge frissonnante et des épaules nues.

Moins tyrannique, aujourd'hui, dans la toilette des hommes, longtemps la mode a pris plaisir à leur serrer le cou. Pendant toute la première moitié de ce siècle, tandis que de hauts *cols-carcans* étranglaient les militaires, d'épaisses *cravates* de soie, vingt fois enroulées autour de la gorge, étouffaient tout doucement les civils. On ne saura jamais combien de coups de sang et d'apoplexies furent causés par ces ridicules entraves à la circulation sur le point même où elle doit être le plus libre, dans la région où les gros vaisseaux carotidiens et jugulaires établissent un échange des plus actifs entre la tête et le cœur.

Aujourd'hui sont passées, pour ne plus revenir, il faut bien l'espérer, ces fantaisies disgracieuses autant qu'illogiques. La cravate n'est plus, dans la toilette féminine, qu'un gros pli de dentelle artistement chiffonné ; dans le costume masculin, qu'un simple nœud fixé à un ruban, à un cordonnet quelconques.

Chemise. — Les pièces d'habillement façonnées pour couvrir le corps, comprennent des vêtements apparents dont la forme change à tout instant, suivant la mode, et des vêtements intimes, cachés, peu sujets à varier, qui doivent être, surtout, hygiéniques. De ces derniers, la *chemise* est de beaucoup, le plus usuel. On en fait pour le jour et pour la nuit, de tous les tissus et de toutes les qualités ; mais la simple chemise de coton, quand elle est en contact immédiat avec la peau, certainement est la plus confortable. Chaude et douce, elle absorbe la sueur et la laisse assez doucement s'évaporer pour ne point occasionner de ces brusques refroidissements d'où résultent tant de pleurésies et de fluxions de poitrine. Pour bien remplir ces conditions, toutefois, il importe que la chemise soit renouvelée le plus fréquemment possible. Il faut aussi qu'elle ait assez de longueur et d'ampleur pour envelopper le ventre et les membres inférieurs jusqu'aux genoux ; pour ne point trop serrer le cou ni les côtes, et laisser, enfin, aux bras, la pleine liberté de leurs mouvements.

Avec leurs cols rigides, leurs manchettes et plastrons si durement empesés, les chemises d'homme ne répondent pas toujours à ces modestes exigences. En revanche, les chemises de femme à courtes manches et largement décolletées, ordinairement sont tissées, taillées, enjolivées bien plus suivant les galantes inspirations de la coquetterie, que d'après les austères principes de l'hygiène. On y emploie la toile la plus fine, la batiste et la soie ; on en plisse, on en festonne les bords, on les rehausse de broderies ou de fines valenciennes. C'est là, quelquefois, sans doute, un raffinement excessif, mais en somme, cet élégant appareil désarme toute critique.

Gilet de flanelle. — Aussi bien, plus intime encore et surtout plus caché, voici l'utile, le bienfaisant, le salutaire *gilet de flanelle*; et l'hygiéniste, ici peut reprendre la parole pour signaler une fois de plus tous les avantages de cet humble vêtement de laine douce qu'un grand nombre de personnes, on ne sait par quel absurde sentiment de honte, s'obstinent, opiniâtrément, à ne pas vouloir porter. Très usitée, cependant, aujourd'hui, la flanelle n'est pas seulement indispensable aux rhumatisants, aux valétudinaires; elle rend les meilleurs services aux personnes actives, remuantes, aux travailleurs exposés à de subits refroidissements après d'abondantes transpirations. Imprégnée des matières âcres de la sueur, si l'on ne prend soin d'en changer fréquemment, la flanelle irrite, toutefois, et couvre même la peau d'éruptions désagréables. Il n'est pas non plus sans inconvénient, au moins pour les personnes délicates, de renoncer brusquement à son emploi, fût-ce au cœur de l'été, le tissu spongieux du molleton ne pouvant jamais avec plus d'utilité préserver le corps en sueur d'une évaporation dangereuse.

Caleçon. — Le costume complet de flanelle, outre le gilet, comprend un *caleçon* de même étoffe qui protège très efficacement le bas-ventre et les membres inférieurs. Il n'est souvent pas de meilleur moyen pour combattre ou prévenir les coliques, sciatiques et lumbagos auxquels sont exposés, au moindre froid, les gens sujets aux rhumatismes. Avec tout avantage, en hiver, le caleçon de flanelle peut être remplacé par un épais caleçon de laine tricotée; en été, s'il paraît trop chaud, par un simple caleçon de coton, qui devra, comme tout le linge de corps, être toujours très propre.

Dans les magasins de nouveautés, il est facile de se procurer, au comptoir de bonneterie, un choix de ces vêtements « de dessous » gradués selon les saisons et répondant bien à toutes les exigences de l'hygiène. Gilets, corsages, camisoles, tricots, jupes et jupons, y sont offerts en nombre, dans toutes leurs variétés de forme, de taille et de tissu; mais les frileux y choisissent surtout les caleçons et gilets anglais, en laine fine, aussi chauds que souples, et recouvrant tout le corps à la façon d'un maillot.

Corset. — De ces vêtements intimes, aucun, cependant, n'est plus essentiel aux femmes que le *corset*. Habituées à cette cuirasse, il leur est impossible de s'en passer. Elles y trouvent à la fois un tuteur qui permet aux plus débilitées de se tenir droites, une ceinture qui fait valoir leur taille, une brassière qui met en parfait relief leurs avantages physiques. C'est, en outre, sur

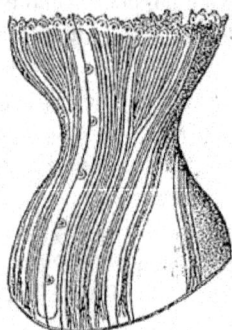

Corset de coutil
à lames métalliques.

Corset de satin
garni de baleine et de lames
élastiques.

le corset que la femme assied, pour ainsi dire, toute sa toilette voyante. Étroitement, elle moule sur ses contours les corsages de ses robes; elle y suspend les postiches, les tournures si ridicules parfois, qu'invente la mode ; elle y rattache ses jupons. Elle lui doit enfin, cela n'est pas douteux, une partie de sa grâce et de l'élégance de ses attitudes ; aussi les hygiénistes n'auraient-ils peut-être pas raison de poursuivre de leurs acerbes critiques ce malheureux corset, si la plus effrénée coquetterie n'en faisait, souvent, un instrument de maladie et de supplice.

Il faut bien reconnaître, en effet, que par une étrange aberration de goût, les jeunes femmes et les jeunes filles s'évertuent, généralement, à réduire la partie moyenne de leur corps à la plus grande étroitesse possible. L'idéal, à leurs yeux, est une taille que les deux mains puissent embrasser ; une « taille de guêpe » et pour l'obtenir, elle se lacent, se serrent, s'étranglent entre des lames de métal ou de baleine, sans s'inquiéter du grave dérangement qu'une telle compression fait subir à leurs organes internes ; à l'estomac, au foie, aux voies biliaires, au diaphragme, au cœur, aux poumons. Il n'est pas jusqu'aux viscères si sensibles du bassin, chez la femme, l'utérus et les ovaires, qui ne souffrent d'être constamment refoulés par la pointe ou le busc du corset; de là ces accidents sérieux, autant que variés, qui sont comme la punition des mondaines et des coquettes : étouffements, suffocations après les repas, syncopes dans les salles de bal et de spectacle; palpitations de cœur aux moindres émotions, perte d'appétit, troubles digestifs, irrégularités menstruelles, profondes anémies ouvrant la voie à la plus cruelle des maladies organiques, à la phtisie.

Et pourtant, la forme des corsets tend à devenir, aujourd'hui, de plus en plus rationnelle. Faits de simple coutil ou de riche satin, garnis de souples lames d'acier ou de véritables baleines, en général ils s'adaptent exactement à la taille

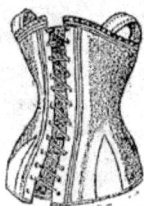

Corset de coutil à dos baleiné, pour fillette.

sans la couper et, quoique lacés fortement, ils n'exercent qu'une pression modérée sur les viscères abdominaux, si l'on a pris soin de disposer sur les côtés et le bord inférieur, des bandes élastiques. Baleinés seulement à la partie posté-

Pl. LXI. — LES VÊTEMENTS. — COSTUMES D'ÉTÉ.

rieure, les corsets pour fillettes ont l'avantage de soutenir le buste sans comprimer la poitrine ou la déformer.

Robes et Corsages. — La *robe* n'habille pas seulement la femme; elle fait, pour ainsi dire, partie de sa personne; aussi, presque autant qu'elle tient à être belle, la femme aime-t-elle à être bien vêtue. Au point de vue de l'hygiène et du goût, elle le serait, incontestablement, même avec des robes fort simples et bien ajustées, qui sans les trop cacher ni les découvrir, protégeraient la gorge et le cou, les bras et les épaules; mais la toilette féminine est absolument subordonnée aux caprices de la mode, et ce n'est jamais que lorsqu'elle est drapée à la dernière mode que la femme se trouve bien vêtue.

Jersey parisien
en laine mérinos.

Mantelet-visite
en velours ciselé.

On sait, pourtant, si la plupart des innovations tentées par les modistes et les grands couturiers sont incommodes et ridicules. Aujourd'hui c'est un étroit fourreau, demain c'est une jupe bouffante qu'il plaît à ces industriels d'imaginer ; et voilà toutes les femmes, aussitôt, qui, sans murmure et sans protestation — phénomène merveilleux ! — adoptent à l'envi le vêtement nouveau, non parce qu'il leur sied plus ou moins, mais parce qu'il est à la mode! Hygiène, bon goût et bon sens, aussi choqués qu'ils puissent l'être, n'entrent plus dès lors en considération. Le costume est de la dernière actualité ; donc il a tous les mérites.

Autant que le style et les formes, dans la composition des toilettes féminines, changent les étoffes et les tissus. Entre la plus modeste indienne et le plus riche velours, des lainages de toutes sortes, des soieries de toutes qualités, servent journellement à confectionner les jupons et les corsages des robes ; mais il est rare, à la ville surtout, que les femmes sortent « taille nue » et leur costume, alors, selon la température ou le goût du jour, se complète d'un *mantelet*, d'une *jaquette*, d'une *redingote*, d'une *pèlerine*, d'un *jersey*, pour peu que le simple *châle* ou le *cachemire* traditionnel ne soient plus à la mode.

Pèlerine en peluche.

Dans le nombre illimité de ces « pardessus », le jersey, de création récente, est surtout élégamment porté par les jeunes personnes déjà bien développées, dont il dessine, dans toute leur correction, le buste et la taille. Aux dames, conviennent plutôt les amples manteaux ou les mantelets de visite en drap, en soie,

en velours uni, frappé, ciselé, tantôt garnis de jais, tantôt de nœuds de rubans ou de volants de dentelle. Par les mauvais temps, enfin, si les gros manteaux de fourrure semblent un peu lourds, il n'est pas moins gracieux que parfaitement hygiénique de porter la courte pèlerine de loutre ou de peluche qui sied à tous les âges et préserve du froid la gorge et les épaules autant que le vêtement le plus chaud.

Chez elles, la femme du monde et la maîtresse de maison s'habillent plus volontiers d'une *matinée*, d'un *peignoir* ou d'une *robe de chambre*. Elles sont plus à l'aise sous ce costume parfaitement rationnel qui laisse aux membres toute liberté, qui ne gêne ou ne comprime aucun organe. Mais une femme active, une ménagère occupée, préfère encore à la robe d'intérieur le simple *tablier* que l'on taille aujourd'hui sur de très coquets modèles ; et dans cette mise modeste une jeune et jolie personne n'a certainement pas moins bon air que sous la plus luxueuse toilette.

C'est qu'en somme, et malgré toutes les transformations que la mode lui fait subir, la simplicité dans le vêtement plaît toujours mieux que la recherche. Déjà, nous devons le reconnaître, de grands efforts ont été faits, pour supprimer de nos costumes toute inutile surcharge, tout accessoire embarrassant. Il suffit de comparer les modes actuelles à celles que l'on portait

Toilette d'intérieur.

encore sous le Directoire ou le premier Empire, pour se convaincre qu'en dépit de trop fréquents écarts, la toilette de la plus élégante Parisienne tout en restant d'un suprême bon goût, tend à devenir, chaque jour, plus logique et plus commode.

Costumes d'enfant. — Jusqu'à présent, toutefois, ces améliorations si justifiées ne paraissent point prévaloir dans la confection des toilettes enfantines et l'on ne peut que le regretter au point de vue de l'hygiène et du bon sens. S'il est, en effet, une créature à qui soient parfaitement inutiles les atours et les falbalas, c'est bien certainement à la vive et gaie fillette qui va, vient, joue, sautille, et babille comme un pinson, dans la pleine liberté de ses mouvements. Or, par une vaine gloriole, les parents se plaisent à couvrir ce petit corps endiablé de nœuds de rubans, de broderies et d'autres colifichets, avec défense expresse de courir, de se remuer, de toucher à quoi que ce soit, pour ne point chiffonner ou salir ce luxueux arrangement de fanfreluches. Déguisée de la sorte, la plus charmante enfant n'est vraiment bien qu'une poupée d'étalage, une petite personne prétentieuse et désagréable si, tenant bien compte des avertissements qu'elle a reçus, elle affecte une attitude et des airs qui ne sont point de son âge ; une pauvre petite victime de la vanité maternelle si, laissant le champ libre à ses instincts naturels, elle fripe et gâche, par accident, ses velours et ses dentelles.

Outre qu'il est toujours déraisonnable, enfin, de développer ainsi, chez une fillette, le goût du luxe et le sens, assez tôt

Costume de fillette.

ouvert, de la coquetterie, il n'est pas moins mauvais de mettre obstacle à son expansion physique, de gêner ses libres allures, de paralyser les impulsions qui l'excitent à sauter, à gambader, à courir. A cet âge, plus que jamais, l'exercice est indispensable, en effet, à la parfaite évolution des organes ; c'est donc causer à l'enfant un véritable préjudice, que de lui imposer un costume qui l'empêche de donner toute satisfaction à son grand besoin d'activité. Une blouse, une jaquette, une robe courte à ceinture lâche, habillent suffisamment une fillette et n'entravent aucun de ses mouvements.

Aux jeunes garçons, plus remuants encore, conviennent, en général, tous ces petits costumes de fantaisie, paletots, vestons, vareuses, à la fois élégants et commodes, que l'on confectionne actuellement, à très bon marché. Jusqu'à dix ou douze ans il est préférable de leur faire porter la culotte courte et de

Costume de jeune garçon.

longs bas de fil ou de laine douce, plutôt que de les laisser aller, à l'anglaise, les jambes nues.

Paletots et redingotes. — Après des variations et des retouches sans nombre, le costume masculin paraît avoir trouvé, de nos jours, sa coupe définitive, et s'il n'est plus, comme aux siècles passés, d'une merveilleuse élégance, au moins est-il plus rationnel, plus en harmonie surtout, avec notre vie active, d'un entretien bien plus facile et beaucoup moins coûteux. Le *paletot*, la *redingote* et le *frac* sont les trois principales formes sous lesquelles nous l'endossons journellement, suivant que nous voulons nous conformer à telle ou telle des conventions et des exigences mondaines.

Avec le veston, la jaquette et ses autres dérivés, le paletot est bien le vêtement usuel par excellence. On emploie, à le confectionner, des draps et des tissus de laine, tantôt unis, tantôt rayés, frisés et nuancés de diverses façons. Il laisse libres la poitrine et la taille, et s'ajuste, sans basques ni pans inutiles, au corps qu'il dessine et protège suffisamment. La redingote, ordinairement en drap noir, est déjà plus sévère et moins commode. Étroitement boutonnée, elle garde la raideur de la tunique militaire dont elle procède, et souvent, alors, elle a l'inconvénient grave de comprimer trop fortement le thorax. Le frac est l'uniforme obligé de toutes les cérémonies tristes ou gaies, des bals et des dîners mondains, des enterrements et des mariages. D'une élégance douteuse, d'une coupe très discutée, il échappe, en raison de son emploi tout spécial, à la critique de l'hygiéniste.

Pantalon. — Gilet. — Dans les grandes réunions officielles, l'étiquette exige encore que la culotte courte accompagne l'habit. En dehors de ces rares occasions, le Français ne chausse plus que le *pantalon*, dont

Costume complet
en drap fantaisie.

la forme, on peut le croire, est désormais inamovible. Un bon et beau pantalon ne doit pas être, seulement, d'une coupe irréprochable. Il est essentiel qu'il laisse toute leur souplesse aux articulations, qu'il ne gêne pas, en « collant » à l'excès, la flexion du tronc sur les membres. Trop juste à l'entrejambe, il détermine, avec une vive irritation, l'engorgement des ganglions de l'aine ; trop étroit à la ceinture, il empêche bien plus qu'on ne pense la digestion et la respiration. Pour obvier

à ces derniers inconvénients, il peut suffire, au lieu de le serrer à la taille, d'attacher le pantalon à des *bretelles* élastiques; encore convient-il, alors, pour laisser une parfaite aisance à la poitrine et aux épaules, que le vêtement ne soit ni trop tiré, ni trop tendu.

Ce ne sont point, au surplus, la ceinture du pantalon ni les bretelles seules qui gênent les mouvements respiratoires, dans l'agencement du costume masculin. Chez tous les coquets jeunes gens qui veulent se faire une taille fine, le *gilet* n'est pas moins nuisible au bon fonctionnement de la poitrine, qu'il serre et comprime à l'excès. Même quand il est trop exactement boutonné dans toute sa hauteur, il empêche les poumons de recevoir autant d'air qu'ils en pourraient contenir, et peut-être cet obstacle permanent à la parfaite dilatation de leurs vésicules, exerce-t-il, pendant toute la jeunesse, une active influence sur le développement de la congestion pulmonaire et de la phtisie.

Costume de ville.
Pardessus d'été.

Manteaux. — Pardessus. — Quoique beaucoup moins lourds et moins encombrants qu'autrefois, les *manteaux* et *pardessus* que nous portons aujourd'hui restent toujours des vêtements supplémentaires, fort utiles en voyage ou dans la mauvaise saison, mais exposant à de dangereux refroidissements quand on les quitte trop tôt ou que l'on ne prend pas soin de s'en munir par une journée froide ou humide.

Pl. LXV. — LA TOILETTE DU MATIN.

On fait surtout pour l'hiver, en drap très épais ou garni de fourrures, de chauds et longs *ulsters* dépourvus de toute élégance mais enveloppant, à la façon d'une robe de chambre, le corps tout entier. Les pardessus d'été, plus légers et plus courts, doivent avoir assez d'ampleur pour ne causer aucune gêne et permettre, en outre, la facile évaporation de la sueur. Bien préférables, à cet égard, ils n'ont malheureusement pas, contre la pluie, les avantages du paletot en caoutchouc ou *mackentoch*, si commode par sa légèreté, sa souplesse, et le peu de place qu'il tient dans le bagage des voyageurs, mais aussi trop souvent nuisible par l'obstacle absolu qu'il oppose au libre dégagement de la transpiration.

Bas et chaussettes. — S'il est peut-être inutile, au seul point de vue de la santé, de porter des chaussettes et des bas, on ne saurait vraiment, au point de vue du confort et de la propreté, se passer de ce luxe. Qu'ils soient de laine ou de coton, de filoselle ou de soie, ces vêtements n'ont point, d'ailleurs, pour unique but, d'isoler le pied de la chaussure et de faire paraître la jambe plus fine en se moulant sur ses contours. Ils ont aussi, pour avantages, de préserver du froid et de l'humidité, d'absorber l'irritante sueur que la marche occasionne, de conserver à la peau des pieds toute sa souplesse, de prévenir, enfin, les cors ou durillons que la pression directe de la chaussure ne manquerait pas de déterminer. Les bas, cependant, ne sont à ce point utiles, qu'à la condition d'être toujours bien propres, bien unis, bien tirés. S'ils font des plis dans les souliers, ils donnent lieu à des ampoules ; aussi, comme cet inconvénient est surtout à craindre avec les bas de coton, les grands marcheurs, même en été, ne se chaussent-ils, jamais, que de bas de laine.

Aux courtes chaussettes que portent habituellement les hommes, et qui, n'étant pas maintenues, glissent trop souvent sur le jarret, les femmes ont toujours préféré les longs bas blancs ou de couleur qui, bien tendus, font admirablement valoir les formes de la jambe. Il est indispensable, pour qu'ils ne retombent pas, de les fixer à l'aide d'une *jarretière* élastique assez large pour ne point étrangler le membre, et régulièrement placée au-dessus, plutôt qu'au-dessous du genou. Sur ce dernier point, en effet, la trop facile compression des veines peut occasionner le gonflement des malléoles et donner lieu à des varices dont le moindre des inconvénients est de déformer, d'empâter bientôt la jambe la plus fine. Il est fort commun, surtout, qu'un tel accident se produise quand, à cet endroit, on serre le membre avec un cordon.

Chaussures. — En tous pays et chez tous les peuples, avant d'être influencée par la mode, la *chaussure* est déterminée, plus qu'aucune autre pièce de vêtement, par les conditions physiques du sol et du climat. Sous les chaudes latitudes, c'est encore la simple *sandale*, dans les froides contrées, la *botte* épaisse, à la campagne, le *sabot* de bois; dans les villes, la haute *bottine* ou le *soulier* découvert, suivant les saisons, qui sont du plus fréquent usage.

Mais la mode, dans la spécialité des chaussures citadines retrouve tous ses droits, et les exerce avec tant de fantaisie, qu'il n'est point de partie du corps plus sujette que le pied à souffrir de ses caprices. Et d'abord, après avoir imposé comme première condition d'élégance, l'étroitesse absolue, elle se plaît à déformer la chaussure, tantôt en lui faisant des bouts carrés, ronds ou pointus, tantôt en la soulevant sur de hauts talons qui font perdre au corps son centre de gravité, le contraignent à se tenir dans une attitude forcée, et l'exposent, à tout instant, à quelque dangereuse chute.

C'est là le grave inconvénient de la bottine Louis XV, comme le défaut multiple de la chaussure trop étroite est de gêner la marche, d'occasionner des cors, des ampoules, des durillons, de faire subir au pied les plus atroces tortures. Il est bien rare, d'ailleurs, que les cordonniers s'inquiètent de la forme anato-

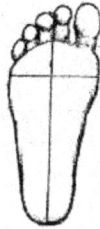

| Pied normal | Pied déformé par une chaussure défectueuse | Soulier normal | Soulier mal construit |

miqu[e] du pied qu'ils ont à chausser, quand ils taillent une semelle ou une empeigne. Le gros orteil, dans le pied normal, se détachant de la plante à angle droit, et parallèlement à l'orteil du pied opposé, c'est à peu près en ligne droite, aussi, que devrait toujours être coupé le bord interne de la semelle.

Bottine Louis XV   Bottine à élastiques   Bottine lacée, en drap et chevreau

Il n'en est rien d'habitude, et la coupe en ovale, consacrée par une mauvaise routine a, non seulement pour effet de dévier les orteils, mais aussi de les exposer à tous les accidents que peut entraîner leur frottement réciproque.

En ville, les hommes portent surtout, aujourd'hui, des bottines en peau de veau, de chèvre ou de chevreau garnies, sur les côtés, d'élastiques assez forts pour maintenir, après l'introduction du pied, la tige de la chaussure exactement appliquée

Soulier Richelieu   Soulier d'appartement   Pantoufle en feutre

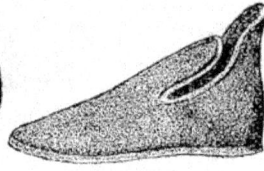

contre la jambe. Les femmes chaussent plutôt des brodequins ou des bottines en drap, claquées ou garnies de cuir souple et lacées en avant ou boutonnées sur le côté. En hiver par les mauvais temps, il peut être utile, si l'on craint le froid aux pieds, de doubler les bottines, extérieurement, de *socques* en cuir ou en caoutchouc; intérieurement, de semelles de crin ou de *chaussons* de laine.

En été, par contre, on se trouvera bien de substituer à la bottine trop chaude le soulier découvert, dont les formes « Molière » ou « Richelieu » ne sont pas moins élégantes qu'hygiéniques. Pour l'appartement, il n'est pas, enfin, de plus agréable chaussure que la *pantoufle*, dont les modèles varient à l'infini, depuis le mignon soulier de satin ou de velours, jusqu'au gros chausson de feutre où le pied dégagé de toute compression peut librement s'allonger et s'étaler à l'aise.

Gants et manchons. — Essentiellement faite pour toucher, prendre et travailler, la main ne saurait toujours être recouverte d'un vêtement qui ferait plus ou moins obstacle à ces importantes fonctions. Aussi, quelque léger qu'il soit, le *gant* de fil, de soie, ou de peau, quand il n'est pas un simple objet de toilette élégante, n'a-t-il, réellement, d'autre utilité, que de protéger momentanément la main inactive.

Encore, par un froid intense, un gant, même fourré, ne suffit-il pas, ordinairement, à préserver de l'onglée une femme frileuse.

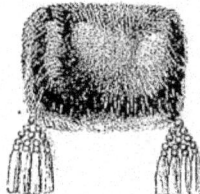

Manchon en fourrure   Manchon en peluche   Manchon en astrakan

Il y faut ajouter le *manchon*, que la mode changeante veut tour à tour en fourrure, en peluche, en astrakan, mais qu'elle rapetisse et rend de plus en plus coquet, comme pour le mettre en parfaite harmonie avec les délicates extrémités qu'il enveloppe.

ENTRETIEN ET DÉVELOPPEMENT DE LA BEAUTÉ.

L'ART DE PLAIRE

Évolution de la beauté. — Au bel âge de la vie, et aux douces heures où tout autre souci s'apaise, l'impérieux désir de plaire possède l'homme et la femme tout entiers. Paraître aimable, être aimé, voilà le but idéal que l'on se propose, et l'on admire ou l'on envie tous ceux qui sans peine y parviennent, grâce à l'irrésistible don de la *beauté*.

De quel prix n'est-il pas, pour la femme surtout, ce magique talisman qui fait de tout homme son esclave ? Ne décide-t-il pas, ordinairement, de sa destinée ?

Quoique le temps soit bien passé, à ce que l'on prétend, où « les rois épousaient des bergères » ne voit-on pas encore, chaque jour, une humble enfant du peuple, par la seule puissance de sa beauté, passer d'emblée, dans les hauts rangs de l'aristocratie ; une fille misérable autant que méprisée, devenir tout à coup l'épouse honorée de quelque gros capitaliste ? Et malheureusement aussi, — toute médaille ayant son revers, — d'adorables jeunes filles, de charmantes jeunes femmes, victimes des séductions que leur vaut un joli visage, perdre leur honneur et tomber, pour finir, quelquefois, de la façon la plus tragique ?

La parfaite beauté, cependant, n'est pas commune, la nature ne prodiguant pas ses dons. Elle ne pourrait consister que dans la réunion, chez une même personne, de tous les attraits physiques à toutes les qualités morales, et de cette combinaison, les spécimens ne se rencontrent guère, dans le monde où nous vivons. Heureusement, la beauté ne se présente pas sous un même aspect aux yeux de tous les hommes. Il suffit à la plupart d'entre eux, pour en être touchés, qu'elle soit partielle ou relative, et l'on voit même souvent, telle particularité de caractère ou de physionomie, charme inexprimable pour les uns, être un grave défaut pour les autres.

C'est pourquoi, toute personne qui n'est pas absolument disgraciée, peut aussi, très souvent plaire et se faire rechercher, pour peu qu'elle s'étudie, sans y paraître, à corriger les imperfections d'une ingrate nature. L'instinctive *coquetterie* que l'on reproche tant aux femmes, n'est pas autre chose que cet effort persévérant qu'elles font toutes avec plus ou moins de succès, pour attirer l'attention de l'homme et lui inspirer de l'amour. Elle se manifeste surtout de seize à vingt-cinq ans, alors que la jeune fille possédant au moins la « beauté du diable », est le mieux servie par la nature pour frapper le grand coup qui décidera de son avenir ; mais telle est l'activité du besoin de plaire, chez les femmes, que la plupart, leur sort fixé, n'en restent pas moins coquettes, et qu'aussi longtemps qu'elles le peuvent, elles s'appliquent à conserver leurs moyens de séduction.

C'est, d'ailleurs, à peu près exclusivement la beauté physique de la jeune fille qui fait d'abord impression sur l'esprit de l'homme et suffit, d'habitude, à déterminer son choix ; aussi, durant toute son adolescence et jusqu'à ce qu'elle ait conquis un cœur, la femme ne s'inquiète-t-elle que secondairement de s'instruire et d'acquérir les vertus d'une bonne ménagère. Elle est toute au monde, au plaisir, à la joie, et le moment serait certainement mal choisi pour juger de ses qualités morales. Elle rit, elle chante, elle aime la danse à la folie; elle s'habille et se pare avec un art perfide et charmant ; elle a des attitudes adorables, une voix, des regards, des sourires ravissants ; de toute sa personne, enfin, se dégage un charme capiteux qui jette dans le trouble le plus profond tout homme sensible.

A l'âge correspondant, au contraire, outre que son développement corporel n'est pas toujours achevé, le jeune homme est le plus souvent encore, extrêmement gauche et timide. Excellente condition pour être pris d'emblée, comme l'alouette au miroir, à cet alléchant appât de grâce et de fraîcheur, que lui tend toute belle jeune fille. Aussi, comme on l'appelle et l'attire, ce bon jeune homme, partout où l'on a des demoiselles à marier! Comme il est accueilli, fêté, choyé, dans toutes les réunions mondaines ; comme on se le dispute et se l'arrache, s'il est tant soit peu réputé bon valseur!

Ce n'est point, toutefois, à l'âge où la femme lui plaît le plus, que l'homme, aussi, plaît le plus à la femme. Même une jeune fille chaste entre toutes est, instinctivement, plus impressionnée par un homme de trente à trente-cinq ans, aimable d'ailleurs, que par un beau garçon de vingt ans, gentil, frais et rose comme elle. Une secrète influence lui fait sentir, en effet, que l'homme de trente ans, est en pleine possession, non seulement de ses forces viriles, mais aussi de la raison et des qualités morales dont il doit doter ses descendants ; et dans

Pl. LXVI. — INFLUENCE DE L'HYGIÈNE ET DE LA TOILETTE SUR LA PHYSIONOMIE.

l'intérêt de l'être futur, sans en avoir conscience, elle trouve bien plus d'attraits à la maturité de l'homme accompli, qu'aux grâces enjouées du jeune homme.

Ainsi, tandis que la jeune fille recherche surtout, dans l'homme, le parfait développement du corps et de l'esprit, celui-ci se prend bien plutôt aux charmes physiques de la jeune fille. La beauté, par conséquent, n'est donc pas seulement utile, elle est nécessaire à la femme, et cette considération doit lui valoir une extrême indulgence pour sa coquetterie native, pour son goût, parfois excessif il est vrai, de la toilette et des bijoux, pour son raffolement, enfin, de tout ce qui peut ajouter à ses agréments personnels, les rehausser, et les faire valoir aux yeux des hommes.

Influence de l'hygiène et de la parure sur la beauté. — Encore ne suffit-il pas, en effet, pour plaire, que l'on soit jolie ou simplement douée de quelques traits agréables. Il est essentiel aussi, dans ce dernier cas surtout, de ne se présenter jamais que dans une tenue et sous un aspect favorables, et la propreté de la personne, la parure hygiénique du corps, sont, à cet égard, des conditions de réussir dont ne saurait se passer la plus indiscutable beauté. Malgré qu'un très grand nombre de jeunes femmes puissent, sans y rien perdre, se borner au moindre bout de toilette, et qu'elles soient, le plus souvent, ravissantes en « négligé », ne sait-on pas qu'à se montrer ainsi sans aucun apprêt, la plupart éprouvent, une véritable terreur, une invincible répugnance ? Il est donc indispensable qu'elles entretiennent par des bains fréquents, des ablutions quotidiennes, la netteté, la fraîcheur et l'éclat de leur peau ; qu'elles aient, chaque jour, le plus grand soin de leur bouche et de leur chevelure, qu'elles s'habillent et se parent sans affectation ni recherche, selon la mode et le goût qui sied le mieux à leur âge, à leur taille, à leur physionomie.

Toujours plus ou moins utiles à la santé, les *bains* ne rendent pas à la beauté de moindres services. Il en est de très recom-

mandés, au lait, aux infusions aromatiques, aux parfums les plus
divers, qui ne valent pas mieux que les simples bains d'un
usage journalier, à l'eau de fontaine ou de rivière. On doit les
prendre chauds, à 30 ou 35°, quand on se propose surtout d'assouplir la peau, de la nettoyer et de la débarrasser de toute
irritation laissée par les excrétions sudorales. Mais les bains frais,
par la légère constriction qu'ils exercent sur les tissus, ont l'avantage, en les tonifiant, de les faire paraître plus blancs et plus
fermes. Pour peu que la peau soit sèche et rugueuse on se
trouve parfaitement d'ajouter au bain un ou deux kilos de son
enfermés dans un sac, ou mieux, un demi-kilo d'amidon en
poudre.

   L'eau des *ablutions*, plus encore que celle des bains, doit
avoir toutes les qualités de la bonne eau potable. Il est indispensable, surtout, qu'elle dissolve bien le savon ; aussi n'y faut-
il jamais employer l'eau séléniteuse des puits de Paris, rude au
toucher autant qu'au goût, et presque totalement dépourvue de
propriétés détersives. A moins que l'on n'y soit obligé par la
nécessité d'un nettoyage absolu, l'on ne doit se laver ni le
visage ni les mains à l'eau chaude. Ce serait le plus sûr moyen
d'y voir, en peu de temps, paraître des rides et des plis ; l'eau
fraîche, à la température de 6 à 12°, convient le mieux à cet
usage. Il peut être sans inconvénient, mais le plus souvent, aussi,
sans utilité, d'ajouter à l'eau de la toilette un parfum qui la
rende plus agréable. Ce n'est jamais qu'à petite dose, cependant,
qu'il en faut user, la plupart des eaux de senteur, à base d'acide
acétique ou d'alcool, ayant le grave inconvénient de dessécher
l'épiderme et d'y déterminer des gerçures.

   Que l'on se serve d'une serviette ou d'une éponge pour se
laver, le tissu doit en être assez souple, assez fin, pour ne point
irriter en les mouillant, les régions sur lesquelles la main les
promène. Autant que possible il ne faut même pas employer aux

lotions du visage l'éponge qui peut avoir servi à d'autres parties du corps, les muqueuses si susceptibles des lèvres et des yeux devant être tenues avec un soin exceptionnel à l'abri de toute impureté, de tout germe nuisible.

Des nombreux *cosmétiques* d'un usage courant dans les ablutions quotidiennes, aucun ne mérite plus que le savon d'être bien choisi et judicieusement utilisé. Même les plus onctueux et les plus parfumés des savons de toilette renferment, en effet, une proportion de potasse ou de soude caustique, bien suffisante pour irriter et gercer la peau quand, à la trop vouloir nette et blanche, on s'obstine à la frotter d'un enduit savonneux chaque jour. La glycérine, la gomme, la guimauve, le mucilage de coings que l'on incorpore à la pâte, ne lui enlèvent pas autant qu'on le croit ses propriétés astringentes. Tout en se servant, dans une large mesure, d'un savon bien préparé, sans lequel il n'est point de propreté possible, il est donc toujours bon d'en éviter l'abus. Le visage, après les lotions journellement pratiquées, reste-t-il, quand même, un peu sensible, on peut, sans inconvénient, le rafraîchir et le préserver du contact irritant de l'air en le saupoudrant d'une impalpable fleur d'amidon ou de riz, au moyen d'une houppe. Mêlée souvent de bismuth d'une pureté douteuse, la poudre de riz, si fine qu'elle soit, ne convient cependant pas à tous les épidermes. En bouchant les glandules de la peau elle les enflamme, et souvent, ainsi, détermine à sa surface des éruptions, des rougeurs d'un aspect désagréable. Contre ces petits accidents, il est vrai, non moins que pour la désobstruction des pores de la peau, nombre de lotions hygiéniques d'une réelle efficacité peuvent être mises en usage. Les plus actives, à l'eau de roses,

Boîte et houppe à poudre de riz

au borax, au thymol, au benjoin, réduites en brouillard par un pulvérisateur, sont très avantageusement projetées, ainsi, sur tous les points envahis par des boutons ou des taches.

Il n'est guère de joli visage sans une jolie bouche, et la première condition de la beauté de la bouche est son absolue propreté. Le rose tendre de ses lèvres ne doit être souillé d'aucune excoriation, d'aucune crevasse ni gerçure. Il faut donc tous les matins en laver la muqueuse à l'eau fraîche, se bien garder de la peindre ou d'en aviver par une préparation quelconque, le coloris naturel, et se contenter, si par hasard elle s'excorie, d'y passer une simple couche de glycérine ou de vaseline pure. A la fraîcheur des lèvres doit correspondre la parfaite blancheur des dents. On l'obtient sans peine en les frottant, de temps en temps, avec une poudre à la magnésie ou au charbon, puis, en les lavant chaque jour avec une brosse douce préalablement trempée dans une eau parfumée ou légèrement alcoolique.

Pulvérisateur

Le soigneux entretien, le coquet arrangement de la chevelure, ne jouent pas, dans l'embellissement de la personne, un rôle moins important. Au plus agréable visage, des cheveux ébouriffés ou mal peignés donnent un air de malpropreté qui n'est pas fait pour plaire ; une chevelure épaisse, une coiffure bien disposée peuvent, au contraire, ajouter à la physionomie la plus commune un piquant attrait.

Ne voyons-nous pas tous les jours, à Paris, des exemples frappants de ces transformations curieuses ? Qu'une jeune paysanne, hier encore gardeuse de dindons dans quelque lointaine campagne, vienne à la ville chercher une place ou du travail dans un atelier. En changeant de milieu, sa toilette et ses habitudes aussi vont se transformer d'une façon complète. Au village elle était sale, inculte, insouciante de sa personne et même absolument laide avec sa grosse tignasse tombant sur ses yeux chassieux, ses joues toutes criblées de taches de rousseur, ses vilaines dents et ses lèvres béantes. A Paris, elle sera demain toute charmante, avec son gentil visage débarbouillé, son teint éclairci, ses yeux expressifs, sa bouche, tout à coup rapetissée, ses cheveux frisottants et gracieusement dressés en une élégante coiffure. Un peu de goût, beaucoup d'hygiène et pas mal de coquetterie, auront suffi pour faire en peu de jours d'une grossière fille des champs une ravissante personne. (*Pl. LXVI.*)

A côté de ces moyens hygiéniques, d'un tout-puissant effet dans la mise en lumière et le développement de la beauté, les procédés plus artificiels de la parure et de la grande toilette ne jouent bien, en réalité, qu'un rôle accessoire et secondaire, dont toute jolie femme pourrait aisément se passer.

Quelque riches et précieux qu'ils soient, les bijoux ne corrigent point, en effet, les disgrâces d'un corps mal fait, ni les défauts d'un malheureux visage. Loin de les atténuer, même, ils ne font souvent que les mettre en relief ou les accentuer : on sait combien sont répugnantes à voir les vieilles coquettes fardées et poudrées qui suspendent des colliers d'or à leur cou décharné, des bracelets trop larges à leurs bras amaigris, ou qui cherchent à se rajeunir en portant les modes nouvelles. Une jolie femme, au contraire, est toujours suffisamment parée par un nœud de dentelle, un ruban, une fleur, et si, malgré tout, elle aime les bijoux qui, d'ailleurs, lui vont à ravir, c'est que, sans y rien ajouter, ils soulignent simplement ses grâces naturelles. Ainsi, le fin collier de perles et la rivière de diamants ne s'adaptent bien qu'aux purs contours d'une gorge irréprochable. Il faut, aux anneaux d'or, de longs doigts d'albâtre ; de beaux bras blancs aux bracelets ; une délicate oreille, finement lobulée, aux feux brillants d'un « solitaire ».

De même, une luxueuse toilette n'est vraiment avantageuse qu'aux jeunes et belles personnes qui la peuvent bien porter ; encore est-il alors indispensable qu'elles aient le goût assez sûr pour bien choisir parmi les vêtements à la mode, ceux qui par leur forme et leur couleur conviennent le mieux à leur type de beauté.

En principe, il est de règle absolue, on le sait, d'assortir, avant tout, à la coloration du teint, la nuance des étoffes : le rouge et le jaune étant surtout favorables aux brunes, la fraîche carnation des blondes s'harmonisant bien plutôt avec le rose et le bleu. Toute élégante qui n'observerait point cette loi, commettrait, à son préjudice, une erreur aussi choquante que si elle adoptait, étant de grande taille, un costume à longues rayures, de petite taille, un vêtement rayé en travers.

Les femmes françaises, à vrai dire, ont généralement, à cet égard, un tact tout particulier, au plus haut point développé chez les Parisiennes. Aussi, n'imposent-elles pas seulement aux femmes de tous les autres pays les formes, non moins capricieuses que changeantes, de leurs robes et de leurs chapeaux. Elles leur montrent encore, — avec quelle incomparable distinction ! — la bonne manière de les porter ; on pourrait dire de s'en servir. Vainement l'Anglaise ou l'Allemande auront à leur disposition, pour s'habiller, les plus précieux tissus. Elle ne parviendront qu'à se fagotter, tout en gâchant les velours, les soieries et les dentelles ; sous une toilette identique même, elle se différencieront toujours de la Parisienne par une moindre élégance, un manque presque absolu de cachet. Admirablement belles, quelquefois, elles compromettront enfin souvent, par une grave faute de goût, le charme naturel de leur personne, la réelle influence de leurs attraits.

CONDITIONS ESSENTIELLES DE LA BEAUTÉ.

Jeunesse et santé. — Une régulière physionomie et l'éclatant prestige de la jeunesse ne suffisent pas encore, comme on le pourrait croire, à constituer la beauté. Il y faut un troisième élément, la santé, qui n'est pas moins important que les deux autres. C'est, en effet, la santé qui donne au corps la force et la grâce, au visage la fraîcheur. Or, quelque sympathie que l'on puisse éprouver pour une personne maladive, il est bien plus rare qu'elle inspire de l'admiration que de la pitié.

Ce qui plaît aussi, dans un beau visage, ce n'est pas seulement la pureté des lignes et l'harmonie des traits, mais encore la fermeté, l'éclat de sa carnation, le mouvement et la vie qui l'animent.

D'un teint plus ou moins chaud chez les brunes, le visage, chez les blondes, est d'un blanc-rosé. Sa fraîcheur ne consiste point, d'ailleurs, dans la vive coloration des pommettes et des joues, non plus que dans leur bouffissure. Ce sont là, souvent, au contraire, des signes d'une mauvaise constitution, d'un tempérament scrofuleux ou lymphatique.

On estime, assez généralement, que les teints d'un blanc mat sont les plus beaux. Il est vrai qu'on en voit d'admirables à Paris, même chez les brunes que leur chevelure et leurs grands yeux noirs achèvent ainsi de rendre tout à fait séduisantes ; mais sous cette étonnante blancheur on découvre souvent la chlorose, quand ce n'est pas un simple plâtrage à la poudre de riz. Il est certaines maladies chroniques, la phtisie notamment, qui peuvent, à telle phase de leur évolution, donner à la physionomie une expression plus ou moins intéressante ; mais la plupart d'entre elles ordinairement l'altèrent et lui impriment, chacune, un cachet caractéristique, aisément reconnu par les médecins.

Même en état de parfaite santé, la fatigue, la veille et les

Pl. LXVII. — LA PARURE.

excès ont bientôt fait, enfin, d'enlever toute fraîcheur au visage
et d'en flétrir, comme on disait autrefois, « les roses et les lys ».
Les vicieuses pratiques et l'abus des plaisirs de l'amour se traduisent surtout par un blêmissement du teint, une congestion
bleuâtre des paupières, une dilatation exagérée des pupilles, une
expression d'abattement et de langueur qui parfois assez piquants
au début, nuisent rapidement à la plus attrayante beauté.

Obésité et maigreur. — Pour une jeune et belle personne, il
n'est cependant rien de pire à redouter qu'une obésité précoce
ou qu'une excessive maigreur. Engraisser, voilà bien à la vérité
l'incessant tourment d'une bonne moitié des jeunes filles, de
même que maigrir ou demeurer fluette est le cauchemar de
l'autre moitié.

Est-ce la graisse qui menace ? à outrance, pour la combattre,
on se lace et s'étrangle dans un corset ; on se déforme la taille,
on se serre le ventre, on se déprave l'appétit, on se restreint
sur la nourriture ; en cachette on boit du vinaigre, on s'étouffe,
on s'anémie !

Est-ce la maigreur en perspective ? Désespérément on se bourre
de farines et de fécules, on se gorge de lait ou de bière, on se
prive de tout exercice, on ne craint pas de demander à l'absorption des plus dangereuses drogues, cet idéal *embonpoint* qui
sans conteste, est une des premières conditions de la beauté.
Aussi bien les moyens dont nous pouvons disposer pour engraisser
ou maigrir à volonté sont-ils réellement fort limités et le plus
souvent inefficaces. Relativement, il est encore facile, avec beaucoup de persévérance et par un traitement rationnel, d'enrayer
une obésité commençante. On y parvient d'habitude, en adoptant
un régime sobre et frugal d'où sont exclus les corps gras, les
féculents et farineux, le lait, la bière et le cidre ; en ne buvant
jamais, qu'aux heures des repas, une petite quantité de vin pur
et de café noir ; en faisant chaque jour un exercice, un travail

actif, ou de longues promenades; en maintenant, par des laxatifs doux, la régularité des fonctions digestives; et, dans les cas rebelles, en ayant enfin recours à la médication véritablement puissante, par l'iode et les alcalins.

Peut-être est-il plus difficile d'acquérir de l'embonpoint quand la maigreur est absolument constitutionnelle. Il ne suffit pas, en effet, pour la combattre, de prendre le contre-pied du régime et des procédés en usage contre l'obésité ; l'emploi continu d'un traitement médical est, en outre, à peu près indispensable, et le plus souvent, les préparations arsenicales, toutes plus ou moins dangereuses, entrent en première ligne, dans l'ordonnance de ce traitement. En dehors de toute médication, cependant, il est encore un moyen d'engraisser, — on peut l'affirmer sans aucun plaisant sous-entendu, — qui réussit à beaucoup de jeunes filles. C'est le mariage, après lequel, souvent, les influences du système nerveux sur la nutrition se trouvent si complètement modifiées, qu'au lieu de se brûler dans le sang, la graisse, au fur et à mesure qu'elle se forme, se dépose dans les tissus, emplissant ici les vides et là, recouvrant les tissus des os; donnant à la gorge toute son ampleur, aux seins leurs pleins contours, aux bras, aux reins, aux épaules, leurs courbes gracieuses et les transparences roses de leurs chairs.

Couleur et netteté de la peau. — Sans prétendre absolument que la beauté soit l'apanage exclusif des femmes de la race blanche, on peut hardiment soutenir que chez elles, seulement, la perfection des formes se trouve associée à la parfaite blancheur de la peau. La femme noire et la jaune ne plaisent guère qu'aux hommes de même couleur ; la femme blanche les charme tous, autant par l'éclat de son teint, que par les harmonieux attraits de son corps et de sa physionomie.

Dans notre monde, au surplus, cette seule considération du teint chez la femme, exerce une telle influence sur l'esprit et le cœur de l'homme, qu'elle suffit souvent à déterminer son choix. A ce point de vue, en effet, nous établissons une distinction profonde entre la brune et la blonde; et s'il est incontestable qu'un très grand nombre d'amateurs — les sages, en somme — vont de l'une à l'autre avec le même empressement, il n'est pas moins vrai que beaucoup de jeunes hommes sont absolument exclusifs à cet égard, ou du moins incapables d'éprouver jamais une véritable passion, en dehors du type qu'ils préfèrent.

Aussi, n'essaierons-nous pas de démontrer, une fois de plus, laquelle l'emporte en beauté, de la blonde ou de la brune. Toute dissertation à ce sujet serait inutile et vaine, chacun, dans cette intéressante question, se prononçant selon son tempérament propre et son goût personnel.

Une jolie blonde est surtout séduisante par la fraîcheur de sa carnation et la blancheur rosée de sa peau. Une belle brune ne plaît pas moins par la chaude couleur de son teint et la piquante animation de son visage. Au reste, pour les hommes indécis et sans préférences marquées, la nature produit encore, chaque jour, nombre de femmes châtaines dont on peut voir des spécimens d'une merveilleuse beauté, quand la blancheur mate de la peau coïncide, ce qui n'est pas très rare, avec une épaisse chevelure brune et de beaux yeux de velours. Jusqu'à un certain point, enfin, les physiologistes pourraient dire des hommes et des femmes ce que disent les physiciens des deux modes d'électricité : les sexes de même couleur se repoussent et les sexes de couleur contraire se recherchent; les bruns et les blonds ayant bien — et réciproquement — une réelle prédilection pour les blondes et les brunes.

En s'appuyant sur cette loi naturelle des contrastes, on ne peut donc loyalement conseiller aux femmes mécontentes de leur teint, de le transformer plus ou moins au moyen de teintures ou d'autres agents chimiques; non plus que d'obéir aux engouements absurdes qui font, tout à coup, décréter seuls admirables les teints blêmes, seuls magnifiques les cheveux roux. Blonde ou brune, agréablement rose ou chaudement colorée, toute femme aura plus d'admirateurs qu'elle n'en voudra quand, à la régularité des traits, à la correction des formes, elle unira le charme et la grâce, plus puissants encore que la beauté.

Ce qui, pour elle, a bien autrement d'importance que la blancheur et la nuance du teint, c'est la parfaite netteté de la peau, compromise si souvent, comme on sait, par des éruptions, des rougeurs ou des taches ordinairement dépendantes d'un mauvais état constitutionnel. Les jeunes filles blondes doivent surtout redouter, à cet égard, le lymphatisme et la scrofule, d'autant plus traîtres et dangereux, que le plus souvent ils donnent tout d'abord, au visage, une incomparable fraîcheur. Comme les roses, malheureusement, ces ravissants visages passent vite, empâtés bientôt, décolorés et bouffis par le mal profond qui, loin de borner là ses méfaits, engorge fréquemment les glandes du cou, les enflamme et les fait fondre en « humeurs froides », quand il ne se manifeste pas, plus superficiellement encore, par des vésicules suintantes, des excoriations, des gerçures, des croûtes gourmeuses sur les lèvres, les narines, le front, les oreilles et toute la surface du cuir chevelu.

Sources habituelles des névroses et névralgies qui tourmentent tant de jeunes personnes, l'herpétisme et le rhumatisme, son proche cousin, se traduisent par des « poussées à la peau » où tour à tour, peuvent se succéder toutes les dartres sèches et vives. Les unes, farineuses, emplissent les cheveux de pellicules, ou s'étalent, en larges plaques blanches, sur le front, les joues, le menton, la racine du nez, entre les sourcils; les autres, humides, couvrent les plus jolis visages des affreuses taches rouges et des croûtes jaunâtres de l'eczéma. La diathèse goutteuse, enfin, qui torture l'homme, n'est pas moins cruelle à la femme dont elle dégrade souvent les traits par des éruptions répétées de pustules acnéiques, à la suite desquelles les tenaces marbrures de la couperose apparaissent presque toujours.

Contre ces divers accidents, si rapidement funestes même à la plus triomphante beauté, l'hygiène et la médecine, cependant, ne sont pas sans disposer de moyens actifs, de puissantes ressources. Les désastreux progrès de la scrofule peuvent être sûrement enrayés par un bon régime aidé de l'emploi méthodique des préparations iodurées ; l'herpétisme est efficacement combattu par l'arsenic et les dépuratifs végétaux ; les balsamiques et les alcalins, en neutralisant les acides du sang, s'opposent, avec une incontestable énergie, aux diverses manifestations de la goutte. Localement, enfin, les éruptions et les rougeurs à la peau, selon leur nature et leur intensité, sont efficacement combattues par le borax, le soufre, le thymol, bien autrement utiles, alors, que toutes les eaux, pâtes, crèmes, pommades de toilette prétendues infaillibles, et qui font, infailliblement, en effet, plus de mal que de bien dans les cas extrêmement nombreux où l'on en fait usage sans discernement.

ESTHÉTIQUE DU VISAGE ET DU CORPS

Susceptibilité de la peau du visage. — C'est, tout d'abord, à l'heureuse expression, à la pureté des traits du visage, que la beauté se juge ; et malheureusement, de toutes les régions du corps, le visage est non seulement la plus sujette aux accidents éruptifs des maladies constitutionnelles, mais la plus exposée, encore, aux influences météorologiques, et la première aussi, qui souffre des « injures du temps ».

Pour lui conserver le plus possible sa fraîcheur et son éclat, même quand il est exempt de toute efflorescence morbide, il a donc fallu que la coquetterie et l'hygiène, agissant de concert,

fournissent aux jolies personnes d'efficaces moyens de protection
et de défense; mais pas plus la voilette que la poudre de riz
n'empêchent le soleil de brunir les teints clairs, la vieillesse prématurée de faner la peau et de la sillonner de rides profondes.

Taches de rousseur. — En dépit de toutes les précautions qui
pourraient être prises, la vive lumière, à la campagne, et surtout au bord de la mer, a bientôt fait de couvrir le visage des
blondes d'un *hâle* roussâtre qui peut rehausser agréablement le
teint, quand il n'est pas trop prononcé; mais le plus souvent
elle le crible, en outre, de nombreux *éphélides* ou *taches de
rousseur*, assez redoutés des jeunes femmes coquettes pour qu'elles
se résignent à rester prudemment chez elles, à l'ombre, tant que
dure la grande clarté du jour.

On trouve, dans les parfumeries, un choix nombreux de « laits
virginaux », spécialement destinés à prévenir ou dissiper ces
fâcheux effets des rayons solaires. Les plus actifs sont de simples
solutions de borax ou de carbonate de soude dans l'eau de roses
additionnée de quelques gouttes de teinture de benjoin.

Signes, grains de beauté. — Hors de toute influence extérieure,
le plus beau visage peut être naturellement marqué de taches
brunes arrondies ou lenticulaires, constituées par de petits amas
de la matière colorante ou pigmentaire de la peau, proéminents,
quelquefois, et toujours ineffaçables. Il peut arriver que ces *signes*,
comme on les désigne d'habitude, soient, par hasard, trop volumineux, plantés de grosses touffes de poils, ou malheureusement
placés à tel endroit, qu'au lieu de l'embellir ils enlaidissent le
visage; mais fréquemment, aussi, la situation qu'ils occupent au
menton, sur la lèvre, au voisinage des yeux, est si favorable,
qu'ils ajoutent un attrait des plus piquants à la physionomie.

Ce sont bien, alors, de véritables « grains de beauté », si
charmants et si séduisants en effet, qu'à la façon des mutines
« fossettes » de la joue, ils reçoivent souvent les baisers, les

plus tendres, après avoir provoqué les plus amoureux désirs.

Cette singulière influence du grain de beauté, d'ailleurs, est si connue des jolies femmes, que même les plus aimables, au siècle dernier, où elles l'étaient tant, n'hésitaient pas à s'appliquer des signes artificiels aux bons endroits du visage ; et l'on ne saurait dire, tant est fragile, en amour, la pauvre raison humaine, quels ravages ces « mouches », si justement qualifiées « d'assassines », faisaient chaque jour dans la foule des galants admis au périlleux honneur de les contempler.

Quoique la mode en soit, aujourd'hui, complètement passée, il n'est point rare, encore, de découvrir, sur certains minois chiffonnés, nombre de ces grains de beauté factices, tout uniment créés par le contact d'un crayon caustique au nitrate d'argent. Personne, toutefois, ne partage plus, maintenant, l'opinion des anciens physiognomonistes qui déduisaient, volontiers, de la situation de tel signe sur le visage, non seulement la présence d'un signe semblable sur un tout autre point du corps, mais aussi le degré de frivolité de la femme et sa propension plus ou moins grande aux plaisirs de l'amour.

Rides. — Si quelquefois une simple tache pigmentaire ajoute un incontestable agrément à la physionomie, il n'en n'est pas de même de ces lamentables rides dont le temps creuse tôt ou tard le visage, quand il n'accentue pas, tout simplement, les sillons déjà tracés par les chagrins, la misère, la fatigue ou les excès.

C'est vers la quarantième année, en moyenne, que les rides paraissent avec les premiers cheveux blancs. Les plus apparentes sont les rides *transversales* du front, ordinairement coupées de plis verticaux chez les personnes qui se sont longtemps appliquées à des travaux d'esprit ; la profonde ride *naso-labiale* qui, de l'aile du nez, se dirige vers le coin de la bouche et s'accuse parfois, chez les gens maigres, avec une extrême précocité ; la

Pl. LXVIII. — EN FAMILLE. — LA FÊTE DU GRAND-PÈRE.

triste *patte d'oie*, enfin, qui de l'angle externe de l'œil, envoie, vers l'oreille et la tempe, ses larges sillons divergents. Outre ces principales rides, nombre d'autres plis et sillons se croisant en fines hachures, flétrissent de bonne heure la peau des joues et des paupières chez les personnes épuisées par les veilles, la débauche, ou débilitées par un rapide amaigrissement.

C'est en vain que pour empêcher ou retarder l'apparition de ces premiers stigmates de la vieillesse, nombre de coquettes s'efforcent, en toute circonstance, de rester impassibles et de ne trahir jamais la moindre émotion. Dans la crainte de plisser prématurément la peau de leur précieux visage, elles ne rient point, elles ne pleurent pas ; à peine daignent-elles, pour manger et parler, entr'ouvrir leur petite bouche. Et non seulement ces moyens, d'ailleurs difficiles à soutenir, n'arrêtent pas le temps dans sa marche ; ils ont encore le tort grave de transformer en poupées ridicules les jolies personnes assez sottes pour ignorer qu'il n'est rien de plus contraire à la beauté que l'affectation, la contrainte et la pose.

Les Rides
a. Rides transversales du front. — b. Patte d'oie. — c. Rides naso-labiales.

Ce qu'une femme doit par-dessus tout éviter, quand elle veut longtemps rester jeune et belle, c'est de maigrir trop vite après avoir acquis un certain embonpoint ; ce qu'elle a de mieux à faire, aussitôt que se dessinent les premières rides, c'est d'engraisser légèrement et de se maintenir bien en chair, les procédés physiologiques qui permettent de résoudre ces intéressants problèmes offrant de bien plus sérieuses chances de succès que tous les hideux maquillages usités et préconisés par les vieilles coquettes aux abois.

Traits du visage. — Front. — La véritable beauté ne consiste pas seulement dans l'agréable ensemble d'une sympathique physionomie. Elle exige encore l'absolue perfection de chacun des traits du visage et l'on sait que même parmi les plus jolies femmes il en est, relativement, un bien petit nombre qui, dans une minutieuse analyse, puissent être jugées sans défaut.

Ovale et régulier dans ses contours, un beau visage doit avoir pour couronnement un front bien développé, large, élevé, convexe, indice d'une belle intelligence et d'une franche honnêteté. En dépit des frisures et des bandeaux qui, selon la mode, peuvent le couvrir, ce front reste toujours apparent au regard qui l'interroge, et presque aussi clairement que les yeux, il révèle à l'observateur le caractère bon ou mauvais de la personne, les qualités ou les travers de son esprit.

Sourcils. — Un beau front repose ordinairement sur des *sourcils* peu saillants et bien dessinés, formant au-dessus des yeux, de chaque côté du nez, une courbe régulière. Ils doivent être espacés, lisses, également longs, assez peu touffus pour ne point assombrir le regard, assez fournis pour bien encadrer l'œil et ne point donner un air d'hébétude au visage. Aisément, à l'aide d'un crayon gras, on parvient à corriger certains défauts des sourcils. Mais ces retouches mêmes sont bien difficiles à dissimuler et si quelquefois, à distance, elles peuvent faire illusion, de près, le plus souvent, elles ne sont pas moins préjudiciables à la bonne renommée qu'à la physionomie de la personne.

Yeux. — Grands ouverts et bien fendus, les *yeux* ont toujours une beauté relative, parce qu'ils sont, alors, beaucoup plus expressifs que les yeux étroits. Or, c'est à l'expression des yeux, surtout, que l'on juge les gens; c'est dans leur regard, aussi clairement que dans un livre qu'on lit, au premier abord, leur degré d'intelligence, la nature de leur caractère et souvent jusqu'à leurs plus intimes pensées.

De l'ouverture et de la direction des paupières, dépendent, en général, la forme et les dimensions des yeux. Taillées en amande et d'une horizontalité parfaite chez les peuples de race blanche, elles semblent, alors, d'autant plus belles qu'elles sont plus affilées à leur angle extérieur, et cette particularité naturelle aux Andalouses, est fréquemment simulée au moyen d'une pâte colorante brune, le « koheul », par les femmes des harems orientaux.

Obliques de dehors en dedans, comme ceux des Mongols, les yeux, habituellement, nous paraissent laids, autant que lorsqu'ils sont trop écartés ou trop rapprochés l'un de l'autre. Il n'en est pas ainsi quand, au contraire, l'angle externe est sensiblement plus bas que l'interne, caractère assez rare, d'ailleurs, mais qui peut donner au visage, un piquant attrait.

Les yeux et les sourcils.

En dépit de l'extrême variété de leur coloris, on ne reconnaît guère, dans le monde, que des yeux *bleus*, *gris*, *verts*, ou *noirs*, suivant que, sur le mobile rideau de l'iris où elles sont fixées, telle ou telle de ces couleurs domine. Les yeux bleus vont d'habitude avec les cheveux blonds ; mais quand, par hasard, une jolie blonde a les yeux noirs, elle est exceptionnellement belle. Seule, du reste, la prunelle ou pupille est absolument noire, même dans les yeux les plus clairs. L'iris le plus brun n'est jamais que châtain-foncé, mais quelquefois, alors, la lumière qui le frappe l'éclaire de telle façon, qu'un large anneau de velours noir semble encadrer l'ouverture pupillaire. Dans la mystérieuse profondeur de ces beaux yeux, on lit la vive passion, la tendresse ardente, et leur seul regard suffit souvent à plonger dans l'extase l'homme le plus fort, tandis que dans le clair miroir des yeux bleus ou gris, se reflètent surtout la douceur et la bonté, comme l'azur du ciel dans une eau tranquille.

Quand on rit ou que l'on cause avec animation, les yeux, même les moins expressifs d'habitude, brillent d'un éclat tout particulier. L'ennui, la douleur, la tristesse éteignent ce reflet que les amoureux désirs avivent d'une ardente flamme, la colère et la jalousie d'une farouche lueur.

A de beaux yeux il faut de grandes et fines *paupières* garnies de ces longs cils noirs que l'on voit aux belles Espagnoles et que les femmes galantes de nos villes essaient vainement d'imiter en teignant d'un liséré brun le bord de leurs paupières ombrées de bistre en dessous.

Nez. — Il ne suffit pas qu'un nez soit par lui-même sans défaut, pour ne point gâter un joli visage. Il doit être encore en parfaite harmonie avec les autres traits ; aussi voit-on bien peu de personnes qui puissent, à ce double point de vue, échapper à toute critique.

Un nez ne nous semble, en effet, vraiment beau que lorsqu'il est droit, régulier, d'une longueur à peu près égale à celle du front dont il ne doit être séparé que par une légère dépression près de sa racine. Il nous choque jusqu'à nous paraître ridicule, quand il est trop long ou trop court, l'*aquilin*, en dépit de sa prétendue noblesse, n'étant pas autrement agréable que le nez effrontément *retroussé* ou grossièrement *camus*. En grande partie immobile, le nez manque ordinairement d'expression. Le plissement de sa peau, toutefois, dénote assez bien la répugnance et la haine ; la dilatation de ses ailes, la bonne humeur et le plaisir.

Bouche et dents. — C'est à la *bouche*, autant qu'aux yeux, qu'est dévolue la faculté d'exprimer les plus intimes sentiments, même par le silence, et l'on s'explique ainsi pourquoi la beauté de la bouche n'est pas moins essentielle à la physionomie que celle des yeux. Une bouche, pour être jolie, ne doit être ni trop grande, ni trop éloignée du nez. Petite, il faut encore qu'elle soit correctement dessinée, et que ses lèvres, d'un frais incarnat, sans se déborder, s'appuient mollement l'une contre l'autre. Du moindre défaut dans la configuration de la bouche, résulte, presque toujours, d'ailleurs, une expression caractéristique et qu'il est bien difficile de modifier. Ainsi, le plus souvent, des lèvres trop minces accusent un caractère froid et méchant, comme elles annoncent, trop épaisses et charnues, la bienveillance et la sensualité. Avec une proéminence marquée de la lèvre supérieure concordent, fréquemment, la résignation et la modestie; avec une saillie exagérée de la lèvre inférieure, l'obstination et la ténacité.

Centre attractif des amoureux désirs et des baisers passionnés, la bouche, même la mieux faite, perdrait bientôt tous ses mérites si, constamment, elle ne se présentait dans un parfait état de fraîcheur et de pureté. Sa muqueuse, rose et nette, ne peut souffrir aucune excoriation ni gerçure; mais il ne faut pas, non plus, qu'elle doive au vermillon la vivacité de son coloris, l'intégrité de son épiderme à quelque banal onguent ou pommade « à la rose ». Une mince couche de vaseline au borax, appliquée le soir, quand la membrane est trop sensible, et de simples lotions à l'eau fraîche tous les matins, sont les préservatifs les plus sûrs et les seuls recommandables.

Des *dents* blanches, régulières, enchâssées dans une gencive ferme et rosée, sont l'indispensable complément d'une jolie bouche. Découvertes par le sourire, elles doivent ajouter un attrait de plus à la physionomie, au lieu de l'entacher d'un grave défaut, comme il arrive si souvent lorsque, derrière le rouge rideau des lèvres apparaît une denture sale, incomplète, ébranlée par le scorbut, ébréchée par la carie, empestant l'haleine. C'est assez pour détruire à l'instant toutes les séductions d'un joli visage, pour désillusionner l'amant le plus épris et lui inspirer, aussitôt, une insurmontable répugnance.

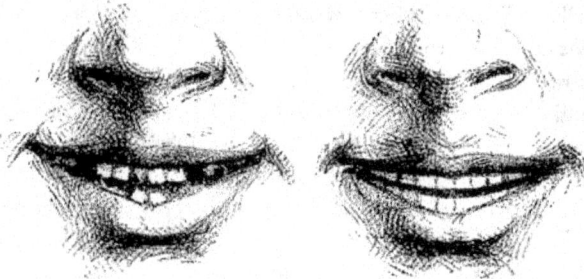

La bouche et les dents.

Dents cariées et mal entretenues   Dents saines et régulières

Heureusement, rien n'est plus facile que de tenir propres des dents bien rangées, en les nettoyant chaque jour à l'aide d'une brosse douce et d'un bon dentifrice. L'os de seiche, le charbon la magnésie, le quinquina, l'eau de Botot, l'alcool thymique peuvent être employés en toute sécurité dans ce but, de préférence à tant d'autres préparations dont l'efficacité va souvent jusqu'à dépolir l'émail dentaire. Au cas, trop fréquent encore, où, sous l'influence d'une mauvaise constitution, les dents s'altèrent et se gâtent, il ne faut point hésiter enfin, à recourir aux soins d'un habile dentiste qui pansera les unes et remplacera les autres, en servant ainsi la santé, non moins avantageusement que la beauté.

Menton. — Joues. — Pour ne le point déparer, un menton rond, petit et peu saillant doit terminer le visage. Trop fuyant, il lui donne un air bestial; trop proéminent, il dénote une volonté ferme, une énergie qu'il est toujours désagréable de constater dans une physionomie féminine. Souvent, une petite fossette, indice, dit-on, de bienveillance et de bonté, marque le milieu du menton ; mais ce caractère est surtout séduisant et gracieux quand il apparaît sur les joues, sous l'influence du sourire.

Roses ou pâles, sans être ni trop rouges ni trop blêmes, les *joues*, par une ampleur exagérée, ne doivent point faire paraître le visage bouffi, mais seulement en dissimuler les saillies osseuses. Elles ne sont vraiment belles, au surplus, qu'autant qu'elles se montrent dans toute leur fraîcheur naturelle ; chez les blondes, avec leur vermeil coloris, chez les brunes, avec ce fin duvet qui leur donne l'aspect d'une pêche mûre.

Dans les relations habituelles de la vie, rapidement, les gens impassibles et sans pudeur, perdent la faculté de laisser un sentiment quel qu'il soit s'exprimer sur leurs joues flasques et molles ; mais les personnes affectueuses et sensibles y sentent — avec ennui souvent, — tout à coup monter la rougeur, à la moindre émotion qu'elles éprouvent. L'habitude du monde, ordinairement, suffit à rendre plus rare et moins intense, à la longue, cet acte réflexe des nerfs sur les vaisseaux du visage ; mais comme ce vif coloris des joues — parfois si gênant, quoiqu'il ne prouve jamais, en somme, qu'une exquise sensibilité — vaut bien mieux que tous les horribles fards dont s'empourprent les coquettes ; et comme il faut bien se garder, tant qu'il se manifeste, de le cacher sous le masque plâtreux du cold-cream et de la poudre de riz !

Oreilles. — Une oreille bien faite n'est pas sans attraits, quoiqu'elle ne frappe point tout d'abord la vue et qu'elle soit même, souvent dissimulée sous la chevelure. Il en est généralement ainsi quand elle est trop grande ou trop écartée de la tête ; lorsqu'elle manque de lobule, ce qui n'est point rare, ou qu'amincie à l'excès elle est dépourvue de relief. Plus que tout autre des

Pl. LXIX. — EN FAMILLE. — L'ARBRE DE NOEL.

traits du visage l'oreille rappelle souvent, en effet, l'origine
simienne de l'homme et Darwin a constaté sur un grand nombre
de ces appendices, la présence d'un petit triangle cartilagineux
situé vers la partie supérieure de la conque, qui lui paraît être
la pointe atrophiée et repliée de l'oreille du singe ancestral. On

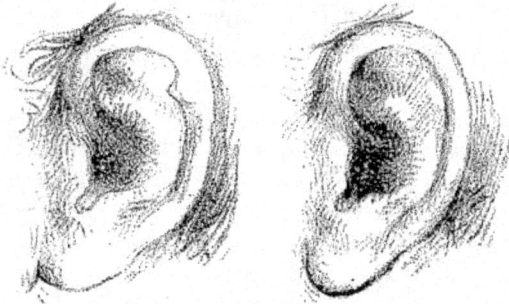

Oreille primitive
à repli prééminent.

Oreille normale
à conque régulière.

ne saurait donc blâmer une jolie femme de cacher sous ses cheveux ce bout de l'oreille qui passe, s'il ne lui semble pas digne
d'arrêter et de flatter le regard.

Cheveux. — De tous temps, une épaisse et longue chevelure a
été considérée, avec raison, comme un des plus précieux apa-
nages de la beauté. Soigneusement entretenus et dressés avec
art, de beaux cheveux, en effet, forment au visage un cadre
souple et changeant, un fond variable et toujours gracieux, d'où
les traits se détachent avec un charme nouveau chaque fois que
la mode ou la fantaisie modifient l'aspect de la coiffure. Il est
des femmes, très favorisées à cet égard, qui peuvent complètement s'envelopper de leur chevelure aussi longue que leur corps;
mais chez le plus grand nombre, la longueur moyenne des cheveux ne dépasse point la taille.

Ce n'est point, du reste, à la quantité seulement, mais à la couleur que nous jugeons belle ou défectueuse une chevelure et nous aimons surtout, blonde, brune ou châtaine, celle dont la teinte est franchement accusée. En raison de leur rareté relative, les nuances blond-fauve et blond-cendré sont, en général, aussi, très appréciées ; il n'en est pas de même, par contre, des cheveux roux, que l'on dit être « tout bons ou tout méchants », et qui, malheureusement, s'accompagnent toujours d'une peau blafarde et maculée, exhalant une sueur fétide.

Les seuls réels inconvénients que l'on puisse trouver aux cheveux, c'est de blanchir, quelquefois, ou de tomber prématurément, phénomènes désastreux pour la beauté même la plus accomplie, à qui les milliers de recettes et de procédés préconisés contre ces irréparables accidents, ne sauraient restituer une chevelure. Sans doute, la plupart des teintures chimiques employées contre la canitie précoce rendent une couleur quelconque aux cheveux blancs ; mais il est bien rare que cette coloration factice rappelle exactement la nuance primitive ; et l'impossibilité absolue de teindre les cheveux dans toute leur longueur, de la racine à la pointe, trahit bientôt une supercherie que la fatigue simultanée du visage concourt le plus souvent, d'ailleurs, à faire soupçonner.

Plus inefficaces encore, il est vrai, sont les moyens de prévenir ou d'empêcher la chute des cheveux, si prématurée, dans certaines conditions, qu'il n'est point rare de voir des jeunes gens, à trente ans, être complètement chauves. Le vice arthritique ou rhumatismal est une des causes les plus actives de cette calvitie anticipée, et les hommes y sont, incontestablement, plus sujets que les femmes ; mais chez elles, aussi, les cheveux tombent souvent sous la seule influence de l'anémie, de l'herpétisme ou de toute autre anomalie dans la nutrition, et l'on comprend que le plus sûr moyen de conjurer ce fâcheux accident consiste, alors, à lui opposer non seulement les divers topiques, pommades ou lotions, plus ou moins recommandés en pareil cas, mais surtout la médication généralement usitée contre la maladie constitutionnelle.

Gorge et seins. — Quand une femme, dans une réunion mondaine, veut éblouir tous les yeux du prestige de sa beauté, ce n'est plus son visage seul qu'elle montre, mais sa gorge et ses épaules, ornés, parés, rehaussés d'une toilette aussi seyante que sa situation de fortune et la délicatesse de son goût lui permettent de l'exécuter. Le premier mérite de ces attraits féminins c'est qu'ils aient une irréprochable pureté de formes ; qu'ils soient, le cou, cylindrique, souple et gracieusement allongé ; les épaules, régulières et d'un séduisant contour, la gorge unie, sans voussures ni « salières » et se continuant, par une pente insensible, avec le double globe des seins, égaux en volume, fermes et proéminents. Le buste ainsi modelé doit être, en outre, d'une blancheur de neige, qualité qu'il est relativement facile d'obtenir au moyen d'un épais enduit de cold-cream et de poudre de riz, mais qui n'est vraiment digne d'être appréciée, qu'autant qu'elle est naturelle.

Mains et pieds. — Une jolie main compte toujours pour beaucoup dans l'ensemble des séductions féminines, et ce n'est point sans raison, car la perfection de la main entraîne nécessairement la grâce du corps et l'élégance de ses attitudes. De ces caractères, véritablement si flatteurs, quand ils sont innés à la personne, résulte cette exquise « distinction » à peu près exclusive, il faut bien le reconnaître, aux familles aristocratiques, où elle est à la fois le fruit d'une éducation spéciale et d'une longue hérédité.

De tout temps, on le sait, la délicatesse des mains et la petitesse des pieds ont été signalées, à bon droit, comme un signe de race. On juge la main bien faite aux justes proportions de la paume et des doigts, qui doivent être, celle-là, longue, étroite, potelée, ceux-ci fluets, déliés, allongés, ronds au bout et protégés par de beaux ongles roses.

Sous la chaussure qui le cache, un pied mignon se trahit sans peine, et beaucoup de connaisseurs partageant cet avis que « lorsqu'on voit le pied, la jambe se devine », apprécient volontiers la femme d'après la seule forme de son pied.

Discrètement gantée, quelquefois, la main doit se montrer plus souvent encore dans sa chaste et charmante nudité. Que l'on examine simplement alors, l'admirable subtilité de ses mouvements ou l'éloquent langage de ses moindres gestes, que l'on en ressente le doux contact dans une caresse amoureuse, ou que l'on en reçoive la loyale étreinte dans un salut amical, il ne faut point y découvrir, pas plus au toucher qu'à la vue, un mal, un défaut, une tache quelconques. Si l'on serre toujours avec plaisir la main calleuse et noire du travailleur, on ne saurait, en effet, constater, sans répugnance, de la crasse, des écorchures, des durillons et des verrues sur des mains oisives qui pourraient, au moins occuper, à se tenir propres, leur adresse et leurs loisirs.

LE REPOS ET LES PLAISIRS.

EN FAMILLE.

Quelle que soit sa situation sociale, il est difficile à l'homme le plus sérieux et le plus actif de rester toujours grave et de travailler toujours. Un moment vient, nécessairement, où l'esprit trop longtemps attentif, se fatigue et ne cherche plus qu'à se distraire; une heure se présente où le corps le plus robuste se lasse et ne peut utilement reprendre sa tâche qu'après un repos suffisant.

Dans nos pays de vie fiévreuse et de lutte ardente, les journées tout entières sont généralement consacrées au travail. A l'exception du court instant que l'on accorde aux repas, du matin au soir, à la ville comme aux champs, on s'occupe, on s'agite, on est tout à son ouvrage, à son métier. Le soir venu, cependant, l'impérieux besoin du repos se fait sentir. Le courage tombe avec le soleil qui se couche, et les douces heures de la veillée, avec les joies et les distractions qu'elles apportent, semblent vraiment bonnes et réparatrices à tous les travailleurs.

La Veillée chez soi. — Partout, en général, et particulièrement en hiver, on aime à veiller; mais à Paris, comme en province, peut-être la soirée la plus agréable est-elle, entre toutes, celle que l'on passe tranquillement au coin du feu, chez soi, dans l'intimité de la famille.

Après une journée de fatigue et de travail, il est si naturel et si bon de se reposer, en veston d'appartement, les pieds chaussés de chaudes pantoufles. Au diable les affaires et les importuns! On s'appartient; on est tout à ceux que l'on aime!

Près de la cheminée, où Monsieur lit, Madame s'occupe à quelque ouvrage à l'aiguille, et penchés sur la table, dans le cercle de lumière blanche que l'abat-jour projette sur le tapis, les enfants feuillettent les livres illustrés, s'exercent à de petits travaux récréatifs, s'instruisent en regardant les images. Il est permis de se mettre à l'aise, de parler librement, de s'allonger, de s'étirer, de faire même un petit somme dans son fauteuil, et de se coucher de bonne heure! C'est simple, banal, bourgeois, sans doute, mais il n'est guère possible de trouver mieux.

Pense-t-on se divertir davantage en allant dans le monde? Assurément une soirée organisée par des gens aimables, sincèrement et largement hospitaliers, n'est point sans procurer quelque plaisir aux femmes, toujours heureuses de charmer, aux hommes, qui cherchent à se créer des relations agréables et, s'il se peut, utiles.

Mais comme il est difficile, aujourd'hui, de recevoir convenablement, sans jeter à pleines mains l'argent par les fenêtres! Une soirée qui n'est pas éblouissante est presque ridicule, et pour une maison qui

« fait bien les choses », combien où l'on sent percer, sous un luxe apparent, l'étroite gêne ou la mesquine lésinerie !

De plus en plus, d'ailleurs, la mode ou le goût de la danse se perd, et dans les salons, même les plus renommés, le petit nombre, la maladresse des danseurs, rendent souvent les bals véritablement fatigants ou grotesques.

Dans les grandes maisons, il est vrai, le concert et la comédie de paravent sont assez généralement, aujourd'hui, substitués à la danse ; mais les bons artistes seuls font plaisir à entendre, et certainement on les apprécie toujours mieux au théâtre que dans un salon.

Reste le jeu, le féroce et terrible jeu, qui vous cloue toute la nuit sur une chaise, vous livre, pieds et poings liés, à tous les caprices du hasard, et détraque à la fin votre cervelle sans cesse préoccupée de futiles combinaisons, assaillie coup sur coup, par les émotions les plus vives.

Le jeu, cependant, est le grand passe-temps des clubs et des cercles. C'est là que des êtres doués d'une certaine intelligence, de la tombée de la nuit au jour levant, blêmes, hâves, hébétés, battent, coupent, jettent des cartes sur un tapis vert, emplissant tour à tour et vidant leurs poches. — Par quelle singularité d'organisation peut-on bien arriver à cela ?

La soirée sans façon du petit monde bourgeois pourrait n'être pas sans agréments, si les invités ne différaient pas trop au point de vue de la moralité, de la fortune et du caractère. Mais ces réunions, ordinairement, sont un peu mêlées, les maîtres de la maison ne sachant pas, ou ne pouvant pas établir de catégories dans le nombre souvent fort étendu, de leurs « amis et connaissances ».

Dans cette « aimable société » donc, les parvenus, les prétentieux, les hâbleurs, les vantards, les poseurs abondent, et leurs agaçantes manières ne laissent pas d'être fort désagréables aux gens plus modestes ou mieux élevés.

C'est dans ce monde-là que l'on tapote outrageusement du piano, —

de huit heures à minuit, sans désemparer — pour faire, au son de l'implacable instrument, d'extravagantes sauteries; pour chanter le morceau de l'opérette en vogue, ou même dans l'unique intention, parfois, d'exciter les gens à parler, à rire, à crier tout à leur gré, dans cette atmosphère de tapage. De temps en temps, comme on jouait autrefois aux jeux innocents, on improvise une « charade » dans ce tohu-bohu où quelques personnes dépensent beaucoup de verve et d'entrain; mais ce n'est pas toujours sans danger que la mère y conduit sa fille.

Entre le petit monde et le demi-monde s'ouvre pourtant tout un abîme, et malgré que « le monde où l'on s'amuse » mérite parfois sa réputation, les coûteux plaisirs que l'on y achète épuisent à tel point et si vite, — après la bourse, — l'intelligence et la santé, qu'il est bien difficile, même aux jeunes gens les mieux pourvus à tous égards, de le trouver longtemps amusant et constamment drôle.

Dans quelque milieu que ce soit, on ne s'ennuie jamais, d'ailleurs, et l'on s'amuse toujours quand on est jeune; mais cet heureux temps passe vite, et la gravité que donnent les années ne se dissipe plus au premier rire qui s'envole!

Est-ce au théâtre, enfin, que l'on peut à peu près agréablement passer sa soirée?

Que de désagréments encore et de tracas pour se trouver à l'heure, à la mauvaise place que l'on a souvent payée fort cher! Dîner hâté, digestion troublée, voiture introuvable, cocher récalcitrant; glissons sur ces petites misères, sur l'arrivée en retard, les voisins gênants, la chaleur suffocante, la sortie dans le froid humide, au milieu de la nuit.

Tous ces ennuis ne seraient rien, s'ils étaient au moins compensés par un spectacle intéressant, une pièce émouvante ou seulement spirituelle. Mais, que nous représente-t-on, depuis quelques années? D'insipides et niaises opérettes, de pitoyables bouffonneries, des mélodrames dont la monstrueuse invraisemblance est une injure au simple bon sens.

Pl. LXX. — EN FAMILLE. — LE JOUR DE L'AN.

Ah! cela ne vaut certes pas le coin du feu, l'intime causerie, la bonne lecture faite en famille dans la douce atmosphère d'une chambre close, tandis qu'au dehors la pluie glacée bat les vitres, et que les passants attardés, à travers les embarras de voitures, pataugent dans la rue!

Distractions et fêtes de famille. — Autres temps, autres mœurs — dit un vieux proverbe. Et pourtant, malgré les profondes modifications que la marche du temps introduit dans les coutumes, il est toujours certaines traditions qui résistent ou ne se perdent pas, nombre d'usages que le progrès laisse debout, s'il ne les remet point tout à fait à la mode.

Telle est l'antique et bonne habitude des « petites fêtes de famille », de ces intimes et cordiales réjouissances que ramène chaque année, à telle ou telle date, le prénom d'un parent ou d'un ami, l'anniversaire d'une naissance, d'un mariage ou de tout autre heureux événement, et, plus fréquemment encore, le chômage obligé de quelque grande fête religieuse ou civile.

Il serait regrettable, à vrai dire, que la coutume se perdît de ces trêves intermittentes aux fatigues et soucis de chaque jour.

Non seulement, en effet, la petite fête intime est un dérivatif indispensable à tous les tracas de l'existence, elle est encore nécessaire au resserrement des liens de la famille, à l'apaisement des rancunes et des haines, au ravivement des affections éteintes ou froissées. Une franche et bonne embrassade efface si bien l'amer souvenir des emportements et des querelles; on sent si vite se fondre, au choc des verres, l'aigreur des propos méchants, des jalousies, des disputes, des sourdes animosités!

Entre tous les prétextes à réjouissances, il en est un, d'ailleurs, que les enfants, dans toutes les maisons, considèrent comme un devoir : la fête des grands-parents, que ceux-ci n'attendent pas, en général, dans une moindre impatience. Avec quel secret bonheur, les bons vieux que l'on aime reçoivent, ce jour-là, de leurs petits-enfants, des compliments et des fleurs! Avec quelle joie, les enfants, aussi, vont demander, en échange, un baiser, à ceux envers lesquels ils ne sauraient être trop reconnaissants, surtout quand la vie qu'ils leur doivent est relativement bonne et facile ! (Pl. *LXVIII*.)

Dans l'ordre actuel de nos institutions et de nos habitudes, ce n'est jamais plus ni mieux qu'aux derniers jours de l'année, — que se présentent les occasions de se réunir, de s'amuser en famille, de battre le rappel des absents, de renouer les relations brisées, de faire cesser les malentendus et les brouilles.

Noël et le réveillon. — Noël, la joyeuse fête de Noël, si patriarcale et si populaire, avec le prestige de ses rustiques légendes, commence admirablement cette série de jours de trêve, de réconciliation et de plaisirs.

Chez tous les peuples de la vieille Europe, on célèbre aujourd'hui Noël ou Christmas, et comme si, vraiment, elle faisait partie de la famille, la grande mère Nature, encore et toujours vivante, en dépit du froid linceul dont elle est enveloppée, dans toutes les maisons est justement associée à ces joies, à ces réjouissances intimes.

Ici, les enfants, les jeunes gens sautent et dansent en rond autour d'un vert sapin fraîchement coupé dans la forêt voisine, et maintenant tout chargé de lumières, de jouets, de friandises, tout enguirlandé de rubans aux éclatantes couleurs.

Là-bas, à la table de l'aïeul, qu'entourent de vénérables ou de joviales figures, de gais visages roses auréolés de cheveux blonds, un vigoureux buisson de houx dresse sur les pyramides de gâteaux et sur les fumantes tasses de thé, ses grosses baies rouges et ses rigides feuilles épineuses, lustrées comme des lames de métal. (Pl. *LXIX*.)

Ailleurs, c'est une souche d'arbre, toute hérissée de racines tortueuses, toute percée de cavernes et d'anfractuosités, que l'on apporte triomphalement dans l'âtre déjà rouge de braise; et la longue veillée se passe en récits merveilleux, et l'on cause, et l'on rit, et l'on arrose de vin blanc les châtaignes grillées, et l'on réveillonne au retour des messes nocturnes, que l'énorme bûche de Noël, sifflant, chantant, et par ses mille trous, jetant de longues flammes d'azur et de pourpre, inaltérable en apparence, rayonne, pétille, chauffe, éclaire toujours !

Car, le réveillon est la conclusion traditionnelle et même, il en faut convenir, le dénouement obligé de toute bonne fête de Noël, catholique ou païenne.

Incontestablement, on ne peut exiger de braves gens qui rentrent à deux heures du matin d'une cérémonie religieuse, qu'ils se couchent sans souper ; — à plus forte raison faut-il donc accorder cette satisfaction aux mécréants qui, loin d'avoir passé leur temps dans le recueillement et la prière, se sont, toute la nuit dépensés à chanter, à rire, à danser, à courir les bals et les théâtres.

Le réveillon, malheureusement, n'est guère pour les sceptiques et les viveurs, qu'un prétexte à bombance, une occasion de débauche et d'orgie, un excès, par conséquent, et non une restauration hygiénique.

Si l'on en excepte Paris et les grandes villes, où les mets les plus raffinés sont inscrits au menu de tous les restaurants, la nuit de Noël, c'est, de toute tradition, le palmipède si calomnié de nos basses-cours, l'oie au ventre obèse et au long col, qui doit surtout être servie, rôtie à point et farcie de marrons, sur les tables de famille !

Le jour de l'An. — Souhaits et cadeaux. — Depuis longtemps on a dit, écrit et répété bien des choses, sur l'utilité, les avantages, les désagréments et les ennuis des fêtes du jour de l'An.

Quel fâcheux tribut, que celui des étrennes ! quelle ennuyeuse corvée, que cet échange de politesses, de visites, de souhaits réciproques, de petits bouts de carton chargés d'informer quiconque les reçoit que tel ou tel existe, et distribue à ses amis et connaissances, avec ses vœux de bonne année, ses meilleurs compliments !

Malgré toutes les protestations et toutes les plaintes, ces coutumes, cependant, subsistent, et comme elles datent de l'époque, extrêmement reculée, des premières relations sociales, il est bien permis de croire qu'elles se continueront aussi longtemps que la société durera.

S'il est un grand nombre de gens parfaitement vexés de donner des étrennes, il en est d'ailleurs, non moins d'autres, les enfants, les femmes, les petits employés, les domestiques, les concierges, qui sont fort heureux d'en recevoir; et ces tout-puissants intéressés empêcheront longtemps de se perdre une si belle mode.

Par la même raison que l'on donnera toujours des étrennes, on ne cessera donc pas de s'adresser, au jour de l'an, des vœux plus ou moins sincères, des félicitations plus ou moins senties, et les ingénieux petits cartons qui, sans perte de temps ni dépense de paroles, expriment tout cela, continueront pareillement à circuler, à moins qu'ils ne soient, un jour, remplacés par toute autre convention plus avantageuse.

Il faut donc, quelque ennui qu'on en ait, accepter le jour de l'an tel que l'ont fait les habitudes; se courber sans murmurer, devant ses exigences, et de l'air le plus aimable possible, en remplir les obligations et les devoirs.

Il faut, aux enfants, donner des joujoux; des livres de luxe aux jeunes gens, d'aussi riches cadeaux que l'on voudra, — mais au moins des bonbons — aux dames!

Il faut cordialement serrer la main à ses amis, octroyer de larges gratifications aux personnes que l'on emploie, distribuer de grosses pièces de cent sous aux concierges, facteurs, égoutiers, balayeurs; il faut, ici, rendre une simple visite de politesse; aller cérémonieusement là-bas, complimenter ou saluer un personnage important; il faut, — et ceci n'est point désagréable — donner ou recevoir, çà et là, de doux et bons baisers, qui pourront être aussi, selon la formule du jour, suivis de plusieurs autres!

En dépit des merveilleux progrès de l'industrie moderne, les jeunes enfants, dont la naïveté fait le plus grand charme, préféreront toujours les simples joujoux traditionnels, à tous les coûteux jouets mécaniques d'invention récente, dont il est si difficile, en raison de leur fragilité, de s'amuser longtemps.

Voulez-vous vraiment faire des heureux? jetez dans les bras de cette fillette une belle et grande poupée, non pas une de ces prétentieuses réductions des petites femmes à la mode, élégamment et savamment habillées par la bonne faiseuse, mais un de ces gros bébés joufflus, aux grands yeux clairs, aux cheveux bouclés, aux couleurs fraîches et vives comme celles d'une pomme d'api.

C'est là, sans doute, le premier joujou de la petite fille, et déjà, l'enfant en aura reçu de tous les types et de tous les formats. Mais la poupée est véritablement, aujourd'hui, comme la quatrième personne de la famille, et pour elle, aussi bien que pour Monsieur, Madame et Bébé, des industriels, des ouvriers spéciaux fabriquent sans relâche, des trousseaux, des toilettes, des mobiliers, des ustensiles, des services de table, des chevaux, des voitures de toutes les dimensions et de tous les prix, offrant un choix considérable au parent, à l'ami généreux qui se trouverait embarrassé pour compléter ou varier un cadeau d'étrennes!

Vous proposez-vous de faire le bonheur de quelque gentil bambin, aimant, comme tous ses pareils, le clinquant et le tapage? substituez, sans hésitation, à la poupée qu'il retrouvera fatalement plus tard, un soldat, un pantin, un pierrot, un polichinelle! Sinon, rabattez-vous sur le bruyant matériel de guerre ou de chasse, tambour, trompette, sabre, fusil, canon, cheval harnaché, casque, épaulettes et cuirasse! Rien ne séduit encore le petit Français, inconscient héritier d'une longue série d'ancêtres batailleurs, comme le prestige du costume militaire et l'éclat des armes!

Ces joujoux, cependant, si bien faits pour répondre aux besoins purement sensitifs de l'enfant, ne sauraient plus être offerts dès que son intelligence s'est ouverte et sa raison sensiblement développée. Viennent alors les intéressants jouets scientifiques, les boîtes de dessin et de couleurs, les stéréoscopes et les lanternes magiques, les bateaux, les locomotives, les télégraphes miniature, les appareils de physique, de photographie, de galvanoplastie; ces utiles et charmants cadeaux seront toujours les bien reçus! C'est aux jeunes gens de cet âge, aussi, qu'il faut distribuer les beaux et bons livres depuis quelque temps publiés avec autant de goût que de succès par les auteurs et les éditeurs contemporains, les superbes ouvrages de géographie, de science, d'histoire, enfermant un texte des plus instructifs et de splendides images sous une riche reliure d'or. (Pl. *LXX*.)

Les cadeaux les plus précieux ne sont pas toujours les mieux reçus, ni les plus cordialement envoyés. L'art et l'industrie, toutefois, s'associent très heureusement, depuis quelques années, pour créer et produire des œuvres que l'on ne peut pas ne point regarder comme de véritables merveilles. Sous mille formes d'un goût parfait, l'or et l'argent sont aujourd'hui ciselés, burinés, gravés par les plus habiles artistes; les gemmes les plus précieuses, les plus fines pierreries sont groupées en bijoux étincelants; comme une cire molle, les métaux émaillés, les aciers, les bronzes, les cuivres, sous la main sûre de l'ouvrier, se transforment en superbes statues, en vases, en amphores, en cent autres objets décoratifs d'une admirable élégance; modelées et pétries comme par des doigts de fée, la terre et l'argile se durcissent en faïences artistiques; les bois de toutes essences, travaillés, sculptés, polis selon les procédés les plus modernes, se façonnent et se dressent en meubles somptueux.

Ce sont là les cadeaux dont on paie les grands **services** et les beaux désintéressements, les obligeances rares et les faveurs exceptionnelles. S'ils font véritablement honneur à celui qui les donne, ils doivent toujours faire plaisir à celui qui les reçoit.

Relations et visites. — L'échéance du premier janvier ne nous occasionne pas, au surplus, seulement beaucoup de préoccupations, d'embarras ou d'hésitations, à propos des compliments à préparer, des cadeaux à faire, des étrennes à donner. Elle nous oblige à d'aussi grandes dépenses de temps que d'argent, par les relations qu'elle nous invite à renouer, par les visites de convenance ou d'amitié qu'elle nous fait recevoir ou que nous devons rendre !

Sans doute il n'est pas toujours agréable de se plier à ces obligations, de remplir à point nommé ces exigences d'une civilité vraiment puérile, quelquefois, à force d'être honnête ; mais au temps où nous vivons, à moins d'avoir bien du talent, de la fortune et du courage, il faut, malheureusement, pour parvenir, trouver des protecteurs, des amis, et par conséquent se créer des relations aussi variées que nombreuses !

N'est-il pas écœurant, en effet, de constater à qui vont plus que jamais, aujourd'hui, les places, les faveurs, les titres, les honneurs et les sinécures. A tous ceux que soutiennent une coterie, un cercle, une caste, un groupe, une bande, un parti, parce qu'un individu, quelque méritant qu'il soit, ne saurait, s'il est isolé, peser du même poids qu'une collectivité disposant d'un nombre considérable de voix pour voter, de mains pour applaudir, de bouches pour exalter les siens et dévorer les autres ! S'il ne veut être écrasé par les incapables et les inutiles, l'homme de valeur ne peut donc plus même essayer de lutter désormais, en dehors des puissantes associations qui l'entourent. Il doit en être aussi, quoique sa fierté si légitime en puisse souffrir, et se rappeler constamment que jamais la parole « Malheur à l'homme seul », ne fut plus vraie qu'à notre époque !

Pl. LXXI. — DANS LE MONDE. — LE BAL.

A Paris, l'une des plus ennuyeuses questions qui se posent, quand on a beaucoup de personnes à voir et de visites à rendre, c'est bien certainement celle de la locomotion rapide et facile à travers les rues.

Les gens riches s'en inquiètent peu, parce qu'ils n'ont pas de meilleure occasion d'exhiber leurs luxueux équipages, leurs calèches armoriées, leurs coupés discrètement clos, leurs valets et leurs cochers en correcte livrée, leurs chevaux qui secouent fièrement leur mors, en s'impatientant aux portes.

Mais, pour la grande majorité des Parisiens, en dehors de ces avantageuses conditions, n'est-ce pas un véritable supplice que celui du fiacre à l'heure et à la journée, dont le cocher, tout le temps grognon et rageur, accroche quand il conduit, boit et fume quand il attend, jure et sacre quand il repart, proteste et rechigne quand il s'arrête, murmure et geint quand on le paye, s'il ne déclare même pas, au moment où il se sent le plus nécessaire, qu'il en a décidément assez, et qu'il va remiser sa bête.

Ce désagréable intermédiaire est indispensable pourtant, si l'on veut, par la pluie surtout, faire ses visites et se présenter proprement dans les maisons où l'on est reçu. Or, c'est assez d'être mal conduit pour perdre en route toute son amabilité, toute sa bonne humeur naturelle, pour entrer, d'un air maussade, chez les gens que l'on va visiter et leur laisser, ce qui n'est jamais heureux, une fausse et fort mauvaise opinion de son caractère.

DANS LE MONDE.

La saison mondaine. — Dans le calendrier de la vie mondaine, la dernière semaine de septembre n'est pas moins importante que la première semaine d'août.

Les vacances qu'inaugure celle-ci, celle-là les termine; et si l'une dépeuple les villes au profit des campagnes, l'autre y ramène en masse les citadins momentanément dispersés.

Octobre, en effet, rappelle à l'étude, au pensionnat, les enfants régénérés par deux bons mois d'école buissonnière; les députés, les magistrats rentrent en fonctions; l'heure, enfin, a sonné, de la reprise du travail et des affaires.

Ce n'est point sans une certaine tristesse, toutefois, que l'on s'arrache aux salutaires plaisirs de la campagne, aux vifs agréments du plein air. Tout départ est mélancolique. Il serait navrant de quitter la joyeuse maison des champs pour l'appartement de la ville, si l'automne ne dégradait point le paysage et ne rayait point le ciel de ses pluies.

Mais le tableau qui se brouille et le temps qui se gâte rendent moins pénible la séparation. Les soirées sont fraîches; les matinées humides; la nuit, hâtive et froide, jaunit les feuilles qui tombent et s'en vont, par les allées et les routes, soulevées avec la poussière en épais tourbillons.

Il faut partir, abandonner le jardin où meurent les dernières fleurs, le verger où l'on a cueilli les dernières pommes.

Aussi bien, la nature, qui depuis le printemps produit et travaille sans trêve, éprouve-t-elle enfin le besoin de se reposer. Dans un suprême effort, elle épanouit encore, au sein des gazons, les corolles rosées des colchiques, puis, calme et douce, elle s'endort. N'en attendez plus rien. L'œuvre de l'année est finie. C'en est fait, jusqu'à l'an prochain, de toutes les séductions de la vie rustique.

Et de tous côtés l'on rentre, en mêlant aux beaux projets pour la saison qui s'ouvre, les plus charmants souvenirs de la saison passée.

On parlera souvent, cet hiver, des longues promenades sur la grève, des chocs furieux de la mer contre les falaises, de l'amusante pêche aux crevettes, à la basse marée.

Le valétudinaire ragaillardi comptera tous les verres d'eau qu'il aura bus, tous les bains qu'il aura pris, tous les plongeons qu'il aura faits dans la piscine de l'établissement thermal où il aura porté sa dyspepsie ou ses rhumatismes.

Le touriste enthousiasmé redira ses excursions dans les montagnes, ses escalades alpestres, ses marches hardies sur les champs de neige et les glaciers.

Dans cette diversion de quelques semaines, à l'énervante monotonie, au fatigant labeur de la vie habituelle, chacun, plus ou moins, aura puisé de nouvelles forces, du courage et de la santé!

Ce ne sont plus guère que les riches familles de la haute aristocratie qui se font un devoir de rester jusqu'au milieu de l'hiver dans le vieux château des ancêtres.

Quelque féodal que soit le manoir, pittoresque et superbe le site où il peut être placé, l'ennui ne manquerait certes pas d'y pénétrer, par les brumeuses journées d'automne où la pluie bat les vitres, où le vent sauvage fait crier les girouettes sur les toits; mais elles savent si bien se distraire et se divertir, les tant aimables châtelaines!

Est-ce qu'il peut, dans l'existence, y avoir place pour une minute d'ennui, quand on est comtesse ou marquise, élégante et jolie, et que l'on sait habilement lancer par-dessus les créneaux du donjon où l'étiquette vous tient enfermée, les gracieuses invitations, les doux billets, les prières charmantes?

Aussi, durant toute la saison, sans répit ni trêve, les amis affluent-ils au château.

Par les belles journées, on chasse ou l'on monte à cheval; on court, à travers bois, un « rallye-paper », à moins qu'on ne joue dans le parc, au « lawn-tenis » sous les grands arbres.

La rigueur du temps empêche-t-elle de sortir, on fait de la musique, on danse, on joue dans les salons, à moins que l'on n'y conspire contre le gouvernement; on met en scène une charade, on répète la comédie où le vicomte sera délicieux, la petite baronne, idéale!

Évidemment, il n'est pas impossible, dans ces conditions, que l'on s'amuse. Trop rares, il est vrai, sont les gens assez heureux pour posséder, avec quelques centaines de mille livres de rente, un grand château, une châtelaine aimable et des amis complaisants.

Invitations et Réceptions. — Ce n'est pas toujours une récréation, ce n'est jamais un véritable repos, que « d'aller dans le monde » ; et cependant, combien de personnes ne sauraient s'abstenir de recevoir, de rendre des visites, de donner des dîners, des bals et des fêtes, tantôt pour être, à leur tour, invitées à d'autres réceptions, tantôt pour entretenir ou se créer des relations utiles?

On a beau reconnaître et vanter les incomparables douceurs du chez soi, l'agrément de la vie intime, et répéter bien haut le fameux dicton : « Où il y a de la gêne il n'y a pas de plaisir », force est bien de sortir quelquefois de son coin, de s'arracher à ses habitudes, et, lui préférât-on « le monde où l'on s'amuse », de se montrer, de temps en temps, dans « le monde où l'on s'ennuie ».

Incontestablement, même à Paris, où les réunions mondaines sont toujours si brillantes, on reçoit, aujourd'hui, beaucoup moins qu'autrefois. Le luxe éblouissant que les maîtresses de maison se croient obligées d'étaler, en rendant plus coûteuses les réceptions, les a faites, aussi, bien plus rares; et c'est à peine, maintenant, si deux ou trois fois, en carnaval, on voit s'ouvrir tels grands salons qui ne fermaient pas, il y a peu d'années encore, du commencement à la fin de l'hiver.

Les plaisirs du Carnaval. — Le Carnaval! il reparaît chaque année, ce fantôme, et nous ne sommes pas plus gais pour cela!

Quelle déchéance et quel affaissement, dans le court espace d'un demi-siècle !

Il faut certes bien convenir que le caractère des peuples change, avec l'âge, comme celui des gens; car ces quelques jours de fête où nos pères s'amusaient et se grisaient jusqu'au délire, nous paraissent, à nous, insipides, s'ils ne nous attristent pas jusqu'à nous faire pleurer.

« Aux jours gras, la plupart des Français deviennent fous, écrivait, il n'y a pas longtemps encore, un humoristique voyageur : un peu de cendre qu'on leur met sur la tête les guérit. » — A part certains mauvais garçons, plus ou moins déguisés en chicards, qui hurlent dans les rues et s'alcoolisent dans les bouges, est-il aujourd'hui quelqu'un qui perde la tête avec enthousiasme, pour fêter le Mardi-Gras?

S'il n'est, heureusement plus une occasion d'orgies et de débauches, un prétexte à grosses sottises, à ridicules et dangereux excès, le Carnaval n'en demeure pas moins la traditionnelle saison des invitations amicales, des réunions intimes, des dîners privés, des bals, des soirées et de tous les divertissements mondains.

Ce sont là, souvent, d'agréables et charmantes petites fêtes, tant qu'elles restent simples, cordiales, familières, exemptes de toutes façons et cérémonies. L'aimable « gaieté française », que nos jaloux voisins nous ont tant reprochée, veut être à l'aise pour s'épanouir, et nous serions d'autant plus coupables de laisser sans culture cette précieuse fleur de notre sang et de notre esprit, qu'elle seule, entre tous nos produits, n'aura probablement jamais rien à redouter de la concurrence étrangère.

Hors de notre pays on ne sait guère s'amuser, en effet, sans tomber dans la prétention, la grossièreté, la bêtise ou l'indécence. Avec la plus parfaite mesure, au contraire, on rit, on cause, on se réjouit, dans la bonne compagnie française; et quels que soient le jeu, le sujet, le motif qui provoquent la verve ou surexcitent l'entrain des personnes assemblées, chacune, absolument maîtresse de ses gestes et de ses paroles, durant de longues heures et sans efforts, se tient toujours avec une étonnante sûreté, dans les limites de la politesse et de la convenance.

Dîners en ville. — Evidemment, c'est une des meilleures récréations, une des joies de la vie sociale, que de se réunir, en amis, autour d'une table élégamment et délicatement servie, d'où l'on bannit, avant tout, la contrainte et la gêne, où les bons mots se croisent avec les bons vins, où le rire clair des jeunes femmes accompagne le bruit argentin des verres; où le puissant arome des mets, se combine aux parfums plus suaves des corbeilles de fleurs et de fruits!

Il ne faut pas s'y trouver en trop nombreuse compagnie, cependant, afin que la conversation puisse rester générale et que l'on n'y soit point embarrassé par la présence de personnes que l'on ne connaîtrait pas. Huit, dix, douze, quatorze convives au plus — puisqu'il est encore bien des gens qui n'accepteraient pas d'être treize! — c'est assez pour que de gais propos circulent, que l'esprit, librement s'envole, dans un chœur de rires bruyants; assez pour que, sans phrases solennelles, on puisse sincèrement trinquer au dessert, et sans offusquer personne, répéter même, alors, une de ces fines gaudrioles, de ces joyeuses chansons dont se délectaient nos pères!

Soirées dansantes. — Mais, si les dîners d'amis ont un attrait tout spécial pour les hommes, peut-être est-il plus agréable aux femmes, aux « grandes demoiselles » surtout, d'être invitées aux soirées dansantes, aux bals travestis, que l'on donne assez fréquemment, encore, tout l'hiver, dans la riche bourgeoisie et dans le grand monde.

Voilà longtemps, il est vrai, que nos jeunes gens, prématurément vieillis par les études universitaires, se refusent à « faire

sauter » les « petites pensionnaires » dans les salons. Mais les polkas et les valses en vogue, les quadrilles d'opérettes, frénétique-
ment tapotés sur les pianos tapageurs, exercent une telle impression sur les trop sensibles nerfs des jeunes Parisiennes ; ils
ébranlent à tel point tout leur système sensitif, qu'il y a quelque
inhumanité, vraiment, à ne point fournir à ces pauvres névrosées
toutes les facilités de se trémousser, de se secouer, de se
dépenser, d'agiter, jusqu'à n'en pouvoir plus, leurs infatigables
petites jambes!

Une jeune fille qui ne danse pas, que l'on ne fait pas danser,
en vient à croire, souvent, qu'elle ne remplit pas une des plus
importantes fonctions de la vie, tant elle aime à se figurer que
la valse est aussi nécessaire au corps que l'air et la nourriture.

Il faut donc que nos lycéens et nos bacheliers se dévouent,
qu'ils songent, à l'occasion, qu'hommes par le savoir, ils ne
sont encore, à seize ans, que de grands garçons, des adoles-
cents aimables, et qu'un sage conseil est certainement caché
sous les deux vers de cette vieille ritournelle :

> Dansez à vingt ans,
> Plus tard, il n'est plus temps!

Comédie de salon. — Ce n'est point, au surplus, uniquement à
la danse, que les soirées mondaines sont maintenant consacrées.
Il est encore de très bon ton de les remplir, au moins en partie,
par des jeux et des divertissements variés, par des concerts,
surtout en carême, et souvent aussi, dans les plus grands salons,
par une petite comédie, une charade en action.

Interprétée par des gens du monde, la comédie de salon ne
laisse pas, en général, de plaire beaucoup aux invités, quoique,
certainement, les acteurs s'y amusent davantage encore. La seule
préparation de la fête donne lieu à tant de pourparlers, de
démarches, d'incidents agréables ou joyeux. Songe-t-on, qu'il

Pl. LXXII. — AU CERCLE. — LES JOUEURS.

faut d'abord s'occuper du choix de la pièce et du recrutement des personnes susceptibles de l'interpréter ; qu'il faut ensuite s'entendre sur la distribution des rôles, tâche aussi malaisée derrière un simple paravent, que dans les coulisses de nos grands théâtres ; et que les répétitions, désormais, doivent se suivre, assez nombreuses, pour qu'à la représentation, le dialogue et la mise en scène aillent ensemble avec autant d'aisance que de précision.

Que l'on ne s'imagine pas, d'ailleurs, sans un travail sérieux, ni même sans quelque talent, pouvoir impunément affronter le public, toujours indulgent et convenable, sans doute, d'une réunion mondaine, mais si délicat et si difficile, en somme, que même le meilleur artiste, ne saurait se flatter de le contenter de tous points. Aussi, dans un salon, ne suffit-il pas que les spectateurs applaudissent, il faut encore qu'ils soient assez sincèrement charmés pour ne point regretter leurs bravos.

Ce n'est plus, aujourd'hui, que par exception et dans le monde où « l'on aime à rire », que l'on s'amuse encore aux petits « jeux innocents ». Il est difficile, en effet, sans s'émouvoir plus qu'il ne convient, de subir les trop aimables « pénitences » que ces divertissements ont pour but, et rarement, les jeunes et jolies personnes prennent part à ces agréables badinages sans y courir quelque danger.

Mais n'est-il pas plus périlleux encore, au physique non moins qu'au moral, de se réunir, comme le font à présent les gens du meilleur monde, pour rivaliser d'adresse, dans un cirque, avec les écuyères et les clowns ? Car, voilà bien où en sont venus les riches désœuvrés de notre temps, par une intime combinaison, sans doute, de leur passion pour les exercices du sport avec l'effréné besoin de paraître, l'insatiable désir de se faire remarquer. Nous avons, aujourd'hui, des barons de bon aloi qui dansent à ravir sur la corde raide ; d'authentiques comtesses ou marquises qui font la voltige à cheval dans la perfection. Sans contredit, nos belles mondaines s'exposent ainsi, physiquement, à des chutes bien autrement dangereuses sur l'arène du cirque que sur les moelleux tapis de leurs salons. Reste à savoir si le « baiser à la religieuse » ferait courir à leur vertu de plus gros risques que la cabriole en jupe de gaze, à travers des cerceaux de papier?

PLAISIRS FACTICES ET MAUVAIS MILIEUX.

Il est bien des gens qui ne trouvent aucun charme, leur journée finie à chausser des pantoufles pour passer leur soirée en famille, au coin du feu. Il en est beaucoup d'autres qui n'aiment point le monde, ni surtout la gêne qu'il impose, et qui, n'en voulant accepter ni les conventions ni les usages, préfèrent aller se distraire ailleurs, en toute liberté.

Chacun s'amuse, il est vrai, selon ses goûts et comme il l'entend; c'est son droit et l'on ne saurait l'en blâmer, le plus réel de tous les plaisirs étant encore celui que l'on éprouve à jouir de toutes ses aises. Mais pour ces indépendants, les endroits sont rares, en dehors des cafés et des cercles, où, convenablement, ils puissent se distraire, et dans ces milieux même les mieux fréquentés, un insouciant laisser-aller amène bientôt les gens les plus raisonnables à contracter des habitudes aussi nuisibles à l'esprit qu'à la santé.

Tabac et fumage. — De tous les mauvais besoins qui peuvent ainsi se développer, l'un des premiers à naître est en général celui du plaisir purement factice que l'on trouve à fumer du tabac. Il est si précoce, dans nos grandes villes, que les gamins des rues et les écoliers, plus encore, il est vrai, par vantardise que par goût, se font une gloire de parvenir à fumer sans embarras ni malaise, comme des hommes faits.

Ce n'est cependant pas un agréable apprentissage, que celui

de la pipe ou du cigare, l'absorption, même à dose minime, de la nicotine contenue dans la fumée de tabac occasionnant des vertiges, des maux de tête, des vomissements et tous les symptômes d'une intoxication commençante. Sans doute, avec l'habitude, ces accidents cessent bientôt de se manifester ; mais s'il ne se trahit plus par ces phénomènes apparents, l'empoisonnement n'en continue pas moins d'une façon latente. Les principes irritants du tabac provoquent alors une abondante salivation, de la rougeur et des picotements à la gorge, en même temps qu'une sorte de torpeur du système nerveux. Rarement, en effet, après l'aspiration des premières bouffées, le fumeur éprouve, même momentanément, une sorte de surexcitation cérébrale. L'engourdissement de l'intelligence ne tarde pas à suivre, quand elles se produisent, ces premières manifestations ; et le tabac ne paralyse pas seulement, à la longue, l'effort de la pensée, il assoupit aussi l'esprit et favorise le penchant à la paresse.

Est-il inconvénients plus désagréables, en outre, que ceux qui résultent de la manipulation habituelle du tabac? Quelque soin qu'il prenne de sa personne, le fumeur porte et répand partout une détestable odeur. Ses doigts jaunis, ses dents noircies, son linge et ses vêtements, autant que son haleine, exhalent la nauséabonde senteur de la drogue qu'il se plaît à consommer. Chez lui, comme sur lui, tout, enfin, est empesté. L'odorat et le goût pervertis par les émanations du tabac, le fumeur seul ne sent rien ou ne veut rien sentir. Pris à tout moment, de l'impérieux besoin qu'il s'est créé, il ne peut même plus s'en défaire ; et si cette mauvaise habitude lui procure quelque jouissance, elle ne laisse pas, en somme, de gêner souvent les personnes de son entourage qui ne l'ont pas.

Ivrognerie et débauche. — Partout où l'on fume, on boit, c'est inévitable, et l'on peut reprocher à l'estaminet, au café, à la brasserie, au cabaret, de faire des intempérants et des ivrognes plus encore, peut-être qu'ils ne font d'incorrigibles fumeurs. Or, l'abus des boissons est bien plus nuisible, encore, que l'abus du tabac et l'on ne renonce pas plus aisément à l'un qu'à l'autre.

« Qui a bu boira », dit avec raison le proverbe, et malheureusement l'homme qui boit n'est guère plus apte, désormais, à faire autre chose. Inutile, incapable de travailler autant que de réagir contre sa funeste passion, pas à pas il se dégrade et s'abrutit jusqu'à tomber dans la plus abjecte ivrognerie, préambule habituel de la folie alcoolique.

Et ce n'est point, comme on se le figure volontiers, l'ouvrier seul, hôte trop assidu, peut-être, du marchand de vins, qui se laisse aller à ces déplorables habitudes. Tous les buveurs ne se grisent pas à « l'assommoir ». Il est des gens de la « meilleure société », que l'on ramasse tous les soirs sous les tables des restaurants en renom ; dans les salons de certains cercles, dans les salles des plus somptueux cafés, viennent s'asseoir chaque jour de beaux messieurs qui régulièrement se saoûlent et s'alcoolisent. (*Pl. LXXIII.*)

Tandis que l'homme du peuple emploie à s'étourdir d'affreux vin blanc ou du gros bleu, des eaux-de-vie frelatées, des mêlés cassis et tant d'autres breuvages incendiaires, l'homme du monde, lui, s'intoxique supérieurement avec de l'absinthe, de la chartreuse, de la fine champagne, des vins fameux tirés de derrière les fagots, mais n'en conduisant pas moins sûrement au « delirium tremens » à la démence finale. Il n'est pas jusqu'aux tranquilles buveurs de bières, aux consommateurs, soi-disant sages, de bitters, d'amers et d'autres prétendus « apéritifs hygiéniques », qui ne s'acheminent vers les accidents gastralgiques et cérébraux que détermine, fatalement, l'abus des boissons fermentées.

Selon le rang social auquel il appartient, l'ivrogne, cependant, quand il peut se tenir debout, déraisonne, parle et se conduit d'une façon toute différente. Plus grossier dans ses mœurs, l'ouvrier, tantôt, alors, fait parade d'une gaîté grotesque, tantôt, brutal et féroce il crie, s'emporte à tout propos, rudoie, frappe, injurie ses enfants et sa femme, brise et casse tout dans son ménage, insulte et maltraite toutes les personnes qui tentent de le sermonner.

Toujours plus distingué, même dans ses vices, l'homme du monde en général se cache, dès qu'il sent sa raison partir ou ses jambes trébucher. Dans son désordre et son égarement, une honte lui reste encore. Il rougirait d'être vu, surtout des siens, en état d'ivresse ; aussi, quand il ne peut satisfaire à huis clos sa vile passion, se jette-t-il fatalement, pour s'y livrer, dans le triste monde des débauchés et des courtisanes.

C'en est bientôt fait, alors, de ce malheureux, quelles que soient ses forces et ses ressources. La ruine de sa fortune ne s'effectue pas moins vite que celle de son corps. En quelques jours d'abrutissement en quelques nuits de débauche, sa santé s'effondre comme sa bourse. Pâle, amaigri, défait, les mains tremblantes et la langue embarrassée, il se dégrade et se détruit d'autant plus rapidement qu'il semble s'amuser d'avantage. — « C'est un viveur », se dit-on, à le voir dans tous les lieux de plaisir, gaspiller son argent et sa jeunesse. Mais cette vie à outrance n'est vraiment bien qu'une façon malpropre de se tuer.

Jeux et paris. — A côté des stupides folies de l'ivrogne et du libertin on serait tenté de regarder comme relativement innocente la détestable passion du joueur. Le malheur est que le plus souvent, ce troisième vice ne va pas sans les autres, car, sûrement, tous les débauchés sont joueurs, si tous les joueurs ne sont pas débauchés.

De toutes les distractions imaginées pour occuper ses loisirs ou se délasser du travail, le jeu, d'ailleurs, est celle que l'on pratique le plus volontiers, parce qu'elle amuse le plus, en donnant le moins de peine.

On a joué, de tout temps, et l'on joue dans tous les pays, timidement, innocemment d'abord, pourrait-on dire, sans autre but que de se récréer et d'échapper à l'ennui. Mais bientôt, chez les peuples comme chez les individus, l'attrait du plaisir fait naître la passion qui promptement grandit et se développe.

L'enfant et le sauvage ont, pour premiers enjeux, des fleurs, des coquillages, des cailloux; c'est l'argent, l'or, les bijoux, les maisons, les fermes, les châteaux, que l'on joue ensuite; il est même certains pays, la Chine entre autres, où l'on risque très couramment, au jeu, sa femme, ses enfants, sa liberté, sa vie!

En France, à l'époque difficile où nous vivons, plus que jamais le jeu présente, il faut bien en convenir, des attraits et des séductions d'une irrésistible puissance.

Les conjecturales fluctuations de la Bourse, les hasardeux paris que l'on fait sur le turf, les problématiques chances des loteries ne suffisent plus à satisfaire cette effrayante envie de jouer qui possède et trouble tant de gens de toutes les classes.

Ce n'est même plus pour s'amuser ou tuer le temps que l'on joue aujourd'hui. Ce que l'on rêve, ce que l'on veut, c'est, dans un coup de carte ou de dé, la fortune, qu'il est si pénible et si long d'acquérir par les seules forces de l'intelligence et du travail!

En dépit de tous les dangers que l'on craint ou que l'on soupçonne, l'on n'hésite donc pas à courir les clubs et les cercles, dont la plupart, du reste, décorés de fort nobles enseignes, patronnés et présidés par des hommes honorablement connus, semblent offrir la plus parfaite sécurité aux joueurs. Mais les étiquettes, ici comme ailleurs, sont trompeuses; et ce président si respectable, ces illustres membres d'un comité si bien composé, touchent tous de larges dividendes pour couvrir le tripot qu'ils protègent du prestige de leur nom!

Ne faut-il pas être, en vérité, bien naïf, ou plutôt entraîné par une passion voisine de la démence, pour aller, chaque nuit, dans ces cavernes, livrer du même coup son argent, son cœur, son esprit, son temps, son avenir, ses espérances, non pas même à l'aveugle hasard qui pourrait quelquefois être favorable, mais aux abominables manœuvres d'adroits filous, de voleurs inconnus que l'on salue bien bas quand ils entrent, et dont on serre affectueusement la main, quand ils s'en vont?... (*Pl. LXXII.*)

Évidemment, ceux-là, s'ils parviennent à n'être point démasqués, à ne point se trahir, ne tardent pas à faire au jeu de ces scandaleuses fortunes qui donnent à tant de bons jeunes gens l'idée de s'enrichir d'une si simple façon. C'est tentant, en effet, ces singuliers tours de roue qui, du jour au lendemain, transforment les petits « quatre sous » que l'on peut avoir, en cinquante mille livres de rente!

Le malheur est que les braves garçons qui raisonnent ainsi, presque toujours sont les involontaires agents de la fortune des autres, et qu'ils vont d'autant plus vite à la misère, au désespoir, au suicide, que leurs heureux partenaires s'approchent davantage du million!

En dehors des divers jeux de hasard ayant généralement cours dans tous les salons et les cercles, les jeux de bourse et les paris fournissent, aujourd'hui, d'incessantes occasions de ruine aux joueurs malheureux.

Encore le public est-il relativement restreint, qui spécule, chaque jour, sur la hausse ou la baisse, et les victimes de l'agiotage sont-elles moins souvent dépouillées par la malechance que par d'habiles filous; mais la fièvre du pari, que l'on croyait exclusive aux Anglais, tient à peu près tout le monde, aujourd'hui, même en France, où, rapidement, elle s'est développée comme une conséquence naturelle du goût excessif que nous avons pris aux courses de chevaux.

S'il fut un temps, en effet, encore assez près du nôtre, où

Pl. LXXIII. — AU CABARET. — LE VIN ET LE JEU.

les courses avaient vraiment pour but l'amélioration de la race chevaline, il faut bien reconnaître qu'à présent elles ne sont guère plus qu'un jeu, le plus téméraire peut-être des jeux de hasard, puisque les données que l'on pourrait croire les plus sûres y manquent absolument de solidité, que les calculs, en apparence les plus rationnels, y sont déjoués par les secrètes ententes des jockeys et des propriétaires; que la fraude et la supercherie, enfin, s'y combinent de mille manières pour brouiller les chances et faire échouer toutes les prévisions.

Ce sont là des faits aussi constants que parfaitement connus; et pourtant, chaque jour, le nombre augmente, des joueurs effrénés ou naïfs qui, dans ces guet-apens, vont risquer le peu d'argent dont ils peuvent disposer, leurs économies du mois ou de la semaine, les modestes ressources destinées à l'entretien de la famille, à l'achat du pain quotidien!

Car, ce ne sont point, comme on pourrait le croire, les millionnaires embarrassés de leurs revenus qui s'empressent le plus à ces jeux de dupes. Ils ont trop d'occasions de tenter le hasard, soit dans les cercles où l'on joue gros jeu, soit aux roulettes des villes d'eaux, soit dans les coups de Bourse ou les mille et une entreprises financières qui poussent à tout moment, sur le pavé de Paris. Non ; ce sont des indifférents et des blasés, ces bourreaux d'argent qui sèment les louis à poignées avec le plus grand dédain, sans perdre jamais la tête!

Les parieurs de beaucoup les plus nombreux, les joueurs les plus enragés aux courses, ce sont les petits employés, les commis les modestes commerçants, les boutiquiers des quartiers populeux les ouvriers; tous les pauvres diables, qui, peinant de l'aube à la nuit, sur les chiffres et les écritures, attachés au comptoir ou courbés sur l'établi, vont risquer là l'humble bénéfice ou le ridicule salaire qui leur a donné tant de mal à gagner; entraînés, séduits, grisés par cette idée véritablement troublante, qu'il leur suffira de mettre un louis sur tel ou tel nom pour qu'aussitôt, en trois secondes, comme par le coup de baguette d'une fée, ils voient dans leurs mains ruisseler les pièces d'or; pour qu'ils aient la gloire et la joie, en rentrant chez eux, de faire sonner leurs poches et leurs goussets, transformés en lourdes sacoches!

Sans doute, il est agréable d'obtenir ainsi, de temps en temps, une risette de la fortune, et de recevoir inopinément, d'un de ses caprices, le prix d'un mois de fatigue ou d'une année d'efforts; mais est-il rien de plus décourageant, après tout, que ces prétendues « bonnes aubaines », rien qui dégoûte plus de la besogne quotidienne, et qui soit plus fait pour ôter toute ardeur au travail à celui qui, si facilement, dans un coup de hasard, aura ramassé ce que de longues journées d'un rude labeur lui eussent produit à grand'peine?

Le contrepoids de cette injustice, et la morale de cette immoralité, c'est que, fatalement, le parieur deux ou trois fois heureux, s'engage à corps perdu dans cette voie pleine de périls et de déboires; qu'il se condamne à la suivre, à passer par tous les casse-cou qui s'y rencontrent à chaque pas, tombant un jour, se relevant l'autre, jusqu'à ce qu'après une inévitable série de « déveines », il se retrouve ahuri, brisé, moulu, ruiné, tout juste à son point de départ, avec le courage et la force en moins, l'aigreur de sa défaite et la misère en plus!

Et puis, franchement, est-ce une situation si douce que celle que nous crée cette constante préoccupation de perte ou de gain, cette incertitude toujours présente à l'esprit, de ce qu'il faut ou ne faut pas faire?

Il est à croire, que ces énervantes inquiétudes et ces amères désillusions exercent encore, sur le plus grand nombre, un irrésistible attrait, puisque la vogue des courses augmente sans cesse, et qu'il n'est, maintenant, pour ainsi dire plus de jour d'été, sans que des chevaux ne courent quelque part aux portes de

Paris : à Auteuil, à Chantilly, à Enghien, au Vésinet, à la Marche, à la Croix de Berny, au bois de Boulogne!

Les plus suivies, toutefois, — ne devrait-on pas dire les plus courues — de ces courses, sont toujours celles du « Grand prix » à Longchamps, incontestablement demeurées, depuis leur inauguration, une fête populaire, une exhibition de haute élégance; et par-dessus, tout une échéance, une date dans le calendrier mondain.

La veille du Grand prix, en effet, Paris est encore tout à Paris; il s'éparpille, le lendemain, se disperse, et par toutes ses gares s'écoule à torrents vers les stations d'été, les villes d'eaux les bains de mer, les nombreuses villas ou les vieux châteaux perdus dans les campagnes. Peut-être, dans cette cohue de voyageurs qui vont prendre le train, quelque sportman convaincu se préoccupe-t-il toujours de « l'amélioration de la race chevaline »; la plupart n'ont d'autre souci que de confier leur bagage et leur personne au coursier par excellence, à la locomotive, le robuste et docile cheval de flamme et de fer.

LIVRE IV. — BESOINS D'ACTIVITÉ PHYSIQUE

EXERCICES DU CORPS.

Utilité physiologique de l'exercice et du travail. — Quand on considère quelle place importante les seuls organes du mouvement, nerfs et muscles, occupent dans la structure du corps humain, l'on n'a pas de peine à comprendre pourquoi le besoin d'agir est si puissant, chez l'homme, que toute entrave à cet égard lui paraît odieuse, intolérable et révoltante toute atteinte à sa liberté.

C'est, d'ailleurs, par l'action, méthodiquement appliquée à tel ou tel travail, que l'homme parvient à se procurer toutes les ressources indispensables à son existence ; qu'il lui est possible de donner satisfaction à tous ses autres besoins, qu'il peut exécuter, enfin, toutes les œuvres et réaliser tous les projets que sa pensée conçoit, que son esprit imagine.

Au point de vue physiologique, le mouvement n'est pas moins utile au bon fonctionnement des organes, au maintien d'une parfaite santé. Tout travail musculaire, en effet, favorise la rapide destruction, dans les tissus, des matériaux inutiles, et la prompte reconstitution des éléments détruits. Il active ainsi la vie elle-même, la régularise, et ne contribue pas moins à la mettre à l'abri d'un grand nombre de maladies graves, en aidant l'organisme à se débarrasser des dangereux produits de désassimilation qui pourraient lui nuire ou le troubler.

Cette haute importance du mouvement ne démontre pas seulement combien l'exercice est indispensable à l'intégrité de toutes les autres fonctions. Elle prouve aussi que l'homme doit au travail les seuls biens dont il puisse jouir sur la terre : la santé, le bien être moral et physique, la satisfaction de soi-même et le repos de ses vieux jours.

Travailler est donc bien la véritable destinée de l'homme, et c'est pour l'accomplir dignement qu'il est à la fois doué de forces intellectuelles et physiques. Aux travaux dit *manuels*, s'appliquent plus spécialement ces dernières ; mais par le sage emploi de ses forces morales, l'homme seul, entre tous les animaux, possède le don merveilleux de faire des travaux d'esprit.

De cette double aptitude résultent des professions intellectuelles ou libérales, et des professions manuelles, toutes plus ou moins utiles et parfaitement honorables, mais dont quelques-unes exigent, de ceux qui les exercent, plus de force, de courage, de prudence ou d'habileté. En raison de l'extrême division du travail et des progrès considérables de l'industrie dans les civilisations contemporaines, certaines professions manuelles sont particulièrement pénibles, ou présentent de sérieux dangers ; toutes indistinctement, et les professions intellectuelles plus encore que les autres, débilitent promptement l'organisme quand on les pratique avec excès.

Pour exercer convenablement et le plus longtemps possible un métier quelconque, il importe donc de ne s'y livrer qu'avec une certaine mesure, et de choisir, avant tout, celui qui s'accorde le mieux au tempérament, à la constitution, aux diverses aptitudes dont on est doué. Mais à quelque profession que l'on soit attaché, l'éducation physique qui donne la santé n'est pas moins indispensable que l'éducation intellectuelle qui donne le talent. Aussi, dans tous les cas, remplit-on d'autant mieux sa tâche, que l'on pratique avec plus de régularité, cette éducation corporelle, jusqu'à présent trop négligée dans notre pays, quoique ses principaux moyens, la *gymnastique*, l'*escrime*, l'*équitation*, la *natation*, la *marche*, soient bien plus des récréations hygiéniques que des exercices fatigants.

GYMNASTIQUE.

Avantages de la gymnastique. — On comprend, sous le nom de *gymnastique*, l'ensemble des mouvements méthodiques que l'on fait successivement exécuter aux différentes parties de l'appareil locomoteur dans le but de favoriser leur développement et de contribuer à l'entretien général de la santé.

Pour être vraiment salutaires, ces exercices doivent le plus possible, se rapprocher des mouvements naturels, et n'avoir pas, surtout, pour objet, de dresser le corps à ces périlleux « tours de force » qu'exécutent, avec tant de hardiesse et de brio, dans les cirques, les acrobates et les clowns.

Il importe donc, tout d'abord, de bannir de la gymnastique les exercices inutilement dangereux ; la marche sur des piquets, par exemple, les rencontres sur une étroite poutre, les escalades et les équilibres à une trop grande hauteur. Sans renoncer absolument aux appareils spéciaux qui, seuls, permettent d'exercer certains groupes de muscles, on s'attachera plutôt à mettre en jeu, par des exercices très simples, ceux de ces organes qui président aux attitudes, aux mouvements habituels. Il suffira de cette pratique, régulièrement suivie, pour donner à la fois au corps la souplesse, l'élégance et la force.

En raison même de son mode d'action sur le système locomoteur, la gymnastique n'est jamais plus utile qu'à l'époque de la vie où les muscles, déjà bien formés, sont près d'atteindre leur parfait développement, de la seizième année, notamment, à la vingt-cinquième. Très favorable aux garçons, si fréquemment fatigués par une croissance irrégulière et rapide, elle ne convient pas moins aux jeunes filles qu'elle rend plus gracieuses, plus robustes et plus aptes à remplir les périlleux devoirs de la maternité.

Aussi modérément que l'on se livre à la gymnastique, il est quelques règles d'hygiène que l'on ne saurait jamais trop rigoureusement observer. Toutes les heures de la journée, d'abord, ne sont pas également convenables. Il n'en est guère, à cet égard, de meilleures que celles qui précèdent immédiatement les repas; la digestion ou le sommeil pouvant être troublés, à tout autre moment, par de trop violents exercices. Autant pour ménager ses vêtements de ville, que pour être plus à l'aise dans ses mouvements, on ne saurait se passer d'un costume spécial, large, souple et léger, quand on fait de la gymnastique. Il est même fort utile de le compléter d'une ceinture qui soutenant dans les grands efforts, le ventre et les reins, peut souvent prévenir la rupture d'une fibre musculaire ou tout autre accident plus redoutable encore.

A quelque exercice que l'on se livre, il faut savoir, enfin, y ménager ses forces de telle sorte que la plus grande dépense réponde à la partie moyenne du travail. Trop d'ardeur au début amènerait, en effet, promptement la fatigue, et l'on courrait grand risque de prendre froid en cessant tout à coup d'agir, tandis que le corps serait encore en sueur. On ne commettrait d'ailleurs pas alors, une moindre imprudence en s'interrompant pour se rafraîchir, se reposer dans un endroit frais, s'asseoir ou se coucher à terre. L'exercice terminé, l'on ne saurait, au contraire, trop rapidement s'éponger, se sécher et se vêtir, pour marcher ou se mouvoir quelque temps encore; à moins que selon la méthode hydrothérapique on ne se fît aussitôt administrer une douche froide, à la suite de laquelle un nouvel exercice serait indispensable pour ramener la chaleur à la peau.

Attitudes. — Les premiers et les plus utiles, peut-être, des exercices gymnastiques ont pour but d'habituer le corps à prendre de bonnes attitudes et à les conserver le plus longtemps possible sans se fatiguer. Il est à remarquer, en effet, que la plupart

Pl. LXXIV. — LES PARIS AUX COURSES.

des enfants se tiennent ordinairement fort mal, soit qu'ils tra-
vaillent ou qu'ils jouent; aussi peut-il être, parfois, d'absolue
nécessité de corriger leurs attitudes dès l'adolescence, avant
qu'ils aient acquis leur complet développement. Croirait-on
qu'il n'est rien de plus rare, par exemple, que de voir un jeune
homme se tenir correctement debout? Ce sont tantôt ses pieds
qui loin de reposer à plat, ne touchent le sol que par un de
leurs bords; tantôt sa tête qu'il tient trop renversée, ses épaules
qui semblent voûtées, ou ses genoux qui fléchissent.

Le plus souvent, il est vrai, dans la station debout, c'est sur
un seul membre que s'appuie le corps tout entier; mais dans
l'attitude normale, assez bien représentée par la pose du fantas-
sin au port d'armes, le corps doit reposer d'aplomb sur les pieds
écartés en avant, et se touchant par les talons en arrière. Les
jambes sont tendues sans raideur, les épaules effacées, les bras
allongés près du corps, la tête droite et les yeux fixés à quelques pas devant soi.

Mouvements des muscles et du tronc. — Dans cette position, la première que l'on prend quand on fait de la gymnastique, il est
facile d'exécuter un certain nombre de mouvements ayant surtout pour objet d'assouplir les jointures et de fortifier les muscles
du cou, des jambes et des bras. Alternativement portée à droite
et à gauche, tour à tour fléchie en avant et en arrière, la tête
s'habitue ainsi, à se mouvoir en tous sens; à supporter même de
petites secousses, sans qu'il en résulte, pour le cerveau le moindre
inconvénient.

Dans une série d'exercices inscrits au programme des lycées,
les bras, successivement, sont élevés puis abaissés sans être flé-
chis. On les plie ensuite et les ouvre coup sur coup; on les
porte en haut, en avant, on les étend en travers, on leur fait
exécuter des mouvements de circumduction qui développent en
particulier les muscles de l'épaule, comme les exercices précé-

dents fortifient les extenseurs, les fléchisseurs du membre et les muscles pectoraux.

Pour assouplir et développer, dans les membres inférieurs, les organes correspondants, on doit fléchir la jambe d'abord, puis, simultanément, la jambe et la cuisse. On exécute ainsi, sur place, un véritable pas gymnastique, en cadence modérée au début, de plus en plus accélérée ensuite, et l'on termine par la flexion simultanée des jambes et des cuisses sous le poids du tronc verticalement maintenu. Des flexions alternatives du corps en avant et sur les côtés, le redressement rapide et l'extension de la colonne vertébrale, complètent avec avantage ces exercices, en donnant aux reins beaucoup de souplesse et de solidité.

Exercice des haltères.

Haltères et mils. — Malgré qu'ils ne soient point indispensables au parfait assouplissement des muscles, un certain nombre d'appareils sont journellement employés, en gymnastique, pour augmenter, varier les efforts ou mettre en jeu divers groupes musculaires que les seuls mouvements habituels ne font pas suffisamment fonctionner.

Au nombre des plus usuels sont ces instruments composés de deux boules de fer unies par une poignée, que l'on connaît sous le nom de *haltères*. On en trouve, dans tous les gymnases, des séries graduées et divisées, avec méthode, par couples du même poids.

Les exercices que ces instruments permettent d'exécuter, ne sont pas moins variés, d'ailleurs, que propres à fortifier les muscles. On y emploie, d'abord, les haltères les plus légers, puis des couples de plus en plus lourds, que l'on manie toujours d'après les mêmes principes, les élevant, dans un premier mouvement, à la hauteur des épaules, puis tour-à-tour, les portant en haut, en avant, à droite et à gauche jusqu'à tenir les plus pesants à bras tendus. (Pl. LXXV.)

D'un maniement assez pénible et parfois même dangereux pour les jeunes garçons et les jeunes filles, les haltères peuvent être remplacés par des *mils* ou massues, des *barres* ou des *poignées* à sphères, à l'aide desquels il est facile, non seulement d'exécuter les mêmes exercices qu'avec les haltères, mais encore de les varier considérablement. Moins avantageux, peut-être, au point de vue de la force, ils ne donnent pas moins de souplesse aux muscles, tout en favorisant beaucoup plus la grâce et l'élégance du corps.

Exercice
de la poignée à sphères.

Machines. — Parmi les machines, souvent trop nombreuses, ou d'une puérile complication, que l'on utilise dans les établissements de gymnastique, plusieurs, assurément, peuvent faire double emploi; mais quelques-unes, — et des plus simples, — rendent de réels services en développant, outre la force physique, de précieuses qualités morales; la confiance en soi, le courage, la hardiesse et la présence d'esprit.

Maintenue par deux poteaux à une certaine hauteur, la *barre de suspension* exerce surtout les muscles des bras et de la poitrine. Comme sa dénomination l'indique, on s'y suspend par les deux mains d'abord, par chacune d'elles ensuite. A la force des poignets on s'élève, on s'établit sur la barre, on se renverse en restant suspendu par le pli de la jambe ou par les pieds, on se redresse, pour progresser d'un bout à l'autre, par brasses.

Relativement faciles à la barre fixe, ces différents exercices peuvent être répétés en partie sur la *poutre horizontale*, et mieux encore sur le *trapèze*, que l'on peut considérer comme le dernier terme de l'art, le plus complet des appareils de la gymnastique usuelle. Tous les mouvements que l'on exécute au trapèze exercent, en effet, une influence considérable sur le développement des muscles pectoraux et scapulaires. Ils fortifient les poignets et les bras; assouplissent les reins, habituent à se tenir la tête en bas, sans émotion ni vertige. Comme ils présentent quelque difficulté, d'ailleurs, et qu'ils exigent, pour être corrects, non moins de force que de souplesse, dans les séances publiques de gymnastique ils sont particulièrement appréciés des connaisseurs. La plupart des exercices du trapèze peuvent être répétés aux *anneaux*, mais sans avantages notables.

Exercice de l'échelle horizontale.

Aux *barres parallèles*, formées de deux traverses de bois horizontalement fixées sur des montants, à un mètre environ du sol, on peut, en s'enlevant sur les poignets, se soutenir assez longtemps pour progresser par un mouvement alternatif des mains, ou se balancer jusqu'à sauter à terre par-dessus les barres, tantôt à droite, tantôt à gauche, soit en arrière, soit en avant.

Toute une série d'autres mouvements, et des plus utiles parce qu'ils sont plus habituels, doivent être exécutés au portique, dont les divers agrès :

perches, *cordages*, *échelles*, sont d'un usage quotidien à la campagne et dans un grand nombre de métiers. Monter à la perche,
se hisser, par la contraction alternative des bras et des jambes,
sur la *corde à nœuds*, puis sur la *corde lisse*, c'est apprendre à
grimper. Mais il n'est pas moins utile de savoir adroitement
monter à une échelle, en descendre de même, et ces exercices,
d'ailleurs faciles, peuvent être variés de beaucoup d'autres non
moins avantageux au point de vue physiologique soit que l'on
monte à l'échelle ou que l'on en descende par saccades, que l'on
y grimpe à la seule force du poignet par les échelons ou les
montants; que du devant de l'échelle on passe par derrière, que
l'on se laisse glisser de haut en bas en se retenant plus ou
moins à l'aide des pieds ou des mains.

Suivant son degré d'inclinaison, l'échelle permet encore de modifier ces mouvements ou de les
multiplier. Horizontale, elle rend possibles à peu
près tous ceux que l'on exécute à la barre fixe,
notamment la progression par brasses, et les divers exercices de suspension. Munie, à sa partie
moyenne, d'une planche lisse que débordent, de
chaque côté les échelons, elle constitue l'*échelle
orthopédique*, à l'aide de laquelle, par une série
de mouvements prudemment dirigés, on parvient
souvent à corriger de légères déviations de la
taille, à redresser les épaules ou la colonne vertébrale d'un enfant qui tend à se déformer.

Quoique plus récréatifs que véritablement utiles,
la *balançoire* et le *vindas* font partie du mobilier de
tout gymnase sérieux. Avec le vindas, formé d'un
grand mât au sommet duquel tourne horizontalement une roue dont chacun des rayons porte un

Exercice de
l'échelle orthopédique.

cordage, on exécute la course volante qui favorise le développe-

ment de la poitrine en même qu'elle exerce surtout les jambes et les bras.

Peut-être, en activant les mouvements respiratoires, l'agréable balancement de l'escarpolette n'est-il pas, aussi, sans produire une salutaire influence sur les poumons, forcés de faire, dans ces rapides oscillations, des inspirations profondes. Au lieu de la suspendre dans une salle de gymnastique, on ne saurait donc, à cet égard, mieux placer la balançoire qu'au grand air, sous les berceaux ombragés du jardin, où prendront particulièrement plaisir, à s'y exercer, les enfants et les jeunes filles.

Marche. Course. Saut. — Autant, et plus peut-être, que les mouvements méthodiques exécutés sur place, les seuls exercices purement physiologiques de la *marche*, de la *course* et du *saut* contribuent à fortifier le corps, à l'assouplir, à développer les organes de l'appareil locomoteur qui, dans les divers actes de la vie, nous sont le plus utiles.

Essentiellement pratique, la marche, surtout, mérite d'être recommandée, parce qu'en dehors de ses effets mécaniques sur toutes les fonctions de l'organisme, elle exerce, quand on ne la pousse point jusqu'à la fatigue, une influence des plus salutaires sur l'esprit.

Mais pour marcher correctement et par conséquent avec utilité, le croirait-on, il faut l'apprendre ; l'enfant, incapable de se servir de ses jambes, étant aussi maladroit à progresser qu'à se tenir debout. Et d'abord, on ne marche bien qu'avec un pied d'une conformation normale, c'est-à-dire d'une cambrure moyenne, point plat, et portant bien sur le sol. La facilité de la marche diffère, en outre, considérablement, selon la nature et la disposition du terrain. En plaine, on va longtemps et sans effort, pour peu que le sol soit uni, résistant sans être trop dur, et débarrassé de tout obstacle. Dans ces conditions, un homme de moyenne stature peut aisément faire 100 pas par minute ou 4 kilomètres à l'heure, en avançant par minute, d'environ 65 mètres, et sans nuire à sa santé, soutenir cette même allure pendant huit heures chaque jour.

Il n'en est plus de même, on le conçoit, à la montée non plus qu'à la descente, d'énergiques efforts devant être faits, dans le premier cas, pour incliner le tronc en avant, dans le second cas, pour le retenir en arrière.

Par la pratique et l'exercice on s'habitue, toutefois, bien vite à marcher longtemps et dans les plus difficiles chemins. L'allure au pas gymnastique, surtout, quand on l'exécute méthodiquement, permet d'accomplir de véritables tours de force. Elle offre, en outre, le grand avantage de développer la poitrine, d'aérer et de dilater les poumons ; aussi peut-on regretter qu'elle ne soit pas plus régulièrement pratiquée dans les écoles.

C'est en soutenant le pas gymnastique plusieurs heures de suite, que les coureurs de profession parviennent à parcourir des distances véritablement étonnantes en un temps fort court. En Angleterre, où l'on prise beaucoup ce genre de sport, on cite des coureurs qui ne font pas moins de trente lieues en quinze heures, et qui recommencent ce trajet après une nuit de repos. Ce n'est point là, sans doute, un but à se proposer ; mais on peut juger, par cet exemple, combien l'exercice de la course, aujourd'hui trop délaissé dans l'éducation physique de la jeunesse, est véritablement utile au point de vue du développement de l'appareil locomoteur.

Le saut.

Pl. LXXV. — LES EXERCICES DU CORPS. — LA GYMNASTIQUE.

Si l'on ne court pas suffisamment, on saute, en revanche, beaucoup, dans les gymnases, et le saut, de quelque façon qu'on l'exécute, met en jeu toutes les articulations, tous les muscles extenseurs. Que l'on saute, au tremplin, à une certaine hauteur, que l'on franchisse un obstacle en largeur, soit d'un simple bond, soit en s'aidant d'une perche, les membres inférieurs surtout agissent, non seulement en poussant d'abord le corps tout entier à la façon d'un ressort, mais en supportant aussi tout son poids, quand il retombe à terre.

Pour éviter tout ébranlement dangereux, il faut savoir, alors, aborder le sol par l'extrémité antérieure des pieds, dont les doigts, en se fléchissant, décomposent la secousse. Un saut mal exécuté peut, d'ailleurs, toujours occasionner de graves accidents et même quelquefois la mort, quand une chute de trop haut, sur les talons, détermine dans les centres nerveux une commotion profonde. En s'exerçant à sauter, on n'apprend donc pas seulement à éviter à l'occasion, ces dangers; on habitue aussi le corps aux brusques mouvements, en même temps que l'on travaille à donner à l'esprit l'audace et la sûreté qui lui sont si souvent nécessaires.

Gymnastique respiratoire. — De tous les exercices partiels auxquels on puisse se livrer, le plus important au point de vue physiologique, est bien, sans contredit, l'exercice du *chant*, qui devrait être pratiqué, ne fût-ce que pour ce seul motif, dans tous les cours de gymnastique. Outre que l'étude du chant est extrêmement favorable, en effet, au développement de la voix, à la parfaite émission des sons et de la parole, elle exerce, sur l'appareil respiratoire tout entier, une influence telle, que par aucun autre exercice on ne saurait l'obtenir.

Sous l'effort méthodique du chant, la poitrine s'élargit, les poumons s'amplifient et se dilatent; un air plus abondant et plus vif, à chaque inspiration, pénétrant dans les vésicules pulmonaires, y favorise l'hématose, y prévient tout engorgement de mauvaise nature, y détruit peut-être les ferments morbides qui pourraient y engendrer la phtisie.

Quelque bien doué que l'on soit, on ne parvient pas, du reste, à chanter avec art sans une longue pratique, et la première des conditions à remplir pour tirer d'une belle voix tout le parti possible est de savoir méthodiquement respirer. Or, tous les professeurs de chant n'enseignent point, à cet égard, la même méthode ; aussi beaucoup de chanteurs se fatiguent-ils outre mesure pour conserver, dans leur poitrine, la quantité d'air nécessaire à l'exécution de certains morceaux.

De nos jours encore, le mode de respiration recommandé dans les écoles repose, à tort peut-être, sur l'exercice exclusif des muscles thoraciques supérieurs. D'éminents physiologistes ont, en effet, démontré que la respiration abdominale, pratiquée surtout par le diaphragme et les muscles thoraciques inférieurs permet, sans autant d'efforts, une plus grande ampliation de la poitrine, et qu'elle peut épargner aux artistes nombre de ces enrouements, spasmes et laryngites, dont ils souffrent si souvent.

ESCRIME

Avantages de l'escrime. — Ce n'est point sans raison que *l'escrime* est considérée comme le plus agréable des exercices gymnastiques et le plus utile des jeux du sport. Outre qu'il est de très bon ton, dans notre société contemporaine, de savoir manier une épée, l'extrême facilité avec laquelle on se rend aujourd'hui sur le terrain pour vider la moindre querelle a vraiment fait de la pratique des armes un talent d'une absolue nécessité.

A cet exercice excellent on gagne d'ailleurs bientôt une vigueur, une souplesse étonnantes. Toutes les articulations, tous les muscles du corps étant mis en jeu, les bras et les jambes acquièrent en peu de temps une extraordinaire agilité, les reins, une flexibilité merveilleuse. A mesure que les épaules s'effacent, la poitrine se développe; la respiration s'accomplit, plus parfaite et plus aisée; la tête est maintenue plus haute et plus droite. Les facultés morales, au surplus, ne sont pas moins heureusement influencées. En présence de l'adversaire, il ne faut cesser, une seconde, d'être prudent, perspicace, attentif; il faut s'habituer à voir, à juger, à calculer vite; être prompt à la parade autant qu'à la riposte, agir, pour ainsi dire, aussi rapidement que l'on pense, quoique toujours avec assurance et sang-froid.

Chez les tireurs de profession, cependant, quelques inconvénients peuvent, à la longue, résulter de la pratique journalière des armes; entre autres, l'inégalité très marquée des membres gauches et droits. Ceux-ci, beaucoup plus exercés, ne tardent pas, en effet, à prendre un excès de développement qui bientôt contraste d'une façon choquante avec la jambe, la cuisse, le bras et l'épaule gauches, restés à peu près dans leur volume primitif. Pour corriger ce défaut de symétrie très apparent chez la plupart des maîtres d'armes, il suffirait, on le comprend, d'exercer l'une après l'autre, chacune des deux mains; de se faire, tour à tour droitier et gaucher, ce qui serait encore un avantage. (Pl. *LXXVI.*)

Autrefois soumise à des règles très rigoureuses, l'escrime, comme tous les arts, est devenue depuis quelques années, plus facile, en s'affranchissant, petit à petit, des anciennes conventions. Au lieu de s'attacher, surtout, à conserver, dans le duel, une attitude irréprochable, on n'a guère, aujourd'hui, d'autre objectif que de « toucher » son adversaire, et tous les principes, tous les moyens à peu près, sont reconnus bons, qui permettent d'y réussir. Même dans ces combats sans méthode, une incontestable supériorité, cependant, reste encore au tireur qui s'est longtemps exercé dans une salle d'armes. Sûr de lui-même, il ne se laisse intimider ni surprendre, et sa présence d'esprit, jointe à sa dextérité, lui donne l'avantage de pouvoir à tout instant profiter des nombreuses fautes de son ennemi.

Instruments de l'escrime. — L'instrument essentiel de l'escrime est le *fleuret*. Il consiste en une longue et flexible épée d'acier, sans tranchant ni pointe, dont la lame quadrangulaire, épaisse à la base, va s'effilant de plus en plus vers l'extrémité que termine un bouton garni de caoutchouc. Une poignée carrée, légèrement courbée pour mieux s'adapter à la main, permet de tenir solidement ce fleuret, dont la longueur et le poids doivent être proportionnés à la taille des élèves.

Afin d'éviter tout accident, la main droite, exposée à recevoir des coups de pointe, est protégée par un *gant* de très forte peau rembourré de crin, et le visage est recouvert d'un *masque* en fil de fer, à mailles serrées. Ordinairement, le maître d'armes revêt, en outre, un *plastron* matelassé, contre lequel le tireur novice doit diriger ses coups.

Exercices de l'escrime. — Dans la plupart des salles d'escrime, il est encore d'usage que les deux adversaires se saluent de l'épée, avant de commencer le combat. La pointe du fleuret touchant la terre, ils se placent debout en face l'un de l'autre,

Le salut.

le regard assuré, le corps droit, les talons rapprochés, le bras gauche retombant avec aisance. En même temps, alors, ils élèvent le fleuret, lui font décrire un demi-cercle par-dessus la

tête, et relevant, à la fois, le bras gauche, pour accompagner
ce mouvement, après avoir un instant tenu les armes hautes
pour se saluer, ils les croisent rapidement et se mettent *en
garde*.

Dans cette position, qu'il faut s'habituer à tenir, sans fatigue,
le plus longtemps possible, le poids du corps doit surtout porter
en arrière, sur la jambe gauche à
demi fléchie. Pour s'assurer que l'on
est ainsi bien d'aplomb, on fait « un
appel » du pied droit en frappant le
sol, et les épaules effacées, le bras
gauche écarté du tronc pour faire
balancier, la main droite est tenue
en avant au niveau du sein droit,
le bras à demi allongé, la pointe du
fleuret à la hauteur de l'œil.

La moindre oscillation du poignet
à droite ou à gauche, suffisant, dans
cette attitude, à détourner l'épée de
l'adversaire, on est alors, comme on
dit, parfaitement « couvert ». Mais
pour attaquer ou riposter, il faut se
développer ou « se fendre » et ce mouvement, que l'on n'exécute
jamais bien qu'après un long exercice, exige autant de souplesse
que de célérité.

En même temps, en effet, que la main s'élève et que le bras
vigoureusement s'allonge pour « porter une botte, » la jambe
droite, projetée en avant, frappe la terre, et sans perdre l'équilibre, le corps s'abaisse sur la jambe gauche qui se tend comme
un ressort. Avec la même aisance que l'on s'est fendu, rapidement et d'un seul temps, on se relève, pour se retrouver en
garde comme auparavant.

En garde.

Aussi correctement qu'ils soient exécutés, ces exercices, toutefois, ne constituent que la partie la plus élémentaire de l'escrime, les premiers principes de l'art. Tout en restant couvert et prêt à la riposte, il faut alors apprendre à « marcher » sur son adversaire, à « rompre » ou reculer devant lui, sans

La parade.

se départir un instant de l'assurance qui seule permet, à un moment donné, de reprendre hardiment l'offensive ou de soutenir honorablement le combat. Puis, c'est le maniement tout spécial du fleuret qu'il reste à connaître jusque dans ses plus secrets détails, et le sang-froid, la ruse, la rapidité du coup d'œil, ne sont pas moins indispensables au tireur, dans cet apprentissage, que la vigueur et la souplesse du poignet.

Quand on possède bien, enfin, la pratique des armes, le plus agréable et le meilleur des exercices consiste à *faire assaut* entre élèves de même force, pour entretenir son adresse et la perfectionner. On se familiarise, alors, avec toutes les finesses et les subtilités de l'art. On se montre, dans un jeu brillant, aussi prompt à l'*attaque*, qu'habile à la *parade*; on cherche, par des *coups francs* ou des *feintes*, par d'adroits *dégagements* ou de rapides *ripostes*, à toucher l'adversaire sans en être touché. Il suffit, désormais, de s'exercer assidûment pour acquérir bientôt la réputation d'un tireur émérite, ce qui permet de faire tranquillement son chemin, dans le monde, sans avoir trop à souffrir de la morgue des parvenus, des méchants propos ou des mauvaises chicanes des jaloux et des querelleurs.

Lutte. — Boxe. — Bâton. — Très en vogue chez les peuples de l'antiquité, la *lutte* corps à corps est à peu près abandonnée, de nos jours, aux athlètes de la foire. C'est, pourtant, un exercice éminemment favorable au développement du système musculaire dont il met en jeu toutes les fibres et tous les ressorts. Malheureusement, la lutte a le grand tort d'exciter aussi beaucoup l'amour-propre, et de la main plate au poing serré la distance est courte, quand, de deux champions qui s'étreignent, le plus faible éprouve tout à coup l'amer dépit de se sentir vaincu. Fatalement, alors, la joûte inoffensive dégénère en un dangereux pugilat; c'est la *boxe* avec toutes ses fureurs; et s'il a pu se trouver, jusque dans notre civilisation contemporaine, un public, assez sauvage pour exciter deux hommes à se mutiler à coups de poing, on sait que les Anglais eux-mêmes, ces effrénés parieurs, protestent hautement, aujourd'hui, contre le spectacle de ces luttes féroces.

En dépit de ses avantages au point de vue de l'exercice musculaire et de la sécurité personnelle, la pratique de la *savate* ou du *chausson* est regardée aussi comme absolument indigne d'un homme du monde et laissée à tort peut-être, aux vagabonds, aux rôdeurs de barrière qui trop souvent en font un fort mauvais usage contre les braves gens.

Il n'est point, enfin, jusqu'au maniement technique de la

Pl. LXXVI. — LES EXERCICES DU CORPS. — L'ESCRIME.

canne ou du *bâton* que l'on ne considère, dans la bonne compagnie, comme un exercice fort peu distingué, quand il pourrait, à l'occasion, si parfaitement aider un honnête homme à se
tirer d'affaire. La pratique du bâton n'est point sans analogie,
d'ailleurs, avec celle des barres et des mils employés en gymnastique; elle ne contribue pas moins à développer la force et
la souplesse du corps; on ne peut guère s'expliquer, enfin,
qu'il soit de très bon genre de faire le moulinet avec une
massue et de très mauvais goût de l'exécuter avec une canne.

Tir à l'arc. — Spécialement propres à développer la justesse
du coup d'œil, les exercices de tir ne laissent pas, en outre,
de donner à certains mouvements plus d'élégance et de grâce;
aussi sont-ils toujours très en faveur entre les divers jeux du
sport. L'un des plus récréatifs, en dépit de sa simplicité, le *tir
à l'arc*, très souvent encore est pratiqué par les jeunes gens de
nos campagnes; il convient aussi tout particulièrement aux
jeunes filles qui deviennent, en peu de temps, très adroites à
toucher le but.

Que l'on tire horizontalement sur une cible plantée en terre,
ou verticalement, sur un but fixé au haut d'un mât, il est bon
de ne jamais employer que des arcs très doux, un trop grand
effort pour tendre la flèche ne permettant pas de bien l'ajuster.
On vise en élevant le trait à la hauteur de l'œil, et pour peu
que l'on se serve de flèches de même poids et de même longueur décochées d'une égale distance, il est rare, au bout de
peu de temps, que l'on n'atteigne pas la cible à peu près à
chaque coup.

Tir au pistolet et à la carabine. — On construit aujourd'hui,
pour l'exercice du tir, des *pistolets* et des *carabines* dits « de
salon », qui portent assez juste et sans grand éclat, des pro-
jectiles de petit calibre. Ces armes de fantaisie ont le plus
grand succès dans les fêtes foraines et dans les jardins des

villas où les dames mêmes se font un jeu de rivaliser d'adresse avec les tireurs les plus habiles; mais un tir de précision vraiment sérieux ne peut s'exécuter qu'avec des pistolets de combat ou des carabines rayées invariablement chargés d'une balle toujours du même poids et d'une même quantité de poudre.

C'est, généralement, d'une distance de 25 à 30 pas, que l'on tire au pistolet. L'absolue immobilité de la main qui tient l'arme n'est pas moins indispensable, ici, que la justesse du coup d'œil, pour atteindre le but. Aussi, convient-il, avant tout, de se placer parfaitement d'aplomb, le corps tourné de trois quarts vers la cible, la tête haute et droite, la main gauche appuyée sur la hanche, la droite maintenant l'arme avec aisance et sans la serrer trop fortement, à la hauteur de l'œil. Plié au coude et modérément écarté du corps, le bras ne doit point vaciller, surtout, tandis que le doigt indicateur presse doucement la gâchette.

Tout en gardant bien cette position, l'on ajuste le point de mire sur la cible, en visant la ligne la plus basse du but dont on veut toucher le milieu. Sans effort on fait partir le coup, et si dans ce dernier mouvement la main n'a pas tremblé, il est bien rare, avec une bonne arme, que le centre de la cible ne soit pas atteint.

D'autant plus intéressant qu'on l'exécute à de plus longues distances, le tir à la carabine présente plus de difficultés encore que le tir au pistolet. Non seulement, en effet, dans cet exercice, le tireur, faisant face à la cible, doit s'habituer à tenir son arme dans la plus parfaite immobilité; il faut encore qu'il ait assez de justesse dans le coup d'œil, pour évaluer exactement les distances, afin de pouvoir, selon cette appréciation, viser, en toute certitude, tel ou tel point du but.

Sans être encore aussi développé qu'en Suisse, en Angleterre et en Allemagne, le goût des exercices de tir s'est très heureu-

sement accentué en France, depuis quelques années. Aux concours maintenant organisés dans nos principales villes, se pressent de nombreux amateurs, et beaucoup d'entre eux, maniant
les armes de haute précision avec une incontestable adresse, ne
le cèdent point aux tireurs anglais ou américains du plus grand
renom.

ÉQUITATION

Avantages de l'équitation. — Malgré tous les perfectionnements
apportés, depuis un demi-siècle, aux moyens de locomotion, le
cheval reste bien encore, comme l'a dit Buffon, « la plus noble
conquête de l'homme », — au moins sur le règne animal.

Autant qu'autrefois, en effet, le « fier quadrupède » nous
rend aujourd'hui les plus précieux services. Outre qu'il est toujours indispensable à la guerre, la machine, tout économique
et puissante qu'elle soit, ne l'a supplanté ni dans l'agriculture,
ni dans l'industrie. Il sert, plus que jamais, à nos relations
sociales; au seul point de vue de l'agrément, il est, enfin, le
prétexte et l'objet des principales récréations sportiques.

De tout temps fort en vogue et très goûtée, la promenade à
cheval n'a point été, d'ailleurs, toujours considérée, seulement
comme une agréable distraction, mais, à bon droit aussi, comme
un utile exercice. Peut-être, pour en éprouver tout le plaisir
qu'elle peut procurer, faut-il, déjà, bien connaître les principes
de l'équitation, avoir quelque habitude même de la promenade
équestre, et jouir, par conséquent, d'une aisance qui permette
les doux loisirs.

Dans toute condition, cependant, on aime à monter à cheval.
Il suffit d'aller, le dimanche, à la campagne, aux abords de
toute grande ville, pour voir avec quel enthousiasme et quelle
joie, commis et commises de magasins se jettent sur tout quadrupède que l'on peut enfourcher : vieux et jeunes chevaux de

toute provenance; cobs et poneys d'occasion, grands baudets et
petits ânes plus ou moins fourbus!

Ainsi comprise et pratiquée, l'équitation ne laisse point d'être,
quelquefois, une aussi rude corvée pour les cavaliers que pour
les montures, quoique celles-ci, malgré les coups dont on les
accable, poussent ordinairement la complaisance jusqu'à tolérer
sur leur dos plusieurs heures durant, les écervelés qui les
mènent à la diable. Comme, à vingt ans, on s'amuse, pourtant,
et comme on se fait d'avance une fête de ces extravagantes
chevauchées par les longues allées des bois, entre les haies
d'aubépine, sous les châtaigniers et les cerisiers en fleur!

Sans doute, après de telles journées, on rentre chez soi
meurtri, moulu, brisé; mais on s'est grisé d'air et de lumière;
et l'on a tant ri, l'on s'est fait tant de bon sang, qu'en dépit de
quelques écorchures ou contusions plus ou moins mal placées,
on garde souvent le meilleur souvenir de ces folles cavalcades.
Voilà comme l'on entend l'équitation, quand on possède, avec
la jeunesse, plus d'illusions que d'écus!

Dans un milieu tout différent, dans le monde spécial du
« high-life » parisien, c'est trop souvent par genre et pour se
faire remarquer, que l'on monte à cheval.

Avant le déjeuner, par les beaux matins de printemps, se
rencontrent et se saluent, dans les ombreuses allées du bois,
élégants cavaliers et sveltes amazones. De la porte Dauphine à
la plaine de Longchamps, trotte, court et galope, avec la plus
parfaite correction, toute la fine fleur du Paris mondain. Point
de bidets suspects ni de chevaux douteux, à cette heure et dans
ces parages! Les bêtes y sont de race et de choix, comme les
gens!

En villégiature, aux bains de mer et dans les stations thermales, généralement on chevauche beaucoup et pour faire, le
plus souvent, d'agréables excursions. La plupart des villes d'eaux,

sous ce rapport, sont aujourd'hui, parfaitement organisées. En Auvergne et dans les Pyrénées on trouve d'excellents chevaux; en Suisse et dans les Alpes, c'est plutôt à dos de mulet que voyagent les touristes.

Effets physiologiques de l'équitation. — La moindre modification dans le fonctionnement de nos organes influe à tel point sur l'état de notre esprit, que nous ne voyons plus, ne sentons plus et ne pensons plus, quand nous allons à cheval, comme lorsque nous faisons notre route à pied.

Incontestablement, alors, les choses plus rapidement vues et de plus haut, ne frappent pas nos sens de la même manière, et notre attention, distraite par l'animal que nous devons surveiller ou conduire, ne nous permet plus les mêmes réflexions. Joignons à cela le balancement, les secousses, les chocs incessants que le cheval même le plus doux et le mieux dressé communique toujours à la personne qui le monte, et nous comprendrons sans peine combien doivent être différentes les impressions intellectuelles du piéton et du cavalier.

Toutes les règles de l'équitation classique n'ont-elles point, d'ailleurs, précisément pour but, la neutralisation, aussi complète que possible, des mouvements transmis par le cheval dans ses différentes allures?

C'est au trot de l'animal, surtout, que l'on juge le bon cavalier. Tant que la bête marche au pas, il n'est pas difficile au plus novice écuyer de montrer quelque aisance ou même une certaine grâce. Un galop soutenu ne peut être prudemment et correctement exécuté que par un jockey de profession; mais le trot, plus ou moins modifié, constitue, en somme, toute usuelle qu'elle soit, l'allure la moins commode et la plus pénible.

Au point de vue hygiénique, on n'est pas encore bien d'accord sur les avantages et les inconvénients de l'équitation. Nombre d'amateurs, en effet, montent à cheval pour maigrir, et beaucoup d'autres pour engraisser. Lesquels ont véritablement raison, puisqu'ils invoquent à l'envi, ceux-ci l'exemple des officiers de cavalerie, en si grand nombre pléthoriques, ceux-là l'exemple des postillons et jockeys, presque tous étiques ou fort peu gras ? A moins de subir, comme ces derniers, un long entraînement, ou de s'épuiser dans un incessant surmenage, il est incontestable qu'à monter à cheval, presque toujours on engraisse, l'hématose et l'appétit, surexcités par cet exercice, favorisant au plus haut degré l'assimilation.

C'est en considération, d'ailleurs, de cet avantage, que l'équitation est utilement recommandée aux jeunes personnes chez lesquelles une persistante anémie détermine une faiblesse générale, un amaigrissement compliqué de pénibles troubles nerveux.

Il suffit, souvent, de cette gymnastique spéciale pour vaincre une névrose rebelle à tout autre traitement, pour redonner du bon sang aux sujets les plus affaiblis et de la bonne humeur aux plus mélancoliques. On ne peut douter, enfin, que l'équitation, si elle immobilise à peu près les membres abdominaux, ne contribue beaucoup à développer les muscles du tronc et des membres thoraciques. A la pratiquer méthodiquement, les reins s'assouplissent et se fortifient ; les bras acquièrent plus de vigueur et de volume ; mais pour monter avec élégance et ne point compromettre, par de mauvaises attitudes, tout le bien que l'on peut retirer de la promenade équestre, peut-être est-il indispensable, au début, de prendre les leçons d'un maître expérimenté.

Principes d'équitation. — Manège. — Quand on n'en a point l'habitude, il n'est pas aussi facile qu'on le pourrait croire, de monter à cheval. Les rênes et les étriers ayant été, d'abord convenablement arrangés, des derniers doigts de la main gauche, qui tient aussi la cravache, on saisit une petite poignée de crins sur l'encolure de l'animal ; on place le pied gauche dans l'étrier, puis, la main droite étant portée sur le derrière de la selle, on s'enlève sur la jambe gauche, jusqu'à ce que la droite soit à sa hauteur. Aussitôt on passe celle-ci par-dessus la croupe du cheval pour se mettre en selle avec toute la légèreté possible, en laissant la main droite, devenue libre, retomber naturellement le long du corps. On chausse alors l'étrier droit jusqu'au tiers environ, du pied, on prend la cravache de la main droite et l'on tient à plat, entre les doigts de la main gauche, les rênes, parfaitement égalisées.

Dans cette situation, l'on doit être assis d'aplomb sur la selle, les jambes fléchies avec aisance, les épaules effacées, la tête droite, le corps souple et sans raideur. Mais ce n'est pas tout que d'avoir, à cheval, bonne apparence. Encore faut-il savoir manier l'animal et le guider, lui transmettre tel ou tel ordre, et le contraindre à obéir. Les « aides » ou moyens dont le cavalier dispose dans ce but sont les éperons, la cravache et la bride. Veut-il mettre la bête en mouvement, il lui suffit, quand elle est bien dressée, de la presser légèrement des jambes en tenant la bride un peu haute. Il « rassemble » ainsi son cheval qui se met aussitôt en marche, et dès lors, selon qu'il veut activer ou ralentir le pas, le cavalier n'a plus qu'à faire sentir la cravache ou l'éperon, qu'à ramener en arrière le mors, en tirant un peu sur la bride. Veut-il aller à droite, à gauche, il y dirige l'animal en portant la main sur la rêne du côté correspondant; il le force à reculer en tirant à la fois et régulièrement, sur les deux rênes.

Dans les manèges établis à Paris et dans toutes les villes importantes, ces premiers exercices sont exécutés sur des chevaux doux et paisibles que l'on fait tourner comme au cirque, sur une piste où chacun prend la tête de file à son tour. Quand ils possèdent bien le maniement du cheval et qu'ils sont parfaitement familiarisés avec ses différentes allures, les élèves conti-

Pl. LXXVII. — LES EXERCICES DU CORPS. — L'ÉQUITATION.

nuent à s'exercer sur des chevaux plus difficiles, dressés à cara-
coler, à ruer, à sauter des obstacles, et qu'il faut savoir, au
moment opportun, exciter, retenir ou maîtriser.

Cette instruction terminée, le cavalier peut, ordinairement,
monter en toute sécurité un cheval quelconque; cependant il
n'est point rare qu'il y trouve plus ou moins de difficultés
encore, selon la taille et la race de l'animal. On ne saurait
contester, en effet, que les chevaux arabes, les andalous et
même les limousins, n'aient, relativement, de très douces allures,
tandis que les anglais et les normands impriment de fortes
secousses à leurs cavaliers. Peut-être, en montant « à l'anglaise »,
évite-t-on, en partie, ces derniers inconvénients; mais cette méthode même, par les mouvements alternatifs de flexion et de
redressement qu'elle exige, ne laisse pas d'être très fatigante,
quoique elle ait été spécialement imaginée pour atténuer la
rudesse d'allures du cheval anglais.

Il n'est point, enfin, jusqu'à la nature du sol sur lequel on
trotte ou galope, qui n'influe beaucoup sur l'assiette et l'attitude
du cavalier. Quelque plaisir qu'elle procure, l'équitation n'est
guère plus agréable sur le macadam d'une grande route que
sur le pavé d'une rue. Elle n'est véritablement goûtée des
beaux cavaliers et des élégantes amazones que sous le couvert
des grands arbres, dans les allées sableuses des bois.

CANOTAGE.

Agréments du canotage. — Partout où une barque peut flotter
sur l'eau, il n'est guère, pour les jeunes gens, de plus agréable
et de meilleur exercice que le *canotage*; aussi, depuis un demi-
siècle, ce genre de sport, jusqu'alors à peu près exclusif à
l'Angleterre, a-t-il pris une grande extension en France, notamment aux environs de Paris.

Tout l'été, maintenant, de coquettes embarcations sillonnent, rapides et pressées, les eaux de la Marne et de la Seine. Agréablement pavoisées, bariolées de couleurs vives, elles voguent de fête en fête avec leurs gais équipages; car, du commencement à la fin de la saison, des concours, des joutes, des régates organisés par les « cercles nautiques » attirent à Asnières, à Saint-Cloud, à Joinville, les intrépides canotiers.

Même dans nos ports maritimes, la navigation de plaisance compte, aujourd'hui, de nombreux amateurs. De hardis et riches sportmen ne craignent point d'entreprendre, sur leurs yachts, de longues excursions en mer, et les perfectionnements chaque jour apportés à la construction des navires, la substitution, surtout, de moteurs électriques aux machines à vapeur ne peuvent que développer encore le goût de ces excellentes récréations.

Avantages physiologiques et pratiques du canotage. — Quelque simple et commode que paraisse l'art du canotier, ce n'est point sans adresse ni sans efforts que l'on y devient habile. Tout le métier ne consiste pas, en effet à s'affubler d'une vareuse multicolore et d'un chapeau pointu pour aller, d'une rive à l'autre, rire et danser sous les tonnelles en joyeuse compagnie. Il faut apprendre aussi le maniement de la barre et de l'aviron, la manœuvre de la voile et celle du canot, qui ne laissent pas d'exiger un assez long apprentissage. Ces divers exercices entraînent, nécessairement, les mouvements les plus complexes et les plus variés; mais il n'en est pas de plus utiles, au point de vue physiologique, que ceux qu'exécutent les rameurs.

A manier l'aviron, ce ne sont pas, en effet, seulement les muscles des bras et des épaules qui se fortifient, mais ceux aussi de la colonne vertébrale et de la poitrine. Cette rude gymnastique ayant, en outre, toujours lieu au grand air, entre le ciel et l'eau, ne peut être que très favorable à l'appétit, à l'hématose pulmonaire, et par suite, à toutes les autres fonctions de l'économie.

Pour canoter en rivière, sans embarras et sans danger, il est indispensable, enfin, de joindre la prudence et l'adresse à la force physique. Au moins une longue pratique est-elle nécessaire pour « aborder » en toute sécurité, soit une embarcation, soit un rivage; pour « embarquer » ou « débarquer » selon les conventions établies, et plus encore pour « virer de bord », pour se tirer d'un « engravage », pour arrêter instantanément, en présence d'un péril quelconque, la marche du canot.

Chaque année, malheureusement, de déplorables accidents se produisent, qui ne peuvent être attribués qu'à l'ignorance, à la gaucherie des canotiers inexpérimentés. Or, comme de tels imprudents ne compromettent pas seulement leur vie, mais celle des autres, on peut hardiment conclure que le corollaire obligé de l'art du canotage est la parfaite connaissance d'un autre art plus utile encore, celui de la natation.

NATATION.

Utilité de la natation. — Dans un système bien compris d'éducation physique, on ne saurait, de trop bonne heure, apprendre à nager.

Outre que le bain, tiède ou frais, est une des meilleures pratiques de l'hygiène, les mouvements que l'on y peut exécuter ne contribuent qu'à le rendre plus salutaire encore. Il y a donc, à se mouvoir méthodiquement dans l'eau, le double avantage de prendre d'abord un excellent bain, de se livrer, ensuite, à un exercice agréable toujours et susceptible, à l'occasion, de rendre le plus grand service.

Aujourd'hui, dans toutes nos villes importantes, existent des écoles de natation, et même, depuis quelques années, de vastes piscines d'eau tiède, où il est facile, avec quelques leçons d'un baigneur, d'apprendre à nager. Mais dans ces établissements, si bien aménagés qu'ils soient, pas plus au point de vue de l'exercice que de l'hygiène, le bain ne vaut celui que l'on prend à la mer ou seulement en pleine rivière, quand on peut s'y aventurer sans danger.

La confiance en soi étant une des conditions les plus favorables à l'apprentissage de la natation, les commençants ont volontiers recours à différents moyens pour s'exercer à la nage, sans risquer de couler au fond de l'eau. Les uns, dans ce but, s'attachent des vessies remplies d'air, d'autres, des plaques de liège, autour du corps. Mais, le moment venu de renoncer à ces engins, les élèves souvent sont repris de leurs premières appréhensions, et dans leur trouble ils se remettent à barboter comme s'il n'avaient aucune expérience. Il est donc préférable qu'ils réclament, dès le début, l'aide obligeante d'un baigneur qui, tout en les soutenant du bout de la main sous le menton, leur pourra donner d'utiles conseils.

Au surplus, dût-on crier au paradoxe, il n'est pas toujours indispensable, pour s'exercer à la natation, de se plonger dans l'eau. Dans tous les cours de gymnastique, en effet, on enseigne utilement aux élèves à nager à sec, en leur faisant exécuter, le ventre appuyé sur un chevalet, tous les mouvements qui permettent au corps de se tenir en équilibre et de progresser, quand il baigne, en réalité, dans une eau suffisamment profonde.

Après avoir, ainsi, séparément exercé les bras et les jambes, il suffit à l'élève, d'en coordonner les mouvements pour compléter son apprentissage; et sur le chevalet, il y parvient d'autant mieux, que le maître, à tout moment peut intervenir, pour rectifier une attitude défectueuse.

Gymnastique natatoire. — Toute cette gymnastique de la natation, si complexe en apparence, ne consiste, d'ailleurs, qu'en trois ou quatre mouvements successifs à répéter avec ordre et méthode. Dans une première position, les membres supérieurs sont rapprochés du corps et les mains réunies face à face au niveau de la poitrine, les membres inférieurs écartés et pliés au genou de façon à permettre le rapprochement des talons sur la ligne médiane.

De ce point de départ, on fait un premier mouvement en allongeant à la fois les bras en avant et les jambes en arrière, impulsion qui donne au corps d'autant plus de force à fendre l'eau, qu'elle a été plus vigoureuse ; puis, dans un deuxième mouvement, rapprochant les jambes tandis que l'on écarte les bras, sans se presser on ramène ceux-ci vers le tronc, pour les replacer dans l'attitude initiale.

Exercice de la natation.
Attitude initiale.

Quand, après avoir suffisamment répété cette série d'exercices on connaît bien le mécanisme de la natation, il ne reste plus qu'à se jeter à l'eau pour nager, et l'on y parvient aussitôt que l'on a pu surmonter la crainte instinctive que tout d'abord on éprouve à se mouvoir dans ce nouveau milieu. Généralement il suffit, pour cela, de s'exercer dans un endroit où l'on puisse toujours prendre pied. Déjà, quand on y baigne jusqu'à la hauteur des épaules, on peut très facilement se tenir en équilibre dans l'eau. Mais pour se familiariser tout à fait avec cet élément, il faut aussi s'habituer à y plonger la tête avec le soin de garder les yeux grands ouverts.

Aux premiers essais, peut-être, éprouve-t-on quelque malaise, une oppression et des bourdonnements d'oreille assez gênants ; mais on constate, ainsi, comme il est difficile de toucher au fond de l'eau, même en le voulant, et l'on acquiert bientôt la conviction qu'il doit suffire du moindre effort, pour se soutenir à la surface. Dès lors on peut se risquer en toute assurance, et pour peu que l'on s'y exerce, apprendre, en peu de temps, les différentes manières de nager.

Différentes manières de nager. — La plus élémentaire, la *brasse*, est celle dont nous venons d'étudier les divers mouvements. C'est la simple imitation de la manière de nager de la grenouille, mais elle ne permet à l'homme d'avancer que très lentement, tout en exigeant beaucoup d'efforts. Spécialement pratiquée par les marins, la *coupe*, au contraire, donne au nageur la faculté d'aller plus vite, et cette allure, on l'obtient en jetant, tour à tour, chacun des bras hors de l'eau, pour le ramener vigoureusement sous la poitrine, à la façon d'une rame.

Sans trop de fatigue on peut encore nager *en chien*, les deux mains alternativement élevées, puis abaissées, pour attirer vers

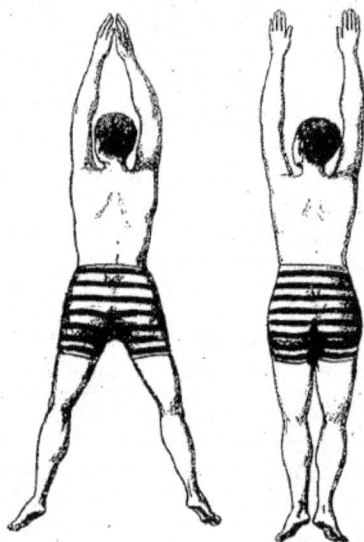

Premier mouvement.

Deuxième mouvement.

le corps l'eau que les jambes repoussent ensuite. Mais de toutes les façons de nager, la moins pénible, assurément, et l'une des plus utiles, consiste à faire la *planche* en se retournant sur le dos pour battre l'eau des mains et des pieds, le tronc étant tenu très droit et la tête rejetée en arrière.

Ce n'est pas tout, au surplus, que de savoir bien nager. S'il n'en faut pas davantage pour son agrément personnel, ni même pour sauver sa vie à l'occasion, encore doit-on pouvoir, le cas échéant, porter utilement secours à une personne en danger de se noyer. On y parvient en s'habituant à plonger et la meilleure manière de le faire est de se jeter d'une certaine hauteur, la tête en bas et les bras en avant, dans une eau profonde. Après avoir quelquefois répété cet exercice, on n'éprouve plus, à s'ébattre dans l'eau, la moindre crainte ; on y conserve tout son sang-froid et l'on peut désormais opérer un sauvetage avec toute chance de succès.

Quelque intrépide que l'on soit, en effet, ce n'est point sans réflexion qu'il faut aller saisir le noyé qui s'agite, à moitié suffoqué par l'asphyxie. On doit éviter, avant tout, de se laisser prendre soi-même, et dans ce but, c'est, autant que possible, par derrière, qu'il faut arriver sur la personne qui se noie. On la saisit aux épaules ou, mieux encore, sous les aisselles ; on la renverse sur le dos, et, vigoureusement, on l'entraîne vers la rive, tout en nageant avec les pieds. Aussi faible qu'il paraisse on débarrasse alors le noyé de ses vêtements, on le couche sur le flanc et par des frictions un peu rudes on le réchauffe, tandis que ses bronches se vident de l'eau qu'il a bue.

Dangers de la natation. — Les bains froids ne sont pas toujours exempts de danger, même pour le plus habile nageur, s'i se baigne en pleine rivière. Tantôt il peut être enlacé par de longues herbes, tantôt c'est une crampe douloureuse qui le prend à la jambe et paralyse ses mouvements. Ces accidents, toutefois, ne sont vraiment à redouter que si le baigneur s'épouvante et se trouble. Enveloppé par les herbes, il lui suffira, le plus souvent, de faire la planche et de rester immobile pour que les lianes aquatiques, d'elles-mêmes se détachent de son corps. Saisi par une crampe, il ne devra chercher qu'à regagner la berge soit en nageant sur le dos, soit par le simple mouvement des bras et de la jambe restée libre.

Quand on se baigne en dehors de toute surveillance, on ne

Pl. LXXVIII. — LES EXERCICES DU CORPS. — LE CANOTAGE.

saurait, enfin, trop tenir compte des règles hygiéniques obser-
vées par tous les baigneurs : Éviter de se mettre à l'eau le
corps étant en sueur, ou pendant la digestion du dernier repas;
en sortir au premier frisson, se vêtir promptement, et, par un
exercice modéré, faciliter, au besoin, le retour de la chaleur à la
peau.

JEUX D'ADRESSE ET D'ACTION.

Dans la grande variété des amusements ou « jeux d'action »
qui ne peuvent guère être mis en pratique qu'à la campagne,
un certain nombre se recommandent par l'exercice et le travail
utiles qu'ils font accomplir aux organes du mouvement.

Amateurs passionnés de ces jeux, les Anglais et les Américains, depuis quelques années, nous en ont fait connaître de
très intéressants, dont la vogue, aujourd'hui, n'est pas moins
considérable en France que dans les pays d'origine; mais nous
n'avions pas attendu leur exemple pour prendre plaisir aux
récréations de ce genre, et la *balle*, la *paume*, les *boules*, les
quilles, le *volant*, les *sauts à la corde*, le *cerceau*, ne font pas
trop mauvaise figure encore dans les promenades et les jardins
publics, à côté du *lawn-tennis* et du *crochet*, du *patin* et du
vélocipède.

Pour devenir habile à la plupart de ces jeux, il ne faut pas
moins exercer son adresse que sa force. La *balle* et la *paume*,
notamment, outre beaucoup de précision dans le coup d'œil,
exigent une attention soutenue. Le *ballon*, plus lourd à manier,
doit être lancé par une violente impulsion du poignet, du bras
ou de la jambe.

Moins fatigants et plus agréables, le *volant* et le *jeu de grâces*
avec le *lawn-tennis* et le *crochet*, conviennent particulièrement
aux jeunes filles. On peut reprocher aux premiers de ne point
suffisamment exercer les membres inférieurs; mais il faut, en

revanche, leur reconnaître le grand avantage de forcer doucement les reins à s'assouplir, le buste et la tête à se redresser,
ce qui peut être excellent pour corriger certaines déviations de
la taille.

Très apprécié des jeunes mondaines, le lawn-tennis donne la
souplesse aux mouvements et la grâce aux attitudes. Bon jeu
de famille, le crocket exerce sans fatigue l'adresse et l'attention.

Moins pénible que le jeu
de boules, dont il pro-
cède évidemment, il plaît
surtout aux dames, et
n'ennuie pas trop les
jeunes gens; aussi, dans
toutes les stations bal-
néaires ou thermales, à
la villa comme au châ-
teau, passe-t-on volon-
tiers à jouer au crocket,
sur le sable uni des al-
lées ou des plages, les
plus longues heures du
jour.

A la campagne, sur les
places de village, et dans
les cours des petits caba-

Le jeu de crocket.

rets de banlieue, les *jeux de quilles* et de *boules* réunissent
encore de nombreux amateurs. Ce sont, en effet, d'agréables
exercices, inférieurs, sans doute, à beaucoup d'autres, au point de
vue du travail musculaire, mais très propres à développer l'attention et la justesse du coup d'œil.

Les *sauts à la corde* et le *jeu du cerceau* qui font les délices
des jeunes garçons et des fillettes, favorisent au contraire,

beaucoup, le développement de l'appareil locomoteur. Tous les avantages physiologiques de la course et du saut se retrouvent, en effet, dans ces exercices, multipliés par l'ardeur et l'entrain que l'on met à jouer au jeune âge. Souvent même il arrive, à cet égard, que les enfants, surexcités par l'amour-propre ou le plaisir, dépassent la mesure permise. A courir avec excès, en frappant sur leurs cerceaux, les petits garçons peuvent s'essouffler jusqu'à se donner de violentes palpitations de cœur ; les fillettes, pousser jusqu'au déplacement des organes abdominaux, la passion du saut à la corde. C'est donc aux parents à réglementer ces récréations aussi nuisibles quand on en abuse, qu'elles sont salutaires quand on s'y livre avec modération.

Dans nos contrées où les hivers ne sont généralement pas rigoureux, rarement on a l'occasion de *patiner* sur la glace ; mais ce genre de sport est fort goûté des habitants de l'Europe septentrionale, des Hollandais et des Suédois entre autres, qui le plus souvent, d'ailleurs, ont recours à ce mode de locomotion bien moins par agrément que par nécessité.

Quoique cet utile exercice exige un assez long apprentissage, on peut, cependant, voir chez nous, quand l'hiver le permet, de très habiles patineurs. Avec une parfaite élégance, une étonnante hardiesse, sur les eaux solidifiées des lacs du bois de Boulogne, ils décrivent de capricieuses arabesques, de pittoresques zigzags. Pour exécuter, sans risquer de se rompre le cou, de pareils tours d'adresse, il ne suffit pas seulement de savoir se tenir en équilibre sur le tranchant du patin. Il faut encore s'être exercé longtemps aux « pas en dedans », puis aux « pas en dehors », le corps penché sur le bord interne ou externe du pied sur lequel on glisse. On doit avoir appris à marcher en arrière, à tourner dans un même cercle, à s'arrêter soudain au milieu d'une course rapide, en appuyant fortement sur la glace les deux talons rapprochés.

Quand on en a bien vaincu toutes les difficultés, et que l'on ne s'aventure pas étourdiment dans un endroit dangereux, l'exercice du patin, par une belle journée d'hiver, n'est pas moins salutaire qu'agréable. On ne saurait, à aucun point de vue, lui comparer le jeu, devenu banal, du *patin à roulettes*, qui, cependant, fut en grande faveur à Paris, il y a quelques années.

Un sport très intéressant encore est l'exercice du *vélocipède* dont la vogue, en peu de temps, s'est aussi considérablement accrue. Il n'est point aussi facile qu'il le semble de mettre en mouvement, à l'aide de ses deux pédales, cette grande et légère roue métallique au-dessus de laquelle on doit, imperturbablement, se tenir à califourchon. La moindre oscillation à droite ou à gauche suffisant à détruire l'équilibre, peut, en effet, précipiter du même coup, sur le sol, la machine et le cavalier. Comme le patineur sur ses lames d'acier, le vélocipédiste est donc, avant tout, absolument contraint d'être toujours d'aplomb sur sa sellette; et l'on peut croire que pour s'y maintenir, ils font sensiblement, l'un et l'autre, les mêmes efforts.

Le vélocipède.

Commodément assis sur son *bicycle*, un vélocipédiste habile, en quelques instants, parcourt sans grande fatigue un trajet considérable, à la seule condition de voyager dans un pays de plaines et sur une route bien battue. Cette façon d'aller, toutefois, est encore essentiellement fantaisiste ; mais elle devient tout à fait pratique avec le *tricycle* ou vélocipède à trois roues, qui, sans être aussi rapide que le précédent, permet toujours à la personne, même la moins expérimentée, de franchir, en peu de temps, de très grands espaces.

EXCURSIONS ET VOYAGES

PROMENADES RURALES.

Agréments et nécessité de la promenade au grand air. — Quand reviennent les beaux jours, chaque année, le besoin d'activité physique tend, heureusement, à faire équilibre, en nous, au travail intellectuel. De sourds frémissements agitent tout notre être, et nous éprouvons le désir plus ou moins impérieux de marcher, d'agir, de nous mouvoir, — la fièvre du déplacement et du voyage.

Comment répondre, cependant, à cette impulsion si naturelle, et suffisamment la satisfaire, alors que l'on est tenu par l'inexorable devoir, ou la nécessité de remplir la tâche de chaque jour?

A bien des gens, au premier abord, ce problème doit sembler tout à fait insoluble. Il n'en est rien, au fond, car le besoin d'activité physique est en réalité, le plus accommodant de nos besoins. Pour le travailleur, toute la journée courbé sur son outil ou sur ses écritures, une heure de promenade au grand air frais, par les beaux soirs, est un exercice aussi salutaire qu'agréable et qui, le plus souvent, suffit à calmer ses désirs modérés de locomotion.

Au bout de la semaine, d'ailleurs, arrive le jour du repos, le dimanche, et durant tout l'été, ce jour-là, devant les infatigables marcheurs, les observateurs et les touristes passionnés, la campagne s'ouvre toute grande, étalant pour tous ses jolis paysages et ses sites rajeunis, attirant les gais compagnons aux fêtes de ses villages, offrant aux amoureux l'ombre et la mousse de ses bois; aux rêveurs, les chansons de ses fauvettes; aux curieux de la nature, les coupes abruptes de ses terrains, les joyaux vivants de sa flore, les bourdonnants essaims de ses insectes; aux placides pêcheurs à la ligne, les berges sinueuses de ses rivières et les clairs miroirs de ses étangs!

Puis, viennent les vacances; et pour tous ceux qui vivent de leur esprit et de leur pensée, le projet, longtemps caressé, d'une lointaine excursion, d'un voyage en pays étranger, se présente, plus séduisant et plus irrésistible. On consulte le temps, on calcule son budget, on pèse sa bourse, et voilà qu'un beau matin, sur l'invitation d'un gai rayon de soleil, on se décide, on boucle sa valise et l'on part!

En vérité, n'est-ce point un charmant programme? Mais, êtes-vous toujours libre, lecteur, de le réaliser? Peut-être ne disposez-vous guère que de vos dimanches, et le dimanche venu, comme l'immense majorité des travailleurs de nos grandes villes, vous ne savez sans doute où porter vos pas? Un impérieux besoin de respirer, de jouir du grand air et du soleil, vous fait ardemment souhaiter, cependant, d'aller à la campagne.

Il est si bon, quand toute la semaine on a travaillé du matin au soir dans quelque sombre atelier, que l'on n'est pas sorti de l'étroite boutique, de l'humide rez-de-chaussée où le jour pénètre à peine, il est si naturel de désirer un peu plus d'espace, un peu plus de lumière, un plus vaste horizon!

Le dimanche à la campagne. — C'est décidé. Vous irez donc voir les champs. La gare est là, tout près, la locomotive fume, et le train dans quelques minutes peut vous déposer à trois ou quatre lieues, dans un pays charmant.

Peut-être, à vrai dire, ne savez-vous point, au juste, où vous devez descendre et vous demandez-vous où vous pourriez le plus agréablement passer votre journée? Indécis, vous parcourez votre journal, vous jetez un regard sur les murs de la gare tapissés d'affiches de toutes les couleurs. Fête ici, fête là-bas, fête plus loin, fête partout! Et quels attrayants, quels éblouissants programmes! Fanfares, orphéons, rosières, courses en sac, mâts de cocagne, joutes sur l'eau, bal champêtre, revue des pompiers, tombola, brillantes illuminations, feu d'artifice!

C'est à qui vous séduira, vous fascinera, vous enlèvera, vous possédera; car voilà bien, en somme, le but caché de toute fête villageoise, attirer, capter, accaparer le promeneur du dimanche qui ne regarde généralement pas à dépenser quelque argent pour s'amuser!

Eh bien, si vous m'en croyez, vous fermerez l'oreille et les yeux à ces aimables séductions; vous fuirez les fêtes de campagne. Quel plaisir, en effet, pourriez-vous trouver à ces grosses réjouissances? quel agrément résulterait pour vous d'une promenade à travers une cohue de gens pressés, ahuris, allant, venant, s'interpellant dans la poussière, en plein soleil, sur une place de village? Si vraiment vous voulez bien remplir votre dimanche, et, tout en vous reposant des fatigues de la semaine, obtenir de la campagne tout le bien qu'elle peut vous faire, toute la joie qu'elle peut vous donner, laissez le pays habité pour vous enfoncer dans les bois, gravir la colline, suivre à petits pas les bords de la rivière ou du ruisseau.

Regardez, observez, cherchez à comprendre les mille merveilles que vous foulez aux pieds ou que vous ne voyez pas faute d'en soupçonner l'existence. Interrogez le nuage, l'arbre, l'oiseau, l'insecte, la plante, le caillou : tout cela raconte à qui sait le faire parler les plus intéressantes, les plus curieuses histoires! Êtes-vous en famille? partez de bonne heure, le dimanche, avec toute la maisonnée.

Pl. LXXIX. — EXCURSIONS ET VOYAGES. — LE DÉJEUNER SUR L'HERBE.

Vous ne sauriez trouver un plus salutaire et plus agréable passe-temps que d'aller, par une belle journée, dîner sur l'herbe. Si vos enfants sont déjà grands, quelle fête ce sera pour eux! quelle excellente influence, en outre, aura, sur leur santé, cette immersion dans le grand air pur et la vive lumière, après de longs jours passés dans la froide atmosphère de la classe, dans l'étroit et sombre réduit que peut-être vous habitez! Comme leur esprit, enfin, recevra de fortes et saines impressions de ces promenades rurales où tout objet qui frappera leurs regards sera nouveau pour eux et vous fournira le sujet de conversations aussi variées qu'instructives!

Organisez donc, tous les ans, à la belle saison, le plus que vous le pourrez, de ces excursions charmantes. Même aux environs de Paris abondent heureusement, encore, les sites ravissants où, loin de la musique enragée des fêtes villageoises, on peut toujours entendre chanter des oiseaux, courir après les papillons, faire de gros bouquets de fleurs sauvages, passer dans le calme le plus profond une délicieuse journée.

O fraîches clairières de Meudon, ravins touffus de Montmorency, sombres fourrés des bois de Verrières, ombreuses prairies de Chaville, hautes bruyères de Viroflay! que d'heures de repos et que de bons souvenirs vous doivent les Parisiens qui vous connaissent, et qu'ils sont à blâmer, peut-être, autant qu'à plaindre, ceux qui ne vous connaissent pas!

Promenades scientifiques. — Combien de braves gens, toute l'année occupés à de pénibles travaux, soupirent sans cesse après la saison bénie des vacances, qui, le moment venu de se reposer, ne savent point à quoi dépenser leurs loisirs, ni quelles distractions opposer au rapide ennui qui les gagne?

Les citadins surtout, dont le plus doux rêve est d'aller se retremper un jour dans les « calmes plaisirs » de la campagne, trop souvent s'y trouvent pris d'une morne nostalgie, d'un pro-

fond regret de leurs occupations habituelles. Impuissants à s'a-
dapter à ce nouveau mode d'existence, incapables de « tuer
le temps », dans le plus beau pays du monde ils ne parviendront point à récréer leur esprit; n'aspirent qu'à s'en retourner,
et ne retrouvent en effet toute leur joie qu'en reprenant leurs
affaires !

Même dans les plus attrayantes contrées, cependant, ces malheureux désœuvrés ont toujours à leur disposition les plus
agréables moyens de se distraire : la promenade instructive à
travers plaines et vallons, l'intéressante étude du sol et des
minéraux, la recherche des plantes et la composition d'un herbier, la capture des insectes et des papillons, l'attentive observation de tous les faits d'histoire naturelle.

Excursions géologiques. — Que l'on y séjourne seulement, ou
que l'on vive d'habitude à la campagne, c'est par l'exploration
géologique de la localité qu'il faut, rationnellement, commencer
la série des excursions scientifiques.

Est-il rien de plus intéressant, en somme, que de savoir sur
quelle terre on marche, à quelle époque de l'histoire du globe
elle appartient, quelles transformations successives elle subit,
quels furent, tour à tour, ses divers habitants, à la suite de
quels grandioses phénomènes elle acquit son relief actuel et
sa configuration présente?

Ces hautes montagnes qui se découpent là-bas, sur l'horizon,
se sont-elles lentement soulevées au-dessus des plaines avoisinantes? Ne sont-elles pas plutôt sorties toutes brûlantes du sol
pour vomir durant des milliers d'années des nuages de vapeur
et des torrents de lave?

Ces profondes vallées aux versants ombreux résultent-elles
d'une subite dislocation de l'écorce terrestre? N'ont-elles pas, au
contraire, été patiemment creusées, dans le cours des siècles, par
le rapide torrent qui ravine encore, au fond, les prairies et les bois?

En vérité, peut-on se poser de plus curieuses questions, s'amuser à résoudre de plus attachants problèmes?

Et que faut-il pour donner à cet égard pleine satisfaction à sa curiosité? Simplement quelques notions de géologie, une bonne carte de la contrée à parcourir, un sac de cuir à compartiments, un ou deux marteaux; puis, autant qu'on le pourra, de longues excursions et des promenades.

On fait, un jour, l'ascension du plus haut sommet de la montagne; on suit, un autre jour, les méandres de la vallée; on s'arrête, pour les étudier, aux escarpements où se montrent à nu, dans leur étonnante superposition, les roches sous-jacentes. On visite les carrières d'où l'on extrait les argiles, les sables, la chaux, les ardoises, les pierres à bâtir. On descend avec les ouvriers dans les puits de mines; on fouille le sol des cavernes; on gravit les rochers abrupts, on ne dédaigne pas d'interroger le lit caillouteux des ruisseaux, les déchirures des ravins, les tranchées des chemins de fer et des routes.

Partout on observe, on creuse, on pioche, on gratte, on détache à coups de marteau des échantillons de roche, on fait délicatement sauter, sous le ciseau, le précieux fossile qui révélera la nature du terrain, l'époque de sa formation, précisera son âge et racontera quels animaux, quelles plantes vécurent en ces temps prodigieusement reculés où ce fragment de pierre fut lui-même un être vivant! (*Pl. LXXX.*)

Herborisations. — C'est quand on connaît la géologie, la géographie physique et le climat du pays où l'on s'est fixé, que l'on a vraiment plaisir et qu'il est avantageux d'en étudier la flore et la faune. Fructueusement, alors, on peut entreprendre des excursions botaniques, herboriser, et simultanément observer les admirables harmonies que l'on découvre à chaque pas entre les fleurs et les insectes.

Il faut avoir été possédé de cette captivante passion de la recherche des plantes, pour connaître et pouvoir dire tout le charme d'une herborisation dans un site sauvage où l'on trouve la nature chez elle dans toute sa grandeur et sa simplicité.

De tous côtés apparaissent aux yeux émerveillés, des fleurs jusqu'alors inconnues, de rares espèces, longtemps cherchées, qui se présentent bien tout à coup, telles que l'on se les figurait, avec l'absolue perfection de leurs caractères. Et ce sont, alors, de soudaines émotions, de délicieuses surprises. On se jette haletant, sur la merveille inopinément rencontrée. On la contemple, on l'admire, on n'en croit pas ses yeux! A genoux sur la mousse, on l'arrache, on l'extirpe avec les plus grands égards pour n'en point laisser le moindre débris à la terre.

Fiévreusement, on inspecte son calice et l'on scrute sa corolle; on compte ses étamines et l'on examine ses pistils. C'est elle! C'est bien elle, la rarissime espèce échappée aux investigations de Linnée! Aussi, comme on la couche avec soin dans la boîte à herboriser qui lui conservera sa fraîcheur et, de retour à la maison, comme l'on se hâte de l'étendre, de la serrer dans le buvard où, lentement, elle se desséchera, jusqu'à ce qu'elle soit admise à remplir enfin, dans l'herbier, sa place, longtemps restée vide!

Pour avoir quelquefois de ces bonnes aubaines, il n'est si petit coin, dans la campagne, que le botaniste ne doive explorer. Si les hautes montagnes ou les plages de la mer lui réservent d'incomparables découvertes, il lui suffira souvent de jeter un regard sur la lisière d'un bois, sur le bord d'une mare, sur les décombres d'une masure ou dans la crevasse d'un rocher pour y faire une trouvaille dont il sera d'autant plus charmé qu'elle le surprendra davantage.

Et ce n'est pas seulement à la saison des fleurs, comme on le pourrait supposer, que l'herborisateur se donnera la joie d'abondantes ou de curieuses récoltes. Après un court apprentissage, il saura que toutes les époques de l'année ont leurs éclo--sions florales, que les espèces végétales, régulièrement se suc-

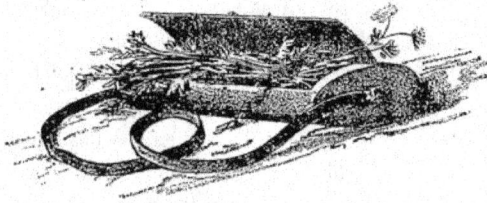

La boîte à herboriser.

cèdent du printemps à la fin de l'hiver, et que si les plus belles s'épanouissent aux jours les plus beaux, ce n'est point toujours aux mêmes temps que fleurissent les plus intéressantes.

Des premiers perce-neiges, qui se montrent en février, jusqu'aux derniers colchiques qui se fanent en novembre, quelle infinie variété, d'ailleurs, dans l'opulente flore de nos prairies et de nos bois! Avril s'efforce en vain d'ajouter aux *Anémones* les *Renoncules*, aux *Liliacées* magnifiques les fastueuses *Orchidées*. L'été multiplie à foison les odorantes *Labiées*, les *Roses* et les *Gramens*, les *Crucifères* et les *Dianthées* aux superbes corolles. Partout, en automne, abondent encore les *Composées* aux capitules rayonnants, les splendides *Papilionacées* et les étranges *Ombellifères*. Une merveilleuse renaissance des plus belles plantes du printemps vient même, souvent, à cette époque, combler les vides qui se produisent dans la foule des herbes à fleurs visibles, et, quand arrive décembre, c'est tout un autre monde végétal, celui des *Lichens* et des *Mousses*, qui révèle au botaniste attentif les étonnants mystères de ses noces cachées!

En remplissant ses loisirs par de telles distractions, comment pourrait-on trouver le temps long et s'ennuyer à la campagne? Tout le monde ne s'amuse point à la chasse, à la pêche, impraticables dans certains pays, et presque partout, aujourd'hui, bien plus pénibles qu'agréables.

En tous lieux, au contraire, il est des sites à visiter, des fleurs à recueillir, et l'on ne saurait mieux employer les longues heures de désœuvrement qu'à ces excursions instructives.

Recherche et cueillette des champignons. — N'est-ce point, encore, un des plus vifs agréments de la vie rurale, que d'aller, par une belle journée d'automne, à la recherche des champignons? Il faut plaindre les oisifs qui ne connaissent pas les attraits de cette passionnante chasse, ou qui ne daignent point s'y livrer.

Aussi bien, devons-nous en convenir, n'est-elle point permise à tout le monde. Elle exige, avec beaucoup de perspicacité, de prudence et de flair, un véritable savoir, une connaissance absolue de ces étranges productions végétales que l'on se propose de récolter. (*Pl. LXXXI.*)

C'est tout un peuple, en effet, que celui des champignons. En une nuit, dans les bois et les prés, il sort de terre aux premières pluies de septembre, et dans cette foule, si variée cependant, les mauvais trop souvent ressemblent aux bons, comme dans une multitude humaine.

Il ne suffit donc pas d'aller, en amateur, à la cueillette des champignons. Il faut les voir, les distinguer et les choisir avec l'œil et la science du botaniste; se défier des plus beaux, qui sont, en général, les plus méchants; rejeter tous ceux qui n'exhalent point une franche et bonne odeur, tous ceux, surtout, dont la pulpe verdit ou bleuit rapidement à l'air, quand on les casse.

Mais vous êtes un fin connaisseur, et de grand matin, assez

fortement chaussé pour ne point craindre la rosée, vous avez
pris, un petit panier à la main, le sentier des prairies ou le
chemin des bois.

Voici, çà et là perçant la pelouse, les globuleux chapeaux
blancs de l'*Agaric champêtre*, type rustique et délicieusement
parfumé de ce vulgaire « champignon de couche », que l'on
cultive sur le fumier, dans les carrières des environs de Paris.
Il pousse naturellement, ici, de compagnie, souvent, avec une
espèce à l'odeur musquée et plus savoureuse encore, le mousseron, qui se plaît, surtout, dans les pâturages montueux.

L'un et l'autre ont, en dessous, le chapeau divisé en feuillets
d'un beau rose tendre, et leur honnête aspect, autant que leur
agréable parfum, ne laisse aucun doute sur l'excellence de leurs
qualités. Cueillez-les donc en toute confiance, et sur ce même
terrain, mais plutôt dans les endroits secs, parmi les genêts et
les bruyères, cherchez aussi le grand et bon *Agaric élevé*, si
reconnaissable à l'élégance de son haut pédicule, à ses feuillets
blancs, à son chapeau gris et conique, dont l'épiderme se détache
en minces lambeaux.

Entrez au bois, maintenant, et suivez, à petits pas, l'humide
chemin qui se perd à travers les arbres. Le bois frais et sombre
est le milieu préféré du champignon. Il y naît en tout temps,
il y prospère, il y foisonne, en certaines saisons, dans tous ses
types et toutes ses variétés.

Enfoncez-vous sous les ramures, sondez du regard l'épaisseur
des ombres dans les fourrés, regardez au pied des souches
moussues, explorez les clairières ensoleillées et, sous le couvert,
les bas-fonds marécageux où pourrissent les feuilles mortes. Partout vous découvrirez des champignons de toutes les formes et
de toutes les nuances; mais les espèces comestibles y sont relativement peu communes et les vénéneuses s'y présentent à chaque
pas. Soyez prudent et ne vous laissez séduire ni par les grosses

Pl. LXXX. — EXCURSIONS ET VOYAGES. — L'EXCURSION GÉOLOGIQUE.

dimensions, ni par les éclatantes couleurs, ni par les fraîcheurs apparentes.

En quelques contrées, sous les hêtres ou les châtaigniers, vous verrez sortir de la mousse une sorte d'œuf du volume, au moins, de celui d'une poule. C'est l'enveloppe ou *volva* d'une exquise et superbe espèce voisine des *Agarics*, l'*Oronge*, qui, de même qu'un poussin brise sa coquille, déchirera bientôt la membrane où elle est enfermée pour étaler un large chapeau rouge en dessus, comme celui d'un cardinal, et subdivisé, par-dessous, en nombreux feuillets jaune d'or.

L'Oronge est rare, malheureusement, et la *Fausse Oronge*, un redoutable poison, d'une extrême fréquence. Mais un œil exercé distingue aisément cette pernicieuse espèce aux débris de la *volva* qui restent collés à son chapeau!

Continuons, sous bois, nos investigations et notre promenade. Ce gros dôme d'un brun rougeâtre qui soulève les feuilles sèches au bord du chemin, c'est l'excellent et classique *Bolet*, le « Cèpe » des Méridionaux, à la grosse jambe conique, au disque épais, bien distinct du chapeau des *Agarics* en ce qu'il porte, au lieu de fines lamelles, de petits tubes jaunes étroitement serrés. Nombre de types malfaisants lui ressemblent beaucoup : le *Bolet meurtrier* par exemple, en dépit de ses tubes rouges et de son chapeau gris.

Point d'erreur possible, au contraire, avec la curieuse *Chanterelle*, la bonne et bizarre « girolle », qui se dresse, là-bas, sous les chênes, toute jaune, relevant de telle manière, au-dessus d'un court pédicule, les saillantes nervures de son disque, qu'elle nous montre la singulière forme d'un parapluie renversé.

N'hésitons pas, non plus, devant cette rare et délicieuse *Morille*, qu'il faudrait chercher, pour la trouver en abondance et dans tout le développement de ses qualités, sur les hautes pentes ombragées, au pied des sapins et des frênes. Par les profonds alvéoles dont il est tout percé, le chapeau de la morille exhale une odeur suave ; mais l'espèce en est peu répandue et c'est une bonne aubaine déjà que de récolter, dans un bois, des chanterelles ou des clavaires !

Explorez bien, pour découvrir celles-ci, les talus des chemins creux, les déchirures des ravins voilés de sombres broussailles. C'est là que la *Clavaire corail* pousse hors de terre, comme de petites mains, de larges pédicules charnus dont les ramifications jaune de cire semblent bien souvent être les doigts de ces étonnantes « menottes »

A chercher, à cueillir ainsi les champignons dans les prés et les bois, on ne saurait croire combien passe vite une matinée d'automne à la campagne.

Et ce n'est pas seulement un déjeuner que l'on rapporte de cet exercice au grand air, mais, ce qui vaut tout autant, un vif appétit pour le manger, et les souvenirs d'une excursion qui, faite en compagnie, peut avoir été féconde en agréables incidents, en observations intéressantes.

Chasse aux papillons. — En famille, avec un alerte entourage d'enfants et de jeunes gens, il serait difficile de passer aux champs de belles vacances sans y consacrer au moins une ou deux journées à la chasse aux papillons. Et si l'on y va deux fois, à cette chasse incomparable, c'est que l'on y retournera trois, quatre, cinq, dix, vingt ou cent fois, jusqu'à ce que possédé, ravi, charmé, conquis, l'on ait fait complète connaissance avec les deux mille trois cent quatre-vingt-dix-neuf grands ou petits lépidoptères qui, d'après les derniers recensements, voltigent, en été, sous le beau ciel de nos climats !

Car, il est bon d'en être informé tout de suite : l'entraînement, la passion d'abord, bientôt l'irrésistible et furieux besoin de captiver, pour le piquer dans un cadre, un spécimen de chacun des types de ce peuple ailé, voilà le seul danger de la chasse aux papillons, la plus agréable, la plus hygiénique, la plus intéressante des chasses, quand on sait en prendre... et en laisser !

Pour arme, un filet de gaze verte, cent fines épingles en guise de cartouches ; pour gibecière, une boîte à fond de liège, où les épingles entrent bien, tel est l'outillage indispensable.

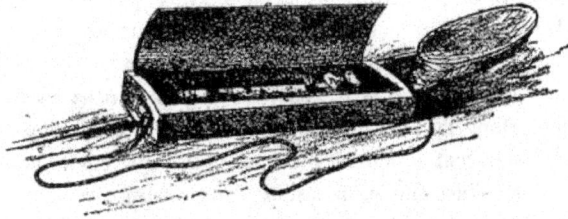

Boîte et filet à papillons.

En campagne, maintenant ! Le soleil est chaud, l'air calme et le temps clair, excellentes conditions pour l'épanouissement des corolles et le déploiement des ailes!

Et, tenez, sans aller plus loin, dans le jardin fleuri, sur les gazons du parterre et jusque sur les élégantes corbeilles qui parfument le seuil de la maison, voyez, comme de capricieux flocons de neige, voltiger ces coquets papillons blancs ! C'est toute la tribu des *Piérides* qui prend ses ébats.

Humblement sorties du chou, de la rave et du navet qu'elles broutèrent à l'état de chenilles, elles vont et viennent, maintenant, dédaigneuses parvenues, des renoncules au pétunias et des héliotropes aux roses trémières!

Il y aurait aussi peu de gloire que de profit à troubler dans leur essor, à disperser à coups de filet ces buveurs de nectar aux ailes virginales. Un chasseur sérieux ne brûle pas sa poudre aux moineaux et ne fait point feu sur les hirondelles. C'est à la poursuite des papillons blancs, toutefois, que l'amateur novice peut utilement faire son apprentissage, s'exercer au maniement du filet, à la capture de l'insecte, apprendre à connaître, enfin, les plus curieuses habitudes de ces fleurs animées qui naissent et meurent comme toutes les fleurs!

Si communes que soient les Piérides, ce ne sont point, au surplus, les seuls papillons de la rave et du chou qui, tout l'été, voltigent du parterre au potager par essaims quelquefois, et souvent par couples. Le collectionneur expérimenté sait fort bien découvrir, parmi ces banales espèces la remarquable *Piéride gazée* aux ailes transparentes, la *Daplidice* maculée de noir, et surtout la délicate *Aurore*, dont les ailes supérieures, chez le mâle, sont à moitié blanches, à moitié jaune orangé.

Dans l'incertitude, n'hésitez donc pas, jeune chasseur, à saisir une Piéride douteuse. N'est-ce qu'un papillon du chou? Tant pis! « Chou blanc! » vous avez deux fois le droit de le dire, et vous vous en consolez en rendant à l'espace le prisonnier qui laisse entre vos doigts l'impalpable duvet de ses ailes farineuses!

Nous voici, d'ailleurs, en plein soleil, dans le chemin des prairies où croissent, au bord des fossés, sous les haies d'aubépine et les ronces en fleur, les gros chardons aux capitules pourprés, les cirses à haute tige, défendus par une toison de piquants, et les cardères à foulon qui dressent en gerbe leurs têtes d'artichaut hérissées de bractées épineuses.

On pourrait croire, à voir ces plantes farouches, qu'elles sont délaissées des insectes et des oiseaux? Il n'en est rien. Les chardonnerets ne demandent pas à d'autres la fine peluche qui tapisse leurs nids, et pêle-mêle, aux heures les plus chaudes du jour, abeilles et bourdons se roulent voluptueusement sur leurs étamines.

Dans leurs promenades aériennes, les plus beaux de nos papillons aiment à s'y poser aussi, ne fût-ce que pour y déployer un instant le fastueux éventail de leurs ailes. Patience donc, et nous allons successivement y voir venir tous les fameux représentants de la famille des *Vanesses*, la *Grande* et la *Petite tortue* aux ailes polychromes, le noir *Vulcain* zébré de feu, le sombre *Morio* bordé de jaune et tacheté d'azur, le superbe *Paon du jour*, que ses quatre gros yeux caractérisent, le rapide *Robert-le-Diable* aux ailes dentelées, la blonde *Belle Dame*, attachée au chardon dès le maillot, et s'y trouvant ainsi toujours chez elle.

Point n'est besoin, pour saisir ces magnifiques papillons, d'user de force ni de ruse. A les vouloir prendre trop vite, on laisserait infailliblement la gaze du filet aux épines des chardons. Le mieux est de s'en approcher doucement et de les coiffer dès qu'ils s'enlèvent, la plupart, à l'exception du *Robert-le-Diable*, étant si peu sauvages, qu'ils reviennent ordinairement se poser devant le chasseur qui les manque, et se placer, pour ainsi dire, jusque dans sa main !

Entrons dans la prairie où, sur les mélilots, les trèfles, les luzernes en fleur voltigent, vifs et pimpants, d'élégants papillons jaunes. Ce sont les *Coliades citron, soufre* et *souci*, que diversifient surtout les nuances de leurs coloris et quelques gros points orangés inégalement jetés sur les ailes. Il n'est pas toujours bien facile de les prendre, soit au vol, soit au posé. Ne nous attardons pas à les poursuivre. Voici venir, en effet, jaune comme elles au premier aspect, mais joliment varié de noir, de pourpre et d'azur, le splendide *Machaon porte-queue*, le plus grand et le plus beau des papillons de notre zone. Laissons-le se poser, et d'un pas rapide, allons à lui. Vite, un coup de filet ! Le voilà sous la coiffe !

Et maintenant, dirigeons-nous vers le bois qui nous ouvre ses vertes allées et ses herbeuses clairières. En traversant la lande qui le précède, pourquoi ne surprendrions-nous pas, entre les prunelliers et les ronces le beau cousin du *Machaon*, le superbe *Flambé*, dont les ailes jaunes sont rayées de noir et de feu comme la robe du tigre? Attention! N'est-ce point lui qui, tout flambant neuf, plane et tournoie là-bas, sur les genêts, dans un rayon de lumière?

Avancez prudemment et le filet haut. Un coup sec : il est pris! Flambé, le *Flambé*. D'un tour de main vous lui barrez toute issue et l'enveloppez dans la gaze!

Sous bois, c'est un autre monde que nous découvrons : les deux *Sylvains* d'abord, le *Deuil* et le *Demi-deuil*, dont les petits noms disent bien le sombre et modeste costume; puis, çà et là, les types si curieux des *Nacrés* : le *Tabac d'Espagne*, l'*Aglaë*, l'*Euphrosyne* la *Petite violette* et le *Petit nacré*, tous très agiles, très défiants, et pareillement remarquables, avec leurs ailes fauves tachetées de noir en dessus, couvertes en dessous de brillantes plaques nacrées à reflets métalliques.

Notre excursion serait trop longue et trop pénible si nous voulions, à travers fourrés et clairières donner la chasse à tous ces sauvages papillons des bois!

Rentrons donc au logis en suivant pas à pas, dans le sentier couvert, cet autre promeneur ailé qui voltige autour de nous et nous accompagne. C'est le *Satyre Tircis*, « l'Argus des bois », qui, dans son vol en zigzag, nous montre comme autant d'yeux les gros points jaunes et blancs de ses ailes brunes.

Avec la plupart des sombres papillons de sa famille, ce gentil compagnon nous annonce, au surplus, que le jour tombe et que nous approchons d'un endroit habité. De la lisière du bois où le *Tircis* nous abandonne, nous découvrons, en effet, là-bas, dans les arbres, la maison d'où nous sommes partis, et voici qu'en traversant le coteau pour nous y rendre, les Satyres, à notre approche, de toutes parts s'envolent des bruyères et des gazons. Celui-ci, c'est le *Myrtil* aux ailes fauves marquées d'un œil noir; celui-là c'est l'*Ariane*, et cet autre la *Mégère*, plus ou moins bruns l'un et l'autre et différemment ocellés.

Sous nos pas, en même temps, se lèvent en foule ces charmants petits papillons du groupe des *Lycènes*, les *Azurins* et les *Argus*, qui se reconnaissent au grand nombre d'yeux semés sur leurs mignonnes ailes bleu d'azur ou rouge de cuivre.

La capture en est si facile qu'il suffit de faucher avec le filet la cime des hautes herbes pour s'emparer coup sur coup et comme sans le vouloir, du *Phlœas* pailleté de bronze, de l'*Adonis* pourpré d'azur, du *Corydon* d'un beau bleu tendre, ou de l'*Alexis* bleu-lilas!

Toutes les pastorales virgiliennes sont rappelées à notre mémoire par ces gentils lépidoptères aux doux noms de bergers, si bien que nous rentrons au logis non seulement chargés d'un riche butin, mais l'appétit aiguisé par la promenade, l'esprit charmé, la pensée rafraîchie, et qu'après un dîner réparateur, toute la nuit, tandis que les noirs Phalènes heurtent aux vitres, nous voyons encore passer, dans un beau rêve, des légions de papillons blancs et de papillons bleus!

VOYAGES D'AGRÉMENT.

But et utilité des voyages. — Depuis que les chemins de fer ont mis à la portée de chacun les plus merveilleux pays du monde, ce n'est pas seulement, comme autrefois, pour ses affaires que l'on voyage, mais aussi pour son agrément. Imaginé d'abord par les jeunes mariés, avant tout désireux de se soustraire aux importunes félicitations des parents et des amis, le « petit voyage » a bientôt tenté tous les oisifs assez intelligents pour aimer à voir et à s'instruire; il a séduit, d'emblée, tous les amis de l'art et de la nature; exalté par les uns et recommandé par les autres, il est enfin, maintenant, tout à fait entré dans nos mœurs.

Pl. LXXXI. — EXCURSIONS ET VOYAGES. — L'HERBORISATION.

Nous devons rendre cette justice à nos Compagnies de chemins de fer, qu'elles ont déjà fait de grands efforts pour mettre à la portée de quiconque a huit jours à dépenser, des voyages d'excursion aussi variés que faciles.

Tous les ans, au commencement de l'été, les trains à prix réduits qu'elles organisent, les trajets circulaires très séduisants qu'elles proposent au choix des touristes, leur attirent un grand nombre de voyageurs; aussi peut-on espérer, précisément parce qu'elles y trouvent avantage et profit, que les Compagnies amélioreront et développeront encore beaucoup ces utiles services.

Les délais accordés pour la plupart des excursions, par exemple, sont beaucoup trop courts. Ils ne laissent point assez de latitude au voyageur qui désire séjourner dans telle ou telle localité particulièrement intéressante; ils lui sont même absolument préjudiciables, si, malheureusement, il est forcé par le mauvais temps, ou par quelque accident imprévu, de s'arrêter en chemin.

Pourquoi, de même qu'elles font d'importantes concessions aux touristes qui voyagent en groupe, les Compagnies ne réduiraient-elles point aussi leurs tarifs en faveur des familles qui vont passer leurs vacances aux bains de mer, aux stations thermales, ou qui les consacrent à d'instructives excursions? N'est-il pas démontré que toutes les améliorations de ce genre, grandement utiles au public, sont aussi le plus souvent, pour les Compagnies, des sources de bénéfices considérables?

A mesure que les moyens de locomotion se multiplient et deviennent plus pratiques, il est incontestable que l'on voyage de plus en plus et déjà, de nos jours, il n'est si modestes gens qui n'aient au moins fait sur le rail un petit « tour de France. »

Mais pour mille personnes qui circulent par voie de fer ou route de terre, combien en est-il qui sachent voyager? Combien manquant d'instruction ou de renseignements, laissent passer des merveilles sans les voir, ou négligent complètement, pour les futilités, les intéressantes choses!

Combien possèdent quelques notions sur les pays, les localités qu'elles traversent, et se rendent seulement compte de leur situation sur la carte, ou de leurs rapports avec les pays voisins?

Combien encore savent voyager simplement et confortablement, sans s'embarrasser de lourds colis, de bagages encombrants et d'impedimenta de toutes sortes?

Aussi, pour qu'il soit bien réellement agréable et satisfaisant, un voyage doit-il être médité, combiné, préparé longtemps à l'avance, et cette étude préalable, faite en famille, est elle-même, déjà, fort instructive et pleine d'agrément.

De toutes les façons d'apprendre la géographie, c'est

En wagon.

bien certainement la meilleure, et l'on ne saurait croire tout ce que l'on se réserve de jouissances, tout ce que l'on s'évite d'embarras, de dépenses et de regrets, quand on réalise, enfin, ce voyage où, dans la limite du possible, on a noté jour par jour, étape par étape, ce que l'on se propose de faire et ce qui mérite d'être vu.

Moyens de transport. — Chemin de fer. — Quelque rapide et commode que soit le chemin de fer, il n'est vraiment avantageux, dans un voyage d'agrément, qu'autant que l'on désire

en peu de temps se transporter à de grandes distances. Sa rapidité même ne permet pas que l'on s'arrête à loisir pour visiter tel ou tel site intéressant, telle ou telle localité remarquable; mais en revanche, c'est le mode de locomotion par excellence pour aller vite où l'on veut, pour traverser les régions déshéritées, les pays où l'on n'a que faire.

Il faut être à l'heure au chemin de fer, le train n'attend pas ; et cette rigoureuse règle d'avoir pour premier guide un bon « indicateur » s'impose, avant tout, au touriste. Un peu gênante parfois, elle permet toujours, et ce n'est point un léger avantage, de fixer exactement le parcours de l'excursion que l'on se propose, d'en tracer d'avance le plan, d'en prévoir au juste la durée et d'en calculer toutes les dépenses.

Or, pour être vraiment instructif et même simplement agréable, le voyage doit avoir été ainsi préalablement étudié jusque dans ses moindres détails. On n'y doit laisser au hasard que la moindre place possible; c'est déjà trop qu'il décide seul de la question toujours si grave, en pareil cas, de la pluie ou du beau temps. En se rendant assez tôt à la gare, le touriste n'aura point, d'ailleurs, la seule satisfaction de partir à point nommé. Sans se presser, il pourra remplir toutes les ennuyeuses petites formalités du départ, menus achats, enregistrement des bagages; il aura l'agrément de choisir un wagon confortable, de s'y installer à l'aise, d'y trouver même cette place tant désirée du voyageur qui doit passer la nuit : « un coin », le coin du fond, où l'on n'est pas, à toutes les stations, bousculé par les gens affairés qui montent ou descendent.

Commodément assis, à l'abri du courant d'air et du soleil, le touriste a le plaisir aussi de voir se succéder nettement, quelle que soit la rapidité du train, les sites variés, les paysages changeants, de la région qu'il traverse. Tour à tour, une série de tableaux plus ou moins intéressants, viennent, devant lui, s'encadrer dans le châssis de la portière, et le plus souvent, avec le secours d'un bon guide et d'une carte, il peut se faire une exacte et suffisante idée du pays qui se déroule devant ses yeux.

Après un certain trajet, cependant, le voyage en chemin de fer ne laisse pas d'être fatigant et pénible. La trépidation constante des voitures ébranle assez fortement, parfois, le système nerveux pour causer au voyageur une extrême lassitude. Même passées en coupé-lit ou sur les coussins d'un sleeping-car, les nuits, surtout, sont généralement mauvaises. On dort mal, quand on dort; aussi n'est-il ordinairement rien de meilleur, à l'issue d'un voyage en wagon, que de faire, avant tout, un bon somme dans un bon lit, pour retrouver son entrain et réparer ses forces.

Voitures publiques et particulières. — Loin d'avoir été diminuée, comme on eût pu le croire, par l'extension progressive des chemins de fer, l'industrie des voitures publiques et particulières, partout s'est accrue avec le développement des voies ferrées.

Dans les contrées de préférence visitées par les touristes, les moindres localités, aujourd'hui, sont desservies par des omnibus ou des diligences trop rarement encore construits, il est vrai, pour le plus grand bien-être des voyageurs. Les correspondances avec les trains y sont, en général, bien établies; on y trouve, enfin, pour les excursions, des victorias et des landaus dont le tarif, quand on voyage en famille, n'est guère plus élevé que celui des chemins de fer. Ces voitures « à volonté » ne laissent ordinairement pas d'être assez avantageuses pour les touristes; il est rare, toutefois, surtout dans les pays de montagnes, qu'elles puissent amener le voyageur partout où il veut aller. C'est au cheval, au mulet, alors, qu'il faut recourir, si l'on redoute la fatigue; mais à ces moyens de transport, commodes encore pour les dames, les bons marcheurs préféreront, avec raison, le voyage à pied.

Voyage à pied. — Parcourir un beau pays à petites journées, le sac sur le dos et le bâton à la main, n'est-ce point, en effet, la seule façon d'aller qui convienne au véritable touriste? C'est aussi la plus agréable, la plus utile, la moins coûteuse, la moins fatigante même, quand on sait diviser ses étapes, régler sa marche, et tirer bon parti de son temps.

A pied seulement, on peut donner libre cours à sa fantaisie, examiner et voir à son gré toutes les curiosités qui se présentent sur la route. Il n'est point de meilleur moyen de conserver sa bonne humeur et son entrain, de trouver excellents les mets les plus grossiers, de dormir d'un bon sommeil, même sur les mauvais lits des plus humbles auberges.

Pour aller longtemps en bonne santé, il ne suffit pas au touriste d'aller doucement, comme le recommande le proverbe. Son premier soin doit être de ne point se charger d'un trop lourd bagage et d'apporter toute son attention au choix de ses chaussures et de son vêtement. Le havre-sac en toile, avec son contenu, ne pèsera pas plus de six à huit kilogrammes. Les chaussures, à forte semelle, à talons larges et bas, auront assez de souplesse pour se mouler exactement sur le pied sans le comprimer ni le gêner, surtout au niveau des orteils. Pour éviter les ampoules, de fines chaussettes de laine seront préférées aux bas de coton. Pour s'épargner, le corps étant en sueur, un refroidissement dangereux, il sera de toute nécessité de porter, en contact avec la peau, un gilet ou une chemise de flanelle. Un chapeau de feutre léger protégera suffisamment la tête et la nuque; il y aura tout avantage, enfin, à choisir pour le costume le drap ou la laine douce, de préférence au coutil.

L'équipement ne laissant ainsi rien à désirer, le touriste devra chaque jour, après un déjeuner substantiel, partir de bon matin en évitant tout d'abord de faire de trop longues courses. Il se préparera, de la sorte, aux longues excursions, aux ascensions pénibles. Sans jamais se presser, il pourra faire, dans la matinée, une ou deux courtes haltes, en attendant le grand repos du milieu de la journée, qui sera utilement occupé, en partie, par un second repas. Ses forces réparées, il reprendra modérément sa marche, pour la continuer, coupée de quelques haltes encore, jusqu'à l'heure du dîner. En route, autant qu'il souffre de la soif, le touriste devra s'abstenir de boire de l'eau fraîche ou même du lait froid. A l'eau rougie, à la bière, qui ne lui conviendraient guère mieux, il préférera, quand ce sera possible, un mélange d'eau-de-vie ou de café largement étendu d'eau, dont il aura toujours soin, pour une excursion de quelque durée, de remplir sa gourde.

AU BORD DE LA MER

Influence salutaire du séjour au bord de la mer. — Il est certainement pénible, quand on n'y est point retenu par ses affaires, de supporter, dans une grande ville, les énervantes chaleurs de juillet. Aussi tous les indépendants, dès le commencement de l'été, vont-ils prendre possession des plages marines d'où, généralement, ils reviennent, aux premiers jours d'août, laissant la grève libre aux familles en vacances, aux enfants échappés du collège, aux jeunes filles à marier, aux jeunes mamans étiolées par l'anémie !

Les chemins de fer, en mettant la mer à nos portes, nous ont donné ces habitudes et, comme elles sont agréables, hygiéniques, excellentes en somme, la mode n'en passera pas de sitôt.

Il faut, quand on le peut, aller quelquefois à la mer, non seulement parce que sa brise et sa vague suffisent à réparer promptement les fatigues physiques, mais aussi parce que son merveilleux spectacle n'est pas moins salutaire aux esprits surmenés !

En présence de cette immensité gémissante et mobile, nombre de personnes ne peuvent se défendre d'une profonde tristesse, d'une indéfinissable mélancolie. C'est, peut-être, qu'elles sont trop exclusivement frappées par l'ensemble du tableau dont elles ne saisissent ou ne remarquent même point les détails.

L'artiste qui voit d'un coup d'œil, dans ce grandiose panorama, l'admirable contraste du ciel, de la terre et de l'eau, les mille jeux de la lumière sur cette plaine ondulante, et simultanément, dans l'espace aérien, les multiples aspects des nuages; le naturaliste, surtout, qui sait quels prodigieux phénomènes ont pour théâtre cette mer, quel monde étrange elle nourrit et quel formidable rôle elle joue elle-même sur le globe; ces visiteurs-là ne s'attristent point en face de l'Océan qui brise à leurs pieds son écume et que limite à l'horizon l'insaisissable ligne droite tendue comme un fil entre les airs et les eaux.

Ravis, au contraire, de sa vue, de ses mouvements et de ses plaintes, ceux-ci sont tous d'enthousiastes amants de la mer; ils la contemplent à toute heure du jour et par tous les temps; ils en étudient passionnément les plantes et les bêtes; ils l'aiment jusque dans ses sourdes colères et ses aveugles fureurs!

Les plages de France. — Pour peu que la côte soit pittoresque, relevée de hautes falaises ou bordée d'effroyables récifs, cette mélancolie que la mer peut inspirer est toujours, d'ailleurs, beaucoup moins pénible.

Et la configuration de nos admirables plages de France est si différente, selon tel ou tel point du littoral! Chacun, en vérité, suivant ses goûts, peut y choisir le site qui lui convient, le milieu le plus en harmonie avec sa sensibilité, ses dispositions physiques et morales.

Heureux surtout d'être à la mer pour s'y plonger, les intrépides baigneurs s'en iront camper sur les vastes et sablonneuses grèves du Pas-de-Calais, du Calvados, de la Loire-Inférieure ou

Pl. LXXXII. — EXCURSIONS ET VOYAGES. — LA CHASSE AUX PAPILLONS.

de la Gironde, au pieds des dunes de la Somme, ou sur la
lisière des résineuses forêts d'Arcachon.

Les artistes et les curieux de la nature, en dépit de la haute
bordure de galets où viennent se briser les vagues, aimeront

Au bord de la mer. — Les falaises d'Étretat.

mieux les plages de la Normandie aux blanches falaises de craie
si bizarrement taillées et découpées par la mer : Saint-Valery,
Fécamp, Etretat avec ses portes, ses aiguilles et ses grottes; ils
préféreront aussi les côtes rocailleuses, les flots granitiques, les
récifs déchiquetés de la vieille Bretagne où la faune et la flore
marines exhibent de si merveilleuses richesses au fond des
abîmes que les flots découvrent à chaque reflux!

Tout en profitant des agréments de la mer, ne veut-on point
renoncer aux relations, aux habitudes mondaines? De somptueux
hôtels et de ravissantes villas, de vastes champs de courses et
des casinos féeriques ont définitivement fait de Boulogne, Dieppe,
Trouville, Cabourg, Saint-Malo, Biarritz, de délicieuses rési-
dences d'été!

Mais qu'il est bien préférable de s'installer en famille et tout simplement, dans une maisonnette de pêcheurs, au pli de quelque étroite valleuse!

On trouve encore, le long de la côte normande ou bretonne, de ces petits ports ignorés, où la vie, peu coûteuse, est suffisamment confortable et tout à fait indépendante; où, du matin au soir, il est permis d'aller et venir à sa guise, en simple vareuse, un béret sur la tête et des espadrilles aux pieds!

C'est là que l'on éprouve à la fois tous les bons effets du séjour au bord de la mer; que le rose remonte vite aux joues blêmies; que les cœurs battent plus fort et que les poumons, enfin, se gonflent d'air, dans les poitrines librement dilatées!

Les bains de mer. — De même que tel ou tel site ne plaît point à tous les visiteurs, telle ou telle mer ne convient pas également, non plus, à tous les baigneurs qui s'y plongent.

Ainsi les froides eaux de la mer du Nord et de la Manche exercent souvent sur les tendres épidermes des enfants et des femmes une vive et douloureuse impression. Trop brutalement, parfois, pour les personnes nerveuses et délicates, les flots de l'Atlantique fouettent et font rougir la peau. La Méditerranée, au contraire, enveloppe les baigneurs d'une véritable caresse, et les retient durant plusieurs heures dans ses ondes sans leur causer aucun frisson.

En règle générale, cependant, les bains de mer, comme tous les bains froids, doivent être de courte durée. Il faut, à l'entrée, s'y jeter brusquement; y séjourner juste assez pour n'y point éprouver le moindre malaise; à la sortie, enfin, s'éponger et s'essuyer à la hâte, un peu rudement même, quelquefois, afin de provoquer le plus tôt possible la douce et chaude réaction plus profitable encore au baigneur que l'immersion dans l'eau salée.

C'est alors le moment de faire, sur la plage ou dans la

campagne une intéressante promenade, une fructueuse excursion.

Il est bien peu de points de notre littoral où l'on ne puisse admirer, simultanément, parfois, un certain nombre de curiosités historiques et naturelles. Au regard émerveillé du touriste, la Normandie n'expose pas seulement l'extraordinaire activité de ses ports, les ruines de ses vieilles abbayes, les splendeurs de ses cathédrales gothiques. Elle lui découvre, dans ses vallées, des sites ravissants, et, dans ses hautes falaises de craie, des crevasses, des antres, des portes, des aiguilles, des pics incomparablement pittoresques. Il faut voir, à Étretat, l'*Aiguille,* et la *Porte d'aval*, la *Manneporte* et la *Porte d'amont*, les excavations formidables du *Chaudron* et les hautes *Chambres des demoiselles.* A Bénouville, il faut descendre sur le rivage comme dans un puits, par un étroit escalier en spirale; visiter sur vingt autres points, en évitant bien de s'y laisser surprendre, de profondes cavernes où la mer, à marée haute, pénètre furieusement, avec un bruit de tonnerre.

On ne saurait passer quelques jours sur les côtes de Bretagne sans s'intéresser aux coutumes particulières de ses habitants, aux curieuses légendes du pays, à ses dolmens, à ses menhirs si remarquables encore aux environs de Lockmariaker et de Carnac; sans visiter ses étranges villages de pêcheurs, ses noirs châteaux et ses vieilles églises.

Avec leurs baies si profondément découpées, leurs promontoires de granit et leurs criques de sable, les plages bretonnes, d'ailleurs, partout bordées d'îlots et de récifs, offrent à l'artiste les motifs les plus attrayants, les surprises les plus variées au naturaliste. Sur les côtes du Finistère, on ne voit pas, sans une émotion profonde, la sinistre *Baie des Trépassés*, l'*Enfer de Plogoff,* les obélisques sapés par les flots de la *mer sauvage.*

Mais peut-être, sur toute l'étendue de nos rivages, n'est-il pas un point, à tous égards plus merveilleux que le vaste golfe où sont éparpillées, entre Cherbourg et Saint-Malo, les nombreuses îles, détachées de notre sol, qui forment aujourd'hui l'archipel de la Manche. De Granville ou de Saint-Malo, bâties sur le roc à peu près en regard l'une de l'autre, toutes les facilités sont offertes au touriste qui désire parcourir pour le plus grand plaisir de ses yeux, cet intéressant district de terre et de mer.

Déjà, Saint-Malo, de tous côtés battue par les flots comme « un navire à l'ancre », constitue, à elle seule, avec ses remparts et ses ruelles, une véritable curiosité. De la haute ceinture de rochers qui lui fait comme une double muraille et dont le plus rapproché de la ville, le *Grand-Bé*, porte le tombeau de Chateaubriand, la vue, dans un cercle immense de côtes, embrasse un des plus beaux panoramas de notre littoral.

Mais ce n'est là que la première étape d'un charmant voyage où l'on peut successivement admirer, en quelques tours d'hélice ou de roue, la pointe rocheuse de *Dinard* et la plage immense de *Paramé*, l'une et l'autre couvertes de superbes villas; les ravissantes rives de *la Rance*, entre lesquelles, à marée haute, la mer pénètre jusqu'à Dinan; puis, à quelques heures de distance, la pittoresque *baie de Cancale* et ce merveilleux *Mont Saint-Michel*, que les flots, deux fois par jour, reprennent à la terre.

Aussi rapide, enfin, que la locomotive, alternativement, des ports de Granville et de Saint-Malo, le steamer emporte les touristes par centaines, vers notre curieux *archipel de Chausey*, qui découvre près de trois cents îlots de granit à marée basse, et surtout vers ces délicieuses îles anglaises de *Jersey* et de *Guernesey*, lambeaux doublement détachés de notre sol où, sous les brumes du nord, les tièdes courants du Gulf-stream font régner le doux climat de la Provence.

En dehors de ces excursions que nous ne signalons d'ailleurs, ici, qu'à titre d'exemple, que de sites encore à visiter, que de pittoresques tableaux à contempler, dans le seul parcours de nos côtes! Il n'est pas jusqu'aux dunes de l'Atlantique, jusqu'aux deltas de la Méditerranée, qui n'aient vraiment leur poésie et leurs attraits. Partout où il passe, au surplus, le tou-

Au bord de la mer. — Saint-Malo et le Grand-Bé.

riste qui sait observer découvre, à chaque pas, des sujets de distraction et d'étude. L'ignorant seul, en voyage, trouve le temps de s'ennuyer.

La pêche aux bords de la mer. — Au bord de la mer, enfin, n'est-il pas un grand et bon amusement, la pêche, qui permet d'occuper on ne peut mieux, soit avant, soit après la baignade, les longues heures de la journée? Et quand des amateurs parlent de pêche, sur une plage quelconque, il s'agit bien moins d'une aventureuse expédition sur un bateau muni de tous ses engins que d'un simple mais amusant furetage sous les rochers qui découvrent, ou dans les flaques d'eau que la mer laisse sur le sable, à la basse marée.

Dans la plupart des stations du littoral c'est la *Crevette* surtout, que baigneurs et baigneuses pêchent au filet, avec une véritable frénésie. On recherche particulièrement la grande espèce, la délicieuse *Salicoque* ou « bouquet », mais on ne prend guère en quantité que la petite crevette *grise* excellente encore, il est vrai, quand elle est servie dans toute sa fraîcheur. En quelques rares localités, à Chausey notamment, et dans les criques rocailleuses du Finistère, on peut, sans trop de peine, se donner le plaisir de prendre au piège la *Langouste* et le *Homard*; mais il faut le plus souvent, et ce n'est point une surprise à dédaigner, se contenter de capturer quelque gros *Crabe tourteau* sous les pierres.

Il est certaines grèves, sur les côtes de la Manche, où l'on s'amuse beaucoup à pêcher dans le sable, au moyen d'une bêche, de petits poissons effilés, le *Lançon* et l'*Equille*, qui s'enfoncent prestement dans la grève, au fur et à mesure que les eaux reculent vers la haute mer. Ailleurs, aux époques des fortes marées, c'est avec l'enthousiasme d'un succès certain, que l'on marche et que l'on frappe sur les *Anguilles* par centaines surprises dans les fonds rocailleux exceptionnellement émergés.

Veut-on ressentir, toutefois, les vives émotions de la véritable pêche en mer, ce n'est plus sur le rivage qu'il faut rester, mais partir dans la barque et sous la conduite d'un brave marin, pour quelque expédition nocturne. L'aventure peut être rude, périlleuse même. Elle n'est vraiment à conseiller qu'aux intrépides qui ne redoutent ni le gros temps ni le mal de mer; malgré que ces dangers et ces désagréments soient largement compensés, d'habitude, par les étonnements et les surprises que l'on éprouve à chaque coup de ligne ou de filet; par les impressions nouvelles, surtout, que l'on reçoit, dans l'isolement où l'on se trouve, du spectacle imposant de la mer profonde et du ciel étoilé!

Recherche des algues et des coquillages. — Tous les tempéraments et tous les cœurs ne sont point aptes, on le conçoit, à ces émouvantes entreprises. Les femmes, les enfants, les paisibles amateurs des curiosités de la mer préfèrent ne pas se séparer absolument de la terre ferme et se tiennent, en général, fort satisfaits de pouvoir, sans péril, observer, recueillir sur la grève les algues, les coquillages, les zoophytes étranges que les flots y jettent à chaque marée.

On ne saurait trop recommander aux baigneurs qui s'ennuient, aux personnes qu'attriste la seule contemplation de l'Océan, ces attrayantes recherches. Du jour où l'on étudie les algues marines, on les collectionne avec amour. En donnant à ces curieux végétaux la simplicité d'organisation, la nature, en effet, ne leur a refusé ni la beauté, ni l'élégance. Il en est qui, par l'éclat et la vivacité de leurs couleurs, effacent les plus belles fleurs des continents; il en est qui, par leurs fines découpures, leurs franges déliées, leurs frondes tordues et crispées de cent façons, défient tous les caprices, toutes les fantaisies de l'imagination la plus audacieuse. Un grand nombre d'entre elles sont d'un vert glauque translucide; mais celles de la tribu des *flori-*
ridées offrent à l'œil émerveillé des teintes roses, rouges, violettes, d'une extrême pureté. Leurs fleurs mystérieuses et cachées ne sont guère perceptibles, à vrai dire, que pour l'observateur qui les étudie au microscope; mais les phénomènes qui s'accomplissent en elles sont pour tous du plus haut intérêt.

En quelque point que ce soit de notre littoral, il suffira, d'ailleurs, au promeneur attentif, d'un petit nombre d'excursions sur la plage, pour découvrir et reconnaître au moins les plus remarquables de ces plantes de la mer. Parmi les *varechs* ou *fucus*, qui tapissent partout les écueils et les rochers, il distinguera, d'abord, le varech *vésiculeux* que soutiennent, sur les flots, de véritables vessies natatoires; le varech *serré*, le *noueux* et le *dentelé*, recueillis, en maints endroits, pour l'extraction de la soude et de l'iode. Il récoltera, dans les bassins peu profonds où l'eau séjourne, à marée basse, l'*Ulve verte* ou « laitue de mer », la *Zonaire* en éventail, étalée comme la

Pl. LXXXIII. — EXCURSIONS ET VOYAGES. — EN CHEMIN DE FER.

queue d'un paon, la *Coralline* aux frêles ramifications, que l'on prenait, autrefois, pour les branches d'un polype.

Si les algues rouges, sur nos rivages, sont beaucoup moins répandues que les vertes et les brunes, elles l'emportent assez sur ces dernières par le brillant coloris, la délicatesse et la transparence de leur tissu, pour dédommager le collectionneur de quelques explorations infructueuses. Encore n'aurait-il vraiment pas de chance, s'il ne découvrait, çà et là, parmi les varechs ou dans le creux des rochers, la *Plocamie rameuse*, en touffes déliées autant que les plus fins cheveux, l'élégante *Ptilosie*, aussi légère qu'une plume, et surtout ce bizarre *Chondrus* ou « chicorée de mer », dont les frondes gélatineuses peuvent servir à préparer d'appétissantes gelées, des confitures roses!

Rechercher les végétaux de mer, c'est aussi faire la pêche aux coquillages, la plupart des mollusques logés dans ces coquets abris de nacre et de chaux se nourrissant, à peu près exclusivement, d'herbes marines. Il en est, sur nos plages, de fort intéressants; les uns, à coquille simple, univalve, à peu près spiralée comme celle du colimaçon des jardins, les autres à coquille double, bivalve, s'ouvrant comme une boîte à charnières, et présentant, avec celle de l'huître ou de la moule, la plus grande analogie.

Les premiers ont pour principaux représentants, sur nos côtes, les *Buccins*, connus aussi sous les noms de « vignots » et de « bigorneaux, » des populations riveraines, qui s'en nourrissent. Dans le nombre, on rencontre assez fréquemment le *Murex hérisson* ou « rocher, » tout hérissé de tubercules; la classique *Pourpre tinctoriale*, dont le liquide rouge, autrefois si précieux, ne tente plus nos pêcheurs, et divers autres buccins à nervures saillantes, tous plus ou moins armés d'une tarière au moyen de laquelle ils perforent les huîtres pour les dévorer.

Adhérentes aux récifs que les vagues découvrent en se retirant, les *Calyptrées* et les *Patelles* pullulent sur presque tous les points de notre littoral. Elles ont la forme d'un cône évasé, vert ou grisâtre, sous lequel le mollusque, parfaitement à l'abri, se cramponne à la roche, de la même façon que le tire-pavé, dont s'amusent les enfants, s'attache à la pierre.

Avec les patelles, et se traînant sur les fucus, dont ils font leur pâture, vivent les *Sabots* inoffensifs; entre autres, la *Littorine* à bandes fauves, la *Nérite*, d'un beau jaune de soufre, le *zoné*, alternativement blanc et brun, confondus autrefois avec les *toupies* de forme plus pyramidale, et dont quelques espèces, la *marginée*, la *perlée*, la *linéaire*, se font remarquer par leurs taches rouges quadrangulaires, le cordon de perles qui décore leurs spires, ou leurs zones flexueuses d'un beau violet foncé.

Il est beaucoup plus rare de rencontrer sur nos rivages ces pittoresques *Volutes*, ces *Porcelaines* jaspées, ces *Casques* énormes, ces merveilleuses *Cérithes* que les mers tropicales baignent de leurs flots attiédis; et pourtant, ces magnifiques coquillages sont représentés, dans les eaux françaises, par de proches parents, qui nous rendent au moins leur forme, sinon leur taille superbe et leurs splendides couleurs. C'est ainsi que foisonnent sur nos grèves la *Volute miliaire*, une miniature d'un blanc de neige, la *Cyprée coccinelle*, aux teintes rosées, et le *Cauris* qui sert de monnaie aux nègres des côtes d'Afrique; la *Scalaire*, au cône allongé, relevé de côtes saillantes; enfin, les élégantes *Turritelles*, les *Bulles*, les *Ranelles*, ces dernières fréquentes surtout au bord de la Méditerranée.

Plus nombreuses encore que les coquilles simples, les bivalves, en dehors de l'intérêt qu'elles offrent au collectionneur, présentent cet incontestable mérite d'être habitées, le plus souvent, par un mollusque comestible, en général fort apprécié des amateurs. Il suffira de citer l'*Huître* et la *Moule*, aujourd'hui cultivées sur un grand nombre de points de notre littoral, pour que tous les gastronomes en villégiature au bord de la mer soient tentés d'occuper leurs loisirs à la recherche de ces savou_ reux coquillages. Hors des parcs d'élevage, à la vérité, les huîtres et les moules sont rarement bonnes et même peu communes; mais il est, sur nos côtes, nombre d'autres espèces qui, sans trop de désavantage, peuvent leur être substituées : telle est la *Bucarde* ou *Sourdon*, si répandue sur les grèves de la Gascogne, où elle est désignée sous le nom de « palourde », que les pêcheurs d'Arcachon seuls en vendent, chaque année, pour une douzaine de mille francs.

Sur les points, au surplus, où les Bucardes font défaut, d'autres bivalves les remplacent. Ici, ce sont les *Peignes* ou « Coquilles de Saint-Jacques », larges, plates, à côtes en éventail avec une charnière garnie de fortes oreillettes; ailleurs, c'est le *Pétoncle pileux*, qui se plaît dans la vase, ou la *My^e des sables*, commune dans les parages de Dunkerque, où elle est fort estimée; plus loin, ce sont les *Donaces*, aux coquilles lisses et comme vernies, les *Tellines*, douées d'un pied assez musculeux pour pouvoir sautiller sur le sable; les *Vénus* enfin, dont une espèce, la *treillissée* ou « Clovisse » n'est pas moins prisée que l'huître sur nos rivages méridionaux.

En cherchant, à marée basse, ces utiles mollusques, il n'est point rare d'en découvrir nombre d'autres particulièrement curieux. Qui ne s'étonnera, par exemple, de voir les phosphorescentes *Pholades* percer, pour s'y loger, le calcaire le plus dur? Qui ne prendra plaisir, en les mouillant d'eau salée, à faire brusquement sortir du sable où ils se cachent, les bizarres *Solens* ou « manches de couteau? »

Mais on n'en finirait pas, à énumérer seulement toutes les surprises que l'étrange faune de nos plages réserve à l'observateur. C'est un naturaliste qu'il faut prendre pour guide, si l'on s'intéresse à la singulière histoire de ces *Crustacés* parasites, de ces *Annélides* mystérieux, de ces *Oursins*, de ces *Étoiles de mer*, qui végètent dans les lagunes de nos rivages; si l'on se propose, surtout, d'aborder la merveilleuse étude de ces zoophytes si complexes : *Polypes*, *Anémones*, *Méduses*, que le flot à chaque instant jette sur nos grèves, où le soleil fond comme glace la gelée vivante de leur corps*.

DANS LES MONTAGNES

Influence physiologique des excursions alpestres. — De même que la mer a ses amants passionnés, la montagne a ses fanatiques; et pour peu que l'on voyage dans un de ces charmants pays où la terre, en s'exhaussant au-dessus des plaines, revêt insensiblement les admirables aspects que lui donne l'altitude, on comprend sans peine qu'il en soit ainsi.

Nul paysage, en effet, n'est plus agréable à la vue qu'un site dans les montagnes. Les étranges perspectives qui s'ouvrent dans leurs gorges sauvages, les merveilleux horizons que l'on découvre de leurs plus hautes cimes, tout y est sujet d'enchantement ou de surprise pour quiconque sait regarder. On s'étonne de leurs abrupts escarpements et de leurs profonds abîmes; on est à la fois charmé du mystérieux silence de leurs forêts toujours vertes, et du retentissant fracas de leurs torrents dans les rochers.

La montagne, au surplus, n'exerce pas seulement sur l'esprit une heureuse influence. Par la fraîcheur et la pureté de son atmosphère, en même temps qu'elle le tonifie, elle rend le corps plus alerte et plus dispos. Il faut, exceptionnellement, gravir au sommet des pics les plus élevés, pour éprouver, au fur et à mesure que l'air se raréfie, un véritable malaise. Dans les zones basses et moyennes de la montagne, au contraire, la

---

* Voir : *La Création naturelle et les êtres vivants* ; tome II. *Animaux zoophytes.*

diminution de la pression atmosphérique favorise la circulation du sang. On respire plus vite, on est plus apte à la marche, on sent, de jour en jour, s'accroître sa belle humeur et son appétit.

Quand on escalade, enfin, les pentes escarpées de la montagne, il semble que l'on monte vers la lumière et vers la liberté. L'on a hâte de laisser en bas les habitations et les hommes, de se dégager des noires ruelles, des mesquines affaires, et des mauvaises passions. Aussi, la montagne n'est-elle pas moins aimée du poète que du touriste. Nulle autre part on ne se sent plus parfaitement vivre, on ne rêve et l'on ne pense mieux.

Aux jeunes gens en vacances, à tous ceux qui, l'été, jouissent de quelques loisirs, on ne saurait donc trop recommander les excursions, les voyages dans les montagnes. Depuis longtemps, les incontestables merveilles de la chaîne des Alpes attirent chaque année, en Suisse, des milliers de visiteurs. Ce pays classique des excursions et des ascensions audacieuses n'est pas le seul, toutefois, qui mérite d'être exploré. Peut-être doit-il, actuellement, une bonne part de sa vogue à l'incomparable organisation de tous les moyens qui permettent au touriste de le parcourir avec le moins de fatigue et le plus de confort possible dans toutes les directions; mais, de l'aveu de tous les voyageurs, sur bien des points, les beautés naturelles des Pyrénées égalent au moins celles des Alpes, et dans nos montagnes d'Auvergne, malheureusement encore d'un trop difficile accès, dans les Cévennes et dans les Vosges, il est aussi de nombreux sites dont la grandeur et la grâce font l'admiration de toutes les personnes qui visitent ces intéressantes contrées.

Si véritablement on veut les bien connaître, en sentir tout le charme et goûter les pures sensations qu'elles font éprouver, ce n'est jamais qu'à pied qu'il faut explorer les montagnes. Déjà, depuis quelque temps, tous les étés, les clubs alpins et d'autres sociétés de touristes organisent, dans ce but, des excursions aussi variées qu'instructives. On trouve, à les suivre, entre autres avantages, une notable économie; mais il est bien préférable, au point de vue de l'agrément et de l'étude, de les faire seulement avec un ou deux compagnons. Les guides mêmes, habituellement trop pressés d'arriver, embarrassent souvent plus qu'ils ne sont utiles. On ne saurait, il est vrai, s'en passer pour franchir les glaciers, non plus que pour s'engager dans les chemins périlleux ou gravir les hautes cimes. A peu près partout ailleurs il est aisé de se tirer d'affaire soi-même, pourvu que l'on soit muni de fortes chaussures, d'une bonne carte routière et d'un solide « alpstock » ou bâton ferré.

Montagnes françaises. — Alpes. — Malgré que la tradition et les facilités du voyage soient certainement pour beaucoup dans l'attrait exceptionnel que les Alpes exercent sur les touristes de toute l'Europe, il faut bien convenir qu'une vogue si durable est pleinement justifiée par les merveilles sans nombre que renferment ces montagnes, par l'extraordinaire beauté de leurs sites ou par leur majestueuse grandeur.

En raison de leur situation même et de la place énorme qu'elles occupent sur le continent, on s'explique très bien, du reste, que les Alpes soient le commun rendez-vous des excursionnistes de tous les pays avoisinants. Les Allemands et les Français, toutefois, y viennent encore en petit nombre, comparativement aux Anglais, qui paraissent avoir conquis la Suisse depuis les temps les plus anciens.

De ce colossal amas de montagnes qui forme un chaos de pics et d'abîmes sur toute l'Europe centrale, les Alpes françaises se détachent assez nettement, au-dessous du lac de Genève, pour s'étaler en éventail sur nos départements du sud-est. Le *Mont-Blanc*, qui fut pour la première fois, dans une excursion mémorable, escaladé par Saussure en 1786, n'est pas seulement le principal sommet de ce district, mais aussi le point culminant de toute la chaîne. De l'étroit plateau qui le termine, à l'altitude de 4,810 mètres, on peut découvrir, par un temps clair, jusqu'à la Méditerranée d'un côté, jusqu'à la Bourgogne de l'autre. Après le Mont-Blanc, le *Pelvoux*, le Mont *Olan*, le *Viso*, le Mont *Cenis*, le *Saint-Bernard*, le Mont *Rose*, le *Cervin*, constituent les pics principaux des Alpes françaises d'où se précipitent, grossis par les eaux de vingt torrents, l'Arve, le Var, l'Isère et la Durance.

Des milliers de touristes font et refont, chaque année, la

Dans les montagnes. — Le chalet des Grands-Mulets au Mont-Blanc.

magnifique excursion du Mont-Blanc, à bon droit renommée entre toutes. Le ravissant village de *Chamonix*, dans la vallée de l'Arve, est comme le quartier-général des voyageurs et des caravanes. Il y faut séjourner une semaine, au moins, si l'on veut utilement explorer les sites admirables qui l'entourent. La seule ascension du Mont-Blanc, d'ailleurs, n'exige pas moins de trois journées. Il est vrai de dire que, toujours très pénible, et dangereuse souvent, elle n'est guère tentée que par les touristes les plus intrépides. Encore beaucoup d'entre eux s'arrêtent-ils au

Pl. LXXXIV. — EXCURSIONS ET VOYAGES. — AU BORD DE LA MER.

chalet des *Grands-Mulets*, modestement assis sur le roc, au milieu des glaces et des neiges..

Le plus grand nombre se borne à faire les excursions classiques et fort intéressantes du *Glacier des Bossons*, du *Montanvert* et de la *Mer de glace*, avec retour par le *Mauvais-pas* et le *Chapeau* ; celles, aussi, du *Brévent* et de la *Flégère*, d'où le massif du Mont-Blanc apparaît dans toute sa splendeur, avec ses aiguilles et ses dômes, ses champs de neige et ses glaciers, ses moraines et ses ravins déchirés par les eaux torrentueuses.

Généralement, les touristes qui vont à Chamonix ont pris au chemin de fer des billets de voyage circulaire qui leur permettent de continuer pendant un ou deux mois leurs excursions. Les uns, alors, se dirigent par la vallée du Rhône sur le mont *Saint-Bernard*, *Zermatt*, le *Gornergrat* et le Mont *Rose*. Il en est qui se rendent à la *Gemmi* par Louèche, pour gagner le centre de la Suisse où ils visitent les sites grandioses de l'Oberland bernois : *Interlaken*, le *Grindelwald*, le *Grimsel* et la *Yungfrau*. D'autres, enfin, remontent jusqu'à Lucerne, pour explorer les ravissantes rives du lac des *Quatre-Cantons*, faire la fameuse ascension du *Rigi*, ou le pittoresque voyage du *Saint-Gothard*. Toutes ces excursions-là sont vraiment très recommandables. Il ne faut guère, pour les mener à bien, qu'un peu de courage, du beau temps et de l'argent.

En quelque point que ce soit de la chaîne, les Alpes, constituées surtout par d'épaisses masses granitiques, diffèrent beaucoup des Pyrénées. Leurs pics sont plus aigus, plus âpres, plus irréguliers ; mais les cols qui les unissent, larges et bas, se laissent franchir bien plus facilement que les étroites gorges pyrénéennes. Rien n'est plus variable, au surplus, suivant l'expotion et l'altitude, que la forme des sommets, la pente des versants, le mode de dénudation, en un mot, des montagnes alpestres. Les cimes coniques, toutefois, y sont relativement rares, les escarpement abrupts, les étroits plateaux et les aiguilles s'y montrent plus fréquemment.

Encaissées et profondes, les vallées sont souvent dévastées par les torrents à la fonte des neiges, et l'hiver, exposées à la chute des avalanches, aux glissements de terrains. Dans plusieurs districts des Alpes françaises, les éboulements de terre meuble se sont même produits, en ces derniers temps, sur une telle étendue, que la roche vive apparaît aujourd'hui à peu près partout, rendant à jamais stériles des versants qu'il eût été souvent facile de préserver en reboisant assez tôt la montagne.

Pyrénées. — De Port-Vendres à Saint-Jean de Luz, points extrêmes de la chaîne, les Pyrénées mesurent une longueur de quarante myriamètres, sur douze environ de largeur, vers leur partie centrale. Elles se dressent comme une barrière formidable, comme une épaisse muraille crénelée, sur le seuil de l'Espagne qu'elles isolent, autant que pourrait le faire un océan, du reste de l'Europe. L'Algérie, malgré la Méditerranée, est moins séparée de nous, en effet, que Madrid ou Lisbonne.

La chaîne pyrénéenne est toute hérissée de pics et de cimes fort élevés, unis et reliés les uns aux autres par des cols très étroits, et presque tous d'un accès difficile. Les montagnes calcaires offrent généralement cette disposition. De Perpignan à Bayonne on compte bien une soixantaine de ces cols, nommés dans le pays *ports* ou *passages;* mais sept à huit seulement sont praticables aux voitures, et quelques autres aux mulets.

De la principale chaîne des Pyrénées, dont les versants méridionaux sont beaucoup plus escarpés que les versants tournés vers le nord, se détachent presque perpendiculairement de nombreux rameaux qui rayonnent vers la France et l'Espagne. Ces divers chaînons séparent des vallées très profondes où les rivières et les fleuves naissants forment de rapides torrents désignés sous le nom de *gaves*. Le rameau principal est celui des Corbières, qui va joindre les Cévennes; et parmi les vallées pittoresques descendant de ces hauteurs, on n'en saurait voir de plus remarquables que celles de l'*Ariège*, de la *Garonne*, d'*Ossau* et de l'*Adour*.

La hauteur moyenne des Pyrénées est de 2,700 mètres, c'est-à-dire qu'elle dépasse de 100 mètres environ la limite des neiges éternelles. Les pics les plus élevés, tels que le *Posets*, le *Mont-Perdu*, la *Maladetta*, situés sur le versant méridional, attirent surtout les curieux et les touristes; mais le *Canigou*, le *pic du Midi*, le *Vignemale*, ont aussi leurs admirateurs.

Dans les Pyrénées françaises, les lacs, les sources d'eaux thermales, les cascades, bien plus fréquents encore que sur les pentes espagnoles, jouissent aussi d'une plus grande renommée. Pas un voyageur n'explore ces montagnes sans visiter le *lac Glacé*, la *Brèche de Roland*, taillée, dit la légende, d'un coup de la fameuse Durandal; le *Cirque* et la *Cascade de Gavarnie*, le *Port de Vénasque*, la *Vallée du Lis*.

Malgré l'incontestable mérite de leurs beautés naturelles, les Pyrénées, cependant, n'attirent point, comme les Alpes, les touristes du monde entier. Elles recrutent surtout leurs admirateurs dans la foule des riches oisifs et des baigneurs qui, chaque année, vont promener leur mal ou leur ennui dans les stations si réputées de Luchon, de Cauterets, de Saint-Sauveur, de Bagnères, de Barèges, des Eaux-Bonnes, des Eaux-Chaudes, et beaucoup d'autres que la température et la minéralisation variable de leurs sources permet d'utiliser avec avantage contre un grand nombre de maladies. Aussi, les touristes des Pyrénées manquent-ils généralement de l'enthousiasme et de l'entrain un peu fou qui rendent si téméraires, parfois, les explorateurs des Alpes. On va doucement et sagement, dans les excursions pyrénéennes,

sans trop se soucier de traverser les mers de glace ou d'esca-
ader les pics escarpés. Les accidents y sont à peu près nuls et
les tours de force extrêmement rares. On préfère, avec quelque
raison, en somme, tourner les obstacles, que s'exposer à se rompre
le cou.

Monts d'Auvergne. — Jusqu'à présent, ce sont aussi les villes
d'eaux de l'Auvergne qui procurent à cette intéressante contrée
le plus grand nombre de ses visiteurs. Il faut, en effet, séjourner à Royat, au Mont-Dore, à la Bourboule, pour avoir à sa
disposition tous les moyens qui permettent d'explorer, sans trop
de fatigue, un pays de montagnes, la plupart des autres localités, même les mieux situées, ne pouvant malheureusement pas
encore offrir aux touristes tout le confort qu'ils exigent aujourd'hui.

C'est une région si curieuse, pourtant, et si remarquablement
belle, que celle de ces hauts plateaux du centre de la France,
tout hérissés de cônes volcaniques, tout sillonnés de pittoresques
et vertes vallées. Ici, point de ces pics inaccessibles, de ces déserts de neige et de glace, de ces perspectives grandioses qui
frappent d'étonnement le voyageur, dans les Alpes et les Pyrénées; mais des montagnes aux pentes douces, des cratères encore béants, des amas de cendres et de scories que l'on croirait
tombés de la veille, d'épaisses coulées de laves qui semblent à
peine refroidies. Puis, à travers tout cet appareil éruptif, d'autant plus inquiétant qu'il est depuis plus longtemps taciturnes
de profonds ravins dans des forêts de sapins et de hêtres; des
gorges aux flancs abrupts, où bruissent des torrents, de délicieux vallons et des prairies où se déroule une rivière.

C'est au cœur de l'été, de juin à septembre, qu'il faut visiter
ce charmant pays; aller voir, de *Royat* ou de *Clermont*, le
Puy-de-Dôme et la chaîne si remarquable des volcans éteints,
le *Pariou* et son double cratère, le *Nid de la Poule* et le
Sarcouy, les laves de la *Nugère* qui fournissent la pierre de

Volvic, les deux cratères égueulés de *Lassolas* et de la *Vache*.
Du *Mont-Dore*, il faut faire l'ascension du *Pic de Sancy*, le
plus élevé de la France centrale, et redescendre dans la région
des lacs, où l'un des plus étranges, le *Pavin*, remplit le large
entonnoir d'un volcan, de ses eaux profondes.

Dans les montagnes. — La chaîne des Puys en Auvergne.

Encore ne suffit-il pas de ces premières excursions pour
avoir une parfaite idée des montagnes de l'Auvergne. C'est au
centre du Cantal, à *Vic-sur-Cère*, au *Lioran*, que le touriste
ira camper pour escalader le *Plomb*, le *Puy-de-Griou*, l'*Homme-
de-Pierre* et le *Puy-Mary*, pour explorer, dans leurs sauvages
profondeurs, les gorges du *Falgoux*, de la *Jordane* et de la
Cère. Tout est à voir, au surplus, dans cette pittoresque contrée; même, en allant vers le sud, les sites désolés des *Cévennes*, même ces arides plateaux des *Causses*, verticalement
divisés en couloirs ou *cañons*, du haut desquels on entend, en
bas, mugir les eaux des torrents, à quatre ou cinq cents
mètres.

Vosges. — Autres terrains, autres paysages dans les Vosges,
qui sont bien les montagnes les plus agréables à parcourir et
les plus riches, peut-être, de notre pays. Aux roches primitives, au grès rouge qui les constitue, elles doivent un aspect
tout particulier que ne présentent pas les autres chaînes : des
flancs bombés, notamment, et des sommets arrondis qui font

désigner sous le nom de « ballons » leurs cimes les plus hautes.

Pendant la belle saison, de nombreux touristes y viennent de tous côtés gravir sans difficulté, d'ailleurs, le *Ballon de Guebwiller*, l'*Honech* et le *Ballon d'Alsace*, ou se fixer, pour quelques jours, dans le site ravissant de *Gérardmer*, centre principal des excursions dans la montagne.

Quoique leurs deux versants, inégalement ravinés par les pluies, soient très différents l'un de l'autre, les Vosges se présentent à peu près partout, sous un aimable aspect. Du côté de la France, notamment, la vigne s'élève encore sur les pentes douces qui s'étendent à leur base; les châtaigniers, en bois touffus, leur succèdent, pour céder, plus haut, la place aux hêtres et aux sapins; puis, sur leurs cimes presque toutes fertiles, verdissent des pâturages où mûrissent d'épaisses moissons. Çà et là, un ruisseau se brisant en cascade, un lac réfléchissant dans ses eaux claires les bois qui l'environnent, une roche aux flancs escarpés, couronnée d'une ruine féodale, ajoutent l'élément pittoresque à cette nature féconde et poétisent le paysage en complétant le tableau.

Flore des montagnes. — Parmi les touristes qui parcourent les montagnes, un grand nombre ne se contentent pas d'admirer les plantes si distinctes de celles des vallées et des plaines qui fleurissent à diverses hauteurs. Botanistes passionnés, ils recherchent et récoltent ces plantes, les étudient, les collectionnent avec amour, enfiévrés, comme tous les esprits délicats, par la découverte et la possession de ce qui est beau, de ce qui est rare.

Or, sur toutes nos montagnes, il est facile de recueillir, en été, les plus remarquables fleurs de la zone alpestre. A partir de 1000 mètres d'altitude, les *Gentianes*, les *Anémones des Alpes*, les *Campanules*, les *Renoncules*, les *Aconits* spéciaux à ces hautes régions se rencontrent, pour ainsi dire, à chaque pas, dans le gazon serré des pâturages. Sur les roches foisonnent, par places, les *Silènes*, les *Saxifrages*, les *Sedum* aux couleurs variées; dans les bois frais, les *Dentaires*, les *Dryades* les *Actées*, les *Orchis*, et parmi les mousses, sous les sapins, les bizarres *Lycopodes*.

Toutes ces plantes, avec bien d'autres, abondent dans les hauts ravins et sur les pelouses élevées de l'Auvergne et des Vosges; mais il faut aborder, dans les Pyrénées et les Alpes, la zone si curieuse des *Rhododendrons*, pour y découvrir, sur la limite même des neiges, les délicates *Soldanelles*, les mignonnes *Swerties*, et surtout cette ravissante étoile des glaciers toute drapée de laine blanche, le poétique « eldeweis », que les touristes de la Suisse tiennent tous à honneur d'arborer, les jeunes gens, à leur chapeau, les jeunes filles au corsage.

STATIONS THERMALES ET VILLES DE JEUX

La vie aux eaux. — **Le traitement thermal.** — Ce n'est point seulement vers la montagne ou vers la mer que se dirigent aujourd'hui, par familles et par tribus, les braves gens qui « prennent leurs vacances ».

Les stations thermales renommées attirent aussi beaucoup de monde, les vrais malades entraînant les amis qui les accompagnent, et ceux-ci la foule des désœuvrés qui ne savent où, ni comment dépenser les longues heures de leurs loisirs.

On ne va plus, ainsi, tout bonnement demander aux eaux la guérison d'une infirmité physique. Il faut encore qu'on y trouve le remède à ces pénibles maladies morales engendrées, comme tant d'autres, par les dures conditions de la vie à notre époque, le découragement, l'ennui, le dégoût, l'énervement, l'hypochondrie.

Et mieux vaut, en somme, même au point de vue du succès, aller

Pl. LXXXV. — EXCURSIONS ET VOYAGES. — DANS LES MONTAGNES.

aux eaux dans le seul but de s'y distraire, que pour y lutter contre une mauvaise bronchite, une dartre, une goutte, un rhumatisme dont on aura toujours beaucoup de peine à se débarrasser.

Rien ne ressemble moins, d'ailleurs, à une partie de plaisir qu'une cure thermale de trois semaines, régulièrement suivie. Pour peu que la station désignée jouisse de quelque réputation, les malades y affluent, et c'est à l'aube naissante, vers les quatre heures du matin, qu'il faut souvent sauter du lit pour aller se jeter dans une baignoire déjà retenue pour toutes les heures de la journée.

Le bain pris, on peut, il est vrai, roulé dans une chaude couverture, se faire rapporter à l'hôtel pour y reprendre le sommeil interrompu. Mais cette immersion matinale n'est qu'une première épreuve : on ne doit pas oublier, à huit heures, d'aller à la buvette ingurgiter un premier verre d'eau tiède et nauséabonde, que l'on fera suivre d'un ou plusieurs autres en guise d'apéritif, en attendant le déjeuner.

La douche en pluie.

Puis, la digestion faite, et pour bien remplir la journée, ce seront les applications variées de l'eau thermale sous toutes ses formes : en vapeur, en brouillard, en buée, en pluie, en nappe, en jet, qu'il faudra, selon les prescriptions du médecin, méthodiquement aspirer, humer, inhaler, s'administrer en gargarismes, injections, pulvérisations, se répandre à torrents sur le corps, de la tête aux pieds, introduire enfin et faire pénétrer en soi par tous les pores !

Non ! ce n'est pas toujours un agrément de s'astreindre à ces pratiques ; et quand on n'en éprouve pas une amélioration notable, il n'est point rare qu'elles occasionnent une extrême fatigue, quelquefois même de plus sérieux inconvénients.

Distractions et promenades. — A toutes les personnes qui fréquentent la station, ne convient heureusement pas cette hydrothérapie à outrance. La consommation des eaux n'est point, non plus, obligatoire : les médecins consultants, enfin, sont en général d'habiles praticiens qui tiennent, avant tout, à ne point dégoûter ni surmener leur clientèle.

Il reste donc aux gens suffisamment valides assez d'heures encore, dans la journée, pour se distraire ou s'amuser selon leur âge et suivant leurs goûts, les administrations des établissements thermaux ne négligeant ordinairement rien pour que les baigneurs ne proclament pas seulement les eaux

L'inhalation

bienfaisantes, mais aussi le pays agréable, le site ravissant ; pour que les enfants y soient libres, les jeunes gens heureux, les parents enchantés ; pour que personne, en un mot, ne s'ennuie, et que tout le monde y revienne !

A grands frais, on élève donc, à côté des thermes où l'on guérit, des casinos où l'on s'amuse : salons de conversation, de repos et de lecture, bibliothèque, fumoirs, salles de spectacle et salles de jeux, tout est admirablement aménagé, disposé, meublé, dans ces élégants édifices, pour séduire et charmer les visiteurs.

Et le parc, qui déroule à l'entour ses tortueuses allées et ses vertes pelouses ? Comme il est ingénieusement dessiné pour les attrayantes réunions, les douces causeries et les bonnes rencontres ! Voici, sous les grands arbres, le kiosque aux éclatantes tentures, où l'orchestre soupire ses airs langoureux aux plus chaudes heures du jour. Là-bas, dans la clairière, c'est le Guignol qui fait la joie des enfants ; ici, dans un massif de rhododendrons, à deux pas du ruisseau qui gazouille, un coin délicieux, à l'écart des promeneurs, où l'on rit et babille en toute franchise ; puis, tout au fond, sur le coteau, le mystérieux labyrinthe, avec ses murs de charmille et le dédale de ses sentiers étroits où, si facilement, s'égarent les jeunes filles.

Il faut être jeune, en effet, pour aimer à se perdre dans le labyrinthe ; et ceux qui ne le sont plus, ou qui ne le peuvent plus être, préfèrent des émotions plus fortes à celles que procurent ces badinages innocents.

Rongés par la passion du jeu, ces malheureux ne quittent plus le cercle où tourne la roulette, où courent les petits chevaux, où, sur le tapis vert, les louis pleuvent avec les cartes. Ces gens-là s'amusent-ils ? Peut-être, si c'est un amusement que de se donner la fièvre, un plaisir que d'abrutir sa pensée à des combinaisons chimériques, une joie que d'être, au bout du compte, victime d'une tricherie ou d'une noire déveine, et de sentir son porte-monnaie à sec !

Mais pour les esprits actifs, éclairés ou délicats, il est d'autres récréations qui, dans toutes les villes d'eaux, sont aujourd'hui fort en vogue. Ce sont les excursions, les promenades dans la contrée, la visite aux ruines du château, la traversée de la forêt, l'ascension de la montagne voisine.

Tous les moyens de locomotion se trouvent à la disposition des baigneurs pour ces expéditions intéressantes et salutaires : grands et petits ânes, chevaux de selle et mulets, paniers roulants et landaus quand la route est carrossable.

A ces divers moyens, cependant, les vrais touristes doivent toujours préférer la marche à pied, qui, laissant libre l'esprit et le corps, permet de tout explorer, de tout voir, de satisfaire toute fantaisie, de faire part, enfin, de toutes ses impressions à d'aimables compagnons de route !

Stations hivernales. — De même que les stations thermales en renom sont fréquentées, aux beaux jours de l'été, par un public tout spécial de désœuvrés et de malades, les coquettes villes d'hiver des bords de la Méditerranée attirent aussi, pendant la froide saison, une notable partie de cette même clientèle.

Sur ces plages ensoleillées, les favoris de la fortune vont chercher la santé qu'ils ne possèdent pas toujours. Menacés, en pleine jeunesse, par la phtisie, affaiblis par la chlorose ou prématurément épuisés par une excessive dépense nerveuse, les valétudinaires affluent surtout aux endroits les plus abrités du littoral. Suivant qu'ils sont plus ou moins impressionnables à la brise marine, ils s'établissent à *Menton*, à *Vintimille*, à *Bordighera*, dans le golfe de Gênes ; à *Hyères*, à *Cannes*, à *Nice*, au pied des montagnes des Maures et des pentes de l'Esterel.

Parmi les riches oisifs de l'Europe qui se donnent rendez-vous tous les ans dans ces mêmes contrées, de nombreuses familles d'Anglais et de Russes s'installent à grands frais dans les superbes villas des environs de *Nice*, d'*Antibes*, ou dans les fastueux hôtels bâtis sur toute la côte de *Cannes*, de la Napoule au golfe Jouan.

On passe là toute la saison froide, à se promener sous les palmiers, à l'abri du vent et de la bise, dans des parcs et des jardins toujours en fleurs. On se réunit et l'on se visite ; on s'exerce, avec une ardeur toute britannique, aux divers jeux du sport ; on se rend aux fêtes de Cannes, on se presse au carnaval de Nice ; on accourt surtout ; — avec quelle fièvre ! — au casino des jeux de *Monte-Carlo !*

Mais ici, ce n'est plus le radieux soleil que l'on recherche ; ce n'est plus un air embaumé que l'on respire, une nature merveilleuse que l'on vient admirer. Sur ce brûlant rocher de Monaco,

l'atroce passion de l'or enflamme tous les cœurs, accapare tous les
regards, allume toutes les convoitises. On joue, on perd, on pleure,
on rage, on se désespère. En une heure, en ce lieu maudit, on
expie, — justement peut-être, — tout le bonheur que l'on peut
avoir goûté, des années durant, sur cette terre enchanteresse.
C'est l'enfer de ce paradis.

CHASSE

L'ART DE LA CHASSE ET LES CHASSEURS

Grande chasse ou chasse à courre. — De tout temps pratiquée
par l'homme avec d'autant plus d'entrain qu'il était plus pressé
par le besoin de se procurer sa nourriture quotidienne, la *chasse*
n'est pas seulement demeurée, de nos jours, le plus naturel et le
plus hygiénique des exercices du corps. Elle est encore devenue
un incomparable plaisir; dans certaines conditions, même, une
véritable fête où quelque riche amateur, quelque veneur émérite
se plaît à convier une société choisie.

Les chasseurs, il est vrai, sont aujourd'hui très nombreux en
France, et les coûteux agréments de la grande chasse, *la chasse
à courre*, sont bien loin d'être à la portée de tous. C'est qu'en
effet, pour être réellement attrayante, cette suprême occupation
de la vie de château exige un personnel considérable, une meute
et des chevaux bien dressés, tout un monde de valets, de piqueurs,
de veneurs costumés, galonnés, équipés comme pour une expédition guerrière.

Ce sont là « jeux de prince », amusements de très riches propriétaires ou de très gros financiers, irréalisables par à peu près;
impossibles, évidemment, avec de médiocres ressources.

Le charme puissant d'une réunion mondaine, le prestige d'un
éclatant appareil, l'agrément d'une promenade à cheval, s'ajoutent ici, pour la grossir considérablement, à l'émotion que procure

toujours le seul plaisir de la chasse ; mais ces impressions multiples et mêlées ne conviennent guère qu'au public restreint et tout spécial qui s'est habitué, par genre ou par goût, à les ressentir.

Sans doute, c'est un adorable passe-temps que de se rencontrer, de grand matin, avec de joyeux compagnons, au rendez-vous de chasse, dans la clairière du bois encadrée de hautes futaies dénudées par l'automne, au carrefour en étoile d'où s'enfoncent de toutes parts, dans la forêt brumeuse, d'immenses avenues.

C'est un spectacle des plus intéressants que de voir là, turbulente et pressée d'agir, la meute couplée, à grand'peine maintenue par le claquement des fouets et les cris des valets, tandis que tout mouillés de rosée, des piqueurs arrivent, ayant déjà fait le bois, et d'après ce qu'ils ont vu, décident, avec le maître d'équipage, du point où commencera l'attaque, de la piste ou des brisées sur lesquelles on marchera.

C'est une incomparable joie, aussi, de recevoir ses invités et ses amis, au fur et à mesure qu'ils débouchent des allées voisines, les hommes en uniforme, montés sur de vifs et légers chevaux ; les jeunes femmes élégamment serrées dans leurs amazones, ou nonchalamment couchées en ravissantes toilettes, dans les calèches et les breaks !

Quelle heureuse journée, surtout, si la chasseresse aimée dont on suit tous les pas, ne reconnaissant plus sa route à travers les fourrés, inquiète, un moment vous prie de prêter l'oreille aux lointains aboiements des chiens, aux retentissants échos des fanfares ! Mais ce ne sont plus alors les seules émotions de la chasse, que l'on éprouve ; qu'importe que l'on arrive à temps à l'hallali qui sonne ! l'isolement et les doux propos sous bois ont bien d'autres attraits !

Statistique de la chasse à courre en France. — A voir la quantité relativement considérable, de gros gibier qui, durant toute la saison de la chasse, est envoyée sur nos marchés, on pourrait être tenté de croire, non seulement que la France est encore très riche en cerfs, chevreuils et sangliers; mais aussi que le nombre doit être important, des gens assez fortunés pour pouvoir se livrer à ces chasses fructueuses.

Il n'en est rien, cependant, car c'est de l'étranger, de l'Allemagne surtout, que nous sont expédiées, avec beaucoup de faisans et de lièvres, la plupart des pièces de haute venaison que l'on voit, tout l'hiver, suspendues aux portes des marchands de comestibles et des restaurateurs.

D'après les statistiques supposées les plus exactes, l'on ne compte guère, en France, qu'environ 450 meutes de chiens dressés à la poursuite du gros gibier. Ces meutes, comprenant en tout 9,000 chiens conduits par un personnel de 720 piqueurs ou valets, avec 800 chevaux, sont, en outre, très inégalement réparties entre les diverses divisions territoriales.

Tandis, en effet, que la plupart de nos départements ne possèdent, au grand complet, qu'un ou deux équipages de chasse, la Vienne seule en peut mettre régulièrement en campagne trente-deux; la Vendée vingt-quatre, la Gironde vingt, la Haute-Saône, la Nièvre, la Côte-d'Or, chacune dix-sept ou dix-huit.

Et quels sont les résultats produits, en moyenne, chaque année, par ces grandes expéditions cynégétiques? Sur toute l'étendue du territoire, le nombre des pièces capturées s'élève à 711 cerfs, 1,317 chevreuils, 1,956 sangliers et plus de 3,000 lièvres, auxquels il faut ajouter environ 1,500 renards et 600 loups.

Ces chiffres, assurément, pourraient donner, à première vue, une haute idée de l'intrépidité de nos chasseurs et de la richesse giboyeuse de nos provinces. Mais la plupart des chevreuils et tous les cerfs abattus ont été élevés et nourris — comme des moutons, — dans des parcs ou des réserves. Ils sont aussi, presque toujours, partagés entre les chasseurs, et ne

Pl. LXXXVI. — EXCURSIONS ET VOYAGES. — LA VIE AUX EAUX. — LE PARC. — LA BUVETTE.

comptent en somme, que fort peu, dans l'alimentation publique.

Peut-être met-on plus fréquemment en vente les sangliers que l'on tue en assez grand nombre dans nos départements de l'Est. Nous en recevons bien davantage encore, toutefois, de la Prusse rhénane et de la Forêt Noire. Il serait cependant si facile de repeupler de gibier de toute espèce nos bruyères et nos bois.

Chasse à tir. — La grande chasse depuis longtemps n'est possible, nous venons de le voir, qu'aux plus riches propriétaires ; il en sera bientôt de même, — on peut le craindre, — de la *chasse à tir*, déjà bien difficile ; et pourtant, n'est-ce pas une des plus salutaires occupations, un des plus réels agréments de la vie rurale, que d'aller, quelquefois, selon sa libre fantaisie, avec un bon chien, et le fusil au poing, battre les buissons et courir la plaine ?

Chaque année, quand enfin a sonné l'heure de l'ouverture, quelle joie, par une belle matinée de septembre, de décrocher le fusil du manteau de la cheminée, d'ouvrir la porte au superbe « pointer » qui pleure d'impatience au chenil, et dès le seuil de la maison, d'entrer aussitôt en chasse !

Au premier champ rencontré, la queue frémissante et le nez au vent, le brave chien n'a pas plutôt flairé le sol, que le voilà parti, la tête haute, en quête ! Il va, vient, décrivant de grands cercles sous l'œil du chasseur attentif qui surveille ses allures, le rappelle, s'il fait de trop grands écarts, le gronde vertement si, par défaut d'expérience ou par étourderie, il s'engage sur la piste d'un mulot ou d'une alouette !

Mais doucement ! « tout beau ! » Voici que le chien trouve. Après un brusque arrêt, le cou tendu, les yeux brillants, pas à pas, il marche sans bruit, suivi de près, cette fois, par son maître qui, le fusil armé, le doigt sur la gâchette, se tient prêt à faire feu.

Évidemment, on est sur une bonne trace, et quelque bête à

poil ou à plume a passé par là. Quelle bête? Un lièvre, sans
doute. On le soupçonne aux agissements tout particuliers du chien,
aux épaisses touffes de ronces dont le sol, à cet endroit, est couvert; et si le gibier, de grand matin, a quitté le gîte, il ne peut
être encore bien loin!

Un lièvre! beau début, pour une journée de chasse! Il s'agit
de ne pas le manquer. Et, pied à pied, cette fois, le chasseur
longe les broussailles, entre dans le petit champ de pommes de
terre, avance prudemment derrière le « pointer » qui, soudain
s'arrête immobile et comme cloué sur place, au bas d'un coteau
couvert de fougères et de genêts.

Attention! pour ne pas donner raison au proverbe : « Ce n'est
pas viande prête, que lièvre en genestaie! »

Mais tout à coup, une grande bête rousse, hors des herbes
sèches où elle était blottie, s'élance, rapide, avec un bruit de
fusée volante. Pan! pan! deux coups de feu se succèdent, et,
dans la fumée de la poudre, on aperçoit le bon vieux chien
saisissant à pleine gueule le malheureux lièvre à qui les deux
charges de plomb dans le flanc ont fait faire le « manchon ».

Le temps n'est pas encore éloigné où c'était généralement ainsi
que le plus modeste chasseur commençait sa journée d'ouverture ; et
de longues heures lui restaient, dans l'après-midi, pour ajouter,
au lièvre tué, nombre de perdrix et de cailles. Aujourd'hui, trop
souvent, l'on revient comme l'on part, d'une expédition cyné-
gétique : « bredouille », le cœur triste et le corps harassé. Avec
le nombre toujours plus grand des chasseurs et des braconniers,
le gibier, nécessairement, est devenu plus rare ; et si l'on ne se
hâte de prendre, pour sa conservation, d'énergiques mesures, au
lieu de rester une agréable et fructueuse distraction, la chasse
ne sera, malheureusement, bientôt plus qu'une pénible corvée.

Hygiène du chasseur. — En quelque pays que ce soit, d'ailleurs,
même dans les contrées les plus giboyeuses, on ne saurait, d'ha-

bitude, chasser sans faire beaucoup de chemin, ni sans se donner, parfois, un peu de peine. On n'en éprouve, il est vrai, que plus de plaisir, et le véritable amateur préfère, avec raison, cette chasse hasardeuse en pleine campagne aux massacres trop faciles que l'on peut faire sur les territoires réservés. Intrépide, aiguillonné par l'amour-propre, il se plaît à se laisser entraîner, autant que ses forces le lui permettent, à la poursuite du gibier qu'il a pu découvrir. Aussi, pour résister autant que possible à la fatigue, le chasseur doit-il observer une hygiène spéciale qui sera la meilleure sauvegarde de son courage et de sa santé.

Vêtu d'un costume léger, large et commode, en tissu de drap assez chaud, cependant, pour empêcher le refroidissement subit du corps en sueur, il sera chaussé de forts souliers à semelle épaisse, mais suffisamment souples pour ne gêner aucunement le pied gonflé par une marche soutenue.

Pour chasser en plaine, par les beaux jours, le chapeau de paille à larges bords serait, certainement, la coiffure la plus hygiénique. Il est fâcheux que le vent ait sur lui trop de prise ; c'est pourquoi bien des chasseurs lui préfèrent encore la casquette à visière ou le feutre léger.

La boisson par excellence, pour combattre la soif et ménager les forces, est l'infusion de café coupée d'eau. L'on peut recommander aussi, comme particulièrement tonique et désaltérant, un mélange de punch et de sirop de groseilles dont on verse deux ou trois cuillerées dans une tasse d'eau fraîche quand on a le plaisir de faire halte près d'une source ou sur les bords d'un ruisseau.

Le chasseur, enfin, ne doit pas négliger de se munir d'une pharmacie de poche ou, tout au moins, d'un flacon d'alcali volatil. La morsure d'une vipère peut causer la mort d'un homme ou celle d'un chien, quand le venin versé dans la plaie n'est point aussitôt détruit par un caustique, et l'on prévient, en pareil

cas, toute issue funeste en touchant la plaie à l'ammoniaque pure
dont on boit ensuite, huit à dix gouttes dans un verre d'eau.

ÉQUIPEMENT DU CHASSEUR

Le fusil de chasse. — De l'adresse du chasseur et du fusil dont
il est armé dépendent beaucoup, on le conçoit, sa bonne ou sa
mauvaise chance. Avec une mauvaise arme, le plus habile tireur
est souvent fort maladroit; il l'est même, quelquefois, avec un
bon fusil qui n'est point à sa taille ou dont il n'a point l'habitude.

Quand on fait choix d'une arme de chasse, il ne faut donc
pas seulement s'assurer si les canons, bien forgés, sont partout
de la même épaisseur et parfaitement soudés l'un à l'autre. Il
n'est même pas rigoureusement utile d'en éprouver la résistance
ni d'en mesurer la portée, ces premiers essais étant préalablement faits sous le contrôle de l'État, par les manufacturiers, généralement tenus de marquer leurs fusils d'un poinçon, avant de les
livrer au commerce. Il importe surtout de choisir une arme commode et facile à manier, s'épaulant sans effort, et sitôt qu'on la
met en joue permettant au tireur de trouver immédiatement le
point de mire. On doit aussi tenir à ce que les platines s'arment
facilement, quoique sans trop de douceur, en rendant un son clair
et net; qu'elles tiennent bien au cran de sûreté; qu'elles retombent vivement, enfin, non pas au moindre contact, mais sous la
pression graduée du doigt sur la détente.

En général, toutes les armes de chasse de même calibre et de
même longueur, portent à peu près le plomb de la même manière.
A trente ou trente-cinq pas, un bon fusil ordinaire, du calibre 16,
éparpille habituellement sa charge dans un rayon de 60 centimètres autour du point visé; mais cet écart varie considérablement, encore, selon que dans le fusil ou la cartouche, la poudre
et le plomb sont plus ou moins serrés.

A cet égard, l'ancien fusil *à baguette* dont se servent encore les vieux chasseurs, présentait bien, il faut en convenir, quelques avantages. Avec un peu d'habitude, et suivant qu'on le bourrait de telle ou telle manière, il était facile d'en obtenir assez précisément, tel ou tel effet. Mais l'inconvénient d'emporter avec soi d'encombrantes munitions, et l'ennui de recharger l'arme après chaque coup tiré, devaient nécessairement amener avec la simplification, le perfectionnement du fusil de chasse.

Dans les armes de nouveau système, des cartouches préparées d'avance sont rapidement introduites par la culasse dans les canons du fusil; mais tandis que dans les premières armes ainsi modifiées, les canons restaient en place, la culasse seule étant mobile, dans les fusils définitivement adoptés aujourd'hui, ce sont les canons qui se déplacent et basculent en avant de la culasse solidement clouée au fût. Ainsi furent successivement inventés les fusils *Robert*, *Pauly*, *Pottet*, *Perrin-Lepage*, dont la culasse tournait ou s'ouvrait assez ingénieusement de diverses façons; puis, les armes à bascule plus pratiques encore, de *Béringer*, d'*Édouard*, de *Lefaucheux*, différant surtout par le mécanisme du levier qui permet de renverser le canon et de le rajuster sur la culasse.

Préféré, dès le début, par la grande majorité des chasseurs, le fusil Lefaucheux, dans ces dernières années, est enfin devenu, à la suite d'incessants perfectionnements, une arme véritablement supérieure. Entre les mains des arquebusiers anglais et américains, non seulement le levier de la bascule, un peu lourd d'abord et placé sous les canons, s'est transformé bientôt en un double ou triple verrou, le « top lever », dont la clé, d'un petit volume, fonctionne sur le col de la crosse, en arrière des deux chiens; mais encore les canons, spécialement forés dans ce but, ont été disposés de manière à porter le plomb d'une façon toute différente. Tandis, en effet, que le canon droit est simplement fabriqué pour le tir ordinaire, le canon gauche est inégalement calibré ou rayé dans toute sa longueur, pour concentrer le plomb, le serrer et l'envoyer avec toute sa force de pénétration à une plus longue distance. Selon le mode de forage qu'ils ont subi, ces canons à longue portée sont désignés sous le nom de « choke bored » ou de « choke américain ». Ils permettent au chasseur qui décharge le second coup de son arme d'abattre presque sûrement, à la distance de 50 à 60 mètres, la pièce de gibier qui n'est point tombée au premier coup.

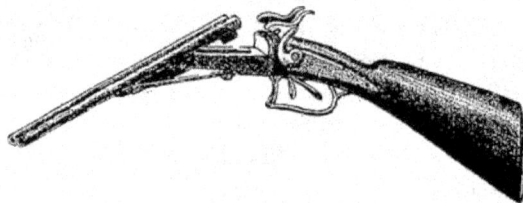

Fusil Lefaucheux.

En général, tout fusil à bascule « top lever » et « choke bored », joint à ces perfectionnements quelques autres avantages. Au lieu des dangereuses cartouches *à broche*, encore employées avec les anciens fusils Lefaucheux, il ne tire plus que des cartouches à *percussion centrale*, dont la capsule correspond au centre du culot. Il est pourvu d'un *extracteur automatique* qui dans le mouvement de bascule, arrache du canon la cartouche tirée; il est enfin complété par des *platines rebondissantes*, dont les chiens, après chaque coup, se relèvent d'eux-mêmes au cran de sûreté. C'est, en un mot, une arme excellente, qui doit faire merveille aux mains d'un habile tireur.

Munitions. — Au lieu de l'encombrant bagage dont le chasseur devait se munir autrefois, avec le grand risque d'oublier les bourres ou le sac à plomb, la poire à poudre ou les amorces, il suffit, aujourd'hui, qu'en se mettant en campagne, il emporte quelques cartouches, pour être prêt à tout événement.

Logées dans une poche du carnier, dans les goussets d'une ceinture ou d'une sacoche spéciale, il est bon que ces cartouches ne soient point uniformément chargées de plombs d'un même numéro. Le hasard est grand, à la chasse. En cherchant le lièvre, on trouve souvent les perdreaux, et c'est, encore, un incontestable avantage du fusil à bascule de permettre au chasseur de changer instantanément ses cartouches selon le gibier qu'il a rencontré.

En général, on tire le lièvre et le canard sauvage avec du plomb n° 4 ; avec du 5 et du 6, le faisan et les vieilles perdrix ; avec du 7 et du 8, les jeunes perdreaux et les cailles ; avec du 9 et du 10, les grives et les bécassines ; avec du 11 et du 12, les alouettes et les petits oiseaux. Les gros plombs des n°s 3 et 2, sont réservés au fort gibier à poil et à plumes ; à plus forte raison les chevrotines graduées du n° 1 au triple zéro. En chasse, il est bon de se souvenir, enfin, que la portée du plomb augmente considérablement avec le volume de la grenaille, et que, par conséquent, il est encore possible d'abattre à 100 mètres, par exemple, avec du plomb n° 4, une pièce qui n'aurait point été vulnérable, à 80 mètres, avec du plomb n° 8.

LE CHIEN DE CHASSE

Le chien d'arrêt. — Un bon chien n'est pas seulement l'indispensable auxiliaire, il est aussi le fidèle compagnon du chasseur ; et son maître, s'il veut obtenir de l'intelligent animal tout ce que celui-ci peut lui donner, doit bien moins le traiter en esclave qu'en camarade.

Les races sont nombreuses, des chiens qu'un suffisant dressage rendrait aptes à chasser. Mais les seules variétés qui fournissent des sujets véritablement estimés sont les *braques* et les *pointers* à poil ras plus ou moins tachés de noir ou de fauve ; les *épagneuls* aux longs poils soyeux ; les *griffons* et les *barbets*

Pl. LXXXVII. — LA CHASSE A COURRE. — CHASSE AU CERF.

hérissés ou frisés comme des chiens sauvages. Intelligents et braves, ces derniers sont plus spécialement réservés pour la chasse au marais; les épagneuls, dont on distingue les « setters » anglais, quêtent et buissonnent attentivement, sans s'écarter du chasseur; les braques, au nez fin, chassent hardiment et tiennent bien l'arrêt; les pointers, quoique un peu difficiles à suivre, sont justement appréciés pour leur vive allure, leur quête brillante, leur admirable tenue à l'arrêt où ils restent immobiles et comme pétrifiés, en attendant que le chasseur vienne les rejoindre.

Malgré que le chien chasse « de race », ainsi que l'affirme un proverbe connu, ce n'est jamais qu'après une certaine éducation qu'il peut rendre au chasseur de véritables services. Toujours plus ou moins insoumis quand il est jeune, il doit être, avant tout, dressé à obéir, à rester auprès de son maître, à ne s'en écarter que sur un mot ou sur un signe, à y revenir au premier appel. Outre le nom qu'on lui a donné, il est certains mots : *Allez! Tout beau! Derrière! Ici!* qu'il doit parfaitement comprendre. Il faut aussi l'habituer à chercher et ramasser ce qu'on lui jette, à le *rapporter*, surtout, sans le déchirer.

Ce n'est jamais qu'après ces exercices préalables qu'il est utile de le conduire sur le terrain. A la façon dont il quête, on reconnaît alors s'il a du nez, de l'ardeur et des dispositions réelles. S'il n'arrête pas instinctivement, et qu'il courre après le gibier, on l'en empêche, soit en le rappelant aussitôt, soit en employant, s'il n'obéit pas, le « collier de force », sur lequel, dès que le chien s'emporte, on tire modérément au moyen d'un cordeau. Arrête-t-il, d'abord, au contraire, outre le vrai gibier, l'alouette et le moineau, facilement on l'en corrige en lui criant : *Oiseau! oiseau!* quand la pièce éventée n'en vaut point la peine et, mieux encore, en lui tuant au nez, quand c'est possible, la caille ou le perdreau qu'il a correctement arrêtés.

En plaine, il ne faut jamais conduire le chien que du côté d'où le vent souffle, afin qu'il perçoive sûrement le fumet du gibier s'il en est à quelque distance. Dans les bons endroits, on doit exiger, enfin, qu'il traverse en zigzag toutes les pièces de terre; qu'il fouille les haies et les buissons; qu'il explore les touffes d'herbes et les fossés; qu'il batte, sans se presser, les éteules et les bruyères. C'est la plus sûre méthode pour développer, en peu de temps, toutes les qualités de l'intelligent animal, et le meilleur moyen de ne point rentrer au logis le carnier vide.

Le chien courant. — En dehors de nombreuses races étrangères, plus ou moins bien représentées dans notre pays, nous pouvons estimer qu'il existe, en France, à peu près autant de variétés de chiens courants que nous comptons de grandes provinces. On distingue, entre les plus appréciés, les chiens de *Saintonge* et de *Poitou*, à poil blanc et ras, taché de noir et de feu; ceux-ci, très réputés pour la chasse du loup, ceux-là pour la chasse du cerf ou du lièvre; les chiens de *Vendée*, excellents dépisteurs de cerfs, dont le long poil grisâtre rappelle celui des griffons; les chiens d'*Artois* et les *Normands*, à robe blanche ou fauve, intelligents et chassant volontiers toute espèce de bête. Parmi les races étrangères, outre les superbes *Lévriers*, dont les variétés ne se comptent plus, on estime surtout les chiens anglais : les *Fox-hound* ou « chiens à renards », les *Beagles* et les *Bull-terriers*, incomparables pour la chasse sous terre; enfin les *Bâtards normands*, issus du Fox-hound et d'une lice française, aujourd'hui très en faveur dans notre pays. A ces grands chiens de meute, le petit chasseur préfère, cependant, les dociles et modestes *Bassets* à jambes droites ou torses, à poils ras ou griffons, également aptes à mener le loup ou le sanglier, le cerf ou le lièvre.

A quelque race qu'il appartienne, le chien courant est relativement facile à dresser. D'instinct, déjà, vers l'âge de huit mois, il sait chercher et trouver une piste; mais il ne s'y maintient pas et prend fatalement le change pour peu qu'il en découvre une autre plus aisée. Or, la principale qualité d'un bon chien courant est de persévérer sur une première voie, de la poursuivre et de la relever au besoin, jusqu'au « lancer » de la bête; et ce n'est guère avant douze ou quatorze mois qu'il possède assez d'intelligence et de flair pour ne pas tomber trop facilement en défaut. Il n'est point, alors, de meilleur moyen de faire son éducation, que de lui donner, pour compagnon, dans une meute, un vieux chien qui lui apprendra, bien mieux que le meilleur maître, toutes les ruses du métier. Peut-être le jeune élève, d'abord, ne se laissera-t-il qu'à regret accoupler et mener en laisse; mais il suffira, pour le rendre docile, de l'exemple des autres chiens, plus encore que des corrections du piqueur.

LE GIBIER.

La chasse en plaine. — Quand, chaque année, les premiers jours de septembre ramènent enfin l'heure de « l'ouverture », c'est généralement vers la plaine que se dirigent les chasseurs. A cette heure solennelle, en effet, tout le gibier de la saison est là, qui les attend. De bon matin, dans les chaumes et les endroits découverts où ils se tiennent à l'abri de l'humidité; dans les pièces de verdure, les champs de luzerne et de pommes de terre, après que le soleil en a fait évaporer la rosée; cailles et perdrix, râles et lièvres semblent s'être donné rendez-vous. Bientôt, harcelés et fusillés de toutes parts, ils se disperseront et chercheront des abris plus sûrs. Présentement il est facile, avec un bon chien, de les découvrir et de les tirer « à belle ».

Cailles. — Venues, en avril, des côtes d'Asie et d'Afrique, les *cailles* ont fait leur nid au printemps, dans nos moissons et nos prairies. Tout l'été, les cailleteaux, dans les récoltes, se sont nourris d'insectes et de grains. Il faut donc se hâter d'autant plus de les chasser en septembre que déjà, jeunes et vieilles cailles repartent de compagnie pour des climats plus chauds. A l'ouverture, on les trouve en grand nombre encore dans les éteules, les herbages, et jusque sous les petits buissons. Elles se laissent facilement approcher, et comme elles partent en ligne droite, à peu de distance du sol, le tireur même le plus novice a toute chance de les abattre au premier coup de fusil. A la remise, en revanche, les cailles sont très difficiles à « relever ». Elles vont, viennent, courent et se glissent, sans s'envoler, jusque sous les pattes du chien dont elles finissent par décourager le zèle et lasser la patience.

Perdreaux et perdrix. — Sédentaires dans nos contrées, c'est aussi dans les chaumes, les pièces de verdure et les bruyères que se tiennent les *perdrix*. Des « pariades » du printemps, quand elles réussissent, résultent des compagnies de quinze à vingt perdreaux, pleinement développés en septembre, et dont la découverte est toujours une des meilleures aubaines que puisse avoir le chasseur. A bonne portée, le tir des perdreaux est relativement facile, à la condition que l'on vise bien une des pièces de la compagnie et que l'on fasse feu sans se presser. N'eût-on, d'ailleurs, que fort peu de chance de les atteindre, il serait toujours bon de tirer sur des perdreaux qui partent en masse, le seul bruit de la détonation suffisant à les disperser. Tandis qu'en se rappelant ils cherchent à se rejoindre, on se rend à leurs remises, et comme ils tiennent alors bien l'arrêt, on a tout le temps d'en abattre un certain nombre avant qu'ils aient pu se réunir.

Encore assez répandue dans notre pays, la perdrix *grise* ou *commune*, n'est point la seule espèce que l'on y puisse rencontrer. On y trouve quelquefois, aussi, la petite *roquette* ou perdrix de passage ; la *bartavelle* dans les gorges boisées des montagnes, et plus fréquemment la perdrix *rouge* dans les terres incultes de nos départements du centre et du midi.

Râle de genêts. — Avec les cailles, dont il passe, bien à tort, pour être le guide ou le « roi », vient et s'en retourne, chaque année, un oiseau très estimé, le *râle de genêts*, qu'un bon chien a souvent l'occasion de dépister en chassant la perdrix ou la caille. Ce n'est jamais qu'à la dernière extrémité, cependant, qu'après avoir fait cent détours et tenté toutes sortes de ruses, que le râle, forcé, se décide à prendre son vol. Il faut alors le tirer et le tuer sur le coup, ce qui n'est, en général, pas difficile, sinon le rapide coureur s'abattant aussitôt, s'enfuit de nouveau sous les genêts pour chercher uniquement son salut dans la vitesse de ses jambes.

Alouettes. — A défaut de perdrix et de cailles, une des plus intéressantes chasses que l'on puisse faire en plaine est celle

Chasse à l'alouette, au miroir.

des *alouettes* dont on a surtout chance de rencontrer les innombrables légions en automne, à l'approche des grands froids. Dès le mois d'octobre, en effet, les alouettes, jusqu'alors isolées, se réunissent en bandes. Elles se laissent approcher de très près, et d'un coup de fusil chargé à cendrée on peut en abattre un grand nombre.

Par une belle et claire journée, il est très récréatif encore, et non moins profitable au tireur inexpérimenté, de chasser l'alouette au *miroir*. Formé d'un morceau de bois peint en rouge et garni de fragments de glace étamée, l'engin est placé dans un champ découvert à proximité d'un bouquet d'arbustes où puisse se dissimuler le chasseur. Un ressort d'horlogerie, une longue ficelle, mettent l'appareil en mouvement. Il tourne, scintille au soleil, attirant à ses reflets les alouettes si surprises ou si curieuses, qu'en dépit des coups de feu qui les déciment, elles ne cessent de venir en nombre et de tous côtés, planer au-dessus du miroir ou voltiger à l'entour.

Dans les grandes plaines de France, assez fréquemment encore on rencontre, en automne, des troupes voyageuses de *vanneaux* et de *pluviers*, difficiles à rejoindre ordinairement, mais dont la poursuite est néanmoins fort intéressante. On y peut souvent aussi tirer avec succès, dans la même saison, sur des bandes serrées d'*étourneaux*, quoique la chair de ce gibier soit déjà bien inférieure à celle des autres oiseaux de passage.

La chasse dans les vignes. — Grives et merles. — Partout où elles sont cultivées, les vignes, avec leurs grappes savoureuses, constituent des milieux privilégiés, où de nombreux oiseaux, quand les raisins sont mûrs, viennent prendre, chaque jour, une copieuse nourriture. Aussi suffit-il, à la fin de l'été, de s'embusquer sous un abri de verdure, au coin d'une vigne, pour y faire, en peu d'instants, une chasse fructueuse. La *grive commune*, ou « chanteuse », la grosse *draine* ou « grive de gui », l'une des plus délicates, et la « vendangeuse » de Bourgogne, ou *mauvis*, en sont les hôtesses les plus assidues. Mais à défaut de grives, on peut quelquefois y tirer des *merles*, des *becfigues*, des *tourterelles*, et plus rarement la *litorne*, ou « grive de genièvre », dont les troupes émigrantes ne passent guère chez nous qu'à l'arrière-saison.

La chasse au marais. — Au chasseur intrépide et passionné, le marais offre le précieux avantage d'être presque toute l'année accessible, alors que la chasse est depuis longtemps close dans la plaine et dans les bois. Il y faut, à vrai dire, un bon tempérament, une solide patience et ne pas plus se ressentir, à l'occasion, d'un plongeon accidentel, dans l'eau, que l'épagneul ou le griffon dont on doit être accompagné.

Dans ces conditions, la chasse au marais ne laisse pas d'être très attrayante, en raison de la quantité de grands et beaux oiseaux que l'on a chance d'y rencontrer. Toute la tribu des canards, chassée par l'hiver des régions du nord, y vient prendre ses ébats. Outre le superbe *canard sauvage*, type du genre, c'est le *pilet* à queue fourchue, le *milouin* à tête brune, le *tadorne* zébré de noir, le *morillon* au bec bleu; par endroits, la *sarcelle* et la *macreuse*, qui s'y succèdent à de courts intervalles, quand ils ne s'y trouvent pas en même temps. Défiantes et craintives, la plupart de ces espèces, à vrai dire, ne se laissent guère approcher par les chasseurs; aussi, pour les atteindre et s'en emparer, faut-il, presque toujours user de ruses et de stratagèmes qui rendent amusante entre toutes la chasse au gibier d'eau. Tantôt c'est dans une hutte percée de meurtrières, tantôt derrière un paravent de branchages, que l'on doit se mettre à l'affût, après avoir lâché sur le marais des canards « appelants », dressés à attirer, par leurs cris, les canards sauvages. Bravant tout ridicule, quelques chasseurs, pour tromper les vigilants palmipèdes, vont jusqu'à s'affubler d'un mannequin recouvert d'une peau de vache. D'autres, ne craignent pas de déguiser leur chien en renard pour ameuter contre lui les volatiles ennemis du rusé carnassier. Mais, de toutes ces chasses, la

Pl. LXXXVIII. — LA CHASSE AU CHIEN D'ARRÊT. — EN PLAINE.

plus fructueuse est bien, sans contredit, celle que l'on pratique au moyen du « nègue-chin » ou « fourquette », sorte de bateau plat dans lequel, étendu sur le ventre, le chasseur peut s'approcher assez près des canards pour tirer sur eux à bout portant. C'est ainsi, notamment, que l'on chasse les macreuses sur les étangs du midi de la France. Cernées par des centaines de canots qui les couvrent d'une grêle de plomb, ces pauvres bêtes perdent, alors, jusqu'à l'instinct de la fuite, et ne s'échappent, par intervalles, que pour revenir tomber dans l'ouragan de feu où elles sont décimées.

L'affût à la hutte, au marais.

Hérons. — Râles d'eau. — Bécassines. — Exceptionnellement, dans nos contrées, on trouve encore, au bord des eaux, le *butor*, grand mangeur de grenouilles, et le *héron gris*, dont la capture, au moyen âge, était le plus glorieux trophée de la chasse au faucon; plus fréquemment on y peut découvrir les *râles* et les *poules d'eau*, plus intéressants, peut-être, pour le naturaliste que pour le cuisinier; mais le gibier que l'on y cherche de préférence est la *bécassine*, dont toutes les espèces viennent, à peu près simultanément, fouiller de leur long bec, en automne, la bourbe de nos marécages et la vase de nos étangs.

Le tir de la bécassine *commune*, assez difficile en raison des nombreux crochets que fait l'oiseau quand il s'envole, est un excellent exercice pour le jeune chasseur. En revanche, il est relativement aisé d'atteindre la bécassine *double*, déjà plus volumineuse, et surtout la *sourde*, au vol lourd, qui part, le plus souvent, sous les pas du chasseur.

La chasse dans les bois. — Bécasses. — En chasse comme en ornithologie, la bécassine annonce la *bécasse;* mais celle-ci, plus grosse et bien plus appréciée, préfère à la prairie humide et découverte, les bas-fonds marécageux des grands bois. Du nord de l'Europe, elle « descend » dans nos contrées en automne, y séjourne ou les traverse durant une partie de l'hiver, puis « remonte », au printemps, vers les régions d'où elle est venue. On la rencontre donc, surtout, au commencement et à la fin de cette migration, et comme elle tient bien l'arrêt, qu'elle tombe au moindre grain de plomb qui l'atteint, en quelques jours, alors, on peut en abattre un grand nombre. Tous les chiens, cependant, n'arrêtent point la bécasse et ne la rapportent pas; aussi la chasse-t-on souvent à l'affût, en se postant, le soir, au coin d'une allée, ou dans quelque gorge humide, au fond d'un bois.

Faisans. — Ce n'est guère que dans les grandes forêts, les bruyères et les parcs où ils sont spécialement élevés pour la chasse, qu'il est possible de découvrir et de tirer des *faisans;* mais ces superbes oiseaux remplissent si bien une gibecière que tout chasseur a le désir, ne fût-ce qu'une fois, de tenir un faisan au bout de son fusil. Un tel rêve, assurément, n'est pas irréalisable; mais, en somme, pour dédommager le chasseur rustique, la bruyère et la forêt ont d'autres hôtes que le fastueux gallinacé.

Lièvres et lapins. — Si le *coq de bruyère* et la *gélinotte* sont rares aujourd'hui, même dans les grands bois de nos montagnes, à peu près partout, on rencontre encore le *lièvre* et le *lapin de garenne*, ce dernier si fécond, en quelques localités, que l'on ne croit point le chasser, si l'on n'en fait un véritable massacre. A ces tueries, on n'emploie pas seulement des « rabatteurs » armés de bâtons, qui chassent devant eux tout le gibier qu'ils rencontrent; mais encore des furets ou des terriers qui pénètrent dans les galeries où se cachent les lapins, et les en délogent.

La chasse au lièvre, moins brutale, présente bien d'autres attraits. C'est, en effet, un rusé compère, que ce timide quadrupède à longues oreilles, et la rapidité de ses pattes ne lui est pas moins favorable que la finesse de son ouïe. Sans domicile fixe, comme le lapin, à tout instant il se déplace, d'ailleurs, selon le temps qu'il fait, établissant son gîte, en bête prudente et sage, au milieu du jour, dans quelque vallon frais et couvert; par la pluie, sous un impénétrable buisson, au revers d'un coteau pierreux; et par les grands vents, dans un bas-fond, sous les fougères ou les ronces. Il ne se plaît pas moins dans les genêts, où il est si difficile de l'atteindre; dans les champs de pommes de terre et les pièces de verdure, sarrasins, trèfles et luzernes, où il peut brouter sans être vu. C'est là qu'un bon chien d'arrêt doit le découvrir et le surprendre, qu'un chasseur habile doit le tirer, au départ, en le visant au flanc s'il traverse, entre les deux oreilles, s'il file droit devant lui.

Mais le plus souvent on chasse le lièvre au chien courant dans nos campagnes, et cette méthode, bien plus sûre, offre déjà les vives émotions de la grande chasse à courre, quoique généralement elle se pratique avec moins de mise en scène et plus de simplicité. Comment ne pas s'intéresser, en effet, au travail si curieux d'une meute bien dressée, à la sagacité des chiens, si prompts à découvrir la piste, à la retrouver quand elle est perdue, à s'élancer, avec de grands éclats de voix, à la poursuite de l'animal, soudain parti de son gîte?

Et les étranges ruses du lièvre, ses randonnées et ses retours, ses grands bonds et ses crochets pour échapper aux fins limiers qu'il parvient souvent à mettre en défaut, n'est-ce point toujours, même pour le plus vieux chasseur, un émouvant spectacle?

Rarement, le piqueur qui mène les chiens pourrait, avec quelque chance de le tuer, faire feu sur le lièvre. Il laisse, d'habitude, ce mérite et ce plaisir aux chasseurs qui l'accompagnent, et ceux-ci, selon la topographie du canton, vont se poster au bord de tel ou tel sentier dans lequel, nécessairement, la bête devra s'engager pour échapper à la meute.

Chevreuil. — Daim. — Dans les grandes chasses en forêt, le *chevreuil* et le *daim*, généralement attaqués comme le lièvre, ne mettent pas, à dépister les chiens, à les tromper, à se défendre, moins d'intelligence que ce dernier.

Le chevreuil, ordinairement, part du milieu d'un taillis, pour faire d'abord, avec de grands bonds, un ou deux longs circuits ou randonnées, autour de l'enceinte. Il s'arrête alors, prête l'oreille et, si peu qu'il soit rassuré, rapidement, il fuit à travers bois, en droite ligne; puis, après un nouveau repos, se sentant poursuivi, le plus doucement qu'il le peut, il décrit encore de grands cercles, en passant, de préférence, par les allées et les sentiers qui lui sont le mieux connus. C'est là que vont l'attendre les chasseurs au courant de ses habitudes, pour le tirer, presque toujours, de très près, en le visant au défaut de l'épaule, s'il prête le flanc, à la hauteur de la poitrine, s'il arrive droit devant eux.

Cerf. — Plus fréquemment, le daim, après avoir été reconnu par les limiers et les veneurs, est lancé, sous bois, à grands renforts de chiens et de chevaux. Dans nos forêts, toutefois, où les daims ne sont pas nombreux, c'est plus spécialement au *cerf* qu'est réservé ce grand train de chasse.

Il faut un habile veneur doublé d'un très fin limier pour « détourner » un cerf, le reconnaître au pied et aux fumées; pour juger ainsi de son âge et de son sexe, et le distinguer, d'après ces seuls indices, de toute autre bête de même espèce, dont il pourrait se faire suivre afin d'égarer les chiens et de leur donner le change. Aussitôt l'animal découvert, on découple la meute, et dans l'éclat soudain des fanfares accompagnant les cris des piqueurs et les longues clameurs des chiens, le cerf, en toute hâte détale, entraînant après lui la meute et les valets, les chasseurs et les chevaux, tout l'équipage de chasse. Il fuit, d'abord, alerte et léger, de toute la vitesse de ses jambes; mais bientôt il ruse, croise sa voie, y passe et repasse, puis, d'un grand bond, se jette de côté dans un épais fourré où il se couche et ne bouge plus. Un instant, voilà les chiens en défaut, mais le piqueur intervient, il les aide, les anime, les remet sur la voie, et le cerf relevé, relancé, prend le grand parti de sortir du bois, de « débûcher » en plaine. Et les trompes de sonner de nouveau, et les chiens de clamer de plus belle, et les chasseurs de s'élancer, dans une course échevelée, par-dessus les fossés, les haies et les buissons, à la poursuite du fier dix-cors qui, fatigué maintenant, essaie en vain de multiplier ses ruses. Un moment encore, il va rentrer sous bois et courir se jeter à l'étang, sa suprême ressource. Mais la meute, plus ardente, le rejoint, le harcèle, et tandis qu'un joyeux hallali sonne sa capture, le pauvre animal, accablé, n'échappe à la dent féroce des chiens que sous le coup de grâce du veneur.

Sanglier. — Moins intéressante et moins distinguée peut-être, la chasse du *sanglier* se termine par une lutte autrement périlleuse que celle du cerf. Ce n'est jamais, en effet, sans défendre terriblement sa vie, sans éventrer les chiens les plus ardents, qu'un vieux « solitaire », poussé à bout, se laisse acculer dans sa bauge ; et le chasseur, exposé lui-même à recevoir de dangereuses blessures, ne saurait s'apitoyer sur le malheureux sort de l'animal en fureur. A moins qu'il ne soit solidement maintenu par la meute, il faut être vraiment intrépide, pour aller, le couteau de chasse à la main, frapper alors le sanglier au défaut de l'épaule. Un absolu sang-froid est même, encore, indispensable pour le tirer à balle, en le visant au front, la bête manquée se précipitant aussitôt sur le tireur pour lui porter de rudes coups de boutoir, s'il n'a pu se garer à temps de ses atteintes.

Rarement, en raison des coûteux sacrifices qu'elle impose, on emploie à la chasse du sanglier une meute d'une réelle valeur. On le fait attaquer le plus souvent, par quelques gros chiens courants, soutenus par des mâtins et des dogues. Mais, pour éviter tout carnage et diminuer de beaucoup le danger, il est encore mieux de chasser le sanglier à l'affût, en allant se poster au bois de très bonne heure le matin, quand il y rentre, ou le soir, au crépuscule, quand il en sort.

Renard et Blaireau. — Dans nos pays, ce n'est guère d'autre façon, aujourd'hui, que l'on chasse le *renard* et le *blaireau* généralement considérés comme « bêtes malfaisantes ». Mais les veneurs anglais poursuivent le renard avec toute la passion que mettent nos chasseurs à courre le cerf et le lièvre.

Il est facile, en plaçant un appât à proximité de son terrier, de tirer le renard à l'heure où il le quitte, le matin, pour aller à la maraude. On peut aussi, comme le blaireau, le chasser sous terre au moyen de bassets ou de bull-terriers qui souvent le délogent ou bien l'acculent dans quelque coin de la tanière. Enfin, si l'on n'a d'autre but que de détruire une bête nuisible, il suffit de prendre le renard au piège ou de l'enfumer dans sa retraite après en avoir bouché toutes les issues. Mais ce n'est plus là de la chasse ; et si l'on peut agir de la sorte envers les fouines, belettes, et autres « bêtes puantes, » les renards et blaireaux sont déjà d'assez intéressants personnages pour mériter au moins les honneurs d'un siège ou d'un affût.

PÊCHE

LA PÊCHE ET LES PÊCHEURS

Agréments de la pêche. — Dans les villes où l'on a l'esprit frondeur, on se rit volontiers du pêcheur à la ligne ; on se moque de sa patience, on s'égaie de ses petites déceptions, et cependant, imperturbable, le pêcheur n'en continue pas moins à se livrer passionnément à son plaisir favori.

C'est, qu'en effet, quand on l'exerce avec goût et qu'on en sait tous les secrets, la pêche est un art des plus intéressants, une distraction des plus captivantes, un genre de sport non moins récréatif que la chasse, et souvent plus satisfaisant au point de vue des résultats.

Assurément, à Paris et dans toutes les villes où sur les ponts et les quais, les flâneurs, au moindre rayon de soleil, accourent en foule, la ligne à la main, se disputer quelque poisson vaseux, il est difficile de considérer cette innocente occupation autrement que comme un passe-temps ridicule et fort ennuyeux ; mais à la campagne, où l'on peut en toute liberté, disposer des berges ombreuses d'une rivière, la pêche est, sans contredit, un amusement véritable, une récréation non moins salutaire au corps que bienfaisante à l'esprit.

C'est le matin, de bonne heure, et par une belle journée, qu'il faut partir. La prairie est encore couverte de rosée ; mais déjà les mouches volent sur les fleurs, et dans l'onde qui fuit, transparente et froide, sous les saules, les poissons, dès le lever

Pl. LXXXIX. — LA PÊCHE À LA LIGNE.

du soleil, happent les sauterelles qui tombent à l'eau, les phryganes qui rasent de trop près la nappe liquide.

Un petit pont en ruines, un tronc d'arbre renversé, là-bas, vous permettent de passer à pied sec d'une rive à l'autre. Ce sera là que vous ferez halte et que vous préparerez vos engins. Voyez! sur le sable fin de la rivière, dans les eaux que traverse un rayon de soleil, voici les goujons qui lentement remontent, par bandes, et, plus près du bord, dans les anses étroites où l'eau semble dormir, des légions de menu fretin, des vérons, qui se dispersent à votre approche !

Pêchez-vous simplement à la ligne, comme tout véritable amateur : cherchez sans retard, près de quelque vieux saule ou de tout autre massif de feuillage, à l'ombre si c'est possible, une place où vous soyez suffisamment caché.

Si devant vous la rivière n'est ni trop courante, ni trop profonde ; si paisiblement elle coule sur un lit horizontal de gros sable ou de galets, libre d'herbes flottantes, vous avez grande chance d'y faire, en peu de temps, une pêche fructueuse.

Mais hâtez-vous ! C'est jusqu'à neuf ou dix heures seulement que le poisson se montre et mord ; beaucoup plus rare au milieu de la journée, il ne reparaît guère, aiguillonné par l'appétit, que vers le soir, après trois heures.

A ce moment, il est vrai, quand le temps surtout est orageux, vous pourriez encore réparer, par une miraculeuse capture, l'insuccès possible de la matinée ; mais il faut être un pêcheur endurci pour s'obstiner tout un jour et par une chaleur torride, contre le goujon récalcitrant. Il faut joindre à la prodigieuse passion de l'art, une forte dose d'amour-propre ou d'entêtement, pour continuer à tenir d'une main ferme, la canne de bambou, tandis que l'éclair déchire la nuée, qu'une pluie torrentielle vous mouille jusqu'aux os, et que sur votre front gronde le tonnerre !

Etes-vous de ceux-là ? Vous ne rentrerez probablement pas

sans une friture à la maison ; car c'est bien sans doute à propos du pêcheur à la ligne que la sagesse des nations à dit : « Tout vient à point à qui sait attendre. »

Amateur effréné, dédaignez-vous, au contraire, les modestes satisfactions du pêcheur à la ligne pour ne savourer que les fortes émotions de la pêche au filet, ce n'est plus de la patience et de la résignation que l'on doit vous souhaiter, mais de l'activité, du courage, et mieux encore, une santé à toute épreuve.

Non seulement, en effet, il est indispensable d'être doué d'une certaine force musculaire pour manier ou même simplement porter un filet, dont les bords, le plus souvent, sont garnis d'un lourd chapelet de balles de plomb ; il faut encore être par tous les temps, insensible aux pernicieux effets de l'eau froide ; ne craindre point de s'y jeter à tout instant, d'y séjourner, d'en sortir pour s'y replonger, de rester trempé une journée entière sous la constante menace d'un rhumatisme ou d'une pleurésie.

Avec un tel tempérament et dans de telles conditions, vous ferez, à coup sûr, des pêches exceptionnelles, dont vous tirerez peut-être autant d'agrément que de profit. Mais ces avantages compenseront-ils les fatigues imposées, les périls courus, et ces gros plaisirs, si chèrement achetés, vaudront-ils les doux contentements, les paisibles joies que procure la pêche à la ligne ?

ENGINS DE PÊCHE.

Ligne flottante. — Point n'est besoin d'un outillage bien compliqué pour s'amuser à prendre du poisson. Une *canne* légère et flexible, du bout de laquelle pend un long *cordonnet* de soie ou de crin ; à l'extrémité libre de ce fil, un ou deux *hameçons* suffisamment plombés et soutenus par une *flotte* en liège, c'est assez, avec de la patience et de l'adresse, pour faire merveille au bord d'une rivière ou d'un étang.

La *ligne* ainsi constituée, est d'ailleurs la plus élémentaire et la plus usuelle. Que la canne soit faite d'une simple gaule taillée dans une haie ou d'un superbe bambou à fragments rentrant l'un dans l'autre ; que les hameçons et le fil en soient plus ou moins fins, c'est toujours une ligne *flottante* et pour peu que l'on sache s'en servir, que l'on ait soin, suivant le temps et la saison, d'en garnir les hameçons d'un appât convenable, il est facile, avec cet engin, de capturer, en eau douce, à peu près toute espèce de poisson.

En quelque endroit que l'on se propose d'en faire usage, il importe, cependant, de bien choisir d'abord, la place où l'on doit pêcher. Le plus souvent, on a tout avantage à jeter la ligne dans une eau calme ou modérément courante, sur un lit de sable ou de petits cailloux ; assez loin de tout obstacle, herbes flottantes, racines, rocailles, où les hameçons puissent s'accrocher. Après avoir fixé la flotte de manière à ce qu'elle soutienne l'appât à une petite distance du fond, doucement et sans bruit on porte la ligne en amont, aussi haut que possible, pour la laisser paisiblement suivre le fil de l'eau, et ne la retirer qu'en aval, quand elle est au bout de sa course.

Si la rivière est poissonneuse, il est rare, même dans ce court trajet que l'hameçon ne soit pas attaqué plusieurs fois. On s'en aperçoit aux secousses coup sur coup imprimées à la flotte, mais au lieu de relever alors la ligne brusquement, comme le font tous les pêcheurs novices, au moment où le liège s'enfonce il faut savoir, d'un coup sec, « ferrer » le poisson qui mord. A moins que dans sa gloutonnerie à saisir l'appât, il ne s'enferre de lui-même, c'est le seul moyen de le prendre et de le rapporter, frétillant, au bout de l'hameçon.

Ligne à lancer. — Mouche artificielle. — Outre la truite et le saumon, dont la capture est un rêve trop rarement réalisé, même par les plus habiles pêcheurs, un certain nombre de poissons, pendant les mois d'été, se nourrissent surtout des insectes de toute espèce, mouches, phryganes, papillons, grillons, sauterelles, qui voltigent ou s'abattent à la surface de l'eau.

De cette observation est résultée l'invention de la *ligne à lancer*, qu'il est toujours facile d'amorcer avec un insecte vivant mais dont il est bien plus commode de garnir l'hameçon d'une *mouche artificielle*. Ces engins, qu'il est d'ailleurs facile de pré-

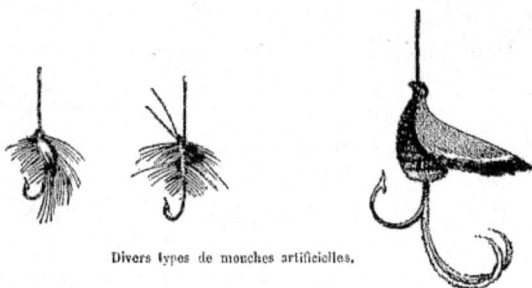

Divers types de mouches artificielles.

parer soi-même, en fixant avec de la soie, sur la tige d'un hameçon, les barbes mordorées d'une plume de coq ou de canard, se trouvent tout montés et disposés de la meilleure façon dans le commerce; mais le succès de la pêche, au moyen de ces appâts, dépend bien moins de l'imitation plus ou moins parfaite de tel ou tel insecte, que de l'habileté du pêcheur à jeter la mouche sur l'eau.

Il est indispensable, pour y réussir, d'être muni d'une très longue canne à pêche terminée par un scion flexible qui permette de lancer et de ramener la ligne à la façon de la corde d'un fouet, aussitôt que l'insecte, artificiel ou non, a touché la nappe liquide. Afin de ne point effaroucher le poisson, ce ne peut être au surplus, qu'à une certaine distance de la rive que ce mouvement de projection doit être exécuté. L'effort considérable qu'il exige, ne le cède point, enfin, à l'adresse qu'il y faut déployer; aussi compte-t-on, relativement, fort peu de bons pêcheurs à la mouche. Et pourtant, ce mode de pêche, très en faveur en Angleterre, est un des plus agréables que l'on puisse pratiquer. Non seulement, quand on y est habile, il est des plus fructueux;

mais encore, au lieu d'immobiliser le pêcheur jusqu'à lasser parfois sa patience, il l'oblige à marcher, à se mouvoir ; il lui
donne, autant que la chasse, la souplesse, la vigueur musculaires
et la justesse du coup d'œil.

Pêche à la cuiller. — De la pêche à la mouche, dont l'apprentissage n'est point sans difficulté, l'on peut rapprocher la pêche à
la cuiller qui, tout exclusive qu'elle soit, n'en est pas moins
amusante. Ce n'est guère, en effet, que pour prendre la perche
ou le brochet que l'on attache au bout d'une ligne à lancer une
cuiller d'argent dont le manche est remplacé par un fort hameçon à trois pointes. Promené doucement dans le courant d'une
rivière, ce singulier engin y simule si parfaitement un poisson
qui fuit, que pour le happer, perches ou brochets, s'il en est
dans ses eaux, sortent aussitôt de leurs retraites. Au lieu de la
cuiller, dont le miroitement peut paraître excessif, on emploie
souvent aussi, pour amorcer la ligne à brochet, un petit poisson
de plomb ou même un goujon vivant, mais sans avantage notable.

Lignes de fond. — Ligne à soutenir, au grelot et à la pelote. — Destinées, comme leur dénomination l'indique, à être jetées au fond
de l'eau, les *lignes de fond* comprennent un certain nombre de
systèmes dont quelques-uns ne laissent pas d'être fort ingénieux
et très intéressants. Les plus usuelles de ces lignes sont désignées
sous le nom de *jeux*. Elle se composent, essentiellement, d'une
cordelette de 10, 20, 30 mètres et plus de longueur, fortement plombée
à ses deux extrémités et, dans toute son étendue, garnie de solides hameçons fixés sur cordonnet, à égale distance l'un de
l'autre. Jetées, le soir, dans une rivière, ces lignes où se prennent, surtout, de gros poissons et des anguilles, doivent être
relevées au point du jour.

Mais peut-être est-il plus amusant de pêcher à la *ligne à soutenir*, dont le cordonnet muni d'un seul hameçon plombé que

l'on jette au large, se rattache à un scion de baleine que l'on
peut ficher dans le sol ou simplement tenir à la main. Dans ce
dernier cas, on sent très bien que le poisson mord, à la forte secousse qu'il imprime à la corde; mais pour s'en rendre compte
quand, au lieu de la soutenir, on plante la ligne en terre, il est
d'usage de fixer à l'extrémité libre du scion un petit *grelot*
dont le tintement annonce, à coup sûr, que le poisson est pris.

Très usitée pour la pêche de la carpe, de la brème et du
barbeau, la ligne à soutenir est amorcée, le plus souvent d'une
pelote de terre glaise de la grosseur d'un œuf de poule, et pétrie d'asticots dans toute son épaisseur. Aussitôt tombée dans
l'eau, l'argile s'y délaie, et dans le courant qui l'emporte, les
poissons saisissant les vers détachés de la pelote, remontent rapidement jusqu'à la boule de glaise pour se jeter gloutonnement
sur l'appât qui recouvre l'hameçon. D'une pratique facile au bord
de tous les grands cours d'eau, cette ingénieuse pêche à la pelote et au grelot n'est pas moins intéressante que productive.

Filets. — Carafe à goujons. — Nasses et Verveux. — Quand on se propose de prendre en peu de temps beaucoup de poisson, ce n'est
plus à la ligne, cependant, qu'il faut recourir, mais à des
filets variant de forme et de dimensions selon le butin que
l'on poursuit et les endroits où l'on opère.

Il n'est pas de plus simples engins de ce genre que les *carafes* de verre ou de fil de fer, et les *nasses* d'osier dont on se
sert pour prendre le poisson dans les eaux courantes. Lestés
de quelques cailloux et d'un morceau de pain pour tout appât,
ces pièges à goujons sont déposés dans les rivières, l'entonnoir
béant en aval et la porte de sortie en amont, après en avoir
assujetti le couvercle ou fermé l'issue avec une touffe d'herbe.
Il n'en faut pas plus pour que les petits poissons, étourdiment
y pénètrent à qui mieux mieux; aussi, quand on relève, d'heure
en heure, ces engins, y trouve-t-on, toujours, un certain nombre

de vérons, d'ablettes, de goujons, et souvent même, dans les
nasses qui séjournent dans l'eau toute la nuit, d'assez grosses
anguilles.

Pour faire de plus importantes captures, les pêcheurs de profession emploient beaucoup le *verveux* ou *vervier*, constitué par

Carafe à goujons.

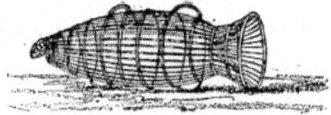

Nasse.

deux longs entonnoirs de filet entrant l'un dans l'autre et fonctionnant à la façon d'une nasse. Ils utilisent aussi, sous le nom
de *louve* ou de *tambour*, un double verveux dont les entonnoirs,
inversement superposés, font, à l'appareil, une double ouverture. Immergés en eau profonde, au milieu des herbes, ou simplement placés dans un courant après que l'on a, de chaque
côté, barré la rivière, ces engins arrêtent les poissons de toute
espèce que leurs dimensions ne laissent point s'échapper à travers les mailles du filet, permettant ainsi de faire en peu de

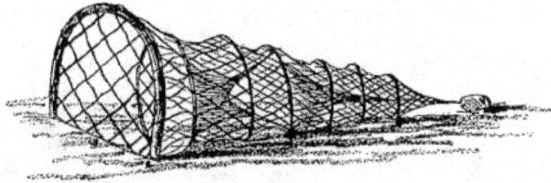

Verveux.

temps, dans les bons endroits, des pêches abondantes.

Pl. XC. — La pêche a l'épervier

Trouble. — Epervier. — Entre tous les filets d'un maniement facile on peut avoir grand avantage encore à se servir de la *trouble* ou *troubleau* dans les cours d'eau peu profonds, bordés de rives caverneuses. Soit qu'à l'aide du manche dont il est muni, l'on pousse devant soi le filet grand ouvert; soit qu'on l'applique en regard d'une excavation que l'on « pilonne » à grand coups de perche, il est rare qu'on ne lui doive point quelque importante capture, surtout quand on ne craint pas de se mettre résolument à l'eau pour pêcher.

Plus volontiers, toutefois, un grand nombre d'amateurs pêchent à l'*épervier*, malgré que cet engin, garni de balles de plomb dans toute sa circonférence, ait le sérieux inconvénient d'être fort lourd et de ruisseler sur les vêtements après avoir été trempé une première fois. Pour bien lancer l'épervier, il ne faut d'ailleurs pas moins d'adresse que de force, le filet préalablement étalé, partie en tablier, partie sur l'épaule gauche, devant être développé circulairement quand on le jette, puis, rapidement ramené vers la berge par de légères tractions sur la corde que l'on a d'abord dû fixer autour du poignet droit.

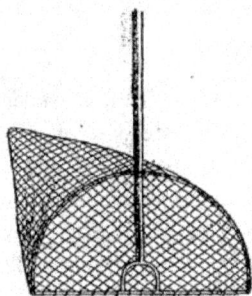

Trouble.

Aux mains d'un habile pêcheur, l'épervier ramène souvent, dans les goussets qui bordent son pourtour, des poissons de toute grosseur et de toute espèce. Tout ce qui se trouve sous la nappe plombée, quand elle tombe, doit infailliblement être pris si le filet, traînant sur un fond plat, n'est point soulevé par une brusque secousse ou par un obstacle quelconque.

Senne. — Tramail. — Ces avantages et ces inconvénients de l'épervier, se retrouvent, du reste, dans tous les grands filets qui servent pareillement, à la pêche en rivière. La *senne* et le *tramail*, les plus usités, exigent absolument le concours de plusieurs hommes. Ce sont de larges et longues nappes qui permettent de barrer une rivière ou de cerner amplement une partie de ses bords, dans les endroits où des anfractuosités, des rocailles, des souches d'arbres peuvent abriter de nombreux poissons. Manœuvrés par des pêcheurs expérimentés dont les uns tiennent et promènent le filet dans l'eau, tandis que les autres, armés de perches viennent, à la rencontre des premiers en pilonnant en aval et en amont à partir de deux ou trois cents mètres, ces engins, à travers leurs mailles, ne laissent guère passer que le menu fretin ; mais on ne fait pas toujours sans beaucoup de peine ni quelque danger ces pêches exceptionnelles.

LE POISSON

Petits poissons. — Goujons, vérons et loches. — C'est, généralement, par la capture, toujours facile, des petits poissons, que le pêcheur fait son apprentissage. Modeste à ses débuts, il n'élève point ses prétentions au-dessus du goujon ou de l'ablette, et quand, enfin, le jour vient où il lui est donné d'en rapporter au logis une friture, il est au comble de ses vœux. Malgré la quantité considérable que l'on en prend chaque année dans les ruisseaux et les rivières, les *goujons*, grâce à leur extrême fécondité, peuplent toujours en grand nombre la plupart de nos petits cours d'eau. Par les chaudes journées d'août on les y voit, par bandes, nager pêle-mêle, ordinairement avec des vérons de plus petite taille mais bien plus nombreux encore et non moins voraces que leurs compagnons. C'est aussi, dans le lit caillouteux des rivières que se tient le noir petit *chabot*, à qui son énorme tête donne l'aspect d'un têtard, et les *loches* à la chair si délicate dont il existe, dans les eaux vives, au moins deux espèces également estimées : la *loche franche* ou *barbotte*, et la *loche de rivière*, celle-ci plus ou moins bigarrée ; celle-là tâchée de brun, très différentes, l'une et l'autre, de la curieuse *loche d'étang*, qui vit en amphibie dans les eaux vaseuses. Il n'est pas de meilleurs moyens de pêcher les loches et les chabots que de les prendre à la trouble, ou mieux encore à la main, en les cherchant sous les pierres. Les vérons et les goujons se prennent en grand nombre à la carafe, à la nasse, à l'épervier; mais il est plus agréable, peut-être, de les pêcher à la ligne flottante, ces petits poissons mordant avec empressement à tous les appâts, à l'asticot, au ver rouge, au ver de terre, à la larve de phrygane ou porte-bois, dépouillée de son étui.

Poissons blancs. — **Ablettes et meuniers** — **Brêmes.** — A la grande famille des « poissons blancs », dont les plus humbles représentants sont l'*ablette* et le *gardon*, conviennent surtout les larges rivières et les fleuves. Reconnaissable à ses fines écailles argentées, l'ablette est partout commune. On la prend à la ligne, comme le gardon, jusque sous les ponts de Paris, et non seulement à l'asticot ou au ver de vase, mais aussi, pendant tout l'été, à la mouche commune vivante qu'il suffit de promener au bout d'un hameçon à la surface de l'eau pour voir, aussitôt, de tous côtés les ablettes sauter après cet appât dont elles sont très friandes.

Avec non moins de facilité, dans les courants et les remous, on prend la *vandoise* ou « dard » qui s'élance, en effet, avec la rapidité d'une flèche, et plus communément encore, le *chevaisne* ou *meunier* qui mord gloutonnement à tous les appâts : insectes, vers, asticots, sang caillé, fève de marais, grain de raisin, cerise ou fromage. Quoique peu délicat et plein d'arêtes, le chevaisne, qui parfois atteint un poids de trois ou quatre kilos, n'en est pas moins une précieuse ressource ou tout au moins une consolation pour les pêcheurs malheureux. Au même groupe de poissons appartiennent le *nase* ou *mulet*, assez commun dans la Seine, et la grosse *brême* ou *zerte*, un peu plus difficile à prendre à la ligne, en raison de l'excessive crainte qu'elle a de tout mouvement ou de tout bruit. Mais il est bien rare en dépit de sa défiance, que la brème résiste à l'attrayant appât d'une pelote bien garnie d'asticots.

Perches. — Brochets. — Abondante dans nos fleuves et nos étangs, la *perche* est un des rares poissons à nageoires épineuses qui préfère au séjour de la mer celui des eaux douces. Elle est si bien armée pour l'attaque et la défense que le brochet lui-même la respecte, tant il redoute la blessure des piquants dont elle est toute hérissée. La perche est, d'ailleurs, très vorace elle-même ; et si d'habitude, elle attend paisiblement sa proie, c'est pour la saisir avec une véritable gloutonnerie au moment favorable. Le *bar commun*, vulgairement connu sous les dénominations de *loubine* et de *loup*, sur les rives du Rhône, et la *perche rude*, que l'on désigne, dans les mêmes parages, sous le nom d'*asprou*, se rapprochent beaucoup à tous égards de la perche commune. Il n'en est pas de même d'une espèce de plus petite taille, la *perche goujonnière* ou *grémille*, qui paraît, en effet, plutôt tenir du goujon. Pareillement voraces, toutefois, les perches se prennent toutes très facilement à la ligne flottante amorcée au ver rouge, et les grosses espèces, mieux encore, au poisson de plomb ou à la cuiller.

Ces appâts artificiels, nous l'avons dit, sont ceux aussi qu'il faut employer de préférence à la pêche du *brochet*. Ils ne réussissent pas moins bien, en effet, que le petit poisson vivant, à capturer le vorace « requin des eaux douces » ; et non seulement l'amorçage en est beaucoup plus facile, mais ils sont encore, à toute heure, à la disposition du pêcheur. Or, c'est un point essentiel que d'être muni de solides engins quand on recherche le brochet dans les eaux paisibles d'une rivière ou d'un étang, ce féroce poisson ne se laissant ordinairement pas saisir sans opposer une vive résistance. On l'a vu souvent, en effet, d'un coup de sa large gueule trancher les lignes ou même mordre profondément la main qui le détachait de l'hameçon, et l'on conçoit toute la gravité que peut offrir une telle blessure lorsque le brochet, ce qui n'est pas très rare, mesure un mètre et plus de longueur.

Carpes. — Tanches. — Barbeaux. — Parmi les gros poissons dont tout amateur de pêche se fait gloire de s'emparer, les *carpes* et les *barbeaux* tiennent, sans contredit, un rang des plus honorables. Parvenue à son complet développement, la carpe ne pèse pas, en moyenne, moins de trois ou quatre kilos, et l'on en prend de bien plus lourdes encore. Il est vrai que celles-ci doivent être, ordinairement, fort âgées, la croissance de ces poissons pouvant, dit-on, se prolonger durant plus d'un siècle. La carpe, au surplus, est extrêmement vivace et se plaît aussi bien dans les eaux vaseuses des étangs que dans les plus limpides rivières. Aux quatre barbillons qu'elle porte à la lèvre supérieure, on distingue la carpe *commune* de la *gibèle* et de la *bouvière* un peu plus petites que l'espèce type, mais semblables de forme et recouvertes, comme elle, de larges écailles dorées. A plus forte raison ne saurait-on la confondre avec la *tanche* au corps brun-verdâtre, sa compagne habituelle dans les rivières et les étangs.

Proches voisins des carpes, dont ils ont à la mâchoire supérieure les quatre barbillons, les barbeaux en diffèrent principalement par la longueur de leur corps d'une étroitesse relative. On en pêche assez communément qui mesurent un mètre, dans les rivières du nord de la France où ils sont très abondants, et de même que les carpes, on les prend soit à la ligne flottante amorcée de fromage de Gruyère ou d'asticots, soit à la ligne à soutenir, armée d'une petite pelote. Quoique très défiantes et craintives, la carpe et la tanche mordent assez volontiers à tous les appâts. Fèves, blé, maïs, orge, mie de pain, fromage, asticots et vers, elles acceptent tout, pourvu qu'on leur présente l'hameçon avec autant d'adresse que de prudence.

Saumons et truites. — De tous les poissons de nos eaux douces, les *saumons* sont assurément les plus beaux et les plus estimés.

Nés dans les rivières et dans les fleuves, ils doivent, comme on sait, leur force et leur saveur à la mer où ils se rendent peu de temps après être sortis de l'œuf. Quand ils en reviennent, au bout de deux mois, pour y retourner plusieurs fois encore, ils ont acquis un volume déjà considérable qui s'augmente de plus en plus aux voyages suivants. Les saumons, cependant, dès qu'ils ont atteint l'âge adulte, semblent préférer l'eau douce à l'eau salée. Ils remontent alors jusque dans les plus petites rivières où, grâce à la faculté qu'ils ont de bondir hors de l'eau, comme les carpes, nul obstacle, courant rapide ou cascade, ne les peut arrêter. En France, aujourd'hui, c'est dans la Seine, la Loire et leurs principaux affluents, que l'on prend le plus de saumons. Dans les torrents et les rivières on recherche surtout les *truites* dont la plus estimée, la truite *saumonée*, habite plutôt les frais ruisseaux des montagnes. En dehors des grands lacs alpestres, on ne trouve guère la truite *des lacs*, ni l'*ombre chevalier*, ni le *lavaret féra*, ces derniers si justement appréciés des voyageurs qui parcourent la Suisse; mais il n'est point rare encore, en dépit de sa rapidité proverbiale, de capturer, outre la truite *commune*, l'ombre *de rivière* dans les petits cours d'eau des pays montagneux.

Quoiqu'il ne soit pas difficile, à la fin de l'hiver, de prendre truites et saumons à la ligne flottante amorcée au ver rouge, il est bien préférable, même à cette époque de l'année, de les pêcher, soit à l'insecte vivant, soit à la mouche artificielle. Avec quelque expérience et la connaissance parfaite des habitudes de ces poissons, un pêcheur adroit et prudent parvient ainsi, presque à coup sûr, à prendre, aussi souvent qu'il le veut bien, des saumoneaux ou des truites. Caché par les arbrisseaux de la rive, il ne jette jamais sa ligne que dans les endroits frais et sombres où l'eau, après un courant rapide, s'étale et tournoie en larges remous. C'est là, sous les vannes d'un moulin, au pied d'un barrage ou dans le bassin d'une cascade, que les truites se tiennent en embuscade, prêtes à se jeter sur la mouche qui tombe ou sur le vermisseau qu'entraîne le courant. Les chercher ailleurs, de même qu'insister plus de quelques minutes à la même place, serait perdre son temps ; aussi, quand on en connaît bien tous les secrets, la pêche à la truite, à la ligne à lancer, est-elle la plus active et la plus agréable de toutes les pêches.

Anguilles. — Il est incontestable, aujourd'hui, que les *anguilles* éclosent dans les eaux de l'Océan d'où, par innombrables légions, les jeunes, chaque année, remontent dans les grands fleuves. C'est pourquoi, très communes dans certaines rivières, les anguilles manquent absolument dans beaucoup d'autres cours d'eau. Merveilleusement servies par leur organisation amphibie, et sans doute aussi, dirigées par un instinct tout spécial, elles vont, en outre, peupler en nombre, à l'intérieure des terres, les lacs et les étangs où fréquemment elles atteignent, avec une longueur proportionnelle, une extraordinaire grosseur.

Partout où elles abondent, il est facile de prendre des anguilles à la ligne amorcée, au ver rouge comme on le fait pour tant d'autres poissons. Mais dans les rivières où, relativement, elles sont en petit nombre, ce serait perdre son temps que de les pêcher de la sorte, et l'on n'en capture guère qu'en leur tendant, le soir, des nasses à mailles serrées ou mieux de longues lignes de fond amorcées de limaces ou de vers de terre que l'on doit, le lendemain, relever dès le point du jour. Aussitôt que l'aube paraît, les anguilles prises à l'hameçon font, en effet, de tels efforts, pour se dégager, qu'elles rompent souvent, en les rongeant, les cordelettes les plus fortes. De quelque façon qu'on l'ait fait, ce n'est pas tout, enfin, que d'avoir pris l'anguille ; encore faut-il savoir la garder ; et ce n'est point chose facile, si l'on veut la conserver bien vivante, tant ce subtil poisson est habile à vous glisser dans les mains. Sur les

Pl. XCI. — L'AMOUR DES LIVRES. — LA LECTURE.

plages de l'Océan où les anguilles de mer, aux époques des grandes marées, foisonnent dans les eaux basses, ce n'est qu'en les assommant, au fur et à mesure qu'on les découvre, que l'on parvient à les prendre et surtout à les emporter.

Écrevisses. — Il n'est guère de pêche plus attrayante ni plus fructueuse que celle des *écrevisses*, quand on la pratique dans les petits ruisseaux, les rivières rocailleuses où se tiennent de préférence ces savoureux crustacés. Aisément, dans une eau peu profonde, on peut les prendre à la main sous les pierres, si l'on ne craint pas d'avoir les doigts assez fortement pincés quelquefois; mais il est bien plus pratique, et plus agréable encore, de les pêcher au moyen de petits filets plats ou *balances* au centre desquels on attache, soit un morceau de foie, soit un déchet de viande ou même des cuisses de grenouille écorchées.

Immergés sans bruit aux endroits où l'eau dort, à l'ombre et dans le voisinage des grosses pierres ou des souches d'arbres, ces engins attirent en peu de temps de nombreuses écrevisses, et tandis qu'elles sont occupées à manger, on peut relever les filets tout à loisir, sans qu'aucune s'échappe.

En quelques minutes, avec une série de balances convenablement espacées, il est facile, ainsi, d'en faire une abondante capture. On ne réussit pas moins bien, du reste, avec deux ou trois fagots médiocrement serrés, que l'on jette à l'eau, comme les filets, après avoir introduit au centre, avec l'appât, une lourde pierre. Empêtrées dans les branches du fagot, les écrevisses, quand on le retire, n'ont pas le temps de fuir, et par ce moyen tout primitif on en prend encore un grand nombre.

A quelque procédé que l'on ait recours, c'est enfin par les chaudes soirées d'automne et par un temps couvert que la pêche aux écrevisses est surtout fructueuse. Tout l'été l'on en trouve de petite et de moyenne taille dans les ruisseaux; mais ce n'est guère avant la fin de septembre que l'on prend les plus belles et les plus grosses.

LIVRE V. — BESOINS INTELLECTUELS

ARTISTIQUES ET PHILOSOPHIQUES

Évolution des besoins intellectuels. — Autant que l'estomac, le cerveau de l'homme civilisé plus que jamais éprouve d'impérieux besoins à notre époque. Il n'a pas moins appétit d'une nourriture intellectuelle, qu'à certains moments la poche gastrique n'est avide d'un aliment substantiel ; et les jouissances que ressent un esprit d'élite à la pleine satisfaction de ces désirs cérébraux ne le cèdent en rien à celles que procure au gastronome l'absorption d'un succulent repas.

Tout immatérielle qu'elle semble, et malgré qu'elle se fasse très inégalement sentir selon les individus, cette soif de choses idéales ne se produit point, d'ailleurs, dans l'organe de la pensée, et ne se manifeste pas autrement en nous que nos autres sensations dans nos autres organes.

C'est un besoin parfaitement inutile peut-être à l'entretien de la vie animale, mais dont l'origine et les causes sont néanmoins tout aussi physiologiques que celles des besoins de boire et de manger.

Éprouvons-nous une vive impression morale ? Aussitôt, l'ébranlement nerveux qu'elle occasionne se traduit par une exubérance de sentiments, d'idées, de paroles, de cris, de rires, de gestes même et de mouvements plus ou moins intenses ou rapides, selon la nature et la force de l'impression perçue.

Chez l'homme sauvage et chez l'enfant, toute forte émotion détermine, par action réflexe sur le système locomoteur, une agitation, des secousses involontaires qui forcent le sujet à sauter, à courir, à remuer les bras, à pousser, malgré lui, des éclats de voix exprimant bien la surexcitation momentanée de ses facultés cérébrales. Il suffit, à l'heure de la récréation, de voir les jeunes filles d'un pensionnat se trémousser, sautiller sur place avec de petits cris joyeux, pour bien saisir cette influence de l'impression morale sur la locomotion, et comprendre que la *danse*, le plus inférieur et le plus simple des arts, tire évidemment son origine de ces mouvements réflexes. Mais de même que telle émotion détermine tel geste et tel cri, ce mouvement et cet éclat vocal engendrent, à leur tour, dans l'esprit de quiconque entend l'un et voit l'autre, une émotion toute pareille à celle qui les a d'abord provoqués; et cette reproduction voulue du geste et du cri de la passion n'est pas autre chose que le principe même de l'*art théâtral*, du *chant* et de la *musique*.

Chez l'homme instruit et civilisé, l'impression morale, enfin, se transforme en un vif besoin de donner un corps à ce qu'il a vu, d'exprimer, « d'extérioriser » ce qu'il a ressenti. Selon ses aptitudes et ses facultés, il s'efforce, alors, de traduire le plus exactement possible, par le dessin, la couleur, le relief, le langage écrit, ses idées et ses sentiments; et c'est bien ainsi, l'on n'en saurait douter, que sont nés les arts supérieurs : la *peinture,* la *sculpture* d'abord, la *littérature* ensuite.

De nos jours, l'éducation complète que reçoivent les enfants, dans les familles et les écoles, contribue puissamment à développer dans les bons esprits, le sentiment d'abord, et plus tard, quand le goût s'est formé, le réel besoin des satisfactions intellectuelles. Suivant les aptitudes innées ou les dispositions héréditairement reçues, on se passionne plus ou moins, alors, pour tel ou tel art; la grande majorité comprenant surtout et préférant la musique, le chant, le théâtre, parce qu'en effet, ce sont les arts les plus simples et les plus accessibles; un certain nombre étant plus spécialement charmé par le génie du peintre ou du sculpteur, et beaucoup d'autres ressentant plus particulièrement les grandes beautés littéraires.

Chez les hommes les mieux doués, enfin, ces besoins intellectuels avec l'âge s'affinent encore et s'élèvent de plus en plus. Un moment vient, où, poursuivant un idéal toujours plus pur, il faut à l'esprit, pour goûter une suprême jouissance, l'ardente recherche de la vérité dans les problèmes les plus ardus de la *science* et de la *philosophie*.

LITTÉRATURE ET THÉATRE

LA LECTURE ET LES LIVRES

Avantages de la lecture. — Si tout le monde encore n'est pas capable d'écrire un bon livre, en dépit de l'instruction libéralement répandue partout, aujourd'hui, déjà, du moins, est-il de plus en plus rare de rencontrer des personnes qui ne sachent point lire et qu'un livre attrayant ne puisse intéresser.

Aussi bien la lecture n'est-elle pas seulement l'un des plus agréables, mais encore le plus utile des passe-temps. Bien choisie, elle instruit autant qu'elle amuse ; elle charme l'esprit sans fatiguer le corps ; elle dissipe l'ennui des longues heures oisives et laisse dans la pensée un nombre infini d'idées, de visions, de tableaux, d'images que l'on y retrouve toujours avec plaisir. De toutes les distractions, la lecture est certainement la seule dont on ne se lasse jamais ; on en conserve le goût quand on n'en a plus pour aucune autre ; on l'apprécie même d'autant plus que l'on est habitué depuis plus longtemps à la goûter. N'eût-on jamais reçu qu'une instruction des plus élémentaires ; eût-on vécu longtemps dans la plus noire ignorance ou ce qui pis est, dans l'illusion, le mensonge et l'erreur, il suffit d'aimer la lecture pour éclairer et meubler son esprit; pour se dégager et sortir pas à pas des ténèbres; pour s'élever par soi-même, de la dernière misère intellectuelle à la possession du plus brillant savoir.

Lire, c'est identifier un moment sa pensée à celle de l'écrivain dont on a l'ouvrage sous les yeux. C'est posséder, pour un temps, son génie, son cœur et son âme. C'est vivre, autant qu'on le souhaite, avec l'esprit de Corneille, de Molière, de Shakespeare, de Jean-Jacques, de Voltaire, de Dante, de Gœthe, de Lamartine, de Hugo. Car le livre ne nous transmet pas seulement et ne fait pas repasser par notre imagination l'œuvre plus ou moins appréciée des auteurs vivants. Il fixe pour toujours et nous rend, à notre volonté, l'esprit de ceux qui ne sont plus. Il traduit et nous apporte la pensée de ceux qui, loin de nous, parlent une autre langue. Le livre, enfin, comme l'ami le plus dévoué, à toute heure est à notre disposition. Selon le temps dont on peut disposer, on l'ouvre, on le ferme, on le laisse, on le reprend; il est toujours prêt à nous charmer, à nous instruire, à nous distraire. Dans la maison, où nous entassons, aujourd'hui, tant de futilités de toute espèce, le livre n'est donc pas seulement un objet, un meuble de première nécessité. C'est un hôte véritable qu'il faut loger et traiter avec d'autant plus d'égards, qu'il est bien, de tous les amis que l'on puisse recevoir, le moins gênant, le plus accommodant, le plus utile ou le plus aimable.

En peu de temps, quand on aime la lecture, on a découvert et choisi, parmi les grands écrivains, ceux que l'on comprend le mieux, ceux dont les idées et les sentiments s'accordent le plus avec ce que l'on pense et ce que l'on éprouve soi-même. Il en est, vraiment, dont telle ou telle œuvre est comme l'écho de notre propre conscience. Nous ne la pouvons suivre sans y retrouver nos rêves et nos déceptions, nos joies et nos douleurs ; sans nous y reconnaître absolûment et sans ressentir les plus poignantes émotions à certaines pages.

Ce sont là les auteurs favoris, les livres préférés qu'on lit et relit sans cesse. Mais aujourd'hui que la lutte est si vive entre les intelligences, à côté de ces charmants ouvrages qui touchent l'esprit et le cœur, il faut aussi placer et consulter souvent les bons livres qui donnent la force à la pensée, la rectitude au jugement, l'ampleur à la raison ; les œuvres substantielles des savants et des philosophes, indispensables à la nourriture de l'esprit autant que le pain et le vin à la nourriture du corps.

A notre époque, d'ailleurs, à tout instant on est sollicité, séduit, tenté par le livre. On en compose dans tous les genres, il en paraît, dans tous les formats, un très grand nombre chaque jour, et si la plupart, à vrai dire, passent inaperçus, on en achète encore assez pour posséder bientôt chez soi les éléments d'une *bibliothèque*. Mais qu'il est difficile, même au plus sagace amateur de livres, de trouver, dans la quantité, ceux qui répondent le mieux à ses besoins intellectuels ; de réunir, sans encombrer sa maison d'inutiles volumes, les ouvrages qui lui peuvent être, actuellement, du meilleur profit et d'une constante utilité.

Aussi n'est-il vraiment rien de plus rare que de voir une bibliothèque particulière bien choisie et parfaitement ordonnée. Ce que l'on désigne de ce nom, même dans les demeures les plus confortables et les mieux aménagées, c'est, le plus souvent, un fort joli meuble, sans doute, et sur ses rayons, de superbes rangées de volumes magnifiquement reliés. Mais ce ne sont ordinairement là que des livres de parade, assemblés sans méthode et sans goût, ne montrant jamais que les titres et les fleurons d'or imprimés sur leur dos de maroquin, tous absolument inutiles, en somme, à leurs possesseurs qui ne les ouvrent pas même aux heures d'ennui pour en regarder les images.

Bibliothèque — Tout autre, on le comprend, doit être la bibliothèque de la famille, celle de l'artisan désireux de s'instruire, et celle aussi de l'homme instruit qui ne sachant jamais trop, trouve toujours un vif plaisir à revoir, à relire, à rafraîchir sa mémoire, à faire pour son esprit de nouvelles acquisitions.

Et d'abord, dans une bibliothèque vraiment pratique, toutes les grandes branches du savoir humain doivent être représentées au moins par quelques volumes que l'on classe dans l'ordre le plus commode et le plus rationnel. L'histoire, les biographies, les mémoires, composeront, par exemple, un premier groupe que suivront immédiatement les ouvrages de géographie, de voyages et d'ethnographie. Les sciences formeront un deuxième groupe parallèle au premier quand la disposition des casiers le permettra, où, successivement, seront rangés les traités de mathématiques, d'astronomie, de physique et de chimie générales ; les ouvrages d'histoire naturelle, d'agriculture, de médecine, d'hygiène et d'économie domestique. Viendront ensuite les livres spéciaux à telle ou telle industrie, l'intéressante série relative aux beaux-arts, à la philologie, à l'étude des langues; ces derniers établissant un lien très étroit entre les ouvrages du premier groupe et ceux du second. Dans une troisième section, prendront place les volumes consacrés à la jurisprudence, au droit, à la politique, à la philosophie, à la morale, à la religion, et tout naturellement après, choisis avec une sévérité rigoureuse, les ouvrages d'imagination pure, les parfaits chefs-d'œuvre des poètes, des romanciers, des dramaturges de tous les siècles et de tous les pays.

C'est à ce quatrième groupe, le plus difficile à composer et à maintenir dans de justes limites, que se rapporteront le plus souvent, les livres préférés. Ils y tiendront toujours une place importante, et peut-être même empièteront-ils, quelquefois, un peu sur

Pl. XCII. — LE THEATRE.

leurs voisins ; mais en somme, dans une collection bien ordonnée, une légère disproportion à cet égard ne semblera pas plus
choquante qu'un excès d'ouvrages techniques dans la bibliothèque de l'ingénieur, du légiste ou du médecin.

En un temps où les sciences et les arts font chaque jour de
si rapides progrès, il n'est guère possible d'en suivre l'évolution
et de tenir son esprit au courant sans lire régulièrement
quelque bonne revue ou tout autre publication périodique. Rassemblés et réunis en volumes, ces documents pourront avantageusement compléter et continuer la bibliothèque où, d'année en
année, on les rangera dans une cinquième section bien distincte des précédentes, mais non moins utile, celle des diction-
tionnaires et des encyclopédies.

Passion des livres. — Bibliophilie. — Quoique la valeur essentielle
d'un livre consiste dans son texte même et dans son esprit, il
n'est pas douteux qu'elle augmente d'autant plus que l'exécution
matérielle de l'ouvrage est mieux soignée, le papier mieux
choisi, l'impression plus nette et plus pure, la reliure mieux
faite et d'un plus grand prix. De belles illustrations signées
d'un habile artiste ne contribuent pas moins, d'habitude, à
rendre un livre précieux aux yeux des amateurs. Il est enfin
des bibliophiles qui recherchent par-dessus tout certaines éditions
des œuvres les plus renommées, généralement la première, dont
les exemplaires ne laissent pas, en effet, d'être fort rares, lorsque
la date de la publication remonte à une époque tant soit peu
reculée.

Cette noble passion des livres, quand on a le temps et les
moyens de la satisfaire, est une des plus entraînantes que l'on
puisse éprouver. Il faut tant s'agiter, tant fureter, tant intriguer
quelquefois, pour découvrir la célèbre « édition de l'époque »,
celle où se trouvent les fameuses fautes d'impression qui ne sont
plus dans les suivantes ! Poussée à ce point, peut-être la passion

n'est-elle pas loin de ressembler à de la manie ; mais il est tant de beaux et bons livres ; et nombre d'entre eux par leur texte admirable, leur parfaite impression, leurs gravures exquises, constituent de telles œuvres d'art, qu'une ardeur, même excessive, à les vouloir posséder, est parfaitement excusable.

Malheureusement, pour le bibliophile, trop souvent le mérite intrinsèque du livre disparaît absolument devant la valeur accessoire qu'il tire de sa date, de sa reliure ou de ses illustrations.

Ce n'est plus l'ouvrage estimé de tel ou tel auteur, mais un simple bibelot, un objet de curiosité plus ou moins précieux, selon qu'il est imprimé, façonné, vêtu de telle ou telle sorte. Assurément, ces plaisirs d'antiquaire n'ont plus aucun rapport avec l'agrément peut-être moins vif, mais beaucoup plus sérieux, que procure la lecture d'un livre intéressant. Il faut bien convenir, toutefois, que rarement on aime les livres sans avoir aimé d'abord à les lire avec passion. L'amour seul de l'étude peut inspirer le goût de réunir et de conserver des volumes pour les trouver au besoin sous la main, et ce n'est guère en dehors des érudits et des lettrés que se recrutent les bibliophiles.

Quelle que soit la valeur matérielle des ouvrages dont on a pris soin de former une collection, ce n'est pas tout, enfin, de les ranger avec méthode et de la façon la plus commode pour le travail. Encore faut-il savoir les garder à l'abri de tout accident, les préserver du grand soleil qui fane les reliures, de l'humidité qui tache et moisit le papier, des insectes qui le rongent, et plus encore des emprunteurs, ce pire fléau des bibliothèques.

> Voici quel est le sort de tout livre prêté :
> Souvent il est perdu, toujours il est gâté,

s'évertue à répéter le bibliophile anxieux à l'indiscret ami qui force la porte de son cabinet. A son cœur défendant, il doit finalement accorder le volume qu'on lui demande, et voilà, trop souvent, en effet, un bel ouvrage dépareillé ; dans une collection de prix, une irréparable lacune !

Lectures populaires — Journaux et romans — Ce n'est pourtant pas que la pâture littéraire à bon marché manque aujourd'hui, pour satisfaire l'insatiable appétit des lecteurs, dont le nombre augmente sans cesse. En feuilles, en livraisons, en brochures, en volumes de tout format, la lettre imprimée ne fut jamais plus largement semée sur les populations qu'à notre époque.

Qui donc lit, cependant, et que lit-on de préférence aujourd'hui, puisqu'il est, comme en tout, une mode en littérature? Les enfants, les jeunes gens, les femmes, voilà, dans l'universalité des lecteurs, les intrépides et les complaisants. Les hommes, en général, se bornent à parcourir les journaux, à jeter un coup d'œil sur le « bulletin politique » les « informations », à voir le fait saillant de la journée et le tableau de la Bourse ; mais les femmes, bravement, tout d'abord, se jettent sur le roman-feuilleton, pour dévorer ensuite les faits divers, les comptes rendus des tribunaux, les échos des théâtres et la chronique. Le journal ne suffisant même pas à les satisfaire, c'est pour elles encore et pour les jeunes gens, que paraissent ces multitudes de romans prétendus « populaires », dont la plupart sont malheureusement, à tous les points de vue, si pauvres et si mauvais.

Pendant un demi-siècle, le roman de l'école romantique, avec ses héros extravagants et ses héroïnes persécutées, a fait la joie de la génération qui nous a précédés, et les délices de notre jeunesse. Les magistrales épopées de Victor Hugo, les drames de cape et d'épée d'Alexandre Dumas, ont peuplé notre esprit de terribles et de gracieux fantômes, d'êtres abominables ou charmants, dont les imprécations ou les grandes phrases sonores vibrent parfois encore dans notre souvenir. Sans doute, nous sourions maintenant, à l'idée que nous fûmes autrefois absolument séduits par ces personnages demi-fabuleux dont nous eussions voulu porter le pourpoint et la rapière ; mais si nous rougissons un peu de la passion que nous inspirèrent ces contes charmants, au moins nulle impression désagréable ne nous est-elle restée de cette effrayante consommation de jeunes filles malheureuses, de scélérats tout-puissants et de triomphants capitaines !

Aujourd'hui, c'est bien autre chose, avec le roman si grossièrement naturaliste que nous donnent, pour suivre la mode, tant d'écrivassiers sans style, sans imagination et sans esprit. Il est si facile de raconter et de développer en piteux français les écœurantes aventures dont les faits divers des journaux fournissent tous les jours l'ample canevas. Mais que reste-t-il, de ces fastidieuses productions, la dernière page lue, si tant est que l'on puisse aller jusqu'à la dernière page ? Une poignante impression de tristesse, quand ce n'est point un véritable dégoût.

Et pourtant, l'école naturaliste, procédant de Balzac, est bien véritablement la seule qui soit entrée dans le grand mouvement scientifique et philosophique du siècle. Elle recherche avant tout la vérité, l'exactitude, la réalité. Son ambition, toute louable et vraiment digne d'être soutenue, c'est d'intéresser, de plaire, par le seul récit de faits et d'actions vraisemblables, par la peinture de caractères vraiment humains, par l'analyse, surtout, des sentiments, des passions, des instincts réellement cachés sous ces masques grotesques ou sinistres, grimaçants ou souriants, dont se compose la mêlée sociale.

Voilà, sûrement, un superbe programme, et bien fait pour rallier tous les jeunes écrivains. Oui, les générations actuelles ont soif de vérité. Lasses de toutes les conventions, délivrées par la science de tous les préjugés, elles veulent vivre le plus possible selon les lois de la nature. De tous nos écrits, de tous nos livres, expulsons donc le mensonge, même agréable, même charmant. Mais la nature est immense, et fort heureusement le beau, dans son domaine, ne se rencontre pas moins que le laid. Pourquoi donc choisir toujours, pour les mettre en relief, les types extrêmes du mal et jamais les types du bien ? Pourquoi quand on sait tenir une plume et que l'on a l'insigne honneur d'être lu, s'interdire ainsi, de gaîté de cœur, tout un champ d'études et renoncer, par conséquent, à faire valoir la meilleure part de son talent ? Pourquoi se résigner à n'être qu'un simple narrateur des faits les plus vulgaires ou les moins intéressants que l'on puisse observer, quand on possède les moyens de charmer les esprits, de les émouvoir, de les instruire, de les nourrir de beaux exemples et de grandes idées ?

L'ART DRAMATIQUE ET LE SPECTACLE

Plaisir et utilité du théâtre. — Alors même qu'il expose à l'attention ravie du spectateur les chefs-d'œuvre de la littérature dramatique, le *théâtre* ne constitue point un plaisir exclusivement intellectuel.

Par l'éclat de la mise en scène, par le jeu, le costume et la voix des acteurs ; par la musique et le chant qui, le plus souvent se mêlent à la pièce, il impressionne encore trop fortement les sens de la vue et de l'ouïe pour ne point distraire la pensée et troubler les pures jouissances de l'esprit par des sensations d'ordre secondaire.

En présence d'une œuvre qui l'intéresse, le public, à vrai dire, ne s'inquiète guère de ces subtilités. Il se garde bien d'analyser le plaisir qu'il éprouve, et peu lui importe, quand un drame l'émeut, qu'une comédie l'amuse, que ce soit par une simple et délicate impression sur son intelligence, ou par l'excitation violente et beaucoup plus facile de ses nerfs sensitifs.

Le plus grand nombre des spectateurs, il faut bien le constater aussi, ne demande point au théâtre la satisfaction d'un besoin purement moral. Ce sont, la plupart de braves bourgeois, de bonnes gens, médiocrement accessibles aux passions intellectuelles, sans exigences à cet égard, et bien moins susceptibles d'être touchés par le mérite propre d'une œuvre que par la beauté des décors qui l'encadrent ou par le talent des artistes chargés de l'interpréter.

Difficilement, ce public accepte même de voir, au feu de la rampe, une pièce trop littéraire ou qui fait trop penser. Les beaux et bons ouvrages en vers généralement ne lui plaisent guère. Une belle prose académique, n'est pas plus son fait. Ce qu'il aime, par-dessus tout, ce sont les pièces à grand spectacle, les mélodrames à grosses émotions, les comédies à surprises, les vaudevilles inénarrables, les exclamations, les provocations, les déclamations, les bravades et les révoltes, les coups de rapière et de pistolet. Tout ce qui s'adresse à sa conscience, à son esprit, à sa raison, l'ennuie, l'étonne où le gêne. Il faut, pour le conquérir et pleinement le satisfaire, lui secouer les nerfs de quelque façon; l'attendrir et l'émouvoir jusqu'aux larmes, égayer son humeur jusqu'à l'explosion de la plus bruyante hilarité.

C'est, qu'en effet, on ne va pas ordinairement au théâtre pour y méditer, mais pour s'y distraire; pour y passer, comme on le dit couramment, « une agréable soirée. » Les spectacles que l'on apprécie le plus, sont donc ceux qui procurent le plutôt et le mieux ces plaisirs que l'on se propose; et chaque année, certainement, sur la scène française, sont représentées dans les divers genres dramatiques, un nombre considérable de pièces qui remplissent bien ces conditions.

Selon leurs goûts personnels et leur disposition d'esprit, est aux amateurs, suffisamment renseignés, d'ailleurs, par les journaux et les programmes, à faire judicieusement le choix du théâtre et de l'œuvre qui répond le mieux à leur désir.

Simples d'esprit, et particulièrement sensibles aux poignantes émotions, l'homme et la femme du peuple s'intéresseront surtout aux drames ténébreux où des enfants volés, des orphelines persécutées, des amants malheureux, à travers toutes les machinations des coquins et des traîtres passeront par les plus terribles épreuves, jusqu'à l'heure tardive où sera puni le crime et la vertu récompensée.

Enthousiastes et crédules, comme on l'est encore à vingt ans, les jeunes gens seront surtout séduits par le drame historique aux superbes allures; par ses tendres amoureuses et ses vaillants gentilshommes à la parole vibrante, au cœur d'or, à l'indomptable volonté.

Les spectateurs déjà sceptiques et blasés prendront surtout plaisir à l'amusant vaudeville, à la réjouissante opérette, dont ils fredonneront volontiers, à la sortie du théâtre, les airs guillerets. A la petite bourgeoisie, conviendront plutôt le drame moderne et la bonne comédie de genre; au public élégant et mondain, aux gens officiels et sérieux, les chefs-d'œuvre du répertoire classique, les beaux drames en vers et les grandes comédies consacrées par de longs succès; les opéras retentissants, qu'il est de très bon ton d'aller entendre, ne les aimât-on pas, et de déclarer quand même admirables.

De nos jours, les auteurs dramatiques sont assez nombreux, assez habiles, assez féconds pour fournir chaque année, aux scènes parisiennes et par leur intermédiaire, à peu près à tous les théâtres du monde, un choix important de pièces de tous les genres. On peut quelquefois regretter, sans doute, que ces ouvrages manquent un peu de fonds, de littérature et d'originalité; mais dans toutes les villes, en somme, où ils sont représentés avec talent, ils assurent toujours une charmante récréation, un agréable passe-temps, aux amateurs de spectacles.

PL. XCIII. — LA MUSIQUE.

Théâtre populaire. — **Spectacle à bon marché** — Comment donc s'expliquer qu'à Paris même, où l'on pourrait applaudir d'excellentes œuvres et de très bons artistes, moins qu'ailleurs, peut-être, on fréquente les théâtres aujourd'hui ? En dehors des étrangers, qui suffisent à remplir, chaque soir, la Comédie-Française et l'Opéra, ce n'est plus, en effet, qu'une très minime partie de la population, — toujours la même, — qui, par une vieille habitude ou pour occuper une soirée disponible, fournit encore une certaine clientèle aux théâtres, tous fort en peine, du reste, d'attirer et de retenir ces amateurs éminemment capricieux et blasés.

Le véritable et bon public, malgré qu'il aime beaucoup le spectacle, s'en déshabitue de plus en plus, et ne se décide, désormais, à s'y rendre, que dans le cas d'un très grand, très sincère et très honnête succès.

Tous les théâtres souffrent, naturellement, quelques-uns même agonisent de cette abstention, à laquelle les directeurs aux abois, de temps en temps cherchent à remédier par la brusque suppression des billets de faveur ; mais ce procédé, qui paraît radical, n'est pas même un palliatif, car c'est précisément à cause du prix trop élevé des places que l'on demande des entrées gratuites, et ce ne sont certes pas les personnes à qui, généralement, on les accorde, qui se résoudront jamais à prendre leurs billets au bureau.

Non. La solution du problème est plus haute et peut-être aussi plus arduc ; elle consiste, évidemment, dans l'innovation du bon théâtre à bon marché ; dans un tel abaissement du prix des places, que des familles de quatre, cinq, six personnes, pour huit ou dix francs au plus, puissent, dans une loge confortable, agréablement passer leur soirée. Encore est-il beaucoup de familles, en ce temps où la vie est si chère, qui disposent d'un budget suffisant pour pouvoir consacrer au théâtre, y compris voitures et pourboires, une quinzaine de francs trois ou quatre fois par mois ?

Assurément, il s'en trouverait assez pour faire un durable succès aux ouvrages de quelque valeur, et ce public sérieux nous ramènerait bientôt, à n'en pas douter, de belles et bonnes pièces, au lieu des pitoyables rapsodies que nous montrent, en trop grand nombre, les théâtres parisiens.

N'est-il pas extravagant, en vérité, de payer six à huit francs par place le douteux et problématique plaisir d'assister, quatre heures durant, à quelque bouffonnerie grotesque, à quelque en-fantine féerie ?

Eh mais, à ce tarif-là, c'est 40 ou 50 francs qu'il faut dé-penser, pour aller en famille au théâtre, et l'on peut, à ce prix, se donner tant d'autres douceurs ! Le bourgeois est gourmand, la bourgeoise coquette. On a bientôt fait de préférer aux calem-bourgs de Nigaudinos, aux évolutions, si gracieuses soient-elles, du corps de ballet, quelque fanfreluche à la mode, ou plus pro-saïquement même quelque savoureuse dinde truffée !

Dans ces conditions, en un mot, le théâtre n'est réellement pas accessible à la plus intéressante, à la meilleure partie de la population parisienne. Il existe un nombre considérable de journaux, d'ouvrages populaires, qui tous doivent à la modicité de leur prix leur très grand succès. Le spectacle seul, jusqu'à présent, quoique le plus apprécié de tous les plaisirs de l'esprit et des yeux, reste extrêmement coûteux et véritablement inabordable.

On ne s'explique pas la persistance d'une telle routine dans une ville de deux millions d'habitants, dont les trois quarts, fort embarrassés, tous les hivers, de savoir où passer leur soi-rée, seraient enchantés de remplir les places d'un bon théâtre de comédie et de drame où, pour quelques sous, ils pourraient, de temps en temps, selon leur fantaisie ou leur caractère, aller tantôt rire et tantôt pleurer !

ARTS D'AGRÉMENT

MUSIQUE

Influence physiologique de la musique. — Plaisir auditif. — Comme l'art dramatique, auquel si fréquemment elle est associée, pour la grande majorité des personnes qui l'écoutent, la *musique* est bien moins un régal intellectuel qu'un plaisir purement sensitif. C'est l'ouïe surtout, qu'elle flatte; c'est l'oreille qu'elle charme; mais tandis que par action réflexe, ces agréables sensations ne déterminent guère, chez la plupart des auditeurs, qu'une série de mouvements cadencés, il est juste de dire que chez les vrais dilettanti l'influence qu'elles exercent sur les facultés cérébrales s'élève, quelquefois, jusqu'à l'émotion la plus profonde, jusqu'à la plus ardente exaltation.

La musique, cependant, n'est jamais mieux appréciée qu'au théâtre, alors qu'elle se mêle aux accents de la voix humaine pour traduire avec une incomparable intensité, les sentiments tristes ou joyeux des personnages qui s'agitent sous les yeux du spectateur. Accompagne-t-elle une scène tragique, un drame sombre, elle fait, toutefois, sur l'esprit une bien plus forte impression que lorsqu'elle met en relief, alerte et vive, les divers motifs d'une amusante comédie. Aussi, s'adapte-t-elle, à merveille, aux situations pathétiques et poignantes, aux séparations cruelles, aux adieux déchirants. Elle n'est pas d'un moins grand effet dans les chants de victoire, les marches guerrières ou triomphales, dans les scènes fantastiques, les allégories étranges où des héros, désespérément, luttent contre la fatalité.

Grande musique et Concerts mondains — Ce n'est point, au reste seulement selon son caractère, mais suivant aussi les circonstances, le moment, le milieu même où elle est exécutée, que la musique retentit avec plus ou moins de force sur l'organisme des auditeurs.

La sonore voix de l'orgue, dont les premières plaintes plongent les fidèles dans un si profond recueillement, ne tire-t-elle pas une partie de sa puissance de la majesté du lieu où elle se fait entendre et de la solennité religieuse à laquelle elle prélude ordinairement. Une musique militaire, à la tête d'un régiment e n marche, n'excite-t-elle pas bien plus l'enthousiasme que lorsqu'on l'écoute en plein repos, sur une place ou dans un jardin public? Et les airs si connus de nos hymnes patriotiques, notre glorieuse *Marseillaise*, par exemple, devenue si banale à force d'avoir été partout entendue, ne retrouvent-ils pas tout à coup, à la veille d'une révolution ou d'une guerre, cette irrésistible vertu qui transporte les foules et fait bondir les cœurs?

A cette loi, ne fait point exception la douce et sentimentale musique des salons, si fatigante, en dépit du mérite des artistes, quand elle est exécutée dans une salle quelconque, devant un public sans entrain, simplement venu là pour occuper quelques instants, et presque toujours si goûtée, au contraire, si vivement sentie quand, dans une réunion mondaine, ses ravissantes mélodies s'ajoutent à l'éblouissement des beautés féminines, à l'élégance des toilettes, au luxe des appartements, à l'éclat des lumières, aux capiteux parfums qui se dégagent des femmes et des fleurs.

Pianomanie. — Etude de la musique et des arts. — Ces conditions trop rarement réunies, sont à tel point indispensables au charme d'un concert, que la musique, sitôt qu'elle se fait tou t à fait bourgeoise, cesse d'être un agrément pour devenir le plus désagréable de tous les bruits. Et pourtant, dans le milieu social et le temps où nous sommes, il n'est pas une femme tant soit peu désœuvrée, depuis la fille de concierge jusqu'à l'héritière la plus riche et la mieux titrée, qui dès la plus tendre enfance, ne s'applique à produire couramment, sous ses doigts, ce tapage prétendu musical qu'un tapotement obstiné fait sortir des flancs d'un piano. Il faut dix ans, quand on est bien doué, affirment, sans sourciller, les maîtres pianistes ; dix ans et six heures d'exercice par jour, pour être à peu près apte à tirer quelques sons agréables de cette lourde caisse de bois et de métal. Encore est-il absolument nécessaire que l'instrument sorte de chez le bon faiseur ; que les touches n'en soient ni trop dures, ni trop douces, qu'un accordeur, assez aveugle pour avoir l'ouïe fine et l'oreille juste, en ait fraîchement tendu les cordes et vérifié les marteaux ; il faut, avec tout cela, bien autre chose encore, et dans cette prodigieuse tâche qui ferait reculer l'homme le plus brave, nos filles et nos femmes, dans la louable intention de nous plaire — gardons-nous d'en douter — résolument affrontent le piano, l'attaquent et le taquinent des heures, des journées, des soirées et des années durant, pour arracher aux entrailles de cette machine féroce ces tintements, ces grincements métalliques, ces bruits de chaudron, de casserole, de timbre électrique et de verre fêlé auxquels par malheur on a bien plus de peine à s'habituer qu'au piétinement des chevaux et au roulement des voitures sur le pavé des rues.

Vraiment, il est bien difficile de comprendre que, dans un pays de bons sens et de raison, comme la France, cette effrayante manie du piano ait pu se développer jusqu'à sévir sur toutes les familles, à la façon d'une inévitable épidémie. On a longtemps parlé de la rougeole et de la coqueluche comme de deux maladies fatales auxquelles tout enfant doit, forcément, payer son tribut. Il en est beaucoup, aujourd'hui, de ces chers petits êtres, qu'une hygiène bien entendue suffit à préserver de ces redoutables fléaux ; mais qui n'échappent point, en revanche, à ces dix années de piano forcé, désormais inscrites au programme de toute éducation bien entendue.

Et si nos pauvres fillettes, qui sont particulièrement atteintes, portaient seules encore, le poids de cette injuste condamnation,

par toute sortes de prévenances et de gâteries on s'efforcerait de
la leur rendre moins pénible ; mais les petites malheureuses en
font tomber la plus lourde part sur leur entourage, sur leurs parents et leurs amis, sur tous les hôtes d'une maison ; et ce sont,
alors, chaque fois que recommence l'éternelle gamme et le sem-
piternel morceau, de tels ennuis, de tels agacements, de telles
épreuves, que l'on s'impatiente, que l'on s'irrite, que l'on s'exaspère, que l'on est sans pitié, que l'on perpètre les plus atroces
vengeances, et que finalement, outré, furieux, enragé, l'on s'é-
lance hors de chez soi pour aller entendre, à travers la ville,
rouler des camions, corner des tramways, siffler des locomotives,
jurer et pester, dans l'embarras des véhicules, les cochers de
fiacres et les charretiers.

Quelle déplorable idée aussi et quelle absurde habitude de
vouloir faire de toute jeune fille une musicienne, alors même
que manquant de toute aptitude, elle ne pourra jamais, autant et si
longtemps qu'elle travaille, que rester médiocre, c'est-à-dire à
peu près incapable de traduire agréablement et sans accroc une
œuvre musicale offrant quelque difficulté.

Pourquoi ne pas prétendre, aussi, faire de tout jeune homme un
poète, un orateur, un peintre, un sculpteur dont le génie, un
jour, passionnerait les foules, et lui rapporterait bien autrement
d'honneur et de bénéfices qu'un emploi dans les nouveautés ou
dans l'épicerie ?

On est difficile en matière d'art, aujourd'hui que le talent
court les rues et qu'avec l'instruction qui vulgarise les chefs-
d'œuvre, le goût en toutes choses s'est considérablement développé. Ce n'est donc plus, désormais, que par une habileté voisine de la perfection, que l'on peut espérer plaire au public et
tirer parti de la peine que l'on s'est donnée dans une carrière
artistique quelconque. Avant de l'entreprendre, il faut donc examiner, peser, calculer ses forces, s'armer de courage, travailler

surtout, travailler sans trêve, et ce qui n'est pas moins utile, acquérir le savoir-faire en même temps que le savoir.

Sans prétendre jamais charmer les autres, cultive-t-on seulement les arts pour son agrément personnel, encore faut-il avoir le goût de ne point s'en glorifier, non plus que le fâcheux entêtement de persévérer dans ce travail ingrat si l'on y est absolument impropre. On pourrait employer à de si bonne besogne le temps que l'on perd à de stériles occupations. En développant par le travail ses aptitudes innées, on ferait de si rapides progrès dans la profession que l'on aurait choisie après avoir avant tout tenu compte de ses goûts, de ses préférences intimes. Mais presque toujours on se laisse détourner de ses tendances naturelles par l'instruction trop uniforme que l'on reçoit dans les établissements scolaires ; par l'exemple tentant d'un ami qui dans telle voie où l'on pourrait aussi bien s'engager, sera rapidement parvenu à la renommée et à la fortune ; par la mode même du moment, dont l'influence est des plus puissantes sur les caractères indécis, et voilà, malheureusement, comme l'on se jette tête baissée, au-devant des désillusions, des déboires, des déceptions, des lassitudes et des désespoirs qui sont, trop souvent, le produit le plus certain des carrières artistiques et libérales.

DESSIN, PEINTURE ET SCULPTURE

Agréments et utilité des arts graphiques. — Il est, pour un homme instruit, peu de façons d'occuper ses loisirs plus satisfaisantes que l'étude du dessin et de la peinture. Sans se livrer, tout d'abord, à un travail excessif, sans se charger d'un bagage encombrant, et par le seul usage de quelques objets d'un facile emploi, partout, à sa fantaisie, il peut se distraire, exercer sa main, son esprit et son goût, fixer pour toujours, ce qu'il voit, sur le papier ou sur la toile, et conserver enfin une image du-

Pl. XCIV. — LA PEINTURE.

rable des êtres et des choses qui l'ont le plus vivement impressionné. Quelle autre récréation, quel autre plaisir, en admettant qu'il ne s'en lassât point en peu de jours, lui procureraient de tels avantages ?

L'art du dessinateur et du peintre, au surplus, ne mérite pas seulement d'être compté parmi les « arts d'agrément ». C'est encore un puissant moyen d'instruction générale et d'éducation physiologique.

Il ne serait peut-être pas impossible de tout enseigner, de tout apprendre, par l'image et le tableau. Comme il faut en tout, cependant, une juste mesure, peut-être vaudrait-il mieux que l'on n'abusât point autant qu'on le fait, depuis quelques années en France, du crayon et du pinceau — disons aussi de la plume, pour être complet ! Les dessins et les gravures qui foisonnent aujourd'hui dans les ouvrages de tout genre, outre qu'ils sont souvent inutiles, ont aussi l'inconvénient grave de détourner l'attention du texte imprimé qu'ils devraient simplement « éclaircir »

Quant à la production des tableaux, — contrairement à celle du vin et du blé — tous les ans elle augmente, malheureusement, dans une mesure désespérante. La peinture n'est vraiment plus un art, mais une vulgaire industrie. Du sujet le plus insignifiant, le plus ridicule ou le plus banal, le dernier des rapins compose, sans vergogne, à présent, un tableau de deux mètres carrés que se disputent, à coups de banknotes, de nobles étrangers, quand ce ne sont pas de simples vaniteux embarrassés de leur fortune.

Ces réserves faites, il est incontestable que l'image gravée a largement contribué, depuis un demi-siècle, à la vulgarisation des sciences, et que bien des personnes, en apparence très instruites, doivent la meilleure part de leur savoir aux fréquentes promenades qu'elles ont faites dans les expositions et les musées.

Pour connaître un fait historique ou scientifique, pour se rappeler un événement, un personnage, un site remarquables, il n'est, on le sait, rien de tel que de les avoir vus.

Le poète Horace, il y a deux mille ans, exprimait déjà cet avis en d'excellents vers : « on retient moins ce qui frappe l'oreille que ce qui frappe les yeux, » et c'est, de nos jours, sur cette même vérité que repose le système d'éducation des enfants par les « leçons de choses ».

Mais s'il est agréable et commode de s'instruire en contemplant les toiles de maîtres, en tournant les pages illustrées d'un livre ou les feuillets d'un album, assurément il est encore plus utile, et ce n'est pas un moindre plaisir, d'être soi-même assez habile pour exécuter un croquis d'après nature, pour reproduire un sujet quelconque par le crayon et la couleur. A tout instant, dans la vie, on éprouve le désir de fixer un souvenir, de prendre le dessin d'une maison, d'un meuble, d'un détail d'architecture ; de relever les grandes lignes d'un paysage ou de dresser un plan. Il n'est guère moins utile, en somme, de savoir dessiner que de savoir écrire, et l'on ne saurait trop approuver qu'une place suffisante ait été faite aux arts graphiques dans les programmes de l'enseignement officiel.

Etude du dessin et de la peinture. — Ce n'est point dans les écoles, toutefois, mais bien sur le terrain, qu'il faut étudier, si l'on veut sérieusement apprendre, et posséder un jour une manière originale, un talent personnel. Les leçons d'un bon maître peuvent faire un peintre, un dessinateur suffisamment correct ; la nature seule engendre l'artiste. Aussi n'est-il pas de meilleures études, même pour le commençant, que d'observer et de reproduire sous tous leurs aspects, les objets les plus usuels ; un livre, un vase, un outil, une lampe, une table, une chaise.

Avant tout, quand on veut peindre ou dessiner, il importe, en effet, de savoir *voir*, et l'on ne sait réellement voir qu'après l'avoir appris, comme toute chose au monde.

Or, ce n'est point dans un atelier, si réputé soit-il, encore moins par la simple imitation de dessins ou de plâtres, qu'il est possible de faire l'éducation de l'œil.

C'est au dehors, en pleine nature, qu'il faut regarder, et long-temps étudier, avant de prendre le crayon ou le pinceau, les grandes lignes et le contour des choses, les rapports qu'elles ont entre elles, le degré d'intensité, changeant à toute heure du jour, de l'ombre et de la lumière qui leur donnent le relief, l'in-finie variété des nuances et des tons de leurs couleurs ; les tran-sitions si difficiles des teintes claires aux teintes sombres ; toutes les conditions, enfin, qui permettent à l'artiste de représenter, outre les formes et les couleurs, l'apparence de la réalité des choses et l'expression même de la vie.

Indispensable au peintre qui, sans étude, ne saurait exécuter une véritable œuvre d'art, cette éducation préalable de l'œil n'est pas moins nécessaire à quiconque prétend connaître et surtout juger un tableau. C'est là, malheureusement, un apprentissage qui manque à beaucoup de soi-disant artistes autant qu'à la plu-part des prétendus connaisseurs.

Il suffit, pour s'en convaincre, d'aller, chaque année, faire quelques visites à la grande exposition des Beaux-Arts, aux Champs-Élysées.

On y voit toujours beaucoup de jolies images et tout un monde d'amateurs qui les contemplent avec ravissement ; mais dans le nombre, combien d'œuvres réellement vivantes, et combien de gens, vraiment aptes à retrouver la grande et simple nature, à travers toutes ces combinaisons, plus ou moins fantaisistes, de vert, de bleu, de rouge, de rose, de noir et de blanc?

Sculpture et modelage. — Il est bien rare que l'on aborde, au seul point de vue de l'agrément, l'étude de la *sculpture*. On ne parvient pas, en effet, sans un long et difficile apprentissage, à tailler le marbre ou la pierre ; et comme il est indispensable de savoir parfaitement manier le crayon et la brosse avant de songer à tenir le ciseau, la plupart des artistes, quand ils ne sont point stimulés par une volonté puissante, se résignent aisément à rester peintres ou bien de travailler encore à devenir sculpteurs.

En dehors de la gloire et des honneurs qu'on en peut retirer, la carrière, d'ailleurs, n'est point encourageante. Les statues, les groupes décoratifs, ne sont point des objets d'un commerce courant. On n'entreprend guère une œuvre de ce genre que sur la commande d'une ville ou de l'État, et l'artiste assez renommé, déjà, pour être honoré de cette faveur, quand il a bien compté ses frais d'étude et de modèle, quand il a fait la part des mouleurs et des praticiens, rarement retire de son travail un sérieux bénéfice. Le plus souvent, alors, il lui est cependant possible de vivre de son art en exécutant pour de riches particuliers des bustes ou des statuettes ; mais en général, les sculpteurs de mérite, non plus que les autres artistes, d'ailleurs, n'aiment guère consacrer leur temps et leurs efforts à ces travaux de métier. Nombre d'entre eux préfèrent utiliser leur talent à façonner de petits sujets, à modeler des ouvrages de fantaisie en argile ou en terre, et beaucoup de ces objets, d'une exécution agréable, ne laissent pas d'avoir encore une valeur réelle, quand ils portent la signature ou la marque reconnaissable d'un artiste renommé.

S'il est très difficile de devenir un habile sculpteur, assez facilement, en somme, on acquiert la pratique du modelage ; aussi voit-on fréquemment, dans le monde, de simples amateurs, des jeunes filles, des dames surtout, pétrir volontiers l'argile de leurs doigts mignons, et, par pur agrément, fabriquer ainsi des bustes, des statuettes, des fleurs, des ornements céramiques.

La peinture sur porcelaine, dont l'exquise finesse semble vraiment exiger la touche délicate d'une main féminine, est le com-

plément obligé de l'art du modeleur. Ces talents réunis chez une
jeune fille ne lui constituent pas, seulement, une charmante
récréation, ils lui peuvent être, au besoin, une véritable ressource. L'étude de ces deux arts, ne réclame pas, enfin, plus
de temps ni d'efforts que celle de la musique, et l'on conviendra
dra qu'elle est moins désagréable aux voisins que l'apprentissage
du piano.

COLLECTIONS ARTISTIQUES.

Goût et recherche des curiosités. — En développant le goût du
beau, du pittoresque et du rare, la pratique habituelle, ou même
le simple culte des arts a pour fatale conséquence d'inspirer la
passion des objets qui par quelqu'une de ces qualités se distinguent des choses communes, et le désir bien naturel de les
posséder.

Partout où l'on espère en découvrir, on cherche, alors, avec
une ardeur qui de plus en plus s'accroît, pour peu que l'on
ait, au début, la main heureuse, les œuvres d'art de tout genre
qui se recommandent par leur originalité, par leur forme ou simplement par leur vétusté. Si les vieilles choses, en effet, sont le
plus souvent inférieures, au point de vue de l'usage ou du mérite artistique, aux objets de style moderne, il suffit, pour les
rendre précieuses, de leur rareté même, de l'intérêt, parfois très
grand, que leur donne leur provenance, fréquemment, enfin, de
la grossièreté toute primitive de leur fabrication.

Malgré que la plupart des amateurs sachent apprécier tous les
objets d'art indistinctement, la difficulté de les reconnaître et de
se les procurer dans le commerce oblige la grande majorité
d'entre eux à limiter leurs recherches et leurs désirs. Les uns
s'attachent à découvrir et à collectionner les beaux meubles du
moyen âge et de la renaissance : coffres, bahuts, sièges, buffets,
crédences, dressoirs ; d'autres se passionnent exclusivement pour

les émaux et les vieilles faïences ; beaucoup bornent leurs goûts leurs achats aux armes anciennes, épées, boucliers, casques, armures artistement ciselées. Plus modeste, le numismate ne s'intéresse vraiment qu'aux monnaies hors cours, aux médailles antiques ; et le bibliophile ne fait jamais la chasse qu'aux livres rares, aux vieilles éditions. Il n'est point aujourd'hui jusqu'aux étoffes démodées, aux vieux habits et vieux galons, que l'on ne collectionne ; un grand nombre d'amateurs, enfin, préfèrent aux antiquités quelconques, les objets exotiques, les étranges curiosités de la Chine et du Japon.

A Paris, l'hôtel des ventes est le grand bazar international où commencent et finissent la plupart des collections artistiques particulières. Elles y viennent, chaque année, par centaines, de tous les points de la France et de l'étranger. Tout amateur qui sort une fois de ce marché cosmopolite, en pressant sur son cœur une soupière de vieux Rouen, un Greuze plus ou moins authentique, y retourne fatalement tous les jours pour y guetter les bonnes affaires et grossir pièce à pièce sa collection, jusqu'à ce que le complet épuisement de ses deniers le force à l'y reporter toute entière.

Avec beaucoup de flair, d'intelligence et de savoir, un collectionneur habile, à ce jeu peut composer en peu de temps un cabinet de curiosités d'une grande valeur, tout en occupant fort agréablement ses journées ; mais il doit prendre garde de se laisser tromper par les brocanteurs de toute espèce qui s'efforceront de le circonvenir, et de lui proposer, à tout instant, l'échange de telle pièce de médiocre apparence, mais de réelle authencité, contre quelque joli bibelot du style le plus pur et « garanti de l'époque », mais, en réalité, tout récemment sorti des mains de quelque habile contrefacteur.

Galeries de tableaux. — Réunie par un vrai connaisseur et par un érudit, on conçoit qu'une collection d'objets anciens possède toujours une valeur qui ne pourra certainement qu'augmenter, avec le temps, à mesure que ces objets seront d'autant plus vieux et plus rares ; mais on s'explique mal qu'il soit encore si coûteux, aujourd'hui, de former une galerie de tableaux, quand les seuls artistes français, tous les ans, régulièrement, produisent un nombre prodigieux de toiles.

Il faut, en effet, ne savoir vraiment que faire de ses rentes, ou plutôt, comme le disait avec sa franche bonne humeur le père Corot lui-même, être réellement un peu « toqué », pour accrocher une simple image de 30 à 40,000 francs aux murs de sa chambre.

Sans doute, un très riche amateur peut se payer la fantaisie de placer son argent de la sorte et, selon ses goûts, se composer une galerie qui, plus tard, outre les agréments qu'elle lui aura procurés, lui rendra sa mise de fonds, souvent accrue de beaux bénéfices. C'est ainsi que procèdent un grand nombre d'opulents ou de célèbres personnages ; mais, si déguisé qu'il soit sous un semblant de passion artistique, cet amour exagéré de la peinture est tout bonnement, alors, un commerce excellent, et les connaisseurs qui l'exercent ne diffèrent pas beaucoup du négociant qui, trouvant, une année, du bon vin à bon marché, s'empresse, pour le revendre au moment opportun, d'en remplir ses tonneaux et ses caves.

Est-il, d'ailleurs, si magnifique chef-d'œuvre que l'on ne se lasse bientôt de contempler, et dont la vue, — quand elle coûte si cher, — ne finisse même par devenir véritablement fastidieuse? On peut avec raison, tenir à posséder un portrait peint par un grand artiste ou tel autre tableau représentant un épisode, un personnage historique, un site, un pays plus ou moins aimés. C'est là de la peinture utile, et dont le mérite, au moins au point de vue décoratif, est bien supérieur à celui d'une belle gravure ou d'une bonne photographie.

Pl. XCV. — LE CABINET DE CURIOSITES.

Dans un hôtel artistique, une maison luxueusement ornée, des fresques et des panneaux ne laissent pas, non plus, d'être plus agréables à l'œil que des murs nus ou recouverts d'une vulgaire tenture, et l'on fait vraiment, en ce genre, aujourd'hui, de ravissantes décorations ; mais que l'on pervertisse son goût et que l'on dépense ses économies à suspendre, autour d'un appartement, les mièvreries, les extravagances ou les banalités de la peinture contemporaine, c'est là, certainement une manie aussi déplorable que coûteuse, et qui ne saurait, en aucun cas, procurer à celui qu'elle obsède, le moindre agrément.

Il faut croire, toutefois, qu'ils sont particulièrement goûtés et demandés, ces insipides « tableaux de genre », puisqu'ils se multiplient d'année en année, au point d'occuper, à eux seuls maintenant, les trente ou quarante salles d'une exposition : Petites femmes tirant leurs bas ou montrant leurs épaules nues, fillettes se baisant dans la glace ou becquetant l'oiseau favori, jolis amours enguirlandant une nymphe timide, soubrettes écoutant aux portes ou lisant un billet doux, bergerettes et blancs moutons, baigneuses dans toutes les poses et tous les formats, rêveuses variées, rieuses, pleureuses, voilà toujours ce qui séduit le public, ce qui se vend et s'achète.

Eh bien, franchement, après avoir considéré deux ou trois fois ces trop gracieux peinturlurages, il est difficile de ne pas plaindre ou maudire le bon bourgeois vaniteux, qui, pour les admirer chaque jour, dans son appartement, n'hésite pas à couvrir de billets de mille francs ces carrés de toile peinte, quand il pourrait, au même prix, posséder naturellement tout ce qu'ils représentent, acheter une vraie campagne avec de vrais moutons, ou mieux, s'il voulait adoucir un peu de misère au lieu de se donner le ridicule d'encourager les arts, être réellement et vivement ému par de vrais sourires et de vrais pleurs, — des pleurs d'attendrissement, des sourires de reconnaissance !

RÉCRÉATIONS SCIENTIFIQUES.

Intérêt et agrément des études scientifiques. — Tout le monde, aujourd'hui, s'intéresse aux merveilleuses conquêtes de la science, à ses applications industrielles surtout, qui modifient si profondément et si vite nos habitudes et nos mœurs. On cause science, à présent, dans les salons, comme on y causait exclusivement, il y a quelques années, politique et littérature ; et ces nouvelles conversations, pour être plus sérieuses, ne sont ni les moins intéressantes, ni les moins passionnées.

Au point de vue pratique, même, en constituant toujours une occupation des plus captivantes, la science peut être, aussi, le plus agréable des passe-temps. Elle procure aux jeunes gens instruits des récréations d'autant plus utiles qu'elles exercent, avec leur jugement et leur esprit, leur aptitude aux travaux manuels ; elle fournit à toutes les personnes qui préfèrent le repos intime aux plaisirs mondains, une inépuisable source de distractions éminemment propres à combattre la monotonie de la vie de foyer.

Il y a deux siècles, les gens du monde étaient déjà pris d'une belle passion pour l'astronomie. Les « Précieuses », au temps de Molière, installaient à l'envi de « longues lunettes » dans leurs greniers ; peut-être même, s'il faut en croire le bonhomme Chrysale, s'occupaient-elles beaucoup trop du cours des astres et pas assez du train de leur maison. Fontenelle, un peu plus tard, philosophait très agréablement sur la pluralité des mondes, en compagnie d'une aimable marquise dont les jolis yeux ne devaient pas moins l'inspirer que les étoiles du ciel ; et, de nos jours encore, la science astronomique a ses fanatiques, tous admirateurs passionnés des beaux clairs de lune, contemplateurs émus, du grandiose spectacle des nuits étoilées.

Nulle autre étude, en effet, ne saurait plus que l'astronomie faire une vive impression sur les jeunes imaginations féminines, sur les esprits timides et rêveurs. C'est la science religieuse et poétique entre toutes, la plus étendue, la plus émouvante, celle qui satisfait le plus complètement, avec notre curiosité, notre incontestable besoin d'idéal.

A la fin du siècle dernier, les admirables écrits de J.-J. Rousseau, de Bernardin de Saint-Pierre et de Buffon développèrent considérablement le goût des sciences naturelles. Jusqu'alors, les médecins et les apothicaires seuls s'occupaient des animaux et des plantes. Intimement sentie, interprétée et décrite par les philosophes et les poètes, la nature fut véritablement, pour le grand public, une révélation. Elle eut, dès lors, des amants enthousiastes qui l'étudièrent non par métier, mais avec transport, et le nombre est grand, aujourd'hui, de ces amateurs naturalistes, qui n'échangeraient pas contre tous les plaisirs du monde l'incomparable joie de fixer dans l'herbier une plante rare, de grossir une collection, formée par eux-mêmes, d'un minéral, d'un insecte, d'un coquillage précieux!

Depuis l'époque toute récente où les « vulgarisateurs » ont pu se faire une petite place dans les journaux populaires et chez les éditeurs intelligents, l'amour des études scientifiques a pénétré de plus en plus toutes les classes sociales, et les travaux des savants contemporains, leurs intéressantes découvertes, sont maintenant appréciés comme ils le méritent, non seulement dans une étroite académie, mais par des millions de lecteurs.

N'est-il pas vrai que, dans ces dernières années, l'extraordinaire retentissement des expériences de Pasteur a donné le violent désir de faire de la micrographie aux personnes les plus étrangères à ces observations si délicates et si difficiles? Vibrions et microbes ont tant fait parler d'eux, que chacun a voulu les voir et que l'on s'est mis un peu partout à chercher la petite bête! Le microscope est devenu, pour ainsi dire, un instrument des plus usuels; on en fabrique désormais à tous les prix; et le monde si curieux des infiniment petits n'a plus de mystère pour personne!

Actuellement, toutefois, ce sont plutôt les récréations physiques et chimiques qui font l'étonnement et la joie du plus grand nombre d'amateurs. Les merveilleuses applications de l'électricité, notamment, depuis les fameux travaux d'Edison, de Hughes, de Graham Bell, ont enthousiasmé les esprits les plus impassibles.

Partout on s'intéresse au téléphone, au phonographe, à l'éclairage électrique, et les ingénieurs électriciens, stimulés par cet engouement général, s'évertuent à simplifier, à perfectionner pour les mettre à la portée de tous, les lampes, les piles, les accumulateurs, les appareils qui rendront probablement pratiques, dans toutes les maisons, ces admirables inventions de la science moderne!

Et la photographie, si facile et si peu coûteuse, à présent que les progrès de l'art permettent de faire tenir dans un sac d'écolier tout l'attirail indispensable à l'opérateur, et tout son laboratoire?

Est-il encore un jeune collégien, une petite échappée de couvent qui ne trouvent grand plaisir, par une belle journée de vacances, à fixer instantanément un paysage, une scène, un portrait, sur une glace sensibilisée au gélatino-bromure?

Aujourd'hui, la science est aimable. Elle ne craint pas, pour se faire accepter, de se cacher sous la reliure de pourpre et d'or d'un beau livre d'étrennes; elle ne dédaigne pas de se présenter humblement sous la forme d'un joujou, — et ces ouvrages instructifs, ces jouets utiles, ne sont pas moins que la chaîne et la montre, la joie des enfants, la tranquillité des parents, la sécurité des familles!

Astronomie pratique. — En étudiant les exercices du corps, nous avons longuement insisté sur les nombreux avantages des excursions scientifiques à travers la campagne, et suffisamment fait comprendre quels grands plaisirs intellectuels résultaient de la recherche active des minéraux, des insectes et des plantes.

Pour ne point exercer les jambes, l'astronomie pratique n'enthousiasme pas moins que l'histoire naturelle rurale, les esprits observateurs. La contemplation d'une belle nuit étoilée éveille et charme encore bien plus l'imagination que le spectacle d'une immense prairie émaillée de fleurs; et l'astre errant qui voyage dans le ciel s'empare encore bien plus intimement de la pensée que l'abeille qui butine ou le papillon qui vole.

Malgré qu'il soit à peu près indispensable, pour connaître toutes les merveilles de l'astronomie, d'avoir à sa disposition l'outillage extrêmement coûteux d'un observatoire, à l'aide d'une simple lunette on parvient encore à découvrir, dans les astres, un si grand nombre de particularités invisibles à l'œil nu, qu'un véritable amateur de sciences ne doit vraiment pas hésiter à faire l'achat d'un modeste télescope, surtout s'il vit à la campagne, où les soirées sont si longues, face à face avec le ciel grand ouvert devant lui. Un simple regard à travers un tube de laiton muni de quelques lentilles de verre, et voilà cette prodigieuse page dont chaque lettre est un monde, qui se rapproche, aussitôt, de plusieurs milliers de lieues.

Est-ce en plein jour? Le soleil hardiment contemplé au moyen d'un oculaire spécial, éteint l'ardeur de ses rayons et laisse voir ses taches. Est-ce la nuit? La lune, à chacune de ses phases, montre sous un aspect différent ses vastes plaines grises, ses mers douteuses et ses chaînes de montagnes, ses profonds cratères et ses vastes cirques où l'on voit s'allonger et se raccourcir les ombres, à mesure que notre satellite reçoit plus ou moins obliquement, la clarté du jour.

Tantôt, dans les noires profondeurs de l'infini, c'est une nébuleuse qui transparaît — amas de soleils — comme une petite buée grisâtre. C'est une imperceptible comète signalée par les astronomes, qui sans qu'il y paraisse, fuit, rapide, à travers l'espace; c'est un étincelant bolide qui raie subitement le ciel d'une traînée de feu. Tantôt, selon le temps et les saisons, c'est telle ou telle des planètes de notre système, dont on peut observer l'intéressante physionomie : Vénus, l'étoile du berger, qui nous montre sa face ou son croissant; Mars aux pôles neigeux où la vie ne semble point différer de ce qu'elle est sur notre terre; l'énorme Jupiter entouré de ses quatre lunes, et le formidable Saturne aux multiples anneaux.

Que d'heures oisives à bien remplir, que de beaux rêves à concevoir, dans la contemplation de ce magnifique spectacle; que de vives émotions à y ressentir, que de douces consolations à y trouver !

Observations au microscope. — Ce monde si merveilleux de l'infiniment grand, n'est point le seul, au surplus, qui s'ouvre à l'investigation de l'homme d'études. Un coup d'œil au microscope, et voilà, de même, l'incommensurable monde de l'infiniment petit qui se révèle à ses yeux étonnés. Partout où il cherche, où il fouille, où il veut pénétrer, l'observateur de la nature, aujourd'hui, ne peut plus faire un pas sans armer son regard de l'instrument grossissant. Il y a peu d'années encore, il n'était guère d'usage d'étudier et d'admirer au microscope que la goutte d'eau vaseuse où des animalcules, des infusoires de toute espèce, par milliers prennent leurs ébats. Rien n'est plus curieux, en effet, que de découvrir tout à coup cette population d'atomes animés allant, venant, courant avec une sorte d'intelligence et de volonté, dans un atome liquide ; que de suivre de l'œil les bizarres tournoiements des rotifères, les rapides évolutions des kolpodes et des paramécies, les subits épanouissements des vorticelles.

Mais il est bien d'autres merveilles que le microscope dévoile à quiconque sait observer. On ne se lasserait pas, s'il ne fallait ménager ses yeux, de placer sous le champ de l'objectif les divers tissus animaux et végétaux où l'on voit circuler le sang ou la sève ; les étranges cultures de ces impalpables microbes qui se rendent chaque jour si fameux par leurs méfaits ; les minces lamelles d'un grand nombre de minéraux qui, ternes et grises à l'œil nu, laissent apercevoir sous le verre grossissant, les mille cristaux d'un kaléidoscope. Et les éléments si variés de l'organisation des fleurs ; et les détails si curieux de la structure des insectes ! Et les bizarres configurations des poussières qui volent dans les airs ! C'est à croire que les limites de l'infiniment petit et les bornes de l'infiniment grand sont pareillement inabordables.

Expériences de physique et de chimie. — On ne cultive pas les sciences sans se composer, petit à petit, un laboratoire où l'on prend le plus vif plaisir à faire des recherches, à répéter d'intéressantes expériences de physique et de chimie.

Outre que ces travaux plaisent beaucoup à l'esprit, ils développent considérablement le génie inventif, l'habileté, l'adresse manuelle ; ils donnent l'habitude de triompher rapidement d'un obstacle et de se tirer vite d'embarras, les manipulations imprévues qu'ils exigent à chaque instant, démontrant bien la vérité de cette parole de Franklin : « Quiconque veut faire de la physique doit savoir percer avec une scie et couper avec une vrille. »

Les amateurs de sciences, il y a seulement quelques années encore, trouvaient surtout dans les applications de l'optique les plus attrayantes récréations. En dehors du télescope, et du microscope dont ils aimaient à démontrer le merveilleux pouvoir, ils s'amusaient volontiers aux fantasmagories des dioramas et de la lanterne magique ; et par des combinaisons de miroirs et de prismes, ils concentraient, projetaient les rayons

PL. XCVI. — LE LABORATOIRE DE L'AMATEUR DE SCIENCES.

solaires ou les décomposaient en spectres aux vives couleurs.

De nos jours, ce sont plutôt les étonnantes applications de l'électricité que l'on étudie, et plus particulièrement, les phénomènes mécaniques ou lumineux des accumulateurs et des piles.

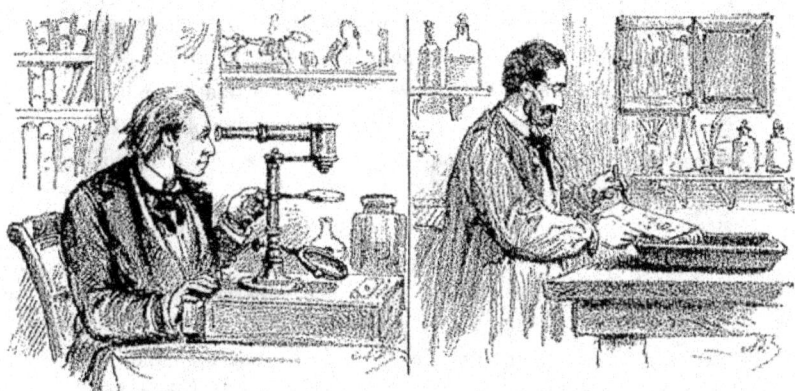

L'observation au microscope.　　　Le laboratoire de photographie.

La découverte si rapide du microphone, du phonographe et du téléphone est récemment venue démontrer tout ce qu'il est encore possible d'obtenir du courant électrique ; aussi n'est-il pas douteux que dans cette même voie les efforts des chercheurs ne soient, longtemps, couronnés de succès.

Par ses importants effets sur un grand nombre de corps et de solutions salines, l'électricité peut être considérée comme un agent chimique de la plus haute activité. Sur ces remarquables propriétés reposent déjà l'art de la galvanoplastie, le curieux procédé de décomposition de l'eau par la pile, les diverses méthodes d'isolement et d'extraction des plus rares métaux ; et le chimiste n'est certainement pas moins en droit que le physicien d'attendre, dans un prochain avenir, bien d'autres résultats de cette merveilleuse force encore si peu connue. Au surplus, les recherches et les expériences récréatives que permettent d'effectuer les seuls réactifs chimiques, ne sont pas moins nombreuses que variées. Il faudrait un volume, pour énumérer seulement toutes les transformations intéressantes, les précipités étranges, les solutions, réactions et cristallisations curieuses qui résultent de la combinaison de certains corps. Avant de les connaître parfaitement, le simple amateur, toutefois, ne saurait, sans danger, manipuler la plupart de ces substances. Il ne doit véritablement y toucher qu'après de bonnes études théoriques ; encore est-il indispensable, s'il ne veut, à tout instant, s'exposer à commettre de graves erreurs, que l'ordre le plus parfait règne toujours dans son laboratoire, la prudence et la méthode dans ses moindres opérations.

Photographie. — De toutes les récréations scientifiques en vogue, aucune, cependant, n'est comparable à la pratique de la photographie au point de vue de l'agrément et des résultats qu'elle peut donner pour peu que l'on s'y applique.

Il est si facile, aujourd'hui, de faire de la photographie ! Et quel plus noble amusement, quel plus grand plaisir que de travailler en collaboration avec le soleil, que de pouvoir, avec l'aide toute-puissante de la lumière, instantanément obtenir et fixer l'image fidèle d'un document utile, d'une personne que l'on aime d'un site qui plaît.

Le bagage indispensable au photographe amateur est actuellement réduit à des dimensions qui permettent de le transporter et d'opérer sans embarras partout où l'on peut le souhaiter ; dans les villes et dans les champs, au bord de la mer et sur les plus hautes montagnes. On fait, aujourd'hui, de la photographie dans les airs, on peut tout aussi bien en faire sous les eaux, si l'on y trouve un intérêt, une utilité quelconques.

Une chambre noire à soufflet, un pied de campagne portatif, et dans trois châssis hermétiquement clos, une demi-douzaine de plaques sensibles au gélatino-bromure d'argent, voilà tout le matériel nécessaire à une excursion photographique. Une belle journée, avec cela, et pour peu que le touriste ait de l'expérience et du goût, que le pays soit riche en sites pittoresques, en monuments remarquables, en types curieux, il suffira de quelques secondes de halte et de pose aux bons endroits pour rapporter, le soir, au logis, une collection de petits chefs-d'œuvre.

La nuit venue, le développement des images à la lumière rouge, n'est pas moins intéressant, d'ailleurs, que l'exposition des glaces au grand jour. En les retirant des châssis où, par l'intermédiaire de l'objectif, elles ont reçu l'impression plus ou moins forte des objets extérieurs, les plaques exposées ne laissent encore rien paraître de ce qui les a frappées, ni de ce qu'elles ont retenu. La mince couche de gélatine qui les recouvre, uniformément opaline et lisse, ne trahit l'image latente qu'autant qu'elle est immergée dans un bain révélateur, et ce n'est jamais sans émotion, alors, que l'on voit successivement s'accuser, à sa surface, les grands clairs, les ombres, les mille détails du sujet projeté par l'objectif.

Quelque procédé que l'on ait suivi pour la développer, à la sortie du bain l'image photographique est toujours *négative*, c'est-à-dire que les parties réellement blanches ou claires sur le sujet, y sont d'un noir opaque, et réciproquement, les parties en réalité sombres, d'une transparence assez grande pour laisser facilement passer le jour à travers. Il s'ensuit évidemment, que si l'on applique ce « cliché » sur un papier sensible et qu'on l'expose au soleil dans un châssis spécial, la lumière arrêtée par les points sombres et tamisée par les points clairs, imprime cette fois sur la feuille impressionnable une image *positive* reproduisant le sujet dans toute son exactitude et sa réalité.

C'est encore là l'une des phases les plus intéressantes de l'art. Elle réussit toujours, pourvu que l'on opère avec un bon négatif, et quand on a retiré du châssis un certain nombre de belles épreuves positives, il ne reste plus, par une dernière manipulation sans difficulté, qu'à les virer, les fixer et les laver dans une série de bains qui les garantissent de toute altération consécutive, après avoir déterminé le ton définitif de leur coloration.

Météorologie agricole. — De toutes les occupations scientifiques auxquelles permettent de se livrer les loisirs quotidiens de la vie rurale, peut-être les plus utiles seraient-elles des observations météorologiques exactement et régulièrement suivies. Ce ne seraient point, au surplus, les moins captivantes si, l'habitude en étant prise, on apportait assez de ponctualité dans ces études pour inscrire chaque jour les données des instruments, les comparer entre elles; et de ces rapprochements tirer des déductions précises sur le climat, la température moyenne et les autres conditions physiques du milieu où l'on serait placé.

Même sans autre but que de répondre à la légitime curiosité de l'observateur, la météorologie agricole demeure encore, d'ailleurs, une science très recommandable, dont il est facile, à peu de frais, d'obtenir à toute heure de jour et de nuit, les précieuses indications. Que faut-il, en effet, pour constituer chez soi, dans son parc ou son jardin, un observatoire élémentaire? Quelques bons instruments bien placés, à l'abri de tout accident, et d'une lecture facile. Un baromètre et des thermomètres parfaitement gradués, un pluviomètre, un hygromètre à cheveu, une girouette élevée au-dessus de tous les bâtiments et les arbres du voisinage. Il n'est pas douteux, si l'on prend intérêt à consulter ces différents appareils, que l'on ne se passionne en peu de temps pour la météorologie, au point d'annexer bientôt à cet observatoire primitif un anémomètre, un baromètre enregistreurs, qui transformeraient aussitôt la simple installation d'amateur en une station véritablement scientifique.

Mais quelles utiles et curieuses informations, déjà, peuvent être fournies, à tout instant, par les instruments les plus simples.

Il n'est point, pour de minutieuses observations, de baromètre préférable au *baromètre à mercure* de Fortin. Dans la pratique ordinaire, toutefois, un baromètre *anéroïde* bien construit, peut suffisamment indiquer, avec le temps probable, la variabilité de la pression de l'air. Un baromètre *à eau*, que l'on pourrait établir soi-même en dressant le long d'un mur un tuyau de plomb d'une dizaine de mètres, inférieurement recourbé pour s'ajuster sur un tube de verre de un mètre environ, présenterait, enfin, sur le baromètre à mercure, l'avantage d'être soumis à des variations beaucoup plus étendues et par conséquent, bien plus faciles à saisir.

Les *thermomètres*, en raison de leur délicatesse, quoique exposés au grand air, doivent être abrités du soleil par un toit en forme de pupitre, ou par une cage à volets fixée contre un mur. Sous cet abri, l'on place d'habitude un thermomètre à mercure à *boule sèche* et comme contrôle, un thermomètre à *boule mouillée,* dont le réservoir est tenu toujours humide au moyen d'une petite mèche trempant dans une fiole remplie d'eau. Entre ces deux instruments qui donnent à toute heure, la mesure exacte de la température, on dispose horizontalement un thermomètre *à maxima* qui marque la plus haute température du jour, et un thermomètre *à minima* qui montre, au matin, la plus basse température de la nuit.

A certaines époques de l'année, on peut avoir grand intérêt à connaître la quantité de pluie qui tombe, en un temps donné, sur le sol. C'est un calcul facile à faire au moyen d'un *pluviomètre* dont le récipient gradué recueille tout le liquide que reçoit un entonnoir d'une ouverture déterminée, ou mieux une auge de verre, d'un mètre carré de surface. Pour compléter les observations de ce genre, l'*hygromètre à cheveu,* de Saussure, indique avec une suffisante précision, le degré d'humidité de l'air. Construit sur le principe du *Capucin-baromètre*, dont le capuchon s'abaisse ou se relève selon que le temps est à la sécheresse ou à la pluie, l'hygromètre exprime et traduit nettement, en chiffres, ce que le capucin laisse seulement soupçonner.

Au-dessus de tout observatoire météorologique, si modeste soit-il, doit nécessairement s'élever le plus élémentaire et le plus usuel des appareils d'observation, la classique *girouette*. Pour peu que l'on s'applique à l'interroger, on peut obtenir d'une girouette bien mobile et convenablement située, des indications d'une grande justesse. Il est, en outre, facile d'y joindre un *anémomètre* ou moulinet, dont la rotation est d'autant plus précipitée que le vent est plus fort et plus rapide. Mais pour tirer vraiment quelque utilité de cet appareil, il est indispensable de le compléter par un enregistreur électrique, et malgré sa simplicité, cette modification nécessite un agencement qui dépassera it peut-être un peu les intentions et le budget d'un simple amateu r

N'est-ce point déjà beaucoup, d'ailleurs, que d'avoir chaqu e jour, au moyen de quelques instruments aussi précis que peu coûteux, des données certaines sur le temps probable, sur la pression et le degré d'humidité de l'air, sur la température du jour et de la nuit, sur la direction, la vitesse des vents et les perturbations atmosphériques qu'elles annoncent ?

En dehors des avantages directs que l'on en retire soi-même, ces seules indications, relevées et communiquées à temps, pour- raient rendre les plus grands services à tous les agriculteurs d'une région.

A la campagne, où l'on a, paraît-il, tant d'heures à perdre, il ne serait donc pas moins utile qu'agréable d'en consacre r quelques-unes à ces intéressantes études que rend si pratiques et si nécessaires le séjour aux champs.

Petits travaux et connaissances utiles. — Ce n'est point, au surplus, seulement dans les sciences élevées, dont l'attrait exceptionnel le séduit tout d'abord, qu'un homme actif et sérieux sait trouver à la fois d'utiles occupations manuelles et de charmantes distractions pour son esprit. Tous les métiers, tous les arts usuels peuvent également fournir matière à sa passion de savoir, au constant besoin qu'il éprouve de perfectionner son adresse et de faire œuvre de ses doigts.

N'est-ce point là, du reste, la seule façon d'apprendre et de posséder complètement un art, une science quelconques ? A quoi peut servir d'en connaître à fond la théorie, si l'on est absolument incapable de pratiquer et d'exécuter, pour son agrément ou pour son profit, ce qu'elle démontre et ce qu'elle enseigne ?

Cette incomplète instruction qui pouvait autrefois suffire, n'est vraiment plus possible de nos jours. Tout théoricien, quelque érudit qu'il soit, doit être doublé d'un praticien habile, et l'ensemble de ces qualités est d'autant plus indispensable que l'on vit plus à l'écart des autres hommes, plus à distance de tout centre important.

Quand on a des loisirs, on ne saurait donc mieux les employer qu'à l'acquisition, facile, en somme, de ces connaissances techniques si variées et d'une utilité journalière incontestable, dont le côté pratique constitue toujours une récréation des plus amusantes, pour peu que l'on sache faire usage de ses mains.

Et n'est-il pas vraiment ridicule, qu'un homme instruit ou soi-disant tel, ne connaisse même pas de vue, quelquefois, les outils les plus usuels ? Qu'il soit tout à fait incapable de se servir d'un marteau, d'une vrille, d'une scie, d'une pince, d'un rabot ? Qu'il reste bêtement embarrassé devant un clou à planter, un trou à percer, une bûche à sectionner, un fil de fer à tordre, une planche à lisser ? Ce sont là, cependant, avec beaucoup

PL. XCVII. — LE TOURISTE PHOTOGRAPHE.

d'autres du même genre, de petits travaux qui se présentent couramment dans la pratique quotidienne de la vie, et que l'on paie le plus souvent fort cher aux ouvriers spéciaux qui veulent bien s'en charger, quand on est assez maladroit pour ne point les exécuter soi-même.

Une des occupations manuelles les plus propres à remplir agréablement les loisirs d'un homme actif, c'est, au dire d'un grand nombre d'amateurs, de travailler le bois et de faire de la menuiserie. Même les enfants, on le sait, acceptent volontiers, comme un joujou des plus récréatifs, un établi de menuisier garni de ses outils; à plus forte raison y peut-on trouver un amusement, quand on a la certitude, après un court apprentissage, de faire de bonne besogne et des ouvrages de quelque utilité.

Partout où l'on dispose d'un rez-de-chaussée bien sec et bien clair, il est facile d'organiser, à peu de frais, un atelier pourvu de tous les instruments nécessaires. On y place d'abord, en pleine lumière, un *établi* solide, avec ses valets, ses pattes, ses maillets; puis, à portée de la main, contre le mur, à cet effet dûment recouvert de planches, on suspend à des clous, à des crochets, les divers outils de tel ou tel emploi.

Rarement, les boîtes de menuiserie, d'ailleurs fort bien agencées, que l'on peut se procurer dans tous les bazars, sont composées d'instruments assez nombreux et de qualité suffisante. Il est donc préférable, au double point de vue de l'usage et de l'économie, d'acheter séparément ces outils chez un quincaillier où l'on a l'avantage encore de les choisir à sa main, de la force et des dimensions que l'on juge le plus convenables.

Après avoir pendant quelque temps appris à travailler le bois à l'établi, le goût généralement vient d'apprendre à le façonner au *tour*, et cet art tout particulier séduit ordinairement nombre de petits rentiers, de braves gens retirés des affaires. Il n'est, cependant, pas aussi facile qu'on le pourrait croire, de tourner d'une manière irréprochable une pièce de bois. A cet ouvrage, outre la bonne construction et l'absolue stabilité de l'instrument, une parfaite justesse de coup d'œil, une grande sûreté de main, sont indispensables; et ces dernières qualités, ce n'est jamais que par un exercice assidu qu'on les acquiert. Les bois qui se prêtent le mieux au travail du tour sont l'alisier, le buis, le cormier, le poirier, le prunier, le noyer et l'orme. En raison de sa densité, l'ivoire est d'une mise en œuvre encore plus facile ; enfin, pour le tourneur habile, certains métaux tels que le cuivre, ne se laissent pas moins aisément façonner que le bois.

La *serrurerie*, qui charmait les ennuis du roi Louis XVI, compte encore, de nos jours, de nombreux amateurs. C'est, en effet, un travail agréable, artistique, exigeant peu de fatigue, et pour ne le considérer qu'au point de vue pratique, d'une utilité de tous les instants. Il n'est pas de jours, en effet, où dans une maison d'une certaine importance, à la campagne notamment, on n'ait besoin de faire, çà et là, quelque réparation à laquelle l'adresse toute spéciale du serrurier ne soit absolument nécessaire. Et quel outillage faut-il, pour acquérir bientôt une suffisante connaissance du métier? Un étau, une petite enclume, un assortiment de limes et de forets, un marteau, des pinces, un tournevis et des vis, des crochets, des pitons de forme et de dimensions différentes. Ajoute-t-on à ce matériel une petite *forge*, et l'on en construit, aujourd'hui, de très portatives, à soufflet cylindrique logé sous le foyer, — il devient aussitôt possible de travailler complètement le fer, et d'en fabriquer divers objets, des instruments ou des outils qui répondent bien mieux que d'autres, quelquefois, à l'emploi que l'on en veut faire.

Forgeron, tourneur ou menuisier, tourneur surtout, l'ouvrier, quelle que fût son habileté, serait incapable d'exécuter aucun bon travail s'il laissait ses outils s'émousser ou se couvrir de rouille. Dans tout atelier d'amateur, ou de véritable artisan, doivent donc être placées, avec leurs augettes, des meules et des grès toujours prêts à servir à l'affutage des tranchants. Toute simple, d'ailleurs, qu'elle paraisse, cette opération ne laisse point d'offrir quelques difficultés. Ce n'est pas du premier coup que l'on affile correctement la lame d'un rabot, ni que, sans l'ébrécher, on en détache le morfil au moyen de la pierre noire.

Le maître de maison qui vit à la campagne, doit étendre enfin ses connaissances pratiques à tous les travaux agricoles qu'il importe d'exécuter à la hâte, dans un cas urgent. Il ne suffit plus, ici, qu'il s'occupe, pour son seul plaisir, dans son cabinet, son laboratoire ou son atelier. A tout moment, une besogne pressée au dehors exige qu'il sache aussi manier la pelle, la pioche, la faulx, la faucille, le rateau, la hache avec assez d'habileté pour qu'il puisse, à l'occasion, prêter un « coup de main » aux gens de la ferme.

N'est-il pas encore indispensable, dans ces mêmes conditions, qu'il soit arpenteur et géomètre? Capable de mesurer un terrain, d'en calculer la surface, et d'en lever le plan? Ne faudrait-il pas qu'il fût assez expert en chimie pour être à même d'exécuter couramment une analyse qui lui révèlerait, avec la composition, les qualités et la valeur d'une eau de source, d'un sol, d'un engrais, d'un produit récolté? Ne serait-il pas désirable, enfin, qu'il possédât des notions, aussi sûres qu'étendues, d'art vétérinaire, d'hygiène pratique et de médecine familière, afin que, le cas échéant, il pût efficacement secourir une bête malade, arrêter les progrès d'une épizootie ou d'une fièvre épidémique, et même, en attendant le médecin, prodiguer à un blessé, à une personne souffrante, des soins d'autant plus précieux qu'ils seraient, contrairement aux dangereux procédés des rebouteurs et des bonnes femmes, plus méthodiques et plus rationnels?

Exercé plus ou moins aux travaux manuels, un homme ne

sera jamais embarrassé devant un ouvrage quelconque à faire par lui-même ou à commander à d'autres. Il ne se laissera point duper par l'ouvrier peu consciencieux, qui lui ferait si volontiers, avec beaucoup de temps, de fort mauvaise besogne ; il n'aura point à rougir de sa sottise en présence du campagnard narquois et malin, toujours prêt à se moquer du bourgeois, et plus encore à l'exploiter, pour peu que celui-ci n'y comprenne rien ou n'y prenne garde.

A quoi passer, d'ailleurs, les grands loisirs de l'existence, si ce n'est à s'instruire, à s'enquérir, jusqu'à la fin, de ce qu'on ne sait pas ? A côté de quelques minutes de plaisir, vite écoulées, tant de longues heures d'ennui restent à remplir ! Elles nous tueraient fatalement, si nous ne nous en débarrassions d'abord, par le travail et l'étude.

Sans doute, il serait ridicule, autant qu'inutile, de prétendre tout connaître, d'essayer, même, de loger dans sa tête une encyclopédie. On n'atteindrait à rien, pour vouloir toucher à tout, et ce serait la plus sûre manière de s'abrutir que de tenter la pratique de tous les arts, l'étude de toutes les sciences. De nos jours, où il est si difficile de réussir dans une profession, quelle qu'elle soit, nombre de jeunes gens, avant de choisir définitivement une carrière, perdent ainsi le meilleur de leur temps et de leur courage en tâtonnements, en essais infructueux, à la suite desquels, malheureusement, ils ne restent pas moins impropres au dernier métier où les a conduits le dégoût de leurs premières entreprises.

Un homme sensé saura toujours éviter cette erreur en limitant ses études théoriques et pratiques aux diverses connaissances qui lui seront plus spécialement utiles dans le milieu où il sera placé. Sans mettre aucune entrave à son activité, tout en laissant à sa curiosité le champ libre, il s'attachera surtout à posséder sûrement le savoir qui chaque jour lui sera du meilleur profit et dont il aura le plus souvent le plaisir de faire profiter les autres.

CONDUITE PHILOSOPHIQUE DE LA VIE.

Épreuves morales de la vie. — Leurs causes. — A tout âge, et dans quelque situation que ce soit, même dans la plus enviée, la plus heureuse en apparence, on ne prend pas une part quelconque à la lutte pour la vie, on ne se mêle pas tant soit peu, seulement, aux autres hommes, sans en éprouver, à chaque instant, des désagréments, des déceptions, des ennuis, de vives douleurs, de profondes peines.

On souffre cruellement, alors, si l'on a le cœur sensible et l'esprit délicat. On souffre avec plus d'amertume et d'aigreur, si déjà l'on est endurci par l'épreuve ; on souffre même alors que l'on a perdu toute croyance et toute illusion.

C'est que la race humaine est féroce entre toutes les races animales qu'elle a la prétention de dominer. Dans l'effroyable mêlée où ils se confondent, les bons, s'ils ne se tiennent constamment sur leurs gardes, sont fatalement les victimes des méchants. L'homme, on l'a dit depuis longtemps, est partout un loup pour l'homme : *Homo homini lupus.*

Autant que celles de nos douleurs physiques, les causes de nos souffrances morales sont multiples et variées. La plupart nous viennent directement des personnes qui nous entourent, d'autres, de nos actes mêmes, des événements qui, malgré nous, s'accomplissent, des forces aveugles qui nous dominent et des choses avec lesquelles nous sommes plus ou moins en rapport. La mauvaise conduite de nos proches, l'ingratitude d'un enfant, l'arrogance ou la brutalité d'un maître, l'insolence d'un parvenu, la trahison d'un ami, l'éloignement ou la mort d'une personne aimée, à tout moment, dans la vie, nous blessent et nous affligent; tandis que des accidents matériels de toute nature, revers de fortune, mauvaises affaires, pertes d'argent, sans cesse compliquent nos chagrins ou les renouvellent.

Force philosophique. — Et comment éviter ces tourments, qui de tous côtés nous assiègent? A quels moyens recourir, pour détourner le coup souvent très pénible, quelquefois mortel, de ces afflictions? Une seule arme est à notre disposition pour cela ; c'est la force intellectuelle composée de savoir, de jugement et de raison, dont le germe est dans le cerveau de tout être qui pense ; c'est la précieuse faculté cérébrale que nous nommons la *philosophie*.

De même que le corps, frappé d'un instrument vulnérant, aussitôt réagit et se met en défense, l'esprit, sous le choc douloureux qu'il reçoit, immédiatement résiste et fait effort pour se consoler. Il proteste, il doute, il ne veut pas croire. Qu'une douce philosophie, alors, vienne à son aide, et quelque violent qu'ait été le coup porté, la souffrance morale qu'il aura provoquée ne durera point, l'esprit conservât-il de cette poignante émotion l'éternel souvenir, l'empreinte ineffaçable.

Variabilité de la sensibilité morale selon les individus et les milieux. — Il s'en faut bien, au surplus, que chacun de nous soit également sensible à la douleur, à la peine morale. Autant que les maladies physiques, les passions, ces « affections de l'âme » nous frappent et nous éprouvent avec une intensité toute différente selon notre tempérament et notre constitution. Il est même remarquable, à cet égard, que les individus nerveux, maigres, bilieux, beaucoup moins sujets, sans contredit, aux graves maladies du corps, que les personnes molles et lymphatiques, sont, en revanche, bien plus fréquemment et plus vivement affectés que ces dernières, de soucis pénibles, de chagrins profonds.

Aussi, le plus souvent, dans le monde, ces gens-là passent-ils pour être irritables, grincheux, mélancoliques, hypochondriaques, ennuyeux. Ce sont bien comme on le prétend des « broyeurs de noir, » des pessimistes ; tandis qu'en général insouciants et calmes, les phlegmatiques sont justement réputés d'un « heureux caractère, » d'une « placidité d'humeur » qui les rend toujours aimables, et que partout on leur envie.

Mais notre sensibilité morale ne dépend pas seulement de notre organisation physique, non plus que du caractère triste ou joyeux résultant de la nature même de notre tempérament.｝

L'état et la disposition de notre esprit changent encore, à n'en pas douter, selon que nous sommes malades ou bien portants, que le jeu de nos organes s'accomplit avec plus ou moins de régularité, que notre estomac est vide ou plein, que nous avons fait un succulent repas ou que nous nous sommes contentés d'une maigre nourriture.

Encore ces causes-là peuvent-elles sembler considérables, quand on songe aux bien moindres influences qui suffisent à modifier notre aptitude à percevoir une impression, à la sentir, à la juger. Notre faible raison varie, on peut le dire, à toute heure du jour. Elle est le jouet du vent qui passe ; elle n'est plus la même par un temps de pluie que par un gai soleil, par une douce matinée de printemps que par une froide journée d'automne. A la faveur du silence et du calme dont elle nous entoure, il est vrai que souvent la nuit « nous porte conseil. » Mais combien les réflexions que nous faisons dans l'ombre sont toujours autrement tristes et pénibles que les pensées qui nous viennent à la vive clarté du jour !

A ce point inconstant et variable, quand donc notre jugement possède-t-il toute sa force et sa lucidité ? A quelle heure, à quel moment pouvons-nous apprécier et peser le plus sainement les choses ? Ce n'est certainement pas le soir, après les fatigues et les préoccupations de la journée ; encore moins la nuit, dans les ténèbres. J'admettrais volontiers que c'est dans la matinée, alors qu'un bon sommeil a reposé l'esprit, et qu'un premier déjeuner a suffisamment apaisé les impatiences gastriques. On ne saurait trouver un instant où la pensée soit plus prompte, plus nette,

Pl. XCVIII. — VIEUX SOUVENIRS.

ni, par conséquent, plus apte à trancher une question, à trouver
la solution d'une affaire difficile.

Insuffisance de l'éducation et de la morale classiques contre les désillu-sions de la vie. — Quelle toute puissante action exercent encore,
sur notre sensibilité, l'instruction et l'éducation que nous avons
reçues, il est aisé de le comprendre. Un esprit préparé de
bonne heure aux âpres réalités de la vie, ne s'étonne guère des
rudes coups du sort et s'y résigne sans peine. Une intelligence,
au contraire, longtemps nourrie de chimères et de poétiques
fictions, se sent douloureusement frappée à chacune des illusions
qu'elle perd, et ces cruelles déceptions se renouvellent tous les
jours dans le cours de l'existence.

Sans doute, il est agréable et beau d'entretenir en soi de bons
sentiments, de se plaire aux généreuses idées, de se passionner
pour le bien, de s'enthousiasmer pour la vérité, de croire les
hommes généralement justes, honnêtes, loyaux, aimants, dévoués,
désintéressés, sincères. Voilà bien la morale que l'on nous prê-
che, les nobles espérances que l'on nous donne dès la plus
tendre enfance, les belles perspectives que l'on fait entrevoir à
notre jeune imagination ! Mais quel pauvre bagage philosophique
nous recevons là, pour entreprendre le rude voyage de la vie !
Quel frêle bâton dans notre main ! Quel fardeau presque toujours
plus encombrant que véritablement utile !

Sur la foi des braves gens qui nous ont élevés, nous allons,
pleins de confiance, et tout aussitôt des pièges sans nombre
s'ouvrent sous nos pas. Nous parlons à cœur ouvert, et nous
sommes trompés ; nous croyons, et nous sommes déçus ; nous
admirons, et nous sommes bernés ; nous aimons, et l'on nous
déteste ! Nous arrive-t-il un semblant de bonheur, on nous
l'envie, un revers, on en est heureux, une infortune, on nous
abandonne ! Péniblement, nous cheminons entre des vaniteux
qui nous irritent, des malheureux qui nous jalousent, des fri-

pons qui nous volent, des lâches qui nous trahissent, et si par hasard, sur cette douloureuse route, se tend vers la nôtre une main amie, aussitôt survient la mort, qui frappe et nous sépare !

Or, comment sommes-nous armés, pour soutenir de tels chocs, pour n'avoir pas le cœur brisé par cette intéressante série de désillusions et de déboires? Des cris, des larmes, des sanglots, voilà tout ce que nous trouvons en nous pour nous consoler et nous défendre !

Au lieu de cette éducation sentimentale, ce sont des griffes et des dents qu'il nous faudrait, pour entrer, sans trop d'infériorité, dans le monde. C'est un cœur de bronze, un cerveau de fer, un poignet d'airain que l'on devrait nous fabriquer, avant de nous jeter dans l'effroyable mêlée humaine !

Eh bien non, cependant. Sans être dupes ni victimes, sans accepter, parce qu'elles sont aujourd'hui toutes puissantes, la mauvaise foi, l'imposture, la sottise et la vanité, sachons encore garder en nous quelques douces et bonnes croyances.

Quoi que nous en puissions souffrir, ne nous débarrassons pas de tout généreux sentiment. N'endurcissons pas notre cœur ; ne proscrivons pas, si sévères que puissent être ses arrêts, le juge infaillible qui veille dans notre conscience.

Avec le plus tranquille dédain, laissons autour de nous s'agiter la tourbe affairée des intrigants, des menteurs, des roués, des habiles. Laissons avec la plus complète indifférence les repus digérer, les parvenus se rengorger, les triomphants se glorifier, parce que la seule joie que nous éprouvons de notre calme intérieur, de notre devoir modestement rempli, vaut tous les triomphes, tous les succès, tous les honneurs et toutes les richesses.

Moyens préventifs contre les déceptions et les souffrances morales. — Étude des choses et des gens. — Que faut-il donc faire, pourtant, et quelle conduite tenir, pour se garder, autant que possible, contre les déceptions, les écœurements et les dégoûts qui nous viennent, à chaque instant, dans la traversée de la vie ; pour éviter, surtout, l'énervante tristesse et le profond découragement qui suivent, ordinairement, toute vive douleur morale ?

Persuadons-nous bien, d'abord, qu'il est indispensable d'acquérir de bonne heure la connaissance exacte des choses et des gens. Les exemples, malheureusement, foisonnent autour de nous, de la duplicité, de la fourberie, de la déloyauté, de la lâcheté des hommes. Il suffit d'ouvrir un instant les yeux, de prêter tant soit peu l'oreille, pour être, à toute heure, témoin des faits les plus odieux, des actes les plus vils. Après quelques jours d'analyse ou même de simple observation, il est vraiment difficile de croire que le monde où l'on vit est le meilleur des mondes. On ne peut pas ne pas voir, à tous les degrés de l'échelle sociale, l'exploitation du faible par le fort ; ne pas constater la prééminence absolue de l'intrigue sur le mérite réel ; le triomphe incessant de la médiocrité, les révoltants défis portés par la sottise au bon sens, et par l'injustice au travail, au dévouement, au sacrifice !

Vainement on s'indigne, on proteste, on crie et l'on écrit contre ces monstrueux abus. Ils n'en persistent pas moins, et le dépit que l'on éprouve à ne rien pouvoir contre eux est un souci de plus que l'on se donne. La vraie sagesse est donc d'en prendre son parti, de s'y habituer tout en les détestant, de ne pas moins mépriser les biens et les honneurs qui s'obtiennent ainsi, que les gens assez pauvres d'esprit et de cœur pour en tirer profit et gloire.

Connaissance de soi même, de ses proches et de ses amis. — Après avoir bien apprécié ce trop juste état des choses, il n'est pas moins utile d'étudier le milieu spécial où l'on est placé ; de se bien rendre compte du rôle que l'on y peut jouer en raison de sa situation, de ses aptitudes, de ses ressources personnelles ; de déterminer, sans présomption, le but où raisonnablement il est possible de parvenir dans la carrière que l'on s'est choisie.

On est trop disposé, de nos jours, à se croire, en tout et pour tout, un esprit supérieur, une intelligence hors ligne. Avec le talent exceptionnel dont on s'imagine être doué, que ne fera-t-on pas, où n'arrivera-t-on pas, se dit-on, si l'on veut s'en donner la peine ?

Assurément, c'est un incontestable avantage de posséder cette confiance en soi qui, dans les plus difficiles entreprises, double le courage et cache aux regards le danger ; mais le plus souvent, alors, on a des visées très hautes ; on ne veut point d'une condition modeste ; on s'attend à la fortune, au succès ; et comme il est extrêmement rare, en somme, qu'un si bel avenir se réalise, on souffre d'autant plus de n'y pouvoir atteindre, que l'on a été plus ambitieux.

La connaissance approfondie, enfin, des personnes qui nous entourent, la minutieuse étude de leur caractère, de leurs habitudes, de leurs bons ou mauvais penchants, nous importent au plus haut degré, si nous ne voulons pas à tout moment, dans nos rapports quotidiens, nous heurter contre elles. Que de désagréments, que d'ennuis, que de peines, nous causent souvent, sans le vouloir, nos amis, nos parents, nos proches, les personnes mêmes qui nous aiment ou que nous aimons le plus ! Que de familles déchirées par l'abusive autorité des parents, l'insubordination des enfants, la jalousie et la rivalité des sœurs et des frères ! Que de ménages où la guerre éclate à tout propos ! Que de maris débauchés, violents, brutaux, joueurs, ivrognes, despotes ; que de femmes frivoles, jalouses, méchantes, haineuses, volontaires, impossibles à contenter ! Certes, la vie en commun est bien difficile, si l'on ne se fait pas de mutuelles concessions, si, réciproquement, on n'abdique pas une partie de sa volonté, de sa liberté, de ses désirs, de ses préférences !

Sans doute on se trouve associé, souvent, à des êtres inquiets, aigris, ennuyés, tourmentés, ombrageux, irritables, qui ne sont point d'un agréable commerce tous les jours. Mais ces pénibles manifestations d'une humeur chagrine, fréquemment ne trahissent qu'une exceptionnelle susceptibilité du système nerveux. Elles ne sont pas incompatibles avec un bon cœur, un sens parfait du devoir et de la justice ; aussi, tandis que les véritables méchants prennent un visible plaisir à faire souffrir ceux qui les entourent, ces personnes d'un si triste caractère ne sont-elles pas, ordinairement, moins malheureuses que les victimes mêmes de leur déplorable esprit.

Possède-t-on, par devers soi, la raison, la douceur, le calme moral indices d'une bonne santé non moins que d'une éducation parfaite, il faut se montrer indulgent pour ces pauvres irrités, ces impatients, ces attristés, de plus en plus nombreux dans notre société contemporaine. Il faut plaindre ces malades, au lieu de les blâmer ou de les contrarier ; les apaiser, les consoler, au lieu de se prendre avec eux de discussions, de querelles qui ne peuvent jamais avoir qu'une fâcheuse issue. Parfois, il est vrai, l'on souffre cruellement de leurs actes et de leurs propos, si l'on est affectueux et sensible ; mais en ce cas, à moins que l'on ne vive au fond d'un désert, en misanthrope, par qui n'est-on pas plus ou moins affligé, froissé, blessé, dans ses relations de chaque jour ?

Douleurs affectives et peines de cœur. — C'est l'amour, cependant, l'amour dans toutes ses manifestations et sous toutes ses formes, amour filial, amour paternel, amour sexuel, qui porte à notre cœur les coups les plus imprévus et les plus funestes. Inépuisable source des plus pures joies et des plus ardents plaisirs, que de poignantes tristesses nous cause, en revanche, cette dominante passion de toute la vie ! que de larmes elle nous coûte ! qu'elle nous inflige, à tout âge, de cruels déchirements et de profonds désespoirs !

Enfants, quelle que soit notre insouciance, nous éprouvons une peine indicible à sentir nos parents malheureux, à voir notre mère pleurer ; une atroce angoisse nous étreint, quand on nous apprend qu'elle est morte !

A vingt ans et dans tout le cours de notre jeunesse, pour quelques instants de délicieuses émotions, quelles journées de torture doit subir notre pauvre cœur ! Nous aimons, et la personne aimée rêve un autre amour ! Nous aime-t-elle ? En foule les obstacles surgissent pour nous séparer : Elle nous attend, nous ne pouvons la rejoindre : Nous l'attendons, elle doit nous fuir ! Passionnément nous la cherchons, nous la désirons, elle est à un autre ! Nous laisse-t-elle une espérance ? Horrible, la mort passe et l'emporte, sans nous dire, impitoyable muette, si pour retrouver l'amante perdue nous n'avons qu'à mourir aussi !

Meurtri, brisé, lacéré par ces terribles épreuves, notre cœur, dans les dernières années de l'existence, va-t-il, au moins, être épargné ? Ne nous berçons pas de cette suprême chimère ! Voici déjà les cheveux blancs et les rides ; si l'amour nous réserve encore d'amères déceptions, il ne les compensera même plus par quelque faveur passagère. Mais nous avons des enfants à cet âge, et c'est désormais par ces chères créatures que ce qui reste en nous de palpitant et de sensible va définitivement être mis en lambeaux !

Pour quelques bons souvenirs que les plus aimants de nos fils nous garderont peut-être, les autres, par leur mauvaise conduite, nous causeront les plus affreux soucis ; les plus cruels chagrins par leur désobéissance ou leur ingratitude ! Et nous n'en voudrons pas à ceux-ci de leur indifférence ; et nous ne leur reprocherons pas de nous délaisser, parce que nous comprendrons qu'ils sont à leur tour engagés dans le rude combat pour la vie ; qu'ils ont besoin de nouvelles affections pour s'y soutenir, et qu'il leur faut, pour d'autres êtres, jeunes comme eux, tout leur cœur et toute leur tendresse ! Aussi, bien loin de les maudire ou de les repousser, aurons-nous toujours les yeux fixés

sur eux dans la bataille ; et s'il leur plaît de se retourner vers
nous encore quelquefois, ils nous verront sourire à leurs succès ;
courir à eux et leur ouvrir nos bras, s'ils luttent vainement
contre la mauvaise fortune !

Assurément, le cœur est, dans maintes occasions, un viscère
gênant, et les gens vraiment heureux sont peut-être bien,
comme on l'a dit, ceux qui n'en ont pas, les indifférents et les
égoïstes. Mais ces êtres-là ne sont plus des hommes ; en n'aimant
personne qu'eux-mêmes, ils ont perdu le caractère humain par
excellence, la sensibilité. Ce qui bat dans leur poitrine, ce n'est
plus l'impressionnable et délicat organe où retentissent toutes nos
sensations ; c'est un simple morceau de chair contractile qui
répand avec une monotone régularité, dans ces corps impassibles, un sang toujours froid.

Placement des affections. — Aménagement du cœur. — Pas plus
qu'il ne convient de fermer absolument son cœur, il faut bien
d'ailleurs se garder d'y faire une place à tout le monde. C'est
une vérité depuis longtemps banale, qu'il n'est rien de plus rare
qu'un véritable ami. Pourquoi donc, en s'attachant au premier
venu, se préparerait-on, presque à coup sûr, d'amères désillusions, des souvenirs toujours pénibles ? On ne trouve guère, en
général, d'amitiés durables que dans le cercle restreint des braves
gens dont on se rapproche le plus soi-même par les idées, le
caractère, la situation de fortune et le rang dans la société. Nos
amis nous sont-ils, à quelque égard, inférieurs, il est bien difficile qu'ils ne nous envient point ou que nous ne les froissions
pas, tôt ou tard, malgré nous, en leur faisant maladroitement
sentir la distance qui nous sépare ; et réciproquement, il est bien
rare, s'ils l'emportent sur nous par quelque avantage, que leurs
façons ne nous blessent point à la longue, ou n'excitent point
notre jalousie. Le cœur humain, malheureusement, est ainsi
fait. Une prééminence quelconque ne va guère sans une pointe

Pl. IC. — LE SOIR D'UN BEAU JOUR.

d'orgueil plus ou moins ridicule, une infériorité relative est à
peu près inséparable d'un amour-propre excessif. Pour s'épargner de cruelles déceptions à ce sujet, il est donc essentiel de
veiller constamment sur son cœur et de n'y jamais admettre un
nouvel hôte qu'après un sérieux examen, une connaissance approfondie de ses opinions, de son caractère, de ses qualités et
de ses défauts. A vrai dire, on n'est pas toujours maître de
procéder à cette minutieuse analyse, à la suite de laquelle nombre de candidats à notre affection seraient, sans doute, éliminés.
Quand c'est l'amour qui se présente, surtout, n'est-il pas incontestable que le plus souvent il emporte la place d'assaut et qu'il
y pénètre d'emblée, tant nous sommes impuissants alors, et peu
résolus, il faut bien en convenir, à lui opposer quelque résistance ? Mais, parmi les personnes mêmes que nous rencontrons
dans nos relations de chaque jour, n'en est-il pas encore beaucoup de si parfaitement aimables, au premier abord, que de
plein gré nous les laissons librement s'installer dans notre cœur,
bien loin de chercher à leur en fermer la porte ? Ce sont ces
amitiés-là, cependant, qui, d'habitude, nous réservent les plus
cruelles surprises et qui, trop tard, nous font regretter d'avoir
été si naïfs, si faciles et si confiants.

Passions intellectuelles. — Aménagement de l'esprit. — A ces déce-
vantes affections, combien sont préférables les hautes passions
intellectuelles et philosophiques dont la paisible flamme ne s'allume malheureusement, au cœur de l'homme, que lorsqu'il
s'échappe, tout meurtri, des amitiés trahies, des amours épuisés
ou vainement attendus. Ce n'est jamais assez tôt que l'on aime
l'étude, les arts, les sciences ; que l'on s'éprend des choses avec
la même ardeur que l'on s'est épris des personnes ; que l'on
reporte sur l'ensemble de l'humanité l'intérêt profond que l'on
témoignait exclusivement à quelques individus. Tout étranges
qu'elles puissent paraître aux yeux incapables de les éprouver,

ces passions de l'esprit, cependant, ne sont pas moins ration-
nelles ni moins nobles que les seules affections du cœur. Elles
satisfont d'autant plus qu'elles durent davantage, et bien loin de
laisser aucun regret après elles, le charme permanent qu'elles
exercent sur notre intelligence est le meilleur remède que nous
puissions opposer aux amertumes des liaisons passagères et des
fragiles amours.

Ainsi, de même qu'il est essentiel de garder fermement son
cœur et de ne l'ouvrir qu'à bon escient, il n'importe pas moins,
pour savoir au besoin se défendre ou se consoler, d'élever toujours très haut son intelligence et de faire, le plutôt possible,
l'aménagement de son esprit.

Et d'abord, quand il s'agit d'estimer à leur juste valeur les
hommes et les choses, on ne saurait posséder de trop bonne
heure un jugement sûr, une manière de voir solidement appuyée
sur le bon sens et l'expérience, un « criterium, » enfin, qui
permette l'exacte appréciation de ce que la raison lui présente,
comme la pierre de touche révèle aussitôt la véritable nature de
la substance qu'on lui soumet.

Même en étant ainsi parfaitement armé, même en se défiant
toujours de ses premières impressions et se tenant constamment
sur ses gardes, souvent encore il arrivera, ce n'est point douteux, que l'on commettra de fâcheuses erreurs et, par conséquent,
de graves injustices ; mais tôt ou tard, avec la réflexion et la
perception plus nette des choses, on s'apercevra sûrement, aussi,
que dans telle circonstance on avait mal vu, mal compris ; et
si l'on perd, à cette découverte, quelques agréables illusions,
peut-être y gagnera-t-on, en revanche, la joie bien vive de
connaître enfin la vérité, de débarrasser son jugement d'une
fausse opinion, et de substituer une certitude à une sottise.

Car, véritablement, on ne saurait hésiter, en dépit d'un vain
amour-propre, à raturer, autant que l'occasion s'en présente, les

grossières inexactitudes, les préjugés et les mensonges qui s'ins-
crivent, à tout âge, sur les pages blanches de notre esprit. La
sagesse consiste, au contraire, à faire de temps en temps une
revue de ses idées, un inventaire de ses acquisitions intellectuelles, pour décider, après mûr examen, ce que l'on en doit rejeter
et ce qu'il en faut retenir. N'est-ce donc pas le moins, que l'on
prenne le même soin des casiers de sa cervelle, que des rayons
de sa bibliothèque ou des tiroirs de son bureau? Ne s'empresse-
t-on pas, quand on est encombré, chez soi, de paperasses
et de livres, d'en faire le triage et d'en opérer le classe-
ment ? Avec quelle attention, alors, on examine un à un
lettres et billets, notes et documents, brochures et volumes, pour
séparer le bon du mauvais, l'utile de l'inutile, mettre en ordre,
à la place qui lui convient, ce que l'on désire conserver, et
jeter au panier, quand ce n'est pas au feu, le fatras dont on
veut se défaire !

Est-il besoin de démontrer qu'il importe bien plus encore, une
ou deux fois l'an, de procéder, avec la même méthode, à l'épuration de tout ce que l'on emmagasine, au jour le jour, dans
les circonvolutions et les cellules de son cerveau ? Par les
oreilles et les yeux tant d'erreurs et de faussetés y pénètrent
et s'y logent, émanées de la masse énorme d'inepties qui se
dégagent, sans cesse, de tout ce qui se dit, s'écrit, ou s'imprime à toute heure, dans un pays civilisé !

De nos jours, certainement, il n'est pas un seul homme, même
parmi les plus intelligents, dont la raison ne soit sur quelque
point obscurcie, le jugement faussé par un insuffisant savoir,
une opinion erronée, une idée inexacte. A quel plus profitable
travail pourrait-il donc se livrer, que de rafraîchir, à de courts
intervalles, les cases encombrées de sa mémoire; que de con-
trôler, à la clarté des notions nouvellement acquises, ses idées
premières et ses anciennes connaissances, afin d'avoir, pour ainsi

dire, toujours clair et net, devant ses yeux, le tableau de son esprit ?

Méditations sur le passé. — Rôle du hasard dans la vie. — On ne saurait croire, avant d'avoir fait une fois cette sorte d'inventaire cérébral, comme il est intéressant et salutaire d'explorer, à certains jours, ce mystérieux domaine de la pensée et du souvenir. Aussi loin que l'on se reporte en arrière, dans ce champ de la vie où l'on ne peut, qu'en imagination, revenir sur ses pas, on ne voit guère, il est vrai, sur le vague et raboteux chemin où l'on est passé, que projets avortés, que rêves éteints, que plans renversés, qu'espérances déçues, que désillusions, ruines et chimères ! Comme autant de fantômes, tous les êtres que l'on a chéris, toutes les personnes que l'on a connues, se lèvent un instant devant la mémoire qui les évoque, pour disparaître et s'évanouir aussitôt dans les brumes dont ils sont enveloppés. La maison où l'on a vécu, le pays où l'on a aimé, les endroits où l'on a souffert, le foyer où l'on fût reçu, la route où l'on a marché, la pierre où l'on s'est assis, tour à tour se dessinent et s'effacent sur le fond noir du rêve, ramenant les pensées, les désirs, les craintes, les espoirs que l'on avait à tel âge, à telle époque et dans tel milieu.

— Eh quoi! se dit-on, je pensais, alors, et j'agissais comme cela? J'ai vraiment pu, dans telle circonstance, me conduire ainsi? Dans telle autre occasion, parler et me comporter de la sorte? Et ces opinions, ces propos, ces actes, ont retenti, dès ce jour, sur toute mon existence ; ont réglé, pour ainsi dire, le cours de ma vie! Qu'eût-elle donc été, que fût-il donc advenu, si j'eusse pris à tel moment, sous l'influence d'autres idées, une détermination toute différente ?

Avec la plus profonde stupéfaction, alors, on constate que les plus légers mobiles, les plus futiles prétextes, ont été les tout-puissants facteurs du sort bon ou mauvais que l'on a subi jusque-là; qu'il a souvent suffi d'un mot, d'une nouvelle, d'un fait, en apparence insignifiant, d'un grain de sable ou d'une goutte d'eau, pour changer en bien ou en mal la marche des choses, et de cette évocation, de cette méditation sur soi-même, il faut bien finalement conclure que le hasard, le hasard seul est le maître absolu, l'arbitre de notre destinée!

Oui, l'on aura beau concevoir un avenir de bonheur, de gloire, de fortune; imaginer de grandes entreprises et résolument les tenter; rêves et projets ne se réaliseront qu'autant qu'ils seront servis par un heureux ensemble de circonstances, de même que pour les faire subitement s'écrouler, il suffira d'un instant, d'un atome, d'un souffle!

Erreurs et regrets de l'ambitieux. — Pourquoi donc, chaque jour, dans la vie, se laisser éblouir par de trompeurs mirages? A quoi bon, sans répit ni trêve, user son esprit et ses forces à courir vers un but qui reculera toujours, quand on se croira près d'y toucher, et qui, l'atteignit-on enfin, ne serait certainement, au lieu d'une halte et d'un repos définitifs, qu'un nouveau point de départ vers un but plus lointain et plus difficile encore?

A s'acharner à cette énervante poursuite; à tenir constamment fixés sur un horizon fuyant, son esprit et ses yeux; à n'avoir d'autre passion que le désir effréné de satisfaire une ambition sans limites; à se débattre, à lutter, pour y parvenir, contre les autres et contre soi-même, le temps fuit, cependant, la vie se passe, et tout à coup, épouvanté, l'on se voit ar bout avec des rides et des cheveux blancs!

— Comment! c'est déjà la fin, s'écrie-t-on. Mais je n'ai point vécu! Je ne connais rien de ce qui semble bon, de ce qui paraît beau dans l'existence! Qu'ai-je fait, jusqu'à ce jour que peiner, pâtir, pleurer et souffrir? Pour aller plus vite où je voulais atteindre, j'ai repoussé tout ce qui s'offrait à moi d'agréable et de charmant; les gais plaisirs de la jeunesse, les paisibles joies du foyer, les contemplations de la nature, les sourires de l'amour ! Et ce que je convoitais ne se réalise point ; et ce que je dédaignais m'échappe ! Vite, vite, il est temps, enfin, que je vive et que je jouisse à mon tour !

Non, malheureux, il n'est plus temps ! L'heure est à jamais passée des plaisirs que tu regrettes. Ton corps est épuisé, ton visage flétri. Ta bouche n'a plus de dents, tes yeux n'ont plus de flamme. Ton sang est sans ardeur, ton cœur est sans désir. Tes mains tremblent, tes genoux fléchissent, ton dos se courbe et ta tête penche ! A peine te reste-t-il un instant pour reconnaître ta misère et ton irréparable erreur ; pour en gémir et te plaindre ! Sous tes pas chancelants la terre s'ouvre ; tu vas mourir !

Contentement et résignation du sage. — A cette lamentable agonie de l'ambitieux, combien est préférable la fin paisible et sereine du sage qui s'éteint sans regrets, avec la parfaite conscience de tous ses devoirs accomplis, avec la consolante idée qu'il n'a pas moins connu, de la vie, les courtes joies que les longues peines. Tranquille, sous le dernier toit qui l'abrite, et dans l'humble aisance qui suffit à ses besoins de vieillard, du bord de la tombe il regarde s'achever son existence d'un œil aussi calme qu'il contemple, du seuil de sa demeure, la fin d'un beau jour.

Sans plus de tristesse que ses actes de la journée, il évoque, dans une profonde rêverie, les événements de sa vie tout entière. Il se revoit, enfant, gai, joyeux, insouciant, courant, des genoux de sa mère, aux jeux de ses camarades ; il se retrouve à vingt ans, libre, heureux, aimant, aimé, le cœur empli de nobles sentiments, l'esprit débordant d'idées généreuses. Un peu plus tard, le voici, jeune père, entouré d'adorables petits êtres maintenant et depuis longtemps absents du foyer paternel, partis, hélas ! envolés comme des oiseaux ! Abîmé dans son rêve, il reconstitue, en imagination, tous ces tableaux assombris par le temps écoulé, mais dont les couleurs, sous l'effort de la mémoire, petit à petit se ravivent, et dont les moindres détails bientôt reparaissent, comme si la scène à laquelle ils se rapportent avait seulement eu lieu depuis un instant!

Il se complaît à ces souvenirs, le bon philosophe qui les réveille; il les poursuit avec une satisfaction véritable, et se laisse volontiers bercer par tout ce qu'ils lui rappellent d'agréable et de charmant. Quelque bonheur qu'ils lui rendent, toutefois, il n'est tourmenté ni du besoin, ni du désir de revivre ces beaux jours passés. Même avec le pouvoir de la retoucher à sa fantaisie, avec la faculté d'y mettre à profit, dès le début, l'expérience de sa vieillesse, il ne souhaite aucunement recommencer une existence qui, sans doute, ne serait pas meilleure que la première, parce qu'elle serait autrement arrangée.

— Dans une nouvelle et longue série d'années, pense-t-il, que pourrais-je donc éprouver, que je n'aie point ressenti dans la série que j'achève? Livré à tous les hasards, exposé à tous les périls, agité par mille influences contraires, n'ai-je point suffisamment rempli les fonctions et le but auxquels, en naissant, j'étais destiné par la nature? A travers tant de vicissitudes, n'ai-je point, le plus souvent, à peu près mangé à ma faim, bu à ma soif, aimé selon mon cœur, agi suivant mon désir? Après avoir courageusement travaillé, n'ai-je point, d'habitude, recueilli le fruit de ma peine? Heur et malheur, joie et tristesse, fortune et misère, est-il vraiment rien d'humain qui me soit tout à fait étranger? Au foyer que j'ai pu former, ai-je vu grandir mes enfants, près de leur mère, vaillante et douce? Dans mes relations avec les autres hommes, n'ai-je point obtenu leur estime et leur affection? M'a-t-il, enfin, été donné de cultiver assez mon esprit pour entrevoir les admirables harmonies de la nature et

Pl. C. — LE DERNIER SOMMEIL.

100. Dʳ J. RENGADE.   LIV. 100.

pour comprendre les grandes œuvres du génie humain ? Oui.
Pourquoi donc ma vie durerait-elle encore ? Elle n'a plus qu'à
se finir par une mort calme et facile, ainsi que se termine, par
un sommeil paisible, une journée de rude labeur !

**Le lendemain de la mort. — Théorie pessimiste. Anéantissement complet
de l'être humain.** — Mourir ! voilà bien, en effet, la solution naturelle et fatale du problème de la vie.

Mais après? Est-ce l'éternelle nuit ? Est-ce une nouvelle aurore ?

C'est la nuit et le néant, disent les uns. Parce que le corps
n'est que de la matière organisée pour un temps défini ; parce
que, ce temps écoulé, la nature reprend cette matière, la désor-
ganise, la refond, la disperse en mille autres combinaisons dont
la plus parfaite ne saurait continuer, à aucun point de vue,
l'agrégat humain qui réunissait les mêmes éléments dans des
conditions toutes différentes.

Pure émanation du cerveau, comme la lumière électrique est
une émanation de la pile, l'esprit, ajoutent-ils, ne saurait survivre à la matière. Il s'éteint aussitôt que meurt l'organe qui le
produit, aussi naturellement que l'horloge cesse de sonner dès
que ses rouages s'arrêtent. Où séjournerait, d'ailleurs, cet esprit,
s'il avait la faculté de survivre? Autour de nous, à la surface
de la terre? A chaque instant nous en ressentirions la bonne
ou mauvaise influence, et nos chimistes, depuis longtemps, l'auraient sans doute découvert. Flotterait-il, force vaine et sans
moyens de se manifester, dans les espaces infinis qui séparent
les mondes? A nos yeux, même armés des plus puissants instruments d'optique, les cieux semblent vides et déserts. En se séparant de son enveloppe mortelle, irait-il enfin, simplement se
condenser dans l'éther, ou même, comme on l'a dit, animer un
être plus parfait, sur une autre planète? Mais alors, comme dans
les cas précédents, dégagé de l'organe de la mémoire qui se
pourrirait ici-bas, cet esprit sublimé ne se souviendrait plus

de ce qu'il fût sur la terre, et cette perte de tout souvenir équivaudrait à la mort absolue, à la négation de toute survivance.

Et pourquoi pas, après tout? continuent les philosophes pessimistes. Pourquoi notre chétive existence n'aurait-elle point la mort éternelle pour couronnement? Pourquoi ne retournerions-nous pas au néant d'où nous ne pouvons nier que nous sommes sortis? Il n'y a pas seulement cent années nous n'existions nulle part, et rien de ce qui devait être nous, n'avait le soupçon de notre future naissance. Pourquoi, dans cent années encore, existerions-nous donc quelque part? en un lieu que nous n'avons pas conscience d'avoir quitté pour venir sur la terre? A quoi bon, d'ailleurs, ce recommencement d'une existence au delà du tombeau? L'effrayante perspective de toujours vivre est-elle vraiment préférable à la rassurante pensée de reposer toujours? Les heures de sommeil, dans la vie, ne sont-elles pas autrement douces, à la plupart des gens, que les heures de veille?

Mourir, malheureusement, ce n'est pas même se reposer.

Si tous les êtres, en effet, commencent et finissent, la vie, en passant des uns aux autres, se continue et ne cesse point. Elle est le mouvement perpétuel; et plus on meurt, plus elle est active. Un cadavre n'est pas encore froid, qu'elle en a déjà ressaisi de nombreux éléments pour en former de nouveaux êtres. Il n'est pas à moitié décomposé, que, déjà, tout ce qu'il a perdu, revit, dans la nature, en brins d'herbes et pétales de fleurs, en ailes d'insectes et plumes d'oiseaux, si même une partie ne circule point de nouveau, régénérée en globules sanguins, dans les veines d'autres hommes!

De ce corps qui s'émiette et s'éparpille en parcelles infinitésimales, est-il donc possible qu'un esprit indivisible se dégage, et que désormais immortel, sans plus y participer, il assiste à la reconstitution lente, mais certaine, de créatures identiques à celle dont il aurait été lui-même, dans le cours d'une seule existence, le principe immatériel et l'hôte divin?

Théorie spiritualiste. — Survivance éternelle de l'esprit. — Oui! répondent hardiment, à ces objections, les philosophes spiritualistes. L'esprit, absolument distinct de la matière, s'en sépare et l'abandonne, au moment de la mort, pour jouir seul d'une éternelle vie, tandis que les grossiers matériaux de l'organisme qu'il anima se désagrègent et se dissocient pour être aussitôt repris par les forces de la nature.

Nous ne découvrons point ces esprits dans l'espace et nous ne les sentons point se manifester autour de nous; mais est-ce bien la preuve qu'ils ne s'y trouvent point; et ne faut-il même pas, afin que nous ne soyons pas tentés de les rejoindre, en nous ôtant la vie, qu'il soit impossible à nos sens de constater leur présence?

Pouvons-nous si fermement soutenir, d'ailleurs, que nous ne sommes point influencés, en mainte occasion, par un pouvoir surnaturel, et que nous jouissons bien toujours de notre libre arbitre? Qu'est-ce donc que cette conscience qui soudain s'érige dans notre pensée en juge sévère de nos paroles et de nos actions? Qu'est-ce que ces terribles combats, ces violentes luttes contre nous-même, qui nous font si cruellement hésiter dans toutes les graves décisions que nous devons prendre? Qu'est-ce que ces réflexions inattendues, ces idées subites qui nous viennent alors? que ces avertissements, ces appréhensions, ces cris intimes qui, l'heure venue où nous pouvons enfin donner satisfaction à nos plus chers désirs, tout à coup nous entravent, nous arrêtent et paralysent tous les efforts de notre volonté?

Qu'est-ce encore, enfin, que ces pressentiments instantanés d'un péril qui nous menace, d'un événement heureux ou malheureux qui s'accomplit loin de nous? Brusquement, le souvenir s'éveille dans notre mémoire, d'une personne qui, depuis longtemps, n'occupait plus notre pensée, et voici, presque aussitôt, que se présente à nous, que nous rencontrons cette personne! Une crainte soudaine nous frappe, un vague soupçon nous saisit, et peu d'instants après, la nouvelle certaine nous parvient de ce que nous n'osions point supposer, de ce que nous nous refusions à croire!

Si véritablement notre esprit, comme notre corps, n'était que matière, comment cette matière eût-elle pu jamais avoir conscience d'un principe immatériel? Si rien ne devait survivre de cet être misérable qu'est chacun de nous, d'où l'idée nous fût-elle jamais venue d'une âme immortelle? Pourquoi, toute bornée qu'elle reste encore, notre humble intelligence se serait-elle élevée au-dessus de celle des animaux, juste assez pour acquérir cette troublante notion de l'infini, si parfaitement inutile à notre existence actuelle? Pourquoi, s'il ne nous était jamais donné de le résoudre, le prodigieux problème de l'origine et de la fin des mondes, s'imposerait-il à toute heure à notre pensée? Pourquoi, dans tous les esprits éclairés, cette incessante angoisse de ne pas savoir, ce perpétuel ennui de ne pas comprendre? Pourquoi chez les meilleurs d'entre nous, ce doute cruel et tenace qui se traduit, un jour, par une vive espérance, le lendemain, par un sombre découragement?

Pauvres et fragiles créatures, qu'un atome engendre et qu'un souffle tue! Aussitôt que la raison nous éclaire, nous serions intimement persuadés que la vie n'est qu'un passage et qu'une épreuve; en présence des effroyables réalités terrestres, il nous serait donné de concevoir de sublimes idées de justice, de vertu, de sacrifice, de devoir, et ces hautes pensées ne seraient qu'une vaine invention de notre cerveau, qu'une fantaisie et qu'un rêve? Et c'est précisément à l'heure où sa réalisation, dans un milieu tout différent, pourrait enfin s'accomplir, que l'irréalisable idéal dont nous voyons la consolante promesse sans cesse fuir devant nous durant tout le cours de notre existence, s'évanouirait définitivement avec elle, comme une trompeuse fantasmagorie?

Absolument certains et convaincus de l'immoralité du spectacle auquel nous assistons, nous serions condamnés à subir toute une vie, le triomphe incessant des méchants et des forts, l'odieuse effronterie des menteurs et des fourbes, l'outrecuidante vanité des parvenus et des sots; et l'invisible puissance qui régit l'Univers, plus aveugle ou moins équitable que nous, tolèrerait sans aucun secret motif, un tel état des choses? Et nous ne verrions pas, un jour, disparaître ce scandaleux désordre devant le règne éternel de la justice et de la vérité?

Quand une impitoyable mort, enfin, vient prématurément nous enlever ceux que nous aimons; quand ils nous sont le plus souvent ravis, ces êtres adorés, sans même avoir reçu notre dernier adieu, se pourrait-il donc qu'ils soient à tout jamais anéantis, perdus pour nous, et que notre faible esprit, notre pauvre cœur se trompent encore, s'ils gardent le consolant espoir qu'une si déchirante séparation n'est que momentanée? Mais à ces cruels moments, où le moindre souvenir de la créature aimée suffit à nous replonger dans la douleur la plus atroce, pourquoi, si véritablement elle était bien morte tout entière, l'idée terrible nous viendrait-elle de nous donner aussi la mort pour aller la retrouver?

Pourquoi, dans toutes ces rudes attaques du sort où la souffrance et le malheur nous accablent, ce même désir violent de mourir, quand, ordinairement, si peu qu'un mal nous atteigne ou qu'un danger nous menace, nous craignons à tel point pour notre chère existence, que nous mettons, à la défendre, tous nos efforts et tous nos soins? En abolissant ainsi, tout à coup, en nous, l'instinct, d'habitude si puissant, de la conservation personnelle, pour nous suggérer, à la place, et nous faire accepter avec joie l'effrayante pensée de nous délivrer de la vie, ne serait-ce donc, toujours, qu'un piège abominable où nous ferait tomber la nature, et la force créatrice qui nous a fait naître pour un but déterminé, réagissant contre elle-même, nous pousserait-elle, alors, à nous tuer pour rien?.

Le doute et la foi. — Règles générales de conduite. — Telle est, dans ses grandes lignes, l'attrayante théorie qu'opposent les croyants aux tristes assertions des matérialistes.

Cette douce philosophie n'est assise, à vrai dire, que sur de vagues apparences, sur d'ingénieuses hypothèses et de séduisantes suppositions. Mais il faut bien convenir aussi que le froid positivisme des apôtres du néant ne repose pas sur une base plus solide.

Si l'on raisonne, comme ces derniers, sans s'inquiéter de l'inconnu, si l'on ne tient résolument compte, pour se former une opinion sur notre destinée, que des phénomènes et des choses accessibles à nos sens, évidemment, avec Schopenhauër et ses disciples, il faudra bien regarder la vie comme « une mystification de la nature », ou tout au moins comme « un fâcheux épisode qui trouble inutilement la béatitude et le repos du néant. »

Mais, en dépit de cette appréciation pessimiste, on supportera patiemment, dans le cours de cette fugitive existence, les tourments de toute sorte dont on pourra souffrir, et l'on n'écoutera, pour se guider « sur cette mer pleine d'écueils et de tourbillons », que les plus pures voix de son cœur et de sa conscience, parce qu'en attendant l'éternel sommeil, on ne connaîtra pas de meilleure satisfaction que celle du bien que l'on aura fait, de plus doux contentement que celui du devoir accompli.

Se range-t-on, au contraire, à l'opinion spiritualiste, on acceptera la vie, aussi pénible qu'elle soit, comme une épreuve passagère, et bien loin de se révolter contre les douleurs imméritées, contre les injustices et les coups du sort, on les envisagera comme autant de titres aux félicités éternelles, à l'incomparable bonheur qui ne doit commencer qu'au delà du tombeau.

Cette rassurante perspective permettra peut-être de comprendre les inexplicables férocités de la nature contre les êtres mêmes qu'elle a créés; les aveugles fureurs qui poussent les hommes à s'entre-détruire; les horribles hécatombes humaines que font chaque jour, par le monde, la guerre, la famine, le crime, la misère, les maladies. Elle justifiera souvent ces vieilles idées de nos ancêtres, que « les meilleurs d'entre nous sont les premiers rappelés de cette vallée de larmes », et que « ceux qui meurent jeunes, sont vraiment aimés des dieux ». Elle donnera, de toutes les afflictions, de tous les tourments, de tous les maux dont nous sommes accablés du premier au dernier de nos jours, cette explication plausible, que si notre « âme » ne connaissait point le malheur sur cette terre, il lui serait impossible, à l'heure de la délivrance, d'apprécier le bonheur qui l'attend dans une autre patrie!

Sans doute, aussi longtemps que souffriront les hommes, — et telle sera fatalement leur destinée tant qu'un rayon de soleil entretiendra la vie à la surface du globe, — à la sévère pensée du retour au néant, ils préfèreront cette consolante vision de l'esprit survivant à sa dépouille mortelle, cette sublime théorie d'une résurrection définitive, heureuse, triomphante dans l'éternité.

Est-ce bien là, pourtant le mot de l'impénétrable énigme, la solution du problème qui restera posé comme un défi à la raison humaine jusqu'à la fin des temps?

TABLE ALPHABÉTIQUE

F. Aureau. — Imprimerie de Lagny.

TABLE DES PLANCHES

FIN DE LA TABLE DES PLANCHES.